公務員試験
過去問攻略 … ト 8

TAC公務員講座 編

ミクロ経済学

TAC出版
TAC PUBLISHING Group

●―― はしがき

本シリーズのねらい――「過去問」の徹底分析による効率的な学習を可能にする

合格したければ「過去問」にあたれ。

あたりまえに思えるこの言葉の、ほんとうの意味を理解している人は、じつは少ないのかもしれません。過去問は、なんとなく目を通して安心してしまうものではなく、徹底的に分析されなくてはならないのです。とにかく数多くの問題にあたり、自力で解答していくうちに、ある分野は繰り返し出題され、ある分野はほとんど出題されないことに気づくはずです。ここまできて初めて、「過去問」にあたれ、という言葉が自分のものにできたといえるのではないでしょうか。

頻出分野が把握できたなら、もう合格への道筋の半分まで到達したといっても過言ではありません。時間を効率よく使ってどの分野からマスターしていくのか、計画と戦略が立てられるはずです。

とはいえ、教養試験も含めると20以上の科目を学習する必要がある公務員試験では、過去問にあたれといっても時間が足りない、というのが実状ではないでしょうか。

そこでTAC公務員講座では、みなさんに代わり全力を挙げて、「過去問」を徹底分析し、この『過去問攻略Vテキスト』シリーズにまとめあげました。

網羅的で平板な解説を避け、不必要な分野は思いきって削り、重要な論点に絞って厳選収録しています。また、図表を使ってわかりやすく整理されていますので、初学者でも知識のインプット・アウトプットが容易にできるはずです。

『過去問攻略Vテキスト』の一冊一冊には、“無駄なく勉強してぜったい合格してほしい”という、講師・スタッフの思いが込められています。公務員試験は長く孤独な戦いではありません。本書を通して、みなさんと私たちは合格への道を一緒に歩んでいくことができるのです。そのことを忘れないでください。そして、必ずや合格できることを心から信じています。

2019年2月　TAC公務員講座

第３版（大改訂版） はしがき

長年、資格の学校TACの公務員対策講座で採用されてきた『過去問攻略Ｖテキスト』シリーズが、このたび大幅改訂されることになりました。

◆より、過去問攻略に特化

資格の学校TACの公務員講座チームが過去問を徹底分析。合格に必要な「標準的な問題」を解けるようにするための知識を過不足なく掲載しています。

『過去問攻略Ｖテキスト』に沿って学習することで、「やりすぎる」ことも「足りない」こともなく、必要かつ充分な公務員試験対策を進められます。

合格するために得点すべき問題は、このテキスト１冊で対策できます。

◆より、わかりやすく

執筆は資格の学校TACの公務員講座チームで、受験生指導に当たってきた講師陣が担当。受験生と接してきた講師が執筆するからこそ、どこをかみ砕いて説明すべきかがわかります。

読んでわかりやすいこと、講義で使いやすいことの両面を意識した原稿づくりにこだわりました。

◆より、使いやすく

・本文デザインを全面的に刷新しました。

・「過去問Exercise」などのアウトプット要素も備え、知識の定着と確認を往復しながら学習できます。

・TAC公務員講座の講義カリキュラムと連動。最適な順序でのインプットができます。

ともすれば20科目以上を学習しなければならない公務員試験においては、効率よく試験対策のできるインプット教材が不可欠です。『過去問攻略Ｖテキスト』は、上記のとおりそのニーズに応えるべく編まれています。

本書を活用して皆さんが公務員試験に合格することを祈念しております。

2022年４月　TAC公務員講座

●──〈ミクロ経済学〉はしがき

本書は、地方上級・国家一般職・国家専門職・裁判所職員一般職の公務員試験の合格に向けて、過去問（過去に出題された問題）を徹底的に分析して作成されています。過去問の分析を通じてわかることは、特定の分野から繰り返し出題されていることです。ですので、試験対策として頻出箇所を優先的に学習する必要があります。そのような受験学習のために、本書を利用するにあたって留意すべきことを示します。

1．実践を重視して学習する

本書は、経済学や数学にどちらかといえば不慣れな学習者を想定し、状況をわかりやすく説明するために多くのページを割いています。

ただし、特に、択一式（マークシート）の試験においては、どれだけきちんと経済学の理論を理解しても、１問は１点分にしかなりません。一言一句を理解・暗記するのではなく、問題を解くのに必要な情報を身につければそれでよいといえます。逆に、問題を解くことなしに理解するのは難しいともいえます。

問題を解く手順を実践しながら経済学を理解していく、という具合に実践を重視することを意識して学習しましょう。

2．重要事項に注目する

メリハリをつけて学習できるように、本文中の重要事項は**ゴシック体**で強調表記してあります。さらに初学者にとって理解の基礎となるような重要なキーワードなどは**赤字ゴシック体**にしています。

また、計算過程で文字・数値を赤字にしている箇所があります。この場合は、計算中に注目すべき部分を表しています。例えば、次の場合、約分される文字を赤くしています。

$$\frac{ab}{cd} \times \frac{d}{a} = \frac{b}{c}$$

このような部分に特に注意を向けながら本書を読み進めていってください。

3．インプットとアウトプットの往復

上でも述べたとおり、公務員試験では過去問を通じた学習がとても有効です。そのため本書では、各節の末尾に「過去問 Exercise」を配し、その節の学習内容を使った演習ができるようにしてあります。

また、その前段階として「重要事項 一問一答」や本文中の例題を通して、インプットとアウトプットを往復しながら学習できるよう配慮しています。知識や解答テクニックの吸収と、その実践をバランスよく繰り返しながら、学習効果を上げていきましょう。

2022年４月　TAC公務員講座

本書の使い方

本書は、本試験の広範な出題範囲からポイントを絞り込み、理解しやすいよう構成、解説した基本テキストです。以下は、本書の効果的な使い方ガイダンスです。

本文

●アウトライン
その節のアウトラインを示しています。これから学習する内容が、全体の中でどのような位置づけになるのか、留意しておくべきことがどのようなことなのか、あらかじめ把握したうえで読み進めていきましょう。

●脚注
試験とは直接関係しないものの、学習にあたって参考にしてほしい情報を「脚注」として適宜示しています。

★★★

2 利潤最大化

企業は、販売する商品の価格や生産コストを勘案して生産計画を立てます。ここでは、企業がどのようにして生産量を決定するかを検討しましょう。

1 利潤最大化条件

1 利　潤

① 定　義

企業の利潤 π (profit；ギリシャ語の p は π)は、**総収入** TR (Total Revenue；販売収入)から**総費用**(生産コスト)を引いた値として定義される。

利潤 π =総収入 TR −総費用 TC

(特に断りのない限り)**すべての企業は、利潤を最大化するよう行動する**(**生産する**)。

② プライステイカー(完全競争の仮定)

企業の総収入は、生産した財を販売することで企業が得る売り上げのことで、財の**価格** p (price)に、**生産量** x (販売量)をかけた大きさである。

しばらくの間、完全に競争的な市場(**完全競争市場**)を仮定する[1]。

完全競争市場において、各生産者、各消費者は、市場で決まる価格をそのまま受け容れる**プライステイカー**(**価格受容者**)である。

具体的には、完全競争市場や企業がプライステイカーであることが仮定されると、企業は価格(市場価格)を一定のもの(定数)として総収入を計算する(自分の生産活動が市場に影響を及ぼすと考えない)。

1 根本的な意味は、非常に多くの企業と消費者がいて、個々の企業や消費者の行動は、大海の一滴に過ぎず、市場に影響を及ぼすことがない、ということ。

36　第1章　企業行動理論

●重要度

各種公務員試験の出題において、この節の内容がどの程度重要かを示しています。どれも繰り返し出題されているテーマでありますが、特殊なものを除いて、頻出度をもとに表示していますので、学習にメリハリをつけるための目安として利用してください。

低★★★ ←→ ★★★高

重要度

第1章 企業行動理論

2 利潤最大化条件

価格が与えられると(価格を一定として)、**企業は利潤を最大にする生産量を選ぶ。** これを企業の**利潤最大化**行動という。

利潤の式を生産量について「**微分してゼロと置く**」ことで、利潤を最大化する生産量を決めることができる(数学Tips❶)。

例1 価格がp=80円の商品を生産する企業の利潤πは、次式で表される。

$$\underbrace{\pi}_{\text{利潤}} = \overbrace{\underbrace{80}_{p}x}^{\text{総収入}TR} - \overbrace{TC(x)}^{\text{総費用}}$$

これを生産量xについて最大化する(微分してゼロと置く)と、

$$\frac{\Delta\pi}{\Delta x} = \overbrace{(\underbrace{80}_{p}x)'}^{\text{1次式の微分}} - \overbrace{TC'(x)}^{\text{限界費用}} \underbrace{= 0}_{\text{最大化}}$$

$$\rightarrow \underbrace{80}_{p} - \underbrace{MC(x)}_{\text{限界費用}} = 0 \quad \text{両辺に}MC(x)\text{を足す} \quad \underbrace{80}_{p} = \underbrace{MC(x)}_{\text{限界費用}}$$

価格を一定として、次の関係式を、**完全競争企業**(完全競争市場で生産を行う企業)の**利潤最大化条件**と呼ぶ。

価格＝限界費用

ポイント

完全競争市場において、企業は利潤を最大化する。このとき、価格＝限界費用となる生産量を選ぶ。

なお、**生産量を1単位増やしたときの総収入の増加を限界収入**と呼ぶ。完全競争企業の場合、プライステイカーが仮定されるため、**限界収入は価格に一致する。**

●例

具体的な例を示しながら、わかりやすく解説しています。

●ポイント

学習内容を短くまとめたり、覚えておくべき公式などを示しています。

発展

直接的な出題はあまり見られないものの、理解を深めるのに役立つ説明や、ハイレベルな論点について扱っています。

(※図はいずれもサンプルです)

例題

●問題

ここまでの学習内容を身につけられているかをチェックするための、TACオリジナル問題です。まずは自分で考えてみましょう。

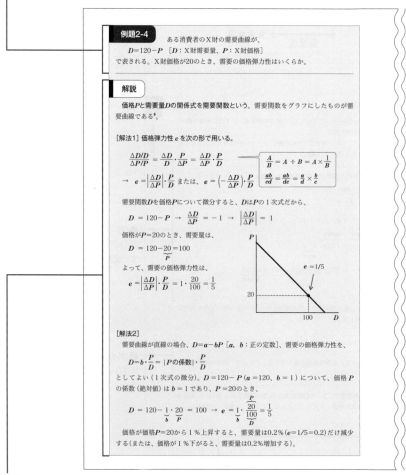

例題2-4　ある消費者のX財の需要曲線が、

$D=120-P$　［D：X財需要量、P：X財価格］

で表される。X財価格が20のとき、需要の価格弾力性はいくらか。

解説

価格Pと需要量Dの関係式を需要関数という。需要関数をグラフにしたものが需要曲線である[5]。

［解法1］価格弾力性 e を次の形で用いる。

$$\frac{\Delta D/D}{\Delta P/P}=\frac{\Delta D}{D}\cdot\frac{P}{\Delta P}=\frac{\Delta D}{\Delta P}\cdot\frac{P}{D}$$

$$\rightarrow\quad e=\left|\frac{\Delta D}{\Delta P}\right|\cdot\frac{P}{D}\ \text{または、}\ e=\left(-\frac{\Delta D}{\Delta P}\right)\cdot\frac{P}{D}$$

$$\frac{A}{B}=A\div B=A\times\frac{1}{B}$$

$$\frac{ab}{cd}=\frac{ab}{dc}=\frac{a}{d}\times\frac{b}{c}$$

需要関数Dを価格Pについて微分すると、DはPの１次式だから、

$$D=120-P\ \rightarrow\ \frac{\Delta D}{\Delta P}=-1\ \rightarrow\ \left|\frac{\Delta D}{\Delta P}\right|=1$$

価格が$P=20$のとき、需要量は、

$$D=120-\underbrace{20}_{P}=100$$

よって、需要の価格弾力性は、

$$e=\left|\frac{\Delta D}{\Delta P}\right|\cdot\frac{P}{D}=1\cdot\frac{20}{100}=\frac{1}{5}$$

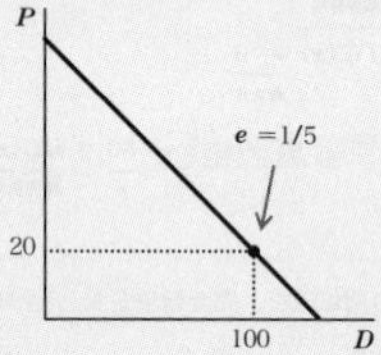

［解法2］

需要曲線が直線の場合、$D=a-bP$［a, b：正の定数］、需要の価格弾力性を、

$$D=b\cdot\frac{P}{D}=|P\text{の係数}|\cdot\frac{P}{D}$$

としてよい（１次式の微分）。$D=120-P$（$a=120$、$b=1$）について、価格Pの係数（絶対値）は$b=1$であり、$P=20$のとき、

$$D=120-\underbrace{1}_{b}\cdot\underbrace{20}_{P}=100\ \rightarrow\ e=\underbrace{1}_{b}\cdot\frac{\overbrace{20}^{P}}{\underbrace{100}_{D}}=\frac{1}{5}$$

価格が価格$P=20$から１％上昇すると、需要量は0.2％（$e=1/5=0.2$）だけ減少する（または、価格が１％下がると、需要量は0.2％増加する）。

●解説

問題を解いていく様子を具体的に示しています。必要に応じて図解や式変形についても細かく示しています。場合によっては複数の解法を示していますが、計算方法は一例に過ぎないので、自分に合った方法で解答してかまいません。

重要事項一問一答

節の最後に、学習内容を総復習できる一問一答を設けています。

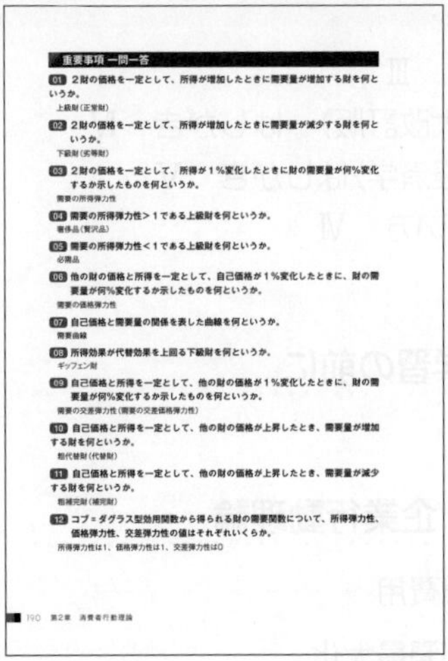

過去問Exercise

節の学習の最後に、過去問を使った問題演習に取り組んでみましょう。

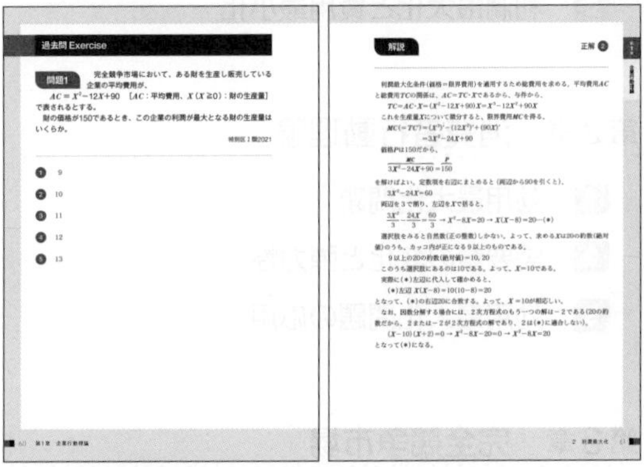

数学Tips

経済学を理解するための下支えとして、本編に登場する論点に関連する数学解説を設けています。受験対策上必須の内容ではありませんので、必要に応じて利用してください。

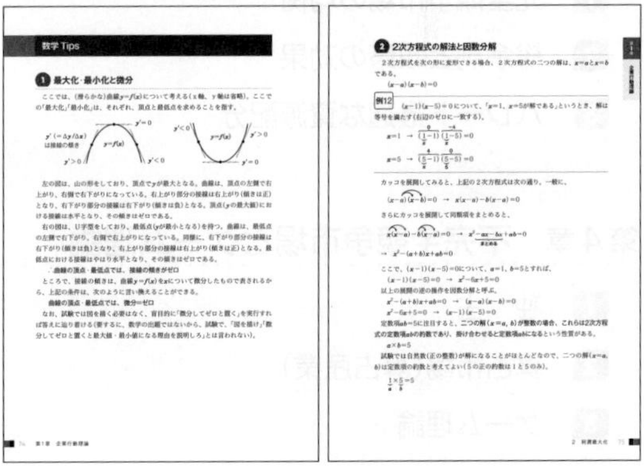

CONTENTS

第５章　市場メカニズムの限界

第６章　国際貿易

序章

学習の前に

本編の学習の前に、この本での約束事や表記の方法などについてまとめていますので、一読してください。

❶ 文字式の使用について

数学ではx、yなどで十分だが、経済学では特殊な表現を使うことがよくある。経済学は主に欧米で発達した学問ということもあり、英語の頭文字で表すものが非常に多い。

例えば、「総費用」のことをTC（Total Costの略）、「限界代替率」のことをMRS（Marginal Rate of Substitutionの略）と書くことがある。英語が得意な人であっても、経済学に特有の英語もあるため「？」と思うかもしれない。また、同じ概念であっても、書き手によって略し方がまちまちであったりする。

これらについては、あくまで、数式や図を簡素にしたいために使用している。「限界代替率をMRSと書く」「MRSは、～の頭文字」などと必死に覚えても、その意味・内容や図における表現がわからないのであれば、本末転倒になりかねない。もちろん、試験で「MRSは何の略か」と問われることもない。

また、xやyであっても何を表すものか、文章中に表記するのがマナーであり、試験でも問題文に表記されるのが一般的である。

変数を表すための単なる略字については、あくまで学習の助けになるなら、積極的に覚えてもよいという程度に考えよう。

❷ 用語の不統一について

厳密な数学や科学の世界と異なり、経済学では、「概ねこう表現される」ものと「いくつかの表現が同程度に使われる」ものがある。試験では、ミクロ経済学としてまとめてしまっているが、公共経済学、労働経済学、国際貿易論、産業組織論、…など、細分化された科目があり、それぞれの分野で特有な呼び方があるため、学習中に使用する用語も一つに定まらず、実際には様々な呼び方がある。

本書では、ポピュラーな呼称が複数ある場合には、「総費用関数(費用関数)」「上級財・正常財」「厚生損失(死荷重、超過負担)」のように併記している。試験では、どれか一つが書かれていることが多いため、「上級財」と出題されても「正常財」と出題されても概ね困らないようにしている。

❸ 図について

特に義務教育段階のグラフの場合、縦軸や横軸に矢尻を示すのが一般的である。本書では図中の説明や変化の様子を表すのに矢尻を使い、軸に矢尻は使わない(過去問を除く)。

また、個数や値段など、ほとんどのものはプラスの値しか考えないので、紙面の都合上、場合によっては、原点O（Origin）の表記も省略している。縦軸と横軸が直交する点が原点と考えればよい。

4 数式の表記

1 計算過程の説明

説明を施す場合、式の上部や下部に簡単な説明を入れる。例えば、

$$\left.\begin{array}{l} \boldsymbol{y}=\boldsymbol{x}+2 \cdots(1) \\ \boldsymbol{x}=3\cdots(2) \end{array}\right\} \xrightarrow{\text{(1)の右辺に(2)を代入}} \boldsymbol{y}=\underbrace{3}_{\boldsymbol{x}}+2=5$$

のように、「$\boldsymbol{y}=\boldsymbol{x}+2$の右辺に、$\boldsymbol{x}=3$を代入した」ことを表示する。

2 分　数

分子を$\boldsymbol{a}$、分母を$\boldsymbol{b}$として、分数、

$$\frac{\boldsymbol{a}}{\boldsymbol{b}}$$

を、

$$\boldsymbol{a}/\boldsymbol{b}$$

と横書きにしている箇所が多くある。紙面の制約や分数全体に説明をつけたい場合（$\overbrace{1/2}^{\text{傾き}}$など）に便利なため多用している。

3 式の番号と式の引用

本書では、式に番号を付ける場合、

$$\boldsymbol{x}+2\boldsymbol{y}=3 \cdots(1)$$

のように表す。一度番号を振ったものを計算過程で用いる場合、冒頭にその番号を書いて引用したことを示す。

$$(1)\ \boldsymbol{x}+2\boldsymbol{y}=3$$

5 数学の表記

数学に不慣れな学習者を考慮して、極力、不要な数学の説明を避け、次のように簡略化している。

1 極　限

極限を取ったことを表す記号､lim（リミット）は全く使わない。これに合わせて、「ゼロに限りなく近づく」「無限大に発散する」などの場合にも、

$\boldsymbol{x}=0$、 $\boldsymbol{x}=\infty$

と表現する。また、

$$\lim_{b\to 0}\frac{\boldsymbol{a}}{\boldsymbol{b}}=\infty$$

と書くべきところも、

$$\frac{\boldsymbol{a}}{\boldsymbol{b}}=\frac{\boldsymbol{a}}{0}=\infty$$

とする箇所がある（実際に$\boldsymbol{a}$を０で割るわけではなく、説明のため）。

なお、無限大については、プラス・マイナスの区別はつけず、∞とする（－∞は使わない）。

2 微分の表現（参考）

微分係数、導関数、全微分、偏微分などの使い分けはせず、「…を…で微分する」と説明する。

これに合わせて、微分や全微分の記号$\boldsymbol{d}$、偏微分の記号∂も使わず、増加分（増分、変化分）を示すΔを使う。特に、偏微分については、多変数であっても、「他の変数を一定として」を省くことがある。基本的に「$\boldsymbol{x}$について微分する」は「$\boldsymbol{x}$について偏微分している」と考えればよい。

また、

$$\frac{\Delta \boldsymbol{y}}{\Delta \boldsymbol{x}}=\boldsymbol{f}'(\boldsymbol{x})$$

と書いたあと、「両辺に$\Delta\boldsymbol{x}$をかけて」、

$$\Delta\boldsymbol{y}=\boldsymbol{f}'(\boldsymbol{x})\,\Delta\boldsymbol{x}$$

と説明する箇所がある。この場合、$\boldsymbol{f}'(\boldsymbol{x})$は関数$\boldsymbol{f}(\boldsymbol{x})$を微分したもの、$\Delta\boldsymbol{y}=\boldsymbol{f}'(\boldsymbol{x})\Delta\boldsymbol{x}$は接線を表す式として計算している。

また、微分はその名のとおり、微小な増分を捉えるものであるが、経済学では特に気にしないことが多くある(必要な場合に限り、微小な、とか、近似的にと表記する箇所もある)。

経済学は、身の回りで起こっている事柄を抽象化して分析する学問である。そのため、数学的な厳密さを犠牲にして、日常的な表現に徹することが多くなる(微分の場合だと、「〜が微小に増えたとき」ではなく、「〜が1単位増えたとき」とする)。

6 数学 Tips

特に本書の第1章・第2章については、中学・高校(特に1年生)で学習する項目について、数学Tips (ヒント)として、各節末に説明している。必要に応じて利用されたい。

また、残りの章にも各節末に数学Tipsを記載しており、こちらは、本文で使用する条件式が、どのように導出されたかを説明するものが多い。基本的には、条件式さえ覚えてしまえば事足りるものについて記載しており、受験対策上の必須知識ではない。

7 その他

国家公務員一般職のように試験時間が長いものもあるものの、ほとんどの試験ではミクロ経済学にだけ多くの解答時間を割けないことが想定される。経済学の出題は、身につけた知識から、自分で解答方法を捻り出してでも計算しなければならないということはなく、典型的な出題を3分程度で解答できるようにすることが肝要であり、それ以外のものは時間が余ったら何とか考えてみるという程度で構わない。

特に計算問題では「どのようにして正解したか」は全く問われないので、選択肢の数値を、一つ一つ代入して正解するということも、大切な試験対策となる。

第1章 企業行動理論

本章は、企業がどのようにして生産計画を立てるかを考えます。ミクロ経済学の学習は、新しい用語、数学を使った考え方、図を使った説明などと並行して進んでいきます。本章を通じて、ミクロ経済学で扱う数学も含めて、ミクロ経済学的なものの見方を学習します。

★★★

1 総費用

第1章では企業（生産者）がどのような行動をとるのかを順に見ていきます。まず、企業が生産活動を行うのに必要な費用から話を始めましょう。

1 企業の生産活動

例えば、製造業を考えると、**企業**(生産者)は、**原材料、電力、部品、労働力などを使って、製品を生産し、販売する。**

1 財

生産者(企業、農家など)**が生産し、販売する商品を財**(good)と呼ぶ。有形の商品を財、無形の商品をサービスと分類することもあるが、ここではすべて財と呼ぶことにする。

2 生産要素

財を生産するには、原材料や機械設備(工場設備)、労働者などが必要である。**財を生産するのに用いられるもの**を**生産要素**という。

3 生産コスト

企業は、様々な生産要素を使って(これを**生産要素を投入する**、という)、財を産出(生産)している。つまり、企業は財を生産し、販売することで収入を得るが、財を生産するのに投入した生産要素に対しては、代金を支払わなくてはならず、この**生産コスト全体**を企業の**総費用** TC (Total Cost)という(単に、Cで表すことも多い)。

2 企業の総費用

企業が投入する生産要素のうち、原材料や労働力のように、**比較的すぐに投入量を調節できる生産要素を可変的生産要素**という。

これに対して、例えば、中国やヨーロッパに輸出するため、財の生産量を50倍に増やすとすれば、工場をいくつも建造しなくてはならず、完成までに比較的長い期間を要する。このように、**短期間で投入量(工場の数)を調節できない生産要素を固定的生産要素**という。

以下、工場(機械設備)を固定的生産要素とする**短期**を考える。

1 生産量と総費用

企業の総費用を生産量との関係で考えよう。

① 固定費用

例えば、大きな工場を持つ企業を考える。短期において、工場は増えも減りもしないと仮定すると、既存の工場を建設するのにかかったコストは、生産量に関係なく一定である。

このように、**短期において生産量に依存せず一定なコストを固定費用*FC*** (Fixed Cost)と呼ぶ。

② 可変費用

一定の大きさの工場に対して、原材料・電力・労働力などは、生産量に応じて投入量を調整できる。**生産量の増加とともに増加するこれらのコスト**をまとめて、**可変費用*VC*** (Variable Cost)という。

③ 総費用

短期における企業の総費用***TC***は、２種類のコストの和で表される。

総費用＝可変費用＋固定費用

2 総費用関数

ここでは、具体的な式を見ながら、上記で学習した概念を整理する。

① 総費用関数

例えば、

$$TC(x) = x^3 - 2x^2 + 20x + 70 \quad [\,x：生産量、TC：総費用]$$

のように、**生産量と総費用の関係式を総費用関数**（費用関数）と呼ぶ（関数については数学Tips❶参照）。

② 可変費用関数と固定費用

総費用のうち、可変費用は生産量によって変わる費用であり、固定費用は生産量に依存せず一定の費用である。すなわち、

$$TC(x) = \underbrace{x^3 - 2x^2 + 20x}_{VC(x)} + \underbrace{70}_{FC} \quad \begin{bmatrix} x：生産量、TC：総費用 \\ VC：可変費用、FC：固定費用 \end{bmatrix}$$

つまり、次に示すように可変費用VCは生産量xの関数であり、固定費用FCは（定義により）定数である。

$$VC(x) = x^3 - 2x^2 + 20x$$

$$FC = 70$$

また、次のように生産量がゼロのとき（$x=0$）、可変費用もゼロとなり（$VC=0$）、総費用TCは、ちょうど固定費用FCに一致する。

$$VC(x) = x^3 - 2x^2 + 20x \ \rightarrow \ VC(0) = 0^3 - 2 \cdot 0^2 + 20 \cdot 0 = 0$$

より、

$$TC(x) = \underbrace{x^3 - 2x^2 + 20x}_{VC(x)} + \underbrace{70}_{FC} \ \rightarrow \ TC(0) = \underbrace{VC(0)}_{0} + \underbrace{70}_{FC} = \underbrace{70}_{FC}$$

3 総費用曲線

総費用関数のグラフを総費用曲線という。総費用曲線は、縦軸に総費用TC、横軸に生産量xを測る図に描かれ、ここでは逆S字型のものについて学習する。

前述の通り、総費用関数は可変費用関数と固定費用の和だから、総費用曲線についても、これら二つに分けて考えることにしよう。

① 固定費用

固定費用FCは生産量に関係なく一定であり、また、生産量がゼロのときの総費用に等しい。

総費用曲線のグラフは、縦軸($x=0$)の目盛が固定費用FCに等しい位置から始まる(数学Tips ❷)。

例1

固定費用が$FC=50$の場合の総費用曲線TCが描かれている。生産量が$x=2$のときの総費用は$TC=122$である。固定費用は生産量にかかわらず$FC=50$で一定だから、総費用$TC=122$のうち、固定費用$TC=50$を除いた可変費用は、$VC=72$である(∵総費用は、固定費用と可変費用の和)。

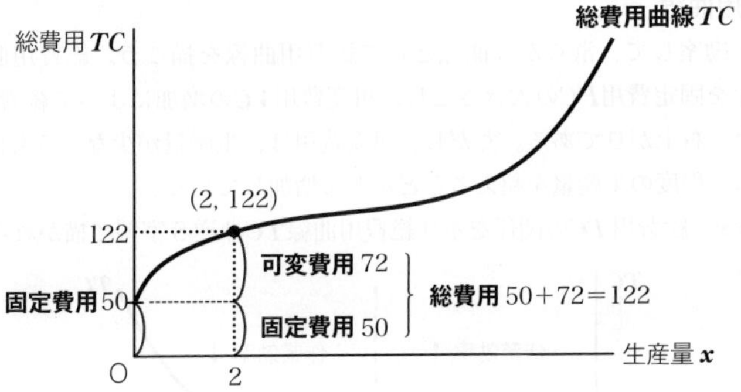

② 可変費用

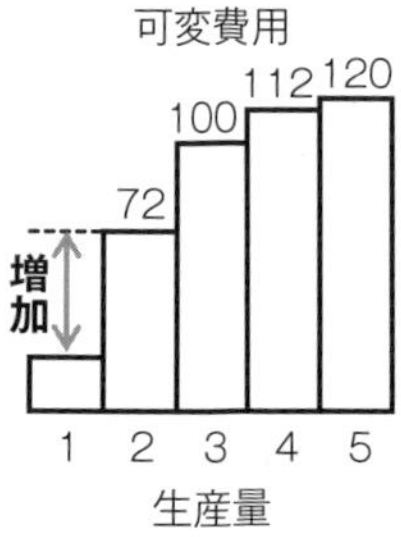

可変費用*VC*は、生産量とともに増加する。ただし、生産量が少ない場合とある程度多い場合では、可変費用の増加の仕方が異なると想定される。

例えば、大型の機械は労働者数名で扱う必要があるが、仮定から、生産量が少ない場合、雇われる労働者は少ない(生産量に応じて雇用人数が変わる)。一人で機械を操作するのはあまり効率的でない。

生産量が増えると、企業は労働者を増やすため、機械の操作が効率的になる。労働者を増やすので可変費用*VC*は増加するが、作業効率が改善されるため、可変費用の増え方は徐々に小さくなる。

生産量がある程度多くなると、今度は作業効率が悪化する。これは、仮定により、機械の台数に限りがあるにもかかわらず、生産量を増やすには労働者を増やさなければならないことによる(多くの労働者で、一定数の機械をシェアしなくてはならず、待ち時間が長くなる)。この場合、可変費用はどんどん増加していく(下図参照)。

③ 総費用曲線

以上を勘案して、滑らかな曲線として総費用曲線を描こう。総費用曲線*TC*は、縦軸切片を固定費用*FC*の大きさとし、可変費用*VC*の増加によって総費用*TC*が増えるため、右上がりである。ただし、可変費用は、生産量が少ないうちはあまり増えず、ある程度の生産量を超えるとどんどん増加していく。

生産量*x*と総費用*TC*の関係を示す総費用曲線*TC*は逆Ｓ字型で描かれる。

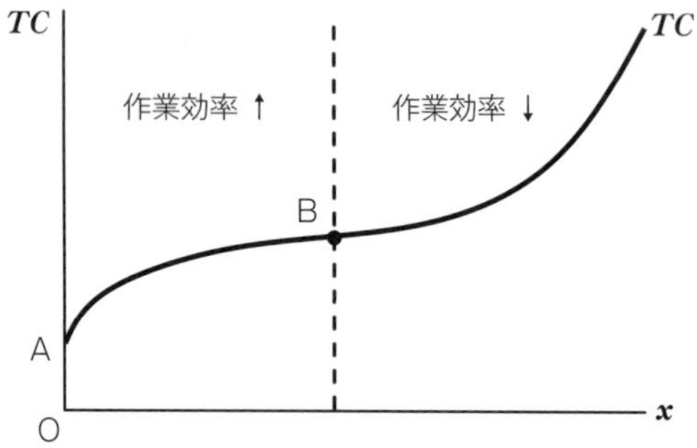

総費用曲線のAB部分は、生産量を増やしても作業効率が良くなるため、総費用があまり増えない。点Ｂを超えると、作業効率が悪くなり、総費用がどんどん大きくなる。

4 総費用の増加と限界費用

生産量を1単位増やしたときの総費用の増加額(増加分)を**限界費用*MC*** (Marginal Cost)という。経済学では、「追加的な」という意味で「限界(的な)」という用語を用いる(追加される大きさ、増加分)。

総費用曲線について、作業効率が良くなる部分では、限界費用は減少し(総費用の増加が小さくなり)、作業効率が悪くなる部分では、限界費用が増加する(総費用の増加が大きくなる)。

① 限界費用と微分

後述の通り、**限界費用*MC*は、総費用*TC*を生産量*x*について微分したもの**であり[1]、次のように書く。

$$MC = \frac{\Delta TC}{\Delta x} \quad \text{or} \quad MC = TC'$$

② 接線の傾き

限界費用*MC*は、総費用曲線*TC*の接線の傾きで表される(数学Tips❸)。

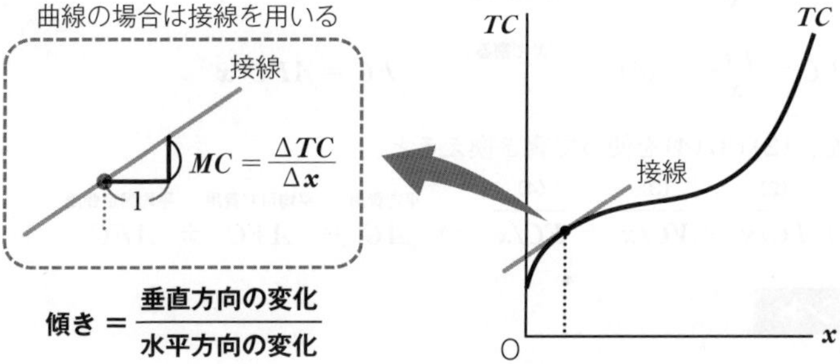

---

1 増加分(増分)をΔ(デルタ)を使って表す。

5 財１単位当たりの費用

追加的な費用(限界費用)のほかに、総費用の性質を「平均的な大きさ」で示す場合がある。ここでの「平均」は「財１個当たり」という意味で用いる。

① 定　義

総費用TCを生産量x(＞0)で割り、財(の生産) 1単位当たりに直すと、次のようになる。

$$\underset{総費用}{TC} = \underset{可変費用}{VC} + \underset{固定費用}{FC} \xrightarrow{両辺を x で割る} \frac{TC}{x} = \frac{VC}{x} + \frac{FC}{x} \quad \cdots (1)$$

ここで、財1単位当たりの(総)費用TCを平均費用AC（Average Cost)という[2]。

$$AC = \frac{TC}{x} \quad \cdots (2)$$

同様に、財1単位当たりの可変費用VCを平均可変費用AVC（Average Variable Cost)、財1単位当たりの固定費用FCを平均固定費用AFC（Average Fixed Cost)と呼ぶ。

$$AVC = \frac{VC}{x} \quad \cdots (3) \qquad \xrightarrow{x をかける} \qquad VC = AVC \cdot x$$

$$AFC = \frac{FC}{x} \quad \cdots (4) \qquad \xleftarrow{x で割る} \qquad FC = AFC \cdot x$$

(1)を、(2)(3)(4)を使って書き換えると、

$$(1)\ \overbrace{TC/x}^{(2)} = \overbrace{VC/x}^{(3)} + \overbrace{FC/x}^{(4)} \rightarrow \underset{平均費用}{AC} = \underset{平均可変費用}{AVC} + \underset{平均固定費用}{AFC}$$

ポイント

総額(左)と平均(右)の関係は相互に成り立つ。

$$\underset{総費用}{TC} = \underset{可変費用}{VC} + \underset{固定費用}{FC} \quad \underset{x をかける}{\overset{x で割る}{\rightleftarrows}} \quad \underset{平均費用}{AC} = \underset{平均可変費用}{AVC} + \underset{平均固定費用}{AFC}$$

2　稀に、平均費用ACを平均総費用ATCとすることがある。

② 総費用曲線との関係

(ア) 平均費用AC

例2

次の総費用曲線上の点A(10, 120)で平均費用を確認しよう。総費用TC=120と生産量x=10より平均費用ACは、

$$AC = \frac{TC}{x} = \frac{\overbrace{120}^{TC}}{\underbrace{10}_{x}} = 12$$

生産量x=10と総費用TC=120の組合せは、総費用曲線TC上の点A(10, 120)であり、これらの比(TC/x=12)を図にうまく当てはめて次のように表す。

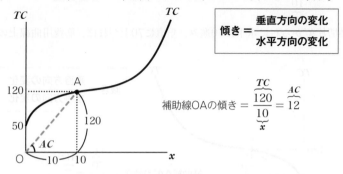

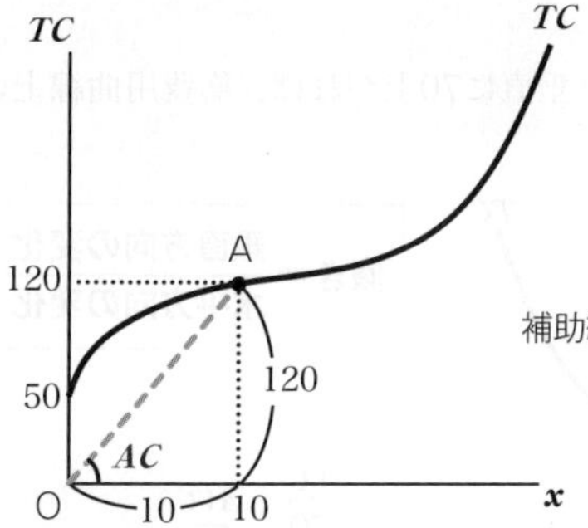

傾き＝$\dfrac{\text{垂直方向の変化}}{\text{水平方向の変化}}$

補助線OAの傾き＝$\dfrac{\overbrace{120}^{TC}}{\underbrace{10}_{x}} = \overbrace{12}^{AC}$

ポイント

平均費用ACは、原点と総費用曲線上の点を結ぶ(通る)補助線の傾きで表される。

(イ) 平均可変費用 *AVC*

例3

総費用曲線上の点A(10, 120)で平均可変費用を確認しよう。可変費用VCは、総費用TCから固定費用FCを引いたものに等しい。固定費用は$FC=50$(縦軸切片)だから、点Aにおける可変費用VCは、

$$\underset{\text{総費用}}{TC} = \underset{\text{可変費用}}{VC} + \underset{\text{固定費用}}{FC} \quad \rightarrow \quad VC = \overbrace{120}^{TC} - \overbrace{50}^{FC} = 70$$

可変費用$VC=70$を生産量$x=10$で割り、平均可変費用AVCを求めると、

$$AVC = \frac{\overbrace{70}^{VC}}{\underbrace{10}_{x}} = 7$$

縦軸切片A′から右に水平に10進み、垂直に70上がれば、総費用曲線上の点Aに至る。

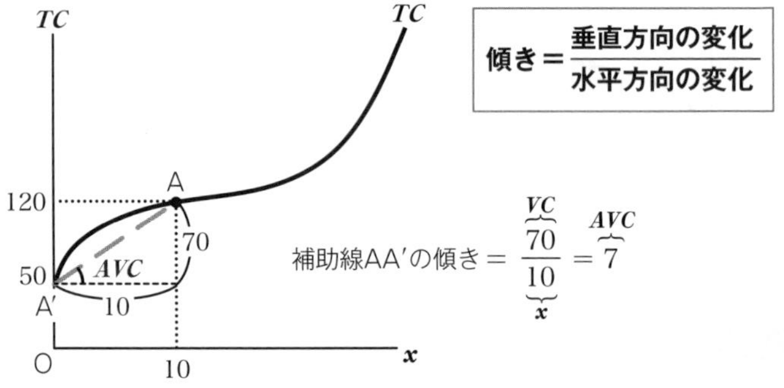

ポイント

平均可変費用AVCは、総費用曲線の縦軸切片(固定費用FCの大きさに一致)と総費用曲線上の点を結ぶ(通る)補助線の傾きで表される。

3 平均費用曲線、平均可変費用曲線、限界費用曲線

総費用曲線は、生産量と総費用の組合せを点の集まりとして描いたものである。総費用曲線上には点が無数にあり、その一つ一つに対して、限界費用、平均可変費用、平均費用の値が決まる。

ここでは、総費用曲線の図とは別に、三つの曲線を一つの図に表す。

1 生産量の増加と限界費用の変化

図は、総費用曲線*TC*とこの曲線上の点A、B、C、Dを描いたものである。総費用曲線上を右上に移動しながら(つまり、生産量が増えたとき)、接線の傾きの増減を確認する。点A(総費用曲線の縦軸切片)から点Bにかけて接線の傾きは減少し、点B以降は接線の傾きが増加する)[3]。

よって、**接線の傾き(限界費用)は、点Bにおいて減少から増加に転じ、点Bで最小となる。**

また、点CとDにおける接線を延長すると、それぞれ、総費用曲線の縦軸切片Aと原点を通過する。

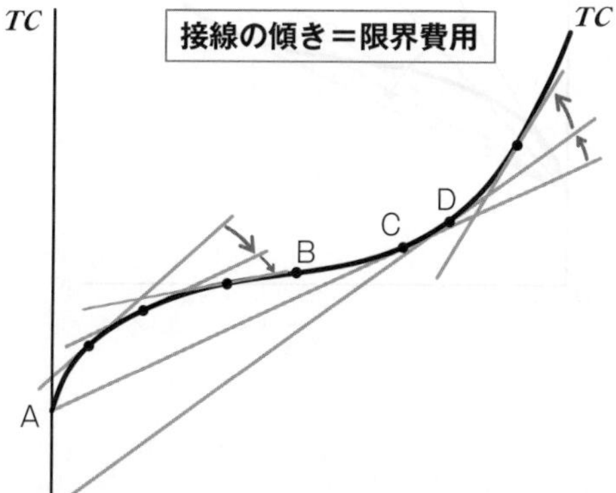

3 以下、間隔を空けて点を示すが、実際には無数に点があり、連続的に接線を示すことができる。つまり、接線の傾きも連続的に変化する。

2 生産量の増加と平均可変費用の変化

点Aから総費用曲線に沿って右上に移動しながら、点Aと総費用曲線上の点を通る直線の傾き（平均可変費用）の変化を確認する。

直線の傾きは、**点Aから点Cに至るまで減少するが、点Cを超えると増加し始める（よって、点Cにおいて傾きは最小になる）**。

ここで、二つのことに注意しよう。

一つ目は、**限界費用が最小となる点Bよりも、平均可変費用が最小となる点Cの方が右側に位置する**ということである。これは、限界費用が増加する範囲で平均可変費用が最小になることを示している。

二つ目に、点AとCを通る直線が点Cにおいて総費用曲線に接している（総費用曲線の接線）。これは、**平均可変費用が最小となる点Cで、平均可変費用の最小値が限界費用（接線の傾き）と一致する**ことを示している。

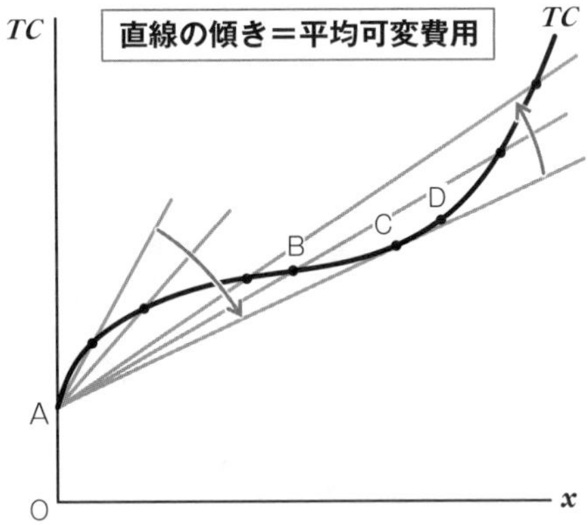

3 生産量の増加と平均費用の変化

平均費用は、原点と総費用曲線上の点を通る直線の傾きで表される。

次の図で、直線の傾きは**点AからDまで減少し、点D以降は増加する**。つまり、**平均費用は点Dで最小となる**。

点Dは、**限界費用が最小となる点Bや平均可変費用が最小となる点Cよりも右に位置する**。つまり、限界費用と平均可変費用が増加する範囲において、平均費用は最小となる。

また、点Dでは直線が総費用曲線に接しているから、**点Dにおいて、平均費用の最小値と限界費用が一致する**(平均可変費用の場合とまったく同じロジック)。

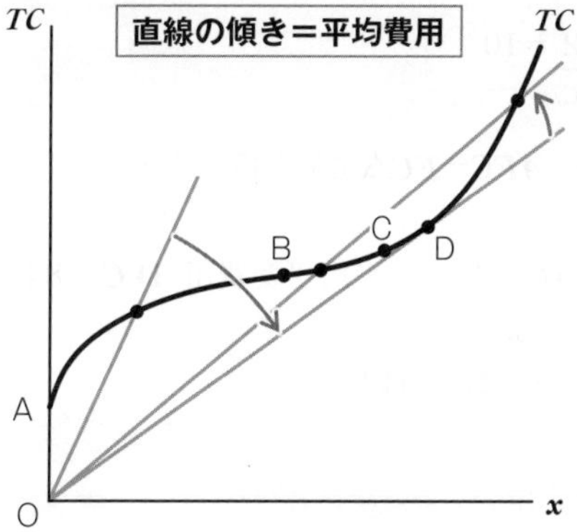

4 平均可変費用と平均費用の大小関係

固定費用FCが正であれば、任意の生産量について、平均可変費用AVCは平均費用ACよりも小さい。

例4　生産量が$x=10$のとき、可変費用が$VC=80$、固定費用が$FC=20$であるとする。このとき、総費用TCは、

$$TC=\underbrace{80}_{VC}+\underbrace{20}_{FC}=100$$

であるから、両辺を生産量$x=10$で割り、平均費用を求めると$AC=10$となる。

$$AC=\frac{TC}{x}=\underbrace{8}_{VC/x}+\underbrace{2}_{FC/x}=10$$

ここで、$AVC=VC/x$、$AFC=FC/x$で置き換えると、

$AVC=8$、$AFC=2$

であるから、平均費用$AC=10$は、平均可変費用$AVC=8$より、平均固定費用$AFC=2$の分だけ大きい。よって、

$$AC=AVC+AFC \quad \rightarrow \quad AC>AVC$$

が成り立つ。

5 平均費用曲線、平均可変費用曲線、限界費用曲線

生産量xと各費用の関係を描くと(図下)、いずれもU字型の曲線で表される(生産量を増やしたとき、減少から増加に転じたことを思い出そう)[4]。

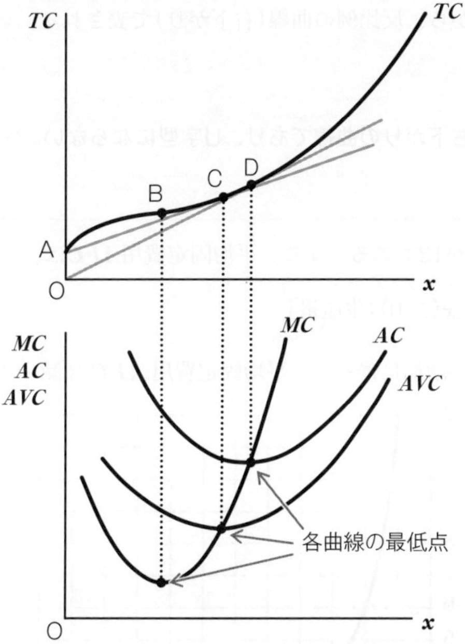

ポイント

総費用曲線TCが逆S字型の場合、限界費用曲線MC、平均費用曲線AC、平均可変費用曲線AVCは、すべてU字型の曲線で表され、

① 平均費用曲線ACの最低点を限界費用曲線MCが右上がりに通過し、

② 平均可変費用曲線AVCの最低点を限界費用曲線MCが右上がりに通過する。

4 総費用曲線の接線の傾き(限界費用)が減少から増加に転じる点Bを数学では変曲点という(図上)。点AからBまで、総費用曲線は左上に凸であり、点Bから右側では、総費用曲線は右下に凸である。つまり、点Bは、文字通り、総費用曲線の曲がり方が変わる点である。

6 平均固定費用曲線

固定費用FCは定数(>0)であり、生産量に関係なく一定である。固定費用を生産量(>0)で割った平均固定費用AFCは、生産量が増加するにつれ、どんどんゼロに近づいていくから、反比例の曲線(右下がり)で表される。

ポイント

平均固定費用は右下がりの曲線であり、U字型にならない。

例5

固定費用が12であるとする。平均固定費用AFCは、

$$AFC = \frac{12}{x} \quad [x(>0):\text{生産量}]$$

であり、生産量xの増加に伴って、平均固定費用AFCは減少する[5]。

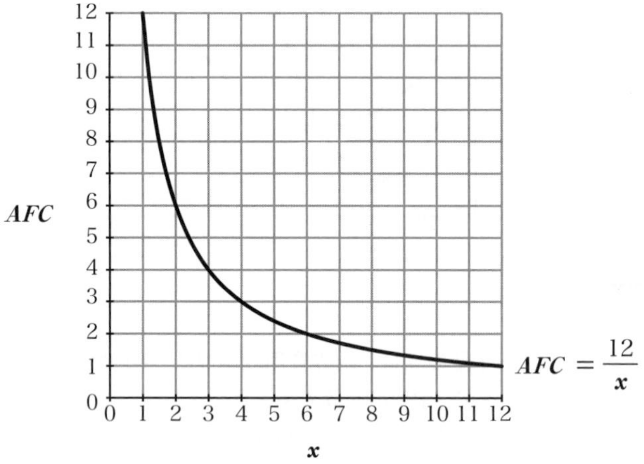

5 曲線の式が分かっている場合、曲線の形状を知る（グラフを描く）最も単純で確実な方法は、曲線上の点を調べること。$x=0.1 \rightarrow AFC=120$、$x=0.2 \rightarrow AFC=60$ 、…、$x=120 \rightarrow AFC=0.1$、…などなど。

4 総費用関数

これまでの費用の概念を、関数(式)を使って、実際に計算してみよう。

1 総費用関数

例6

生産量をx、総費用をTCとして、総費用関数

$$TC(x) = \overbrace{x^3 - 4x^2 + 10x}^{\text{生産量}\,x\,\text{を含む部分}} + \overbrace{64}^{\text{定数}}$$

について、可変費用（関数）$VC(x)$ と固定費用 FC（定数）は、それぞれ以下の通りである。

$VC(x) = x^3 - 4x^2 + 10x$

$FC = 64$

例題1-1

次の費用関数について、生産量が0および2のときの、総費用TC、可変費用VC、固定費用FCはそれぞれいくらか。

$TC(x) = x^3 - 4x^2 + 10x + 64$ ［TC：総費用、x：生産量］

解説

総費用関数に、$x = 0$を代入して計算すると[6]、

$$TC(0) = \underbrace{0^3 - 4\cdot 0^2 + 10\cdot 0}_{VC(0)=0} + \underbrace{64}_{FC} = \underbrace{64}_{FC} \rightarrow \begin{cases} VC(0) = 0 \\ FC = 64 \end{cases}$$

生産量がゼロのとき、可変費用VCはゼロであり、総費用TCは固定費用FCに一致する。

同様に、$x = 2$を代入して計算すると、

$$TC(2) = \underbrace{2^3 - 4\cdot 2^2 + 10\cdot 2}_{VC(2)=12} + \underbrace{64}_{FC} = 76 \rightarrow \begin{cases} VC(2) = 12 \\ FC = 64 \end{cases}$$

6 このように、関数（式）が与えられると、xの値に対応するTCの値が決まる。図においては、これを点として表している。式を満たす点の集まりが曲線である。

2 平均費用関数、平均可変費用関数、平均固定費用関数

次の関係が常に成り立つ($\boldsymbol{x}>0$)。

$$TC(x)=VC(x)+FC \quad \underset{\times x}{\overset{\div x}{\rightleftarrows}} \quad AC(x)=AVC(x)+AFC(x)$$

例題1-2　総費用関数$TC(x)=x^3-4x^2+10x+64$［TC：総費用、x：生産量］について、平均費用、平均可変費用、平均固定費用を生産量の式で表せ。

解説

総費用関数$TC(x)$を生産量xで割って平均費用ACを求める。

$$AC(x)=\frac{\overbrace{x^3-4x^2+10x+64}^{TC(x)}}{x}$$

$$=\underbrace{x^2-4x+10}_{AVC(x)}+\underbrace{64/x}_{AFC(x)}$$

このとき、初めの三つの項が平均可変費用AVC、最後の項が平均固定費用AFCである。

もちろん、費用関数TCの右辺で可変費用VCと固定費用FCを判別し、それぞれを生産量xで割って次のように求めてもよい。

$$AVC(x)=\frac{\overbrace{x^3-4x^2+10x}^{VC(x)}}{x}=x^2-4x+10$$

$$AFC(x)=\frac{\overbrace{64}^{FC}}{x}$$

3 微分の方法と限界費用関数

総費用関数$TC(x)$を生産量xについて微分した場合、$\Delta TC/\Delta x$と書いて、限界費用MCを表す。

ここでは、**微分のルール**(計算方法)を示し、限界費用MCを求める。

① 微分の公式

$y=ax^n$ ($y=$「a」×「xのn乗」、$a(\neq 0)$とnは定数)をxについて微分する。本書では、微分の表記として2種類を用いる(デルタ「Δ」とプライム(orダッシュ)「′」)。

$y=ax^n$ **xについて微分する** → $\dfrac{\Delta y}{\Delta x}=a\times n\times x^{n-1}$, $y'=a\times n\times x^{n-1}$ (xの指数nをかけて、指数nを1減らす)

これは、直線yの傾き、あるいは、曲線yの接線の傾きを表す(数学Tips ❸)。

まずは、「xが1増えたときのyの増加分」というイメージを念頭に置くとよい。

例7

xの関数yを、xについて微分する[7]。

$$y=x^2 \rightarrow y'=2x^{2-1}=2x$$

$$y=\frac{x^3}{3}\left(=\frac{1}{3}x^3\right)\rightarrow y'=\frac{1}{3}\cdot 3x^{3-1}=x^2$$

② 1次式(1次の項)および定数(定数項)の微分

頻出のため、結果を暗記してすぐに適用できることが望ましい。1次式(直線)の傾きが一定であることを思い出せば、

$$y=\underbrace{a}_{\text{係数}}x \rightarrow y'=a\ (\text{係数})$$

また、水平な直線(xにかかわらずyが一定)は傾きがないことを思い出せば、

$$y=b\ (\text{任意の定数}) \rightarrow y'=0$$

どちらも「xが1増えたときのyの増加分」というイメージがあれば、特別な説明は要さないだろう。

7 計算過程は採点されないから、自分で混同しない限り、簡素な書き方(′)でよい(時間の節約)。

③ 多項式の微分

上記を使って、各項を一つずつ微分すればよい[8]。

例8

上記ルール①を各項に適用しよう。

$$y = x^3 - 2x^2 \rightarrow y' = (x^3)' - (2x^2)' = 3x^2 - 4x \quad \{x^1 = x\}$$

例題1-3

総費用関数$TC(x) = x^3 - 4x^2 + 10x + 64$について、限界費用を生産量の式で表せ。ただし、$TC$は総費用、$x$は生産量である。

解説

総費用関数を生産量で微分すると、次のように限界費用を得る。

$$\underbrace{\Delta C(x)/\Delta x}_{MC(x)} = \underbrace{(x^3)' - (4x^2)' + \underbrace{(10x)'}_{\text{1次の項の微分}} + \underbrace{(64)'}_{\text{定数項の微分}}}_{\text{各項をそれぞれ微分}}$$

$$= 3x^2 - 4 \times 2x^1 + 10 + 0$$

$$\rightarrow \quad MC(x) = 3x^2 - 8x + 10$$

8　厳密に言えば、右辺を項ごとに示すと、$y = x^3 + (-2x^2)$ であり、右辺第2項は $(-2x^2)$ であるが、ここではこれにこだわらない（$\because (-2x^2)' = -(2x^2)'$）。

重要事項 一問一答

01 総費用 TC を2種類のコストの和で示せ。

可変費用 VC ＋ 固定費用 FC

短期において、企業が財を生産するときの**総費用 TC** は、生産量とともに増加する**可変費用 VC** と、生産量に関係なく一定な**固定費用 FC** の和で表される。

02 生産量がゼロのときの可変費用はいくらか。

ゼロ

生産量がゼロのとき、可変費用はゼロであり、総費用は固定費用に等しい。

03 平均費用はどのような費用か。

財（の生産）1単位当たりの（総）費用

原点と総費用曲線上の点を通る直線の傾きで表される。

04 平均可変費用はどのような費用か。

財（の生産）1単位当たりの可変費用

総費用曲線の縦軸切片と総費用曲線上の点を通る直線の傾きで表される。

05 平均固定費用はどのような費用か。

財（の生産）1単位当たりの固定費用

06 平均費用 AC を2種類のコストの和で示せ。

平均可変費用 AVC ＋ 平均固定費用 AFC

07 限界費用はどのような費用か。

財を1単位多く生産したときの総費用の増加

総費用曲線の接線の傾きで表される。

08 総費用曲線が逆S字型の場合、平均費用曲線、平均可変費用曲線、限界費用曲線はどのような形になるか。

いずれもU字型の曲線で描かれる

09 平均固定費用はどのような曲線として表されるか。

反比例の曲線

平均固定費用は反比例の曲線で表され、生産量を増やせば増やすほどゼロに近づく。

数学 Tips

1 関　数

例えば、$y=2x$のように、xとyの関係を表したもので、「yはxの関数(式)である」ということを、

$y=f(x)$

のように表す場合がある(fは、関数functionの略)。

経済学では一度に多くの関数が登場するため、fを使わず簡単に、

$TC=TC(x)$

$VC=VC(x)$

と表すことが多いのでこの慣例に従う(特に決まりはない)。

この形式で書くことの利点があるとすれば、

$TC=TC(0)$

のように、「$x=0$のときの」と明記できることにある。

2 グラフ

関数のグラフが、横軸(x軸)や縦軸(y軸)と交差する場合、横軸との交点を横軸切片、縦軸との交点を縦軸切片という。

各軸を式で表すと、

縦軸　→　$x=0$

横軸　→　$y=0$

である。したがって、グラフについて、

縦軸切片は、$x=0$としたときのyの値

横軸切片は、$y=0$としたときのxの値

として求めることができる。

例9

xとyの関係式が、

$x+2y=10$

で表されている。

縦軸がy、横軸がxのグラフを考えると、

縦軸切片；$x=0$　→　$\underbrace{0}_{x}+2y=10$　→　$y=5$

横軸切片；$y=0 \rightarrow x+2\cdot\underbrace{0}_{y}=10 \rightarrow x=10$

また、式を変形して、

$$x+2y=10 \rightarrow 2y=-x+10 \rightarrow y=-\frac{1}{2}x+5$$

とすれば、yをxの関数（式）として表すことができる。

なお、試験では、

$$y=5-\frac{1}{2}x$$

のように表すことも多いので、早めに慣れておこう。

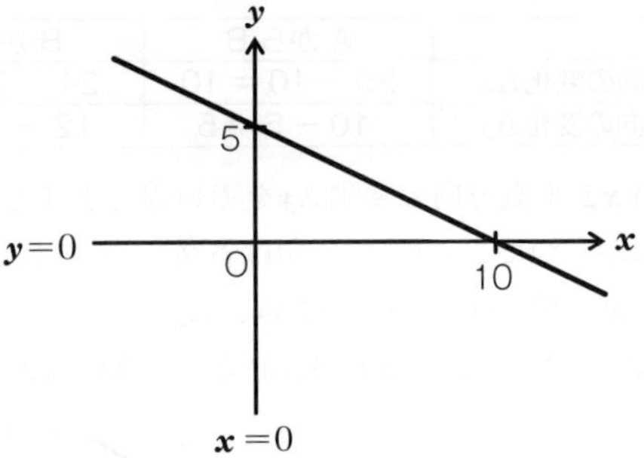

参考 $ax+by=c$ ［a, b：ゼロ以外の定数、c：任意の定数］の形式は、yがxの1次式である（また、xがyの1次式でもある）。（数学と違って）何が横軸で、何が縦軸かは、トピックごとに大きく変わるので、$y=(c/b)-(a/b)x$の形に直さなくても分かるようにしておこう。

3 直線の傾き（変化率）

1 直線の傾きとは

ここでは、まず、数学としての傾きと、経済学における使用例を学習する。

例10 $y = 0.5x$

この直線のグラフを描く。次の直線上の点A、B、Cを考えよう。

点	A	B	C
x	10	20	24
y	5	10	12

$y = 0.5x$ の右辺に x の値を代入して求めたもの

直線上の二つの点について、x 座標の変化(水平方向の変化)と y 座標の変化(垂直方向の変化)を調べる。ここで、x 座標の変化を Δx(デルタ)、y 座標の変化を Δy で表す。

	A から B	B から C
水平方向の変化 Δx	20 − 10 = 10	24 − 20 = 4
垂直方向の変化 Δy	10 − 5 = 5	12 − 10 = 2

水平方向の変化 Δx と垂直方向の変化 Δy を赤い線で表すと、直線 $y=0.5x$ を斜辺とする直角三角形が二つできる(直角の印は省略)。このとき、斜辺がABの直角三角形の底辺は、$\Delta x=20-10=10$、高さは、$\Delta y=10-5=5$ であり、斜辺がBCの直角三角形の底辺は、$\Delta x=24-20=4$、高さは、$\Delta y=12-10=2$ である。

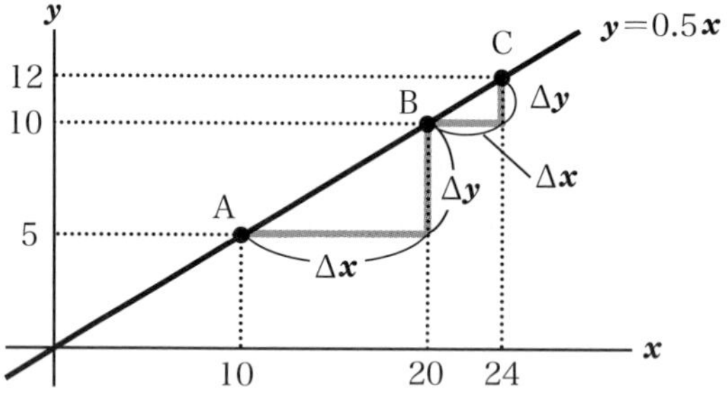

次に、垂直方向の変化 Δy と水平方向の変化 Δx の比率を求める。斜辺がABとBCの直角三角形では、それぞれ、

〈斜辺 AB〉$\dfrac{\Delta y}{\Delta x}=\dfrac{5}{10}=0.5$

〈斜辺 BC〉$\dfrac{\Delta y}{\Delta x}=\dfrac{2}{4}=0.5$

どちらも、$\Delta y/\Delta x=0.5$ であるが、これは、水平方向の変化が 1 のとき($\Delta x=1$)、垂直方向の変化が0.5であることを示している。

$$\frac{\Delta y}{\Delta x}=0.5=\frac{0.5}{1} \rightarrow \Delta x=1 \text{ のとき、} \Delta y=0.5$$

この比率$\Delta y/\Delta x$を、直線の傾きと定義する。

$$\text{直線の傾き}=\frac{\text{垂直方向の変化}}{\text{水平方向の変化}}=\frac{\Delta y}{\Delta x}$$

また、一度、直線の傾きが定まると($\Delta y/\Delta x=0.5$)、次のように考えることができる。点AからBへ、水平方向に10増えると($\Delta x=10$)、垂直方向には、$\Delta x=10$の0.5倍増加する。

$$\Delta y=0.5\Delta x=0.5\times 10=5$$

同様に、点BからCへ、水平方向に４増えると($\Delta x=4$)、垂直方向には、

$$\Delta y=0.5\Delta x=0.5\times 4=2$$

よって、直線の傾きは、垂直方向の変化Δyが、水平方向の変化Δxの何倍になるか(変化率)を表しており、直線$y=0.5x$の場合、右辺xの係数0.5が傾きを表し一定である。

例11

総費用TCと生産量xの関係が次式で示される。

$$TC=\underbrace{2}_{\text{係数}}x+4$$

この直線の傾きは２であり、生産量が１個増えると($\Delta x=1$)、総費用の増加はその２倍である。

$$TC=\underbrace{2}_{\text{係数}}x+4 \quad\rightarrow\quad \text{傾き}=\frac{\Delta TC}{\Delta x}=2$$

例えば、生産量が0.5個増えると($\Delta x=0.5$)、総費用はその２倍増加する。

$$\Delta TC=\underbrace{2}_{\text{傾き}}\Delta x=2\times 0.5=1$$

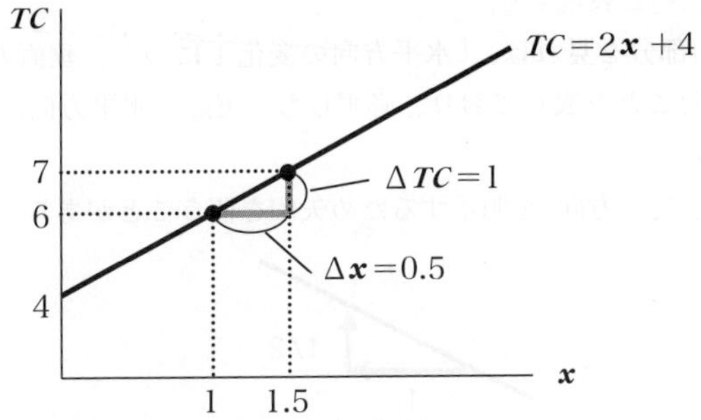

このように、数学で無味乾燥に「直線の傾き」と呼んでいる概念は、経済学においては、グラフが表す関係(ここでは、生産量と総費用)について表すものである。

また、「傾きが２である」ことを表現する場合には、

$$\text{傾き} = \frac{\Delta \boldsymbol{TC}}{\Delta \boldsymbol{x}} = \frac{2}{1}\ (=2)$$

と表せるため、慣例的に、「生産量が１個増えるたびに（$\Delta \boldsymbol{x}=1$）、総費用が２円増える（$\Delta \boldsymbol{TC}=2$）」という（限界費用の定義が「生産量が１単位増えたときの総費用の増加」である理由）。

---

2 表現形式

本書では、図の見やすさを優先して、傾きを表すのにいくつかの方法を使う。

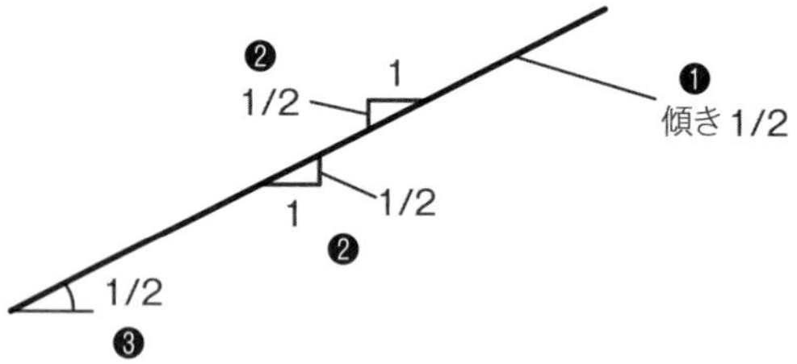

❶　直接的に明記する。

❷　「ヨコ（水平）に１、タテ（垂直）に1/2」とし、タテの長さで傾きを表現する。

$$\text{傾き} = \frac{\text{垂直方向の変化}}{\text{水平方向の変化}} = \frac{1/2}{\underbrace{1}_{\#}} = \frac{1}{2}$$

ヨコを常に１とするので、タテの長さが傾きを表す。「傾きは、ヨコに１進んだときのタテの長さ」と表現する。

ただし、「＃」部分を見れば、「水平方向の変化**１につき**、垂直方向の変化が1/2である」（変化率）ことを表しており、必ずしも、実際に水平方向に１増えたという意味を持たない。

ほぼ同じ要領で、「方向」を明示するため矢印を使うことがある。

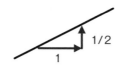

❸ 角度(30°、45°など)と同じような書き方を使う。ただし、角度と異なり、傾きは水平方向に対する垂直方向の変化しか表せない。

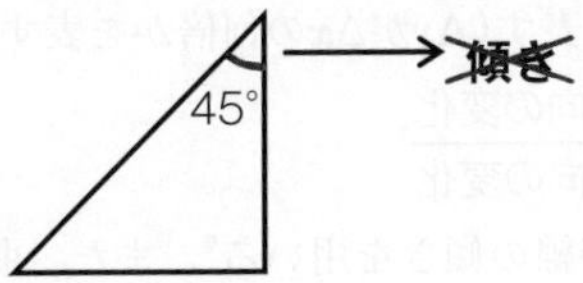

3 大小関係

例12

三つの直線$\boldsymbol{l}$(傾き2)、$\boldsymbol{m}$(傾き1)、$\boldsymbol{n}$(傾き0.2)を比較する。

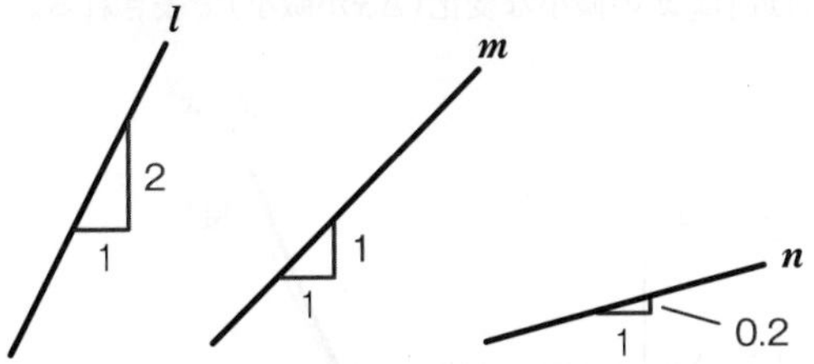

横の長さを1として、縦の長さが短いものほど(垂直方向にはあまり伸びていかないので)、傾きが小さく、横に寝そべった形になる。

逆に、傾きの値が分からない場合、見た目(傾き加減)で大小関係を判断してよい。(傾きの値が明示されていないとして)上記の図において、大小関係は、

直線$\boldsymbol{n}$の傾き<直線$\boldsymbol{m}$の傾き<直線$\boldsymbol{l}$の傾き

だと、はっきり分かる。

なお、傾きが等しい直線どうしは平行である。また、右下がりの直線の傾きは負であるが、経済学では、傾きの絶対値(マイナス記号を取ったもの。縦棒| |で囲って表す)を使うことが多い。

傾き=−1 → |傾き|=1

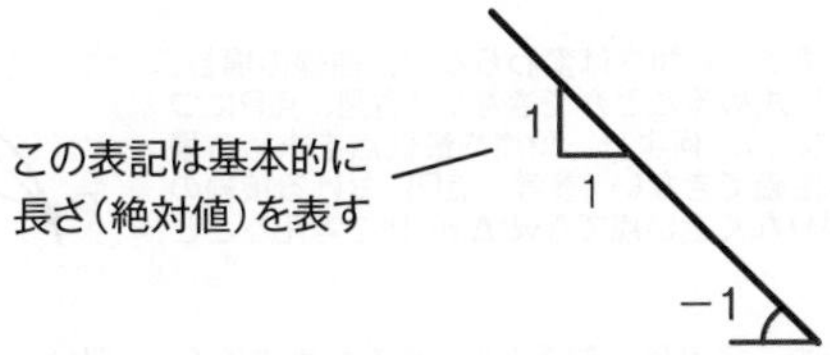

❹ 曲線と接線の傾き

曲線の傾きも直線同様に表す（ΔyがΔxの何倍かを表す）。

$$傾き = \frac{\Delta y}{\Delta x} = \frac{垂直方向の変化}{水平方向の変化}$$

ただし、曲線の場合、接線の傾きを用いる[9]。また、曲線を微分すると接線の傾きになる（導出は省略）。

例13 放物線$y=x^2$上の点(4, 16)における接線が示されており、その傾きは8であることが分かっている。この点の付近では、接線と曲線はほぼ一致するから[10]、点(4, 16)における曲線の傾き（変化率）を、この接線の傾きとする。

数学上、「点の付近」は x の微小な変化（Δxが微小）で表される。

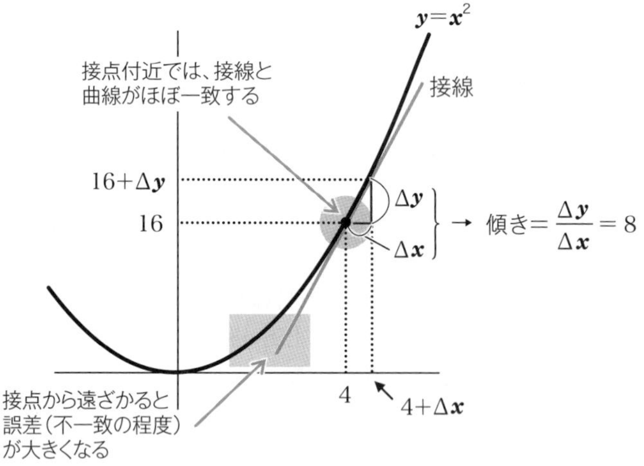

曲線上に点は無数にあるから、点ごとに接線の傾きを求めなければならない。

9　直線の場合、離れた２点を使っても傾きは変わらない。曲線の場合、離れた２点では傾きを一意に決めることができない（右図、点Pについて、PQとPRで傾きが異なる）。何より、頂点や最低点を求める場合（後述）、接線でなければ定義できない（参考：点Pにおける接線の傾きとは、点Pと、点Pに限りなく近い点でΔyとΔxの比を考えることに相当する）。

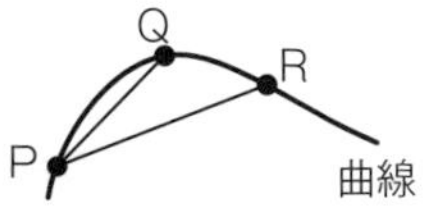

10　地球は丸いのに地面は平らだ。これは、球面上の一点を拡大する（＝人間の視野）と（ほとんど）平面であるため。これと同じ原理で、曲線上の一点付近を拡大すると（ほとんど）直線になっている。

例14 総費用TCと生産量xの関係が次式で表される。

$TC(x)=x^2+20$

初めに微分を使わないで計算してみる。いま、生産量を４個から4.1個に増加すると、総費用の増加ΔTCは、

$$\left.\begin{array}{l} TC(4)=4^2+20=36 \\ TC(4.1)=4.1^2+20=36.81 \end{array}\right\} \rightarrow \Delta TC=\underbrace{36.81}_{TC(4.1)}-\underbrace{36}_{TC(4)}=0.81$$

次に、微分を使って(接線の傾きを使って)考えてみよう。総費用TCを生産量xについて微分した限界費用MCは、

$$TC(x)=\underbrace{x^2}_{2次}+\underbrace{20}_{定数} \rightarrow MC\left(=\frac{\Delta TC}{\Delta x}\right)=(x^2)'+(20)'$$

$$=2x+0$$

$$=2x$$

生産量を$x=4$とすると、生産量を１個増やしたときの総費用の増加は、

$MC=2x=2\cdot 4=8$

である。よって、$\Delta x=0.1$（４個から4.1個に増加)のときの総費用の増加ΔTCは、変化率$MC=8$に$\Delta x=0.1$をかけて、

$\Delta TC=MC\cdot\Delta x=8\cdot 0.1=0.8$

となり、初めの計算結果（0.81）との誤差がわずか0.01しかない（曲線の場合、微分は曲線を接線（直線）で近似したもの)。

このように、経済学の場合、微分の方が計算は楽であり、大きなメリットがある。なお、試験では、通常、接線の傾き自体で考えることが多い($\Delta x=0.1$ではなく、$\Delta x=1$のときのΔTCを考えればよい)。

[参　考]

数学・物理学の場合、接線の傾きは、接点における瞬間的な変化率を表す。瞬間的な変化率とは、例えば、スキージャンプで、ジャンプ台から飛び出す瞬間の速度を表す(瞬間的な速度)。

★★★

2 利潤最大化

企業は、販売する商品の価格や生産コストを勘案して生産計画を立てます。ここでは、企業がどのようにして生産量を決定するかを検討しましょう。

1 利潤最大化条件

1 利　潤

① 定　義

企業の利潤π (profit；ギリシャ語のｐはπ)は、**総収入*TR*** (Total Revenue；販売収入)から**総費用**(生産コスト)を引いた値として定義される。

利潤π＝総収入TR－総費用TC

(特に断りのない限り)**すべての企業は、利潤を最大化するよう行動する**(生産する)。

② プライステイカー (完全競争の仮定)

企業の総収入は、生産した財を販売することで企業が得る売り上げのことで、財の**価格*p***(price)に、生産量x(販売量)をかけた大きさである。

しばらくの間、完全に競争的な市場(**完全競争市場**)を仮定する[1]。

完全競争市場において、各生産者、各消費者は、市場で決まる価格をそのまま受け容れる**プライステイカー**(**価格受容者**)である。

具体的には、完全競争市場や企業がプライステイカーであることが仮定されると、企業は価格(市場価格)を一定のもの(定数)として総収入を計算する(自分の生産活動が市場に影響を及ぼすと考えない)。

1　根本的な意味は、非常に多くの企業と消費者がいて、個々の企業や消費者の行動は、大海の一滴に過ぎず、市場に影響を及ぼすことがない、ということ。

2 利潤最大化条件

価格が与えられると(価格を一定として)、**企業は利潤を最大にする生産量を選ぶ。** これを企業の**利潤最大化行動**という。

利潤の式を生産量について「**微分してゼロと置く**」ことで、利潤を最大化する生産量を決めることができる(数学Tips❶)。

例1

価格がp=80円の商品を生産する企業の利潤πは、次式で表される。

$$\underset{\text{利潤}}{\pi} = \overbrace{\underbrace{80}_{p}\boldsymbol{x}}^{\text{総収入}TR} - \overbrace{TC(\boldsymbol{x})}^{\text{総費用}}$$

これを生産量xについて最大化する(微分してゼロと置く)と、

$$\frac{\Delta\pi}{\Delta\boldsymbol{x}} = \overbrace{(\underbrace{80}_{p}\boldsymbol{x})'}^{\text{1次式の微分}} - \overbrace{TC'(\boldsymbol{x})}^{\text{限界費用}} \underbrace{= 0}_{\text{最大化}}$$

$$\rightarrow \underbrace{80}_{p} - \underbrace{MC(\boldsymbol{x})}_{\text{限界費用}} = 0 \quad \xrightarrow{\text{両辺に}MC(x)\text{を足す}} \quad \underbrace{80}_{p} = \underbrace{MC(\boldsymbol{x})}_{\text{限界費用}}$$

価格を一定として、次の関係式を、**完全競争企業**(完全競争市場で生産を行う企業)**の利潤最大化条件**と呼ぶ。

価格=限界費用

ポイント

完全競争市場において、企業は利潤を最大化する。このとき、価格=限界費用となる生産量を選ぶ。

なお、**生産量を1単位増やしたときの総収入の増加**を限界収入と呼ぶ。完全競争企業の場合、プライステイカーが仮定されるため、限界収入は価格に一致する。

例題1-4

価格18の財を生産する企業の限界費用が次に示されている。

$MC(x)=x^2-4x+6$　[MC：限界費用、x：生産量]

この企業が利潤を最大化するときの生産量はいくらか。

❶ 2
❷ 4
❸ 6
❹ 8
❺ 10

解説

2次方程式を解くが、試験では選択肢が与えられるので、有効活用する。この場合、以下のようにすると素早く解くことができる。

[解法1]

利潤最大化条件「**価格＝限界費用**」を適用して[2]、

$$\overbrace{x^2-4x+6}^{MC}=\overbrace{18}^{p}\cdots(1)$$

→ 両辺から6を引いて（左辺の6を右辺に移項して）→

$$x^2-4x\underbrace{+6-6}_{0}=18-6$$

$$\rightarrow\quad x^2-4x=12$$

→ 左辺をxで括る →

$$x(x-4)=12\cdots(2)$$

共通因子で括る
$ab+ac=a(b+c)$

選択肢のうち、(2)の等号を満たすものが解である（少なくとも解の一つである）。

2　本書では、例えば、「価格＝限界費用」であっても、計算しやすさから、「限界費用＝価格」として解くことが多い。（試験では時間をセーブしたいが）手間を惜しむのが嫌なら、価格＝限界費用、を書いてから、限界費用＝価格にとして解けばよい。

$$\left\{\begin{array}{ll} \boldsymbol{x}=2 \rightarrow & \underbrace{2\,(2-4)}_{-4} \neq 12 \\ \boldsymbol{x}=4 \rightarrow & \underbrace{4\,(4-4)}_{0} \neq 12 \\ \boldsymbol{x}=6 \rightarrow & \underbrace{6\,(6-4)}_{12} = 12 \\ \boldsymbol{x}=8 \rightarrow & \underbrace{8\,(8-4)}_{32} \neq 12 \\ \boldsymbol{x}=10 \rightarrow & \underbrace{10\,(10-4)}_{60} \neq 12 \end{array}\right.$$

よって、解は$\boldsymbol{x}=6$である（２次方程式には多くて二つの解があるが、選択肢の中から選ばなくてはならないから、これ以上調べる必要はない）。

なお、右辺12（正の数）と一致するには、左辺も正でなくてはならない。求める$\boldsymbol{x}$は正の数（選択肢を見よ）なので[3]、

$$(2)\ \ \underbrace{\boldsymbol{x}}_{(+)}(\boldsymbol{x}-4)=\underbrace{12}_{(+)} \ \rightarrow\ \boldsymbol{x}-4>0 \ \rightarrow\ \boldsymbol{x}>4 \ \cdots(3)$$

と絞り込んでから、選択肢を逐次代入して確認すればよい。

[解法2]

２次方程式について、求める解が正の整数の場合、**定数項の約数が解の候補である**（数学 Tips❷）。

上記の通り、(2)の形に直す。

$(2)\ \boldsymbol{x}(\boldsymbol{x}-4)=12 \ \rightarrow\ (3)\ \boldsymbol{x}>4$

このとき、右辺12の約数が解の候補であり、[解法1]と同様に、(2)と(3)を満たさなくてはならない。４より大きい12の約数である６、12のうち、選択肢にあるのは、$\boldsymbol{x}=6$だけである。

なお、因数分解する場合にも、[解法2]を用いればよい（数学Tips❷）。

$$\begin{array}{l} (2)\ \boldsymbol{x}(\boldsymbol{x}-4)=12 \\ \rightarrow\ \boldsymbol{x}^2-4\boldsymbol{x}=12 \\ \rightarrow\ \boldsymbol{x}^2-4\boldsymbol{x}-12=0 \\ \rightarrow\ (\boldsymbol{x}-6)(\boldsymbol{x}+2)=0 \end{array}$$

3　本書では、特に積（かけ算）の部分について、プラス（正）であれば「(＋)」、マイナス（負）であれば「(－)」のように記す。また、正の数×正の数＝正の数、または、負の数×負の数＝正の数、である。

3 利潤最大化の図解 発展

総費用曲線の図から、利潤最大化条件「価格＝限界費用」の意味を考えよう。

例2

次の図において、総収入TRが傾き（価格p）を一定として直線で表されている。総費用曲線TCは逆Ｓ字型で表され（縦軸切片は固定費用FC）、接線の傾きが限界費用MCである（接線は、総費用曲線上に無数に存在するが一部だけ示す）。

まず、利潤最大化条件（価格pと限界費用MCの一致）は、総費用曲線TCの接線の傾き（限界費用）と総収入の直線TRの傾き（価格）が等しい場合に満たされる（点Ｂ）（総費用曲線の接線と総収入の直線が平行）。

点Ｂにおける生産量は$x=12$であり、これを生産・販売したときの総収入は点Ａ（の高さ）で、総費用は点Ｂ（の高さ）で表されるから、最大化された利潤πの大きさは、利潤＝総収入－総費用＝ABの長さ、である。

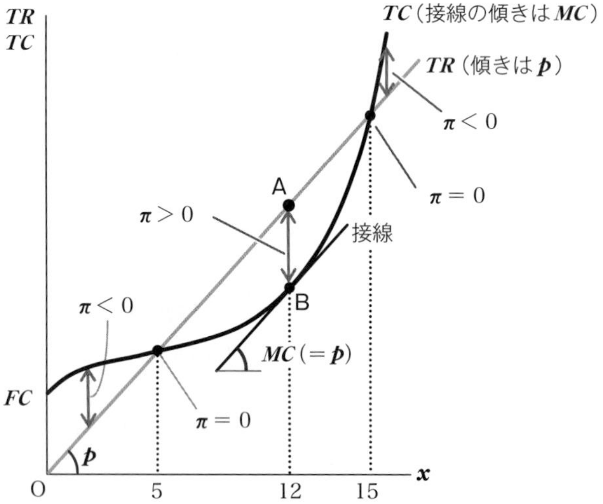

なお、この図において、利潤πは常に総収入TRと総費用TCの垂直差で表されている。図から、生産量に応じて次のことが読み取れる。

$x=0$のとき、利潤は固定費用分の赤字	$\pi=\overbrace{0}^{TR}-\overbrace{FC}^{TC}=-FC$
$0 \leqq x < 5$ と $x > 15$の範囲で、利潤は赤字	$\pi=TR-TC<0$ $(\because TR<TC)$
$x=5$と$x=15$のとき、利潤はゼロ	$\pi=TR-TC=0$ $(\because TR=TC)$
$5<x<15$の範囲で、利潤は黒字	$\pi=TR-TC>0$ $(\because TR>TC)$

上記の図から、総収入と総費用の垂直差として利潤πを測り、生産量xとの関係を描いたのが次の図である。生産量をゼロから増やしていくと利潤は増加し(∵利潤の曲線が右上がり)、頂点で最大となり、これを過ぎると減少する(∵利潤の曲線が右下がり)。

頂点における接線は水平であり、その傾きはゼロである(これが、利潤を生産量について微分してゼロと置く理由)。

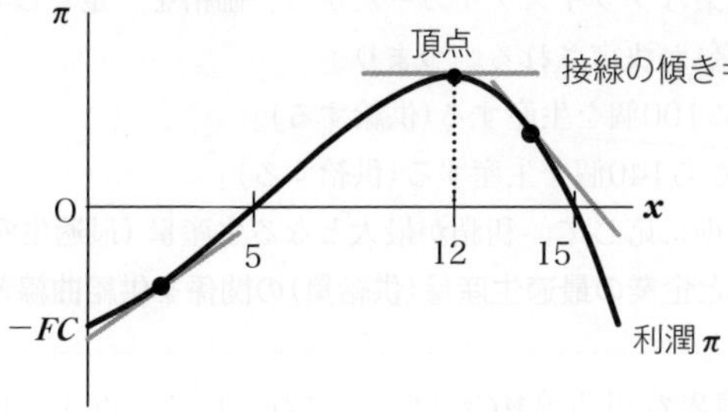

利潤πを微分したもの$\Delta\pi/\Delta x$（参考；限界利潤という)は、価格pから限界費用MCを引いたものである。

$$\pi = \overbrace{px}^{TR} - TC \;\rightarrow\; \frac{\Delta\pi}{\Delta x} = \underbrace{p}_{\Delta TR/\Delta x} - \underbrace{MC}_{\Delta TC/\Delta x}$$

これは、図においては接線の傾きを表すから、頂点において、

$$\overbrace{\underbrace{p}_{\Delta TR/\Delta x} - \underbrace{MC}_{\Delta TC/\Delta x}}^{\text{接線の傾き}\ \Delta\pi/\Delta x} = 0 \;\rightarrow\; p = MC$$

なお、頂点より左側(右上がり部分)では、接線の傾きは正だから(∵右上がり)、

$$\overbrace{\underbrace{p}_{\Delta TR/\Delta x} - \underbrace{MC}_{\Delta TC/\Delta x}}^{\text{接線の傾き}\ \Delta\pi/\Delta x} > 0 \;\rightarrow\; p > MC$$

である。この場合、生産量を増やせば利潤が増加する。

また、頂点より右側(右下がり部分)では、接線の傾きは負であり(∵右下がり)、

$$\overbrace{\underbrace{p}_{\Delta TR/\Delta x} - \underbrace{MC}_{\Delta TC/\Delta x}}^{\text{接線の傾き}\ \Delta\pi/\Delta x} < 0 \;\rightarrow\; p < MC$$

である。この場合、生産量を減らせば利潤が増加する。

❷ 企業の供給曲線（短期）

1 価格と限界費用曲線

完全競争企業は、利潤最大化条件（価格＝限界費用）を満たすように財を生産し、市場に**供給**する。

仮定により、企業はプライステイカーだから、価格を一定として、利潤を最大にする供給量（生産量）が決定される。つまり、

「価格40円なら100個を生産する（供給する）」

「価格が80円なら140個を生産する（供給する）」

のように、価格水準に応じて、利潤が最大となる生産量（最適生産量）が異なる。

このような**価格と企業の最適生産量（供給量）の関係**を**供給曲線**として表す。

例3

企業の限界費用曲線MCが図に示されている。点A、B、Cは、それぞれ、価格pが120、90、70の場合の、価格（水平な直線）と限界費用曲線MCの交点を表している（価格＝限界費用が成立する点）。交点A、B、Cから、利潤を最大にする最適な生産量10、9、8がそれぞれ決まる。

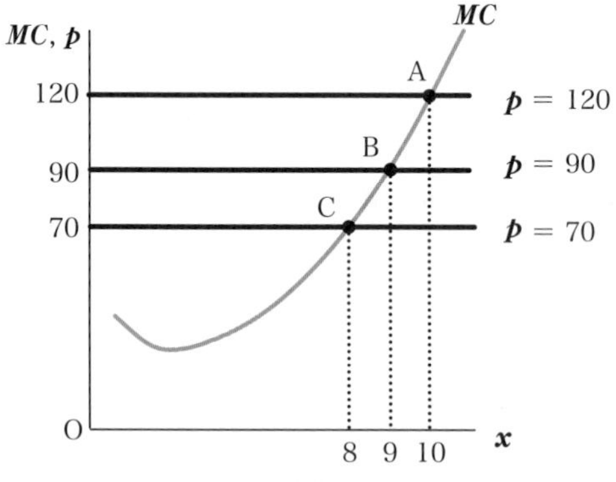

与えられた価格に対して利潤を最大化する点（A、B、Cなど）の集まりが、企業の供給曲線であり、これらの点はすべて限界費用曲線上の点である。

ただし、総費用曲線の形状により、**限界費用曲線の一部が供給曲線から除外される**場合があるので、以下、確認していく。

2 平均費用曲線・平均可変費用曲線・限界費用曲線と利潤最大化

そもそも、利潤最大化とは、価格水準に応じて、利潤を最大にする生産量が決まることを指す。「最大化された利潤」は、その価格の下で実現できる最大の利潤であり、価格が変われば、最大化された利潤の値も変わってしまう。

よって、最大化された利潤の大きさ(場合によってはマイナスの値になる)を見る方法が必要になる。最も単純な方法は、平均費用曲線の最低点を使うことである。

① 損益分岐点

平均費用曲線の最低点、あるいは、**平均費用曲線と限界費用曲線の交点**を**損益分岐点**と呼び、**この点における平均費用と限界費用の値**(これらは同じ値)を**損益分岐価格**という。

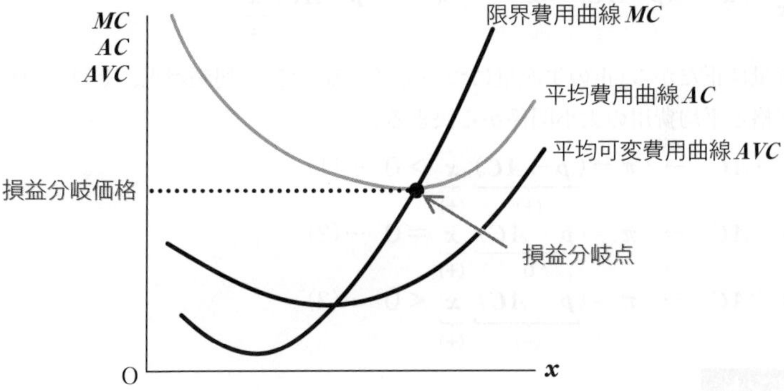

(ア) 価格、平均費用と利潤

損益分岐点は、利潤の赤字(損失)と利潤の黒字の分岐を表す。以下、いくつかの価格について最大化された利潤の正負を見ていくが、次の関係式を基にする。

企業の利潤は、

$$\overbrace{\pi}^{\text{利潤}} = \overbrace{px}^{\text{総収入}} - \overbrace{TC}^{\text{総費用}} \quad [\,p:\text{価格、}x:\text{生産量}\,]$$

である。両辺を生産量で割ると、1個当たりの利潤になる。

$$\overbrace{\pi/x}^{\text{1個当たり利潤}} = \overbrace{p}^{\text{価格}} - \overbrace{TC/x}^{\text{平均費用}} \xrightarrow{AC=TC/x\text{で置換}} \overbrace{\pi/x}^{\text{1個当たり利潤}} = \overbrace{p}^{\text{価格}} - \overbrace{AC}^{\text{平均費用}}$$

最後に、両辺に生産量をかけて、利潤を別の表現で示す。

$$\frac{\pi}{x} \times x = \overbrace{(p-AC)}^{\text{1個当たり利潤}} \times x \;\rightarrow\; \overbrace{\pi}^{\text{利潤}} = \overbrace{(p-AC)}^{\text{1個当たり利潤}} \underbrace{x}_{(+)}$$

生産量は正だから(正の生産量について考えるので)、利潤が正、ゼロ、負の区別は、価格と平均費用の大小関係から決まる。

$$p > AC \;\rightarrow\; \pi = \underbrace{(p-AC)}_{(+)} \underbrace{x}_{(+)} > 0 \quad \cdots(1)$$

$$p = AC \;\rightarrow\; \pi = \underbrace{(p-AC)}_{0} \underbrace{x}_{(+)} = 0 \quad \cdots(2)$$

$$p < AC \;\rightarrow\; \pi = \underbrace{(p-AC)}_{(-)} \underbrace{x}_{(+)} < 0 \quad \cdots(3)$$

ポイント

企業の利潤は、価格と平均費用の大小関係で決まる。

価格が平均費用より高ければ利潤は正、価格と平均費用が等しければ利潤はゼロ、価格が平均費用より低ければ利潤は負になる。

(イ) 利潤が正のケース

例4 損益分岐価格80より高い価格120の場合、利潤最大化条件（価格p＝限界費用MC）を満たすのは点Aであり、生産量は80となる。生産量が80のとき、平均費用は点Bで決まる（これをAC＝bとする）。

このとき、$p>AC$だから（$p=MC=120$）、利潤は正である。

$$(1)\ p>AC \rightarrow \pi=\underbrace{(p-AC)}_{(+)}\underbrace{x}_{80}>0$$

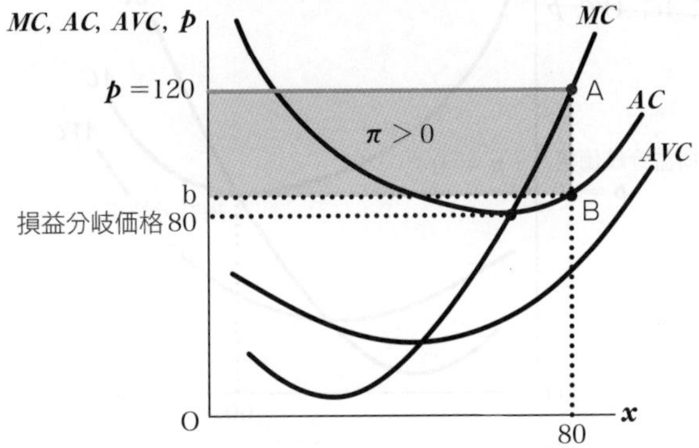

なお、利潤は、縦の長さをAB、横の長さをbBとする長方形の面積に等しい。

$$\pi=\underbrace{(p-AC)}_{AB}\underbrace{x}_{bB}$$

(ウ) 利潤がゼロのケース

例5

損益分岐価格80と同じ大きさの価格80の場合、利潤最大化条件(価格p=限界費用MC)を満たすのは損益分岐点であり、生産量は60となる。生産量が60のとき、**平均費用もまた損益分岐点で決まり、損益分岐価格に一致する**。

このとき、$p=AC$だから($p=MC=AC=80$)、利潤はゼロである。

$$(2)\ p=AC \quad \rightarrow \quad \pi=\underbrace{(p-AC)}_{0}\ \underbrace{x}_{60}=0$$

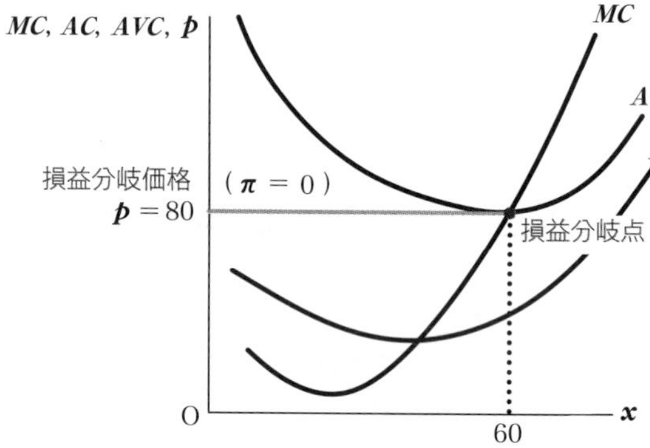

利潤がゼロなので、面積もゼロである。

利潤最大化に関係なく、**価格と生産量の組合せがちょうど平均費用曲線上にある場合**(点Q、Rなど)、**$p=AC$となるため、利潤は常にゼロである。**

これらのうち、損益分岐点でのみ、限界費用と一致する(利潤最大化条件を満たしうる)。

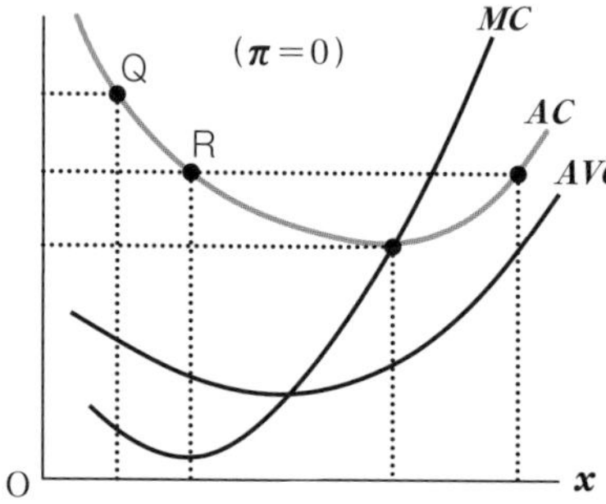

（エ）利潤が負のケース

例6

損益分岐価格80より低い価格40の場合、利潤最大化条件（価格p＝限界費用MC）を満たすのは点Dであり、生産量は30となる。生産量が30のとき、平均費用は点Eで決まる（これをeとする）。

このとき、$p<AC$だから、利潤は負である。

$$(3)\ p<AC \ \rightarrow \ \pi=\underbrace{(p-AC)}_{(-)}\ \underbrace{x}_{30}\ <0$$

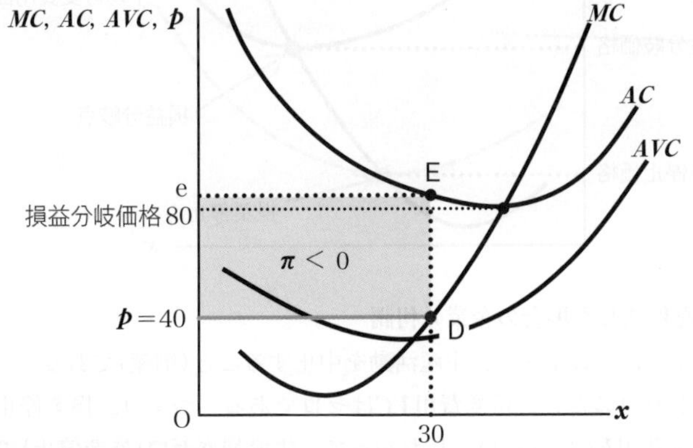

なお、利潤は赤字であるが[4]、その大きさ$|\pi|$は、縦の長さをED、横の長さをeEとする長方形の面積に等しい。

$$\overset{\text{赤字額}}{|\pi|}=\underbrace{|p-AC|}_{\text{ED}}\ \underbrace{x}_{\text{eE}}$$

ポイント

企業が利潤を最大化するとき、価格＞損益分岐価格であれば利潤は正、価格＝損益分岐価格であれば利潤はゼロ、価格＜損益分岐価格であれば利潤は負になる。

4 例えば、$\pi=-20$の場合、赤字額は20であり、これは、$|\pi|=|-20|=20$と書ける。

② 操業停止点

平均可変費用曲線の最低点、あるいは、**平均可変費用曲線と限界費用曲線の交点**を**操業停止点**と呼び、**この点における平均費用や限界費用の値**(これらは一致する)を**操業停止価格**という。

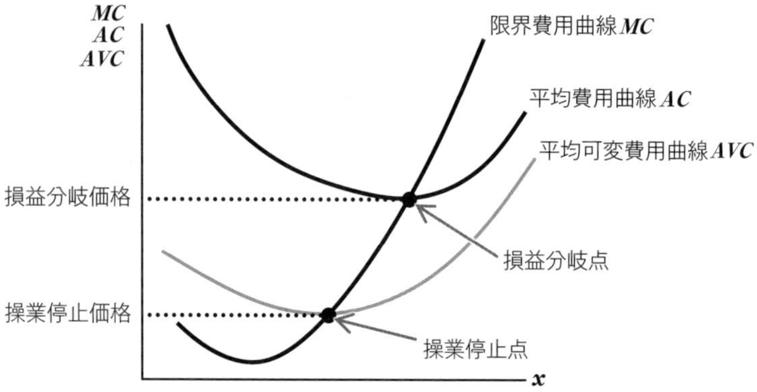

(ア) 操業を停止した場合の企業の利潤

操業停止とは、文字通り、生産活動を中止すること(倒産)である。

生産量がゼロのとき、可変費用VCはゼロである。つまり、操業停止の場合、総費用は固定費用FCに等しい。したがって、**生産量がゼロ(操業停止)の場合の利潤は、固定費用分の赤字となる(企業の損失は固定費用に等しい)**。

$$\overbrace{\pi}^{\text{利潤}} = \overbrace{p \cdot \underbrace{0}_{x}}^{\text{総収入}} - \overbrace{FC}^{\text{総費用}} = -\overbrace{FC}^{\text{総費用}}$$

(イ) 固定費用の測り方

操業停止点に関わる議論では、固定費用が中心になる。ここで、固定費用について整理しておこう。

平均費用は平均可変費用と平均固定費用の和で表されたが、この関係式から、平均固定費用を平均費用と平均可変費用の差として表せる。

$$\underbrace{AC}_{\text{平均費用}} = \underbrace{AVC}_{\text{平均可変費用}} + \underbrace{AFC}_{\text{平均固定費用}} \rightarrow \underbrace{AFC}_{\text{平均固定費用}} = \underbrace{AC}_{\text{平均費用}} - \underbrace{AVC}_{\text{平均可変費用}} \quad \cdots(1)$$

また、定義から次式が成り立つ。

$$\underbrace{FC}_{\text{固定費用}} = \underbrace{AFC}_{\text{平均固定費用}} \times x \cdots(2) \iff AFC = \frac{FC}{x}$$

(2)の右辺AFCに(1)を代入すると、

(2) $\underbrace{FC}_{\text{固定費用}} = (\underbrace{AC}_{\text{平均費用}} - \underbrace{AVC}_{\text{平均可変費用}}) \times x$

図における固定費用は、縦の長さを平均費用曲線と平均可変費用曲線の垂直差、横の長さを生産量とする長方形の面積で表される。

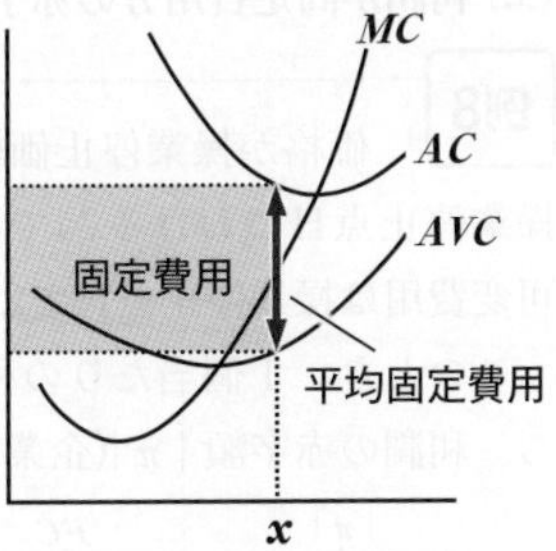

(ウ) 利潤が赤字でも操業し続けるケース

例7

価格が40のとき(損益分岐価格より低く、操業停止価格より高い)、利潤最大化条件を満たす生産量30を選ぶと(点D)、平均費用は点Eでeに、平均可変費用は点Fでfに決まる。図より、1個当たりの損失EDは平均固定費用EFよりも小さい。

$$\underbrace{|p-AC|}_{ED} < \underbrace{AFC}_{EF} \quad \Rightarrow \text{両辺に}x\text{をかける} \quad \overbrace{\underbrace{|p-AC|}_{ED} \cdot \underbrace{x}_{eE}}^{\text{赤字額}} < \overbrace{\underbrace{AFC}_{EF} \cdot \underbrace{x}_{eE}}^{\text{固定費用}}$$

したがって、操業を停止した場合の利潤(固定費用分の赤字)より、操業し続けた場合の利潤(固定費用より小さい赤字)の方が大きいので、企業は操業し続ける。

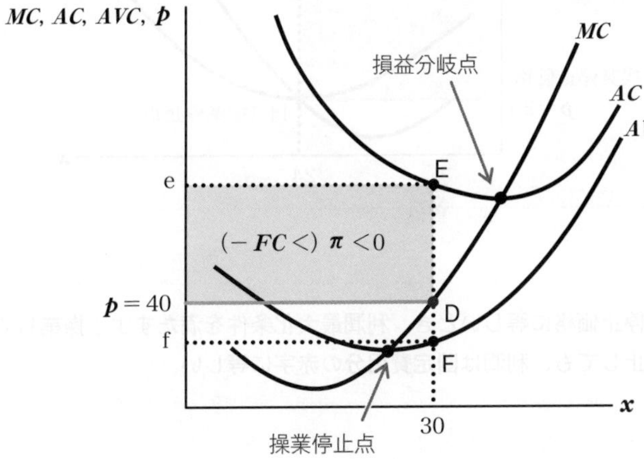

(エ) 利潤が固定費用分の赤字となるケース

例8

価格が操業停止価格20に等しいとき、利潤最大化条件を満たす生産量は操業停止点Hにおける24である。このとき、平均費用は点Gでgに決まり、平均可変費用は操業停止点Hで20に決まる。

このとき、1個当たりの利潤の赤字額はGHで、平均固定費用と一致しているから、利潤の赤字額 $|\pi|$(企業の損失)は、

$$\overbrace{\underbrace{|p-AC|}_{\text{GH}}\cdot\underbrace{x}_{\text{gG}}}^{|\pi|}=\overbrace{\underbrace{AFC}_{\text{GH}}\cdot\underbrace{x}_{\text{gG}}}^{FC}$$

よって、この場合、操業し続けても、操業を停止しても、企業の利潤は固定費用分の赤字となる(操業することと、停止することは企業にとって同じである)。

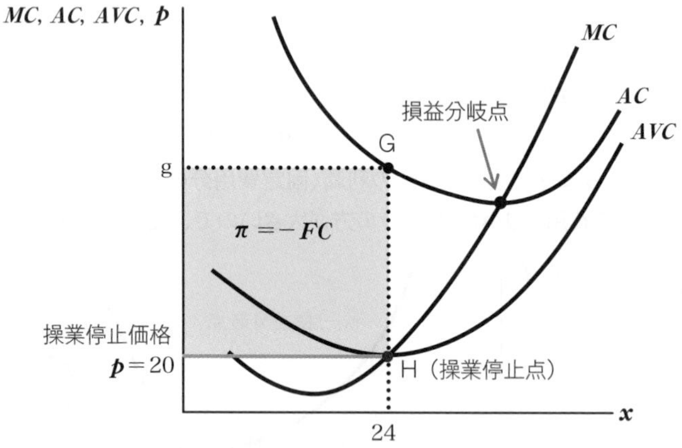

ポイント

価格が操業停止価格に等しいとき、利潤最大化条件を満たすよう操業しても、また、操業を停止しても、利潤は固定費用分の赤字に等しい。

[参　考]

価格と生産量の組合せが平均可変費用曲線上の点の場合、利潤は固定費用分の赤字となる（利潤最大化条件を満たしうるのは操業停止点のみ）。利潤の式は、

$$\overset{\text{利潤}}{\pi} = \overset{\text{総収入}}{px} - (\overset{\text{可変}}{VC} + \overset{\text{固定}}{FC})$$

$$\rightarrow\ \pi = (\overset{\text{価格}}{p} - VC/x)x - FC$$

$$\rightarrow\ \pi = (p - \overset{\text{平均可変}}{AVC})x - FC$$

と変形でき、平均可変費用曲線上の点では、$p = AVC$ となるから、利潤は $\pi = -FC$ である。

(オ) 操業を停止するケース

例9

価格が操業停止価格より低い10のとき、利潤最大化条件は点Lで成立する。点Lにおける生産量20を生産した場合、平均費用は点Jでjに、平均可変費用は点Kでkに決まる。

このとき、1個当たりの利潤の赤字額JLは、平均固定費用JKより大きいから、利潤は固定費用を超える赤字になってしまう。

$$\overbrace{\underbrace{|p - AC|}_{\text{JL}} \cdot \underbrace{x}_{\text{jJ}}}^{|\pi|} > \overbrace{\underbrace{AFC}_{\text{JK}} \cdot \underbrace{x}_{\text{jJ}}}^{FC}$$

したがって、**操業を停止した方が利潤は大きい（企業の損失は固定費用分にとどまる）**。

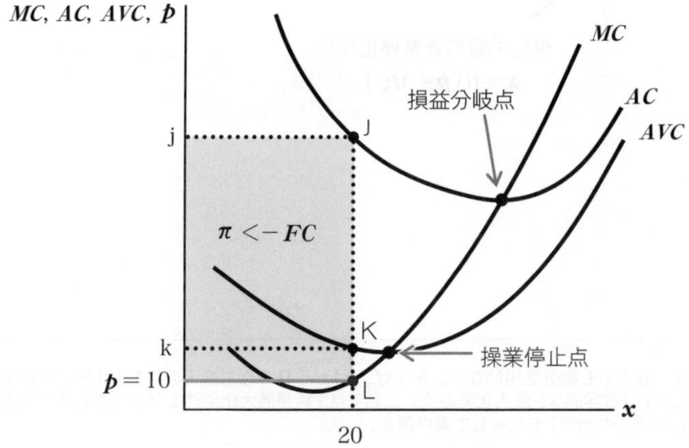

3 企業の供給曲線（短期）

① グラフ

短期では、たとえ操業を停止したとしても固定費用の支払いがあるため、企業の利潤は固定費用分の赤字となる。

操業を続けても、利潤が固定費用より大きな赤字になる場合、企業は操業を停止することで利潤を最大化する[5]。

価格水準と最適生産量（利潤を最大化する生産量）**の組合せ**は、企業の**供給曲線**として描かれる。企業が利潤を最大化することが前提であるため[6]、

価格＞操業停止価格のとき、価格＝限界費用（限界費用曲線上の点）

価格≦操業停止価格のとき、操業停止（縦軸x＝0上の点）

で表される。

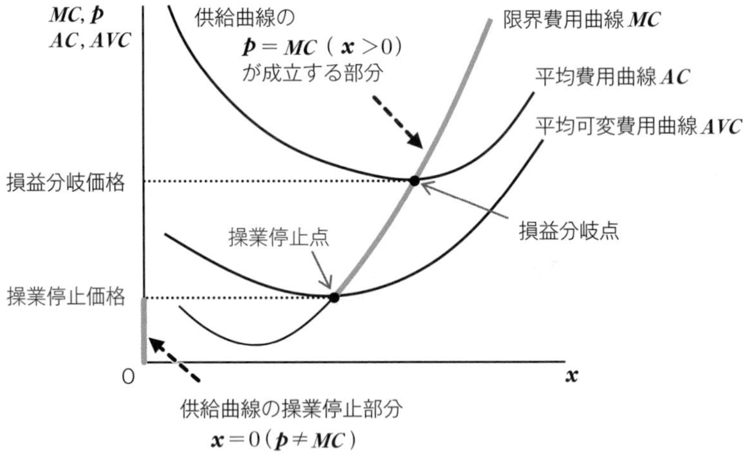

5　最大化は、必ずしも微分を用いない。例えば、「1から9のうち最大の偶数」は8であり微分せずに直接選ぶことも（数学的な）最大化である。ここでは「利潤最大化条件を満たしたときの利潤」と「操業を停止した場合の利潤」を比較して直接選ぶ。

6　価格が操業停止価格に等しいとき、操業停止点で操業を続けても、操業停止しても利潤は同じだから、操業停止点を供給曲線に含むこともあれば、含まないこともある（どちらでもよい）。

② 操業停止点の計算

操業停止点は、①平均可変費用曲線の最低点、②平均可変費用曲線と限界費用曲線の交点、という二つの性質を持つから[7]、この性質を使って計算する。

例10

企業の総費用関数が、$TC(x)=x^3-4x^2+8x+18$ ［TC：総費用、$x(>0)$：財の生産量］で与えられている。

❶ 平均可変費用曲線の最低点（平均可変費用の最小値）

平均可変費用曲線の最低点において、接線は水平となる。つまり、平均可変費用を微分して(接線の傾き)、ゼロと置く(最小値)ことで、操業停止点を求めることができる。

総費用関数から、可変費用は、

$$TC(x)=\overbrace{x^3-4x^2+8x}^{VC(x)}+18 \rightarrow \overset{\text{可変費用}}{VC(x)}=x^3-4x^2+8x$$

全体を生産量で割って平均可変費用を求める。

$$\frac{VC}{x}=\frac{x^3-4x^2+8x}{x}$$

$$\rightarrow \overset{\text{平均可変費用}}{AVC(x)}=x^2-4x+8 \cdots (1)$$

$AVC=VC/x$ で置換

これを生産量について微分して、ゼロと置く。

最大値・最小値は微分してゼロ

$$\overbrace{(x^2)'-(4x^1)'+(8)'}^{AVC'(x)}\overbrace{=0}^{\text{最小化}}$$

$$\rightarrow 2x-4=0$$

$$\rightarrow x=2$$

微分の公式
$y=ax^n \rightarrow y'=anx^{n-1}$
$y=ax \rightarrow y'=a$
$y=a \rightarrow y'=0$

よって、操業停止点における生産量は2である。操業停止価格は、(1)に求めた生産量2を代入して、

$$(1)\ AVC(x)=x^2-4x+8 \rightarrow AVC(2)=2^2-4\cdot2+8=4$$

7 総費用曲線が別の形であっても、操業停止の条件（生産量をゼロとしたときの利潤を下回るような生産は行わない）を使って操業停止点を考えることができる。

❷ 平均可変費用曲線と限界費用曲線の交点

平均可変費用AVCは、上記の(1)であり、限界費用MCは、総費用TCを生産量について微分したものだから、

$$TC(x)=x^3-4x^2+8x+18$$

$$\rightarrow \quad TC'(x)=(x^3)'-(4x^2)'+(8x^1)'+(18)'$$

$$\rightarrow \quad MC(x)=3x^2-8x+8 \cdots (2)$$

平均可変費用曲線と限界費用曲線の交点において、平均可変費用AVCと限界費用MCが一致する。

$$\overbrace{3x^2-8x+8}^{(2)\,MC(x)}=\overbrace{x^2-4x+8}^{(1)\,AVC(x)}$$

両辺から8を引く → $3x^2-8x=x^2-4x$

同類項をまとめる → $2x^2-4x=0$ 　2で割る → $x^2-2x=0$ 　xで括る → $x(x-2)=0$

$$\rightarrow \quad x=0,\ 2$$

操業停止点の生産量は正だから$x=2$が相応しい。

以下、❶と同じ手順で操業停止価格4を求めることができる。

操業停止点における限界費用を確認しておくと、

$$(2)MC(x)=3x^2-8x+8 \quad \rightarrow \quad MC(2)=3\cdot 2^2-8\cdot 2+8=4$$

で確かに平均可変費用$AVC(2)=4$に一致する。

操業停止価格が分かると、企業の供給曲線は次のように場合分けされる。

$$\begin{cases} p=\overbrace{3x^2-8x+8}^{MC(x)} & (p>4\ [\,p\geqq 4\,]) \\ x=0 & (p\leqq 4\ [\,p<4\,]) \end{cases}$$ ※「＝」はどちらか一方に付く

※　続けて損益分岐点も求めるので、図については損益分岐点の箇所で確認せよ。

③ 損益分岐点の計算

損益分岐点は、①**平均費用曲線の最低点**、②**平均費用曲線と限界費用曲線の交点**、という二つの性質を持つ[8]。

試験における損益分岐点の計算は限定的だから、ここでは、求める生産量が正の整数の場合の解法を紹介するが、先にポイントを示しておく。

8　総費用曲線が別の形であっても、利潤最大化しても利潤がゼロになるという条件を使えば、損益分岐点を求めることができる。

ポイント

損益分岐点を求める場合、解(生産量)の候補は、固定費用の約数のうち、操業停止点の生産量より大きいものに限定される。また、固定費用が正である限り、損益分岐価格は操業停止価格より大きい。

例11

企業の総費用関数が、$TC(x)=x^3-4x^2+8x+18$ [TC：総費用、$x(>0)$：財の生産量]で与えられている。**例10**より、操業停止点は、$x=2$、$AVC=4$ (=MC)である。

❶ 平均費用曲線の最低点

微分を使って求めることもできるが、ここでは、解の候補のうち、平均費用が最小になるものを選ぶ。

解の候補は、固定費用18の約数のうち、$x>2$ (操業停止点)のものである。すなわち、

{3, 6, 9, 18}

これらを使い、平均費用を求めよう。総費用関数を生産量で割り、平均費用ACを求めると、平均可変費用AVCと平均固定費用AFCの和で表される。

$$\frac{C}{x}=\frac{x^3-4x^2+8x+18}{x} \quad \xrightarrow{AC=C/x\text{で置換}} \quad AC(x)=\underbrace{x^2-4x+8}_{AVC(x)}+\underbrace{18/x}_{AFC(x)}$$

解の候補を代入して、計算すると、

$$AC(3)=\underbrace{3^2-4\cdot3+8}_{AVC(3)=5}+\frac{18}{3}=11$$

$$AC(6)=\underbrace{6^2-4\cdot6+8}_{AVC(6)=20}+\frac{18}{6}=23$$

残りの候補は、より大きな生産量{9,18}だから、平均費用ACも必ず大きくなる。したがって、$AC(3)=11$が最小である。

以下で確かめるが、平均可変費用AVCの部分を比較するとよい。

$$AC(9)=\underbrace{9^2-4\cdot9+8}_{AVC(9)=53}+\frac{18}{9}=55$$

$$AC(18)=\underbrace{18^2-4\cdot18+8}_{AVC(18)=260}+\frac{18}{18}=261$$

したがって、損益分岐点における生産量は$x=3$、損益分岐価格は$AC(3)=11$である。

❷ 平均費用曲線と限界費用曲線の交点

ここでは、生産量が$x=3$のとき、限界費用MCが、求めた損益分岐価格11と一致するか確認するだけにとどめる。

限界費用は 例10 の(2)で求めてあるから、$x=3$を代入して、

$$(2)\ MC(x)=3x^2-8x+8 \quad \rightarrow \quad MC(3)=3\cdot3^2-8\cdot3+8=11$$

であり、確かに上記と一致する。

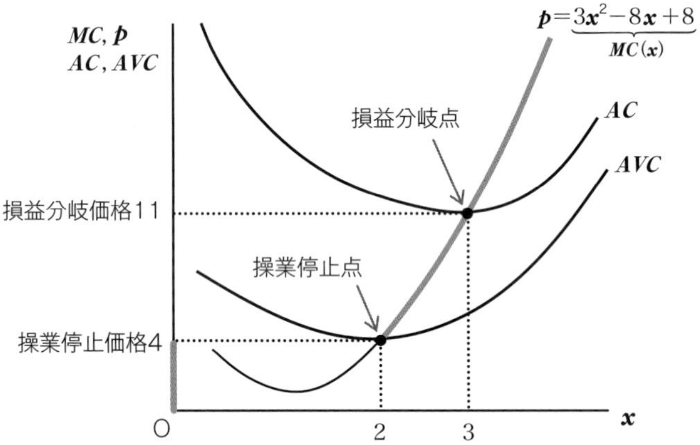

例題1-5 総費用関数が次式で表されるとき、操業停止点と損益分岐点における生産量の組合せとして妥当なのはどれか。

$TC(x)=x^3-6x^2+14x+100$ ［TC：総費用、x：生産量］

	操業停止点	損益分岐点
❶	1	2
❷	2	2
❸	3	4
❹	3	5
❺	5	6

解説

操業停止点と損益分岐点の位置関係から、❷はあり得ない。

❶ 操業停止点を求めて選択肢を絞り込む

平均可変費用AVCを生産量で微分してゼロと置く（最小化）。

$$TC(x)=\underbrace{x^3-6x^2+14x}_{\text{可変費用}VC(x)}+100 \quad \xrightarrow{AVC=VC/x} \quad AVC(x)=\underbrace{x^2-6x+14}_{VC(x)/x}$$

$$\rightarrow \overbrace{\underbrace{2x-6}_{AVC'(x)}=0}^{\text{最小化}}$$

$$\rightarrow x=3$$

よって、❸または❹が該当する。

❷ 損益分岐点の生産量は固定費用の約数が候補である

❸または❹より、損益分岐点の生産量は４か５のどちらか一方である。

どちらも固定費用100の約数だから解の候補として相応しい。逐次代入して平均費用ACを比較すると、

$$AC(x)=\underbrace{x^2-6x+14+\frac{100}{x}}_{TC(x)/x}$$

$$\rightarrow \begin{cases} AC(4)=4^2-6\cdot4+14+\dfrac{100}{4}=31 \\ AC(5)=5^2-6\cdot5+14+\dfrac{100}{5}=29 \end{cases}$$

$AC(4)>AC(5)$だから、求める生産量は、$x=5$である。

④ サンク・コスト（埋没費用） 発展

例えば、ある人が、オフィスとしてビルの一室を借り、デスクを購入したとする。この人が商売をやめるとき、オフィスの賃貸料として支払ったお金を取り戻すことはできず、このようなコストを**サンク・コスト**という。

これに対して、購入したデスクは、中古家具として売りに出すことができ、購入したときの70%の値段で売れるとすると、70%はサンク・コストではなく、30%だけがサンク・コストになる。

固定費用がサンク・コストである場合、固定費用をかけて建設した工場(機械設備)を第三者に売却することができないと仮定する。この場合、企業の操業停止点は上記で学習した通りとなる(操業停止条件は、利潤の赤字が固定費用分より大きいことで、そうなるような生産は行わない(操業しない))。

試験でサンク・コストについての条件が明記される場合、通常、短期総費用に関する固定費用が「(全額が)サンク・コストである」と指定される。この場合、これまで学習した通りに解答すればよい(サンク・コストについての条件が明記されていない場合はこれまで通り。つまり、固定費用はサンク・コストである)。

これに対して、固定費用がサンク・コストでない場合、工場(機械設備)を第三者に売却して、固定費用を(一部または全部)回収することができる(操業を停止したとき、固定費用分の赤字に陥ることはない)。

この場合、操業を停止したときの利潤が違ってくるため、企業の操業停止点も変わる。実際に、どこが操業停止点になるかは、第三者が工場(機械設備)をいくらで買ってくれるかによって変わる(例えば、操業を停止したとき、工場にかかった固定費用を全額回収できるなら、企業の利潤はゼロになる。利潤最大化により、利潤がゼロ未満になる操業は行わないので、これが操業停止条件となる)。

重要事項 一問一答

01 企業の利潤は、総収入と総費用を使ってどのように表すことができるか。

利潤π＝総収入TR−総費用TC

02 企業の総収入は、財の価格と生産量を使ってどのように表すことができるか。

総収入TR=価格p×生産量x

03 完全競争企業の利潤最大化条件は何か。

価格p=限界費用MC

04 損益分岐点はどのような点か。

平均費用曲線の最低点であり、平均費用曲線と限界費用曲線が交差する点

05 損益分岐点における平均費用・限界費用の値を何というか。

損益分岐価格

06 財の価格が損益分岐価格に等しいとき、最大化された企業の利潤はいくらか。

ゼロ

07 操業停止点はどのような点か。

平均可変費用曲線の最低点であり、平均可変費用曲線と限界費用曲線が交差する点

08 操業停止点における平均可変費用・限界費用の値を何というか。

操業停止価格

09 操業を停止した場合の、企業の損失（利潤の赤字額）は何と等しくなるか。

固定費用

10 価格と企業の最適生産量（供給量）を表したものを何というか。

供給曲線(供給関数)

過去問 Exercise

問題1 完全競争市場において、ある財を生産し販売している企業の平均費用が、

$AC=X^2-12X+90$ ［AC：平均費用、X（$X\geqq 0$）：財の生産量］

で表されるとする。

財の価格が150であるとき、この企業の利潤が最大となる財の生産量はいくらか。

特別区Ⅰ類2021

1. 9
2. 10
3. 11
4. 12
5. 13

解説

正解 2

利潤最大化条件(価格＝限界費用)を適用するため総費用を求める。平均費用ACと総費用TCの関係は、$AC=TC \cdot X$であるから、与件から、

$$TC=AC \cdot X=(X^2-12X+90)X=X^3-12X^2+90X$$

これを生産量Xについて微分すると、限界費用MCを得る。

$$MC(=TC')=(X^3)'-(12X^2)'+(90X)'$$
$$=3X^2-24X+90$$

価格Pは150だから、

$$\overbrace{3X^2-24X+90}^{MC}=\overbrace{150}^{P}$$

を解けばよい。定数項を右辺にまとめると(両辺から90を引くと)、

$$3X^2-24X=60$$

両辺を３で割り、左辺をXで括ると、

$$\frac{3X^2}{3}-\frac{24X}{3}=\frac{60}{3} \rightarrow X^2-8X=20 \rightarrow X(X-8)=20\cdots(*)$$

選択肢をみると自然数(正の整数)しかない。よって、求めるXは20の約数(絶対値)のうち、カッコ内が正になる９以上のものである。

９以上の20の約数(絶対値)＝10, 20

このうち選択肢にあるのは10である。よって、$X=10$である。

実際に(＊)左辺に代入して確かめると、

(＊)左辺 $X(X-8)=10(10-8)=20$

となって、(＊)の右辺20に合致する。よって、$X=10$が相応しい。

なお、因数分解する場合には、２次方程式のもう一つの解は－２である(20の約数だから、２または－２が２次方程式の解であり、２は(＊)に適合しない)。

$$(X-10)(X+2)=0 \rightarrow X^2-8X-20=0 \rightarrow X^2-8X=20$$

となって(＊)になる。

問題2 利潤最大化を行う、ある企業の短期の総費用関数が、

$$C(x) = x^3 - 6x^2 + 18x + 32$$

で示されるとする。ここで、x（≧0）は生産量を表す。また、この企業は完全競争市場で生産物を販売しているとする。生産物の市場価格が54のとき、最適な生産量はいくらか。

国家一般職2013

1. 3
2. 4
3. 5
4. 6
5. 7

解説

正解 4

利潤最大化条件(価格＝限界費用)を適用する。限界費用MCは、総費用関数を生産量について微分して、

$$C(x)=x^3-6x^2+18x+32$$

$$\rightarrow\quad MC(=C')=(x^3)'-(6x^2)'+(18x)'+(32)'=3x^2-12x+18$$

価格P=54と一致させて、

$$\overbrace{3x^2-12x+18}^{MC}=\overbrace{54}^{P}\quad\rightarrow\quad 3x^2-12x=36\quad\rightarrow\quad x^2-4x=12$$

$$\rightarrow\quad x(x-4)=12$$

右辺12の約数のうち5以上で選択肢にあるのは、x＝6である。

確認すると、

$$x(x-4)=6(6-4)=12$$

となって利潤最大化条件を満たす。

なお、因数分解すると、

$$(x-6)(x+2)=0\quad\rightarrow\quad x^2-4x-12=0\quad\rightarrow\quad x^2-4x=12$$

で上記に一致する。

問題3 完全競争市場の下で、ある企業の総費用関数が次の式で示されている。

$$TC=\frac{1}{6}x^3-2x^2+15x+30$$ ［TC：総費用、x：生産量］

このとき、操業停止点における生産量はいくらか。

裁判所一般職2016

1. 2
2. 3
3. 4
4. 5
5. 6

解説

正解 5

平均可変費用の最低点を求める。可変費用VCは、

$$TC=\frac{1}{6}x^3-2x^2+15x+30 \ \rightarrow VC=\frac{1}{6}x^3-2x^2+15x$$

だから、平均可変費用AVCは、

$$AVC\left(=\frac{VC}{x}\right)=\frac{1}{6}x^2-2x+15$$

これを生産量について最小化すると（微分してゼロと置くと）、

$$AVC'=\left(\frac{1}{6}x^2\right)'-(2x)'+(15)'=\frac{1}{3}x-2=0 \quad \rightarrow \quad x=6$$

問題4　完全競争市場において、ある企業の短期の総費用関数が、

$TC=X^3-18X^2+120X+200$　［TC：総費用、X：生産量］

で表されるとする。

このとき、この企業の損益分岐点における生産量はどれか。

特別区Ⅰ類2018

1. 9
2. 10
3. 39
4. 40
5. 60

解説

正解 ❷

損益分岐点における生産量が自然数(正の整数)の場合、固定費用200の約数のどれかが解の候補である(❶・❸・❺は200の約数ではない3の倍数だから排除できる)。

したがって、$X=10$または40のいずれかが答えである。損益分岐点では、平均費用ACが最小となるから、これらを代入して小さい方を選べばよい。

$$AC\left(=\frac{TC}{X}\right)=X^2-18X+120+\frac{200}{X}=X(X-18)+120+\frac{200}{X}$$

$X=10$のとき、

$$AC=\underbrace{10(10-18)}_{-80}+120+\frac{200}{10}=40+20=60$$

$X=40$のとき、

$$AC=\underbrace{10(40-18)}_{220}+120+\frac{200}{40}>60$$

よって、$X=10$が相応しい。

損益分岐点では、平均費用と限界費用が一致する(損益分岐価格)。念のため限界費用MCと一致するか確認すると、

$$MC(=TC')=(X^3)'-(18X^2)'+(120X)'+(200)'=3X^2-36X+120$$
$$=3X(X-12)+120=30\cdot(-2)+120=60$$

で$AC=60$と一致する。

問題5

完全競争市場において生産物を販売している、ある企業の短期費用関数が次のように示されている。

$$C(x)=x^3-4x^2+6x+18 \quad [x：生産量>0]$$

このとき、この企業の損益分岐点、操業停止点におけるxの数量の組合せとして妥当なのはどれか。なお、固定費用は全額がサンク・コストであるとする。

国税専門官・財務専門官2014

	損益分岐点	操業停止点
1	2	1
2	3	1
3	3	2
4	4	2
5	4	3

解説

正解 ❸

初めに操業停止点を、平均可変費用AVCの最低点として求める。与件を使って、可変費用(総費用の固定費用18を除いた部分)を生産量で割って求めた平均可変費用を、生産量について微分してゼロとおく(∵最小値を求める)。

$$AVC=\frac{x^3-4x^2+6x}{x}=x^2-4x+6$$

$$\rightarrow \quad AVC'=(x^2)'-(4x)'+(6)'=2x-4=0$$

これを解いて、$x=2$を得る(❸・❹)。

したがって、損益分岐点における生産量は$x>2$でなければならないが、絞り込んだ選択肢の生産量はどちらもこの条件を満たす。

求める生産量は自然数(正の整数)だから、固定費用18を割り切る数でなければならない(18の正の約数)。よって、$x=3$(❸)が正解である。

問題6　次の図は、短期の完全競争市場において、縦軸に単位当たりの価格・費用を、横軸に生産量をとり、ある企業が生産する製品についての平均費用曲線をAC、平均可変費用曲線をAVC、限界費用曲線をMCで表したものであるが、この図に関する記述として、妥当なのはどれか。ただし、点B、C及びDはそれぞれ平均費用曲線、平均可変費用曲線及び限界費用曲線の最低点である。

特別区Ⅰ類2020

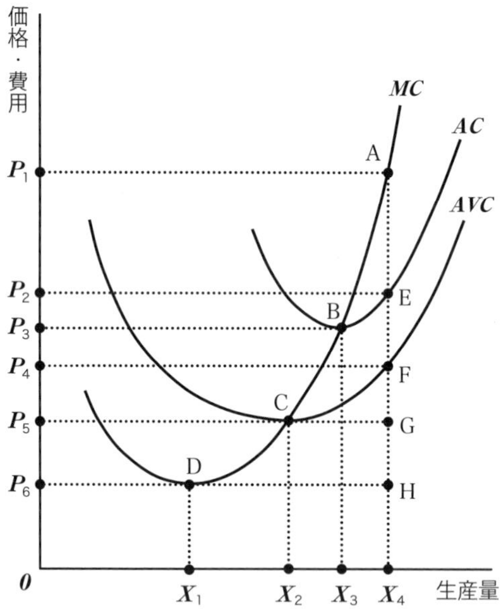

❶ 製品の価格がP_1で生産量がX_4であるとき、限界費用と価格が点Aで一致し、企業の利潤は最大となる。

❷ 製品の価格がP_1で生産量がX_4であるとき、固定費用は平均固定費用に生産量X_4を掛けたものであるから、面積P_1AEP_2に等しい。

❸ 製品の価格がP_3で生産量がX_3であるとき、価格が平均固定費用の最小値及び限界費用と等しくなるが、このときの点Bを損益分岐点という。

❹ 製品の価格がP_5で生産量がX_2であるとき、損失は発生するが、可変費用と固定費用の一部は賄うことができるので、企業は生産の継続を選択する。

❺ 製品の価格がP_6で生産量がX_1であるとき、企業の最適生産量はゼロになり、このときの点Dを操業停止点という。

解説

正解 ❶

操業停止点は点Cだから、限界費用曲線MCのうち、点Cより右上部は企業の供給曲線である(与えられた価格と利潤最大化条件を満たす生産量の集まり)。

操業停止価格は点CにおけるP_5であり、これより低い価格に対しては、操業を停止する。

❶ ○　価格P_1は操業停止価格P_5より高く、また、点Aは価格P_1と限界費用が一致するので、利潤が最大となる。

❷ ×　平均固定費用は、平均費用と平均可変費用の垂直差で表される。生産量がX_4であれば、平均固定費用はEFに等しいから、これと生産量X_4の積である固定費用は、面積P_2EFP_4で表される。

❸ ×　点Bは損益分岐点であるが、この点で最小値を取るのは平均費用ACである。点Bを限界費用曲線も通過することから、この点において、平均費用の最小値(損益分岐価格)は限界費用に一致する。

なお、平均固定費用は、生産量が増えるにつれ、どんどんゼロに近づいていく(反比例の曲線)。

❹ ×　与えられた価格と生産量は、操業停止点Cを表す。操業停止点で操業しても、操業を停止した場合の利潤(固定費用分の赤字＝企業の損失)と同じになる。したがって、操業を停止することと操業を続けることは、企業にとって同じであるから、生産の継続を選択する可能性がある。

通常、企業の損失を測る場合、まず、可変費用から考え、次に固定費用を考える(可変費用の一部と、固定費用の一部を総収入で賄える／賄えない、という言い方はしない)。したがって、問題文を「可変費用(の全額)と(、)固定費用の一部」と読み替える必要がある。

この場合、企業の損失が固定費用に等しいということは、(可変費用の全額を賄うことができるが)、固定費用の全額を賄えないことを意味する。つまり、

企業の利潤＝総収入－(可変費用＋固定費用)
　　　　　＝(総収入－可変費用)－固定費用

について、総収入＝可変費用 (総収入で可変費用を全額賄う) のとき、企業の利潤

は固定費用分の赤字となる。

❺ × この価格と生産量の組合せは点Dを示しているが、操業停止点は点Cである。なお、操業停止価格P_5より低い価格に対しては、最適生産量(利潤を最大化する生産量)はゼロである。

数学Tips

❶ 最大化・最小化と微分

ここでは、(滑らかな)曲線$y=f(x)$について考える(x軸、y軸は省略)。ここでの「最大化」「最小化」は、それぞれ、頂点と最低点を求めることを指す。

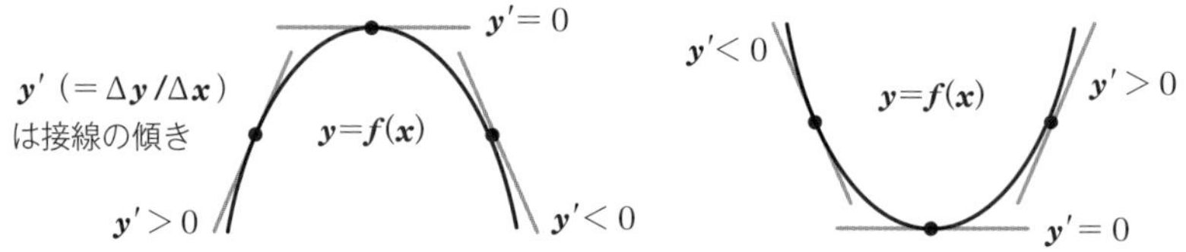

左の図は、山の形をしており、頂点でyが最大となる。曲線は、頂点の左側で右上がり、右側で右下がりになっている。右上がり部分の接線は右上がり(傾きは正)となり、右下がり部分の接線は右下がり(傾きは負)となる。頂点(yの最大値)における接線は水平となり、その傾きはゼロである。

右の図は、U字型をしており、最低点(yが最小となる)を持つ。曲線は、最低点の左側で右下がり、右側で右上がりになっている。同様に、右下がり部分の接線は右下がり(傾きは負)となり、右上がり部分の接線は右上がり(傾きは正)となる。最低点における接線はやはり水平となり、その傾きはゼロである。

∴曲線の頂点・最低点では、接線の傾きがゼロ

ところで、接線の傾きは、曲線$y=f(x)$をxについて微分したもので表されるから、上記の条件は、次のように言い換えることができる。

曲線の頂点・最低点では、微分＝ゼロ

なお、試験では図を描く必要はなく、盲目的に「微分してゼロと置く」を実行すれば答えに辿り着ける(要するに、数学の出題ではないから、試験で、「図を描け」「微分してゼロと置くと最大値・最小値になる理由を説明しろ」とは言われない)。

❷ 2次方程式の解法と因数分解

2次方程式を次の形に変形できる場合、2次方程式の二つの解は、$x=a$と$x=b$である。

$$(x-a)(x-b)=0$$

例12

$(x-1)(x-5)=0$について、「$x=1$、$x=5$が解である」というとき、解は等号を満たす（右辺のゼロに一致する）。

$$x=1 \rightarrow \overbrace{(\underbrace{1}_{x}-1)}^{0}\overbrace{(\underbrace{1}_{x}-5)}^{-4}=0$$

$$x=5 \rightarrow \overbrace{(\underbrace{5}_{x}-1)}^{4}\overbrace{(\underbrace{5}_{5}-5)}^{0}=0$$

カッコを展開してみると、上記の2次方程式は次の通り。一般に、

$$(x-a)(x-b)=0 \rightarrow x(x-a)-b(x-a)=0$$

さらにカッコを展開して同類項をまとめると、

$$x(x-a)-b(x-a)=0 \rightarrow x^2\underbrace{-ax-bx}_{\text{まとめる}}+ab=0$$

$$\rightarrow x^2-(a+b)x+ab=0$$

ここで、$(x-1)(x-5)=0$について、$a=1$、$b=5$とすれば、

$$(x-1)(x-5)=0 \rightarrow x^2-6x+5=0$$

以上の展開の逆の操作を因数分解と呼ぶ。

$$x^2-(a+b)x+ab=0 \rightarrow (x-a)(x-b)=0$$

$$x^2-6x+5=0 \rightarrow (x-1)(x-5)=0$$

定数項$ab=5$に注目すると、**二つの解（$x=a, b$）が整数の場合、これらは2次方程式の定数項abの約数であり、掛け合わせると定数項abになる**という性質がある。

$$a\times b=5$$

試験では自然数（正の整数）が解になることがほとんどなので、二つの解（$x=a, b$）は定数項の約数と考えてよい（5の正の約数は1と5のみ）。

$$\underbrace{1}_{a}\times\underbrace{5}_{b}=5$$

以上の性質を考慮すると、2次方程式を因数分解したり、解の公式を使って解いたりする必要性がない。さらに、求める解が自然数の場合にはなおさらという結論に至る(もちろん、因数分解や解の公式を使って解くことが得意な人はいつもの方法で解けばよい)。

ポイント

2次方程式の解は、定数項の約数(絶対値)の中から見つける。

したがって、2次方程式に直面した場合、右辺に定数項を移項して、約数を考慮するだけでよい(以下参照)。

例13 2次方程式$x^2-2x-15=0$の自然数解(解のうち正の整数であるもの)を求める。

定数項−15を右辺に移項して(両辺に15を足して)、

$x^2-2x-15=0$ …(1)

→ $x^2-2x=15$

このままでも解くことができるが、左辺をxで括ると計算しやすい。

$x^2-2x=15$

→ $x(x-2)=15$ …(2)

(2)の解(等号を満たすx)は、(1)の解である。

(2)の右辺15の約数(絶対値;以下、|約数|と書く)は、1、3、5、15であり[9]、求める解は正だから($x>0$)、解の候補は2より大きい|約数|だけである。

$$(2)\quad \underbrace{x}_{(+)}(x-2)=\underbrace{15}_{(+)}$$

→ $x-2>0$

→ $x>2$ 〈両辺に2を足す〉

解の候補{3, 5, 15}を使って、(2)の等号が成立するか確認すると、

$$x=3 \rightarrow 3\underbrace{(3-2)}_{3}\neq 15$$

$$x=5 \rightarrow 5\underbrace{(5-2)}_{15}=15$$

$$x=15 \rightarrow \underbrace{15(15-2)}_{15\times 13}\neq 15 \cdots(3)$$

9 ある数の約数は、正の整数および負の整数であるが、経済学では通常、正の約数を扱う。

よって、求める解の一つは$\boldsymbol{x}=5$である[10]。

上記、**例12**より、もう一つの解は、見つけた解$\boldsymbol{x}=5$にかけたとき、絶対値で(2)の右辺15になるものである(3と－3)。この性質から、もう一つの解は、$\boldsymbol{x}=-3$であるが、自然数を求める場合には不要である[11]。

なお、因数分解したとしても、

$$(\boldsymbol{x}-5)(\boldsymbol{x}+3)=0$$
$$\rightarrow\quad \boldsymbol{x}=5,\ -3$$
$$\rightarrow\quad \boldsymbol{x}=5\ (\because \boldsymbol{x}>0)$$

となるだけで、「(2)の等号が成立するか」の確認作業で、実質的な因数分解が終わっている。

以上より、2次方程式を(2)の形式(右辺に定数項を移項)にしたとき、

$$\boldsymbol{x}^2-2\boldsymbol{x}-15=0$$
$$\rightarrow\quad \boldsymbol{x}(\boldsymbol{x}-2)=\underbrace{15}_{(+)}\ \cdots(2)$$

となったが、右辺が正の数であれば、二つの解は、一方が正、他方が負となる。念のため、別の例でも確かめておこう。解が$\boldsymbol{x}=3,\ -4$である2次方程式を変形すると、

$$(\boldsymbol{x}-3)(\boldsymbol{x}+4)=0 \xrightarrow{\text{展開}} \boldsymbol{x}^2+\boldsymbol{x}-12=0 \xrightarrow{\text{形式を整える}} \boldsymbol{x}(\boldsymbol{x}+1)=12$$

$\boldsymbol{x}=3$と$\boldsymbol{x}=-4$は等号を満たす

となって、確かに右辺12は正である。

逆に、(2)の形式に直したとき、右辺が負であれば、二つの解はともに正(またはともに負)だから、問題に則して、どちらか一方を選ばなければならない(通常、他の条件がある)。

---

10 約数のうち、大きなもの(ここでは15)は通常、解ではない((3)の左辺は右辺15よりかなり大きい)。

11 $\boldsymbol{x}=3$である可能性は既に否定されている((3)の二つ上の計算を参照のこと)。

例14

次の問題を考える。関数$y=x^2-8x$について、$y=-12$のとき、xはいくらか。ただし、xは5より大きい自然数とする。

与件から、解くべき方程式は、

$$\left.\begin{array}{l} y=x^2-8x \\ y=-12 \end{array}\right\} \rightarrow x^2-8x=-12$$

左辺をxで括ると、

$$\underbrace{x}_{(+)}(x-8)=\underbrace{-12}_{(-)} \quad \cdots(1)$$

であるから、$x<8$でなければならない。他の条件「5より大きい」と併せて考慮すると、

$$5<x<8 \quad \cdots(2)$$

でなければならない。

(1)の右辺の絶対値12の|約数|のうち、(2)を満たすのは6だけである。

因数分解したければ、もう一方の解は、12の約数のうち、見つけた解$x=6$にかけると12になるものだから、$x=2$である。

$$(x-2)(x-6)=0$$

$$\rightarrow \quad x^2-8x+12=0$$

$$\rightarrow \quad x(x-8)=-12$$

となって、(1)と一致するから、正しく因数分解できた。

ポイント

2次方程式の解が二つとも正の場合、2次方程式を変形して右辺を定数項のみで表したとき、右辺は必ず負の数になる。右辺が正の場合には、二つの解は正の数と負の数になる。

[参　考] 2次方程式の解の公式

2次方程式 $ax^2+bx+c=0$の解は、次式で表される。

$$ax^2+bx+c=0 \quad \rightarrow \quad x=\frac{-b\pm\sqrt{b^2-4ac}}{2a}$$

例15

2次方程式$x^2-8x-20=0$について、$a=1$、$b=-8$、$c=-20$として、解の公式を適用する。

$$\underbrace{1}_{a}\cdot x^2\underbrace{-8}_{b}x\underbrace{-20}_{c}=0 \quad \rightarrow \quad x=\frac{-(-8)\pm\sqrt{(-8)^2-4\cdot1\cdot(-20)}}{2\cdot1}$$

$$=\frac{8\pm\sqrt{144}}{2}$$

$\sqrt{144}=\sqrt{12^2}=12$

$$=\frac{8\pm12}{2}$$

$$=\begin{cases}\dfrac{8+12}{2}=10\\[2ex]\dfrac{8-12}{2}=-2\end{cases}$$

分子の「±」は「＋」と「－」の計算を行う

★☆☆

3 利潤最大化と費用最小化

前節までは、総費用を中心として、企業の利潤最大化を学習しました。本節では、生産関数を中心とした企業の利潤最大化と費用最小化について見ていきます。

---

1 利潤最大化

これまで、企業の生産活動を費用関数を中心とした利潤最大化行動として考察してきた。ここでは、企業の利潤最大化行動のもう一つの分析として、企業の生産方法(生産関数)を中心としたものを見ていこう。

1 生産関数と限界生産性

① 生産要素と生産関数

財を生産(産出)するのに利用(投入)される**生産要素**として、**資本*K***（工場や機械設備など）(Capitalのドイツ語Kapital)と**労働*L***（Labor、Labour)を考える[1]。

また、これまで生産量を***x***としてきたが、ここでは***Y***に書き換える(経済学の伝統)。

例1

労働者10人が機械10台を使って、製品を10個生産する。このとき、

生産要素の投入量		財の産出量
$K=10$ $L=10$	生産技術によって財を生み出す →	$Y=10$

このような、**生産要素である資本(投入量)*K*と労働(投入量)*L*の組合せと、それらを使って生産される財の数量*Y*(生産量)の関係を生産関数**と呼ぶ[2]。

---

1 厳密にいうと、機械による生産サービスと労働による生産サービスのことを指す。原材料などは、生産過程で別の財（の一部）となって全部なくなってしまうが、機械や労働は（すぐに）消えてなくなることはない。ここでは、こうした性質を持つ資本と労働を考える。

2 生産要素が１種類の場合は、その生産要素を使用する量（投入量）と生産量の関係を表す。

$$\overset{\text{生産関数}}{Y=F(K,L)}$$
$$\rightarrow Y=F(\underbrace{10}_{K},\underbrace{10}_{L})=10$$

具体的な式として、例えば、次の生産関数が当てはまる(数学Tips❶)。

$$Y=\sqrt{KL}$$
$$\rightarrow\ Y=\sqrt{10\cdot 10}=\sqrt{10^2}=10$$

② 限界生産性

例2

資本(機械)$K=5$台と労働$L=10$人を使って、財を$Y=20$個生産している企業を考える。この企業が資本または労働を1単位増やしたときの生産量はそれぞれ、

$$Y=F(\underbrace{5}_{K},\underbrace{10}_{L})=20\ \rightarrow\ \begin{cases} Y=F(\underbrace{6}_{K},\underbrace{10}_{L})=30\ \cdots(1) \\ Y=F(\underbrace{5}_{K},\underbrace{11}_{L})=24\ \cdots(2) \end{cases}$$

であるとする。

(1)は、機械(資本)を1台多く使うと(資本の増加$\Delta K=6-5=1$台)、生産量が10個増加することを示している(生産量の増加$\Delta Y=30-20=10$個)。

また、(2)は、労働を1人多く使うと(労働の増加$\Delta L=11-10=1$人)、生産量が4個増加することを示している(生産量の増加$\Delta Y=24-20=4$個)。

資本や労働など、**生産要素を1単位多く投入したときの財の増加量(生産量の増加)**を、(資本または労働に関する)**限界生産性*MP*(限界生産力、限界生産物**；Marginal Productivity/Product)という。

例2 では、

$$\Delta K=1\ \rightarrow\ \Delta Y=10$$
$$\Delta L=1\ \rightarrow\ \Delta Y=4$$

であるから、資本の限界生産性 MPK(または MP_K)は10個、労働の限界生産性 MPL(MP_L)は4個である。

資本の限界生産性MPKは、生産関数を資本について微分(偏微分)したもので表される。同様に、労働の限界生産性MPLは、生産関数を労働について微分(偏微分)したもので表される(計算は後述)。それぞれ、

資本の限界生産性 $MPK=\dfrac{\Delta Y}{\Delta K}$ (＝10個)

労働の限界生産性 $MPL=\dfrac{\Delta Y}{\Delta L}$ (＝4個)

2 利潤最大化条件

企業の利潤πは、これまで通り、総収入Rと総費用Cの差として定義される[3]。

$\pi=R-C$

以下、すべての市場(生産した財の市場、資本(機械)の市場、労働の市場)について、完全競争市場を仮定する。

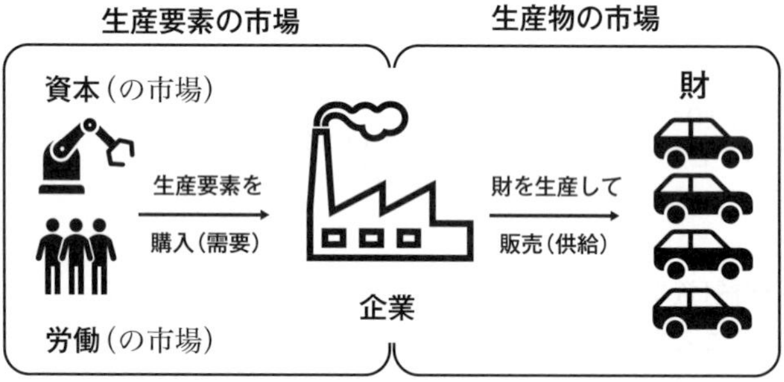

① 総収入

財の価格をp円(定数)として、Y個の財を生産・販売する企業の総収入は、生産関数$Y=F(K, L)$[K：資本投入量、L：労働投入量]を使って、次のように表される。

$$\left.\begin{array}{l}\overset{\text{総収入}}{R}=p\cdot Y \\ Y=\overset{\text{生産関数}}{F(K, L)}\end{array}\right\}\rightarrow \overset{\text{総収入}}{R}=p\cdot \overset{\text{生産関数}}{F(K, L)}$$

財の生産量Yは資本Kと労働Lによって決まるから、生産量に価格pをかけた総収入Rもまた資本と労働によって決まる。

ただし、生産量Yのままの方が直感的なので、背後に生産関数(or生産要素の投入)があることを念頭に、$R=p\cdot Y$と書くことにする。

---

3 ここでは平均費用ACなどの費用は出てこないので（混同しないだろうから）、総費用を一文字Cで表す（TCが好きな人は、適宜、置き換えるとよい）。これに合わせて、総収入も一文字Rで表す。

② 総収入の増加

財の価格pを一定として、生産量が増加すると企業の総収入は増加する。総費用曲線でも登場した考え方だが、ここでは少しだけ違う。以下、どこが違うか(どこが同じか)比較してみよう。

例3

財(生産物)の価格をp=100円とする。

A) 総費用曲線を用いた分析の場合

生産量を1個増やしたとき、総収入は価格100円の分だけ増加する。

$$\text{総収入の増加額} = \text{価格}100\text{円} \times \overbrace{1\text{個}}^{\text{生産量の増加}} = \overbrace{100\text{円}}^{\text{価格分}}$$

B) 生産関数を用いた分析の場合

生産要素を1単位増やすことから話が始まる。しかも生産要素は2種類あるから、それぞれについて考える。

以下、資本の限界生産性をMPK＝2、労働の限界生産性をMPL＝4とする。

❶ 資本K(機械)を1台増やした場合の総収入の増加額

資本の限界生産性がMPK＝2ということは、資本(機械)を1台増やしたとき、生産量が2個増えることを意味するから、総収入は200円増加する。

$$\text{総収入の増加額} = \text{価格}100\text{円} \times \overbrace{2\text{個}}^{\text{生産量の増加 } MPK} = 200\text{円}$$

❷ 労働Lを1人増やした場合の総収入の増加額

労働の限界生産性がMPL＝4だから、労働を1人増やすと生産量が4個増える。よって、総収入は400円増える。

$$\text{総収入の増加額} = \text{価格}100\text{円} \times \overbrace{4\text{個}}^{\text{生産量の増加 } MPL} = 400\text{円}$$

このように、生産関数の場合、生産要素ごとに総収入の増加額が異なるので、利潤を考える場合にも、生産要素ごとに考慮する必要がある[4]。

4 生産量を1単位増やしたときの総収入の増加は限界収入と呼ばれ、試験にも出てくる用語である(後述)。これに対して、生産要素を1単位増やしたときの総収入の増加は、限界生産物価値と呼ばれ、資本の限界生産物価値、労働の限界生産物価値という。ただし、これらの用語が試験で使われることは極めて稀である。

③ 生産要素と総費用

生産コスト(総費用)は、利用した(投入した)生産要素に対する支払いの総額で表される(企業は生産要素の市場で生産要素を需要していることを思い出そう)。

例4

資本Kの価格をr＝100円、労働Lの価格をw＝200円として[5]、総費用Cは、

$$C = \overbrace{\underbrace{100}_{\text{資本の価格}r} \times \underbrace{K}_{\text{資本投入量}}}^{\text{資本にかかる費用}} + \overbrace{\underbrace{200}_{\text{労働の価格}w} \times \underbrace{L}_{\text{労働投入量}}}^{\text{労働にかかる費用}}$$

で表される。

なお、資本や労働など生産要素の価格を(総称として)**要素価格**と呼ぶ。

④ 総費用の増加

総費用曲線の場合は、生産量を1単位増やしたときの総費用の増加額(限界費用MC)を考えたが、ここでは、生産要素を1単位増やしたときの総費用の増加額を調べる[6]。

例5

資本Kの価格をr＝100円、労働Lの価格をw＝200円とする。

❶ 資本K(機械)を1台増やした場合の総費用の増加額

資本を1台増やすと、資本の価格の分だけ総費用が増加する。

$$\text{総費用の増加額} = \text{資本の価格100円} \times \overbrace{1\text{台}}^{\text{資本の増加}} = \overbrace{100\text{円}}^{\text{資本の価格分}}$$

❷ 労働Lを1人増やした場合の総費用の増加額

労働を1人増やせば、労働の価格の分だけ総費用が増加する。

$$\text{総費用の増加額} = \text{労働の価格200円} \times \overbrace{1\text{人}}^{\text{労働の増加}} = \overbrace{200\text{円}}^{\text{労働の価格分}}$$

---

5 この表記は、やはり、英語の rental rate/price(レンタル率・価格)や wage rate(賃金率)に由来する。こだわりを捨て去れば、Yの価格をp_Y、Kの価格をp_K、Lの価格をp_Lとすればよい(この表記を使う英語の教科書・論文もたくさんある)。なお、計算しやすいよう、これらの価格は現実より格段に安く設定した。

6 ここでも、生産量を1単位増やしたときの総費用の増加(限界費用)と区別して、生産要素を1単位増やしたときの総費用の増加を限界要素費用という(資本の限界要素費用と労働の限界要素費用がある)が、やはり、試験では見かけることのない用語である。

⑤ 利潤最大化条件

ここまで見てきた通り、生産関数の話では、生産要素を１単位増加させて生産量を増やす(生産量の増加は１個とは限らない)。この点にだけ注意しておけば、総費用曲線の話とそれほど変わらない。

A) 総費用曲線を用いた分析の場合

利潤が生産量について最大化されると、生産量を１個増やしても利潤はもう増えない(利潤の増加がゼロ)。

$$\text{利潤の増加}=\underbrace{\text{総収入の増加}}_{\text{財の価格}p}-\underbrace{\text{総費用の増加}}_{\text{限界費用}MC}=0$$

$$\to\quad\underbrace{\text{財の価格}}_{p}=\underbrace{\text{限界費用}}_{MC}$$

B) 生産関数を用いた分析の場合

❶ 資本について利潤を最大化

利潤が資本投入量Kについて最大化されると、資本(機械)を１台増やしても利潤はもう増えない(利潤の増加がゼロ)。

$$\text{利潤の増加}=\overbrace{\underbrace{\text{財の価格}}_{p}\times\underbrace{\text{生産量の増加}}_{\text{資本の限界生産性}MPK}}^{\text{総収入の増加}}-\overbrace{\text{資本の価格}r}^{\text{総費用の増加}}=0$$

$$\to\quad\overbrace{\underbrace{\text{財の価格}}_{p}\times\underbrace{\text{生産量の増加}}_{\text{資本の限界生産性}MPK}}^{\text{総収入の増加}}=\overbrace{\text{資本の価格}r}^{\text{総費用の増加}}$$

これが、利潤最大化条件である。

資本についての利潤最大化条件

$$\underbrace{p}_{\text{財の価格}}\times\underbrace{MPK}_{\text{資本の限界生産性}}=\underbrace{r}_{\text{資本の価格}}\quad\text{or}\quad\underbrace{MPK}_{\text{資本の限界生産性}}=\underbrace{r/p}_{\text{資本の実質価格}}$$

資本の「実質価格」の説明は後述する。

❷ 労働について利潤を最大化

利潤が労働投入量Lについて最大化されると、労働を１人増やしても利潤はもう増えない(利潤の増加がゼロ)。

$$\text{利潤の増加} = \overbrace{\underbrace{\text{財の価格}}_{p} \times \underbrace{\text{生産量の増加}}_{\text{労働の限界生産性}MPL}}^{\text{総収入の増加}} - \overbrace{\text{労働の価格}\boldsymbol{w}}^{\text{総費用の増加}} = 0$$

$$\rightarrow \quad \overbrace{\underbrace{\text{財の価格}}_{p} \times \underbrace{\text{生産量の増加}}_{\text{労働の限界生産性}MPL}}^{\text{総収入の増加}} = \overbrace{\text{労働の価格}\boldsymbol{w}}^{\text{総費用の増加}}$$

労働についての利潤最大化条件

$$\underbrace{\boldsymbol{p}}_{\text{財の価格}} \times \underbrace{\boldsymbol{MPL}}_{\text{労働の限界生産性}} = \underbrace{\boldsymbol{w}}_{\text{労働の価格}} \quad \text{or} \quad \underbrace{\boldsymbol{MPL}}_{\text{労働の限界生産性}} = \underbrace{\boldsymbol{r/p}}_{\text{労働の実質価格}}$$

なお、労働の価格は**賃金(率)**であるから、労働の実質価格を、**実質賃金(率)**という。

ポイント

生産要素に関する利潤最大化条件は、財の価格と生産要素の限界生産性をかけた大きさが生産要素の価格に一致することであり、生産要素の限界生産性と財の単位で表した要素価格の均等化を意味している。

[参　考] 財の単位で表した要素価格

労働者が工場で製品を生産し、給料として生産した製品を受け取る場合(現物支給)を考える。製品の価格を１万円($\boldsymbol{p}=1$)、月収(１か月当たりの賃金)を20万円($\boldsymbol{w}=20$)とすると、名目値(通常の金額)で表された月収(１か月当たりの名目賃金)$\boldsymbol{w}=20$は、価格$\boldsymbol{p}=1$の製品20個分に相当する。

$$\frac{\boldsymbol{w}}{\boldsymbol{p}} = \frac{20}{1} = 20$$

これを実質賃金率といい、財の単位で表されている。資本についても同様である。

❷ 費用最小化

ここまで、企業が利潤を最大化するとき、生産要素をどれだけ投入すればよいかを見てきた。冒頭で述べた通り、企業は財を生産するために、生産要素を購入し、その代金を支払わなければならない(これは、消費者が財を購入するとき、代金を支払うのと全く同じ)。つまり、生産要素について考えることは、企業の総費用を考えることに等しい。

ここでは、企業が利潤を最大化することが、総費用を最小化することに他ならないことを示す。

1 等費用線

総費用が一定である(等しい)資本Kと労働Lの組合せを等費用線として描く。

例6

資本Kの価格をr=10円、労働Lの価格をw=20円とするとき、企業の総費用Cは資本にかかる費用と労働にかかる費用の和である。

$$\underbrace{10}_{r}K+\underbrace{20}_{w}L=C\ \cdots(1)$$

縦軸が資本K、横軸が労働Lの図に等費用線を描く場合、縦軸($L=0$)の切片と横軸($K=0$)の切片を結んで作図するのが最も簡単である。

$$(\text{縦軸切片})\ \underbrace{10}_{r}K+\underbrace{20}_{w}\cdot\underbrace{0}_{L}=C\ \rightarrow\ K=C/\underbrace{10}_{r}\ \cdots(2)$$

$$(\text{横軸切片})\ \underbrace{10}_{r}\cdot\underbrace{0}_{K}+\underbrace{20}_{w}L=C\ \rightarrow\ L=C/\underbrace{20}_{w}\ \cdots(3)$$

例えば、総費用がC=100の場合、

$$(2)\ K=C/\underbrace{10}_{r}=100/10=10$$

$$(3)\ L=C/\underbrace{20}_{w}=100/20=5$$

であり、これらを結ぶと等費用線 C=100を描くことができる。

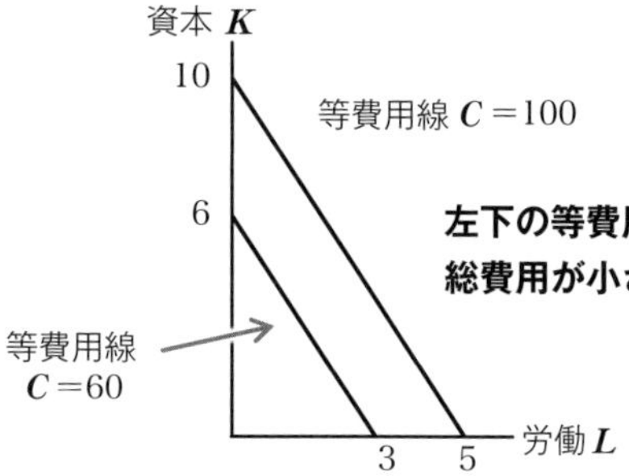

一定とする総費用の大きさを変えると、その度に、別の等費用線が描かれる。例えば、$C=60$の場合、縦軸と横軸の切片は、それぞれ、次の通りである。

(2) $K=C/\underbrace{10}_{r}=60/10=6$

(3) $L=C/\underbrace{20}_{w}=60/20=3$

これらを結ぶ直線が等費用線$C=60$である。

等費用曲線の傾き（絶対値）は**要素価格比**と呼ばれ、労働の価格wと資本の価格rの比w/rで表される。実際、(1)の総費用の式を変形して確認すると、

(1) $\underbrace{10}_{r}K+\underbrace{20}_{w}L=C$

→ $\underbrace{10}_{r}K=C-\underbrace{20}_{w}L$

→ $K=C/\underbrace{10}_{r}-\underbrace{(20/10)}_{w/r=2}L$

となって、横軸の変数Lの係数（絶対値）が要素価格比に等しいことが分かる。

[参　考]右下がりの直線の傾き（絶対値）

等費用線のような、縦軸切片と横軸切片を結ぶ直線であれば、

$$|傾き|=\frac{縦軸切片}{横軸切片}$$

としてよい。ここでは、縦軸切片が(2) C/r、横軸切片が(3) C/wだから、

$$|傾き|=\frac{C/r}{C/w}=\frac{C}{r}\div\frac{C}{w}=\frac{C}{r}\times\frac{w}{C}=\frac{w}{r}$$

2 等量曲線

同じ生産量を生産できる資本Kと労働Lの組合せを等量曲線という。

例7

生産関数を$Y=\sqrt{KL}$として、財を4個($Y=4$)生産できる資本Kと労働Lの組合せは、

$$(Y=)\sqrt{KL}=4$$

で表される。両辺を2乗すると（数学Tips❷）、

$$(\sqrt{KL})^2=4^2$$

$$\rightarrow\ KL=16$$

$$\rightarrow\ K=\frac{16}{L}$$

が得られ、これは反比例の曲線で表される。$K=16/L$に代表的なLの値（計算しやすい値）を入れてKを求めると、次の表の通りになる。

L	1	2	4	8	16
K	16	8	4	2	1

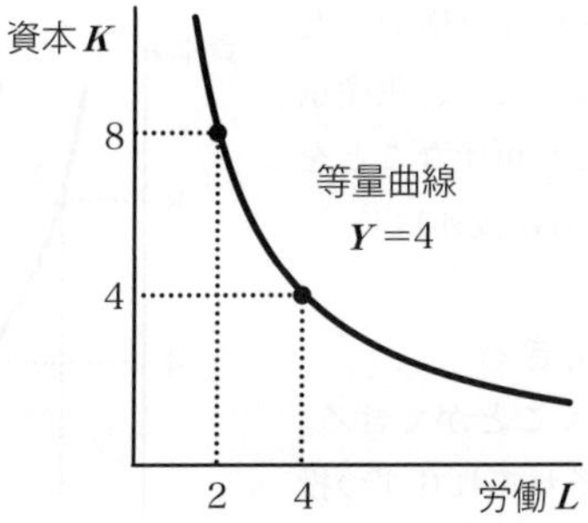

これを図示すると、原点に対して凸（とつ）な右下がりの曲線となる。

① 資本と労働の代替性

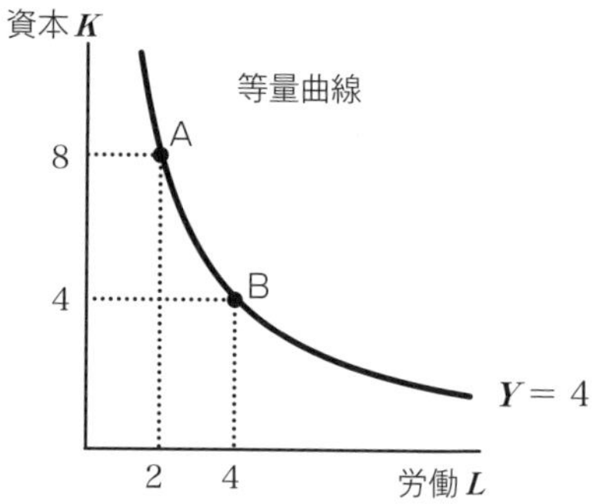

等量曲線$Y = 4$上の点A(2, 8)と点B(4, 4)を見ると、資本Kを8から4に減らしても、労働Lを2から4に増やせば、同じ生産量$Y = 4$を生産できることを示しており、このことを、**資本(機械)と労働は代替的**だ、という。

② 技術的限界代替率

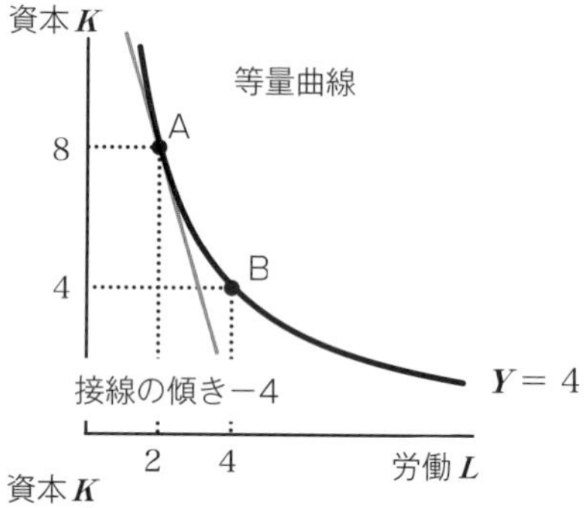

労働と資本の**限界代替率**とは、労働を1単位増やしたとき、減らしてもよい(生産量を一定に保てる)資本の大きさであり、等量曲線の接線の傾き(絶対値)で表される。生産技術に関するものだから、**技術的限界代替率**とも呼ばれている。

点Aにおける接線の傾き−4は、点Aから労働を1単位(or 微小に)増やしたとき、資本を4単位減らしても、生産量を$Y = 4$に維持することが可能なことを示している(傾きの求め方は後述)。

③ 無数に描くことができる

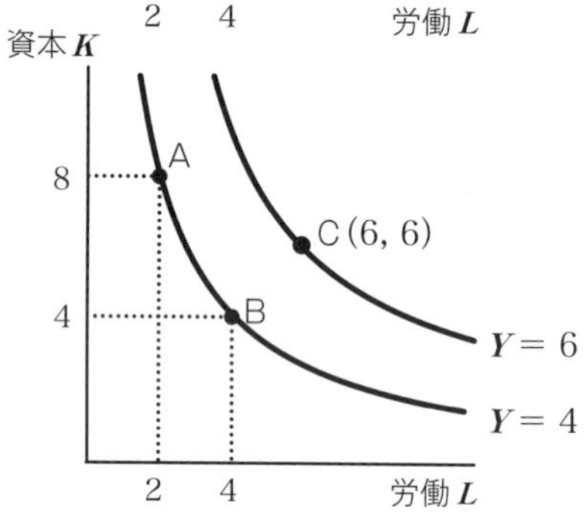

等量曲線は無数に描くことができる。例えば、労働と資本をそれぞれ6ずつ投入すると、$Y = \sqrt{KL} = \sqrt{6 \cdot 6} = 6$だけ生産できる。等量曲線$Y = 6$は[7]、$Y = 4$より右上に現れる。

---

7 $(Y=)\sqrt{KL} = 6 \rightarrow KL = 36$だから、等量曲線$Y = 6$は、反比例の曲線$K = 36/L$である。

3 技術的限界代替率

技術的限界代替率はその定義(意味)から、**労働の限界生産性*MPL*と資本の限界生産性*MPK*の比率**で表される。

例8 労働の限界生産性が$MPL=4$、資本の限界生産性が$MPK=2$であるとする。このとき、次のことが成り立つ。

$$MPL=\frac{\Delta Y}{\Delta L}=4 \cdots \begin{cases}\text{労働1人増加につき生産量が4増加}\\ \text{労働1人減少につき生産量が4減少}\end{cases}$$

$$MPK=\frac{\Delta Y}{\Delta K}=2 \cdots \begin{cases}\text{資本1台増加につき生産量が2増加}\\ \text{資本1台減少につき生産量が2減少}\end{cases}$$

よって、労働を1人増やしたとき(生産量4増加)、資本を2台減らせば(生産量4減少)、生産量を一定に保つことができる。

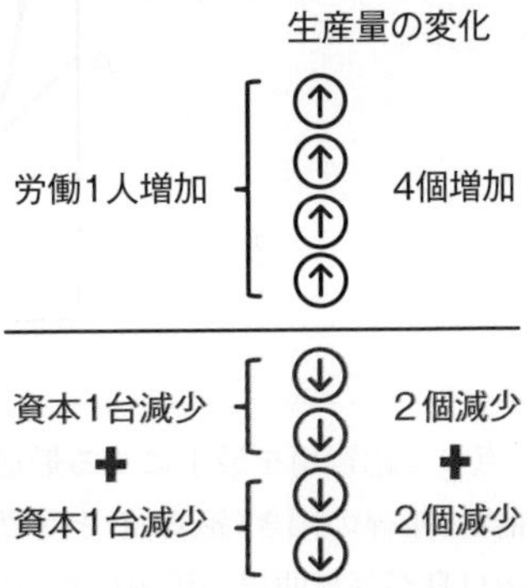

労働を1単位増やしたとき増加する生産量*MPL*は、資本を1単位減らしたとき減少する生産量*MPK*の2倍だから、資本を労働の2倍減らせばよい。

$$\left.\begin{matrix}MPL=4\\ MPK=2\end{matrix}\right\}\rightarrow \frac{MPL}{MPK}=\frac{4}{2}=2$$

労働を1単位増やしたとき、資本を(*MPL/MPK*)単位減らせば生産量が一定(等量)に保たれるから、これは上記の技術的限界代替率にほかならない[8]。

$$\text{技術的限界代替率}=\frac{MPL}{MPK}$$

---

8 技術的限界代替率を英語で略したければ、*RTS* (marginal Rate of Technical Substitution) や *TRS* (Technical Rate of Substitution) などとせよ (重要なのは中身 (意味、何に等しいかなど) だから、それ抜きに何と略そうと大した意味はない)。

4 費用最小化問題

一定の生産量を生産するとき、総費用が最小になる条件を導出する。ただし、要素価格およびその比率(|等費用線の傾き|)を一定とする。

例9

次の図の等量曲線上の点のうち、総費用が最小のものを選ぶ。等費用線は左下のものほど総費用が小さい。等量曲線と等費用線ABの接点Dより総費用を小さくすることはできない(等量曲線から外れてしまう)。

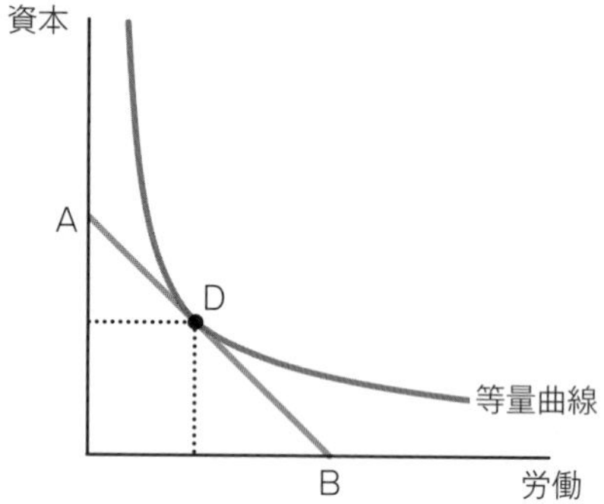

点Dで総費用を最小にする最適な資本と労働の投入量が決まり、このとき、等量曲線の接線の傾き(絶対値)と等費用線ABの傾き(絶対値)は一致している(等費用線AB自身が等量曲線の接線になっている)から、

|等量曲線の接線の傾き|=|等費用線の傾き|

技術的限界代替率　要素価格比

$$\rightarrow \quad \frac{MPL}{MPK} = \frac{w}{r}$$

が成立する。これを**費用最小化条件**と呼ぶ。

5 利潤最大化と費用最小化の関係

① 利潤最大化条件と費用最小化の関係

利潤最大化条件は、労働と資本それぞれについて、

$$p \cdot MPL = w$$
$$p \cdot MPK = r$$

が成立することであった（p は生産する財の価格）。両辺の比を取ると、

$$\frac{p \cdot MPL}{p \cdot MPK} = \frac{w}{r} \quad \xrightarrow{\text{左辺の}p\text{を約分}} \quad \frac{MPL}{MPK} = \frac{w}{r}$$

両辺の比を取る
$$\left.\begin{array}{l} a = b \\ c = d \end{array}\right| \rightarrow \frac{a}{c} = \frac{b}{d}$$

となる。これは、上記の費用最小化条件である。

ポイント

企業が利潤を最大化するとき、総費用は最小化され、技術的限界代替率が要素価格比に一致する。

② 短期と長期 発展

ここで登場した総費用について、資本Kが一定のとき、短期総費用を表す。

例10

労働Lの価格をw＝20円、資本Kの価格をr＝10円として、企業の総費用Cは資本にかかる費用と労働にかかる費用の総和である。

$$C = \underbrace{20}_{w}L + \underbrace{10}_{r}K$$

短期では、資本投入量を変えられない。資本がK＝50で一定だとすると、

$$C = \underbrace{20}_{w}L + \underbrace{10}_{r} \cdot \underbrace{50}_{K} = 20L + 500$$

利潤を最大化するように労働投入量Lを変えることができるから、wL＝20Lは可変費用であり、一定の資本にかかる定数rK＝500は固定費用である。

本節では、資本投入量を最適に変えることができるから、本節の総費用は長期総費用を表している。

❸ 利潤最大化・費用最小化の計算

1 コブ＝ダグラス型生産関数

生産量Yが、生産要素の投入量(を何乗かしたもの)の積で表される場合、この生産関数をコブ=ダグラス型という[9]。

例11

資本K、労働Lを生産要素として、

$Y=\sqrt{KL}(=K^{\frac{1}{2}}L^{\frac{1}{2}})$、$Y=10K^{\frac{1}{3}}L^{\frac{2}{3}}$、$Y=2K^{\frac{1}{4}}L^{\frac{1}{2}}$、$Y=5KL$

一般形として、コブ=ダグラス型生産関数を次のように表そう。

$Y=AK^aL^b(A,\ a,\ b$：正の定数) …(1)

2 利潤最大化条件と費用最小化条件

これまでの議論から、一般的な生産関数について、財の価格をp、労働の価格をw、資本の価格をrとして、利潤最大化条件は、

$p \cdot MPL=w$ …(2)

$p \cdot MPK=r$ …(3)

これらの比を取ると、技術的限界代替率と要素価格比が一致している。

$$\frac{MPL}{MPK}=\frac{w}{r} \quad \cdots(4)$$

コブ=ダグラス型生産関数(1)の場合、技術的限界代替率は、

$$\frac{MPL}{MPK}=\frac{b}{a}\cdot\frac{K}{L} \quad \cdots(5)$$

で表せる(数学Tips❺)。

利潤最大化条件(2)(3)の比(4)(or費用最小化条件)は、利潤を最大化する(費用を最小化する)最適な資本と労働の比率が、コブ=ダグラス型生産関数における資本Kの指数a、労働Lの指数b、要素価格w/rを使って単純に表されることを示す。

$$(4)\quad \overbrace{\frac{b}{a}\cdot\frac{K}{L}}^{(5)\,MPL/MPK}=\frac{w}{r} \quad \rightarrow \quad \frac{K}{L}=\frac{a}{b}\cdot\frac{w}{r}$$

9　生産要素は何種類あってもよい。例えば、土地の利用をTとして、$Y=K^aL^bT^c$もコブ=ダグラス型に含んでよい(試験では極めて稀；通常はKとLのみ)。

これを最適資本労働(投入)比率の公式と呼ぶことにする。

[参　考]公式の意味

最適資本労働比率の公式を変形すると意味が明瞭となる。

$$\frac{K}{L}=\frac{a}{b}\cdot\frac{w}{r}\quad\rightarrow\quad\frac{rK}{wL}=\frac{a}{b}$$

つまり、資本にかかる費用(rK)と労働にかかる費用(wL)の比率は、コブ=ダグラス型生産関数の資本Kの指数aと労働Lの指数bの比率に等しい。

一般的には、$0<a<1$、$0<b<1$であり[10]、各生産要素に関する利潤最大化条件を変形したものを用いると(数学Tips❺)、企業は生産によって得た総収入のうち、aの割合を資本の費用rKに充て、bの割合を労働の費用wLに充てる。

$$p\cdot MPK=r\ \rightarrow\ a\cdot\overbrace{pY}^{\text{総収入}}=\overbrace{rK}^{\text{資本の費用}}$$

$$p\cdot MPL=w\ \rightarrow\ b\cdot\overbrace{pY}^{\text{総収入}}=\overbrace{wL}^{\text{労働の費用}}$$

例えば、$a=0.3$、$b=0.7$の場合、総収入の30%が資本の費用、残りの70%が労働の費用となる。

$$\left.\begin{array}{l}0.7pY=rK\\0.3pY=wL\end{array}\right\}\ \text{両辺を足し合わせる}\ \underbrace{0.7pY+0.3pY}_{(0.7+0.3)pY=1\times pY}=\overbrace{rK+wL}^{\text{総費用}C}$$

$$\rightarrow\ \overbrace{pY}^{\text{総収入}}=\overbrace{C}^{\text{総費用}}$$

生産関数$Y=AK^aL^b$の指数a、bは、KやLの生産に対する貢献度を表す(どれだけ生産量を増やすか)。その貢献度に応じて各生産要素にかかる費用が決まる。

10 すぐ下で確認する通り、これらの指数は各生産要素の生産に対する貢献度を表すから、全体を1=100%として、$0<a<1$、$0<b<1$とするのが経済学では普通である。ただし、試験問題では与えられた数値をそのまま使うしかない($a=b=1$とする出題も稀にある)。

例題1-6

企業の生産関数が、

$Y=\sqrt{KL}$ ［Y：生産量、K：資本投入量、L：労働投入量］

で示される。生産量が10のとき、最適な資本と労働の投入量を求めよ。ただし、資本と労働の価格、r と w はともに1である。

解説

財を10生産するときの総費用を最小化しよう(利潤最大化してもよい)。コブ=ダグラス型生産関数について、最適資本労働比率の公式を適用する。

$$\left.\begin{array}{l} a=b=1/2 \\ w=r=1 \end{array}\right\} \rightarrow \frac{K}{L}=\frac{a}{b}\frac{w}{r} = 1 \rightarrow K=L$$

最適資本労働比率の公式

$$Y=AK^aL^b \rightarrow \frac{rK}{wL}=\frac{a}{b} \rightarrow \frac{K}{L}=\frac{a}{b}\frac{w}{r}$$

《条件の整理》

生産関数 $Y=\sqrt{KL}$ …(1)

費用最小化条件 $K=L$…(2)

生産量$Y=10$ …(3)

未知数$\{Y, K, L\}$について、互いに異なる式が三つあるので、(1)(2)(3)を連立させて解くことができる。

(1) $Y=\sqrt{KL}$ 【両辺を2乗】 $Y^2=KL$ 【左辺に(3)を代入 右辺に(2)を代入】 $\underbrace{10}_{(3)Y}{}^2=K\cdot\underbrace{K}_{(2)L}$

$\rightarrow$ $K=10(\underbrace{=L}_{(2)})$

よって、最適な労働と資本の投入量はそれぞれ10である。

ポイント

コブ=ダグラス型生産関数の問題では、資本と労働に関する利潤最大化条件や費用最小化条件とともに、問題で指定された条件を使って連立方程式を解く。

例題1-7

生産関数が $y=\sqrt{x}$ ［y：財の生産量、x：生産要素投入量］で表される企業について、利潤を最大化する生産要素投入量はいくらか。財の価格は $p_y=20$、生産要素の価格は $p_x=1$ とする。

解説

ここでは、生産要素は2種類ではなく、1種類で表されている(特に名称なし)。

［解法1］「財の価格＝限界費用」に持ち込む

生産要素が1種類の場合、簡単に限界費用 MC を求めることができる。

❶ 生産関数を、「生産要素＝～」に直す

与えられた生産関数の両辺を2乗して、

$$y=\sqrt{x} \rightarrow y^2=x \rightarrow x=y^2 \cdots(1)$$

❷ 総費用を費用関数に変形する

総費用 C は投入した生産要素の費用だから[11]、

$$\left.\begin{array}{l} C=p_x x \\ p_x=1 \end{array}\right\} \rightarrow C=1\cdot x=x \cdots(2)$$

❸ 費用関数を求める[12]

$$(2)\ C=\underbrace{x}_{(1)} \xrightarrow{(1)を右辺に代入} C=y^2 \cdots(3)$$

❹ 財の価格＝限界費用を使って解く

総費用関数(3)を生産量 y について微分して限界費用 MC を求め、財の価格と一致させる(∵利潤最大化条件)。

11　使用する文字を混同しないように気をつけよう。ここでは、x は生産量ではなく、投入量だ。自分なりに文字を置き換えてもよい。例えば、生産量 $y \rightarrow x$、投入量 $x \rightarrow L$ など。

12　ここでの費用関数は生産量の関数である。これは、限界費用が「総費用を生産量で微分したもの」であるため、生産量の関数としての費用関数が必要になる。

(3) $C=y^2$

$$\rightarrow\quad MC=2y$$

$$\rightarrow\quad \underbrace{2y}_{MC}=\underbrace{20}_{p_y}$$

微分のルール
$y=ax^n \rightarrow y'=anx^{n-1}$

これを解いて、最適生産量$y=10$を得る。

❺ 最適投入量を求める

最適生産量と最適投入量の関係は(1)で表されている。上記、$y=10$を代入すると、

$$\left.\begin{array}{l}(1)\ x=y^2\\ y=10\end{array}\right\} \rightarrow\quad x=10^2=100$$

[解法2] 利潤の式を立て生産要素について最大化する

利潤πは、総収入と総費用の差であり、ここでは生産要素の式で表される。他の与件とともに利潤を生産要素の式で表す[13]。

$$\left.\begin{array}{l}\pi=\overbrace{p_y y}^{\text{総収入}}-\overbrace{p_x x}^{\text{総費用}}\\ y=\sqrt{x}\\ p_y=20\\ p_x=1\end{array}\right\} \rightarrow\quad \begin{array}{l}\pi=\overbrace{\underbrace{20}_{p_y}\underbrace{\sqrt{x}}_{y}}^{\text{総収入}}-\overbrace{\underbrace{1}_{p_x}\cdot x}^{\text{総費用}}\\ \quad=20x^{1/2}-x\end{array}$$

利潤πを生産要素xについて最大化する(微分してゼロと置く)と、

$$\overbrace{\underbrace{20\cdot\frac{1}{2}\cdot x^{-1/2}}_{(x^{1/2})'}-\underbrace{1}_{(x)'}}^{\pi\text{を}x\text{について微分}}=0 \quad \xrightarrow{\text{両辺に1を足す}} \quad 10x^{-1/2}=1\cdots(4)$$

$$\rightarrow\quad 10\frac{1}{x^{1/2}}=1 \quad \xrightarrow{\text{両辺に}x^{1/2}\text{をかける}} \quad 10\frac{1}{x^{1/2}}\times x^{1/2}=1\times x^{1/2}$$

$$\rightarrow\quad 10=x^{\frac{1}{2}}$$

---

13 印刷の都合により、微分した後の負号(マイナス)が際立つように指数(分数)を横に寝て書く。

最後に両辺を２乗して、

$$10^{1\times2}=\boldsymbol{x}^{\frac{1}{2}\times2}$$

$\rightarrow\ 100=\boldsymbol{x}$

$\rightarrow\ \boldsymbol{x}=100$

なお、(4)の左辺は、財の価格×限界生産性$\boldsymbol{MP}$、右辺は要素価格である。

$$(4)\ \underbrace{10}_{p_y}\ \underbrace{\boldsymbol{x}^{-1/2}}_{MP}=\underbrace{1}_{p_x}\ \text{（利潤最大化条件）}$$

重要事項 一問一答

01 生産要素の投入量と生産物の生産量の関係を表したものを何というか。

生産関数

02 代表的な生産要素（２種類）には何があるか。

資本K、労働L

03 資本投入量を１単位増やしたときに増加する生産量の大きさを何というか。

資本の限界生産性MPK（限界生産物、限界生産力）

04 労働についての利潤最大化条件は何か。

労働を1単位増やしたときに、総収入の増加と総費用の増加が一致すること

05 生産量が一定となる資本と労働の組合せを描いた曲線を何というか。

等量曲線

06 等量曲線の傾きの絶対値を何というか。

技術的限界代替率

07 技術的限界代替率と、労働と資本の限界生産性はどのような関係にあるか。

$$\text{技術的限界代替率}=\frac{\text{労働の限界生産性}MPL}{\text{資本の限界生産性}MPK}$$

08 総費用が一定となる資本と労働の組合せを描いた右下がりの直線を何というか。

等費用線

09 等費用線の傾きの絶対値を何というか。

要素価格比

10 利潤最大化条件と費用最小化条件はどのような関係にあるか。

利潤最大化条件を満たせば、費用最小化条件を満たす

過去問 Exercise

問題1　完全競争市場の下で、ある企業の生産関数が次のように示される。

$Y=4K^{0.25}L^{0.25}$　［Y：生産量、K：資本投入量、L：労働投入量］

いま、生産物価格が32、資本1単位の価格が16、労働1単位の価格が1である。この企業の利潤が最大になる場合の生産量はいくらか。

国税専門官・財務専門官2021

1. 4
2. 8
3. 16
4. 24
5. 32

解説

正解 5

利潤最大化条件と他の条件を使って解く。

[解法1] 利潤最大化条件（公式）を使う

求めるのは生産量Yであり、最適な資本と労働投入量がわかれば計算できる。ここでは、簡略化した利潤最大化条件を用いる（数学Tips ❺）。財Y、資本K、労働Lの価格をそれぞれp_Y、p_K、p_Lとして[14]、また、1/4=0.25だから、

$$Y=4K^{\frac{1}{4}}L^{\frac{1}{4}}\cdots(1)$$

$$\to\begin{cases}\underbrace{(1/4)}_{a}\ \underbrace{32}_{p_Y}Y=\underbrace{16}_{p_K}K\to\ Y=2K\to K=Y/2\cdots(2)\\ \underbrace{(1/4)}_{b}\ \underbrace{32}_{p_Y}Y=\underbrace{1}_{p_L}\cdot L\to\ 8Y=L\to L=8Y\cdots(3)\end{cases}$$

利潤最大化条件（簡略化）
$$Y=AK^aL^b\to\begin{cases}ap_YY=p_KK\\ bp_YY=p_LL\end{cases}$$

(1)(2)(3)は、$\{Y, K, L\}$に関する三つの異なる式だから、これらを連立方程式として解けばよい。

見通しをよくするため、(1)の両辺を4乗しておく（全ての指数を4倍）。

$$(1)\ Y^1=4^1K^{\frac{1}{4}}L^{\frac{1}{4}}$$

$$\to\ Y^4=4^4\cdot KL\cdots(1')$$

(2)(3)をそれぞれYの式として、(1′)に代入するとYだけの式となる[15]。

$$(1')\ Y^4=4^4\cdot\underbrace{\overbrace{(Y/2)}^{(2)K}\cdot\overbrace{(8Y)}^{(3)L}}_{\frac{Y}{2}\times 8Y}$$

$$\to\ Y^4=4^4\cdot 4Y^2\ \xrightarrow{Y^2\text{で割る}}\ Y^2=4^5$$

両辺の指数を2や2の倍数で表せば簡単に解ける。右辺について、

$$4=2^2$$

$$\to\ 4^5=\underbrace{2^2\cdot2^2\cdot2^2\cdot2^2\cdot2^2}_{4(=2^2)\text{が5個}}$$

---

14 そもそも計算が煩雑なので、価格の表記については直感的な表記を使う。もちろん、p、r、wが好ましければ、随時、書き換えればよい。

15 以前と同様に、数学としては、$Y^2(Y^2-4^5)=0$としてから、$Y\neq0$より、$Y^2-4^5=0$としている。

として[16]、

$$Y^2=\underbrace{2^2\cdot 2^2\cdot 2^2\cdot 2^2\cdot 2^2}_{4^5}$$

両辺を(1/2)乗する
(全ての指数を2で割る)

$$Y=2\cdot 2\cdot 2\cdot 2\cdot 2=32$$

[解法2] 簡略化せずに計算する(公式を忘れた場合)

生産関数(1)から、限界生産性を求めると、

$$\boldsymbol{MPK}\left(=\frac{\Delta \boldsymbol{Y}}{\Delta \boldsymbol{K}}\right)=\frac{1}{4}\cdot 4\boldsymbol{K}^{\frac{1}{4}-1}\boldsymbol{L}^{\frac{1}{4}}=\frac{1}{4}\cdot\frac{\overbrace{4\boldsymbol{K}^{\frac{1}{4}}\boldsymbol{L}^{\frac{1}{4}}}^{(1)\,\boldsymbol{Y}}}{\boldsymbol{K}}=\frac{\boldsymbol{Y}}{4\boldsymbol{K}}\quad\cdots(4)$$

$$\boldsymbol{MPL}\left(=\frac{\Delta \boldsymbol{Y}}{\Delta \boldsymbol{L}}\right)=\frac{1}{4}\cdot 4\boldsymbol{K}^{\frac{1}{4}}\boldsymbol{L}^{\frac{1}{4}-1}=\frac{1}{4}\cdot\frac{\overbrace{4\boldsymbol{K}^{\frac{1}{4}}\boldsymbol{L}^{\frac{1}{4}}}^{(1)\,\boldsymbol{Y}}}{\boldsymbol{L}}=\frac{\boldsymbol{Y}}{4\boldsymbol{L}}\quad\cdots(5)$$

であるから、利潤最大化条件に代入して、

$$\underbrace{32}_{p_Y}\ \underbrace{\boldsymbol{MPK}}_{(4)}=\underbrace{16}_{p_K}\ \rightarrow\ 32\,\frac{\boldsymbol{Y}}{4\boldsymbol{K}}=16\ \rightarrow\ (2)$$

$$\underbrace{32}_{p_Y}\ \underbrace{\boldsymbol{MPL}}_{(5)}=\underbrace{1}_{p_L}\ \rightarrow\ 32\,\frac{\boldsymbol{Y}}{4\boldsymbol{L}}=1\ \rightarrow\ (3)$$

以下、[解法1]と同じ。

16 指数の演算が得意であれば、$4^5=(2^2)^5=2^{2\times 5}$として計算せよ(あるいはそもそも生産関数を4乗せずに計算してよい)。本書では、ある程度、数学が苦手な読者を想定する。

数学 Tips

1 ルート

ルート(平方根)は、例えば、次のように定義される。

「2乗(平方)するとaになる数を、aのルートといい、$\pm\sqrt{a}$と書く」

必然的に指数の計算(「2乗する」)が関係する。

経済学ではもっぱら正の数を扱うので、以下、負の数は無視する。

例12 以下、便宜的に「$x=$〜」の形式で話を進める。

$x=\sqrt{5}$

「両辺を2乗する」とは、次の操作を簡略化したものである。

$x=\sqrt{5}$ 両辺にxをかける $x\times x=\sqrt{5}\times x$

等式の変形(等号が成立)
$a=b \rightarrow ac=bc$

$x=\sqrt{5}$で右辺を置換 $x^2=\sqrt{5}\times\underbrace{\sqrt{5}}_{x}$

$\rightarrow\ x^2=(\sqrt{5})^2$

指数は累乗
$a^n=\underbrace{aaaaa\cdots}_{n\text{回かけたもの}(n\text{個の積})}$

定義から「2乗すると5になる数」が$\sqrt{5}$だから、

$(x^2=)\ (\sqrt{5})^2=5$

2 指数の拡張(指数の引き算)

指数部分は正の整数に限らず、小数、分数、ゼロ、負の数の場合もある[17]。

1 指数を減らす

試験で使う演算は、かなり限定されるので、直感的に操作するとよい。

17 ゼロのゼロ乗など、不定形と呼ばれるものは扱わない(試験で直面することもない)。

$x^3 = xxx$ 【両辺を x で割る】→ $\dfrac{x^3}{x} = xx\dfrac{x}{x}$

> **等式の変形（等号が成立）**
> $a = b \rightarrow \dfrac{a}{c} = \dfrac{b}{c}\ (c \neq 0)$

【右辺を約分】→ $\dfrac{x^3}{x} = xx$ 【右辺を累乗の形に】→ $\dfrac{x^3}{x} = x^2$

つまり、1回割ると指数が1減る。

$$x^3 \div x = \underbrace{x^2}_{x^{3-1}}$$

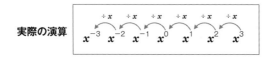

どんどん、割って行くと、

実際の演算

$$x^{-3} \xleftarrow{\div x} x^{-2} \xleftarrow{\div x} x^{-1} \xleftarrow{\div x} x^{0} \xleftarrow{\div x} x^{1} \xleftarrow{\div x} x^{2} \xleftarrow{\div x} x^{3}$$

指数に着目すると…

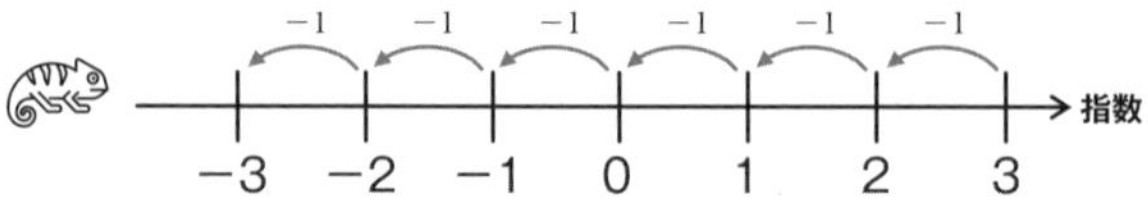

考え方に慣れると、$x^1 = x$ である理由（整合性）が分かる。x^2 を x で割ると、

$x^2 = xx$ 【指数を1減らす（x で割る）】→ $x^{2-1} = x\dfrac{x}{x}$

→ $x^1 = x$

さらに、$x^0 = 1$ である理由も、x^1 を x で割って、

$x^1 = x$ 【指数を1減らす（x で割る）】→ $x^{1-1} = \dfrac{x}{x}$

→ $x^0 = 1$

もう1回割れば、指数がマイナスのケースを理解することができる。

$x^0 = 1$ 【指数を1減らす（x で割る）】→ $x^{0-1} = \dfrac{1}{x}$

→ $x^{-1} = \dfrac{1}{x}$

2 逆数の定義

ある数 a （$\neq 0$）の逆数は、元の数にかけると1になる数を指す。

$$a \times \frac{1}{a} = 1 \left(a\text{の逆数は}\frac{1}{a}\text{、}\frac{1}{a}\text{の逆数は}a \right)$$

ところで、数をその数自身で割っても1である。

$$a \div a = 1$$

割り算の「$\div a$」の部分は、「×逆数」と同じことである。

$$a \div a = 1 \Leftrightarrow a \times \frac{1}{a} = 1$$

数を分数で割るとき、「ひっくり返してかける」と教わるのはこの理由による。

$$10 \div \frac{1}{2} = 10 \times 2 = 20$$

慣れてしまえば、「逆数」は、「分母子(分母と分子)を逆さまに入れ替えた数」としてよい。

$$\frac{a}{b} \text{の逆数は、} \frac{b}{a} \rightarrow \frac{a}{b} \times \frac{b}{a} = 1$$

3 指数の拡張(続き)

x^{-1}をxで割ると、

$$x^{-1} = \frac{1}{x} \xrightarrow{\text{指数を1減らす } x\text{で割る}} x^{-1-1} = \frac{1}{x} \underbrace{\div x}_{\times \frac{1}{x}}$$

$$\rightarrow \quad x^{-2} = \underbrace{\frac{1}{x} \times \frac{1}{x}}_{\frac{1^2}{x^2}}$$

$$\rightarrow \quad x^{-2} = \frac{1}{x^2}$$

ポイント

同じ数でn回割ったものを、

$$x^{-n} = \frac{1}{\underbrace{xxxx\cdots}_{n\text{個}}} = \frac{1}{x^n}$$

と書く。

4 微分との関連

微分のルール(公式)は、「xの指数nをかけ、xで割る」としてよい。

$$y=ax^n$$

$$\rightarrow \quad y'=anx^{n-1}=an\frac{x^n}{x}$$

3 指数の演算

上記の通り、同じ数をかけるたびに、指数に1を加えればよい。同様に、同じ数で割るたびに、指数から1を引けばよい。

ここでは、指数にかけ算・割り算を行う操作を見てみよう。

例13

$x=3$の両辺を2乗する場合、全ての指数を2倍する。

$x^1=3^1$ 〔両辺を2乗する〕⇒ $x^{1\times2}=3^{1\times2}$

$\rightarrow \quad x^2=3^2$

$x=3$の両辺をn乗すると、

$x^1=3^1$ 〔両辺をn乗する〕⇒ $x^{1\times n}=3^{1\times n}$

$\rightarrow \quad x^n=3^n$

冒頭の$x=\sqrt{5}$の場合、ルートの定義から、

$x=\sqrt{5}$ 〔両辺を2乗する〕⇒ $x^2=(\sqrt{5})^2=5$

であるが、ルートが1/2乗($\sqrt{a}=a^{\frac{1}{2}}$)であれば、

$x=5^{\frac{1}{2}}$ 〔両辺を2乗する〕⇒ $x^{1\times2}=5^{\frac{1}{2}\times2}$

$\rightarrow \quad x^2=5^1$

となって、整合的である(2乗すると5になる数)。

ポイント

ルートは(1/2)乗である。

なお、1/2＝0.5だから、ルートは0.5乗でもあり、指数が分数であるケースと小数であるケースは同じと考えて構わない。

また、$x^2=3^2$を「(1/2)乗する」(２分の１乗)場合、全ての指数を２で割ればよい(両辺の平方根を取ることに相当する)。

$x^2=3^2$ 両辺を(1/2)乗する $x^{2\div 2}=3^{2\div 2}$

→ $x^1=3^1$

→ $x=3$

4 ルートの演算(その他)

上記の例、

$x=\sqrt{5}=5^{\frac{1}{2}}$

→ $x^2=5^{\frac{1}{2}\times 2}$

(→ $x^2=5$)

について、通常のかけ算と同じように、指数部分でもかける順序を入れ替えてよい。

$x^2=5^{\frac{1}{2}\times 2}=5^{2\times\frac{1}{2}}$

ここで、5^2を一つの数と考えれば[18]、

$x^2=\left(5^2\right)^{\frac{1}{2}}$

となる。(1/2) 乗をルート (根号) に書き換えると別の形式になる。

$x^2=\sqrt{(5^2)}$ カッコを取る $x^2=\sqrt{5^2}$

(同じ計算だから)上記の結論と一致させて、

$x^2=\sqrt{5^2}=5$

これは、「ルートの中が２乗になれば、ルートの外に出す」操作である。

一般化すると、

18 面倒をいとわなければ、$a=5^2$として、$x^2=a^{1/2}$となる。(1/2) 乗はルートだから、$x^2=\sqrt{a}$であり、$a=5^2$に戻せば、$x^2=\sqrt{5^2}$となって本文に一致する。

$$x=\sqrt{a^2 b} \quad \rightarrow \quad x=\sqrt{a^2}\times\sqrt{b} \quad \rightarrow \quad x=a\sqrt{b}$$

$$\sqrt{AB}=\sqrt{A}\times\sqrt{B}$$

$$x=\sqrt{\frac{a^2}{b}} \quad \rightarrow \quad x=\frac{\sqrt{a^2}}{\sqrt{b}} \quad \rightarrow \quad x=\frac{a}{\sqrt{b}}$$

$$\sqrt{\frac{A}{B}}=\frac{\sqrt{A}}{\sqrt{B}}$$

5 コブ＝ダグラス型生産関数

1 限界生産性

コブ=ダグラス型生産関数、

$Y=AK^aL^b$ …(1)

について、労働の限界生産性 MPL と資本の限界生産性 MPK は、それぞれ、

$$MPL=\frac{\Delta Y}{\Delta L}=bAK^aL^{b-1} \cdots (2)$$

微分のルール
労働Lの指数bをかけて
Lの指数を$b-1$に

$$MPK=\frac{\Delta Y}{\Delta K}=aAK^{a-1}L^b \cdots (3)$$

微分のルール
労働Kの指数aをかけて
Kの指数を$a-1$に

として求められる。

[参　考]

生産関数は、$Y=F(K, L)$（K と L の関数）であり、生産量 Y を増やすには、K か L のどちらか一方、または両方を増やせばよい。限界生産性は、前者の「一方だけ増やす」ことを想定したもので、偏微分（partial derivative；部分的な微分）と呼ばれている。

ただし、両方を同時に増やす計算問題は稀だから、本書では、偏微分であっても単に「微分」という。

2 平均生産性

生産要素1単位当たりの生産量を(その生産要素の)平均生産性AP (Average Productivity/Product；平均生産力、平均生産物)という[19]。

労働の平均生産性$APL=Y/L$

資本の平均生産性$APK=Y/K$

① 労働の平均生産性と限界生産性

コブ=ダグラス型生産関数の場合、労働の平均生産性APLは次式で表される。

$$APL=\frac{Y}{L} \rightarrow APL=\frac{\overbrace{AK^aL^b}^{(1)\,Y}}{L}=AK^a\cdot\frac{L^b}{L}$$

$$\rightarrow \underbrace{Y/L}_{APL}=AK^aL^{b-1} \cdots(4)$$

したがって、労働の限界生産性MPL(2)を(4)で簡略化できる。

$$(2)\ MPL=b\cdot\underbrace{AK^aL^{b-1}}_{(4)\,APL} \rightarrow MPL=b\cdot Y/L \cdots(5)$$

② 資本の平均生産性と限界生産性

資本についても全く同じ変形が適用できる。

$$APK=\frac{Y}{K} \rightarrow APK=\frac{\overbrace{AK^aL^b}^{(1)\,Y}}{K}=A\cdot\frac{K^a}{K}\cdot L^b$$

$$\rightarrow \underbrace{Y/K}_{APK}=AK^{a-1}L^b \cdots(6)$$

資本の限界生産性MPK(3)もまた、(6)を使えば、

$$(3)\ MPK=a\cdot\underbrace{AK^{a-1}L^b}_{(6)\,APK} \rightarrow MPK=a\cdot Y/K \cdots(7)$$

19 試験で見かけるのは稀。ここでは計算を楽にするため紹介する。

3 最適資本労働比率

利潤最大化条件の比、または費用最小化条件から、

$$\frac{MPL}{MPK}=\frac{w}{r}$$

である［w：労働の価格、r：資本の価格］。左辺は技術的限界代替率、右辺は要素価格比である。

上記で簡略化した(5)(7)を使って左辺(技術的限界代替率)を変形すると、最適資本労働比率の公式を得る。

$$\frac{MPL}{MPK}=\frac{w}{r}$$

$$\to \frac{\overbrace{b\cdot Y/L}^{(5)}}{\underbrace{a\cdot Y/K}_{(7)}}=\frac{w}{r} \xrightarrow{(左辺)\ \frac{b}{a}\times\frac{Y}{L}\times\frac{K}{Y}} \frac{b}{a}\frac{K}{L}=\frac{w}{r}$$

$$\to \frac{K}{L}=\frac{a}{b}\frac{w}{r}$$

コブ=ダグラス型生産関数はとても複雑な式に見えるが、(望ましい性質を持つように作られたものだから)公式自体は極めてシンプルな形になる((5)(7)を使わずどんなにガリガリ計算しても、最終的な形は同じになってしまう)。

第2章

消費者行動理論

個人(家計)は、日常的に自分の行動を選択しています。経済学的な選択対象についても様々で、何を何個買うか(消費計画)、今月はいくら貯蓄するか、大学や大学院に進学するか、どこでどう働くか、など多岐にわたります。第2章でははじめに財の消費について学び、その応用として、貯蓄や労働時間の決定を考えます。

★★★

1 効用最大化問題

本節では、消費者の行動原理に関する基本的な考え方を学びます。典型的な問題として、消費者の効用関数が与えられると、予算制約とともに、消費者が選ぶ２財の消費量が決まります。

---

❶ 効用と無差別曲線

企業（生産者）の行動原理は利潤最大化であった。ここでは、**消費者**としての個人や家計（家庭）が、どのようにして財を消費するかを学習する[1]。

なお、一つの家計の行動を一人の消費者の行動と考えても特に問題がないので、以下、消費者または個人と呼ぶ。

1 効　用

① 消費による満足度

例えば、わざわざお金を支払ってスマートフォンを購入するのは、スマートフォンを使うことが便利だったり、または単純に嬉しかったりするためである。個人は、その商品を買って使用する（食品であれば食べる）ことで、何かしらの満足感を得る（不満しかなければ買わないだろう）。

経済学では、個人が消費によって得る**満足度（幸福度）を効用水準$\boldsymbol{u}$**（utility）で表す。これは何かを消費するときの**満足度を測る尺度**であり、**満足度が高いほど、効用水準$\boldsymbol{u}$**（効用の大きさ）**も大きい**[2]。

② 無差別な消費

例えば、ある個人がいま昼食を選ぶとする。各メニューについて、個人の効用水準が次のように示されている。

1　なお、企業（生産者）であっても、生産に必要なもの（労働力、原材料など）を消費する（中間消費という）から、「生産者は生産しかしない」と考えたり、同様に、「消費者は消費しかしない」と考えたりするのは誤り。企業は利潤最大化を行い、個人（家計、消費者）は効用最大化を行う。

2　「価格100円」と「価格水準100円」のように、「効用」と「効用水準」を等しく扱う。強いて言えば、効用は満足度を測る尺度、その尺度の大きさ（目盛）を効用水準という。

カツ丼１杯の効用水準＝100
ラーメン１杯の効用水準＝80
スパゲッティ１皿の効用水準＝80
その他のメニュー１人前の効用水準＝50

カツ丼１杯は効用水準が最も大きく、次いで、ラーメン１杯またはスパゲッティ１皿、その他の順に効用が大きい。ラーメン１杯とスパゲッティ１皿は全く同じ効用水準であり、「ラーメン１杯とスパゲッティ１皿は、個人にとって**無差別**である」(効用水準に差がない、どちらでもよい)、という[3]。

③ 選　好

個人が、何をどれだけ消費したときに、どれだけの効用を得るか(消費したときの満足度の感じ方)をその個人の**選好**(せんこう)という。

選好順序(どれが１番望ましく、２番目にはこれで…という順序)は効用水準の大小関係で表され、効用水準が大きいほど、その個人にとって望ましい。

④ 効用最大化

個人にとって最も望ましい消費は、最も大きい効用が得られる消費である。したがって、**個人の行動原理は効用最大化にあり、可能な限り効用を大きくする。**

2 無差別曲線

① ２財の組合せと効用水準（選好の例）

ここでは、２財(Ｘ財とＹ財)の消費を考える。２財の消費量の組合せ方ごとに、効用水準が一つ対応する。

例1

２財の組合せと個人の効用水準が示されている。

	組合せA	組合せB	組合せC
X財の消費量 x	3個	2個	6個
Y財の消費量 y	4個	6個	2個
効用水準 u	12	12	12

組合せＡは、Ｘ財３個とＹ財４個を消費したとき、効用水準が12であることを示している。

3　消費者に限らず、例えば、企業が財を10個生産しても20個生産しても利潤が同じであれば、「10個生産することと20個生産することは、企業にとって無差別だ」という。

$x=3$、$y=4$ → $u=12$

同様にして、組合せBとCでは、

$x=2$、$y=6$ → $u=12$

$x=6$、$y=2$ → $u=12$

横軸にX財の消費量、縦軸にY財の消費量を取り、これら３つの組合せを点として図示する。ここでは、点の横に効用水準を表す。

３つの点(組合せ)は効用水準uが12で等しいから、どれも消費者にとって無差別である。

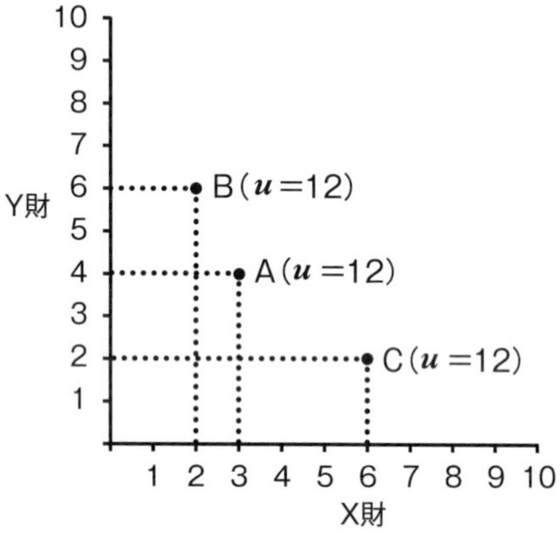

② 代替的な２財

２財のうち、どちらか一方が減っても、他方を増やせば効用が変わらないとき、「２財は**代替的**だ(代替可能だ)」という[4]。

例えば点Aを基準として、X財が１個減ってもY財が２個増えれば、効用水準は変わらない(点B)。また、点Aから、Y財が２個減ってもX財が３個増えれば、効用水準は変わらない。

同じことを、「X財１個に対してY財は何個代替可能か」で表す。点AとBを比較すると、X財１個に対し、Y財２個が代替可能であり、点AとCでは、X財３個とY財２個が代替可能だから、X財１個に対して、Y財2/3個が代替可能である。

このように、X財１個とY財何個が代替可能かを表す比率は、見ている点によって異なる。

4　企業の生産活動の場合は、資本(機械)と労働のうち、どちらか一方を減らしても、他方を増やせば生産量が等しいとき、「資本と労働は代替的だ(代替可能だ)」という。

③ 無差別曲線

例1 で扱った、X財、Y財の消費量と効用水準の組合せを連続的に表してみよう。

効用水準が等しいX財とY財の消費量の組合せを一本の曲線として描いたものを**無差別曲線**という。逆に言うと、**同じ無差別曲線上の点であれば、どれも効用水準が等しく、消費者にとっては無差別である**。

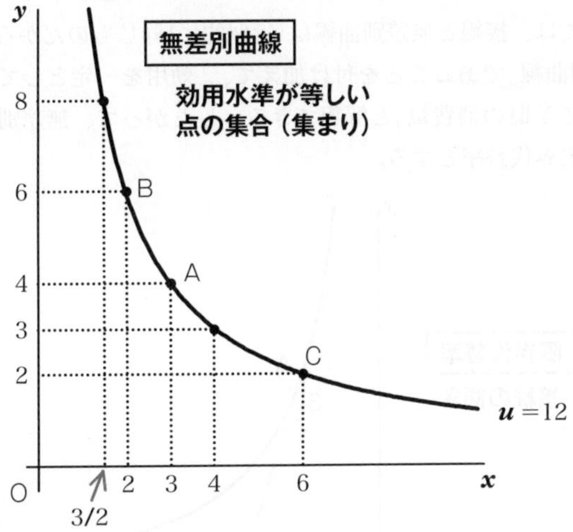

（ある程度）代替的な２財の場合、無差別曲線は原点に向かって凸な、右下がりの曲線で表される。図のような形を「**原点に対して凸な曲線**」と表現する。

④ 限界代替率

X財１個に対して代替可能な（効用が変わらない）Y財の数量を**限界代替率*MRS***（Marginal Rate of Substitution）という[5]。

図においては、（数学上の約束事として）限界代替率を、無差別曲線の接線の傾き（絶対値）とする（｜接線の傾き｜を使って近似する）。

限界代替率＝｜無差別曲線の接線の傾き｜

5　厳密にいうと、「X財のY財に対する限界代替率」となる。「Y財のX財に対する限界代替率」も定義できる。例えば、X財１個とY財３個が代替可能な場合、X財のY財に対する（Y財で表した）限界代替率は３（Y財３個）であり、このとき、Y財１個とX財1/3個が代替可能と言えるから、Y財のX財に対する（X財で表した）限界代替率は1/3（X財1/3個）である。ただし、通常は、横軸の財（X財）を念頭に、「X財のY財に対する限界代替率」（X財１個と代替可能なY財の個数）を単に、「限界代替率」という。

例2

無差別曲線$\boldsymbol{u}$＝12上の点Aにおける接線の傾き(絶対値)が3であるとする。点A付近では、接線(直線)と無差別曲線はほぼ一致する。

右下がりの接線(直線)の傾きは、「X財消費量(横軸)が1増えたとき、Y財消費量(縦軸)が何個減るか」を意味している。

$$\frac{\Delta \boldsymbol{y}}{\Delta \boldsymbol{x}}=-3 \quad \left(\Delta \boldsymbol{x}=1\text{のとき、}\Delta \boldsymbol{y}=-3 \quad \rightarrow \quad \frac{\Delta \boldsymbol{y}}{\Delta \boldsymbol{x}}=\frac{-3}{1}=-3\right)$$

点A付近では、接線と無差別曲線は(近似的に)同じものだから、接線の傾きの意味に「無差別曲線」であることを付け加えて、「効用を一定として、X財が1個増えたときに減るY財の消費量」と解釈できる。したがって、無差別曲線の接線の傾き(絶対値)を限界代替率とする。

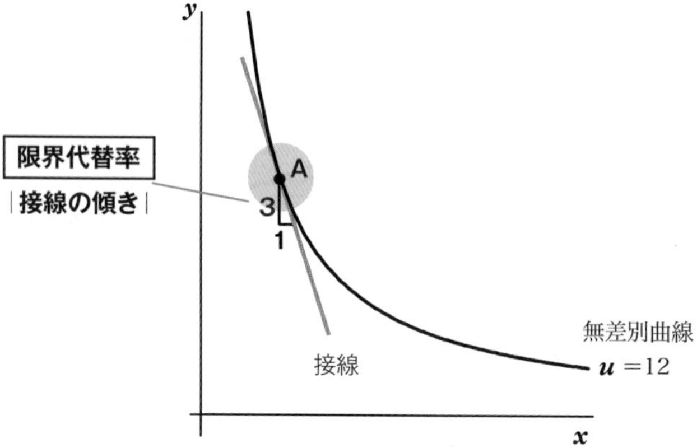

⑤ 限界代替率逓減(ていげん)の法則

次の図で点Bと点Cにおける限界代替率(|接線の傾き|)が、それぞれ3と1/3であるとする。点Bでは、X財1個とY財3個が代替可能であり(効用が変わらない)、点Cでは、X財1個とY財1/3個が代替可能である(効用が変わらない)。

点B(2, 6)ではY財に比べてX財が少ないので、X財を1個増やせるなら、Y財を3個減らして構わない。これに対して、点C(6, 2)ではY財に比べてX財が多いから、さらにX財を1個増やしたときに減らしても構わないY財は少なく、1/3個になる。

無差別曲線上の右下の点ほど限界代替率(減らしてもよいY財)が小さくなるのは、相対的にX財が多いため、X財をさらに増やすことのありがたみがどんどん薄れていくことを示している。

一つの無差別曲線に沿って横軸の財を増やしたとき、減らしてもよい縦軸の財が減少していくことを限界代替率逓減の法則と呼ぶ。図のような無差別曲線であれば常に成立する。

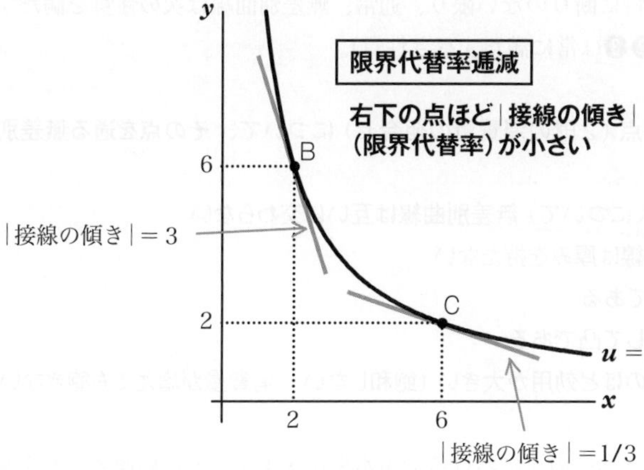

⑥ 効用水準が異なる無差別曲線

ここまでは、効用水準がu＝12になる２財の組合せ(無差別曲線)を見てきた。効用水準についても連続的に考えることができる(効用水準が異なる無差別曲線が無数に存在する)。

点A、B、Cを通る無差別曲線が、それぞれ、図に示されている。一方の消費量が一定でも、他方が増えれば効用が増加する(点A→Bや点B→C)(後述の限界効用も参照のこと)。

もちろん、２財とも消費量が増えれば効用水準も大きくなる(点A→C)。これらの性質により、右上の無差別曲線(上の点)ほど効用が大きい。

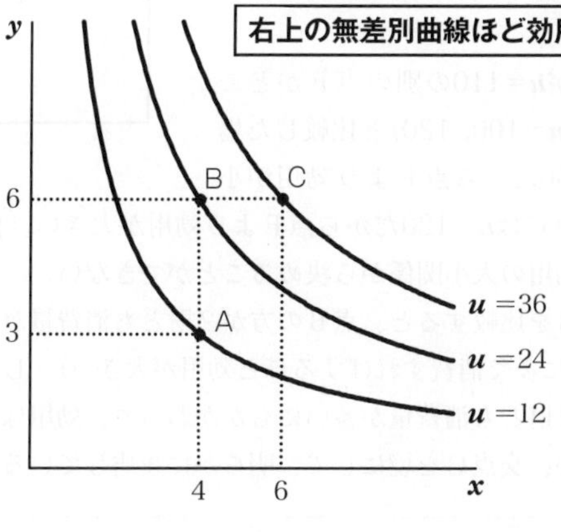

⑦ 一般的な無差別曲線の性質

無差別曲線は個人の選好を反映しているから、個々人によって、あるいは選択対象によって、無差別曲線は千差万別だろう。

とは言え、特に断りのない限り、通常、無差別曲線は次の性質を満たすと考えられている(❶❷❸は常に満たすべき性質)。

❶ すべての点（2財の消費量の組合せ）について、その点を通る無差別曲線が必ずある
❷ （同一個人について）無差別曲線は互いに交わらない
❸ 無差別曲線は厚みを持たない
❹ 右下がりである
❺ 原点に対して凸である
❻ 右上のものほど効用が大きい（飽和しない、消費量が増えても飽きない）

❶については、その点における効用水準が決まる、と言い換えてもよく、もし効用水準が不明な組合せ(点)があれば効用最大化問題を考えること自体が難しくなる。

次の例で❷について確認しよう。

例3

点A～Eを通る無差別曲線とその効用水準が図に与えられている。

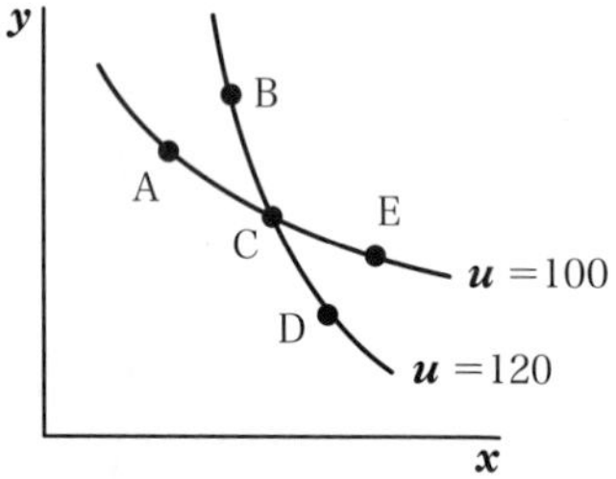

まず、2つの無差別曲線の交点Cにおいて、この消費者は自分の満足度(効用水準)がu=100でもあり、u=120でもあると感じているが、このような消費者は分析の対象としない。

例えば、効用がu=110の別の点Fがどこかにあり、点C(u=100, 120)と比較した場合、点Cはu=100だから点Fより効用が小さく、同時に、点Cはu=120だから点Fより効用が大きい。自分にとってどちらが望ましいか、効用の大小関係から決めることができない。

次に、点AとBを比較すると、点Bの方が2財とも消費量が多く、また、効用が大きい(2財ともに多く消費すればするほど効用が大きい)。しかし、点Dと点Eでは、点Eの方が2財とも消費量が多いにもかかわらず、効用は点Dより小さい。2財に対する選好が、交点Cを境にして、明らかに矛盾している。

② 予算制約

例えば、X財の価格が$p_x=100$円、Y財の価格が$p_y=200$円であるとする(消費者は、プライステイカーとする)。個人の予算が$m=600$円のとき、個人が購入することのできる2財の組合せを考える。

1 予算制約

① 消費者の所得

ここでの「所得」(income)は、2財の購入に全額使うことのできるお金(money)、つまり、予算である[6]。所得m(予算)が大きいほど、より多くの消費が可能になる。

② 消費者の支出額

価格$p_x=100$円のX財をx個買うと、X財(の購入)に、$p_x x=100x$円を支払う(お金を支出する)。また、価格$p_y=200$円のY財をy個買うと、Y財(の購入)には、$p_y y=200y$円を支払う。

2財の消費に使う金額(2財に対する支出額)は、

$$p_x x+p_y y=100x+200y$$

で表される。

③ 予算制約

効用を最大化するとき、予算m(使ってよいお金)を余すことなく全部支出する。お金が余っていれば、それを使って財を買い足すことで、効用をさらに大きくすることができるからである。

所得$m=600$円を全額使って買えるX財とY財(の消費量)の組合せは、

$$p_x x+p_y y=m \quad \rightarrow \quad 100x+200y=600 \quad [x \geqq 0、y \geqq 0]$$

で表される。これを**予算制約**(式)と呼ぶ。

なお、可能性をすべて示すと、2財に対する支出額が予算を超えないこと、つまり、

$$p_x x+p_y y \leqq m \quad \rightarrow \quad 100x+200y \leqq 600 \quad [x \geqq 0、y \geqq 0]$$

が成立する。これを**消費可能性集合**(消費可能な2財の組合せ)、または消費可能領域という(これを予算制約と呼ぶこともある)。

---

6 後々、「所得弾力性」というものを考えるので、予算や所持金のことを所得と呼ぶ方が都合がよい。

2 予算線

一般的な予算制約は右下がりの直線で描かれる。これを**予算線**(予算制約線)と呼ぶ。以下、予算線の特徴を挙げながら、予算線を描いてみよう。

① 縦軸切片（点A）

予算線の縦軸切片(予算線と縦軸$x=0$の交点)は、消費可能なY財の上限を表す。予算(所得) $m=600$円を、すべてY財の購入に使う場合、

$$\overbrace{100}^{p_x}\cdot\underbrace{x}_{0}+\overbrace{200}^{p_y}y=\overbrace{600}^{m} \xrightarrow{\text{両辺を}p_y\text{で割る}} y=\frac{\overbrace{600}^{m}}{\underbrace{200}_{p_y}}=\overbrace{3}^{m/p_y}$$

つまり、所持金$m=600$円で買うことのできる価格$p_y=200$円のY財の数量を求めればよい。

なお、$m/p_y=3$をY財(の単位)で表した実質所得という。これは、所得$m=600$円がY財3個分に相当することを表す(これに対して、金額で表される通常の所得を「名目所得」というが、「名目」は省略可能)。

② 横軸切片（点B）

予算線と横軸$y=0$の交点、つまり、消費可能なX財の上限が予算線の横軸切片となる。

$$\overbrace{100}^{p_x}x+\overbrace{200}^{p_y}\cdot\underbrace{y}_{0}=\overbrace{600}^{m} \xrightarrow{\text{両辺を}p_x\text{で割る}} y=\frac{\overbrace{600}^{m}}{\underbrace{100}_{p_x}}=\overbrace{6}^{m/p_x}$$

より、所持金$m=600$円で価格$p_x=100$円のX財を6個買うことができる。X財(の単位)で表した実質所得は、X財6個となる。

③ 予算線AB

予算線は、縦軸切片と横軸切片を結んだ右下がりの直線ABで表される。

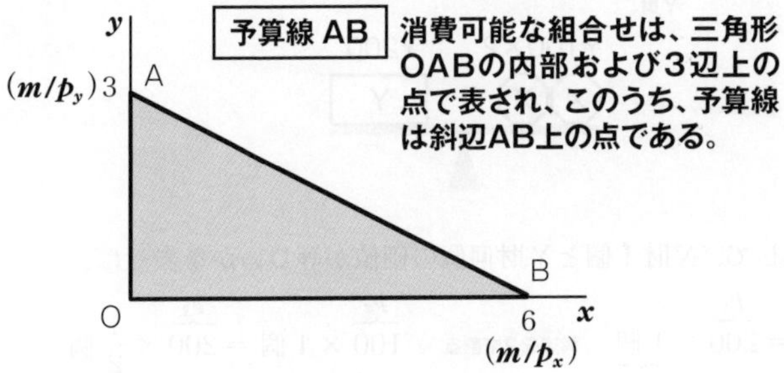

④ 相対価格

予算制約を変形すると、

$$\underbrace{100}_{p_x}\boldsymbol{x}+\underbrace{200}_{p_y}\boldsymbol{y}=\underbrace{600}_{m} \rightarrow \frac{\overbrace{100}^{p_x}}{\underbrace{200}_{p_y}}\boldsymbol{x}+\frac{\overbrace{200}^{p_y}}{\underbrace{200}_{p_y}}\boldsymbol{y}=\frac{\overbrace{600}^{m}}{\underbrace{200}_{p_y}}$$

$$\rightarrow \boldsymbol{y}=\overbrace{3}^{\frac{m}{p_y}}-\overbrace{(1/2)}^{\frac{p_x}{p_y}}\boldsymbol{x}$$

と表すことができる。直線の傾きは$\boldsymbol{x}$の係数で表されるから、予算線の傾き（絶対値）は、X財価格とY財価格の比p_x/p_yで表される。

$$|\text{予算線の傾き}|=\frac{\text{X財価格}\ p_x}{\text{Y財価格}\ p_y}$$

右辺を、X財とY財の**相対価格**（X財のY財に対する相対価格）という。

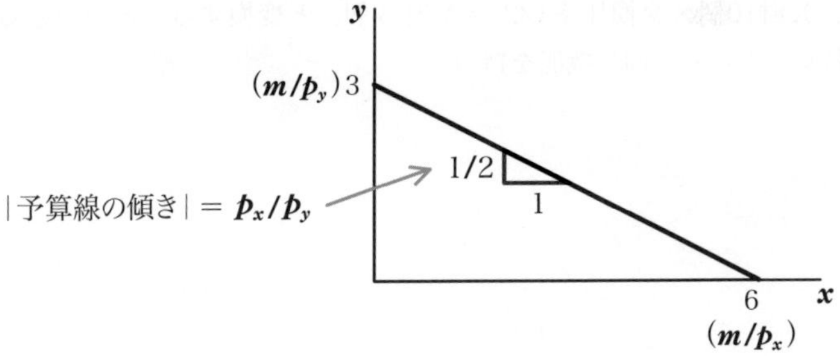

いま、X財はp_x＝100円であり、Y財はp_y＝200円だから、市場におけるX財2個の価値とY財1個の価値が等しい。

$$\overbrace{100}^{p_x} \times \underbrace{2\text{個}}_{\text{X財}} = \overbrace{200}^{p_y} \times \underbrace{1\text{個}}_{\text{Y財}}$$

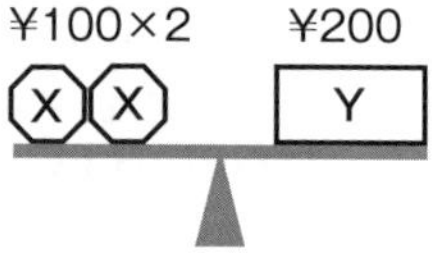

この関係を変形して、X財１個とY財何個の価値が等しいかを表せば、

$$\overbrace{100}^{p_x} \times \underbrace{2\text{個}}_{\text{X財}} = \overbrace{200}^{p_y} \times \underbrace{1\text{個}}_{\text{Y財}} \xrightarrow{\text{両辺を２で割る}} \overbrace{100}^{p_x} \times \underbrace{1\text{個}}_{\text{X財}} = \overbrace{200}^{p_y} \times \underbrace{\frac{1}{2}\text{個}}_{\text{Y財}}$$

よって、X財１個とY財1/2個の価値が等しい。

最後に、X財とY財の相対価格p_x/p_yを求めると、

$$\overbrace{100}^{p_x} \times \underbrace{1\text{個}}_{\text{X財}} = \overbrace{200}^{p_y} \times \underbrace{\frac{1}{2}\text{個}}_{\text{Y財}}$$

$$\to \frac{\overbrace{100}^{p_x}}{\underbrace{200}_{p_y}} = \frac{\overbrace{1/2\text{個}}^{\text{Y財}}}{\underbrace{1\text{個}}_{\text{X財}}} \quad \boxed{\boldsymbol{a \cdot b = c \cdot d \iff \frac{a}{c} = \frac{d}{b}}}$$

となる。つまり、相対価格p_x/p_yは、「X財１個につき、Y財1/2個分の価値がある」ことを示している。これを「**相対価格1/2は、市場におけるX財とY財の交換比率だ**」という。すなわち、**相対価格は市場における２財の交換比率となっている。**

交換比率（レート）を使うと、例えば、X財10個と交換可能なY財を求めるのに交換比率をかけて、X財10個×交換比率1/2 ＝Y財５個、と変換することができる。円・ドルの為替レートなどと同じ機能を持つ。

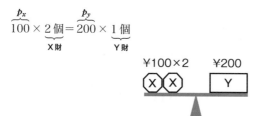

[参　考] 予算線の傾き（絶対値）の他の求め方

なお、直線の傾きが一定であることを利用すれば、予算線の縦軸切片m/p_yを横軸切片m/p_xで割ることで、|予算線の傾き|を求めることができる。

$$\left.\begin{array}{l} m/p_y = 3 \\ m/p_x = 6 \end{array}\right\} \rightarrow \quad \frac{m}{p_y} \div \frac{m}{p_x} = 3 \div 6 = \frac{1}{2}$$

文字式のまま確認すると、

$$\frac{m}{p_y} \div \frac{m}{p_x} = \frac{m}{p_y} \times \frac{p_x}{m} = \frac{p_x}{p_y}$$

となって、確かにX財価格とY財価格の比に等しい。よって、予算線が右下がりの直線の場合、以下が成り立つ。

$$|\text{予算線の傾き}| = \frac{\text{X財価格}}{\text{Y財価格}} = \frac{\text{縦軸切片}}{\text{横軸切片}}$$

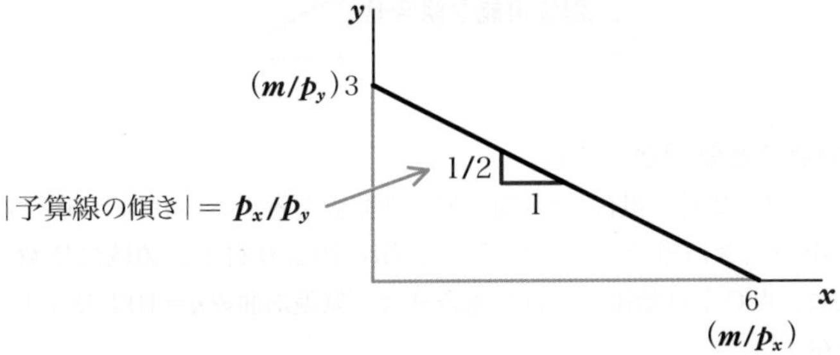

[参　考] 相対価格と機会費用

X財１個の価値がY財1/2個の価値に等しいとき、X財を１個買うには、常に、買えたはずのY財1/2個を犠牲にしなければならない（X財１個に100円を使ってしまうと、Y財1/2個を買う機会を失う）。これを「X財消費（１個）の**機会費用**はY財1/2個だ」という。

したがって、X財のY財に対する相対価格p_x/p_yは、X財消費１個あたりの機会費用をY財の個数で表したものである。X財のY財に対する相対価格が大きくなると、X財を消費することの機会費用が大きくなる（X財を気軽にたくさん買えなくなる）。

反対に、X財のY財に対する相対価格が小さくなれば、X財消費の機会費用も小さくなる（X財を気軽にたくさん買えるようになる）。

なお、p_x/p_yの逆数を取ると、$p_y/p_x = 2/1 = 2$であり、これは、Y財消費（１個）の機会費用がX財２個分ということを表す。

つまり、２財の相対的な関係は、表と裏の関係にあり、X財消費の機会費用が大きければ、Y財消費の機会費用は小さく、また、X財消費の機会費用が小さければ、Y財消費の機会費用が大きい。

3 効用最大化問題

1 効用最大化問題とは

① 消費可能な組合せ

２財の価格と消費者の所得が与えられ、予算線が直線ABで表されている。このとき、**消費可能な２財の組合せは、三角形OAB**（３辺および内部）**に限定される。**

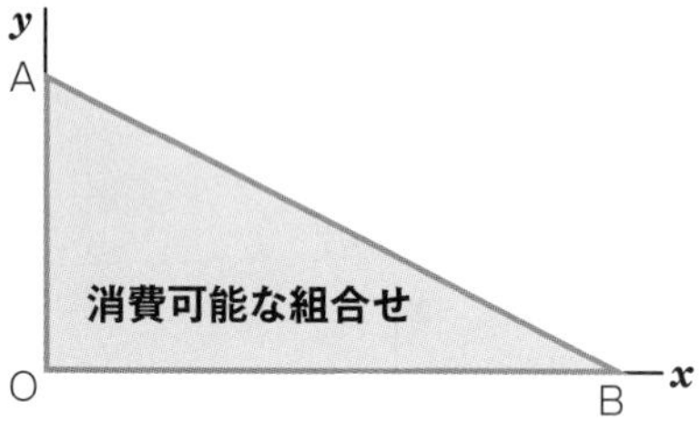

② 右上の点ほど効用が大きい

例えば、点C（２財の組合せ）を通る無差別曲線を考える（効用$u=10$とする）。点Cより効用が大きい組合せは、無差別曲線$u=10$より右上の領域に無数に存在する。同様に、点Cより効用が小さい組合せは、無差別曲線$u=10$より左下の領域に無数に存在する。

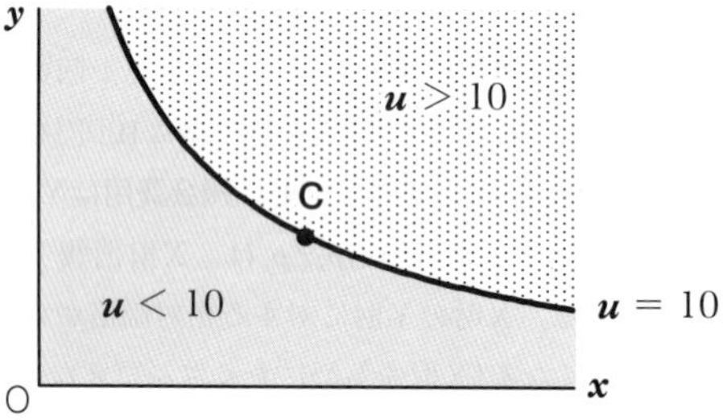

③ 効用最大化問題とは

次の図では点Cが予算線ABと無差別曲線$u=10$の接点として描かれている。点Cより効用が大きい組合せ（領域$u>10$にある点）はすべて予算をオーバーしてしまうから、これ以上効用を大きくすることはできない。よって、接点Cで効用が最大化される。このように、効用最大化問題とは、**予算制約を満たし、効用を最大化する消費の組合せ**（点）**を求めること**である。

なお、「効用を最大にする(消費者にとって)最適な点」という意味で、接点Cを**最適消費点**と呼ぶ。

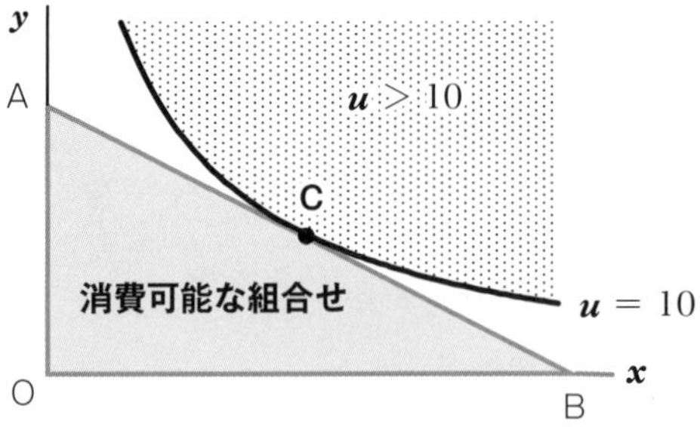

[参　考]

予算制約を満たすだけでは、効用が最大にならない。例えば、予算線AB上の点Dを考える。予算線AB上の点はどれも予算制約を満たすから、点Dも予算制約を満たす。

ここで、点Dを通る無差別曲線を考えると、点Cのもの(u=10)より左下(原点側)にあるので、効用水準はu<10で点Cより小さい。

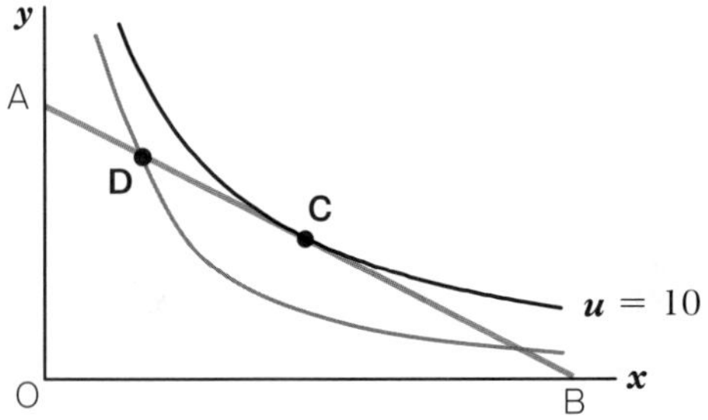

2 効用最大化条件

無差別曲線が予算線と接していることを次のように表す。予算線自身が無差別曲線の接線となっているから、

|無差別曲線の傾き|=|予算線の傾き|

ここで、|無差別曲線の傾き|は限界代替率であり、また、|予算線の傾き|は2財の価格比で表されるから、

限界代替率=相対価格(価格比)

これを効用最大化条件と呼ぶ。

※ 無差別曲線は無数に描け、その一つ一つに効用最大化条件(接線が予算線と平行なもの)を満たす点が存在する。逆に言えば、予算線と平行な直線をたくさん描いた場合、それら一つ一つに接する無差別曲線が必ず存在する。

効用最大化問題を解く場合、効用最大化条件を満たす点のうち、予算制約を満たす点を求める(予算線上の点でなければならない)。下図(右)および後述の計算問題を参照のこと[7]。

[参　考] 最適消費点以外の点における状態

左の図を見ると、最適消費点C以外の点D・Eにおける接線の傾き(絶対値)は、明らかに、予算線の傾き(絶対値) p_x/p_y に一致しない。

右の図を見ると、予算線ABと無差別曲線の交点Fにおける接線の傾き(絶対値)も予算線の傾き(絶対値) p_x/p_y に一致しない。

また、点Gにおける接線の傾きは予算線の傾き(絶対値) p_x/p_y に一致する(平行)ものの、点Gは予算線上になく、2財をもっと消費することができるから最適消費点ではない。点Gから2財をさらに買い増して到達するのが点Cと考えてよい。

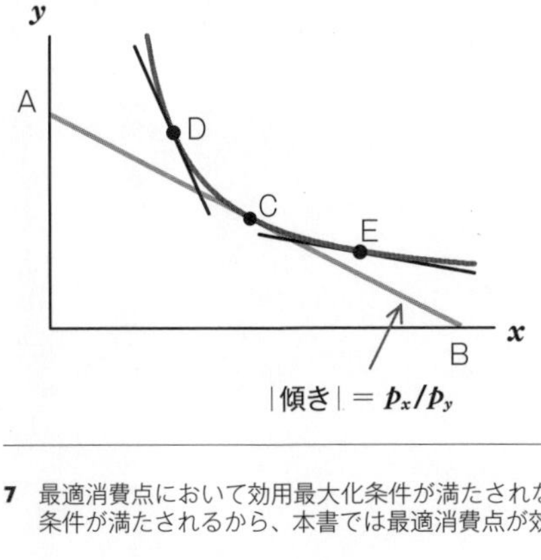

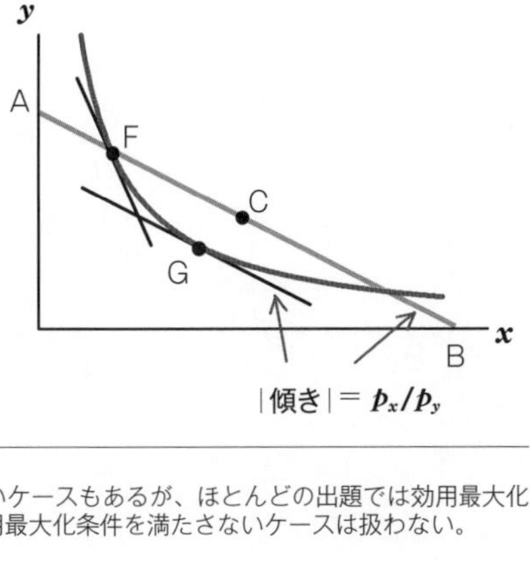

7　最適消費点において効用最大化条件が満たされないケースもあるが、ほとんどの出題では効用最大化条件が満たされるから、本書では最適消費点が効用最大化条件を満たさないケースは扱わない。

3 効用最大化条件の意味 発展

消費者の限界代替率は、X財を増やす代わりに減らしてもよいY財の数量であった。また、相対価格は、市場において、X財１個と交換できるY財の数量である。

① 限界代替率＞相対価格の場合

例4

限界代替率３、相対価格２

限界代替率が３ということは、消費者はX財を１個増やす代わりにY財を３個減らしてもよいと考えている（Y財を３個減らすと効用が変わらない）。また、相対価格が２ということは、市場では、X財を１個手に入れるのにY財２個を減らすだけでよい。

このとき、X財を１個増やし（①効用増加）、Y財を３個減らすと（②効用減少）、効用が一定なのに対して（①＝②）、実際にはY財を２個しか減らさないから（③効用減少）、効用は増加する（①＞③）。

したがって、限界代替率＞相対価格の場合、Y財を減らしてX財を増やすことで、効用をさらに大きくすることができる。つまり、この状態では効用がまだ最大化されていない。

② 限界代替率＜相対価格の場合

例5

限界代替率１、相対価格２

このケースの場合、限界代替率は、X財を１個減らす代わりに増やしたいY財の数量と考える。限界代替率が１なので、消費者はX財を１個減らすのであれば、Y財を１個増やしたい（このとき、効用一定）。市場では、X財１個とY財２個が交換可能だから、X財１個を減らしたときに節約できるお金でY財を２個増やすことができる。効用が一定になるY財の増加量よりも１個多く買うことができるから、効用は増加する。

したがって、限界代替率＜相対価格の場合、X財を減らしてY財を増やすことで、効用をさらに大きくすることができる。つまり、この状態では効用がまだ最大化されていない。

③ 限界代替率＝相対価格の場合（効用最大化条件が成立）

例6

限界代替率２、相対価格２

X財を１個増やすとき、Y財を２個減らすと効用が一定である。市場においても、X財１個とY財２個が交換可能だから、実際にY財を２個減らして節約したお金を使っても、X財を１個しか買い足すことができない。よって、効用は一定である(増加しない)。

逆に、X財を１個減らしても、Y財を２個増やすことができれば効用が一定となる。市場において、X財を１個減らして節約したお金で、買い増すことのできるY財は２個である。よって、効用は一定のままであり、増加することはない。

以上より、効用最大化条件が成立するとき、どちらの財を減らしたり増やしたりしても、もう効用が増加することはない(よって、最大化されている)。

このように、消費者は主観的な２財の比率(限界代替率)が、市場における交換比率(相対価格)に一致するまで２財の消費量を調節することで、効用を最大化している。

4 効用最大化問題の計算

① 効用関数

ここまでは、無差別曲線を使って消費者の効用を表してきた。ここでは、**2財の消費量と効用の関係**を表す**効用関数**を用いる。

例7

消費者の効用関数が次のように示される。

$\boldsymbol{u}(\boldsymbol{x},\ \boldsymbol{y})=\boldsymbol{xy}$ ［$\boldsymbol{u}$：効用水準、$\boldsymbol{x}$：X財の消費量、$\boldsymbol{y}$：Y財の消費量］

例えば、X財の消費量を２、Y財の消費量を６としたときの消費者の効用水準は、

$$\boldsymbol{x}=2、\boldsymbol{y}=6 \quad\rightarrow\quad \boldsymbol{u}=\underbrace{2}_{\boldsymbol{x}}\cdot\underbrace{6}_{\boldsymbol{y}}=12$$

として求めることができる。

逆に、$\boldsymbol{u}=12$になる２財の組合せは、

$$(\boldsymbol{u}=)\ \boldsymbol{x}\cdot\boldsymbol{y}=12 \quad\rightarrow\quad \boldsymbol{y}=\frac{12}{\boldsymbol{x}}$$

を満たす。これは効用水準が u ＝12になる２財の組合せを連続的に表す無差別曲線である。効用水準 u の値を変えれば、別の無差別曲線となる。

$$(u=)\ x\cdot y=20 \ \rightarrow \ y=\frac{20}{x}$$ など

---

② 限界効用と限界代替率

一つの財の消費量が１単位増えると効用は増加する。増加する効用の大きさをその財に関する限界効用 MU(Marginal Utility)という。

効用関数からX財、Y財の限界効用を求め、２財の限界効用から限界代替率を求める手順とともに、効用最大化問題の解き方を次の例で示しておく。

効用最大化問題の一般的解法

効用最大化条件と予算制約を連立させて解く。

例8

効用関数 $u=xy$、X財価格 $p_x=20$、Y財価格 $p_y=10$、所得 $m=120$ とする。

● X財の限界効用

X財の限界効用 MU_x は、X財の消費量を１個増やしたときに増加する効用の大きさであり、効用関数 u をX財の消費量 x について微分したものである。

$$u=x\cdot y \ \rightarrow \ MU_x=\frac{\Delta u}{\Delta x}=(x)'\cdot y=1\cdot y=y \cdots (1)$$

● Y財の限界効用

Y財の限界効用 MU_y は、Y財の消費量を１個増やしたときに増加する効用の大きさであり、効用関数 u をY財の消費量 y について微分したものである。

$$u=x\cdot y \ \rightarrow \ MU_y=\frac{\Delta u}{\Delta y}=x\cdot (y)'=x\cdot 1=x \cdots (2)$$

● 限界代替率

限界代替率は、X財の限界効用とY財の限界効用の比率に等しい(下記③限界効用と限界代替率の関係を参照)。(1)(2)を用いて、

$$限界代替率=\frac{X財の限界効用}{Y財の限界効用}=\frac{MU_x}{MU_y}=\frac{y}{x} \cdots (3)$$

● 予算制約：2財に対する支出額＝所得

与件から、

$$\underbrace{20}_{p_x}\boldsymbol{x}+\underbrace{10}_{p_y}\boldsymbol{y}=\underbrace{120}_{m}$$

両辺をp_y=10で割る

$$\underbrace{2}_{|傾き|=\frac{p_x}{p_y}}\ \boldsymbol{x}+\boldsymbol{y}=12 \cdots(4)\quad (\rightarrow \boldsymbol{y}=12-2\boldsymbol{x})$$

● 効用最大化条件：限界代替率（限界効用の比）＝相対価格（価格比）

(3)(4)より、

$$\left.\begin{array}{l}(3)\ \dfrac{MU_x}{MU_y}=\dfrac{\boldsymbol{y}}{\boldsymbol{x}}\\ (4)\text{から、}\dfrac{p_x}{p_y}=2\end{array}\right\}\rightarrow \frac{MU_x}{MU_y}=\frac{p_x}{p_y}\rightarrow \frac{\boldsymbol{y}}{\boldsymbol{x}}=2\rightarrow \boldsymbol{y}=2\boldsymbol{x}\ \cdots(5)$$

なお、効用最大化条件は、

$$\frac{MU_x}{MU_y}=\frac{p_x}{p_y}\Leftrightarrow\frac{MU_y}{MU_x}=\frac{p_y}{p_x}$$

としてもよい[8]。

したがって、効用最大化条件(5)と予算制約(4)から成る連立方程式を解けばよい。

$$\begin{cases}\text{効用最大化条件}(5)\ \boldsymbol{y}=2\boldsymbol{x}\\ \text{予算制約}(4)\ 2\boldsymbol{x}+\boldsymbol{y}=12\end{cases}$$

(5)を(4)の左辺第２項に代入すると、X財の最適消費量が求められる。

$$(4)\ 2\boldsymbol{x}+\underbrace{\boldsymbol{y}}_{(5)}=12\ \rightarrow\ \underbrace{2\boldsymbol{x}+2\boldsymbol{x}}_{4x}=12\ \rightarrow\ \boldsymbol{x}=3$$

これを(5)の右辺に代入して、

$$(5)\ \boldsymbol{y}=2\cdot\underbrace{3}_{x}=6$$

となり、Y財の最適消費量６を求めることができる。

8　２財の消費の場合には（図が念頭にあるため）通常、横軸の財（X財）を分子、縦軸の財（Y財）を分母に取るのが慣例である。試験では稀だが（経済学では一般的な）３財以上の消費の場合、効用最大化条件は任意の２財について成立する。例えば、X財、Y財、Z財について、

$$\frac{MU_x}{MU_y}=\frac{p_x}{p_y}、\frac{MU_y}{MU_z}=\frac{p_y}{p_z}、\frac{MU_z}{MU_x}=\frac{p_z}{p_x}$$

などとなる。ポイントは、右左辺で分子の財、分母の財を揃えるということである。

③ 限界効用と限界代替率の関係

例9

X財の限界効用が$MU_x=4$、Y財の限界効用が$MU_y=2$のとき、

$MU_x=4$ → {Y財を一定として、X財を1個増やすと効用が4増加 / Y財を一定として、X財を1個減らすと効用が4減少}

$MU_y=2$ → {X財を一定として、Y財を1個増やすと効用が2増加 / X財を一定として、Y財を1個減らすと効用が2減少}

X財の限界効用が4のとき($MU_x=4$)、X財を1個増やすと効用は4増加する。

効用の変化

$$\Delta x=+1 \Longrightarrow \Delta u=+4$$

Y財をいくつか減らして、効用を4減少させれば、効用が一定となる(同じ無差別曲線上に留まる)。

Y財の限界効用が2のとき($MU_y=2$)、Y財を1個減らせば、効用は2だけ減少する。目的は効用を4減らすことだから、

$$\frac{\text{減らしたい効用の大きさ4}}{\text{Y財1個による効用の減少2}}=\text{Y財2個分（限界代替率）}$$

つまり、「Y財を1個減らす」ことを2回繰り返せばよい。

効用の変化

$$\Delta x=+1 \Longrightarrow \Delta u=+4$$

$$\Delta y=-1 \Longrightarrow \Delta u=-2$$

$$\Delta y=-1 \Longrightarrow \Delta u=-2$$

分子の「減らしたい効用の大きさ4」は、X財の限界効用$MU_x=4$であり、分母の「Y財1個による効用の減少2」はY財の限界効用$MU_y=2$である。したがって、

$$\text{限界代替率}=\frac{\text{X財の限界効用}}{\text{Y財の限界効用}}\ (=2)$$

このように、X財の限界効用$MU_x=4$をY財の限界効用MU_yで割ると、X財を1個増やしたときの効用の増加4を打ち消すために、Y財を何個減らせばよいかを求めることができる。これが限界代替率(X財1個に対して代替可能なY財)である。

④ 効用最大化条件の別の表現 発展

効用最大化条件を次のように変形する。

$$\frac{MU_x}{MU_y} = \frac{p_x}{p_y} \xrightarrow{\text{両辺を } p_y \text{ で割り、両辺に } MU_y \text{ をかける}} \frac{MU_x}{p_x} = \frac{MU_y}{p_y}$$

ただし、X財とY財の限界効用は、MU_x、MU_yで、また価格は、p_x、p_yで表されている。

変形後の形式は、1円(貨幣1単位)あたりの限界効用が各財で一致することを意味している(加重限界効用均等化という[9])。効用が最大化されていれば、2財の間で1円あたりの限界効用が等しくなるということを示しているが、例えば、

$$\frac{MU_x}{p_x} > \frac{MU_y}{p_y}$$

であれば、Y財を減らしてでもX財を増やした方が良さそうだ。実際、

$$\frac{MU_x}{p_x} > \frac{MU_y}{p_y} \rightarrow \frac{MU_x}{MU_y} > \frac{p_x}{p_y}$$

であり、限界代替率MU_x/MU_yが相対価格p_x/p_yを超えているから、消費者はY財を減らしてX財を増やすことで効用をさらに大きくすることができる。

1円あたりの限界効用を使った方が、限界代替率や相対価格を使うより直感的で分かりやすい。

なお、1円あたりの限界効用は、貨幣の限界効用や所得の限界効用とも呼ばれている[10]。

4 コブ=ダグラス型効用関数

特定の性質を持つ効用関数の一つとして、**コブ=ダグラス型効用関数**が挙げられる(コブ=ダグラス型生産関数を効用関数に適用したもの)。

9 「加重」は数学の用語で、加重平均(ウエイトを付けた、重み付き)などに使われる。ここでは、限界効用に価格の逆数がかけてある、という程度に受け取ればよい。

10 貨幣所得(お金で持っている所得)が1円増えたときの、という意味だが、試験で必要な知識(数学)をはるかに超えるので、ここでは割愛する。

1 コブ＝ダグラス型効用関数

効用水準をu、X財とY財の消費量をx、yとして、

$$u = A \cdot x^a \cdot y^b \quad [A,\ a,\ b：正の定数]$$

の形式で表されるものをコブ＝ダグラス型効用関数という。

次に挙げる効用関数は、すべて、コブ=ダグラス型である。

$u = xy$、$u = 5xy$、$u = 2x^2y$、$u = x^{0.3}y^{0.7}$、$u = 3x^{\frac{1}{3}}y^{\frac{1}{3}}$、

$u = \sqrt{xy} = \sqrt{x}\sqrt{y} = x^{\frac{1}{2}}y^{\frac{1}{2}} = x^{0.5}y^{0.5}$ （４通りの表し方）

つまり、x^aとy^bの積の単項式で表される。

形が似ていても、次のものはコブ=ダグラス型ではない。つまり、多項式はコブ=ダグラス型に含まれない。最後のものは、展開すると多項式になることが分かる。

$u = x^2 + y^2$

$u = (x+2)y^2 \quad \rightarrow \quad u = xy^2 + 2y^2$

2 最適消費量の公式

① 最適消費量の公式

コブ＝ダグラス型効用関数が与えられたときの最適消費量

コブ=ダグラス型効用関数$u=Ax^a y^b$を、予算制約$p_x x + p_y y = m$（p_xとp_yはX財とY財の価格、mは消費者の所得）の下で最大化すると、各財の最適消費量は[11]、

$$x = \frac{a}{a+b} \cdot \frac{m}{p_x}$$

$$y = \frac{b}{a+b} \cdot \frac{m}{p_y}$$

［参　考］

最適消費量については、効用関数を正の定数倍しても全く影響を受けない。例えば、$u = (x+4)\ y$の右辺を５倍して、$U = 5(x+4)y\ (=5u)$とする。元の効用関数を最大化する(x, y)は、Uも最大化する。$U = 5(x+4)y + 10\ (=5u+10)$としても全く同じことがいえる。

この性質により、コブ=ダグラス型$u = Ax^a y^b$についても、右辺の係数Aは２財の最適消費量の公式に全く現れない。

11　文字式のまま、効用最大化条件と予算制約を用いて解いたもの（計算は省略）。

② 公式の意味

公式を変形すると、

$$\boldsymbol{x}=\frac{a}{a+b}\cdot\frac{m}{p_x} \xrightarrow{\text{両辺に}p_x\text{をかける}} p_x x=\overbrace{\frac{a}{a+b}}^{\text{一定}}\cdot m \cdots(1)$$

$$\boldsymbol{y}=\frac{b}{a+b}\cdot\frac{m}{p_y} \xrightarrow{\text{両辺に}p_y\text{をかける}} p_y y=\overbrace{\frac{b}{a+b}}^{\text{一定}}\cdot m \cdots(2)$$

これは、**各財に対する支出額mが所得の一定割合になる**ことを表す。実際、これらを足し合わせると、予算制約になる(予算制約を満たす)。赤い文字を約分して、

$$\begin{aligned}\underbrace{p_x x}_{(1)}+\underbrace{p_y y}_{(2)}&=\frac{a}{a+b}m+\frac{b}{a+b}m\\&=\left(\frac{a}{a+b}+\frac{b}{a+b}\right)m\\&=\frac{a+b}{a+b}m\\&=m\end{aligned}$$

また、一定となる割合については、各財の支出額(1)(2)の比率を取り、赤い文字を約分して、

$$\frac{\overbrace{p_x x}^{(1)}}{\underbrace{p_y y}_{(2)}}=\frac{\frac{a}{a+b}m}{\frac{b}{a+b}m}=\frac{a}{b}\cdots(3) \quad\rightarrow\quad p_x x : p_y y=a:b$$

となるから、コブ=ダグラス型効用関数における指数の比に合致するように、2財に対して支出する。例えば、効用関数$u=x^2y^3$［$a=2$、$b=3$］、所得$m=500$のとき、$m=500$を5等分して（$\because a+b=5$）、そのうち2をX財の消費に、残り3をY財の消費に使う（支出する）。

$m=500$

100	100	100	100	100

$p_x x$（100, 100）　$p_y y$（100, 100, 100）

$$\begin{cases}p_x x=\dfrac{2}{5}\cdot 500=200\\[2mm] p_y y=\dfrac{3}{5}\cdot 500=300\end{cases}$$

なお、(3)はコブ=ダグラス型効用関数の場合の効用最大化条件を表す。

[参　考] コブ＝ダグラス型効用関数の効用最大化条件

(3)を変形する。

$$(3)\ \frac{p_x x}{p_y y}=\frac{a}{b}\ \xrightarrow{\text{両辺に}\frac{y}{x}\text{をかける}}\ \frac{p_x x}{p_y y}\times\frac{y}{x}=\frac{a}{b}\times\frac{y}{x}\ \rightarrow\ \frac{p_x}{p_y}=\frac{ay}{bx}\cdots(4)$$

であり（赤い文字を約分）、右辺が限界代替率（X財限界効用とY財限界効用の比）であることを確認すればよい。

$$u=Ax^a y^b\ \rightarrow\ MU_x\ \left(=\frac{\Delta u}{\Delta x}\right)=A(x^a)'y^b=a\,Ax^{a-1}y^b=a\frac{u}{x}$$

$$u=Ax^a y^b\ \rightarrow\ MU_y\ \left(=\frac{\Delta u}{\Delta y}\right)=Ax^a(y^b)'=b\,Ax^a y^{b-1}=b\frac{u}{y}$$

これらの比率を取ると(赤い文字を約分)、

$$\frac{MU_x}{MU_y}=\frac{a\frac{u}{x}}{b\frac{u}{y}}=\frac{a}{b}\cdot\frac{u}{x}\times\frac{y}{u}=\frac{a}{b}\cdot\frac{y}{x}$$

となって、(4)の右辺に一致することが確かめられる。例えば、$a=1/4$、$b=1/8$でも簡単な形になるので、試験ではなるべく時間を節約するとよい。

$$\frac{MU_x}{MU_y}=\frac{a}{b}\cdot\frac{y}{x}=\frac{1/4}{1/8}\cdot\frac{y}{x}=\frac{1}{4}\times\frac{8}{1}\cdot\frac{y}{x}=2\frac{y}{x}$$

例題2-1

X財とY財を消費する個人の効用関数が、

$u=2xy^2$　[u：効用水準、x：X財消費量、y：Y財消費量]

で示されている。X財とY財の価格はそれぞれ、10と20である。個人が所得900をすべて2財の消費に使う場合、各財の最適な消費量はいくらか。

解説

[解法1]　コブ＝ダグラス型の公式

与件から、効用関数のxの指数$a=1$、yの指数$b=2$、X財の価格$p_x=10$、Y財の価格$p_y=20$、所得$m=900$として、

$$x=\frac{b}{a+b}\cdot\frac{m}{p_x}=\frac{1}{3}\cdot\frac{900}{10}=30$$

$$y=\frac{b}{a+b}\cdot\frac{m}{p_y}=\frac{2}{3}\cdot\frac{900}{20}=30$$

である。

本試験では、各財の最適消費量を求め、それを使って何かを計算することが多いので、公式を覚えておくことを推奨する。

[解法2]　コブ=ダグラス型効用関数と各財に対する支出額の比率

与件より(赤い文字を約分)、

$$\frac{p_x x}{p_y y}=\frac{a}{b} \rightarrow \frac{10x}{20y}=\frac{1}{2} \rightarrow \frac{1}{2}\frac{x}{y}=\frac{1}{2} \rightarrow x=y \quad \cdots(1)$$

これは効用最大化条件だから、これを予算制約に代入して最適消費量を求めることができる。予算制約は、

$$p_x x+p_y y=m \quad \rightarrow \quad 10x+20y=900 \cdots(2)$$

と表せるから、(1) (2)を連立させて解けばよい。

(1)を(2)の左辺第2項に代入すると、

$$(2)\ 10x+20\underbrace{x}_{(1)\,y}=900 \quad \rightarrow \quad 30x=900 \quad \rightarrow \quad x=30(=y\because(1))$$

3 財の価格の変化と補償所得

所得を一定として、財の価格の変化は最適消費点および最大化された効用水準を変化させる。このとき、**財の価格変化前の効用水準を得るのに必要な最小の所得**を**補償所得**という。

例題2-2

消費者の効用関数が、$u=3xy$ [u：効用水準、x：X財消費量、y：Y財消費量]で表されるとする。当初、X財とY財の価格がそれぞれ1、消費者の所得が80の下で効用を最大化していたが、X財の価格のみ上昇して4になったという。

このとき、X財価格上昇前と同一の効用水準を得るのに必要な最小の所得はいくらか。

解説

X財価格変化後の効用水準と、当初の効用水準を一致させればよい。

求める所得(補償所得)をmとして、X財価格変化後の2財の最適消費量を効用関数に代入すると、

$$\left.\begin{aligned} x &= \frac{a}{a+b}\cdot\frac{m}{p_x} = \frac{1}{2}\cdot\frac{m}{4} \\ y &= \frac{b}{a+b}\cdot\frac{m}{p_y} = \frac{1}{2}\cdot\frac{m}{1} \end{aligned}\right\} \rightarrow u = 3xy = 3\underbrace{\left(\frac{1}{2}\cdot\frac{m}{4}\right)}_{x}\underbrace{\left(\frac{1}{2}\cdot\frac{m}{1}\right)}_{y} \cdots (1)$$

当初の効用水準は、

$$\left.\begin{aligned} x &= \frac{a}{a+b}\cdot\frac{m}{p_x} = \frac{1}{2}\cdot\frac{80}{1} \\ y &= \frac{b}{a+b}\cdot\frac{m}{p_y} = \frac{1}{2}\cdot\frac{80}{1} \end{aligned}\right\} \rightarrow u = 3xy = 3\underbrace{\left(\frac{1}{2}\cdot\frac{80}{1}\right)}_{x}\underbrace{\left(\frac{1}{2}\cdot\frac{80}{1}\right)}_{y} \cdots (2)$$

(1)(2)が等しいときの所得mを求める。赤い字の部分を約分して、

$$3\underbrace{\left(\frac{1}{2}\cdot\frac{m}{4}\right)}_{x}\underbrace{\left(\frac{1}{2}\cdot\frac{m}{1}\right)}_{y} = 3\underbrace{\left(\frac{1}{2}\cdot\frac{80}{1}\right)}_{x}\underbrace{\left(\frac{1}{2}\cdot\frac{80}{1}\right)}_{y} \rightarrow \frac{m^2}{4} = 80^2$$

左辺mの指数は2だから、数値も全て指数を2で表せばよい。

$$\frac{m^2}{2^2} = 80^2 \rightarrow \frac{m}{2} = 80 \rightarrow m = 160$$

なお、1財だけでなく、2財の価格が同時に変わった場合にも、変化前の効用と一致する所得を補償所得という。

重要事項 一問一答

01 2財の消費によって得られる消費者の満足度を表す関数を何というか。

効用関数

02 効用水準が等しい2財の消費量の組合せを描いた曲線を何というか。

無差別曲線

03 他の財の消費量を一定として、1財の消費量を1個増やしたときの効用の増加分を何というか。

限界効用

04 無差別曲線の接線の傾き(絶対値)を何というか。

限界代替率

05 消費者が所得をすべて使って購入できる2財の組合せを何というか。

予算制約

06 効用最大化を実現する2財の組合せを何というか。

最適消費点

07 効用最大化条件とは何か。

限界代替率=相対価格(価格比)

過去問 Exercise

問題1

２財x、yを消費するある個人の効用関数が、

$U = x^{0.7}y^{0.3}$

［U：効用水準、x：x財の消費量、y：y財の消費量］

で示されるとする。

x財の価格が１、y財の価格が３、所得100であるとき、この個人のx財の消費量として、最も妥当なのはどれか。

裁判所一般職2021

1. 10
2. 20
3. 50
4. 70
5. 90

解説

正解 4

コブ=ダグラス型の公式を用いて、

$$x = \frac{0.7}{1} \cdot \frac{100}{1} = 0.7\,\frac{100}{1} = 70$$

$a+b=1$ の場合、

$$x = a\,\frac{m}{p_x}$$

$$y = b\,\frac{m}{p_y}$$

としてよい。

問題2　ある家計は、所得の全てをX財、Y財に支出している。この消費者の効用関数が次のように与えられているとする。

$$U = x^{\frac{1}{3}} y^{\frac{2}{3}} \quad [x: \text{X財の消費量、} y: \text{Y財の消費量}]$$

家計の所得がM、X財の価格が２、Y財の価格がpであるとき、この家計の消費量はx=60、y=24となった。このとき、pの値として正しいものはどれか。

裁判所一般職2020

---

❶　5

❷　10

❸　15

❹　20

❺　25

解説

正解 2

コブ=ダグラス型の公式を適用すると(赤い文字を約分)、

$$\boldsymbol{x} = \frac{1}{3}\frac{\boldsymbol{M}}{2} = 60 \rightarrow \boldsymbol{M} = 2 \cdot 3 \cdot 60$$

$$\boldsymbol{y} = \frac{2}{3}\frac{\boldsymbol{M}}{\boldsymbol{p}} = 24 \rightarrow \frac{2}{3}\boldsymbol{M} = 24\boldsymbol{p} \rightarrow \frac{2}{3}\underbrace{2 \cdot 3 \cdot 60}_{\boldsymbol{M}} = 24\boldsymbol{p}$$

$$\rightarrow \boldsymbol{p} = \frac{2 \cdot 2 \cdot 60}{24} = 10$$

問題3

財X、財Yの二つの財を消費する消費者の効用関数が、

$$u = x^{\frac{1}{2}}y^{\frac{1}{2}}$$

［u：効用水準、x：財Xの消費量、y：財Yの消費量］

で与えられている。また、財Xの価格は1、財Yの価格は9である。いま、この消費者の効用水準uが100であるとき、最適消費点における所得はいくらか。

国税専門官・財務専門官・労働基準監督官2021

1. 360
2. 420
3. 480
4. 540
5. 600

解説　　　　正解 5

効用関数がコブ=ダグラス型だから、所得mを未定としたまま、公式を適用する。

$$x = \frac{1}{2}\cdot\frac{m}{1} = \frac{1}{2}m\text{、}y = \frac{1}{2}\cdot\frac{m}{9}$$

これらを効用関数に代入し、効用水準が100になる所得mを求める。そのままでもよいが、ここでは、初めに効用関数の両辺を２乗してから代入しよう。

$$u = x^{\frac{1}{2}}y^{\frac{1}{2}} \rightarrow u^2 = xy \rightarrow \underbrace{\frac{1}{2}m}_{x}\cdot\underbrace{\frac{1}{2}\frac{m}{9}}_{y} = \underbrace{100}_{u}{}^2$$

求める所得mの指数が２だから、定数も全て２乗で表せばよい。

$$\frac{m^2}{2^2\cdot3^2} = 100^2 \rightarrow \frac{m}{2\cdot3} = 100 \rightarrow m = 2\cdot3\cdot100 = 600$$

問題4 2つの財X、Yの購入に所得の全てを充てている個人の効用関数が次の式で示されている。

$U = x^2 y^3$ ［x：財Xの消費量、y：財Yの消費量］

所得が120、財Yの価格が4であるとき、財Xの価格が1から3に上昇した。この価格変化が財Xの最適消費量に与える全部効果（代替効果と所得効果の合計）として最も妥当なものはどれか。

裁判所一般職2018

1. 32 単位の増加
2. 16 単位の増加
3. 変化なし
4. 16 単位の減少
5. 32 単位の減少

解説

正解 5

全部効果は通常の最適消費量の変化を指す(次節参照)。したがって、「…最適消費量に与える効果として…」と読み替える。

コブ=ダグラス型の公式を使って、

$$\boldsymbol{x}=\frac{2}{5}\cdot\frac{120}{1}\ (=48)\ \rightarrow\ \boldsymbol{x}=\frac{2}{5}\cdot\frac{120}{3}=\left(\frac{2}{5}\cdot\frac{120}{1}\right)\times\frac{1}{3}\ (=16)$$

価格の上昇によって、財Xの消費量は1/3になる(元の大きさの2/3が減少)。したがって、

16−48=−32 (32減少)

または、元の大きさ48の2/3を求めて、

$$48\times\frac{2}{3}=16\times2=32$$

だけ減少する。

問題5 効用を最大化する、ある消費者を考える。この消費者は、所得の全てをX財とY財の購入に充てており、効用関数が以下のように示される。

$u = xy$　[$x \geqq 0$、$y \geqq 0$]

[u：効用水準、x：X財の消費量、y：Y財の消費量]

この消費者の所得は120であり、当初、X財の価格は3、Y財の価格は15であったとする。いま、Y財の価格は15で変わらず、X財の価格のみが3から12に上昇したとすると、価格の変化前の効用水準を実現するのに必要な最小の所得はいくらか。

国家一般職2019

1. 200
2. 240
3. 280
4. 320
5. 360

解説

正解 2

コブ=ダグラス型の公式を使う。X財価格変化前後の効用を一致させればよい。ただし、変化後については、求める所得mを未知数とする。

$$(u=)\underbrace{\frac{1}{2}\cdot\frac{120}{3}}_{x}\cdot\underbrace{\frac{1}{2}\cdot\frac{120}{15}}_{y}=\underbrace{\frac{1}{2}\cdot\frac{m}{12}}_{x}\cdot\underbrace{\frac{1}{2}\cdot\frac{m}{15}}_{y}$$

赤い字は両辺で共通だから、約分される。右辺mの指数は2になるから、全体を2乗の形に揃えたい。

右辺の分母の12は、$12=4\cdot3=2^2\cdot3$だから、ひとまず次のように表してみると、両辺の分母に3が現れる(両辺に3をかけて約分できる)。

$$\frac{120^2}{3}=\frac{m^2}{2^2\cdot3}\ \rightarrow\ 120^2=\frac{m^2}{2^2}\ \rightarrow\ 120=\frac{m}{2}\ \rightarrow\ m=240$$

★★☆

2 需要量の変化と弾力性

所得や財の価格が変わると、２財に対する最適な消費量も変わります。最適消費量の変わり方によって財を分類したり、どれだけ変化したかで弾力性を求めます。弾力性については、似たような概念がいくつか紹介されますが、需要の価格弾力性については、よく学習しておくことで、後の学習にも役立ちます。

ここまでは、２財の価格と消費者の所得を一定として(一本の予算線に対して)、効用を最大化する最適な消費量がどのように決まるかをみてきた。各財の最適消費量を、消費者の各財に対する**需要量*D*** (Demand)という。

２財の価格や消費者の所得の変化によって、予算線の位置が変わる。このとき、効用最大化によって決まる最適消費点も移動して、各財に対する需要量が増加したり減少したりする。

ここでは、所得の変化や各財の価格の変化による需要量(消費量[1])の変化について学習する。

なお、経済学では需要量の変化を厳密に表現するとき、「**需要の…弾力性**」という用語を用いる。「…」の部分には、需要量が何によって変化するかを表すため、価格や所得など、予算制約に関する言葉が入る。

また、この用語「需要の…弾力性」に代表されるように、需要量に関することが明瞭な場合には、「量」を省略して「需要」と記すことがある。

1 所得の変化と需要量の変化

前節で学習したように、予算制約は、X財とY財の消費量を、x、yとして、

$$p_x x + p_y y = m \quad [p_x：\text{X財価格}、p_y：\text{Y財価格}、m：\text{所得}]$$

$$\text{縦軸切片} = \frac{m}{p_y}、\text{横軸切片} = \frac{m}{p_x}、|\text{傾き}| = \frac{p_x}{p_y}$$

で表される。このうち、所得mとともに変化するのは、各軸の切片（分子にm）であり、傾き（とその絶対値）は変化しない（所得mに無関係）。

1　厳密に言えば、需要量は（効用最大化による）最適な消費量を指すが、深く考えずに「需要量＝消費量」または、「需要＝消費」としてもよい（∵消費者は効用最大化することが前提）。

1 所得の変化と予算線のシフト

例1

2財の価格$p_x=20$、$p_y=20$を一定として、所得mが400から600に増加した場合、傾きは一定のまま($|傾き|=p_x/p_y=20/20=1$)、各軸の切片は、

$$\frac{m}{p_y}=\frac{400}{20}=20 \text{ から、} \frac{m}{p_y}=\frac{600}{20}=30 \text{ に増加}$$

$$\frac{m}{p_x}=\frac{400}{20}=20 \text{ から、} \frac{m}{p_x}=\frac{600}{20}=30 \text{ に増加}$$

つまり、所得の増加によって、予算線は傾きを変えずに(平行に)右上方へシフトする(移動することを「シフトする」という)。逆に、所得が$m=600$から$m=400$に減少すると、予算線は傾きを変えずに(平行に)左下方へシフトする。

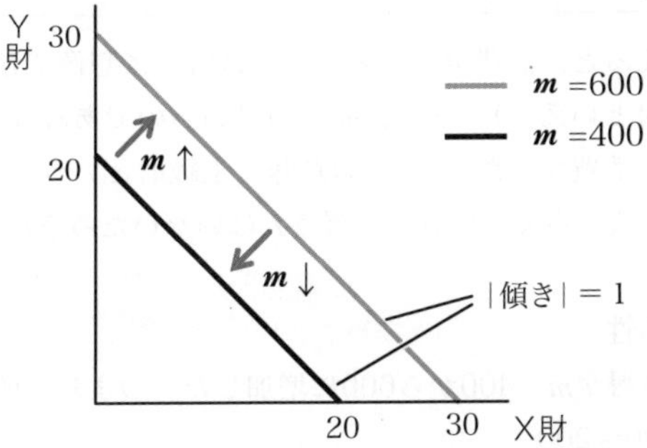

2 需要量の変化と上級財・正常財

以下、所得が変わっても、その全てを2財の消費に使うとする。2財の価格を一定として、**所得が増加したとき、需要量が増加する財を上級財または正常財という**(所得が減少すると需要量が減少する財でもある)。次の **例2** ではX財もY財も上級財・正常財である。

例2

次図で所得mが増加すると、最適消費点は点AからBに移り、X財とY財の需要量(消費量)がそれぞれ増加した。

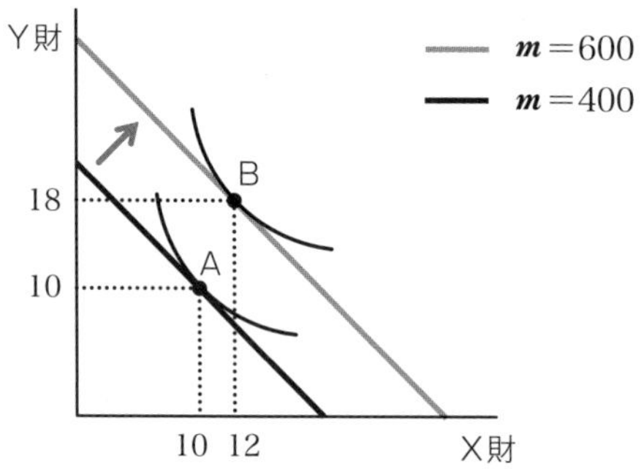

所得(予算)が増えると、消費量が増えることは容易に想像できる(この意味では普通の財=正常な財といえる)。また、品質の良いものであれば、所得が増えたときに以前よりも多く消費するだろう(この意味で上級財という。お金に余裕ができたのに、わざわざ品質の良くないものを買う人はいないだろう)。

① 需要の所得弾力性

上記の例では、所得がm=400から600に増加した。つまり、所得の増加Δmは、

$$\Delta m = 600 - 400 = 200$$

であり、その増加率$\Delta m/m$は[2]、

$$\frac{\Delta m}{m} = \frac{\overbrace{600}^{変化後} - \overbrace{400}^{変化前}}{\underbrace{400}_{変化前}} = \frac{200}{400} = 0.50(=50\%)$$

このとき、X財はx=10から12に増えているから、その増加率$\Delta x/x$は、

$$\frac{\Delta x}{x} = \frac{\overbrace{12}^{変化後} - \overbrace{10}^{変化前}}{\underbrace{10}_{変化前}} = \frac{2}{10} = 0.20(=20\%)$$

である。ここで、X財需要量は、所得の増加1%につき0.4%増加している。

2　本書では、%を本来的な表記、% = 1/100として扱う。つまり、0.50 = 50×(1/100) = 50%と書く。

$$\frac{\Delta x/x}{\Delta m/m} = \frac{0.20}{0.50} = 0.4 \iff \frac{\Delta x/x}{\Delta m/m} = \frac{20\%}{50\%} = \frac{0.4\%}{1\%} = 0.4$$

このように、**所得が1%増えたとき、財の需要量が何%増えるか**を表す数値を、**需要の所得弾力性**という。

財の需要量をDとすると(これがX財であれば、X財の需要量$x=D$とせよ)、需要の所得弾力性は、

$$\text{需要の所得弾力性} = \frac{\Delta D/D}{\Delta m/m}\left(= \frac{\Delta D}{\Delta m}\cdot\frac{m}{D}\right) \left\{\boxed{\frac{a/b}{c/d} = \frac{a}{b}\cdot\frac{d}{c} = \frac{a}{c}\cdot\frac{d}{b}}\right.$$

で表される。ここでは、これをe_m (elasticity：弾力性)と書くことにすると、上記のX財については、

$$e_m = \frac{\Delta D/D}{\Delta m/m} = \frac{0.4\%}{1\%} = 0.4$$

また、需要の所得弾力性$e_m=0.4$は、所得が１%減少すると需要量は0.4%減少することも表す。

$$e_m = \frac{\Delta D/D}{\Delta m/m} = \frac{-0.4\%}{-1\%} = 0.4$$

つまり、増加と減少のどちらであっても、所得弾力性の値は変わらない(正負も同じ)。

② 上級財・正常財の需要の所得弾力性

上級財(正常財)は、所得が増加したとき($\Delta m/m>0$)、需要量も増加する($\Delta D/D>0$)から、**需要の所得弾力性が正の財**、と言い換えることができる。

(ア) 必需品

例2 に挙げたX財に対する需要の所得弾力性は、

$$e_m = \frac{\text{需要の増加率}}{\text{所得の増加率}} = \frac{0.4\%}{1\%} = 0.4$$

このように、需要の所得弾力性が１より小さい上級財(正常財)を**必需品**という。

$$0 < e_m\left(= \frac{\text{需要の増加率}}{\text{所得の増加率}}\right) < 1 \iff \text{必需品}$$

必需品は、所得の増加率より需要の増加率が小さい上級財(正常財)であり、ある程度の量があれば十分だから、所得の増加率ほど消費量は増えない。

また、$e_m=0.4$は、所得が１%減少したとき、需要が0.4%減少することも表しているから、所得の減少率ほど、消費量が減らない上級財(正常財)といえる。こちらの方が必需品らしい印象を持てるかもしれない。

(イ) 奢侈品・贅沢品

必需品に対して、**所得の増加率より需要の増加率が大きい上級財(正常財)**を**奢侈品**(しゃしひん)または**贅沢品**(ぜいたくひん)という。

$$e_m\left(=\frac{\text{需要の増加率}}{\text{所得の増加率}}\right)>1 \iff \text{奢侈品}$$

この場合、所得の減少率より、需要の減少率が大きい、と言い換えることができる。所得(お金)が減ると、贅沢な商品はあまり買えない(場合によっては全く買わないもしれない)。

なお、**例2** に挙げたY財は奢侈品である。

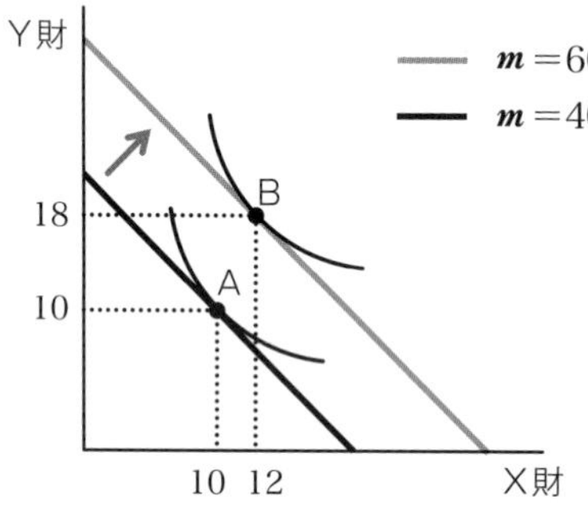

所得が50％増加したとき(m＝400→600)、Y財の需要量は80％増加している(y＝10→18)。よって、Y財需要の所得弾力性は、

$$e_m=\frac{\Delta D/D}{\Delta m/m}=\frac{80\%}{50\%}=\frac{1.6\%}{1\%}=1.6 \quad (\text{ただし、}D=y)$$

で1を超えている。

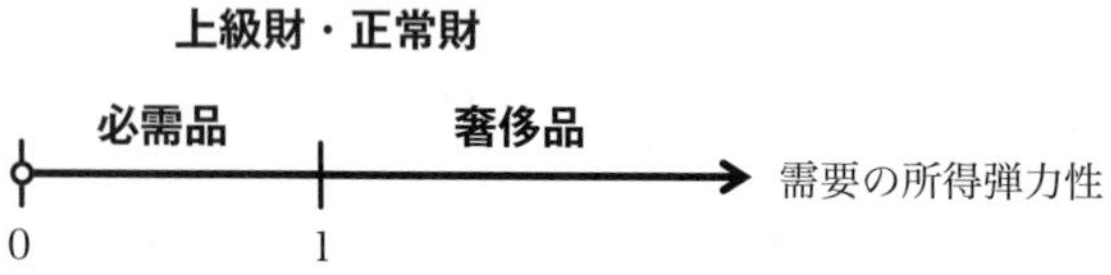

なお、需要の所得弾力性がちょうど1の上級財(正常財)には特に名称はない。また、弾力性の値は1を境に、1より大きいことを弾力的、1より小さいことを非弾力的という。奢侈品は弾力的な上級財(正常財)であり、必需品は非弾力的な上級財(正常財)である。

※　後述の価格弾力性についても、1より大きいと弾力的、1より小さいと非弾力的というから、特に所得弾力性に限った用語ではない。

3 中級財と下級財の需要の所得弾力性

① 中級財・中立財

試験では主要な出題ではないが、所得が増加しても需要量が変わらない財を中級財または中立財という。需要量が所得に依存しないから、需要の所得弾力性はゼロである(もちろん、所得が減少しても需要量は変わらない)。

② 下級財・劣等財

例3

所得mが400から600に増加すると、最適消費点が点AからBに移った。このとき、X財の需要量は15から12に減少している。

所得(お金)が増えたときに消費量を減らすのは、お金に余裕がない場合には(仕方なく)消費するものの、お金に余裕が生まれると(所得が増えると)、こんなに必要ない、と消費量を減らすような品質の良くないものである。

X財をカップラーメン、Y財をラーメン屋のラーメンとすれば、所得が増えたので、カップラーメンを減らして、ラーメン屋に行く回数を増やしたと考えられる[3]。

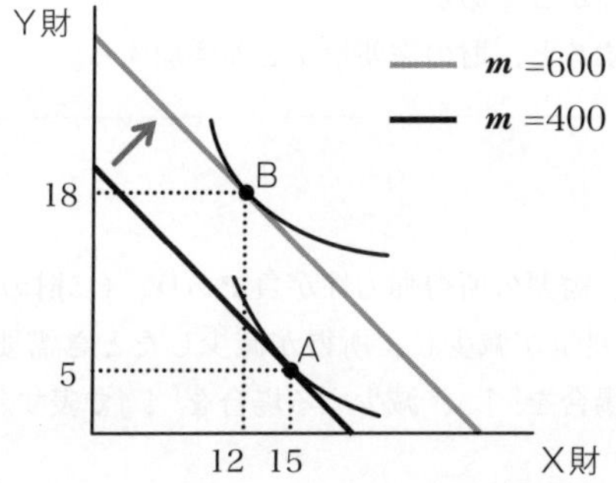

このように、**所得が増えたときに需要量が減る財を下級財または劣等財**という(もちろん所得が減ると需要量は増加する)。

下級財(劣等財)は、所得の増減と需要量の増減が逆になるため、所得弾力性は負の値を取る。

$e_m < 0 \iff$ 下級財

3 Y財は奢侈品である(所得50%増加に対し、需要が5から18に260%も増加している)。

4 まとめ

需要の所得弾力性の値で財を分類するとき、以下のように表せる。

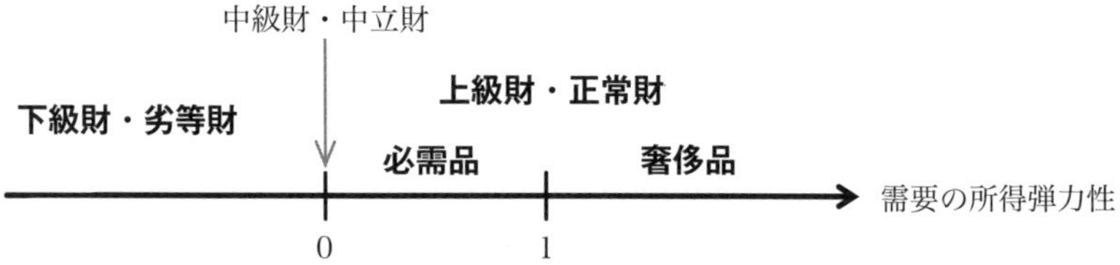

例題2-3 次の記述のうち、下級財(劣等財)の性質として正しいのはどれか。ただし、財の価格は一定であるものとする。

❶ 所得が増加すると、財の需要量が増加する。
❷ 所得が減少すると、財の需要量が減少する。
❸ 所得が10％増加すると、財の需要量が20％減少する。
❹ 需要の所得弾力性が２である。
❺ 所得が４％増加すると、財の需要量が２％増加する。

解説

下級財(劣等財)は、需要の所得弾力性が負であり、(二財の価格を一定として)所得が増加したとき需要量が減少し、所得が減少したとき需要量が増加する財である。以下、増加する場合を「↑」、減少する場合を「↓」で表す。

❶ ✕ この場合、需要の所得弾力性が正であり、上級財（正常財）である。
❷ ✕ この場合も、需要の所得弾力性が正であり、上級財である。

簡潔に示せば、所得の増減と需要量の増減が一致するのが上級財であり、所得の増減と需要量の増減が逆になるのが下級財である。

❸ ○ パーセンテージに関係なく、所得↑（増加）のとき需要量↓（減少）、となるので、下級財である。
❹ ✕ 需要の所得弾力性が１を超えるのは奢侈品であり、これは上級財である。
❺ ✕ 所得↑のとき、需要量↑だから、これは上級財である。また、所得の増加率より需要量の増加率が小さいので、これは必需品である。

5 需要の所得弾力性と所得に占める支出額の割合 発展

所得が増加したとき、その財に対する支出額が所得(予算)に占める割合の変化を考える。

① 需要が所得に対して弾力的な場合(需要の所得弾力性>1)

上級財のうち、奢侈品(贅沢品)の所得弾力性は1より大きい。所得が増加すると、その増加率より需要量の増加率が大きい奢侈品では、所得に占める支出額の割合が増加する。

例4

奢侈品の価格$P=1$をで一定とする。所得が$m=100$から120に増加(20%増加)すると、奢侈品の需要量が$D=10$から15に増加した(50%増加)。このとき、所得mに占める奢侈品に対する支出額PD(消費額)の割合を求めると、

$$\frac{PD}{m}=\frac{1\cdot 10}{100}=0.1(=10\%)$$

から、

$$\frac{PD}{m}=\frac{1\cdot 15}{120}=\frac{1\cdot\overbrace{10\times 1.5}^{50\%\text{増加}}}{\underbrace{100\times 1.2}_{20\%\text{増加}}}=\frac{1\cdot 10}{100}\times\frac{1.5}{1.2}=0.125(=12.5\%)$$

に増加する(元の大きさに1より大きい数をかけている)。

模式的に表すと、奢侈品は、所得の増加率より($m\uparrow$)、需要量の増加率が大きい($D\uparrow\uparrow$)から、分母の増加$m\uparrow$より、分子の増加$D\uparrow\uparrow$が大きいため、分数自体が増加する。

$$\frac{P\cdot D\uparrow\uparrow}{m\uparrow}=\text{増加}$$

---

② 所得の弾力性が1の上級財

この場合、所得の増加率と需要量の増加率が同じだから、所得mに占める支出額PDの割合は一定である。

$$\frac{P\cdot D\uparrow}{m\uparrow}=\text{一定}$$

③ 需要が所得に対して非弾力的な場合（需要の所得弾力性＜1）

必需品（０＜需要の所得弾力性＜１）、中級財（需要の所得弾力性＝０）、下級財（需要の所得弾力性＜０）について、すべて、所得の増加とともに、支出額の割合が減少する。

上級財（正常財）であっても、必需品の場合、需要量の増加率（分子）は、所得の増加率（分母）より小さい。

$$\frac{P \cdot D \uparrow}{m \uparrow\uparrow} = \text{減少}$$

例5

必需品の価格を$P=1$で一定とする。所得が$m=100$から120に増加（20%増加）すると、必需品の需要量が$D=10$から11に増加した（10%増加）。このとき、所得に占める支出額の割合は、

$$\frac{PD}{m} = \frac{1 \cdot 10}{100} = 0.1 \quad \rightarrow \quad \frac{PD}{m} = \frac{1 \cdot 11}{120} = \frac{1 \cdot 10}{100} \times \frac{1.1}{1.2} \fallingdotseq 0.09$$

と減少する。

所得が増加したとき、需要量は、中級財で不変、下級財で減少するから、所得に占める支出額の割合は減少する。

中級財 $\frac{P \cdot D}{m \uparrow}$ ＝ 減少（∵分子一定、分母↑　→　分数↓）

下級財 $\frac{P \cdot D \downarrow}{m \uparrow}$ ＝ 減少（∵分子↓、分母↑　→　分数↓）

2 価格の変化と需要量の変化

ここでは、他の財の価格と所得を一定として、価格の変化と、価格が変化した財の需要量の変化を調べる。なお、「他の財の価格」と明確に区別する場合には、需要量の変化を調べる財の価格を「自己価格」とする。

1 価格の変化と予算線のシフト

ここでは、調べる財をＸ財とする（Ｙ財についても同様の議論が成立する）。予算線の各軸の切片と傾き（絶対値）を考える。Ｘ財の価格が上昇すると、縦軸切片を不変として、横軸切片が減少し（原点に近づき）、傾き（絶対値）は大きくなる。

$$\underbrace{\text{縦軸切片}}_{p_x\text{に無関係}} = \frac{m}{p_y}\text{、横軸切片} = \frac{m}{p_x}\text{、}\quad |\text{傾き}| = \frac{p_x}{p_y}$$

例6

Y財価格($p_y=10$)と所得($m=600$)を一定として、X財価格が$p_x=10$から12に上昇すると、横軸切片は、

$$\frac{m}{p_x} = \frac{600}{10} = 60 \ \rightarrow \ \frac{m}{p_x} = \frac{600}{12} = 50$$

に減少し、傾き(絶対値)は、

$$\frac{p_x}{p_y} = \frac{10}{10} = 1 \ \rightarrow \ \frac{p_x}{p_y} = \frac{12}{10} = \frac{6}{5}$$

に増加する。よって、予算線は時計回りにシフトする。

逆に、X財価格が下落すると、予算線は反時計回りにシフトする。

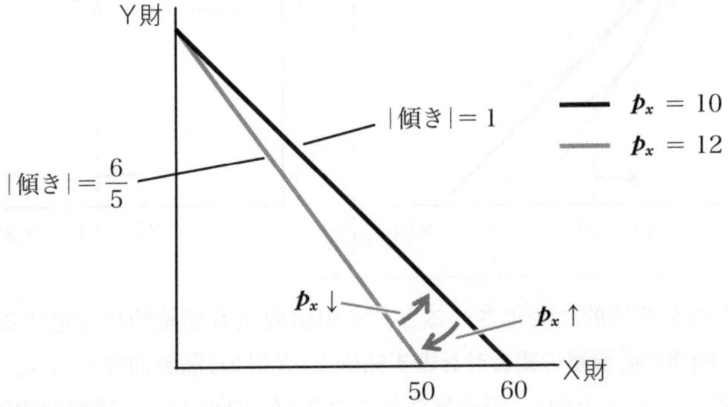

2 需要量の変化と需要曲線

例7

次図で、X財の価格が上昇して、最適消費点が点AからBに移ると、X財の消費量(需要量)は40から35に減少している。「高いものはたくさん買わない」という、いたって日常的なことが、効用最大化の図においても確認できる(図左)。

別の図に、点AとBにおけるX財の価格と需要量の組合せを点で表す。通例、価格は縦軸に、数量(需要量)は横軸に測る。価格が高い(上方向)と需要量を減らす(左方向)から、点Aと比較して、点Bは左上に現れる(図右)。

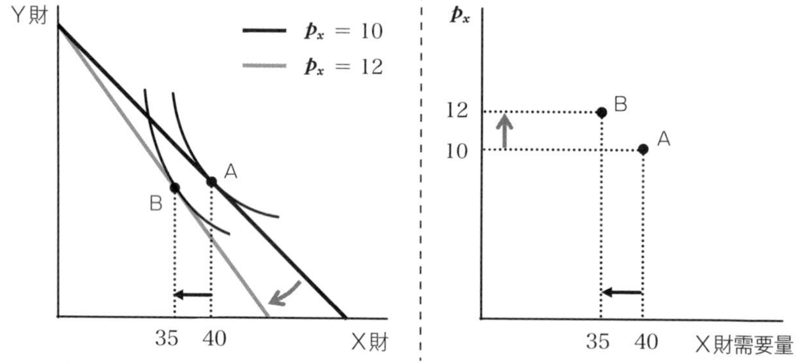

X財の価格を連続的に変化させると、その需要量も連続的に変化する。このとき、X財の**価格と需要量の組合せを表す曲線**を(X財の)**需要曲線**という。

価格が安ければ(下方向)、需要量は多くなる(右方向)から、**需要曲線は右下がり**の曲線として描かれる[4]。

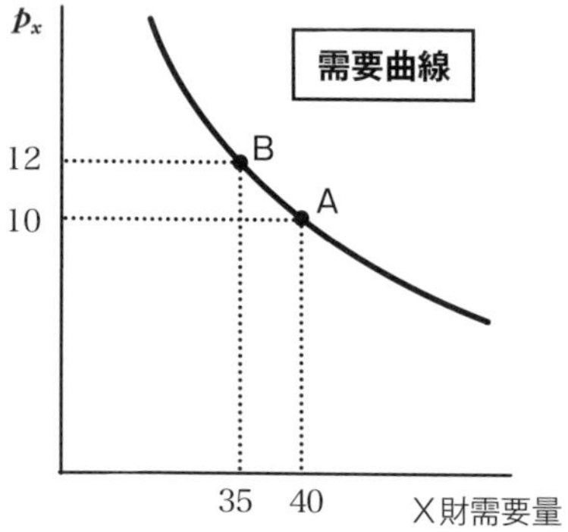

4 数学のマナーでは、曲線(直線を含む)が左上がりであっても、右下がりという。

3 需要の価格弾力性

以下、価格をP、財の需要量をDとする。

例8

価格がP=100から120に上昇したとき、財の需要量がD=100から90に減少した。価格Pが、

$$\frac{\Delta P}{P} = \frac{\overbrace{120}^{\text{変化後}} - \overbrace{100}^{\text{変化前}}}{\underbrace{100}_{\text{変化前}}} = 0.20(=20\%)$$

上昇すると、需要量は10%減少している。

$$\frac{\Delta D}{D} = \frac{\overbrace{90}^{\text{変化後}} - \overbrace{100}^{\text{変化前}}}{\underbrace{100}_{\text{変化前}}} = -0.10(=-10\%)$$

$\Delta P/P$に対する$\Delta D/D$の比率は、

$$\frac{\Delta D/D}{\Delta P/P} = \frac{-10\%}{20\%} = \frac{-0.5\%}{1\%} = -0.5 \cdots (*)$$

であるから、価格の上昇1%につき、需要量が0.5%減少することが分かる。

価格が1%上昇したときの需要量の減少率(%)を需要の価格弾力性と呼ぶ。ここでは、これを単に「e」で表す(e_Pでもよいが、計算問題で問われる弾力性のほぼ100%が需要の価格弾力性だから、簡単に記すことにする)。

また、一般的な需要曲線は右下がりだから、価格が上昇すれば($P\uparrow$)、需要量は減少し($D\downarrow$)、価格が下落すると($P\downarrow$)、需要量が増加する($D\uparrow$)。つまり、**通常、価格と需要量の増減は逆になる。**

そこで、**需要の価格弾力性eを常に正の値で扱う**と約束して、(*)を、

$$e = \left|\frac{\Delta D/D}{\Delta P/P}\right| = |-0.5| = 0.5\text{、または、}$$

$$e = -\frac{\Delta D/D}{\Delta P/P} = -(-0.5) = 0.5$$

と表すことにする。需要の価格弾力性をマイナスの値で考えることはない、というだけのことである。

むしろ、需要の所得弾力性など、価格弾力性以外のものは、プラスとマイナスをきっちり区別しなければならないことに注意しよう(所得弾力性がプラスなら上級財、マイナスなら下級財)。

例9

需要の価格弾力性が２の財を考える。価格が２％下落するとき、財の需要量は、

$$e = \frac{\textbf{需要の増加率(\%)}}{\text{価格の下落率(\%)}} = 2$$

→ **需要の増加率**(%) ＝ 2 × 価格の下落率(%)

より、４％増加する。また、この財の価格が1.2%上昇すると、財の需要量は、

$$e = \frac{\textbf{需要の減少率(\%)}}{\text{価格の上昇率(\%)}} = 2$$

→ **需要の減少率**(%) = 2 × 価格の上昇率(%)

より、2.4% 減少する。

4 需要曲線が１次式（直線）のケース

例題2-4

ある消費者のX財の需要曲線が、

D=120−P ［D：X財需要量、P：X財価格］

で表される。X財価格が20のとき、需要の価格弾力性はいくらか。

解説

価格Pと需要量Dの関係式を需要関数という。需要関数をグラフにしたものが需要曲線である[5]。

［解法1］価格弾力性 e を次の形で用いる。

$$\frac{\Delta D/D}{\Delta P/P} = \frac{\Delta D}{D}\cdot\frac{P}{\Delta P} = \frac{\Delta D}{\Delta P}\cdot\frac{P}{D}$$

$$\rightarrow\ e = \left|\frac{\Delta D}{\Delta P}\right|\cdot\frac{P}{D} \text{ または、} e = \left(-\frac{\Delta D}{\Delta P}\right)\cdot\frac{P}{D}$$

$$\frac{A}{B} = A \div B = A \times \frac{1}{B}$$

$$\frac{ab}{cd} = \frac{ab}{dc} = \frac{a}{d} \times \frac{b}{c}$$

5　試験では、需要関数と需要曲線をほぼ同一のものとして扱う。厳密には、例えば、X財の需要関数であれば、X財の需要量をX財の価格と所得および他の財の価格などの関数（関係式）で表したものであり、需要曲線は、所得と他の財の価格などを一定として、X財の需要量とX財の価格の関係を一本の曲線で表したものをいう。

需要関数Dを価格Pについて微分すると、DはPの１次式だから、

$$D = 120 - P \rightarrow \frac{\Delta D}{\Delta P} = -1 \rightarrow \left|\frac{\Delta D}{\Delta P}\right| = 1$$

価格が$P=20$のとき、需要量は、

$$D = 120 - \underbrace{20}_{P} = 100$$

よって、需要の価格弾力性は、

$$e = \left|\frac{\Delta D}{\Delta P}\right| \cdot \frac{P}{D} = 1 \cdot \frac{20}{100} = \frac{1}{5}$$

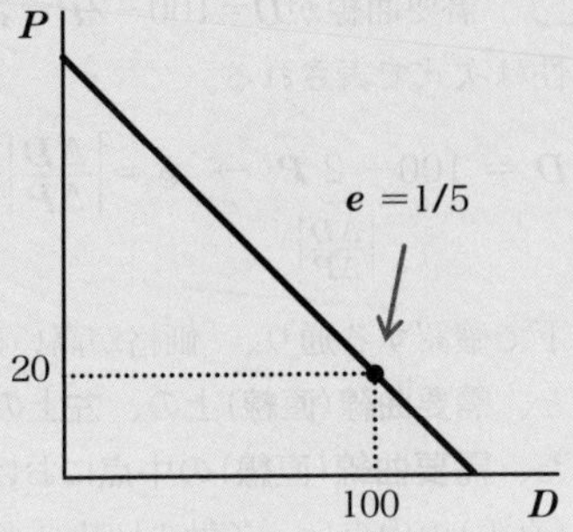

[解法2]

需要曲線が直線の場合、$D=a-bP$［a, b：正の定数］、需要の価格弾力性を、

$$e = b \cdot \frac{P}{D} = |P\text{の係数}| \cdot \frac{P}{D}$$

としてよい（１次式の微分）。$D=120-P$（$a=120$、$b=1$）について、価格Pの係数（絶対値）は$b=1$であり、$P=20$のとき、

$$D = 120 - \underbrace{1}_{b} \cdot \underbrace{20}_{P} = 100 \rightarrow e = \underbrace{1}_{b} \cdot \frac{\overbrace{20}^{P}}{\underbrace{100}_{D}} = \frac{1}{5}$$

価格が価格$P=20$から１％上昇すると、需要量は0.2％（$e=1/5=0.2$）だけ減少する（または、価格が１％下がると、需要量は0.2％増加する）。

① 点の位置と需要の価格弾力性

需要曲線が直線で表されるとき、直線上の点$(D,\ P)$の位置によって需要の価格弾力性は異なる。

例10

需要曲線が$D=100-2P$で表される。PとDを未知数として、需要の価格弾力性は次式で表される。

$$D = 100 - \underbrace{2}_{\left|\frac{\Delta D}{\Delta P}\right|} P \;\rightarrow\; e = \left|\frac{\Delta D}{\Delta P}\right| \cdot \frac{P}{D} = 2\frac{P}{D}$$

以下で確認する通り、「価格が高いほど、需要量は少ない(右下がり)」ことに注意すると、**需要曲線(直線)上の、左上の点ほど需要の価格弾力性が大きい**。

また、**需要曲線(直線)の中点における需要の価格弾力性は1である**。なお、需要曲線(直線)の中点は、各軸の切片の半分の目盛が座標となる点である。

実際、$P=10$、25、40について比較すると、

$$P = 10 \;\rightarrow\; D = 100 - 2\cdot\underbrace{10}_{P} = 80 \;\rightarrow\; e = 2\frac{P}{D} = 2\cdot\frac{10}{80} = \frac{1}{4}$$

$$P = 25 \;\rightarrow\; D = 100 - 2\cdot\underbrace{25}_{P} = 50 \;\rightarrow\; e = 2\frac{P}{D} = 2\cdot\frac{25}{50} = 1$$

$$P = 40 \;\rightarrow\; D = 100 - 2\cdot\underbrace{40}_{P} = 20 \;\rightarrow\; e = 2\frac{P}{D} = 2\cdot\frac{40}{20} = 4$$

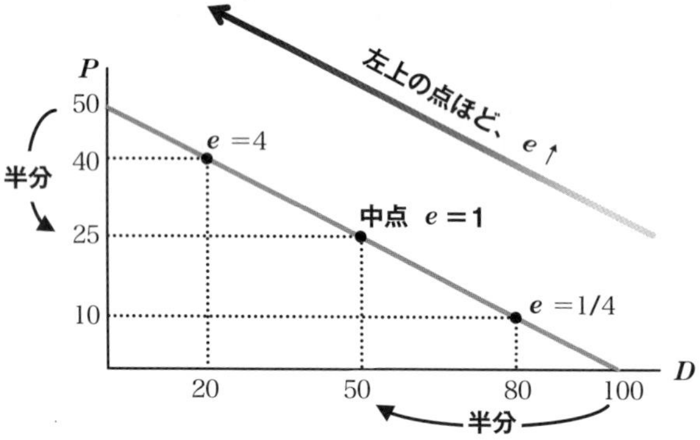

ポイント

需要曲線(直線)上の左上の点ほど(価格が高いほど)、需要の価格弾力性は大きい。特に、中点においては、需要の価格弾力性は1である。

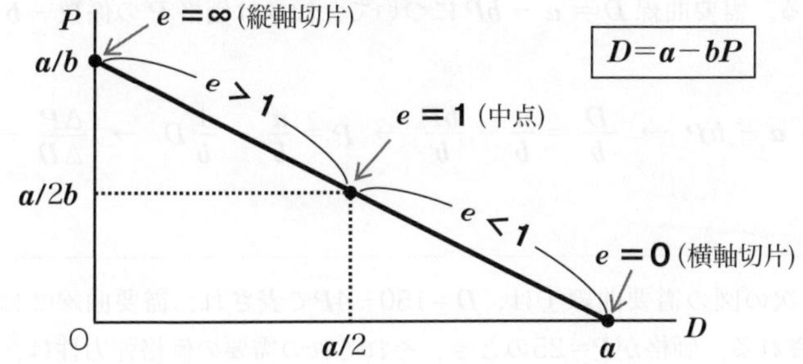

[参 考]

需要曲線$D=a-bP$について、横軸($P=0$)の切片は$D=a$で、縦軸($D=0$)の切片は$P=a/b$で表される。中点$(D,\ P)=(a/2,\ a/2b)$における価格弾力性は、

$$e=\left|\frac{\Delta D}{\Delta P}\right|\cdot\frac{P}{D}=b\cdot\frac{a/2b}{a/2}=b\cdot\frac{a}{2b}\cdot\frac{2}{a}=1$$

また、横軸($P=0$)の切片における価格弾力性はゼロである。

$$e=\left|\frac{\Delta D}{\Delta P}\right|\cdot\frac{P}{D}=b\cdot\frac{0}{a}=0$$

縦軸($D=0$)の切片(に限りなく近い点)では、価格弾力性は無限大となる。

$$e=\left|\frac{\Delta D}{\Delta P}\right|\cdot\frac{P}{D}=b\cdot\frac{a/b}{0\text{に限りなく近い}}=\infty$$

つまり、分数について、分子を一定として(例 $a/b=1$)、分母が無視しうるほど小さい場合、

$$\frac{1}{0.00\cdots01}=\infty\left(\frac{1}{0.1}=10、\frac{1}{0.01}=100、\frac{1}{0.001}=1000、\cdots\right)$$

② 需要曲線（直線）の傾きと需要の価格弾力性

需要曲線の図は、縦軸に価格P、横軸に数量D（需要量）を取るから、傾きは、

$$\text{需要曲線の傾き} = \frac{\text{垂直方向の変化}}{\text{水平方向の変化}} = \frac{\Delta P}{\Delta D}$$

で表される。需要曲線 $D = a - bP$ について、傾きは価格 P の係数 $-b$ の逆数である。

$$D = a - bP \rightarrow \frac{D}{b} = \frac{a}{b} - \frac{bP}{b} \rightarrow P = \frac{a}{b} - \frac{1}{b}D \rightarrow \frac{\Delta P}{\Delta D} = -\frac{1}{b}$$

例11

次の図の需要曲線①は、D=150−4Pで表され、需要曲線②は、D=75−Pで表される。価格がP=25のとき、それぞれの需要の価格弾力性は、需要曲線①について、

$$D = 150 - \underbrace{4}_{b} \cdot \overbrace{25}^{P} = 50 \rightarrow e = b\frac{P}{D} = 4 \cdot \frac{25}{50} = 2$$

であり、需要曲線②について、

$$D = 75 - \underbrace{1}_{b} \cdot P = 75 - \overbrace{25}^{P} = 50 \rightarrow e = \underbrace{1}_{b} \cdot \frac{\overbrace{25}^{P}}{\underbrace{50}_{D}} = 1 \cdot \frac{1}{2} = \frac{1}{2}$$

また、それぞれの傾き（絶対値）は、bの逆数だから、需要曲線①の方が需要曲線②より傾き方が小さい。

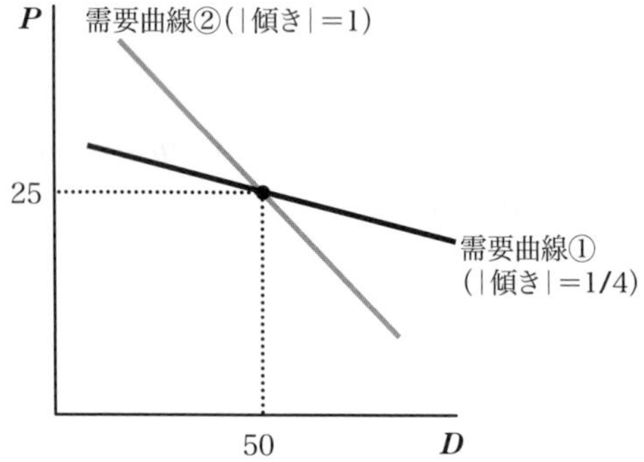

したがって、需要曲線(直線)の傾き方が小さいほど(水平に近づくほど)需要の価格弾力性は大きく、傾き方が大きいほど(垂直に近づくほど)需要の価格弾力性は小さい。

需要の価格弾力性eは、(価格の上昇１%につき)需要量Dがどれだけ減少するかを表すものだから、水平方向に変化した長さを比較して、その大小関係を確認することができる[6]。

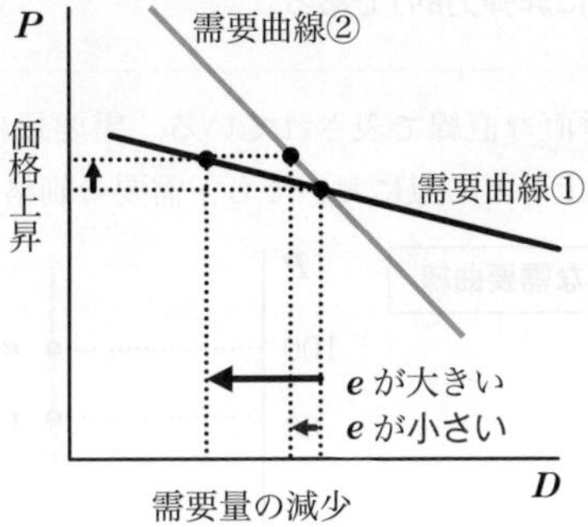

以下、水平方向の変化がゼロの場合と、無限大の場合を考える。

6 「価格上昇１%につき」ということだから、実際の価格上昇率は１%でなくてもよい。

（ア）垂直な需要曲線（直線）：水平方向の変化がゼロ

価格Pが変化しても、需要量Dが変わらないとき、需要の価格弾力性はゼロとなる。

$$e=\left|\frac{\Delta D/D}{\Delta P/P}\right|=\left|\frac{0\%}{\Delta P/P}\right|=0$$

経済学では**弾力性がゼロ**であることを**完全に非弾力的**だという。ここでは、「需要が価格に対して**完全に非弾力的**」である。

例12

需要曲線が垂直な直線で表されている。需要量は、価格に関係なく50のままだから、需要曲線上のどの点においても、需要の価格弾力性はゼロである。

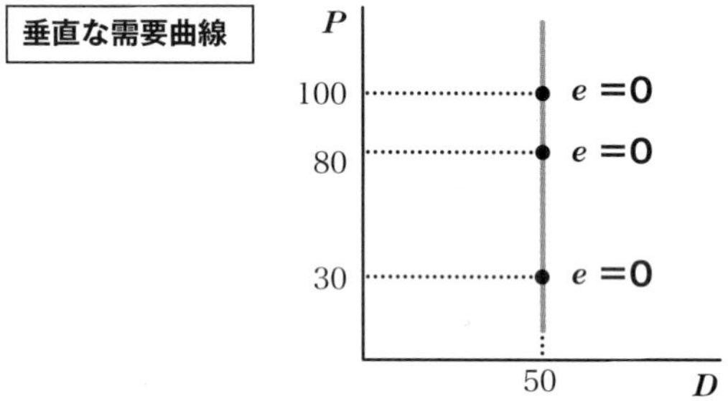

また、垂直な直線の傾きは無限大だから、これを垂直な需要曲線の傾き$\Delta P/\Delta D$に適用すると、需要の価格弾力性eは、

$$\frac{\Delta P}{\Delta D}=\infty\rightarrow\frac{\Delta D}{\Delta P}=\frac{1}{\infty}=0\quad\rightarrow\quad e=\left|\frac{\Delta D}{\Delta P}\right|\cdot\frac{P}{D}=0\cdot\frac{P}{D}=0$$

（イ）水平な需要曲線（直線）：水平方向の変化が無限大

需要曲線（直線）がほとんど水平な場合、わずかな価格の下落に対して、需要量は非常に大きく増える（価格弾力性が非常に大きい）[7]。

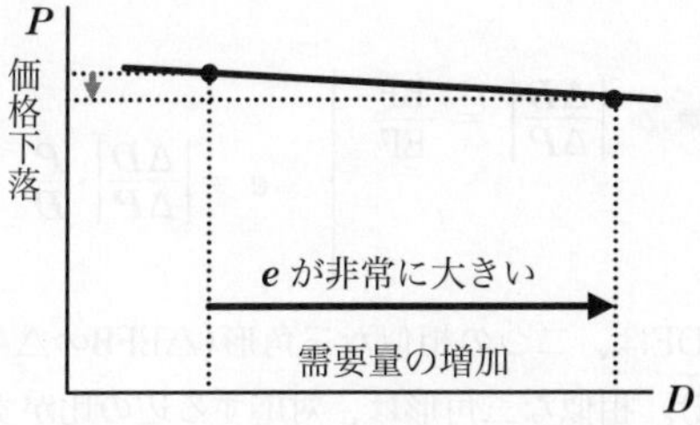

水平な直線の傾きはゼロだから（傾きがない）、**水平な需要曲線**（直線）に適用すると[8]、水平な直線上のどの点においても、**需要の価格弾力性は無限大**となる。

$$\frac{\Delta P}{\Delta D} = 0 = \frac{1}{\infty} \rightarrow \frac{\Delta D}{\Delta P} = \frac{\infty}{1} = \infty \rightarrow e = \left|\frac{\Delta D}{\Delta P}\right| \cdot \frac{P}{D} = \infty \cdot \frac{P}{D} = \infty$$

弾力性が無限大であることを、**完全に弾力的**という。需要曲線（直線）が水平な場合、需要は価格に対して**完全に弾力的**である。

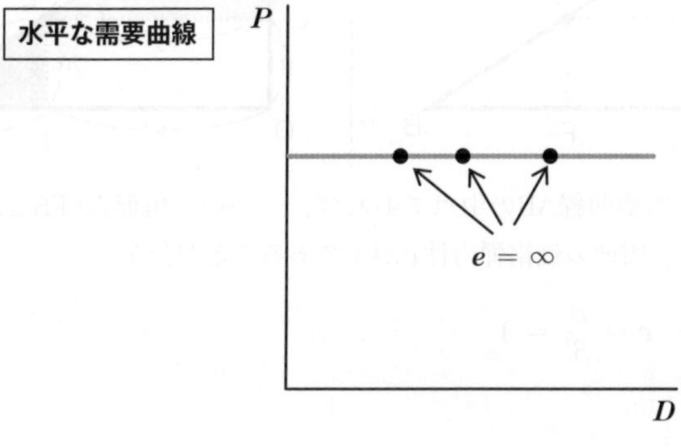

7　需要曲線が垂直の場合も同じように、「ほとんど垂直な需要曲線」を使って考えてもよい。

8　分子を一定として分母がどんどん大きくなると、分数はほとんどゼロになる。例えば、1/10＝0.1, 1/100＝0.01, 1/100 … 00＝0.00 … 01 ≒ 0．したがって、1/∞＝0 ⇔ 0＝1/∞である。

(ウ) 幾何学的な表現 発展

稀に幾何学的な出題が見られる。

次の図(左)の斜辺ABは需要曲線(直線)を表す(各軸は省略)。点Eにおける需要の価格弾力性$\boldsymbol{e}$は、

$$\left|\frac{\Delta \boldsymbol{P}}{\Delta \boldsymbol{D}}\right| = \frac{\text{EF}}{\text{BF}} \xrightarrow{\text{逆数}} \left|\frac{\Delta \boldsymbol{D}}{\Delta \boldsymbol{P}}\right| = \frac{\text{BF}}{\text{EF}}$$

$$\frac{\boldsymbol{P}}{\boldsymbol{D}} = \frac{\text{EF}}{\text{OF}}$$

$$\boldsymbol{e} = \left|\frac{\Delta \boldsymbol{D}}{\Delta \boldsymbol{P}}\right| \cdot \frac{\boldsymbol{P}}{\boldsymbol{D}} = \frac{\text{BF}}{\text{EF}} \cdot \frac{\text{EF}}{\text{OF}} = \frac{\text{BF}}{\text{OF}}$$

この比率($\boldsymbol{e}$=)BF/OFは、二つの相似な三角形(△EFB∽△ACE)の底辺の比である(図(右);OF = CE)。相似な三角形は、対応する辺の比がすべて等しいから、

$$\alpha : \alpha' = \beta : \beta' = \underbrace{\gamma}_{\text{BF}} : \underbrace{\gamma'}_{\text{OF}} \rightarrow \boldsymbol{e} = \frac{\alpha}{\alpha'} = \frac{\beta}{\beta'} = \frac{\gamma}{\gamma'}$$

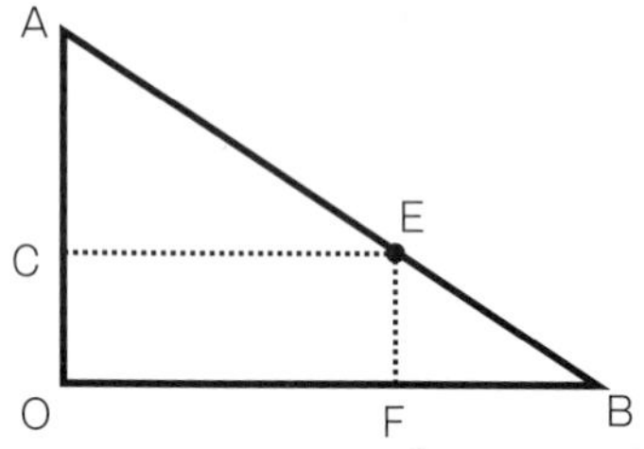

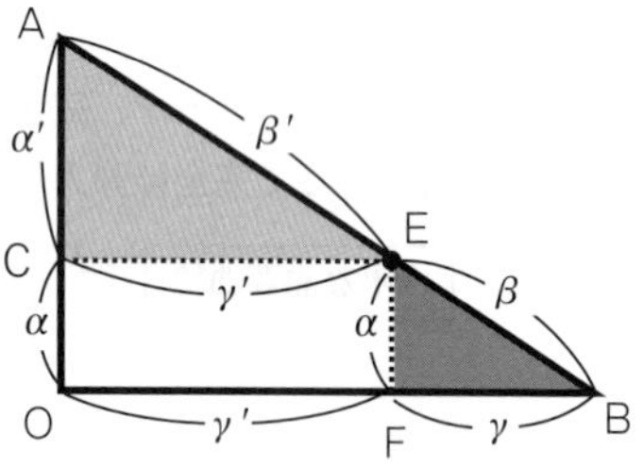

なお、点Eが需要曲線ABの中点であれば、二つの三角形△EFBと△ACEは合同となり、よって、需要の価格弾力性$\boldsymbol{e}$が1であることが分かる。

$$\beta = \beta' \rightarrow \boldsymbol{e} = \frac{\beta}{\beta'} = 1$$

5 需要曲線が反比例の曲線のケース

需要曲線が$D=a/P$で表される場合[D：需要量、P：価格、a：正の定数]、曲線上のどの点においても、需要の価格弾力性は$e=1$である。

例13

需要曲線が$D=32/P$で表されている[9]。需要関数Dを価格Pについて微分すると、

$$D=\frac{32}{P}=32P^{-1} \rightarrow \frac{\Delta D}{\Delta P}=32\cdot(-1)P^{-2}=-\frac{32}{P^2} \rightarrow \left|\frac{\Delta D}{\Delta P}\right|=\frac{32}{P^2}$$

であるから、需要の価格弾力性eは、

$$e=\left|\frac{\Delta D}{\Delta P}\right|\cdot\frac{P}{D}=\frac{32}{P^2}\cdot\frac{P}{D}=\frac{32}{PD}$$

分母Dに需要関数を代入すれば、需要の価格弾力性が1となる。

$$e=\frac{32}{PD}=\frac{32}{P\underbrace{\left(\frac{32}{P}\right)}_{D}}=\frac{32}{32}=1$$

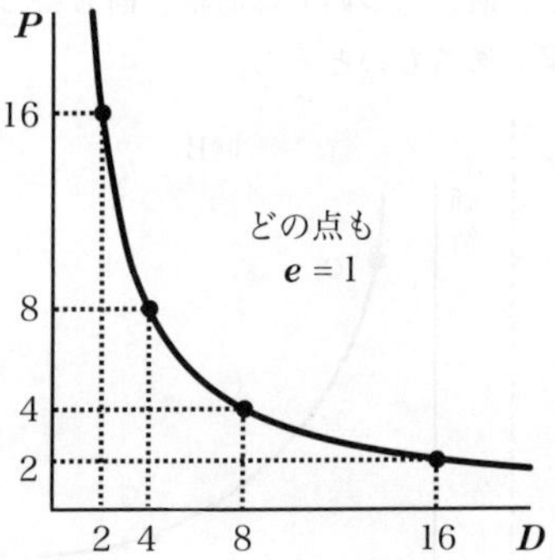

この結論は任意の価格(需要曲線上のすべての点)について成立する(価格弾力性がPやDに依存しない)。

---

9 反比例の曲線は、直角双曲線と呼ばれるものの一つである。特定の試験では、反比例の曲線を、直角双曲線と呼んでいる。

(注意) 形は似ていても、定数項のあるものは反比例型に該当しない[10]。

$D=\frac{a}{P}+b$、$D=\frac{a}{P}-b$ では、$e=1$ とは限らない。例えば、

$$D=\frac{2}{P}+10 \rightarrow D=2P^{-1}+10 \rightarrow \frac{\Delta D}{\Delta P}=-2P^{-2} \rightarrow \left|\frac{\Delta D}{\Delta P}\right|=\frac{2}{P^2}$$

であるから、需要の価格弾力性 e は、

$$e=\left|\frac{\Delta D}{\Delta P}\right|\cdot\frac{P}{D}=\frac{2}{P^2}\cdot\frac{P}{D}=\frac{2}{PD}=\frac{2}{P\underbrace{\left(\frac{2}{P}+10\right)}_{D}}=\frac{2}{2+10P}=\frac{1}{1+5P}$$

これは価格Pに依存するから、価格Pの値によってeの値が異なる。

$$P=1 \rightarrow e=\frac{1}{1+5\cdot1}=\frac{1}{6} \qquad P=2 \rightarrow e=\frac{1}{1+5\cdot2}=\frac{1}{11}$$

例題2-5 図は消費者の三つの財A・B・Cに関する需要曲線を表している。各需要曲線上の点a～fのうち需要の価格弾力性が、0より大きく、1より小さいものはどれか。ただし、財Aについては直線、財Bについては反比例の曲線、財Cについては垂直な直線であるものとする。

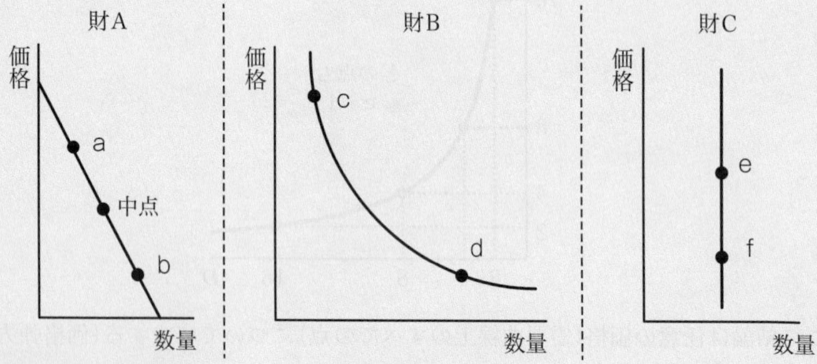

解説

需要の価格弾力性が0より大きく、1より小さいのは点bだけである。点aでは1より大きく、点cとdでは1、点eとfではゼロである。

10 これも直角双曲線の一種である。

❸ 需要の価格弾力性と支出額

1 需要曲線と支出額

価格P円の財をD個買うと、消費者の支出額（購入額、消費額）はPD円になる[11]。

例14

価格100円のとき、需要量が20個であれば、消費者の支出額は、

$$P \cdot D = 100 \cdot 20 = 2{,}000 \text{(円)}$$

である。需要曲線が図のように表されるとき、点Q（20, 100）における支出額は長方形の面積で表される（タテ$P=100$, ヨコ$D=20$）。

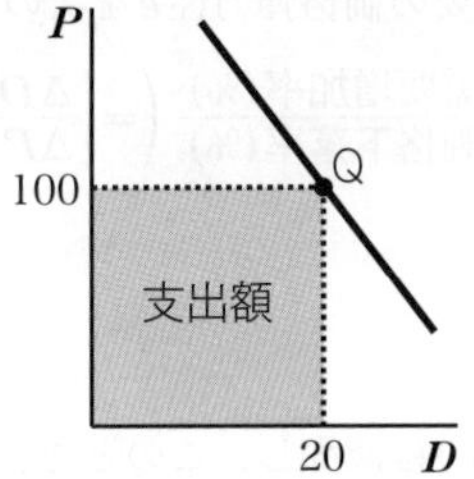

2 価格の変化と支出額の変化

一般的な需要曲線は右下がりであり、価格が上昇すると需要量は減少し、価格が下落すると需要量は増加する。このとき、支出額はどのように変化するだろうか。

例15

点Qにおける支出額は面積$(b+c)$で表される。支出額は、価格が上昇すると面積$(a+b)$になる。

点Q付近で支出額が増えたか減ったかは、価格上昇による支出額の増加（面積a）と、需要量減少による支出額の減少（面積c）の大小関係に依存する。

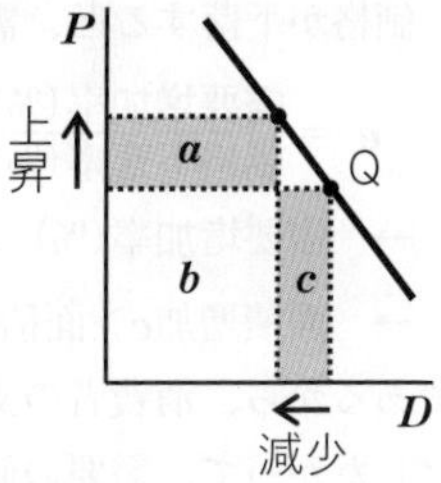

11　消費者の支出額を（需要量に対して）需要額ということがある。また、消費者の支払い（支出額）は、生産者が受け取るから、消費者の支出額（購入額）＝生産者の収入（売り上げ）である。

例16

点Qにおける支出額は面積($\boldsymbol{a}+\boldsymbol{b}$)である。価格が下落すると需要量が増加し、支出額は($\boldsymbol{b}+\boldsymbol{c}$)になる。この場合にも、点Q付近の支出額の増減は、価格下落による支出額の減少(面積$\boldsymbol{a}$)と需要量増加による支出額の増加(面積$\boldsymbol{c}$)の大小関係に依存する。

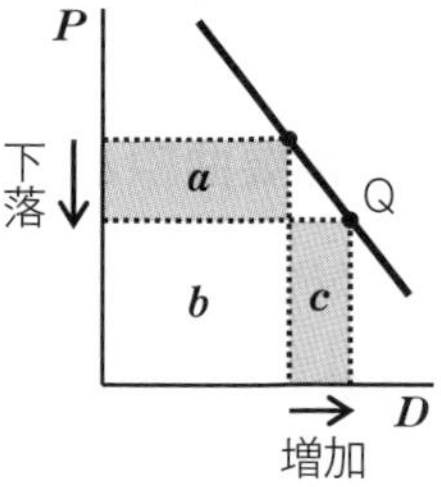

3 需要の価格弾力性と消費者の支出額

ここでは、点Qにおける需要の価格弾力性$\boldsymbol{e}$を次のように考える。

$$\boldsymbol{e}=\frac{\text{需要減少率(\%)}}{\text{価格上昇率(\%)}}=\frac{\text{需要増加率(\%)}}{\text{価格下落率(\%)}}\left(=\left|\frac{\Delta D/D}{\Delta P/P}\right|\right)$$

① 需要の価格弾力性＞１

(ア) 価格上昇の効果

価格が上昇すると、需要(量)は減少し、このとき、

$$\boldsymbol{e}=\frac{\text{需要減少率(\%)}}{\text{価格上昇率(\%)}}>1$$

→　需要減少率(%) ＞ 価格上昇率(%)

→　面積減少$\boldsymbol{c}$ ＞面積増加$\boldsymbol{a}$

であるから、消費者の支出額は減少する。

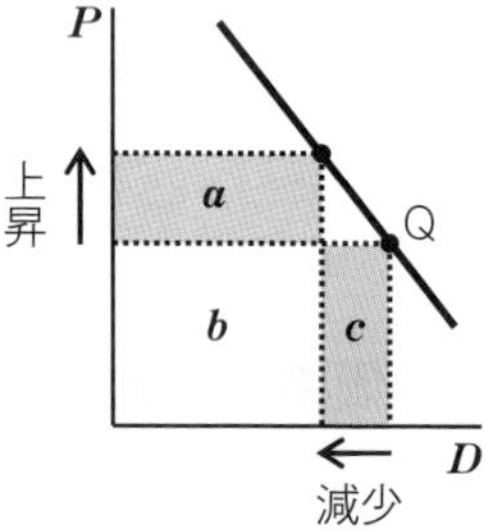

(イ) 価格下落の効果

価格が下落すると、需要(量)は増加し、このとき、

$$\boldsymbol{e}=\frac{\text{需要増加率(\%)}}{\text{価格下落率(\%)}}>1$$

→　需要増加率(%) ＞ 価格下落率(%)

→　面積増加$\boldsymbol{c}$＞面積減少$\boldsymbol{a}$

であるから、消費者の支出額は増加する。

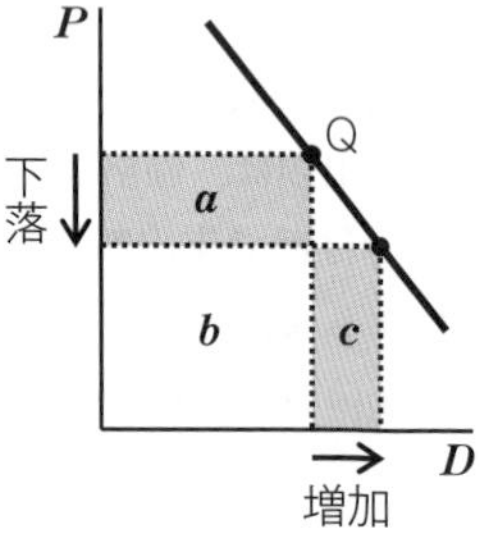

したがって、需要の価格弾力性が１より大きいことを、

$$\boldsymbol{e}=\frac{\text{需要変化率(\%)}}{\text{価格変化率(\%)}}>1\quad\rightarrow\quad\text{需要変化率(\%)}>\text{価格変化率(\%)}$$

と表せば、需要量の変化が価格の変化を上回るから、**消費者の支出額の変化(増減)は、需要量の変化（増減）に一致する。**

② **需要の価格弾力性＝1**

$$e = \frac{需要減少率(\%)}{価格上昇率(\%)} = \frac{需要増加率(\%)}{価格下落率(\%)} = 1$$

$$\rightarrow \begin{cases} 需要減少率(\%) = 価格上昇率(\%) \\ 需要増加率(\%) = 価格下落率(\%) \end{cases}$$

より、需要量の変化と価格の変化が同等であるから、**価格が変わっても、消費者の支出額は変わらない**。

③ **需要の価格弾力性＜1**

①と逆のケースであり、

$$e = \frac{需要変化率(\%)}{価格変化率(\%)} < 1 \quad \rightarrow \quad 需要変化率(\%) < 価格変化率(\%)$$

が成立する。つまり、**消費者の支出額の変化（増減）は、価格の変化（増減）に一致する**。

例えば、e=0.2のとき、価格が下落すると、消費者の支出額は減少し、価格が上昇すれば、消費者の支出額は増加する。

例題2-6

需要量をD、価格をPとして、需要関数が、

$$D(P) = \frac{100}{P}$$

で示される。価格が20のときの、需要の価格弾力性（絶対値）はいくらか。また、価格が上昇すると、この財に対する支出額はどうなるか。

解説

需要関数は反比例の曲線で表される。この場合、需要の価格弾力性は常に1であるから、価格が上昇すると（また、下落したとしても）この財に対する支出額は不変である。

実際、両辺に価格をかけると、

$$D = \frac{100}{P} \quad \rightarrow \quad PD = 100$$

となり、支出額（左辺）は常に100で一定である（右辺）。

4 他の財の価格の変化と需要の変化

ある財の需要量の変化が、他の財の価格の変化によって生じることがある。これらの財は互いに関連性があるので**連関財**ということがある。

なお、他の財の価格によって影響を受けない場合、**独立財**という。

1 粗代替財と需要の交差弾力性

X財とY財が**粗代替財(代替財)**の関係にある場合、**一方の価格が上昇すると他方の需要量が増加し、一方の価格が下落すると他方の需要量が減少する。**

例17

コーヒーと紅茶のように、性質の似たものであれば、互いに代替的であり得る。図は、X財価格p_xと所得mを一定として、Y財価格p_yが上昇したときに(縦軸切片m/p_y減少、横軸切片m/p_x一定)、予算線が反時計回りにシフトして、X財の需要量xが増加する様子を描いている。**Y財価格が上昇したため、Y財を減らし、代わりに、X財を増やす**ことで、効用を最大化している。

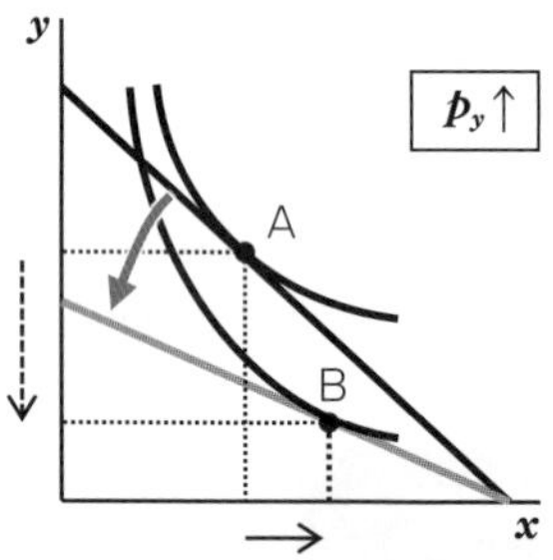

需要の交差弾力性(需要の交差価格弾力性)は、自己価格と所得を一定として、他の財の価格変化率(%)に対する当該財の需要(量)の変化率(%)で表される。

$$\text{需要の交差弾力性} = \frac{\text{当該財需要量変化率(\%)}}{\text{他の財の価格変化率(\%)}}$$

粗代替財の場合、他の財の価格(上記ではY財価格)が上昇すると、当該財(上記ではX財)の需要量が増加し、他の財の価格が下落すると、当該財の需要量が減少するので(これらが何%であろうと)、**需要の交差弾力性は正の値を取る。**

$$\text{需要の交差弾力性} = \frac{\overbrace{\text{当該財需要量変化率(\%)}}^{(+)\ [(-)]}}{\underbrace{\text{他の財の価格変化率(\%)}}_{(+)\ [(-)]}} > 0$$

2 粗補完財と需要の交差弾力性

① 粗補完財

X財とY財が**粗補完財**(補完財)の関係にある場合、**一方の価格が上昇すると他方の需要量が減少し、一方の価格が下落すると他方の需要量が増加する。**

例18 パンとジャムのように、両者が揃って機能する場合に当てはまりやすい。図は、X財価格p_xと所得mを一定として、Y財価格p_yが上昇したときに(縦軸切片m/p_y減少、横軸切片m/p_x一定)、予算線が反時計回りにシフトして、X財の需要量xが減少する様子を描いている。**Y財価格が上昇したため、Y財を減らし、同時に、X財を減らすことで、効用を最大化している。**

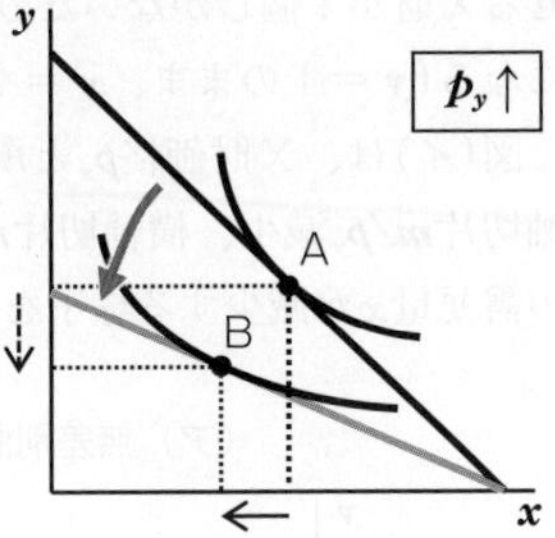

粗補完財の場合、他の財の価格(上記ではY財価格)が上昇すると当該財(上記ではX財)の需要量が減少し、他の財の価格が下落すると当該財の需要量が増加するので(これらが何%であろうと)、**需要の交差弾力性は負の値を取る。**

$$\text{需要の交差弾力性} = \frac{\overbrace{\text{当該財需要量変化率(\%)}}^{(-)\ [(+)]}}{\underbrace{\text{他の財の価格変化率(\%)}}_{(+)\ [(-)]}} < 0$$

② 完全補完財 発展

手袋や靴など、左右ペアで使うものは完全な例と言える(一方の財が左用、他方の財が右用と考える)。**二財を決まった比率**(左用：右用＝1：1、など)**で消費する場合**によく用いられるのが、**L字型の無差別曲線**である(**完全補完財**のケース)。

図(ア)の点(1, 1)や(2, 2)はL字型の直角部分であり、二財の比がちょうど1：1である。X財を$x = 1$のまま、Y財のみ$y = 2$、3、…と増やしても、組み合わせるX財が1個しかないため、効用が変わらない。このため、無差別曲線がL字型になる($y = 1$のまま、$x = 2$、3、…としても同じ)。

図(イ)は、X財価格p_xと所得mを一定として、Y財価格p_yが上昇したときに(縦軸切片m/p_y減少、横軸切片m/p_x一定)、予算線が反時計回りにシフトして、X財の需要量xが減少する様子を描いている。

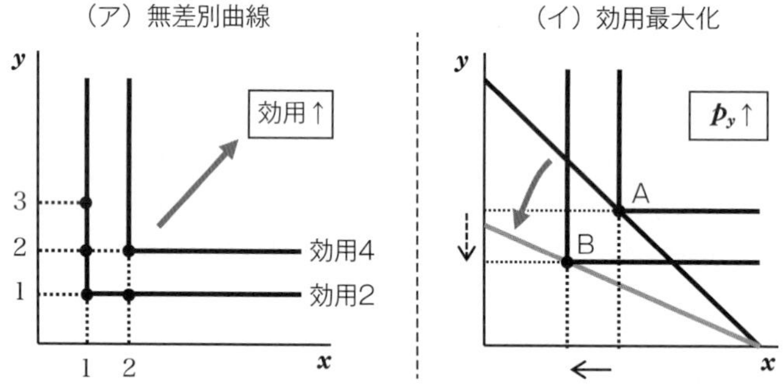

3 独立財の交差弾力性

独立財は、他の財の価格に依存しないため、需要量が全く変化しない。つまり、**独立財の需要の交差弾力性はゼロである。**

5 コブ＝ダグラス型効用関数と需要関数の性質

試験では頻出のため、結論を(公式を見ながら)暗記するとよい。

1 コブ＝ダグラス型効用関数の公式

効用関数$u=Ax^a y^b$［u：効用水準、x：X財消費量、y：Y財消費量、A, a, b：正の定数］を、２財の価格をp_x、p_y、消費者の所得をmとして最大化すると、最適消費量は、

$$x=\frac{a}{a+b}\cdot\frac{m}{p_x}、\quad y=\frac{b}{a+b}\cdot\frac{m}{p_y}$$

で表される。これらは、X財とY財の需要関数である。

2 需要の所得弾力性

コブ=ダグラス型効用関数について、各財の需要の所得弾力性は常に1である。

需要の所得弾力性を調べると[12]（数学Tips❶）、

（X財需要関数）　$x=\frac{a}{a+b}\cdot\frac{m}{p_x}$ → X財需要の所得弾力性 $\frac{\Delta x/x}{\Delta m/m}=1$

（Y財需要関数）　$y=\frac{b}{a+b}\cdot\frac{m}{p_y}$ → Y財需要の所得弾力性 $\frac{\Delta y/y}{\Delta m/m}=1$

どちらも需要の所得弾力性が１になるのは、公式で所得mの指数が１であることに起因する。

$$x=\frac{a}{a+b}\cdot\frac{m^1}{p_x}\quad \text{and} \quad y=\frac{b}{a+b}\cdot\frac{m^1}{p_y}$$

したがって、各財は所得弾力性が１の上級財(正常財)である。

12　どうしても記号が欲しければ、e_m^xなど自由に設定するとよい。

3 需要の価格弾力性

コブ=ダグラス型効用関数について、各財の需要の価格弾力性は常に1である。

各財の需要関数は、所得mを一定として反比例の曲線で表される（数学Tips❷）。

（X財需要関数）　$x=\dfrac{a}{a+b}\cdot\dfrac{m}{p_x}$ → X財需要の価格弾力性 $\left|\dfrac{\Delta x/x}{\Delta p_x/p_x}\right|=1$

（Y財需要関数）　$y=\dfrac{b}{a+b}\cdot\dfrac{m}{p_y}$ → Y財需要の価格弾力性 $\left|\dfrac{\Delta y/y}{\Delta p_y/p_y}\right|=1$

どちらも需要の価格弾力性が1になるのは、公式で自己価格の指数が1であることに起因する。

$$x=\frac{a}{a+b}\cdot\frac{m}{p_x{}^1}\quad\text{and}\quad y=\frac{b}{a+b}\cdot\frac{m}{p_y{}^1}$$

［参　考］

需要関数が反比例の曲線の場合、

$$D=\frac{a}{P}\ \rightarrow\ e=\left|\frac{\Delta D}{\Delta P}\right|\cdot\frac{P}{D}=1$$

であった。需要関数の右辺の分母Pの指数をb（定数）で表すと、

$$D=\frac{a}{P^b}\ \rightarrow\ e=\left|\frac{\Delta D}{\Delta P}\right|\cdot\frac{P}{D}=b$$

が成り立つ。

例19

次の需要関数について、需要の価格弾力性はPの指数に一致するから、

$$D=\frac{10}{\sqrt{P}}=\frac{10}{P^{\frac{1}{2}}}\ \rightarrow\ e=\left|\frac{\Delta D}{\Delta P}\right|\cdot\frac{P}{D}=\frac{1}{2}$$

である。

4 交差価格弾力性

コブ=ダグラス型効用関数から得られる各財の需要関数は、他の財の価格に依存しない(無関係)。つまり、互いに他の財の価格から独立した独立財である。よって、**コブ=ダグラス型効用関数について、各財の需要の交差弾力性は0である。**

(X財需要関数) $x = \frac{a}{a+b} \cdot \frac{m}{p_x}$ → **X財需要の交差弾力性** $\frac{\Delta x/x}{\Delta p_y/p_y} = 0$

(Y財需要関数) $y = \frac{b}{a+b} \cdot \frac{m}{p_y}$ → **Y財需要の交差弾力性** $\frac{\Delta y/y}{\Delta p_x/p_x} = 0$

どちらも需要の交差弾力性が0になるのは、公式で他の財の価格に依存しないことに起因する。

$x = \frac{a}{a+b} \cdot \frac{m}{p_x}$ (p_yがない) and $y = \frac{b}{a+b} \cdot \frac{m}{p_y}$ (p_xがない)

例題2-7 効用関数が、$u = 3x^4y$ [u：効用水準、x：X財消費量、y：Y財消費量]で表される消費者について、X財とY財の価格がそれぞれ10と15、消費者の所得が600のとき、X財に対する需要について、所得弾力性、価格弾力性、交差弾力性はそれぞれいくらか。

解説

効用関数がコブ=ダグラス型だから、X財について、需要の所得弾力性と価格弾力性はともに1、交差弾力性は0である。

なお、Y財についても全く同じである。

❻ 代替効果と所得効果

一つの財の価格が上昇すると、その財の需要量と他の財の需要量が変化する(価格効果と呼ぶ)。例えば、Y財の価格と消費者の所得を一定として、X財の価格が上昇したとする(予算線は直線ABからACにシフトする)。このとき、消費可能な2財の組合せは減少する(消費可能な領域が三角形OABからOACに縮小する)。つまり、二財のうち、一方の価格が上昇すると、これまでと同じ予算(所得)で買うことができる2財は減少する傾向を持つ。

ただし、実際に各財の需要量が増えるか減るかは、状況によって異なる。下の図では、価格が上昇したX財の消費量はどちらも減っているが、Y財については左の図では減少、右の図では増加している。

このような違いを明確にするため、以下では二つの効果を考える。

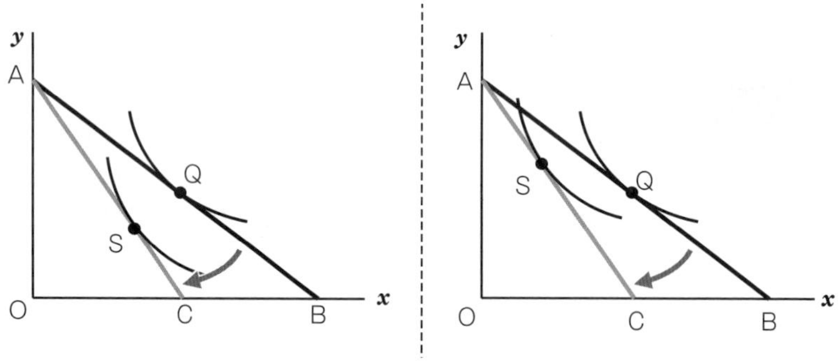

1 価格効果の分解

ここでは、Y財価格と所得を一定とし、X財価格の上昇の効果について分析しよう。X財価格の上昇は、予算線の傾きを変え、2財の需要量を変える。

① 相対価格の変化

X財価格が上昇すると、予算線の傾き（絶対値）p_x/p_yが増加する。

例20

Y財価格$p_y = 2$で一定のまま、X財価格が$p_x = 2$から3に上昇すると、X財はY財に比べて割高になる（X財消費の機会費用が増大する）。

$$\frac{p_x}{p_y} = \frac{2}{2} = 1 \quad \rightarrow \quad \frac{p_x}{p_y} = \frac{3}{2}$$

相対的に、Y財はX財と比較して割安になる（Y財消費の機会費用は減少する）。

$$\frac{p_y}{p_x} = \frac{2}{2} = 1 \quad \rightarrow \quad \frac{p_y}{p_x} = \frac{2}{3}$$

この相対的な価格の変化によって、消費者は割高になったX財を減らし、割安になったY財を増やすだろう。

ここで、消費者の効用を一定として（これを実質的な所得が一定という）、相対価格の変化が2財の消費に与える影響を**代替効果**という。消費者の効用を一定とする（実質所得を一定とする）ことで、相対価格の変化による効果だけを純粋に調べることができる。

② 実質的な所得の減少

冒頭の図のように、消費者の所得とY財価格が一定であっても、X財価格の上昇により予算線がシフトして、消費可能な領域を縮小してしまう。このとき、消費者の効用は減少する。

一定としている消費者の所得（名目所得）とは別に、実質的な所得（実質所得）を考えることができる。効用が減少するなら、（たとえ名目所得が一定であっても）実質的に所得が減ってしまうのと同じことだ、と考える。

以下では、

効用が増加　→　実質所得が増加

効用が減少　→　実質所得が減少

として、①の相対価格の変化とは別に需要量の変化を考える。

2 分解[13]（スルツキー分解）

当初の予算線をAB、X財価格上昇後の予算線をACとする。予算線ACと平行で、当初の無差別曲線に接する予算線DEを描く（接点をRとする）。

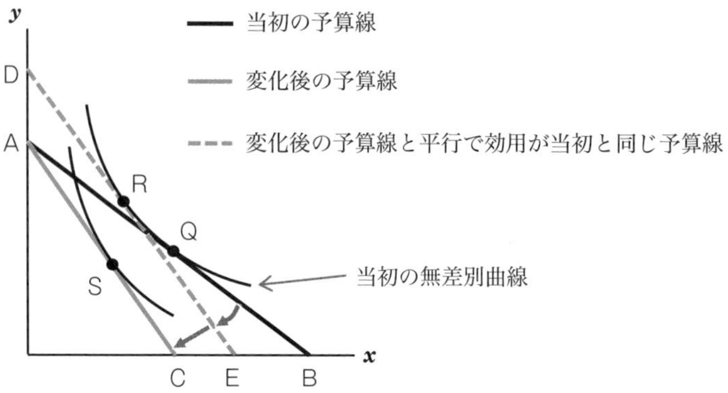

X財価格上昇の効果は、

代替効果（点QからR）；効用水準を一定として、相対価格の変化が財の需要に及ぼす効果

所得効果（点RからS）；相対価格を一定として、実質所得の変化が財の需要に及ぼす効果

に分解でき、これらを足し合わせたものを**全部効果**（点QからS）という。つまり、

代替効果＋所得効果＝全部効果

が必ず成り立つ。

［参　考］

なお、初めに所得効果、次に代替効果として分解することもできる（ただし、試験ではほぼ100％、代替効果→所得効果、の順に分解する）。

当初の予算線をAB、X財価格上昇後の予算線をACとする。当初の予算線ABと平行で、変化後の無差別曲線に接する予算線deを描く（接点をTとする）。

このとき、所得効果は点QからTで、代替効果は点TからSで表される。

13　試験ではほとんど見かけない用語だが、この分解をスルツキー分解という。

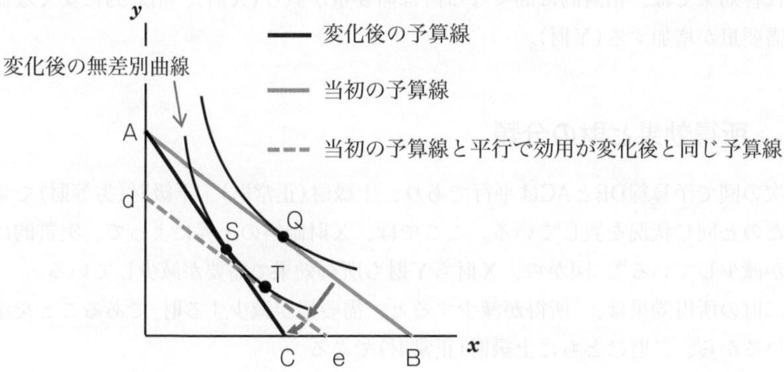

3 代替効果

Y財価格を一定として、X財価格が上昇すると、X財のY財に対する相対価格が上昇する。2財の消費の場合、効用を一定に保つため、**相対的に価格が高くなったX財の需要量は減少し、相対的に価格が安くなったY財の需要量が増加する。**

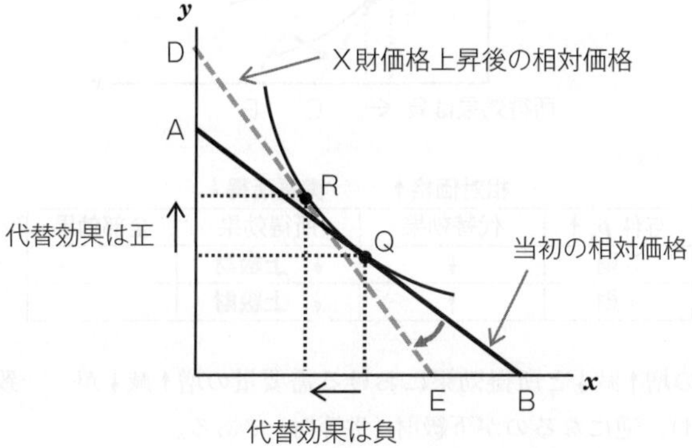

なお、各財について、代替効果で需要量が増加する場合、代替効果は正であるといい、代替効果で需要量が減少する場合、代替効果は負であるという。

図を見ながら、表を作ろう。増加を「↑」、減少を「↓」で表す。

相対価格↑

与件 p_x↑	代替効果	所得効果	全部効果
X財	↓		
Y財	↑		

代替効果では、相対的に高くなる財は需要量が減り(X財)、相対的に安くなる財は需要量が増加する(Y財)。

4 所得効果と財の分類

次の図で予算線DEとACは平行であり、上級財(正常財)・下級財(劣等財)で学習したのと同じ状況を表している。ここでは、X財価格の上昇によって、実質的に所得が減少している[14]。図から、X財もY財も所得効果で需要が減少している。

二財の所得効果は、「所得が減少すると、需要量が減少する財」であることを示しているから、二財はともに上級財(正常財)である。

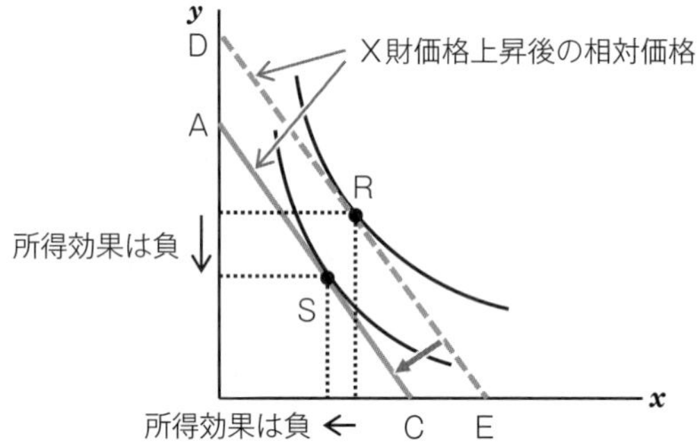

	相対価格↑	実質所得↓	
与件 p_x↑	代替効果	所得効果	全部効果
X財	↓	↓ **上級財**	
Y財	↑	↓ **上級財**	

※ 実質所得の増↑減↓と所得効果における需要量の増↑減↓が、一致するのが上級財(正常財)、逆になるのが下級財(劣等財)である。

14 2財の消費の場合、どちらかの財の価格が変化すると、どの財かに関係なく、価格が上昇すれば実質所得は必ず減少し(∵効用↓)、価格が下落すれば実質所得は必ず増加する(∵効用↑)。予算線を斜辺に持つ直角三角形(消費可能領域)が拡大すると実質所得増加、縮小すると実質所得減少となる。2財の消費以外の場合(労働供給，貯蓄の決定など)の場合には図をよく検討すること。

5 全部効果

代替効果と所得効果を合計すると、全部効果(全効果、総効果)となる。図から、二財ともに全部効果で需要量が減少している。

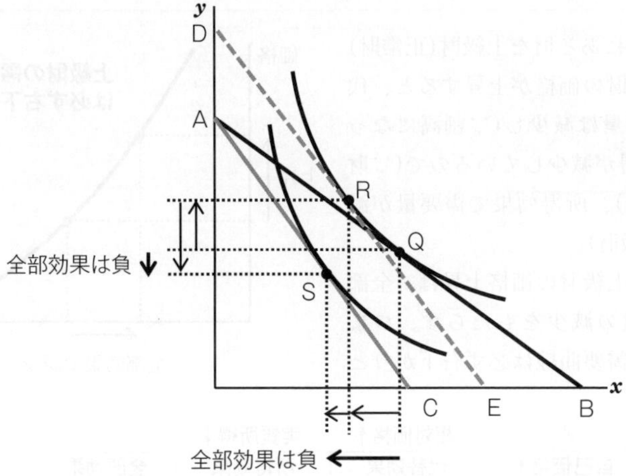

	相対価格↑	実質所得↓	
①与件 p_x ↑	代替効果	所得効果	全部効果
X財	↓	↓	②↓↓
Y財	↑	↓↓	↓

代替効果と所得効果を足し合わせて全部効果となる。X財は、代替効果、所得効果ともに減少するから、全部効果で(大きく)減少する。

Y財は、代替効果で増加するものの、所得効果で大きく減少するため、全部効果で減少している。

なお、価格変化が生じたX財について、①②を見ると「価格が上昇すると、需要量が減少」しており、X財の需要曲線は右下がりとなる[15]。

15 需要曲線が表しているのは、自己価格と全部効果における需要量の関係である。なお、Y財価格を一定としてX財価格が上昇すると、Y財の需要量は全部効果で減少している。このことは、Y財がX財の粗補完財（交差弾力性<0）であることを示している。

6 財の種類と需要曲線

① 上級財の需要曲線

代替効果・所得効果の表を1財だけで表すことができる。

例21

念頭にある財を上級財(正常財)とする。この財の価格が上昇すると、代替効果で需要量は減少し(∵割高になった)、実質所得が減少しているので(∵財の価格が上昇)、所得効果で需要量が減少する(∵上級財)。

このとき、上級財の価格上昇は、全部効果で需要量の減少をもたらす。つまり、上級財の需要曲線は必ず右下がりとなる。

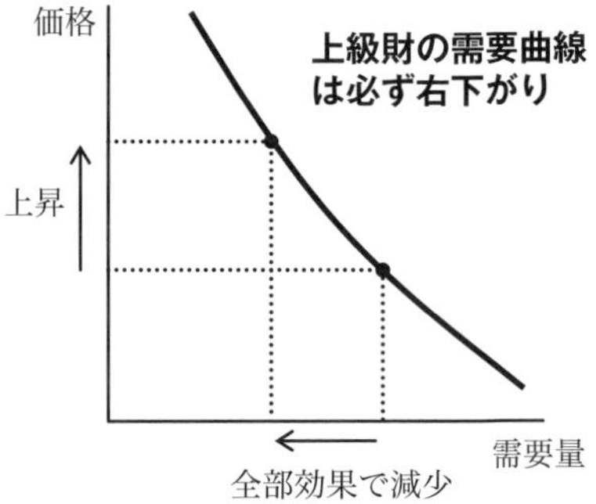

	相対価格↑	実質所得↓	
自己価格↑	代替効果	所得効果	**全部効果**
上級財	↓	↓	↓↓

② 下級財の需要曲線

下級財(劣等財)の場合、需要曲線は必ずしも右下がりにならない。

例22

念頭にある財を下級財とする。この財の価格が上昇すると、代替効果で需要量は減少し(∵割高になった)、実質所得が減少しているので(∵財の価格が上昇)、所得効果で需要量が増加する(∵下級財)。

このとき、全部効果で需要量がどうなるか不明である。

	相対価格↑	実質所得↓	
自己価格↑	代替効果	所得効果	**全部効果**
下級財	↓	↑	?

(ア) 代替効果が所得効果を上回る場合

この場合、下級財の需要曲線が右下がりになる。

	相対価格↑	実質所得↓	
自己価格↑	代替効果	所得効果	**全部効果**
下級財	↓↓	↑	↓

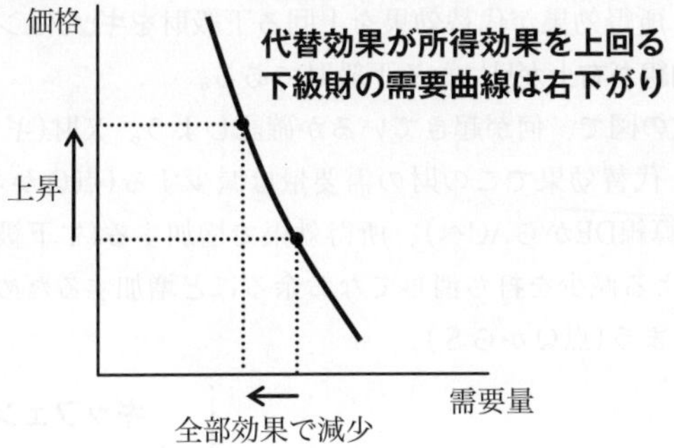

（イ）所得効果が代替効果を上回る場合

この場合、下級財の需要曲線が右上がりになる。

	相対価格↑	実質所得↓	
自己価格↑	代替効果	所得効果	**全部効果**
下級財	↓	↑↑	↑

下級財のうち、所得効果が代替効果を上回る下級財を**ギッフェン財**と呼ぶ。ギッフェン財は**需要曲線が右上がり**になる下級財である。

次の効用最大化の図で、何が起きているか確認しよう。X財（ギッフェン財）の価格が上昇すると、代替効果でこの財の需要量は減少する（点QからR）。実質所得が減少すると（予算線DEからACへ）、所得効果で増加する（∵下級財）が（点RからS）、代替効果による減少を打ち消してなお余るほど増加するため、全部効果で需要量が増加してしまう（点QからS）。

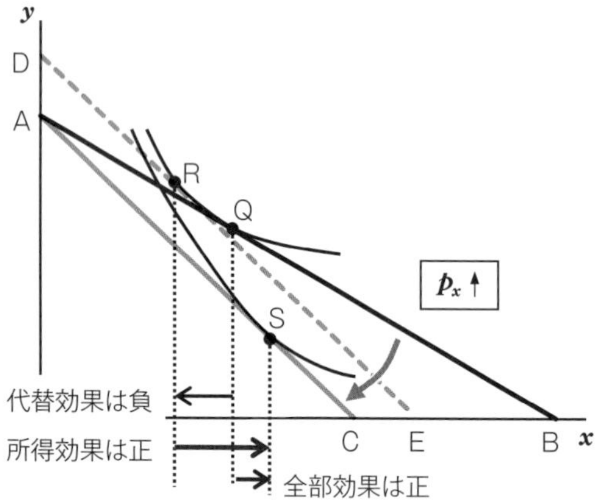

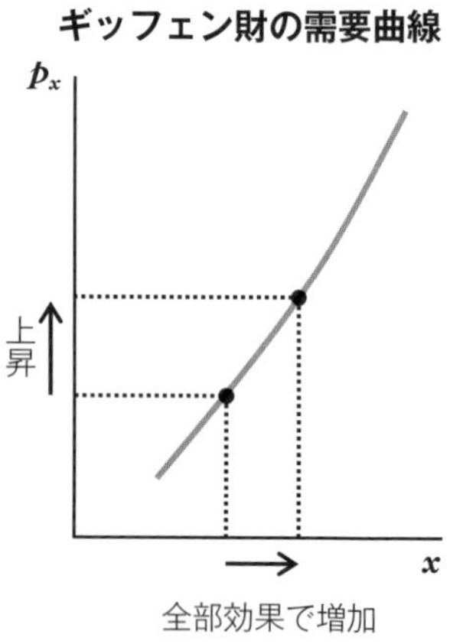

効用最大化理論を用いると、理論的にはこのような（異常な）財が存在する可能性がある（実在するかどうかは別問題）。

例題2-8

図は、X財とY財の消費を表している。この図に関する次の文の空欄に当てはまる語句を答えよ。

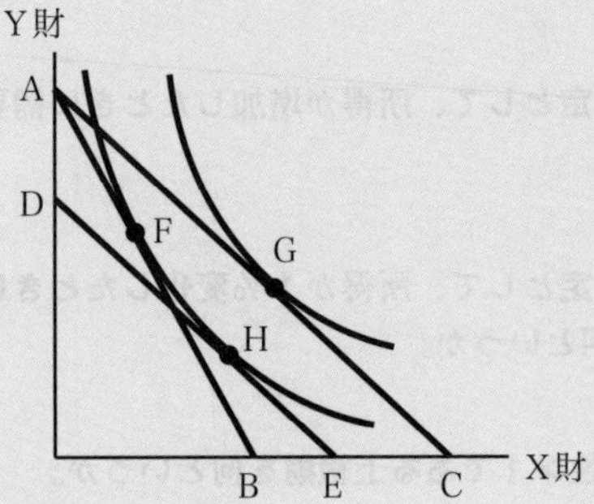

X財の価格が下落して、予算線がABからACにシフトした。予算線ACに平行で点Fを通る無差別曲線に接する予算線をDEとすると、X財の需要量は代替効果で(　ア　)し、所得効果で(　イ　)しているのに対して、Y財の需要量は代替効果で(　ウ　)し、所得効果で(　エ　)している。

所得効果をみると、X財もY財も(　オ　)財である。また、X財価格が下落したとき、Y財は全部効果で(　カ　)しているから、Y財はX財の(　キ　)財である。

解説

図から、代替効果(点F→H)について、相対的に安くなったX財は(ア)増加し、相対的に高くなったY財は(ウ)減少している。

一方、所得効果(点H→G)については、X財は(イ)増加し、Y財も(エ)増加している。予算線はDEから右上方のACにシフトしており、これは実質所得の増加を表しているから、(イ)(エ)より、どちらも(オ)上級(正常)財である。

X財価格(他の財の価格)が下落したのに対して、Y財は全部効果(点F→G)で(カ)減少しているので、Y財需要の交差弾力性(＝Y財需要変化率(%)/X財価格変化率(%))は正であり[16]、よって、Y財はX財の(キ)粗代替財である。

16　粗代替財については、X財価格↓ ⇨ X財需要量↑(全部効果) ⇨ Y財需要量↓(全部効果)だから、X財を増やす代わりにY財を減らしている、つまり、代替関係にある、と考えてもよい。同様に、全部効果でY財も増えていれば、X財と同時に増えているから、2財は、組み合わせて消費する粗補完関係にあると言える。

重要事項 一問一答

01 ２財の価格を一定として、所得が増加したときに需要量が増加する財を何というか。

上級財（正常財）

02 ２財の価格を一定として、所得が増加したときに需要量が減少する財を何というか。

下級財（劣等財）

03 ２財の価格を一定として、所得が１%変化したときに財の需要量が何%変化するか示したものを何というか。

需要の所得弾力性

04 需要の所得弾力性＞１である上級財を何というか。

奢侈品（贅沢品）

05 需要の所得弾力性＜１である上級財を何というか。

必需品

06 他の財の価格と所得を一定として、自己価格が１%変化したときに、財の需要量が何%変化するか示したものを何というか。

需要の価格弾力性

07 自己価格と需要量の関係を表した曲線を何というか。

需要曲線

08 所得効果が代替効果を上回る下級財を何というか。

ギッフェン財

09 自己価格と所得を一定として、他の財の価格が１%変化したときに、財の需要量が何%変化するか示したものを何というか。

需要の交差弾力性（需要の交差価格弾力性）

10 自己価格と所得を一定として、他の財の価格が上昇したとき、需要量が増加する財を何というか。

粗代替財（代替財）

11 自己価格と所得を一定として、他の財の価格が上昇したとき、需要量が減少する財を何というか。

粗補完財（補完財）

12 コブ＝ダグラス型効用関数から得られる財の需要関数について、所得弾力性、価格弾力性、交差弾力性の値はそれぞれいくらか。

所得弾力性は1、価格弾力性は1、交差弾力性は0

過去問 Exercise

問題1 ある財の需要関数が次の式で表されている。

$D = -2P + 20$ ［D：需要量、P：価格］

価格(P)が4である場合、需要の価格弾力性はいくらか。

裁判所一般職2016

1. $\frac{1}{3}$
2. $\frac{2}{3}$
3. $\frac{1}{2}$
4. $\frac{3}{2}$
5. 2

解説

正解 ❷

需要曲線は直線だから、

$$D = -2P + 20 \rightarrow \frac{\Delta D}{\Delta P} = -2 \rightarrow \left|\frac{\Delta D}{\Delta P}\right| = 2$$

また、価格が$P = 4$のとき、需要量Dは、

$$D = -2 \cdot 4 + 20 = 12$$

だから、需要の価格弾力性eは、

$$e = \left|\frac{\Delta D}{\Delta P}\right| \cdot \frac{P}{D} = 2 \cdot \frac{4}{12} = \frac{2}{3}$$

問題2 所得100を使ってX財、Y財の2財を消費する消費者の効用関数が、$u = x^{0.5}y^{0.5}$ [u：効用水準、x：X財の需要量、y：Y財の需要量]で示されている。この場合におけるX財の需要の価格弾力性はいくらか。

労働基準監督官2016

1. 0
2. 0.2
3. 0.5
4. 1
5. 2

解説

正解 4

コブ=ダグラス型効用関数について、各財の需要の価格弾力性は1で一定である。

問題3 ある財の需要関数が、

$$Q=300-5P \quad [Q\text{:需要量、}P\text{:価格}]$$

であるとする。いま、この財の需要の価格弾力性が1.5であるとき、この財の需要量はいくらか。

国家一般職2017

1. 30
2. 60
3. 80
4. 120
5. 180

解説

正解 ❹

需要関数が直線であり、$|\Delta Q/\Delta P|=5$である。需要の価格弾力性は$e=1.5$だから、

$$\left(e=\left|\frac{\Delta Q}{\Delta P}\right|\cdot\frac{P}{Q}=\right)5\frac{P}{Q}=1.5$$

求めるのはQだから、この式を$P=$～で表し、需要関数に代入すればよい。

$$5\frac{P}{Q}=1.5 \quad\rightarrow\quad P=\frac{1.5}{5}Q$$

これを需要関数に代入すると、

$$Q=300-5\cdot\underbrace{\frac{1.5}{5}Q}_{P} \quad\rightarrow\quad 2.5Q=300 \quad\rightarrow\quad Q=\frac{300}{2.5}=120$$

問題4 ある財の需要量をD、価格をPとすると、その財の需要関数は$D=\frac{25}{P}$で示される。この場合の需要の価格弾力性はいくらか。

国税専門官・財務専門官・労働基準監督官2018

1. $\frac{1}{2}$
2. $\frac{1}{4}$
3. 1
4. 4
5. 5

解説

正解 3

需要関数が反比例の曲線だから、需要の価格弾力性は1である。

問題5 Ｘ財の需要関数が、需要量をX、価格をPとしたとき、次のように表されている。

$$X = \frac{1}{\sqrt{P}}$$

価格が２のとき、この財の需要の価格弾力性として、最も妥当なものはどれか。

裁判所一般職2021

1. 0.5
2. 1
3. $\frac{\sqrt{2}}{2}$
4. $\sqrt{2}$
5. 2

解説

正解 ❶

需要関数Dが、a、bを正の定数として、

$$D=\frac{a}{P^b}$$

で表されるとき、需要の価格弾力性は、価格Pの指数bに一致する（数学Tips❷）。

本問は、需要関数Xについて、価格Pの指数が$b=0.5$であるから、需要の価格弾力性は0.5である。

問題6

次の図は、３つの財Ａ、Ｂ、Ｃに関する消費者の需要曲線D_A、D_B、D_Cを重ねて描いたものである。この図における需要の価格弾力性又は消費者の総支出額に関する記述として、妥当なのはどれか。ただし、需要曲線D_Aは右下がりの直線、需要曲線D_Bは直角双曲線、需要曲線D_Cは完全に垂直な直線であるとし、点ｂは需要曲線D_Aの中点であるとする。

特別区Ⅰ類2019

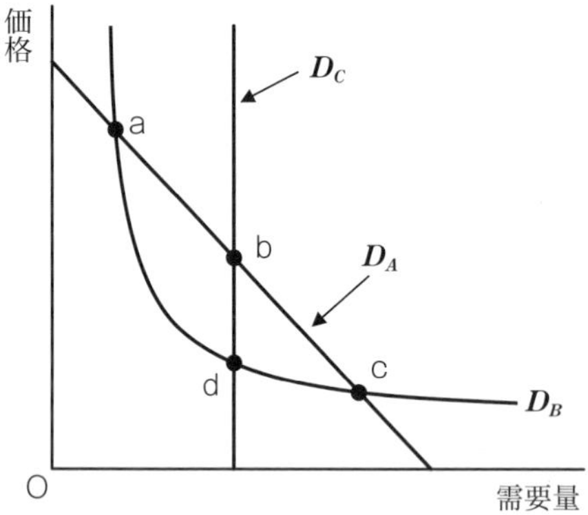

1 点ａにおいて、Ａ財の需要の価格弾力性は、Ｂ財の需要の価格弾力性よりも小さい。

2 点ａにおいて、Ａ財の価格が上昇すると、Ａ財に対する消費者の総支出額は減少する。

3 点ｂにおいて、Ａ財の需要の価格弾力性は、Ｃ財の需要の価格弾力性と等しい。

4 点ｃにおいて、Ｂ財の価格が下落すると、Ｂ財に対する消費者の総支出額は増加する。

5 点ｄにおいて、Ｂ財の需要の価格弾力性は、Ｃ財の需要の価格弾力性よりも小さい。

解説

正解 ②

各需要曲線がいくつかの点を共有しているが、同じ点であっても、どの需要曲線上の点かで、需要の価格弾力性eは異なる。

需要曲線D_Aは、点aにおいて$e>1$、中点bでは$e=1$、点cで$e<1$である。また、需要曲線D_Bを反比例の曲線として解答すると、3点a、c、dで$e=1$である。需要曲線D_Cは垂直だから、2点b、dの両方で$e=0$である。

以上を踏まえて、

❶ × 点aにおいて、A財は$e>1$、B財は$e=1$である。

❷ ○ 点aにおいて、A財は$e>1$だから、需要の変化率>価格の変化率が成り立つ。価格が上昇すると、需要量は減少するから、消費者の総支出額は減少する(需要の変化と増減が一致)。

❸ × 点bにおいて、A財は$e=1$、C財は$e=0$である。

❹ × 点cでB財は$e=1$だから(あるいは反比例の曲線だから)、価格が変わっても、消費者の総支出額は不変である。

❺ × 点dにおいて、B財は$e=1$、C財は$e=0$である。

問題7

次の文は、Ｘ財の価格の上昇が、Ｙ財の需要量に及ぼす影響に関する記述であるが、文中の空所Ａ～Ｄに該当する語の組合せとして、妥当なのはどれか。

特別区Ⅰ類2009

X財の価格の上昇が、Y財の需要を(　A　)させるような関係にあるとき、この2財を(　B　)と呼び、その例としては、コーヒーと砂糖が挙げられる。また、X財の価格の上昇が、Y財の需要を(　C　)させるような関係にある場合、この2財を(　D　)と呼び、その例としてはコーヒーと紅茶が挙げられる。

	A	B	C	D
1	増加	代替財	減少	補完財
2	増加	補完財	減少	代替財
3	減少	補完財	増加	代替財
4	減少	ギッフェン財	増加	補完財
5	増加	代替財	減少	ギッフェン財

解説

正解 3

コーヒーと砂糖は補完的な関係にあるから、どちらか一方の価格が上昇すると、その財の需要が減少し、同時に、他方の需要を(A)減少させる。この2財は(B)補完財である。

また、コーヒーと紅茶は代替的な関係にあり、どちらか一方の価格が上昇すると、その財の需要が減少し、代わりに、他方の需要を(C)増加させる。これらは(D)代替財である。

問題8 次の図は、X財とY財との無差別曲線をU_0及びU_1、予算線PT上の最適消費点をE_0、予算線PQ上の最適消費点をE_2、予算線PQと平行に描かれている予算線RS上の最適消費点をE_1で示したものである。今、X財の価格の低下により、予算線PTが予算線PQに変化し、最適消費点がE_0からE_2へと移動した場合のX財の需要変化及び説明に関する記述として、妥当なのはどれか。

特別区Ⅰ類2021

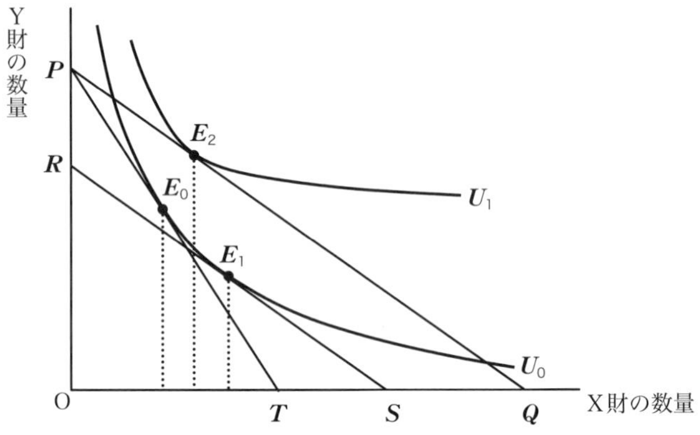

1. E_0からE_1への移動は代替効果、E_1からE_2への移動は所得効果といい、X財への全体効果はプラスであり、X財は上級財である。

2. E_0からE_1への移動は所得効果、E_1からE_2への移動は代替効果といい、X財への全体効果はマイナスであり、X財は上級財である。

3. E_0からE_1への移動は代替効果、E_1からE_2への移動は所得効果といい、X財への全体効果はプラスであり、X財は下級財である。

4. E_0からE_1への移動は所得効果、E_1からE_2への移動は代替効果といい、X財への全体効果はマイナスであり、X財は下級財である。

5. E_0からE_1への移動は代替効果、E_1からE_2への移動は所得効果といい、X財への全体効果はマイナスであり、X財はギッフェン財である。

解説

正解 ❸

代替効果は、同一の無差別曲線上で見るから、点E_0からE_1で表される(❶・❸・❺)。また、所得効果は、平行な予算線と異なる無差別曲線で表され、点E_1からE_2への動きを見る。このとき、効用が増加しているから、実質所得は増加するのに対して、X財は所得効果で減少している。よって、X財は下級財である(❸・❺)。

全体効果(全部効果)は、点E_0からE_2で表されるから、X財は全体効果で増加する(全体効果はプラス)。

よって、X財の価格が低下したとき、全体効果でX財は増加するから、(下級財であっても)ギッフェン財ではない(❸)。

問題9

財の性質に関する記述として最も適当なものはどれか。

裁判所一般職2016

1 上級財は、消費者の所得が増えるにつれ消費量が減少し、所得が減るにつれ消費量が増加する財である。

2 下級財は、消費者の所得が増えるにつれ消費量が減少し、需要の所得弾力性が0より大きく、1より小さい財である。

3 ギッフェン財は、価格が低下したときに、プラスの代替効果よりマイナスの所得効果の方が大きく働く。

4 奢侈品は、所得の変化率より需要の変化率が小さい財であり、需要の所得弾力性が1未満である。

5 必需品は、消費者の所得が増加しても需要が変化しない財であり、需要の所得弾力性が0である。

解説　　　　　　　　　　　　　　　　　　　　　　　　　正解 3

❶ × 上級財の消費量(需要量)の増減は、所得の増減と一致する。

❷ × 下級財の消費量の増減は、所得の増減と逆になり、需要の所得弾力性は0より小さい(マイナスの値)。

❸ ○ ギッフェン財は、所得効果が代替効果を上回る下級財である。ギッフェン財の価格が低下すると、(他の財と比べて)ギッフェン財は割安になるので、代替効果はプラスとなる(この点においては、ギッフェン財であってもなくても、相対的に安くなる財は代替効果がプラス、相対的に高くなる財は代替効果がマイナスとなる)。

財の価格が低下すると、実質的な所得は増加するから、下級財の所得効果はマイナスとなる。よって、代替効果・所得効果の符号(プラス、マイナス)も妥当である。

❹ × 奢侈品は、所得の変化率より需要の変化率が大きい上級財であり、需要の所得弾力性は1より大きい。

❺ × 必需品は、所得の変化率より需要の変化率が小さい上級財であり、需要の所得弾力性は0より大きく、1より小さい。

数学 Tips

1 正比例と変化率（%）

1 正比例と変化率（%）

例23

$y=5x$について、$x=10$のとき、$y=5\cdot10=50$である。ここで、xが20%増加して、$x=12$になると、yもまた20%増加する。

$$y=5\cdot12=60 \;\rightarrow\; \frac{\Delta y}{y}=\frac{\overbrace{60}^{\text{変化後}}-\overbrace{50}^{\text{変化前}}}{\underbrace{50}_{\text{変化前}}}=\frac{10}{50}=0.2\,(=20\%)$$

微分を使うと次のように表せる。yをxについて微分すると、

$$y=5x=\cdots(*) \;\xrightarrow{\text{微分}}\; \frac{\Delta y}{\Delta x}=5 \;\xrightarrow{\text{両辺に}\Delta x\text{をかける}}\; \Delta y=5\Delta x$$

最後の式について、両辺を$y(=5x)$で割れば、yとxの変化率（%）の関係式を得る。

$$\frac{\Delta y}{y}=\frac{5\Delta x}{\underbrace{y}_{(*)}} \;\rightarrow\; \frac{\Delta y}{y}=\frac{5\Delta x}{5x} \;\rightarrow\; \frac{\Delta y}{y}=\frac{\Delta x}{x}$$

よって、$y=ax$（a：0以外の定数）について、

$$y=ax \;\rightarrow\; \frac{\Delta y}{y}=\frac{\Delta x}{x}$$

が成り立つ。

---

2 コブ＝ダグラス型効用関数と需要の所得弾力性

X財の需要関数について、

$$x=\frac{a}{a+b}\cdot\frac{m}{p_x}=\overbrace{\frac{a}{(a+b)p_x}}^{\text{係数}}m$$

所得mの係数をcと置けば、

$x=cm$

であるから、上記を適用して、

$$\frac{\Delta x}{x}=\frac{\Delta m}{m}$$

両辺を$\Delta m/m$で割ると、

$$\frac{\Delta x}{x}=\frac{\Delta m}{m}\rightarrow\frac{\Delta x/x}{\Delta m/m}=\frac{\Delta m/m}{\Delta m/m}\rightarrow\frac{\Delta x/x}{\Delta m/m}=1$$

左辺はX財需要の所得弾力性である。つまり、X財の需要の所得弾力性は1で一定である。

Y財についても同様に、$d=b/(a+b)p_y$として、

$$y=\frac{b}{a+b}\cdot\frac{m}{p_y}=dm\rightarrow\frac{\Delta y}{y}=\frac{\Delta m}{m}\rightarrow\frac{\Delta y/y}{\Delta m/m}=\frac{\Delta m/m}{\Delta m/m}\rightarrow\frac{\Delta y/y}{\Delta m/m}=1$$

2 変化率(%)の式の拡張

1 変化率(%)の式の拡張

$y=ax^b$の場合、まず、$X=x^b$として、上記と同じように変形すると、

$$y=aX\rightarrow\frac{\Delta y}{y}=\frac{\Delta X}{X}\cdots(*)$$

ここで、

$$X=x^b\rightarrow\frac{\Delta X}{\Delta x}=b\underbrace{x^{b-1}}_{x^b\div x}=b\frac{\overbrace{x^b}^{X}}{x}=b\frac{X}{x}\left(\therefore\frac{\Delta X}{\Delta x}=b\frac{X}{x}\right)$$

両辺に、$\Delta x/X$をかけて、本書では簡易的に次のように表す。

$$\frac{\Delta X}{\Delta x}\times\frac{\Delta x}{X}=b\frac{X}{x}\times\frac{\Delta x}{X}\rightarrow\frac{\Delta X}{X}=b\frac{\Delta x}{x}$$

これを(*)の右辺に代入すると、

$$\frac{\Delta y}{y}=\frac{\Delta X}{X}=b\frac{\Delta x}{x}$$

したがって、指数を前にかけて変化率(%)に直せばよい。

$$y=ax^b\rightarrow\frac{\Delta y}{y}=b\frac{\Delta x}{x}$$

実際、正比例のケースは、$b=1$としたものである。

2 コブ＝ダグラス型効用関数と需要の価格弾力性

X財の需要関数について、

$$x=\frac{a}{a+b}\cdot\frac{m}{p_x}=\overbrace{\frac{am}{a+b}}^{\text{係数}c}p_x^{-1}=cp_x^{-1}$$

これを変化率(%)に直すと、

$$x=cp_x^{-1}\rightarrow\frac{\Delta x}{x}=(-1)\frac{\Delta p_x}{p_x}=-\frac{\Delta p_x}{p_x}$$

両辺を$\Delta p_x/p_x$で割ると、

$$\frac{\Delta x}{x}=-\frac{\Delta p_x}{p_x}\rightarrow\frac{\Delta x/x}{\Delta p_x/p_x}=-\frac{\Delta p_x/p_x}{\Delta p_x/p_x}\rightarrow\frac{\Delta x/x}{\Delta p_x/p_x}=-1$$

絶対値を取ると、X財需要の価格弾力性が1であることを示している。

$$\left|\frac{\Delta x/x}{\Delta p_x/p_x}\right|=|-1|=1$$

Y財についても同様である(省略)。

3 (参考) 全体的な変化率 (%)

1 全体的な変化率 (%)

変化率(%)の公式として、次のように考えることができる(ただし、上記の通り、微分を用いているので近似的に成立する)。

$w^a\times x^b=y^c\times z^d$ ［w, x, y, z：変数、a, b, c, d：定数］

$$\rightarrow\quad a\frac{\Delta w}{w}+b\frac{\Delta x}{x}=c\frac{\Delta y}{y}+d\frac{\Delta z}{z}$$

つまり、左辺や右辺がそれぞれ単項式のとき、指数を前にかけて、かけ算「×」を変化率(%)の足し算に直せばよい。

★★★

2 消費者の支出額

支出額の変化率(%)を求めてみよう。支出額をEとして、

$$E = P \times D \rightarrow \frac{\Delta E}{E} = \frac{\Delta P}{P} + \frac{\Delta D}{D}$$

である。ただし、需要曲線は右下がりだから、

$$\frac{\Delta P}{P} > 0 \text{(価格上昇)} \rightarrow \frac{\Delta D}{D} < 0 \text{(需要量は減少)}$$

$$\frac{\Delta P}{P} < 0 \text{(価格下落)} \rightarrow \frac{\Delta D}{D} > 0 \text{(需要量は増加)}$$

に注意しよう。

例24

需要の価格弾力性が２の財について、価格が１％下落すると、需要量は２％増加するから、支出額は、

$$\frac{\Delta E}{E} = \frac{\Delta P}{P} + \frac{\Delta D}{D} = (-1\%) + 2\% = 1\%$$

増加する。

★★★

3 効用最大化問題の応用

第1節では、基本問題として2財の消費による効用最大化を学習しました。本節では、効用最大化の考え方を応用して、労働時間や貯蓄の問題を考えます。また、不確実な状況に対しても、消費者が事前に予想される効用を最大化する問題として扱います。

❶ 労働時間（労働供給）の決定

ここまで、個人が利用可能な資源として、所得(お金)を使って効用を最大化する問題を見てきた。

ここでは、誰もが持つ時間を資源とする。個人は、一定時間を労働する時間と労働しない時間(**余暇**という)に分ける。できるだけ働きたくないが、働かなければ所得が得られず、財を消費できない。財を消費するために、どれくらい働いて所得を得ようとするのかを効用最大化問題として解く。

なお、生産要素としての労働を供給するのは、個人(家計)であり、労働を需要するのは生産者(企業)である(利潤最大化、費用最小化)。

1 予算制約

大きく分けて2種類の出題パターンが見られる。

❶ 財と労働：1財を消費するが、その予算（元手）は労働して稼がなければならない（**労働所得**と呼ぶ）[1]。

❷ 所得と労働：様々な財を購入する元手であるお金を「所得」と呼び、この「所得」を労働によって稼ぐとする。

ここでは、❶を学習し、❷は例題で確認する。

1 もちろん、2財とか、3財で考えることもできるが、ここでは最低限、1財あれば事足りる。

2 時間の制約（資源の制約）

個人が初期保有する（元々持っている）資源は「時間」である（１日24時間、１年365日など）。

個人は限られた時間を、「労働するか、しないか」に二分する。このとき、労働しない時間を「余暇」と呼ぶ（何をして過ごすかは問わない）。一定時間を労働L(Labor)か余暇x (leisureだから、lとしてもよい）に充てるとき、

$x + L =$ 一定時間

が常に成り立つ[2]。

以下、一定の時間を24時間とする。余暇は労働以外のすべての時間であり、時間の制約（時間制限）は次式で表される。

$x+L= 24 \cdots (1)$

余暇と労働の和は常に24時間であり、一方を増やした分だけ、他方が減る。

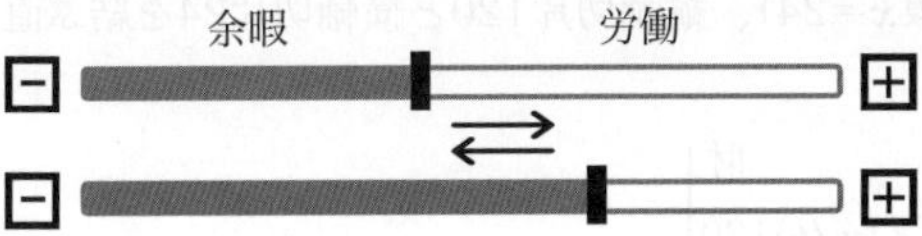

3 予算制約と時間制限

① 予算制約

例1

個人が消費する財の数量をy、財の価格を$p=2$とする。財の購入予算は、労働による所得（労働所得）のみとし、それ以外のお金や資産（非労働所得）はないものとする[3]。

賃金率（１時間当たりの賃金）を$w=10$（時給）とすると、予算制約は、

$$\overbrace{\underbrace{2}_{p}\,y}^{\text{支出額}} = \overbrace{\underbrace{10}_{w}L}^{\text{労働所得}} \cdots (2)$$

と書ける。つまり、財を消費する（財にお金を支出する）には、働いて稼がなければならない。

---

2 ここでは「時間の制約」としたが、「余暇の定義」でもある。

3 非労働所得がある場合には、予算制約の右辺で、労働所得に非労働所得を足せばよいだけである。

② 予算制約の書き換えとその性質

時間制限(1)を用いて予算制約(2)を書き換える。

(1) $x + L = 24 \quad \rightarrow \quad L = 24 - x$

これを予算制約(2)の右辺Lに代入する。説明のため、いくつかの形式で表す。

$$(2)\ \underbrace{2}_{p}y = \underbrace{10}_{w}L \quad \rightarrow \quad \underbrace{2}_{p}y = \underbrace{10}_{w}(\underbrace{24 - x}_{L}) \cdots (3)$$

$$\rightarrow \quad y = \underbrace{5}_{w/p}(24 - x)$$

$$= \underbrace{120}_{24w/p} - \underbrace{5}_{w/p}x \cdots (4)$$

予算線(4)の縦軸切片($x = 0$)は、$y = 24w/p = 120$であり、24時間を全て労働に充てた場合に購入できる財の上限である。

また、横軸切片($y = 0$)は、初期保有する24時間を全て余暇に充てた場合の余暇の上限であり(余暇$x = 24$)、縦軸切片120と横軸切片24を結ぶ直線が、今回の予算線を表す。

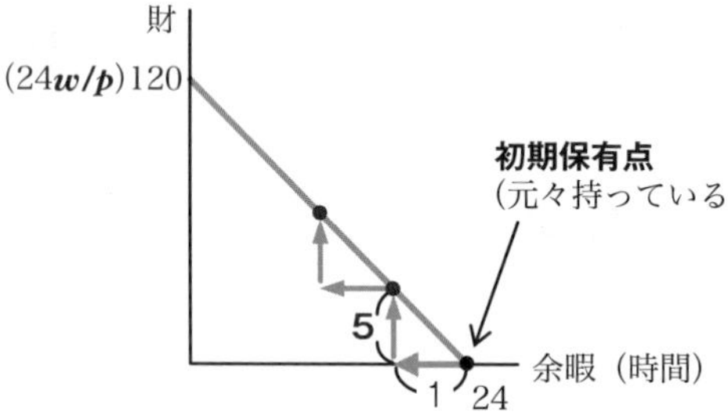

余暇を1時間減らして労働を1時間増やすと、時給$w = 10$を稼ぐことができ、これを使って財を$w \div p = 10 \div 2 = 5$個買うことができる。つまり、予算線の傾き(絶対値)は、

$$\frac{w}{p} = \frac{10}{2} = 5$$

であり、(名目) 賃金率 w に対して、w/p を**実質賃金率**と呼ぶ(1時間あたりの労働所得 w は、財5個分に相当する)。

③ 余暇の機会費用

予算制約(3)を次の形式で表すと、あたかも、価格10のX財と価格２のY財を、所得240で購入するかのようである。

$$(3)\ \underbrace{2}_{p}\boldsymbol{y} = \underbrace{10}_{w}(\underbrace{24-\boldsymbol{x}}_{L}) \rightarrow \underbrace{10}_{w}\boldsymbol{x}+\underbrace{2}_{p}\boldsymbol{y} = \underbrace{240}_{24w} \cdots(5)$$

余暇$\boldsymbol{x}$の「価格」は、その機会費用である[4]。余暇を１時間（１単位）消費すると、労働が１時間（１単位）減る。余暇を１時間消費することを選べば、１時間働いて賃金10を得る機会を犠牲にすることになり、これが余暇（１単位）の機会費用である。

また、予算制約(5)は、個人が初期保有する24時間を市場価格$\boldsymbol{w}=10$（労働市場における労働の価格）で評価した（計算した）値である。初期保有がある場合、その市場価値が予算となる[5]。

図において、予算線が初期保有点を通るのはこの性質による。このことを確認する場合、(3)の形式が便利である。予算制約、

$$(3)\ \underbrace{2}_{p}\boldsymbol{y} = \underbrace{10}_{w}(\underbrace{24-\boldsymbol{x}}_{L})$$

について、初期保有点$(\boldsymbol{x}, \boldsymbol{y})=(24, 0)$は、(3)を満たす（予算線上の点である）。

$$(3)の左辺 \rightarrow 2\underbrace{\boldsymbol{y}}_{0} = 0$$

$$(3)の右辺 \rightarrow 10(24-\underbrace{\boldsymbol{x}}_{24}) = 0$$

4 効用関数

個人は、財（または所得）から正の効用を得るが（限界効用が正であり、増えれば増えるほど効用が増加する）、労働（時間）からは負の効用を得る（限界効用が負であり、増えれば増えるほど効用が減少する）。

効用関数に労働（時間）が入る場合、余暇を使って書き換えることができる（初めから効用関数に余暇が入っている場合には、以下の操作は不要）。

例えば、１日（24時間）の労働時間$\boldsymbol{L}$と財の消費量$\boldsymbol{y}$に関する個人の効用関数$\boldsymbol{u}$が次式で表されるとする。

$$\boldsymbol{u}=(24-\boldsymbol{L})\boldsymbol{y} \cdots(6)、0 \leqq \boldsymbol{L} \leqq 24$$

---

4 そもそも、通常の財の価格も、消費者にとっては、財１個の購入費用である。通常、価格としか表現しないが、「手に入れるための代償」という意味で、対価とか代価と表現することもある。

5 別の例では、例えば価格20円の財を30個初期保有する場合、その市場価値20×30＝600円を保有者の予算（の一部）と考える。

労働Lの前の符号はマイナスだから、労働Lが増えるほど、効用水準uは減少する。財については、通常通り、消費量yが増えるほど、効用水準uは増加する。

① 効用関数の書き換え

このタイプの効用関数は、**コブ=ダグラス型に書き換える**ことができる。時間制限(1)を使って、労働時間Lを余暇xについて書き換えると、

$$(1)\ x+L=24 \quad\rightarrow\quad x=24-L \quad\rightarrow\quad (6)\ u=(\underbrace{24-L}_{x})y=xy \cdots(7)$$

② コブ=ダグラス型効用関数の公式

単純な2財の消費と異なり、労働時間の決定(労働供給の決定)のように、余暇で書き換えたり、余暇の機会費用を考えたり、など、問題が複雑になる。

そこで、初めにコブ=ダグラス型効用関数に関する最適消費量の公式を、形式的なものに書き換えよう。

以前学習した公式における価格や所得を単なる係数や定数と捉え直す。まず、効用関数が、

$$u(x, y) = Ax^a y^b$$

で表され、効用 u を最大にする x と y について求める(最適消費量)。

正の定数c、d、eを使って、予算制約を書き改める。

$$p_x x + p_y y = m \quad\rightarrow\quad cx + dy = e$$

ポイントは、求めたいもの(x, y)を左辺に、それ以外を右辺に置いていることにある。このとき、最適な(x, y)は、次のように表される。

$$x = \frac{a}{a+b}\frac{m}{p_x} \rightarrow x = \frac{a}{a+b}\frac{e}{c}$$

$$= \frac{\text{効用関数の}x\text{の指数}}{\text{効用関数の}x\text{と}y\text{の指数の和}} \cdot \frac{\text{予算制約の右辺}}{\text{予算制約左辺}x\text{の係数}}$$

$$y = \frac{b}{a+b}\frac{m}{p_y} \rightarrow y = \frac{b}{a+b}\frac{e}{d}$$

$$= \frac{\text{効用関数の}y\text{の指数}}{\text{効用関数の}x\text{と}y\text{の指数の和}} \cdot \frac{\text{予算制約の右辺}}{\text{予算制約左辺}y\text{の係数}}$$

さらに、xだけ求めればよい場合には、あらかじめxの係数で予算制約の両辺を割っておいてもよい。

$$cx + dy = e \rightarrow x + \frac{d}{c}y = \frac{e}{c}$$

予算制約の左辺xの係数を1、右辺をe/cとして公式を適用すると、

$$x = \frac{a}{a+b}\frac{e/c}{1} = \frac{a}{a+b}\frac{e}{c}$$

となって、上記と一致する（実際の計算で有用性を確認するとよい）。

③ 効用最大化問題を解く

準備が整ったので、実際に解いてみよう（以下、式の番号を振り直す）。

効用関数 $u=(24-L)y$ …(1)　［u：効用水準、L：労働時間、y：財の消費量］

予算制約 $\underbrace{2}_{p}y=\underbrace{10}_{w}L$ …(2)　［p：財の価格、w：賃金率］

時間制限 $x+L=24$…(3)　［x：余暇時間］

［効用関数の書き換え］

(3)から、$x=24-L$だから、(1)は、

(1)　$u=\underbrace{(24-L)}_{x}y=xy$

これは、余暇時間xの指数が$a=1$、財の消費量yの指数が$b=1$のコブ=ダグラス型である。

［予算制約の書き換え］

(3)から、$L=24-x$だから、(2)は、

$$2y=10L=10\underbrace{(24-x)}_{L} \rightarrow \frac{2}{10}y=\frac{10}{10}(24-x)$$

$$\rightarrow \frac{1}{5}y=24-x \rightarrow x+\frac{1}{5}y=24$$

［公式の適用］

$$x=\frac{\text{効用関数の}x\text{の指数}}{\text{効用関数の}x\text{と}y\text{の指数の和}}\cdot\frac{\text{予算制約の右辺}}{\text{予算制約左辺}x\text{の係数}} \rightarrow x=\frac{1}{2}\frac{24}{1}=12$$

［最適な労働時間］

(3)を再び用いて、最適な労働時間Lを求める。

(3)　$x+L=24 \rightarrow L=24-x=24-12=12$

例題2-9

個人の効用関数が次式で表されるとする。

$u=(30-L)^2y^3$ ［u：効用水準、L：労働日数（$0\leqq L\leqq 30$）、y：財の消費量］

ただし、１日当たりの賃金は500、財の価格は３である。個人が効用を最大化するとき、労働日数はいくらか。

解説

余暇をxとすると、時間の制限は、

$$x+L=30 \rightarrow \begin{cases} x=30-L \cdots (1) \\ L=30-x \cdots (2) \end{cases}$$

で表される。効用関数を、(1) を用いて書き換える。

$$u=(\underbrace{30-L}_{(1)x})^2y^3 \rightarrow u=x^2y^3$$

予算制約を立て、(2)を使って書き換えると、

$$\underbrace{3}_{価格}y=\underbrace{500}_{賃金率}L \xrightarrow{両辺を500で割る　右辺のLに(2)を代入} \frac{3}{500}y=\underbrace{30-x}_{(2)L} \rightarrow x+\frac{3}{500}y=30$$

コブ=ダグラス型の公式を適用して、

$$\left.\begin{matrix} u=Ax^ay^b \\ cx+dy=e \end{matrix}\right\} x=\frac{a}{a+b}\frac{e}{c} \rightarrow x=\frac{2}{5}\frac{30}{1}=12$$

したがって、最適な労働日数は、(2)より、

$$L=30-x=18$$

である。

例題2-10 1日24時間を余暇と労働のみに充てる個人の効用水準Uが次式で表されるとする。

$U = XY - 8L$ ［Y：所得、X：余暇時間、L：労働時間］

賃金率(1時間当たり)が4のとき、この個人の効用水準を最大にする労働時間はいくらか。

解説

[解法1] 予算制約と時間制限を使って、効用関数を労働のみの式で表し、労働について最大化する(効用関数を労働について微分してゼロと置く)。

ただし、1変数であれば何でもよい(余暇や所得でもよい)。

[時間制限]

余暇Xと労働Lの和は常に24時間に等しい。

$$X+L = 24 \rightarrow X = 24-L \cdots (1)$$

[予算制約]

効用関数は、財の消費量ではなく、所得Yの関数だから、この場合の予算制約は、所得＝労働所得とする。

$$\underbrace{Y}_{\text{所得}} = \underbrace{\overbrace{4}^{\text{賃金率}}\ L}_{\text{労働所得}} \cdots (2)$$

[効用関数を1変数に書き換え]

効用関数に(1)(2)を代入する。

$$U = \underbrace{X}_{(1)}\ \underbrace{Y}_{(2)} - 8L = \underbrace{(24-L)}_{X}\cdot\underbrace{4L}_{Y} - 8L \rightarrow U = 96L - 4L^2 - 8L$$
$$= 88L - 4L^2$$

効用Uを労働Lについて最大化すると(微分してゼロと置くと)、

$$U' = (88L)' - (4L^2)' = 0 \rightarrow 88 - 8L = 0 \rightarrow L = 11$$

[解法2] 通常の効用最大化問題に持ち込む（効用関数と予算制約を余暇と所得のみの式で表す（労働を消去）→ 効用最大化条件と予算制約を連立）。

[条　件]

効用関数　$U(X, Y, L) = XL - 8L$ …(1)

時間制約　$X + L = 24$ …(2)

予算制約　$Y = \underbrace{4}_{\text{賃金率}} L$ …(3)

[効用関数と予算制約の書換え]

(2)から、$L = 24 - X$が成り立つ。よって、

(1) $U\ (X, Y, L) = XY - 8\overbrace{(24 - X)}^{L}$ → $U(X, Y) = XY + 8X - 8 \cdot 24$ …(1′)

(3) $Y = 4\overbrace{(24 - X)}^{L} = 4 \cdot 24 - 4X$ …(3′)

[効用最大化条件]

限界代替率(限界効用の比)を求める。効用関数Uを、余暇Xと所得Yについて微分すると、それぞれの限界効用が得られる。

(1′)$U = X \cdot Y + 8 \cdot X - 8 \cdot 24$ → $MU_X = (X)' \cdot Y + 8 \cdot (X)' = Y + 8$

(1′)$U = X \cdot Y + 8X - 8 \cdot 24$ → $MU_Y = X \cdot (Y)' = X$

これらの比が限界代替率(|無差別曲線の接線の傾き|)である。

$$\frac{MU_X}{MU_Y} = \frac{Y + 8}{X}$$

|予算線の傾き|は(3′)のXの係数から直ちに4と分かるから、上記と一致させて、

$$\frac{Y + 8}{X} = 4 \quad (\text{効用最大化条件})$$

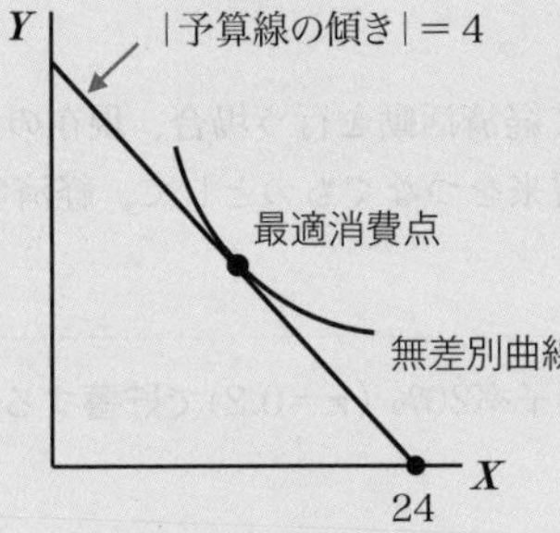

［連立方程式］

（効用最大化条件）　$\dfrac{Y+8}{X}=4$

（予算制約）　$Y=4\cdot 24-4X$

予算制約を効用最大化条件に代入して、余暇Xを求めよう。

$\dfrac{Y+8}{X}=4 \rightarrow 4X=\overbrace{(4\cdot 24-4X)}^{Y}+8$ 〔4で割る〕 $X=24-X+2$

$\rightarrow 2X=26 \rightarrow X=13$

時間制限から、労働時間は、

(2)$L=24-X=24-13=11$

2 異時点間の効用最大化（2期間モデル）

一般に、個人（家計）は、将来を見据えた上で、現在の行動を考える。ここでは、個人の生涯（ライフサイクル）を、第１期（今期、若年期、勤労期）と第２期（来期、老齢期、引退期）の２期間に分け、個人が２期間にわたる（生涯にわたる）効用最大化を行うと考える。

1 利子率と貯蓄

複数の期間にまたがって経済活動を行う場合、現在の100円は将来も100円のままとは限らない。現在と将来をつなぐものとして、経済学では、**利子率** $\boldsymbol{r}$ (rate of interest)を考慮する。

例2

いま、100円を利子率20% ($\boldsymbol{r}$=0.2)で**貯蓄**すると、将来は、元利合計(元金と利子)で、

$$\overbrace{100}^{\text{元金(元本)}} + \overbrace{\underbrace{0.2}_{\text{利子率}r} \times 100}^{\text{利子(利息)}} = \underbrace{1.2}_{1+r} \times \overbrace{100}^{\text{元金(元本)}} = \overbrace{120}^{\text{元利合計}}$$

になる。

例3

いま、利子率25% ($\boldsymbol{r}$=0.25)で**借入れ**を行う(借金する)と、将来の返済額は元利合計で、

$$\overbrace{100}^{\text{元金(元本)}} + \overbrace{\underbrace{0.25}_{\text{利子率}r} \times 100}^{\text{利子(利息)}} = \underbrace{1.25}_{1+r} \times \overbrace{100}^{\text{元金(元本)}} = \overbrace{125}^{\text{元利合計}}$$

となる。

どちらも同じ形式で考えることができるので、以下、**貯蓄** S (Saving)を次のように定義する。

$S>0$ → 正の貯蓄は、通常の貯蓄 S

$S<0$ → 負の貯蓄は、通常の借入れ $|S|$

例4

個人の貯蓄 S について、$S=10$ であれば貯蓄10、$S=-10$ であれば借入れ10である。

ポイント

貯蓄・借入れの区別なく、一律、「貯蓄 S」と置く。効用最大化の結果、$S>0$ ならば貯蓄し、$S<0$ ならば借入れを行う。

2 異時点間の予算制約（２期間の予算制約、生涯予算制約）

ここでは、個人は、第１期と第２期の所得を初期保有し、これらを資源として経済活動を行う。

例5

第１期の所得$Y_1=100$、第２期の所得$Y_2=121$、利子率$r=0.1$のとき、

第１期の予算制約　$C_1+S=\underbrace{100}_{Y_1}$　［C_1：第１期の消費額、S：貯蓄］

第２期の予算制約　$C_2=\underbrace{1.1}_{1+r}S+\underbrace{121}_{Y_2}$　［C_2：第２期の消費額、r：利子率］

第１期に行った貯蓄Sは、元利合計$(1+r)S$で、第２期の予算の一部となる（$S<0$の場合には、第１期の借入れによって、第２期の予算が、借入れの返済＝元利合計$(1+r)S$の分だけ減少する）。

第１期の予算制約から、貯蓄Sは次式で表される。

$$S=\underbrace{100}_{Y_1}-C_1$$

これを第２期の予算制約に代入して、生涯の予算制約（２期間にわたる予算制約）を求めると、

$$C_2=\underbrace{1.1}_{1+r}\overbrace{(\underbrace{100}_{Y_1}-C_1)}^{S}+\underbrace{121}_{Y_2}\cdots(1)$$

→　生涯の予算制約$C_2=\underbrace{231}_{(1+r)Y_1+Y_2}-\underbrace{1.1}_{(1+r)}C_1\cdots(2)$

とするか、あるいは、(1)の両辺を$1+r=1.1$で割って、次式で表す。

$$\frac{C_2}{\underbrace{1.1}_{1+r}}=\overbrace{(\underbrace{100}_{Y_1}-C_1)}^{S}+\frac{\overbrace{121}^{Y_2}}{\underbrace{1.1}_{1+r}}\quad\left(\leftarrow\frac{121}{1.1}=\frac{1210}{11}=110\right)$$

$$\begin{array}{r}110\\ 11\,\overline{)\,1210}\\ 11\\ \hline 11\\ 11\\ \hline 0\end{array}$$

→　生涯の予算制約$C_1+\frac{C_2}{\underbrace{1.1}_{1+r}}=\underbrace{210}_{Y_1+\frac{Y_2}{(1+r)}}\cdots(3)$

図の場合には(2)が便利であり、計算の場合には(3)が便利である。

3 異時点間の効用最大化問題

例題2-11 第１期と第２期を生きる消費者の効用関数が次に示されている。

$U=C_1C_2$ ［U：効用水準、C_1：第１期の消費額、C_2：第２期の消費額］

この消費者には、第１期と第２期にそれぞれ180と210の所得がある。また、第１期には、利子率0.05で自由に借入れや貯蓄をすることができる。消費者が効用を最大化するように第１期と第２期の消費額を決定するとき、消費者の第１期の借入れまたは貯蓄はいくらになるか。

解説

第１期の予算制約は、貯蓄をSとして、

$$C_1+S=\underbrace{180}_{Y_1}\ [Y_1：第１期の所得] \rightarrow\ S=\underbrace{180}_{Y_1}-C_1\ \cdots(1)$$

第２期の予算制約は、

$$C_2=\underbrace{1.05}_{1+r}S+\underbrace{210}_{Y_2}\ [r：利子率、Y_2：第２期の所得]$$

であり、両辺を$1+r=1.05$で割り、右辺の貯蓄Sに(1)を代入すると、

$$\frac{C_2}{\underbrace{1.05}_{1+r}}=\overbrace{(\underbrace{180}_{Y_1}-C_1)}^{(1)S}+\frac{\overbrace{210}^{Y_2}}{\underbrace{1.05}_{1+r}}\ \left(\leftarrow\frac{210}{1.05}=200\right)$$

C_1、C_2の項を左辺に、残りを右辺に置くと、

$$C_1+\frac{C_2}{\underbrace{1.05}_{1+r}}=\underbrace{380}_{Y_1+\frac{Y_2}{1+r}}\ \cdots(2)$$

ポイント

生涯の予算制約は、

$$C_1+\frac{C_2}{1+r}=Y_1+\frac{Y_2}{1+r}$$

左辺は各期の消費額の和、右辺は各期の所得の和（生涯所得という）であり、第２期については、$1+r$で割り引いた（割った）値とする。

効用関数はコブ=ダグラス型だから、公式を適用する。貯蓄Sを求める場合、(1)よりC_1が分かればよいから、次のように公式を書き直す。

$$\left.\begin{array}{l} u = Ax^a y^b \\ cx + dy = e \\ c = 1 \end{array}\right\} \rightarrow x = \frac{a}{a+b} \cdot \frac{e}{\underbrace{c}_{1}} = \frac{a}{a+b} \cdot e$$

について、xをC_1に、yをC_2に、また、eを生涯所得に置き換えればよい。

$$\left.\begin{array}{l} U = AC_1^a C_2^b \\ (2)\ C_1 + \overbrace{\left(\frac{1}{1+r}\right)}^{d} C_2 = \overbrace{Y_1 + \frac{Y_2}{1+r}}^{e} \end{array}\right\} \rightarrow C_1 = \frac{a}{a+b} \overbrace{\left(Y_1 + \frac{Y_2}{1+r}\right)}^{e}$$

本問は、

$$U = C_1 C_2 \rightarrow a = b = 1$$

(2)の右辺$Y_1 + \dfrac{Y_2}{1+r} = 380$

だから、

$$C_1 = \frac{\overbrace{1}^{a}}{\underbrace{2}_{a+b}} \cdot \overbrace{380}^{(2)\text{の右辺}} = 190 \rightarrow (1)\ S = \underbrace{180}_{Y_1} - \underbrace{190}_{C_1} = -10$$

よって、(1)より、今期、10だけ借り入れる。

[図　解]

図は、縦軸に第２期の、横軸に第１期の消費額・所得を取る。初期保有点Ｅは、各期の所得の組合せＥ$(\boldsymbol{Y}_1, \boldsymbol{Y}_2)=(180, 210)$である。(2)から、予算線(生涯)の傾き(絶対値)は、$1+\boldsymbol{r}=1.05$である。

$$(2)\ C_1+\frac{C_2}{\underbrace{1.05}_{1+r}}=\underbrace{380}_{Y_1+\frac{Y_2}{(1+r)}} \quad \xrightarrow{\text{両辺を1.05倍}} \quad \underbrace{1.05}_{1+r}C_1+C_2=\underbrace{399}_{(1+r)Y_1+Y_2}\ \cdots(2')$$

$$\rightarrow\ C_2=\underbrace{399}_{(1+r)Y_1+Y_2}-\underbrace{1.05}_{1+r}C_1$$

最適消費点Ｃにおける第１期の消費額は$\boldsymbol{C}_1=190$であり、第１期の所得$\boldsymbol{Y}_1=180$との差額10を借り入れる。

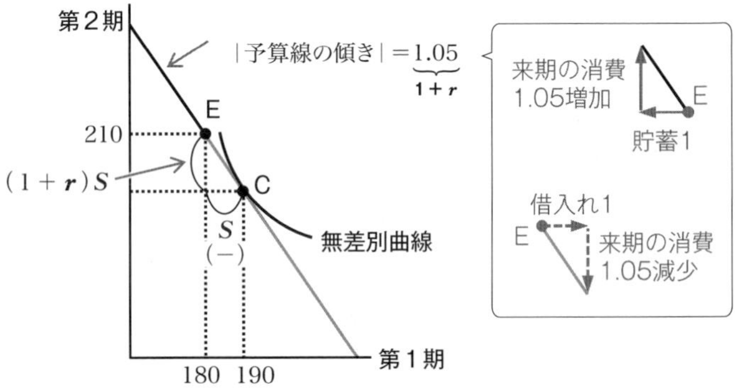

上記(2′)では、第１期の消費額$\boldsymbol{C}_1$の係数が$1+\boldsymbol{r}=1.05$である。これは、第１期に１円を消費することの機会費用が、第２期の1.05円に相当することを表している。つまり、第１期に１円を消費することで、第２期の消費を1.05円分犠牲にしている。

3 期待効用最大化仮説

ここでは、宝くじのように、確実性がないもの(不確実なもの)を選択する(購入する)ケースを、効用最大化の応用として考える。

不確実性を表す場合、物事は確率的に発生する。例えば、誰かとジャンケンをする場合、相手がグーを出す確率は1/3である。確実(確率1＝100%)にグーを出すとは限らないが、確率1/3でグーであることは事前に分かる。

このように、事前に何がどんな確率で起こるかが分かる場合に、個人は(確率的に)予想される効用を最大化すると考える(**期待効用最大化**という)。

1 リスク(不確実性)

宝くじを買っても、当たりか外れかを事前に知ることはできない。このような状況を、確率を用いて考える。なお、不確実なことを**リスク**があるという。

2 期待値

確率を使った平均値を期待値という。

ポイント

期待値は、各状態の確率×値の合計で表す。

例6

明日の天気と気温が表に示されている。

状態	確率	気温
晴れ	20%	30℃
雨	80%	25℃

明日の気温の期待値(平均値)は、各状態について確率と気温をかけ、合計することで求めることができる[6]。

$$\overbrace{\underbrace{0.2}_{\text{確率}} \times \underbrace{30℃}_{\text{値}}}^{\text{晴れの場合}} + \overbrace{\underbrace{0.8}_{\text{確率}} \times \underbrace{25℃}_{\text{値}}}^{\text{雨の場合}} = 26℃$$

6 期待値を求めるには、起こりうる全ての事象とその確率が分かる(決まっている)必要がある。ここでは、全ての事象の確率の和が1(100%)でなければならない、と考えてよい。

明日になれば、「晴れで30℃」か「雨で25℃」のどちらかしかないが、今日、事前に予想される気温は、平均的に26℃だと考えるのが期待値である。

---

3 期待効用最大化

個人の効用が所得の大きさで決まる場合、不確実な所得について、**期待効用**(効用の期待値)を求めることができる。

例7

個人の効用が、$u(x)=\sqrt{x}$ [u:効用水準、x:所得]で表されている。この個人の所得(所持金)は100円である。

価格100円の宝くじを買うと、当たりの場合、賞金1,600円が支払われ、外れの場合には何も支払われない。この宝くじが当たる確率は0.5、外れる確率は0.5である。

❶ 宝くじを買う場合の期待効用

宝くじの二つの状態は次の通り。宝くじを買うと、当初の所得100円は手元からなくなり(価格100円)、宝くじの賞金が所得になる。

状態	確率	所得 x	効用 $u(x)=\sqrt{x}$
当たり	0.5	1,600	$u(1{,}600)=\sqrt{40^2}=40\ (\because\ 1{,}600=40^2)$
外れ	0.5	0	$u(0)=\sqrt{0}=0$

宝くじの期待効用をu^eで表せば[7]、

$$u^e=\overbrace{0.5\times\underbrace{40}_{u(1,600)}}^{\text{当たりの場合}}+\overbrace{0.5\times\underbrace{0}_{u(0)}}^{\text{外れの場合}}=20\cdots(1)$$

❷ 宝くじを買わない場合の効用

この場合、不確実性はなく、確実である(確率1=100%で起こる)。所得100円をそのまま保有するから、このとき、確実な効用を得る。

$$u(100)=\sqrt{10^2}=10\cdots(2)$$

---

7 u_eやEuと書く場合もある。いずれも、「期待される」(expected)の意。

❸ 期待効用最大化

期待効用最大化仮説では、不確実なものを期待効用で表し、期待効用(や確実な効用)のうち、最も高いものを選択すると考える。

$$\underbrace{20}_{(1)u^e} > \underbrace{10}_{(2)u} \rightarrow \text{宝くじを買う}$$

例題2-12　労働者の効用関数が、$U=2\sqrt{y}$［U：効用水準、y：所得(万円)］で示されている。この労働者は、仕事AとBのどちらかに就こうと考えている。

仕事Aは、確率80％で所得400万円、残りの確率で所得100万円が得られるが、仕事Bでは、確率50％で所得900万円、残りの確率で所得x万円が得られる。

この労働者が仕事Bを選ぶ場合、xは最低いくらである必要があるか。ただし、労働者は期待効用を最大化するものとする。

解説

仕事Aの期待効用U^e_Aは、

$$U^e_A = \underbrace{0.8}_{確率} \times \underbrace{2\sqrt{20^2}}_{U(400)} + \underbrace{0.2}_{確率} \times \underbrace{2\sqrt{10^2}}_{U(100)}$$

$$= 0.8 \times 40 + 0.2 \times 20$$

$$= 32 + 4$$

$$= 36$$

また、仕事Bの期待効用U^e_Bは、

$$U^e_B = \underbrace{0.5}_{確率} \times \underbrace{2\sqrt{30^2}}_{U(900)} + \underbrace{0.5}_{確率} \times \underbrace{2\sqrt{x}}_{U(x)}$$

$$= 30 + \sqrt{x}$$

仕事Bを選ぶ場合、少なくとも仕事Aと同等でなければならない(仕事Aを下回らない)から、

$$\overbrace{30+\sqrt{x}}^{U^e_B} \geqq \overbrace{36}^{U^e_A} \rightarrow \sqrt{x} \geqq 6 \rightarrow x \geqq 36$$

なお、この手の問題は、「>」を使ったとしても、「＝」としたとしても、求める答え「36」は変わらないから、不等号についてあまり考えなくてよい。

4 リスク選好 発展

不確実性がある場合、個人のリスク(危険)に対する選好が、効用関数の形で表される。

例8

確率50%で所得4、確率50%で所得16とする。個人の効用は、$u(x)$[u：効用水準、x：所得]で表される。

効用関数に関係なく、期待所得x^eは10である。

$$x^e = \underbrace{0.5}_{\text{確率}} \times \underbrace{4}_{\text{所得}} + \underbrace{0.5}_{\text{確率}} \times \underbrace{16}_{\text{所得}} = 10$$

期待所得と同じ金額の所得を得た場合の(確実な)効用は、

$$u(x^e) = u(10) \cdots (1)$$

で表され、効用関数に依存する。

これに対し、期待効用は、

$$u^e = \underbrace{0.5}_{\text{確率}} \times \overbrace{u\,(\underbrace{4}_{\text{所得}})}^{\text{効用}} + \underbrace{0.5}_{\text{確率}} \times \overbrace{u\,(\underbrace{16}_{\text{所得}})}^{\text{効用}} \cdots (2)$$

以下、効用関数の違いを(1)(2)を用いて確認しよう。

❶ リスク回避的(危険回避的)な個人

代表例は、$u = \sqrt{x} = x^{\frac{1}{2}}$で、所得$x$の指数が(0より大きく)1より小さい。

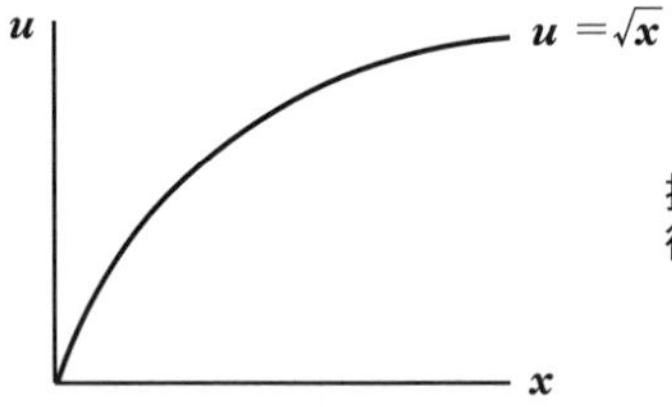
u
u = √x
接線を描けば、その傾きが
徐々に小さくなる。
x

期待所得$x^e = 10$と同じ額の所得を得たときの確実な効用(1)は、期待効用(2)より大きいことが分かる。

$$(1)\ u\,(\underbrace{x^e}_{10}) = \sqrt{10}$$

$$(2)\ u^e = \underbrace{0.5}_{\text{確率}} \times \underbrace{\sqrt{2^2}}_{u(4)} + \underbrace{0.5}_{\text{確率}} \times \underbrace{\sqrt{4^2}}_{u(16)} = 3(=\sqrt{9})$$

このように、$u(x^e) > u^e$が成立する場合、個人は**リスク回避的**だという。つまり、不確実性(リスク)のある期待効用u^eよりも、確実な効用$u(x^e)$を好む。

ただし、リスクに対する選好を表すために、特定の大きさの所得(期待所得)を用いていることに注意しよう。実際、例7では、リスク回避的な個人であっても、期待効用最大化に基づいて、宝くじを購入する(リスクがあっても、確率や賞金によっては不確実な方を好む)。

❷ リスク中立的(危険中立的)な個人

代表例は、$u = x$であり、所得xの指数が1に等しい(図は省略するが、右上がりの直線で表される)。

(1)(2)を比較すると、

$$(1)\ u(\underbrace{x^e}_{10}) = 10$$

$$(2)\ u^e = \underbrace{0.5}_{確率} \times \underbrace{4}_{u(4)} + \underbrace{0.5}_{確率} \times \underbrace{16}_{u(16)} = 10$$

より、$u(x^e) = u^e$ が成立する。不確実性(リスク)のある期待効用u^eと、確実な効用$u(x^e)$が無差別であり、個人は**リスク中立的**だという。

❸ リスク愛好的(危険愛好的)な個人

代表例は、$u = x^2$であり、所得xの指数が1より大きい。

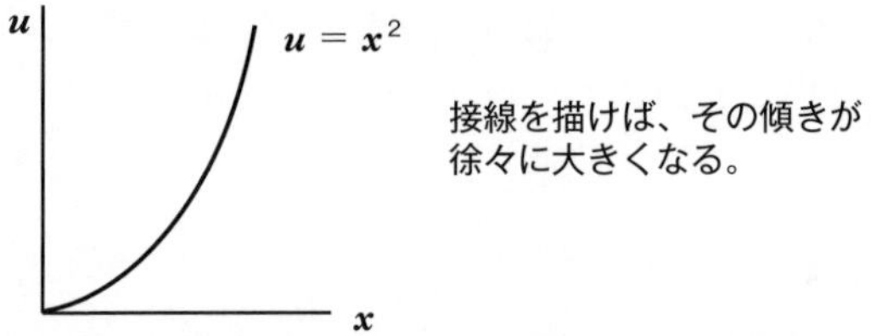
u
u = x²
x
接線を描けば、その傾きが徐々に大きくなる。

(1)(2)を比較すると、

$$(1)\ u(\underbrace{x^e}_{10}) = 100$$

$$(2)\ u^e = \underbrace{0.5}_{確率} \times \underbrace{4^2}_{u(4)} + \underbrace{0.5}_{確率} \times \underbrace{16^2}_{u(16)} = 136$$

より、$u(x^e) < u^e$が成立する。不確実性(リスク)のある期待効用u^eの方が、確実な効用$u(x^e)$より好ましい個人を**リスク愛好的**だという。

リスク回避者と同様に、確率と賞金によっては宝くじを買わないこともある。

重要事項 一問一答

01 労働時間以外の時間を何というか。

余暇

02 賃金率は労働１単位あたりの報酬以外に何を表すか。

余暇の機会費用

03 ２期間にわたる効用最大化で、第１期には消費以外に何を行うか。

貯蓄または借入れ

04 第２期の予算制約について、所得の他に何があるか。

貯蓄または借入れの元利合計

05 不確実性がある場合、個人は何を最大化するか。

期待効用

06 期待値はどのようにして求められるか。

確率とそのときの値の積を合計

07 リスクを嫌う個人を何というか。

リスク回避的

08 リスクを好む個人を何というか。

リスク愛好的

09 リスクを嫌う個人は宝くじのように不確実性のあるものを買うか。

確率や賞金などの大きさによっては買うこともある

過去問 Exercise

問題1 ある個人は労働によって得た所得の全てをX財の消費に充てており、その効用関数は以下のように示される。

$$u = x(15 - L)$$

ここで、uは効用水準、x（$x > 0$）はX財の消費量、L（$0 < L < 15$）は労働供給量を表す。X財の価格は10であり、労働一単位当たりの賃金率は30とする。この個人が効用を最大化するときの労働供給量はいくらか。

国税専門官・財務専門官・労働基準監督官2019

1. 6.0
2. 7.0
3. 7.5
4. 8.0
5. 8.5

解説

正解 ③

余暇を$\boldsymbol{l}$とし、

$$\boldsymbol{l} = 15 - \boldsymbol{L} \cdots (1)$$

と置くと、効用関数をコブ=ダグラス型に書き換えることができる。

$$\boldsymbol{u} = \boldsymbol{x}(15 - \boldsymbol{L}) = \boldsymbol{xl} \cdots (2)$$

予算制約は、価格10のX財に対する支出額が、労働所得(賃金率30)に一致することだから、

$$10\boldsymbol{x} = 30\boldsymbol{L} \rightarrow \frac{1}{3}\boldsymbol{x} = \boldsymbol{L}$$

である。(1)より、$\boldsymbol{L}=15-\boldsymbol{l}$だから、予算制約に代入すると、

$$\frac{1}{3}\boldsymbol{x} = \underbrace{15-\boldsymbol{l}}_{\boldsymbol{L}} \rightarrow \frac{1}{3}\boldsymbol{x}+\boldsymbol{l}=15$$

よって、コブ=ダグラス型の公式を適用して、

$$\boldsymbol{l} = \frac{1}{2}\cdot 15 = 7.5$$

これを(1)に代入すると、最適労働供給$\boldsymbol{L}$は、

$$(1)\ \underbrace{7.5}_{\boldsymbol{l}} = 15 - \boldsymbol{L} \rightarrow \boldsymbol{L} = 7.5\text{(時間)}$$

である。

問題2 ある個人は、労働の供給によってのみ所得を得ており、その効用関数が

$$U = 2ly + l^2 - 3y$$

であるとする。ただし、Uは効用水準、yは所得、lは余暇時間を示す。また、この個人は、24時間を保有しており、それを労働時間か余暇時間のいずれかに充てる。

1時間当たりの賃金率が2であるとき、効用水準を最大化する労働時間はいくらか。

国家一般職2018

1. 6時間
2. 7時間
3. 8時間
4. 9時間
5. 10時間

解説

正解 2

1 変数問題に書き換える。予算制約は、所得＝労働所得である。与件から、労働時間は、$(24-l)$で表されるから、賃金率 2 をかけて、

$$y = 2(24-l) = 48-2l \cdots(1)$$

予算制約を効用関数に代入して、効用を余暇 l だけの式で表す。

$$U = 2ly + l^2 - 3y \cdots(2)$$

右辺第 1 項は、

$$2ly = 2l \cdot \underbrace{(48-2l)}_{(1)y} = 96l - 4l^2$$

だから、(2)は、

$$U = \underbrace{(96l - 4l^2)}_{2ly} + l^2 - 3\underbrace{(48-2l)}_{(1)y}$$
$$= 96l - 3l^2 - \underbrace{3 \cdot 48}_{\text{定数}} + 6l$$
$$= 102l - 3l^2 - \underbrace{3 \cdot 48}_{\text{定数}}$$

効用関数を余暇 l について最大化する（微分してゼロと置く）と、

$$U' = 102 - 6l = 0 \rightarrow \quad l = \frac{102}{6} = 17$$

よって、労働時間は、

$$24 - l = 24 - 17 = 7 \text{（時間）}$$

である。

問題3 二期間モデルを考える。ある消費者の第１期の所得は410、第２期の所得は420であり、利子率は５％であるとする。また、この消費者の効用関数uは以下のように示される。

$u = c_1^{0.6} c_2^{0.4}$ ［c_1：第１期の消費額、c_2：第２期の消費額］

この消費者が効用を最大化するときの第１期の貯蓄又は借入れに関する次の記述のうち、妥当なのはどれか。ただし、借入制約はないものとする。

財務専門官・労働基準監督官2021

1. 76借り入れる。
2. 57借り入れる。
3. 38借り入れる。
4. 57貯蓄する。
5. 76貯蓄する。

解説

正解 1

各期の予算制約を表す。第１期は、消費額c_1と貯蓄S（負の場合は借入れ）の和が所得に等しいから、

$$c_1 + S = 410 \rightarrow S = 410 - c_1 \cdots(1)$$

第２期は、消費額が、所得と貯蓄の元利合計に等しい。

$$c_2 = 420 + 1.05S \cdots(2)$$

(1)を(2)に代入して、

$$(2)\ c_2 = 420 + 1.05\,(\underbrace{410 - c_1}_{(1)S})$$

コブ=ダグラス型効用関数の公式を適用するため、両辺を1.05で割り、c_1とc_2の項を左辺に移し、それ以外を右辺に残す。

$$\frac{c_2}{1.05} = \frac{420}{1.05} + (410 - c_1) \rightarrow c_1 + \frac{c_2}{1.05} = 400 + 410 \quad \left(\because \frac{420}{1.05} = 400\right)$$

$$= 810$$

効用関数から、c_1の指数$a = 0.6$、c_1とc_2の指数の和は$a + b = 1$だから、公式を適用して、

$$c_1 = \underbrace{0.6}_{a/(a+b)} \times 810 = 486$$

これを(1)に代入して、貯蓄Sを求めると、

$$(1)\ S = 410 - \underbrace{486}_{c_1} = -76$$

であるから、消費者は76の借入れを行う。

問題4 ある個人の効用関数を$U=2\sqrt{w}$ ［U：効用水準、w：所得］とする。この個人が農業を営む場合、豊作のときは所得が400、不作のときには所得が100となる。また、豊作になる確率と不作になる確率はそれぞれ60%、40%である。

一方、この個人が隣町にある企業で働くと、農業からの所得はゼロになるが、企業から固定給である所得Mをもらえるようになる。

この個人は、Mが最低限いくらよりも大きければ、農業を営むのではなく、企業で働くことを選択するか。

ただし、この個人は期待効用が最大になるように行動するものとする。

国家一般職2019

1. 140
2. 225
3. 256
4. 280
5. 324

解説

正解 ③

個人の職業選択を「農業」と「企業」と呼ぶことにすると、「農業」の期待効用と「企業」の確実な効用を比較して、後者が前者を上回ればよい。

「農業」の場合、確率0.6で所得$\boldsymbol{w}=400=20^2$、確率0.4で所得$\boldsymbol{w}=100=10^2$だから、期待効用$\boldsymbol{U}^e$は、

$$\boldsymbol{U} = 2\sqrt{\boldsymbol{w}} \rightarrow \boldsymbol{U}^e = 0.6\times2\sqrt{20^2}+0.4\times2\sqrt{10^2}$$
$$= 2(0.6\times20+0.4\times10)$$
$$= 2\times16$$

「企業」の確実な効用は、$\boldsymbol{U}=2\sqrt{\boldsymbol{M}}$ $(\boldsymbol{w}=\boldsymbol{M})$だから、

$$\boldsymbol{U} > \boldsymbol{U}^e \rightarrow 2\sqrt{\boldsymbol{M}} > 2\times16$$

のとき、「企業」を選ぶ。両辺を２で割り、２乗すると、

$$2\sqrt{\boldsymbol{M}} > 2\times16 \rightarrow \boldsymbol{M} > 16^2 = 256$$

第3章

完全競争市場

本章では、これまで学習してきた企業と消費者が市場取引を行うとき、価格や取引量がどのように決まるかを考えます。

また、市場取引による経済活動を、効率的な資源の使い方と比較して評価する方法を学びます。

★★★

1 完全競争市場の均衡

これまで、典型的な企業や個人について、それぞれが利潤最大化や効用最大化によって、生産量と消費量を決定することを見てきました。
ここでは、多くの企業や消費者による財の売買、つまり、財を取引する市場の性質を見ていきます。

1 市場の供給関数と需要関数

以下、一つの財に関する生産と消費を市場の典型的な例として表す。初めに、市場全体の生産・販売量と、市場全体の消費量を、それぞれ、市場の供給曲線と需要曲線として導出する。

1 市場全体の供給関数と供給曲線

同じ財を生産する多数の企業は、そのどれもがプライステイカーとして、利潤を最大化する数量を生産し販売する(この財を市場に**供給**する)。市場全体の供給量S(Supply)は、これらの企業の供給量を集計したもの(足し合わせた数量)である。

① 市場の供給関数

個々の企業は、価格Pと自社の限界費用MCが一致する数量を供給する。利潤最大化条件は、企業の供給曲線である[1]。

例1

企業i（i番目の企業）の限界費用が、$MC_i = x_i$［MC_i：企業iの限界費用、x_i：企業iの生産量、$i = 1, 2, \cdots n$］で表される。

各企業はプライステイカーであり、市場価格Pに対して、

$$P = MC_i \ \rightarrow \ P = x_i$$

となるように生産量（供給量）を決定する。

このとき、市場価格Pは特定の値とは限らず、(ゼロ以上の)すべての値を考慮す

1　第１章では企業の操業停止を考えた。市場全体であっても、個々の企業は操業停止することがある。ただし、市場全体の供給量を考える場合、操業を停止した企業の生産量ゼロをいくら足して合わせてもゼロだから、もっぱら操業する（生産する）企業を対象とする。

る(各企業は、利潤最大化条件により、「価格が～円であれば、～個生産しよう」と生産計画を決めている)。

任意の価格水準について、各企業の供給量(生産量)を足し合わせた数量が市場全体の供給量Sである。つまり、

$$\left.\begin{array}{l} P = x_1 \\ P = x_2 \\ \quad\vdots \\ P = x_n \end{array}\right\} \rightarrow \; n \cdot P = x_1 + x_2 + \cdots + x_n$$

右辺は各企業の供給量を合計したものであり、これを市場全体の供給量Sとすると、個々の企業と同様に、**市場の供給関数Sは、価格Pの増加関数**として表される(右上がりの曲線)。

$$n \cdot P = \underbrace{x_1 + x_2 + \cdots + x_n}_{S} \rightarrow n \cdot P = S \rightarrow S = n \cdot P$$

② 市場の供給曲線

縦軸を価格P、横軸を数量(供給量)として、企業の供給曲線(限界費用曲線)が描かれると、任意の価格水準について水平に足し合わせたものが、**市場(全体)の供給曲線S**となる[2]。

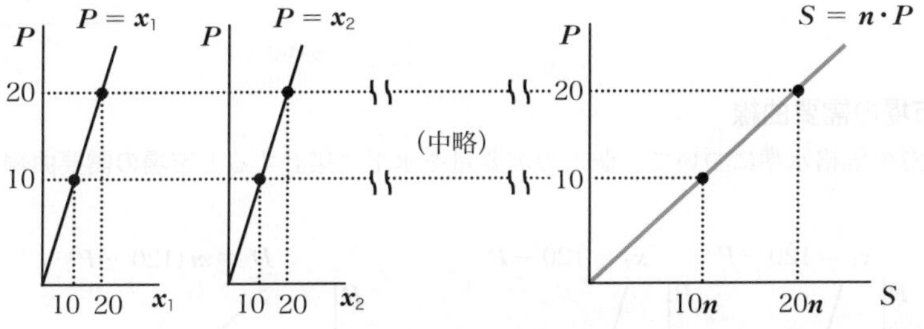

2 供給関数を描いたものが供給曲線である。本書では、傾きを考える場合を除けば、供給関数も供給曲線も、S=～とP=～のどちらでもよい。つまり、試験と同様に、「S=～は供給関数」「P=～は供給曲線」という使い分けはしない。後述の需要関数・需要曲線も同様に扱う。

2 市場全体の需要関数と需要曲線

消費者の場合には、効用最大化の図から、一つの財に関して、価格(自己価格)と需要量の関係が需要曲線として導かれる。ここでは、他の財の価格や個々人の所得は一定として考える(数値化されていて、見た目には分からない)。

① 市場の需要関数

例2

個人jの需要関数が、$x_j = 120 - P$で表される［x_j：需要量、$j = 1, 2, \cdots m$］。これを集計したものが**市場の需要関数D**(Demand)である。

$$\left.\begin{aligned} x_1 &= 120 - P \\ x_2 &= 120 - P \\ &\vdots \\ x_m &= 120 - P \end{aligned}\right\} \rightarrow \; x_1 + x_2 + \cdots + x_m = m(120 - P)$$

各個人の需要量の和を$D = x_1 + x_2 + \cdots + x_m$として、

$$\underbrace{x_1 + x_2 + \cdots + x_m}_{D} = m(120 - P) \;\rightarrow\; D = m(120 - P)$$

各個人と同様に、**市場の需要関数Dは価格Pの減少関数**で表される(右下がりの曲線)。

② 市場の需要曲線

任意の価格水準について、個人の需要量を水平に集計すると**市場の需要曲線D**となる。

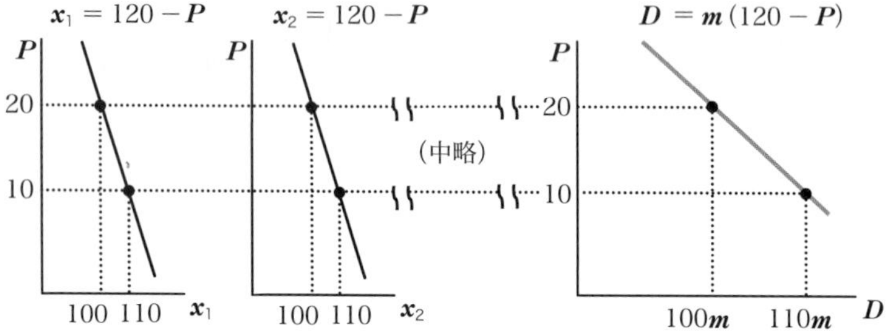

❷ 市場の均衡

これまで、財の価格は数値で与えられてきた。ここでは、市場(商品を売買する生産者と消費者の集まり)において、財の価格Pがどのようにして決定されるか考える。

1 市場均衡

① 市場の需要関数と供給関数

市場の需要関数Dと供給関数Sは、財の価格Pの関数として表される。

例3

ある財の市場について、需要関数と供給関数が次に示されている。

$D(P)=120-P$ [D：需要量、P：価格]

$S(P)=P-20$ [S：供給量]

「価格の関数である」とは、例えば、$P=90$のとき、それぞれ、

$D(\underbrace{90}_{P})=120-\underbrace{90}_{P}=30$(点A)、$S(\underbrace{90}_{P})=\underbrace{90}_{P}-20=70$(点B)

であることを意味する。図では、(数学と異なり)縦軸の価格Pの値に対して、横軸の数量(D, S)が決まる。

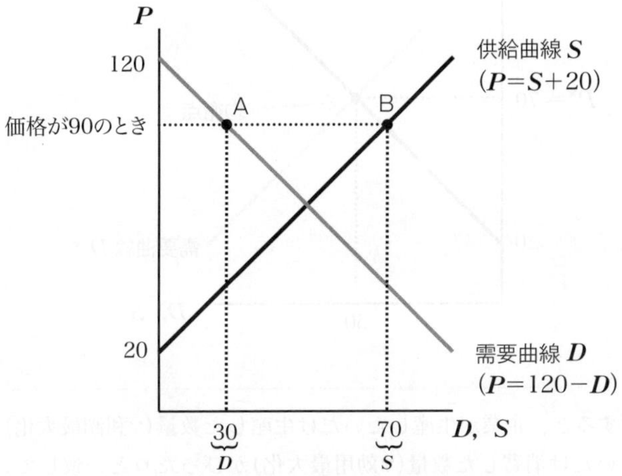

② 市場の均衡

財に対する**需要**（量）D（Demand）と**供給**（量）S（Supply）**が一致する**とき（需給の一致という）、市場が**均衡**するという。

例4

需要関数が$D(P)=120-P$、供給関数が$S(P)=P-20$で示されるとき、均衡点において、需要と供給が一致すると、

$$\overbrace{P-20}^{S}=\overbrace{120-P}^{D} \quad\rightarrow\quad 2P=140 \quad\rightarrow\quad P=70 \ (P^{*}\text{と置く})$$

つまり、市場が均衡するとき、価格は$P^{*}=70$に決まる（これを**均衡価格**というが、単に価格、市場価格と呼ぶことも多い）。

価格が$P^{*}=70$に決まると、企業は全体として、

$$S(P^{*})=\overbrace{70}^{P^{*}}-20=50$$

だけ生産し、消費者は全体として、

$$D(P^{*})=120-\overbrace{70}^{P^{*}}=50$$

だけ消費する。均衡における数量を**均衡数量**、**均衡取引量**と呼ぶことがある。

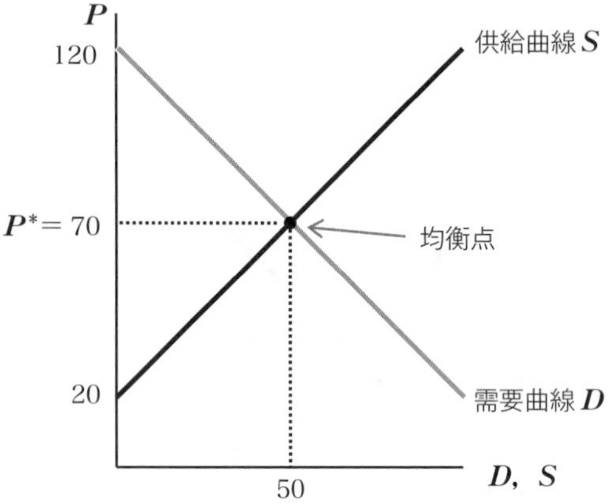

市場が均衡すると、企業が生産したいだけ生産した数量（∵利潤最大化）と、消費者が消費したいだけ消費した数量（∵効用最大化）がぴったりと一致しているから、無駄のない状態といえる（例えば、地方に高速道路網を建設したとする。通常の道路がいつも空いていて、高速道路の利用者が少なければ、高速道路網の建設費は無駄になるだろう）。

「均衡」が持つ様々な意味については、第２節〜第３節で詳しく学ぶ。

2 均衡における需要の価格弾力性

市場全体であっても、需要の各弾力性は以前学習したものと全く変わらない。

例題3-1

X財市場について、需要関数と供給関数が次に示されている。

$D(P) = 100 - 2P$

$S(P) = 2P$　　　　[D：需要量、P：価格、S：供給量]

X財市場の均衡における需要の価格弾力性はいくらか。

解説

[解法1]

均衡を求めてから、需要の価格弾力性を計算する。

需要と供給が一致するとき、

$$\overbrace{2P}^{S} = \overbrace{100 - 2P}^{D} \quad \rightarrow \quad P = 25$$

均衡価格25を需要関数に代入すると、均衡数量は、

$$D(25) = 100 - 2 \cdot 25 = 50$$

需要関数は価格Pの１次式だから、

$$D = 100 - 2P \quad \rightarrow \quad \left|\frac{\Delta D}{\Delta P}\right| = 2$$

したがって、均衡における需要の価格弾力性eは、

$$e = \left|\frac{\Delta D}{\Delta P}\right| \cdot \frac{P}{D} = 2 \cdot \frac{25}{50} = 1$$

なお、均衡価格が需要曲線（直線）の縦軸切片50のちょうど半分だと気づいていれば、均衡点は需要曲線（直線）の中点であるから、即座に、$e=1$ としてもよい。

[解法2]

意外と出題が多いので紹介する。供給曲線が原点を通る直線の場合に使うことができる（$S=aP$、aは正の定数）。

供給関数を変形して、$P/S=$〜に直すと、

$$S = 2P \ \rightarrow \ 2P = S \ \rightarrow \ \frac{P}{S} = \frac{1}{2} \cdots (※)$$

均衡点において、需要と供給が一致するから(D=S)、均衡における需要の価格弾力性について、

$$e = \left|\frac{\Delta D}{\Delta P}\right| \cdot \frac{P}{D} \quad \xrightarrow{D\text{を}S\text{で置換}} \quad e = \left|\frac{\Delta D}{\Delta P}\right| \cdot \frac{P}{\underbrace{S}_{D}}$$

が成り立つ。右辺に(※)を代入して、

$$e = \left|\frac{\Delta D}{\Delta P}\right| \cdot \frac{1}{2}$$

需要関数より、$|\Delta D/\Delta P|$=2だから、これを代入して、

$$e = 2 \cdot \frac{1}{2} = 1$$

例題3-2　需要関数がD=80−4P、供給関数がS=P/2で示されるとき、均衡における需要の価格弾力性はいくらか。

解説

需要関数より、

$$\left|\frac{\Delta D}{\Delta P}\right| = 4$$

供給関数を変形すると、均衡において、

$$S = \frac{P}{2} \ \rightarrow \ P = 2S \ \rightarrow \ \frac{P}{\underbrace{S}_{D}} = 2 \ \rightarrow \ \frac{P}{D} = 2$$

よって、均衡における需要の価格弾力性は、

$$e = \left|\frac{\Delta D}{\Delta P}\right| \cdot \frac{P}{D} = 4 \cdot 2 = 8$$

3 供給の価格弾力性 発展

供給量もまた価格の関数だから、供給の価格弾力性というものも存在する。需要と区別したい場合には、供給Sの価格弾力性をe_S、需要Dの価格弾力性をe_Dなどとする(特に決まりはない)。

感覚的には、需要の価格弾力性e_Dにおける需要量Dを、供給量Sで置き換えたものと捉えてよい。ただし、通常、供給関数は右上がりだから、絶対値や「マイナスを付ける」操作は不要である。

$$e_D = \frac{需要変化率(\%)}{価格変化率(\%)} = \left|\frac{\Delta D/D}{\Delta P/P}\right| \iff e_S = \frac{供給変化率(\%)}{価格変化率(\%)} = \frac{\Delta S/S}{\Delta P/P}$$

つまり、価格が1％上昇したとき、供給量が何％増加するかを表している。

また、計算する場合にも、

$$e_D = \left|\frac{\Delta D}{\Delta P}\right| \cdot \frac{P}{D} \iff e_S = \frac{\Delta S}{\Delta P} \cdot \frac{P}{S}$$

とすればよく、共通項が多い。

ただし、異なる性質の最たるものとして、供給の価格弾力性が常に1となるケース($e_S=1$)が挙げられる。需要関数の場合、反比例の曲線であれば、需要の価格弾力性が常に1($e_D=1$)となるが、供給関数の場合、正比例(原点を通る直線)の場合に常に$e_S=1$となる。

$$S = aP \rightarrow \frac{\Delta S}{\Delta P} = a \rightarrow e_S = \frac{\Delta S}{\Delta P} \cdot \frac{P}{S} = a \cdot \frac{P}{aP} = 1$$

また、均衡点であっても、需要の価格弾力性と供給の価格弾力性が同じ値になる保証は全くない。

3 均衡の安定性

需要曲線と供給曲線に交点があれば、交点において需要と供給が均衡する。では、消費者と生産者が市場で取引(売買)する中で、どのように均衡にたどり着くのだろうか。ここでは、市場(需要と供給)が均衡に向けて調整される過程を考える。

以下、代表的な三つの調整方法を学ぶ。不均衡な状態から出発して、均衡にたどりつく場合(これを収束するという)、その**均衡は安定**であり、たどりつかない場合、その均衡は**不安定**である。

1 ワルラス的調整過程

① 調整ルール

ワルラス的調整過程では、不均衡に対して、価格が次のように調整される[3]（調整ルール）。

超過供給（売れ残り）の発生（需要量＜供給量） ⟹ 価格下落
超過需要（品物不足）の発生（需要量＞供給量） ⟹ 価格上昇

② 安定な均衡

例5

需要曲線*DD*と供給曲線*SS*が図に示されている。均衡は点Aである。

価格が$P=60$（＞均衡価格40）の場合、供給量が需要量を３千個分上回り、超過供給が発生する。

$$\left.\begin{aligned} D(\underbrace{60}_{P}) &= 3{,}000 \\ S(\underbrace{60}_{P}) &= 6{,}000 \end{aligned}\right\} \rightarrow \underbrace{D(60) < S(60)}_{\text{超過供給}} \xrightarrow{\text{調整ルール}} P\downarrow$$

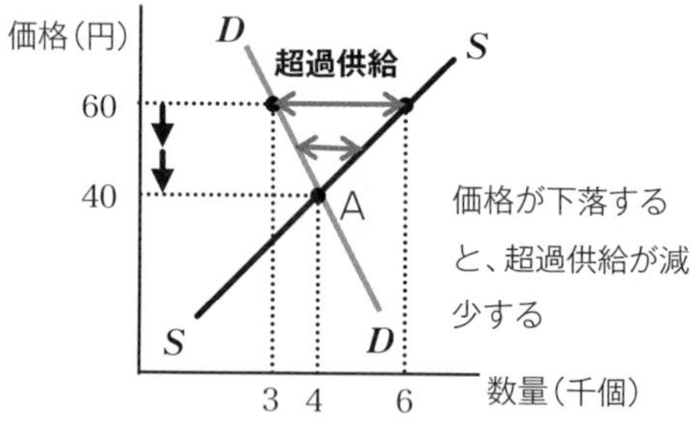

価格が高ければコストがかかっても回収できるため、生産者は６千個生産するが、「高い」と感じる消費者が多いため、３千個しか売れない（消費されない）。

市場全体での売れ残り（超過供給）を解消するため、価格が下落する。

超過供給がある限り、価格は下落し続け、均衡価格40に達すると、$D(40)=S(40)=4{,}000$となり、超過供給が解消される（価格はもう下落しない）。

他方、価格が$P=20$では、次図のように需要量が供給量を３千個上回り、超過需要が発生する。

$$\left.\begin{aligned} D(\underbrace{20}_{P}) &= 5{,}000 \\ S(\underbrace{20}_{P}) &= 2{,}000 \end{aligned}\right\} \rightarrow \underbrace{D(20) > S(20)}_{\text{超過需要}} \xrightarrow{\text{調整ルール}} P\uparrow$$

---

3 厳密には、数量調整よりも価格調整の方が素早い、という意味。

消費者は「安い」と感じるため５千個消費しようとするが、生産者にとっては安すぎてたくさん生産してもコストを回収できないため、２千個しか供給しない。

市場全体での品物不足(超過需要)を解消するため、価格が上昇する。

超過需要が存在する限り価格は上昇し続ける。均衡価格40に達すると、$D=S=$ 4,000となって、超過需要が解消される(価格上昇も止まる)。

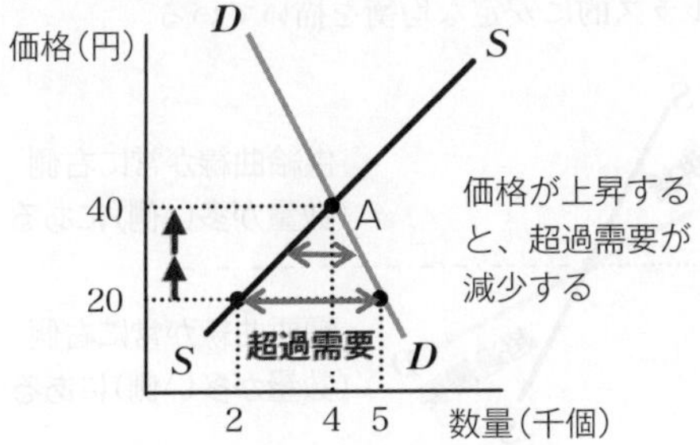

調整ルールに従った結果、均衡に到達するならば、均衡(点A)は**ワルラス的に安定**だ、という。

③ 不安定な均衡

どんな需要曲線、供給曲線に対しても、同じ調整ルールを適用する。次の図では、均衡(交点)は**ワルラス的に不安定**であり、むしろ均衡から遠ざかる。

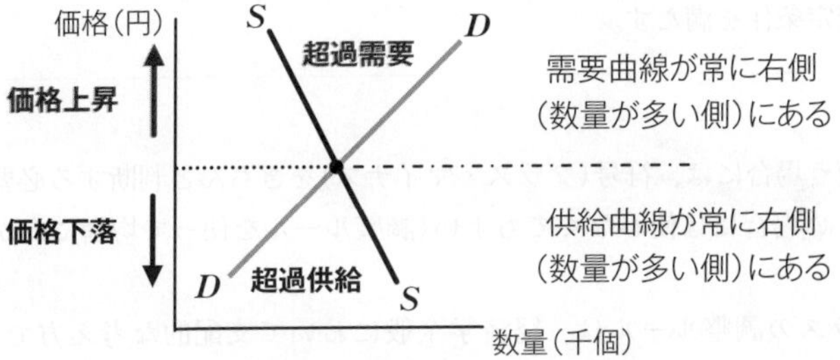

④ ワルラス的安定性の条件（安定条件）

需要曲線と供給曲線が次の条件を満たすとき、均衡は安定となる[4]。

$$\frac{1}{\text{供給曲線の傾き}} > \frac{1}{\text{需要曲線の傾き}}$$

例6

次の図は、ワルラス的に安定な均衡を描いている。

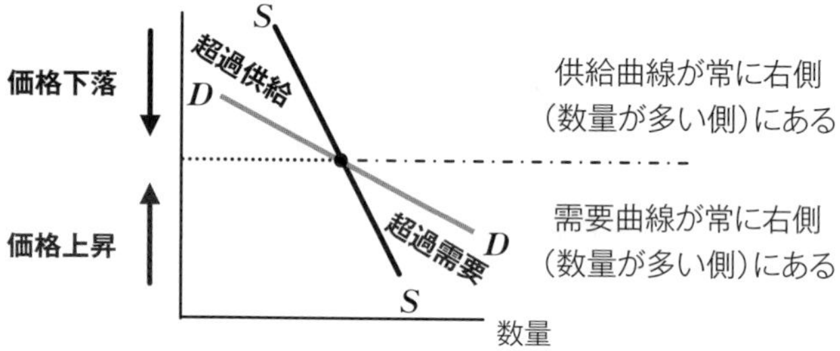

例えば、需要曲線の傾きを－1とすると、供給曲線の傾きは－1より小さい。これを－2（<－1）とすれば[5]、

$$\text{需要曲線の傾き} = -1 \quad \rightarrow \quad \frac{1}{\text{需要曲線の傾き}} = -1$$

$$\text{供給曲線の傾き} = -2 \quad \rightarrow \quad \frac{1}{\text{供給曲線の傾き}} = -\frac{1}{2}$$

この場合、安定条件を満たす。

［参　考］

安定条件を使う場合には、符号（プラス・マイナス）をきちんと判断する必要があるので、煩わしい場合には使わなくてもよい（調整ルールを使って均衡に向かうか調べればよい）。

なお、ワルラスの調整ルールは、経済学全般において支配的な考え方であり、**「超過供給→価格下落」「超過需要→価格上昇」**を常識的なものとして利用する。

4　需要曲線と供給曲線が直線ではなく、実際に曲線の場合には、各曲線の均衡点における接線の傾きを用いる（他の調整過程も同様）。

5　ある数の逆数とは、その数に掛けたとき1になる数である。したがって、マイナスの数の逆数は必ずマイナスである。

2 マーシャル的調整過程

① 調整ルール

マーシャル的調整過程では、**不均衡に対して**、数量(供給量)が次のように調整される[6](用語については後述)。

超過供給価格の発生(需要価格<供給価格) ⟹ 数量減少

超過需要価格の発生(需要価格>供給価格) ⟹ 数量増加

② 安定な均衡

例7

生産者が2千個供給するとき、希望価格は20円である(**供給曲線の高さ**であり、これを供給価格と呼ぶ)。一方、消費者が2千個まで買うには60円以下でなければならない(**需要曲線の高さ**であり、これを需要価格と呼ぶ)。生産者は「もっと生産しても売り切ることが可能」と考えて、供給量を増やす。

供給量が6千個の場合、生産者の希望価格60円は、6千個全てを売り切る(消費者に買ってもらう)価格20円を超えているから、生産者は「供給量を減らそう」と考える。

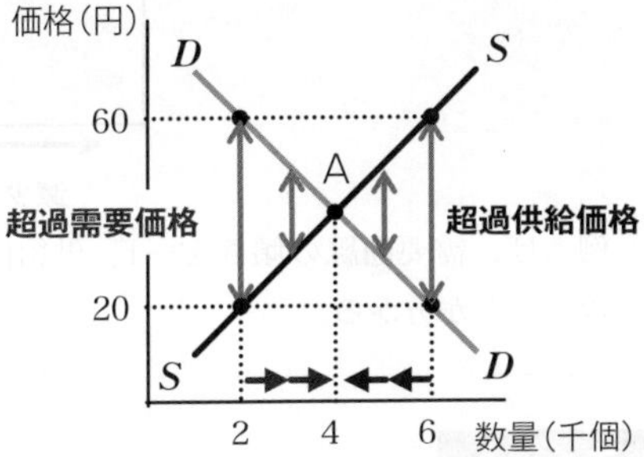

いずれの場合も均衡数量(均衡点Aにおける4千個)に向かい、そこで調整が終わる(需要曲線と供給曲線の高さが一致)ので、均衡点Aはマーシャル的に安定である。

なお、「(超過)需要価格」「(超過)供給価格」という語句が試験で使われることは極めて稀だから、調整ルールを次のように書き換えよう。

需要曲線の高さ<供給曲線の高さ ⟹ 数量減少

需要曲線の高さ>供給曲線の高さ ⟹ 数量増加

[参　考]

「(数)量」(横軸)に対して「価格」(縦軸)という言葉を使っているだけと考えてよい。

6　この場合も厳密には、価格調整よりも数量調整のスピードが速い、という意味。

③ マーシャル的安定性の条件（安定条件）

需要曲線と供給曲線が次の条件を満たすとき、均衡は安定となる。

供給曲線の傾き＞需要曲線の傾き

例8

次の図は、マーシャル的に不安定な均衡を描いている。

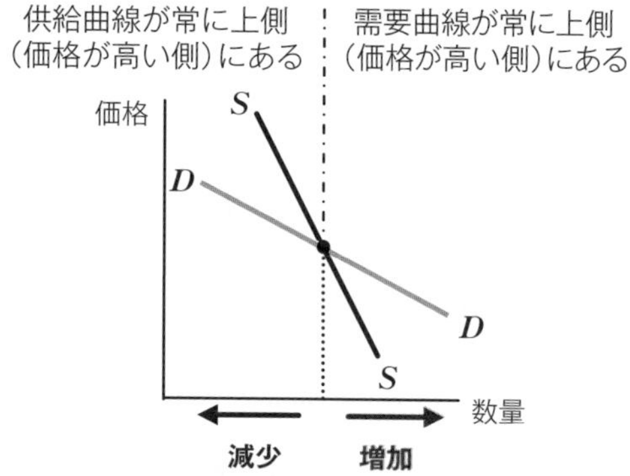

例えば、需要曲線の傾きを－1、供給曲線の傾きを－2として、安定条件を満たさないことが分かる。

ポイント

ワルラス的・マーシャル的調整過程の調整ルールは、図の縦軸と横軸のどちらを条件とするかにのみ違いがある。ワルラスの場合は横軸を条件として、縦軸の変数で調整され、マーシャルの場合は縦軸を条件として、横軸の変数で調整される。

調整過程	条件	調整
ワルラス	（横軸＝数量の違い）　需要量>供給量 需要量<供給量	（縦軸）　価格↑ 価格↓
マーシャル	（縦軸＝高さの違い）　需要価格>供給価格 需要価格<供給価格	（横軸）　数量↑ 数量↓

したがって、各調整過程で安定な均衡は次の特徴を持つ。

ワルラス的に安定な均衡	均衡点の下側で、需要量>供給量 均衡点の上側で、需要量<供給量
マーシャル的に安定な均衡	均衡点の左側で、需要価格>供給価格 均衡点の右側で、需要価格<供給価格

例題3-3 (ア)(イ)(ウ)のうち、均衡がワルラス的に安定かつマーシャル的に不安定なのはどれか。ただし、*DD*は需要曲線、*SS*は供給曲線を表す。

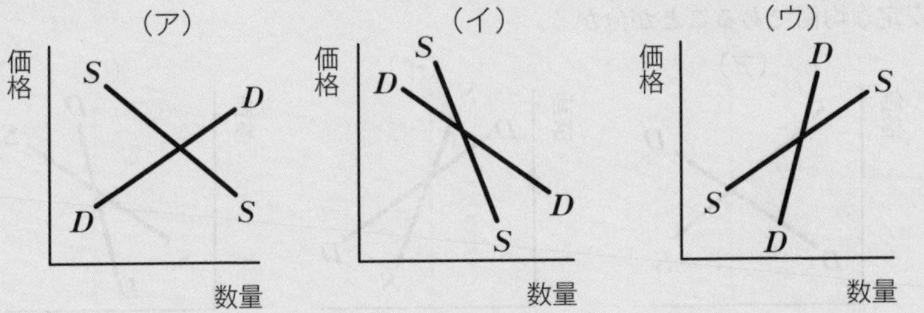

解説

均衡が交点(≠接点)の場合、片側のみを調べるだけでよい(以下、参照)。

ワルラス的調整過程では、需要量<供給量のとき、価格が下落する。需要量<供給量となるのは、(ア)では均衡点(交点)の下側、(イ)(ウ)では均衡点の上側である。

価格が下落して均衡に向かうのは、均衡点の上側で超過供給となる場合だけだから、ワルラス的に安定な均衡を持つのは(イ)(ウ)である。

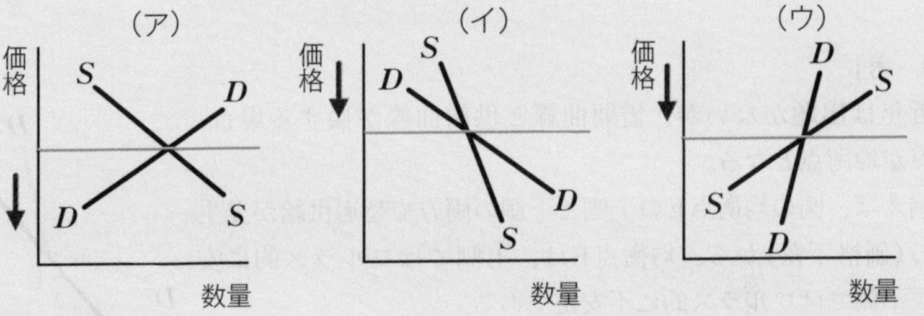

超過需要(需要量>供給量)が発生すると、価格が上昇するから、均衡点の下側で超過需要が発生している場合、均衡はワルラス的に安定である。これを満たすのは(イ)(ウ)であり、超過供給の場合に安定なものと一致している。

マーシャル的調整過程では、需要曲線の高さ<供給曲線の高さのとき、数量が減少するから、均衡点の右側でこの状態になっているものは、マーシャル的に安定である。

ここでは、マーシャル的に不安定なものを探すから、均衡の左側で、需要曲線の高さ＜供給曲線の高さとなるものを見てみると、三つの図すべてでマーシャル的に不安定な均衡であることが分かる。

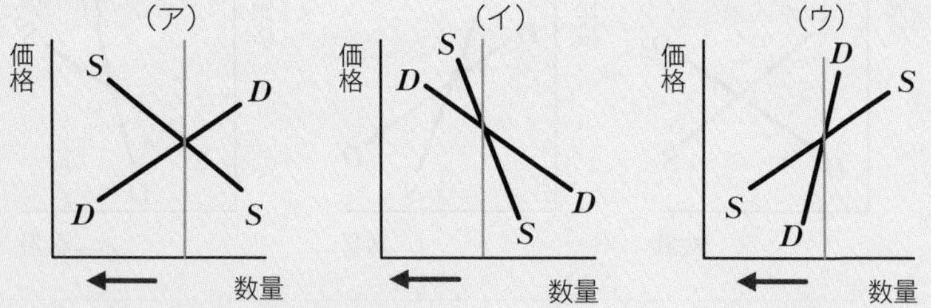

また、需要曲線の高さ＞供給曲線の高さ(→数量増加)が、均衡の左側にあれば、マーシャル的に安定であり、均衡の右側にあればマーシャル的に不安定となる。三つの図すべてでマーシャル的に不安定である。

ポイント

均衡点が需要曲線と供給曲線の交点の場合、ワルラス的安定性を調べるには均衡の上側か下側のどちらか一方でよく、マーシャル的安定性を調べるには均衡の右側か左側のどちらか一方でよい。

[参　考]

近年は出題がないが、需要曲線と供給曲線が接する場合、接点が均衡点となる。

例えば、図の均衡点Eの上側と下側の両方で超過供給が発生する(価格下落)から、均衡点Eは、上側ではワルラス的に安定、下側ではワルラス的に不安定である。

また、左側・右側双方について、需要曲線の高さ＞供給曲線の高さである(数量増加)から、均衡点Eは、左側ではマーシャル的に安定、右側ではマーシャル的に不安定である。

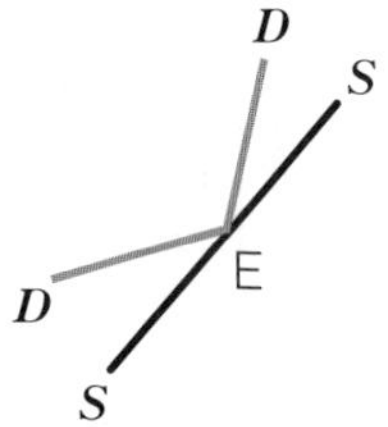

3 クモの巣調整過程

① 調整ルール（参考）

米作のように、秋に収穫するために、春に作付けする場合を考える。生産者は、今年の作付け量を昨年の価格を参考に決める。つまり、今年の収穫(生産量)は昨年の価格によって決められる。

今年の秋の米の価格は、一定の生産量に対して、消費者の需要量が一致するように決定される。

来年の春以降も同じことを繰り返し、均衡にたどりつく場合には、それ以上、価格や作付け量(生産量)が変わることはない(例えば、毎年の価格が1kg500円で一定となる)。

例9

供給関数と需要関数が次に示されている。

$S_t = P_{t-1}$ ［S_t：t期の供給量、P_{t-1}：$(t-1)$期の価格］

$D_t = 100 - 2P_t$ ［D_t：t期の需要量、P_t：t期の価格］

図を描く場合には、添字を取り去って考えるとよい($S=P$、$D=100-2P$ → 交点の安定性を調べる)。

前期($t-1=0$とする)の均衡価格が20であれば、今期($t=1$)の供給量は、$S_1 = P_0 = 20$である(点e)。今期($t=1$)の均衡価格は、$D_1 = 20(=S_1)$となるように決まる。需要曲線DDから、

$$\underbrace{20}_{D_1} = 100 - 2P_1 \quad \rightarrow \quad P_1 = 40 \text{（点f）}$$

次の期($t=2$)の供給量は、今期($t=1$)の価格を使って40に決まる(点g)。需要量が40に一致するのは価格が30のときのみである(点h)。以下、このプロセスを繰り返す(点i、点j、…)。

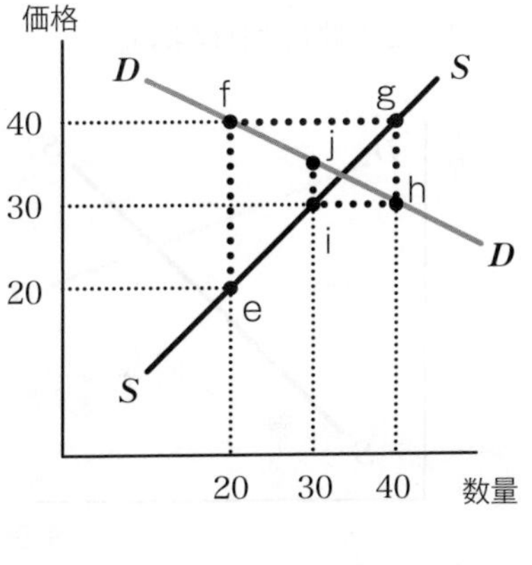

この例では、需要曲線DDと供給曲線SSの交点にたどり着く。

② クモの巣調整過程の安定性（安定条件）

次の関係を満たすとき、均衡は安定となる。

$|$供給曲線の傾き$|>|$需要曲線の傾き$|$

プラス・マイナスに関係なく、見た目(傾き方)で判断できるため、こちらの方が圧倒的に早く解答できる。

例10

図(左)を見ると、供給曲線*SS*の方が急である。これをはっきりさせたければ、図(右)のように需要曲線と供給曲線の間に垂直な補助線を引き、均衡(交点)の水準で水平な補助線を引いて、垂直な補助線を分割する。このとき、

$|$需要曲線の傾き$|\ =\boldsymbol{a/c}$

$|$供給曲線の傾き$|\ =\boldsymbol{b/c}$

だから、

$|$供給曲線の傾き$|\ >|$需要曲線の傾き$|\quad\rightarrow\quad \dfrac{\boldsymbol{b}}{\boldsymbol{c}}>\dfrac{\boldsymbol{a}}{\boldsymbol{c}}\quad\rightarrow\quad \boldsymbol{b}>\boldsymbol{a}$

であることを確認すればよい。

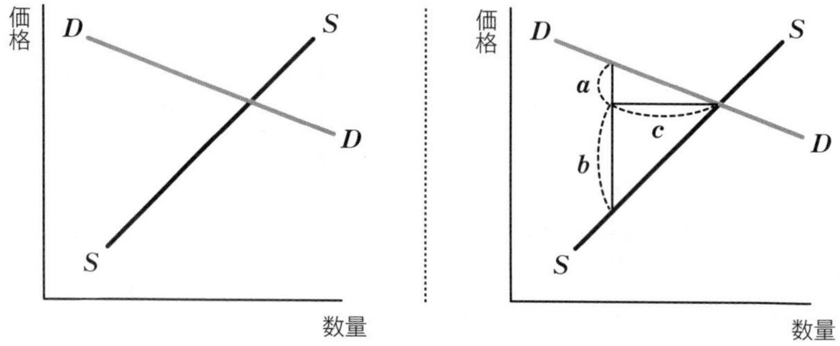

例題3-4 次の図のうち、クモの巣調整過程において、安定な均衡を持つのはどれか。ただし、***DD***は需要曲線、***SS***は供給曲線であり、縦軸は価格を、横軸は数量を表している。

①

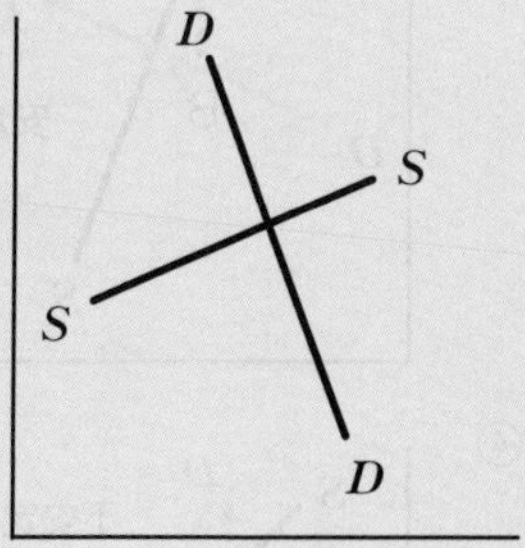

②

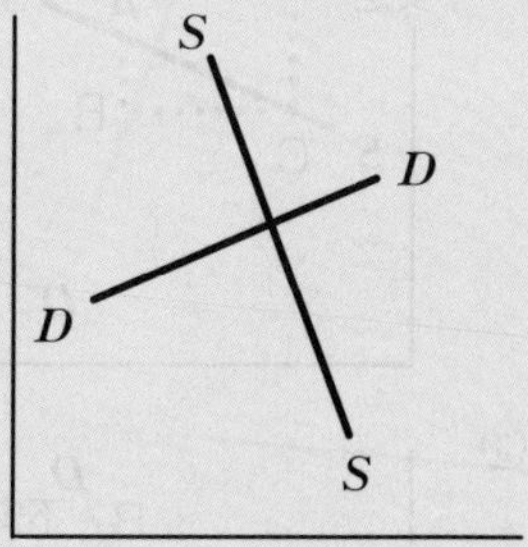

③

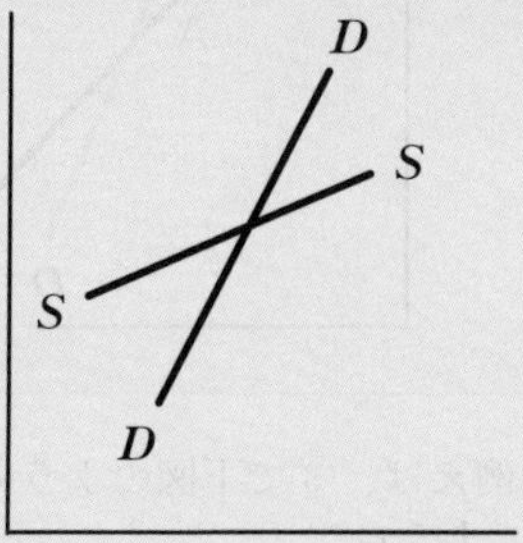

④

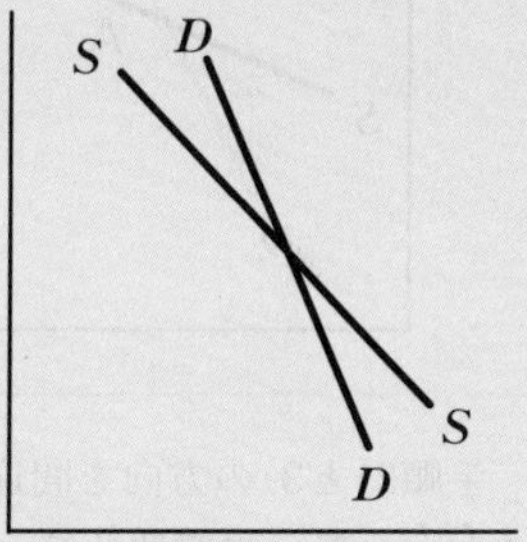

解説

安定条件、|供給曲線の傾き|>|需要曲線の傾き|を満たすのは②だけである。

[参　考]

調整ルールに従って考えてみよう。この場合には、

1)供給曲線上の任意の点から出発して(次の図点A)、

2)真上または真下に需要曲線にぶつかるまで進み(点B)、

3)左または右に供給曲線にぶつかるまで進み(点C)、

4)上記2と3を繰り返し、

需要曲線と供給曲線の交点(均衡)に近づいていけば安定、遠ざかれば不安定となる。

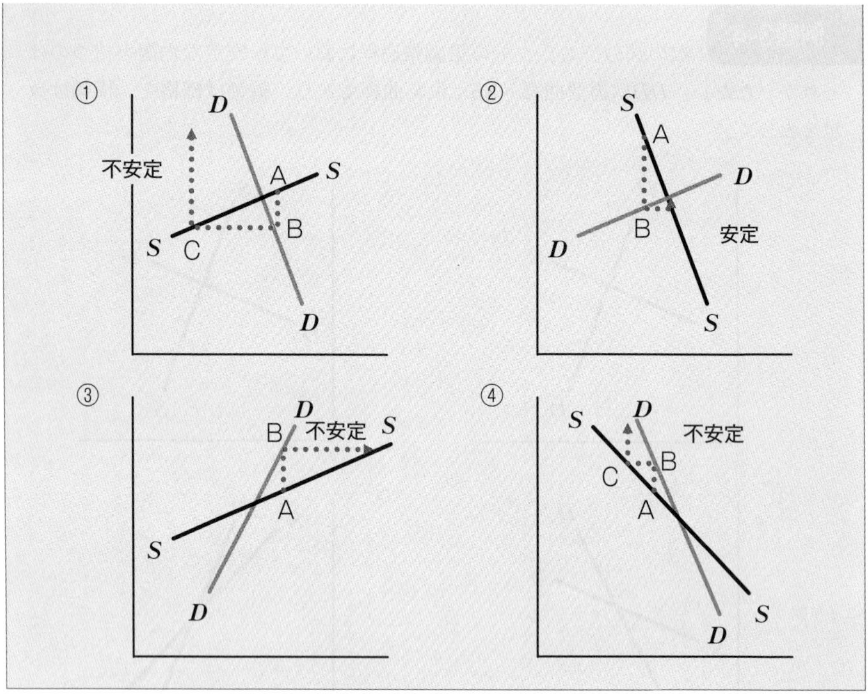

※　手順2)と3)の方向を間違えないこと。例えば、③で下図のように、点Aから左右に動いて需要曲線まで進み(点B)、上下に動いて供給曲線に進み(点C)、とすると、むしろ均衡に近づいていく。

これは正しい手順(調整ルール)に従っていないから、安定とはいえない。

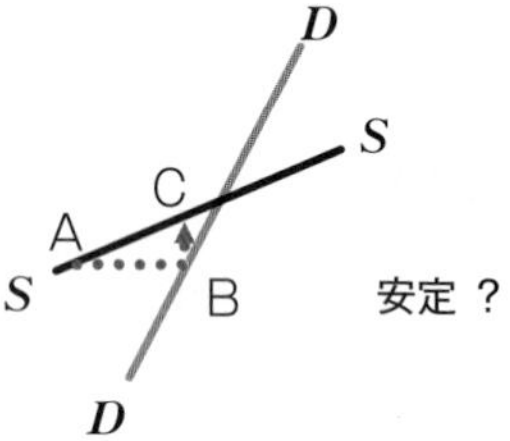

4 需要曲線・供給曲線のシフト

1 需要曲線のシフト

需要曲線は、他の事情(他の財の価格や所得など)を一定として、当該財の価格と需要量の関係を表したものである。当該財の価格以外のものが変わった場合に、需要曲線はシフトする可能性がある。

① 所得の変化

上級財は、すべての財の価格を一定として、消費者の所得が増加したとき需要量が増加し、消費者の所得が減少したとき需要量が減少する財である。

上級財の需要曲線は、所得が増加すると、任意の（すべての）価格水準について、**需要量が増加する**ので、**右方にシフトする**（需要量が増える方向）。ただし、**上方**にシフトする、**右上方**にシフトする、と表現してもよい。

同様に、**所得が減少すると、**任意の（すべての）価格水準について、**需要量が減少する**ので、**左方にシフトする**（需要量が減る方向）。ただし、**下方**にシフトする、**左下方**にシフトする、と表現してもよい。

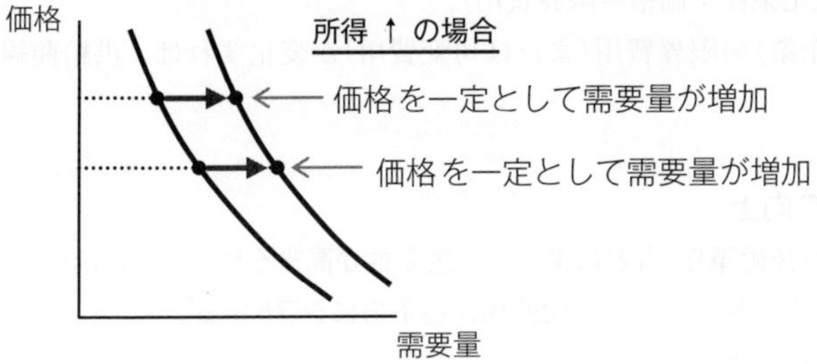

一方（以下、図は省略）、**下級財の需要曲線は、所得が増加すると、**任意の価格水準について、**需要量が減少するから、左下方にシフトする**（需要量が減る方向）。

同様に、**所得が減少すると、**任意の価格水準について、**需要量が増加するから、右上方にシフトする**（需要量が増える方向）。

② 代替財・補完財の価格の変化

当該財の価格と所得を一定として、他の財の価格が上昇したとき、当該財が代替財であれば、その需要量は増加する（∵他の財の需要量は減少）。

同様に、他の財の価格が下落したとき、当該財が代替財であれば、その需要量は減少する（∵他の財の需要量は増加）。

したがって、**代替関係にある財の価格が上昇**すると、**当該財の需要曲線は右上方にシフトし、代替関係にある財の価格が下落**すると、**当該財の需要曲線は左下方にシフトする。**

また、当該財の価格と所得を一定として、他の財の価格が上昇したとき、当該財が補完財であれば、その需要量は減少する（∵他の財の需要量も減少）。

同様に、他の財の価格が下落したとき、当該財が補完財であれば、その需要量は増加する（∵他の財の需要量も増加）。

したがって、**補完関係にある財の価格が上昇**すると、**当該財の需要曲線は左下方にシフトし、補完関係にある財の価格が下落**すると、**当該財の需要曲線は右上方にシ**

フトする。

以上、試験でポピュラーなものを挙げたが、それ以外にも、例えば海外の需要の高まりによっても右上方にシフトしたり(例：日本酒の認知度が海外で向上する)、当該財の価格以外で、明らかに当該財の需要量に影響を及ぼすものは需要曲線をシフトさせる[7]。

2 供給曲線のシフト

供給曲線は、当該財の価格と、限界費用を一致させる供給量の関係を表している(∵利潤最大化条件；価格＝限界費用)。

生産者(企業)の限界費用(または可変費用)が変化すれば、供給曲線はシフトする[8]。

① 生産性の向上

技術進歩(技術革新)などによって、生産性が高まると、任意の価格水準について、より多く生産できるから、**供給曲線は右下方にシフトする**[9]。

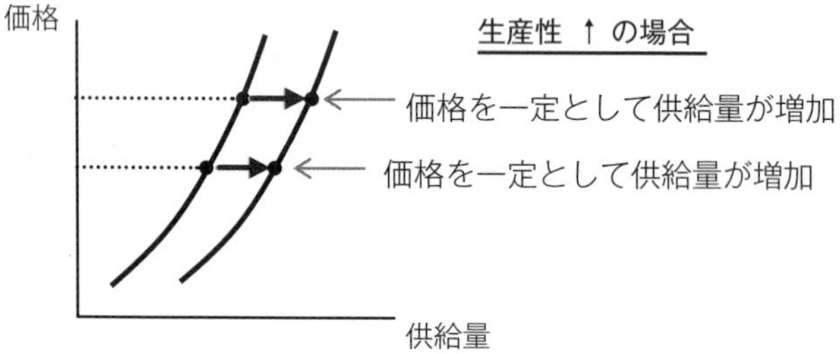

② 生産コストの変化

原材料費の高騰や賃金の上昇は、可変費用および限界費用を増加させるから、任意の価格水準について、供給曲線を左上方にシフトさせる(図は省略)。

同様に、原材料費の下落や賃金の下落は、可変費用および限界費用を減少させるから、任意の価格水準について、供給曲線を右下方にシフトさせる。

---

7 当該財の価格と需要量の関係を表すのが需要曲線だから、当該財の価格の変化は需要曲線に沿った需要量の変化となる（シフトしない）。

8 限界費用は、総費用を生産量で微分したものだが、総費用のうち固定費用は一定だから、結局、可変費用を微分したものに等しい。

9 同じ右方向であっても、供給曲線は右上がりだから、上下方向では、右下がりの需要曲線とは逆方向になることに注意。

後述するように、政府による課税によって企業の可変費用(限界費用)が増加する場合、供給曲線は左上方にシフトする。

逆に、政府から生産補助金が支給され、企業の可変費用(限界費用)が減少する場合、供給曲線は右下方にシフトする。

例題3-5

次の(ア) ～ (ウ)のうち、変化後の均衡価格が確実に上昇するものはどれか。ただし、右下がりの需要曲線と右上がりの供給曲線を用いるものとする。

(ア) 当該財が上級財で、家計の所得が倍増する。

(イ) 家計の消費について、補完関係にある財の価格が上昇する。

(ウ) 当該財が下級財で家計の所得が増加し、かつ、この財を生産するための電気料金が値上げされる。

解説

(ア)需要曲線が右上方にシフトし、供給曲線はシフトしない。したがって、均衡における価格は上昇する。

(イ)補完関係にある財の価格が上昇すると、その財の需要量は減少し、組み合わせて消費される当該財の需要量も減少するから、その需要曲線は左下方にシフトし、均衡価格は下落する。

(ウ)所得が増加すると、下級財の需要量は減少するから、需要曲線は左下方にシフトする(均衡価格を引き下げる効果)。他方、生産コストの増加により、供給曲線は左上方にシフトする(均衡価格を引き上げる効果)。

ここでは、各曲線のシフトの程度が不明なため、均衡価格が確実に上昇するとは言えない。

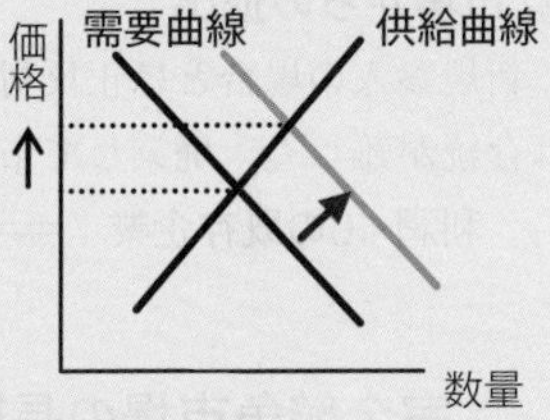

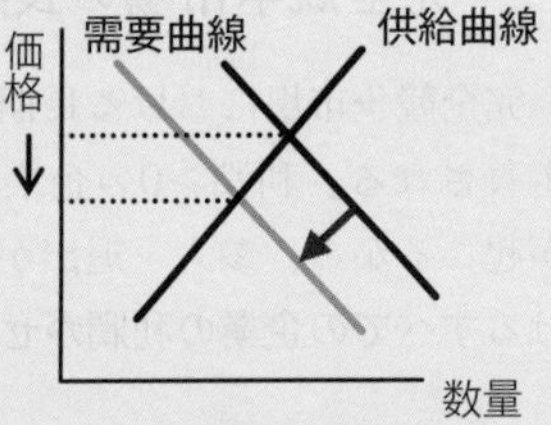

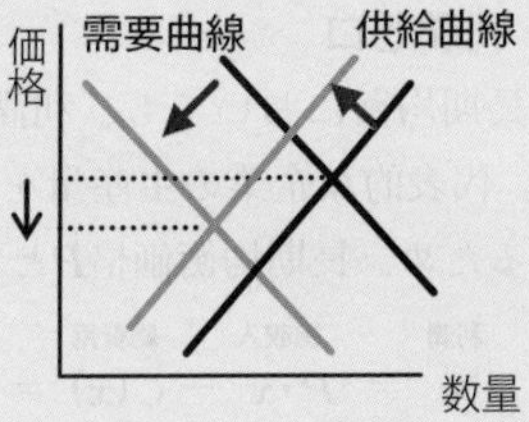

この図では均衡価格が下落している

5 長期均衡

1 参入と退出

完全競争市場において、長期的には、新たに参入する企業や廃業する企業が現れる。これを**参入・退出の自由**があるという。

① 市場への（新規）参入

市場が完全に競争的である場合(完全競争市場)、誰もが全く同じ財(同質的な財)を生産・販売できるという仮定が置かれる。

短期的にプラスの利潤を稼ぐ企業があれば、「自分も同じ商品を発売して儲けよう」と、この産業(市場)への新たな参入が生じる。

利潤>0の既存企業の存在 ⟹ 新規参入

② 市場からの退出

新規参入の場合とは正反対に、短期的に利潤がマイナスの既存企業は、長期的には存続が難しく、廃業して市場から退出(撤退)する。

利潤<0の既存企業 ⟹ 退出

2 完全競争市場の長期均衡

完全競争市場における長期均衡は「それ以上、参入と退出が起きない状態」として定義される。利潤>0の企業が存在すると参入が起こり、利潤<0では企業の退出が起こるから、参入・退出が起こらない**長期均衡においては**、その市場で操業を続ける**すべての企業の利潤がゼロ**でなければならない。

① 利潤ゼロ

長期均衡においても、利潤は総収入と総費用の差に等しい。長期の均衡価格をP、代表的な企業の生産量をxとして、利潤がゼロのとき、総収入と総費用が一致するため、長期均衡価格Pと平均費用ACが一致する。

$$\underset{\text{利潤}}{\pi} = \underset{\text{総収入}}{P \cdot x} - \underset{\text{総費用}}{C(x)} = 0 \rightarrow P \cdot x = C(x) \rightarrow P = \frac{C}{x} = AC(x) \cdots (1)$$

② 利潤最大化

利潤の大きさにかかわらず、企業はいつも利潤を最大化する。長期均衡においても、利潤最大化条件が成立する。

$$P = \overset{\text{限界費用}}{MC} \quad \cdots (2)$$

③ 長期均衡価格

長期均衡で成り立つ二つの条件(1)(2)から、**長期均衡価格は(長期の)損益分岐価格**であることが示される。

$$\left.\begin{array}{l} (1)\ \overset{\text{利潤ゼロ}}{P = AC} \\ (2)\ \overset{\text{利潤最大化}}{P = MC} \end{array}\right\} \rightarrow \overset{\text{長期均衡価格}}{P} = \overset{\text{損益分岐価格}}{AC = MC}$$

④ 需要と供給の一致

長期においても、市場の均衡は需要と供給が一致するとき成立する。

例11 図は、完全競争市場における長期的な需要曲線と供給曲線を表している[10]。長期均衡点Aにおける価格水準は100である。

長期均衡価格は各企業の損益分岐価格だから、各企業の操業水準(生産量)は、損益分岐点(平均費用曲線ACと限界費用曲線MCの交点)の数量である。

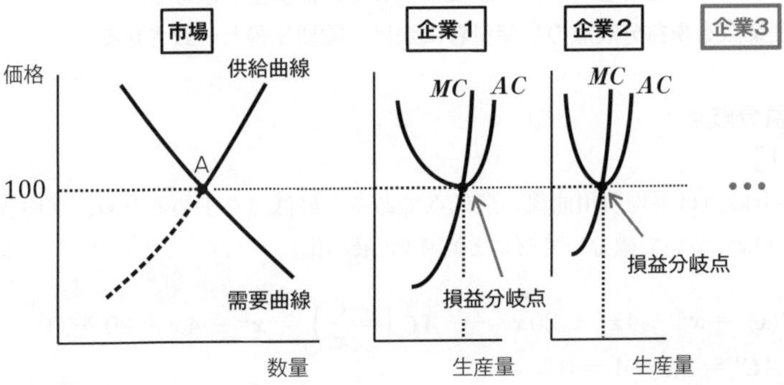

[参　考]

長期均衡に至る過程で、利潤がゼロからマイナスになった時点で、企業は市場から退出する(操業停止)。つまり、長期における操業停止点は、長期の損益分岐点である。

10　以前と同様に、供給曲線は各企業の利潤最大化条件（の水平和）である。

例題3-6 需要曲線が、

$$D(P) = 100 - P$$ [D：需要量、P：価格]

で示される財の市場について、代表的な企業の費用関数が、

$$C(x) = x^3 - 4x^2 + 20x$$ [C：総費用、x：生産量]

で与えられるとする。この市場の長期均衡における企業数はいくらか。ただし、すべての企業の費用関数は同じであるものとする。

解説

ポイント

次の手順で求める。

❶ 代表的な企業の費用関数を使って、損益分岐価格（平均費用＝限界費用）を求める。この過程で、損益分岐点における生産量が分かる。

❷ 長期均衡価格を❶の損益分岐価格として、需要量を求める。

❸ 企業数を損益分岐点の生産量❶にかけ、需要量❷と一致させる。

❶ 損益分岐点

[解法1]

損益分岐点は平均費用曲線の最低点である。最低点を求めるため、平均費用ACを生産量xについて微分してゼロと置く（∵ 最小化）。

$$C(x) = x^3 - 4x^2 + 20x \rightarrow AC\left(= \frac{C}{x}\right) = x^2 - 4x + 20 \cdots (1)$$

$$\rightarrow AC' = 2x - 4 = 0$$

これを解いて、

$$x = 2 \cdots (2)$$

である。

(2)を(1)に代入して求めた平均費用の最小値が損益分岐価格であり、また、長期均衡価格Pである。

$$(1)\quad AC(\underbrace{2}_{x}) = 2^2 - 4 \cdot 2 + 20 = 16 \rightarrow P = 16 \cdots (3)$$

[解法2]

損益分岐点では、限界費用と平均費用が一致する。総費用を生産量について微分すると、限界費用は、

$$C(x) = x^3 - 4x^2 + 20x \ \rightarrow \ MC(=C') = 3x^2 - 8x + 20 \cdots (4)$$

(3)と(4)を一致させて生産量を求めると、(2)を得る(以下、同じ)。

❷ 長期均衡における需要量

(3)を需要関数に代入すると

$$D(P) = 100 - P \xrightarrow{P=16} D(16) = 100 - 16 = 84 \cdots (5)$$

❸ 長期均衡における供給量と企業数

企業数をnとする。費用関数の仮定より、すべての企業は同じ生産量(2)を生産するから、市場全体の供給量Sは、

$$S = n \cdot \underbrace{x}_{(2)} = n \cdot 2 = 2n \cdots (6)$$

長期においても、均衡で供給量(6)と需要量(5)は一致するから、

$$\underbrace{2n}_{(6)S} = \underbrace{84}_{(5)D} \rightarrow n = 42$$

第3章 完全競争市場

重要事項 一問一答

01 ワルラス的調整過程において財の超過供給が生じている場合、どのような調整が行われるか。

財の価格が下落する

02 マーシャル的調整過程において財の超過需要価格が生じている場合、どのような調整が行われるか。

財の数量(供給量)が増加する

03 クモの巣調整過程における安定条件は何か。

|供給曲線の傾き|＞|需要曲線の傾き|

04 上級財の需要曲線は、消費者の所得が増加するとどのようにシフトするか。

右上方にシフト

05 下級財の需要曲線は、消費者の所得が増加するとどのようにシフトするか。

左下方にシフト

06 代替関係にある財の価格が上昇すると、当該財の需要曲線はどのようにシフトするか。

右上方にシフト

07 補完関係にある財の価格が上昇すると、当該財の需要曲線はどのようにシフトするか。

左下方にシフト

08 技術進歩など生産性が向上する場合、供給曲線はどのようにシフトするか。

右下方にシフト

09 生産コスト（可変費用・限界費用）が増加すると、供給曲線はどのようにシフトするか。

左上方にシフト

10 完全競争市場の長期均衡においては、操業を続けるすべての企業の利潤はいくらになるか。

ゼロ

過去問 Exercise

問題1 ある財の需要曲線と供給曲線が、それぞれ以下のように与えられている。

$D=120-3p$

$S=2p$

ただし、D は需要量、S は供給量、p は価格である。このとき、均衡点における需要の価格弾力性（絶対値）はいくらか。

国家一般職2016

1. 0.5
2. 1
3. 1.5
4. 2
5. 3

解説

正解 ③

[解法1]

均衡において需要と供給が一致するから、

$$\underbrace{2p}_{S} = \underbrace{120 - 3p}_{D} \rightarrow 5p = 120 \rightarrow p = 24$$

このとき、需要量は、

$$D = 120 - 3 \cdot \underbrace{24}_{p} = 120 - 72 = 48$$

また、$|\Delta D/\Delta p| = 3$（∵ 1次式）だから、均衡における需要の価格弾力性eは、

$$e = \left|\frac{\Delta D}{\Delta p}\right| \cdot \frac{p}{D} = 3 \cdot \frac{24}{48} = \frac{3}{2} = 1.5$$

[解法2]

供給曲線が正比例の直線だから、

$$S = 2p \rightarrow 2p = S \rightarrow \frac{p}{S} = \frac{1}{2}$$

均衡において$D=S$が成り立ち、また、$|\Delta D/\Delta p| = 3$だから、

$$e = \left|\frac{\Delta D}{\Delta p}\right| \cdot \frac{p}{D} = \left|\frac{\Delta D}{\Delta p}\right| \cdot \frac{p}{S} = 3 \cdot \frac{1}{2} = \frac{3}{2}$$

問題2　次の図ア～オは、縦軸に価格を、横軸に需要量・供給量をとり、市場におけるある商品の需要曲線を DD、供給曲線を SS で表したものであるが、このうちワルラス的調整過程において市場均衡が安定であり、かつ、マーシャル的調整過程において市場均衡が不安定であるものを選んだ組合せとして、妥当なのはどれか。

特別区Ⅰ類2018

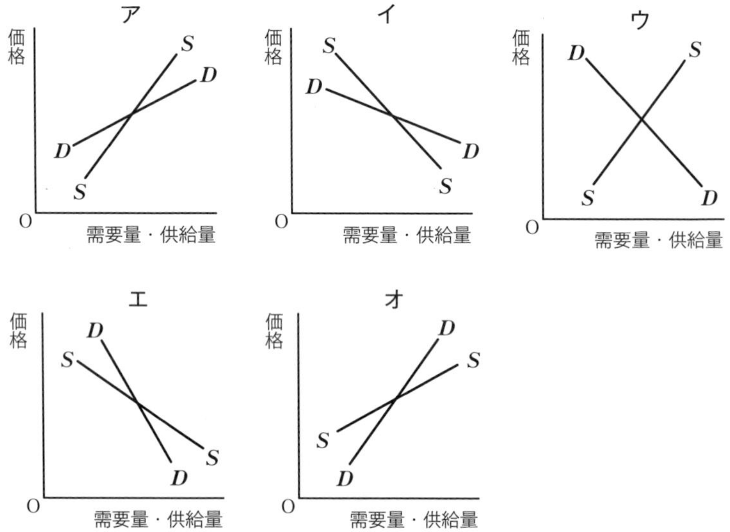

1. ア、ウ
2. ア、エ
3. イ、エ
4. イ、オ
5. ウ、オ

解説

正解 4

ワルラス的調整過程では、超過需要($D>S$)が発生したとき価格Pが上昇し、超過供給($D<S$)ならば価格が下落する。

調べる均衡点はすべて交点だから、超過需要または超過供給のどちらか一方を調べれば十分である。均衡価格(赤い線)より下側で超過需要が発生しているものを探すと、**イ・ウ・オ**が該当するから、これらはワルラス的に安定である。

マーシャル的調整過程では、DDの高さ$>SS$の高さ(超過需要価格)のとき数量が増加する(不等号が逆のとき、数量が減少)。不安定なものを**イ・ウ・オ**から選べばよいから、均衡数量(破線)より右側でDDの高さ$>SS$の高さとなるものを選べばよい。該当するのは、**イ・オ**である。

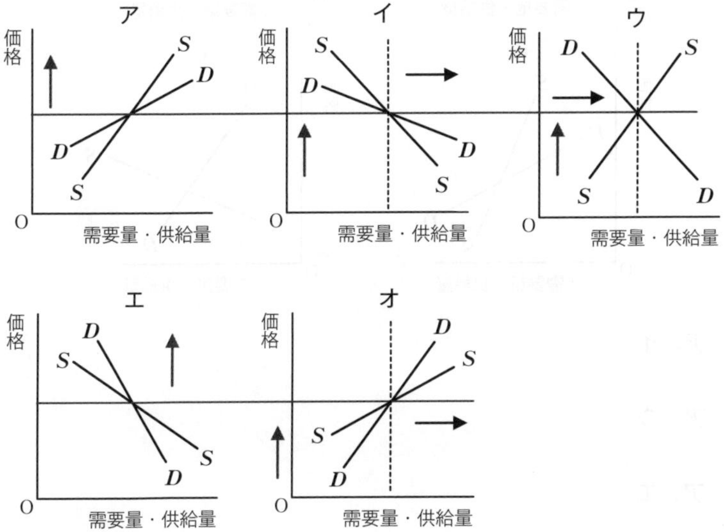

問題3　次の図ア～エは、縦軸に価格を、横軸に需要量・供給量をとり、市場におけるある商品の需要曲線を*DD*、供給曲線を*SS*で表したものであるが、このうちクモの巣の調整過程において、市場均衡が不安定である図の組合せとして、妥当なのはどれか。

特別区Ⅰ類2017

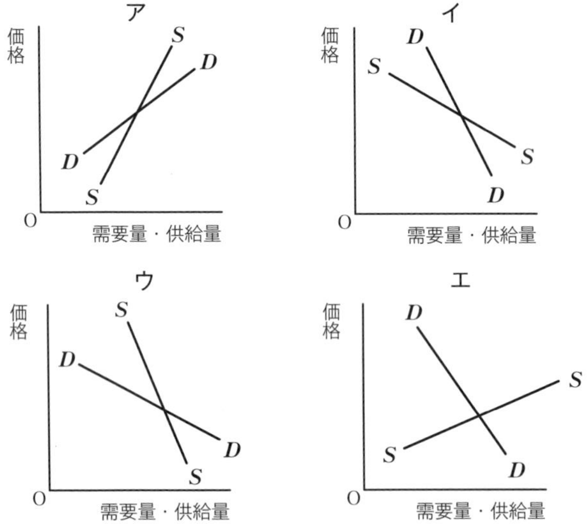

1. ア、イ
2. ア、ウ
3. ア、エ
4. イ、ウ
5. イ、エ

解説

正解 5

傾き方(|傾き|)が、*SS*>*DD*であるものは安定であり、*SS*<*DD*であれば不安定だから、イとエが該当する。

問題4 下の図は需要曲線と供給曲線をそれぞれ表したものである。需要曲線と供給曲線のシフトに関する記述として最も妥当なものはどれか。

裁判所一般職2018基礎

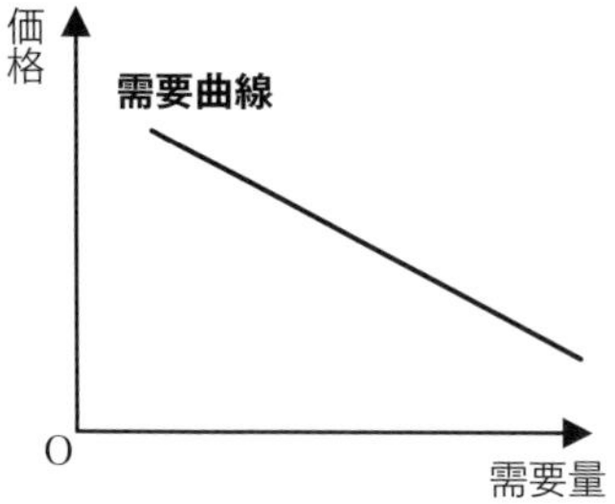

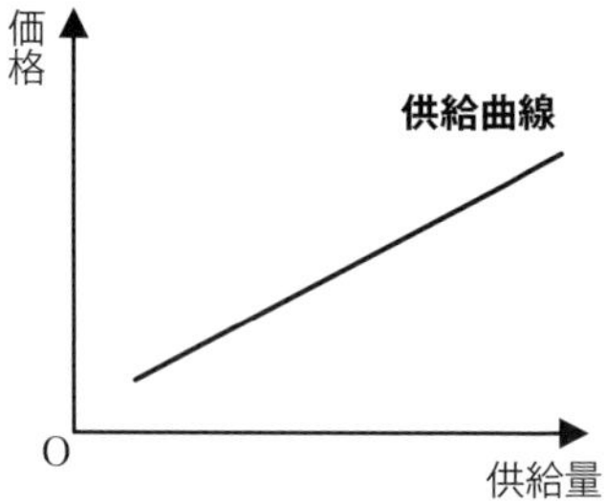

1. 需要曲線が右にシフトする要因として、所得の減少が考えられる。
2. 需要曲線が右にシフトする要因として、貯蓄意欲の増加が考えられる。
3. 需要曲線が右にシフトする要因として、その財の代替財の価格の上昇が考えられる。
4. 供給曲線が左にシフトする要因として、原材料費の下落が考えられる。
5. 供給曲線が左にシフトする要因として、賃金の下落が考えられる。

解説

正解 ❸

❶ × 下級財(劣等財)であれば正しいが、上級財(正常財)ならば左にシフトする。よって、必ずしも正しくない。

❷ × 判定できない(マクロ経済学で学習するものを混入させた出題)。

❸ ○ 代替財の交差弾力性は正だから、代替財の価格が上昇すると、この財の需要曲線は右にシフトする(代替財価格上昇により、代替財の需要量減少、代わりにこの財の需要量が増加する)。

❹ × 供給曲線は企業の限界費用曲線であるから、原材料費の下落は限界費用を低下させ、よって、下方(＝右)に供給曲線をシフトさせる。

❺ × ❹と同様である。

問題5　完全競争市場において、ある財Xを複数の企業が供給している。全ての企業の総費用関数は同一で、

$$C = x^3 - 2x^2 + 3x$$

で表されるものとする。ただし、Cは各企業の総費用、xは各企業の財Xの生産量であり、$x>0$である。
また、財Xに対する市場全体の需要曲線は、

$$D = 16 - 2p$$

で示されるとする。ただし、Dは市場全体の財Xの需要量、pは財Xの価格である。
ここで、この市場へは自由に参入退出が可能であるとき、長期均衡において、企業の数はいくつになるか。

国家一般職2015

1. 12
2. 14
3. 16
4. 18
5. 20

解説

正解 1

完全競争市場の長期均衡価格は、企業の損益分岐価格に一致する。この損益分岐価格は、平均費用の最小値(最低点)だから、平均費用ACを求めて最小化すればよい(微分してゼロと置く)。

$$C = x^3 - 2x^2 + 3x \rightarrow AC\left(=\frac{C}{x}\right) = x^2 - 2x + 3 \rightarrow AC' = 2x - 2 = 0$$

より、損益分岐点における生産量（長期均衡における各企業の生産量）は、

$$x = 1 \cdots (1)$$

である。このときの平均費用ACが長期均衡価格である。

$$AC = x^2 - 2x + 3 = 1^2 - 2 \cdot 1 + 3 = 2(= p) \cdots (2)$$

よって、p=2である。

企業数をnとすると、市場全体の供給量Sは、S=nxであり、(1)よりx=1だから、

$$S = nx = n \cdot 1 = n \cdots (3)$$

長期均衡価格(2)は、市場全体の供給量(3)と需要量Dを一致させる価格だから、

$$\left.\begin{array}{l} D = 16 - 2p \\ (2)\ p = 2 \\ (3)\ S = n \end{array}\right\} \rightarrow \overset{S}{\widetilde{n}} = \overbrace{16 - 2 \cdot \underbrace{2}_{p}}^{D} \rightarrow n = 12$$

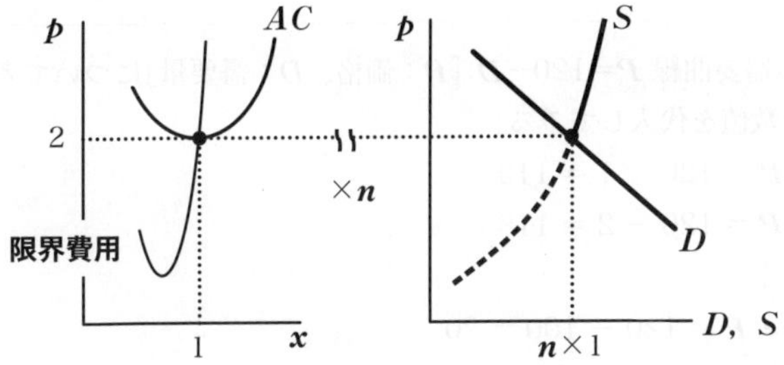

★★★

2 総余剰と政策の効果

本節では、実現した市場均衡を経済学的な見方で評価します。ミクロ経済学の場合、市場均衡における総余剰の大きさを使って、社会的な厚生水準（経済的な厚生水準）を表します。政府による課税などの政策が、総余剰に与える効果を学習します。

1 余剰分析

市場における取引では、価格を媒介として（＝価格を見て）消費者は欲しいだけ財を購入し、生産者は売れるだけ売る。このような市場取引（売買）を、余剰の概念を使って評価する（ここでの「余剰」は増えると良いもの。「余剰人員」のように、「余っていて、不要だ」という日常的な意味では使わない）。

1 消費者余剰

初めに、消費者について考える。「お買い得」という言葉で表されるように、消費者が「得した」と感じる金額について考える。例えば、価格が1,500円の商品について、「この商品には2,000円の価値がある」（支払ってもよい価格が2,000円）と思っている人は、この商品を実際に買い、「500円得した」と思うだろう。

① 需要曲線の別の見方（支払ってもよい価格）

例1

市場の需要曲線 $P=120-D$ ［P：価格、D：需要量］について考える。需要量に具体的な数値を代入してみる。

$D=1 \rightarrow P=120-1=119$

$D=2 \rightarrow P=120-2=118$

⋮

$D=100 \rightarrow P=120-100=20$

これらの「価格P」は、その1個を買おうとする個人が「支払ってもよいと考える価格」を表している。つまり、需要曲線の高さ（縦軸P）は、消費者が支払ってもよい価格そのものである。

また、消費者が「支払ってもよい」と考える価格(金額)は、その消費によって増加する効用の大きさ(限界効用)を金額で表したものであり、**限界便益・限界評価**とも呼ばれる(「便益」は効用を金額で表したもの、また、「評価」は文字通り、効用を金額で計算(評価)したもの、という意味で用いる)。

② 消費者余剰

例2

財の需要曲線が $P=120-D$、市場価格が60であるとする。このとき、

$$\left.\begin{array}{l} P=120-D \\ P=60 \end{array}\right\} \rightarrow 60=120-D \rightarrow D=60$$

より、市場では60個消費される。

最初の1個を購入した人が支払ってもよいと思う価格(限界便益・限界評価)は、$P=120-1=119$円だから、実際の支払い$P=60$円との差である59円だけ儲かったことになる(得した)。

同様に、2個目を購入した人についても、$P=120-2=118$円支払ってもよいが、$P=60$円しか支払わずに購入でき、58円儲かる。このとき、市場全体では、

1個目の得59円 + 2個目の得58円 = 117円の得

が生じている。

図は20個目について、支払ってもよい価格を限界便益として、需要曲線の高さ

$$P=120-20=100$$

で表している。市場価格($P=60$)が実際に支払われる価格だから、その垂直差40が、20個目を買った人の得を表す。

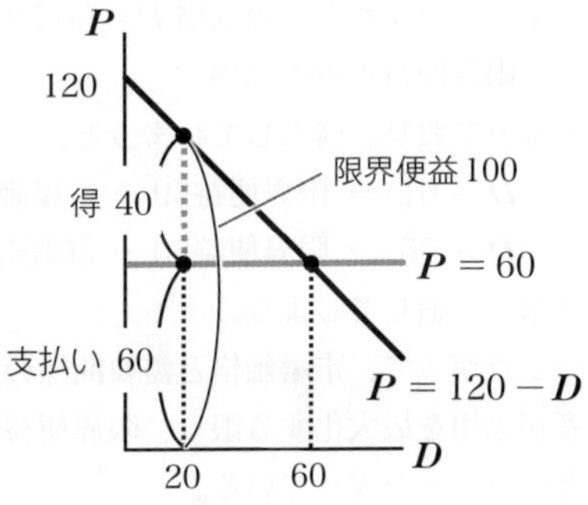

市場価格60円に対して、冒頭で求めた通り、60個まで消費されるから、最初の1個から60個目まで「得」が発生する。

消費者が得した金額(需要曲線と市場価格の垂直差)を集計したものを、この市場における**消費者余剰*CS*** (Consumer's Surplus)という[1]。

次の図においては、**需要曲線**(斜辺)と**市場価格**(底辺)**に囲まれた三角形の面積が消費者余剰*CS*を表す。**

1 消費者余剰は、需要された財1個1個、また、需要した消費者一人一人に対して発生する(つまり、市場全体でなくとも消費者余剰という)。試験中に「個人?全体?」と混同することはなく、文脈で判断できる。

$$CS = 60 \times 60 \div 2 = 1{,}800\ (円)$$

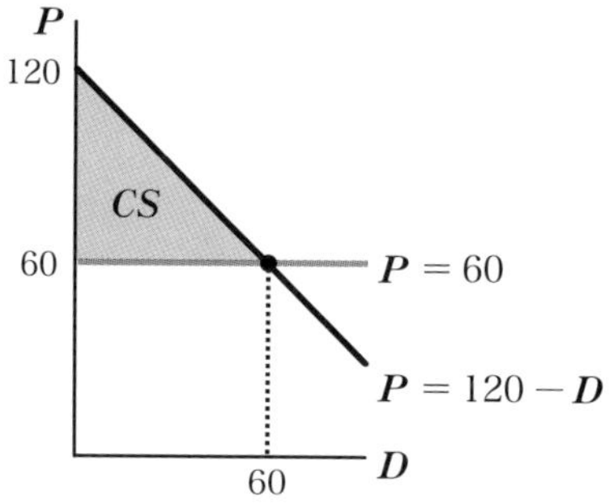

③ 効用最大化との関係

ところで、市場価格P=60のとき、なぜD=60までしか消費されないのだろうか。試しに、D=61（61個目）やD=70（70個目）の消費について、限界便益（支払ってもよい価格）を調べると、

$D = 61 \rightarrow P = 120 - 61 = 59$

$D = 70 \rightarrow P = 120 - 70 = 50$

であり、いずれも市場価格P=60よりも小さい。つまり、

限界便益＜市場価格

となっており、購入してしまうと、

$D = 61$ → 限界便益59 − 市場価格60 = −1

$D = 70$ → 限界便益50 − 市場価格60 = −10

となり、損してしまう。

したがって、市場価格と需要曲線の交点までしか需要しないことは、個々の消費者が効用を最大化する限り、限界便益＜市場価格となるような買い物は誰もしないということを表している。

④ 過剰な消費

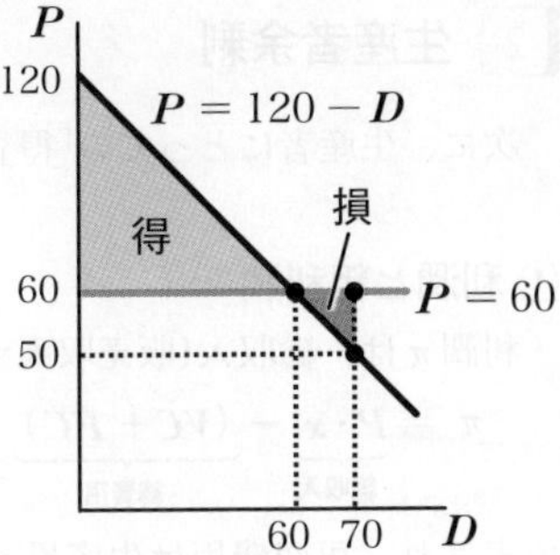

例えば、$D=70$まで消費してしまうと、消費者余剰CSはどうなるだろう。

限界便益＜市場価格となる消費では、その差(垂直差)の分だけ消費者は損をするから、$60<D\leqq 70$について、合計で、$10\times 10\div 2=50$円の損になる。

したがって、消費者余剰CSは$D=60$までの1,800円から50円減って、

$$CS=\underbrace{1{,}800}_{\text{60個まで}}-50=1{,}750$$

つまり、$D=60$がちょうどよく、それより消費が過剰になると、消費者余剰が減少してしまう。

⑤ 過少な消費

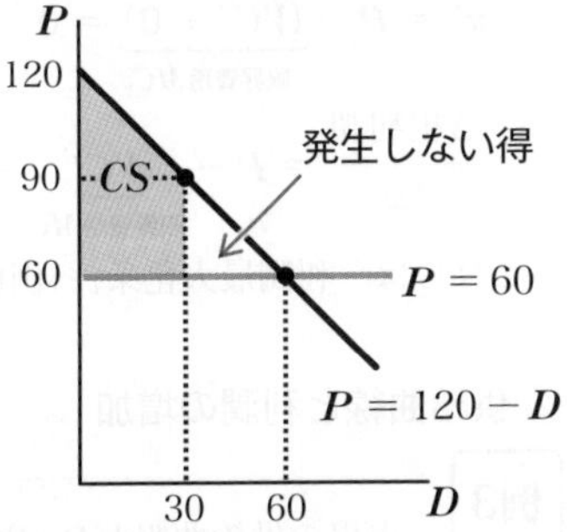

$D=30$しか消費されない場合はどうだろうか。

$30<D<60$について、限界便益＞市場価格だから、その差(垂直差)の分だけ得が発生しないことになる。発生しない得の合計は、$30\times 30\div 2=450$だから、消費者余剰は、

$$CS=\underbrace{1{,}800}_{\text{60個まで}}-450=1{,}350$$

やはり、$D=60$がちょうどよく、それより消費が過少になると、消費者余剰が減少してしまう。

以上より、消費者が効用最大化する限り、市場価格と需要曲線(限界便益)が一致するまで消費し、消費者余剰が最大化されることが示される。よって、

効用最大化 $\iff$ 消費者余剰最大化

と考えることができる。

2 生産者余剰

次に、生産者にとっての「得」を考える。

① 利潤と粗利潤

利潤 π は、総収入（販売収入＝価格 P × 生産量 x）から総費用を除いた次式、

$$\pi = \underbrace{P \cdot x}_{\text{総収入}} - \underbrace{(VC + FC)}_{\text{総費用}} \quad [VC：\text{可変費用}、FC：\text{固定費用}]$$

で表され、可変費用は生産量 x の関数、固定費用は定数である。利潤のうち、生産量に伴い変化する部分を粗利潤といい[2]、固定費用は一定だから考慮しない。

$$\text{粗利潤} = \underbrace{P \cdot x}_{\text{総収入}} - \underbrace{VC}_{\text{可変費用}}$$

利潤を生産量について最大化することと（微分してゼロと置くと）、粗利潤を最大化することは全く同じことである（∵固定費用は不変）。価格 P は一定であり、

$$\pi' = P - \underbrace{(VC' + 0)}_{\text{限界費用}MC} = 0 \quad \rightarrow \quad P = \underbrace{MC}_{VC'}$$

$$\frac{\Delta\text{粗利潤}}{\Delta x} = P - \underbrace{VC'}_{\text{限界費用}MC} = 0 \quad \rightarrow \quad P = \underbrace{MC}_{VC'}$$

これらは、利潤最大化条件（価格＝限界費用）であり、企業の供給曲線である。

② 供給曲線と利潤の増加

例3

市場の供給曲線が $P=2S$、市場価格が $P=60$ であるとする。供給曲線 $P=$ ～の右辺は限界費用 MC を表す。

$$P = \overbrace{2S}^{MC}$$

市場全体の供給曲線であっても限界費用曲線 MC と呼ぶことにする。

市場価格は $P=60$ だから、生産者は供給曲線（利潤最大化条件）から、

$$\left.\begin{array}{l} P = 2S \\ P = 60 \end{array}\right\} \rightarrow \quad 60 = 2S \quad \rightarrow \quad S = 30$$

だけ生産し、供給する。

財を1個供給するたびに、市場価格 $P=60$ 円だけ総収入が増加し、同時に、限界

2　粗利潤は、この企業にとっての生産者余剰である。消費者の場合と同様に、市場全体のものまで同じように生産者余剰と呼ぶ。

費用の分だけ総費用が増加する。1個目、2個目の利潤の増加π'は、

$S=1 \rightarrow \pi'=P-2S=60-2=58$

$S=2 \rightarrow \pi'=P-2S=60-4=56$

となる。15個目について図示すると、総収入が60円増加するのに対して、総費用は限界費用の大きさ$MC=2S=30$円だけ増加する。

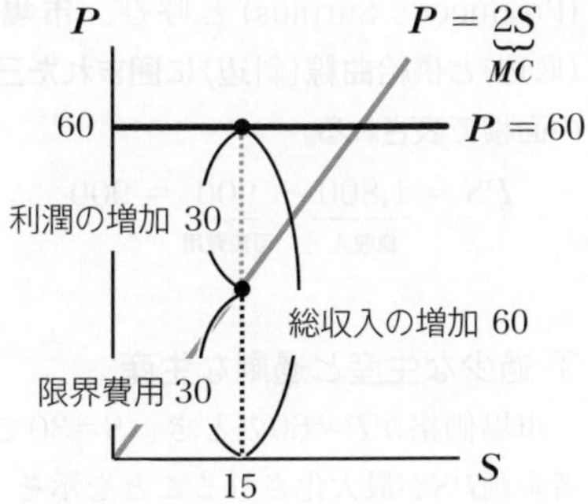

利潤の増加は、総収入の増加から総費用の増加を除いた

$\pi'=P-MC=60-30=30$

であり、市場価格の水準$P=60$と供給曲線（限界費用曲線）の垂直差として表される。

なお、固定費用FCは一定だから、総費用TCの増加（限界費用MC）は、可変費用VCの増加に常に等しい。

$TC=VC+\underbrace{FC}_{\text{定数}} \rightarrow \underbrace{TC'}_{MC}=VC' \rightarrow MC=VC$の増加

---

③ 生産者余剰

市場の供給曲線$P=2S$について、市場価格が$P=60$のとき、生産者全体で$S=30$まで財を供給する。

生産者全体の総収入は、タテ（価格）60とヨコ（供給量）30の長方形の面積で表され、上記の総収入の増加を集計したものである。

他方、上記の総費用の増加（限界費用、供給曲線の高さ）を集計したものは、供給曲線の下部面積（三角形）で表される（底辺30、高さ60）。生産量が増えるとき、増加するのは可変費用だから、この面積は可変費用を集計したものである。

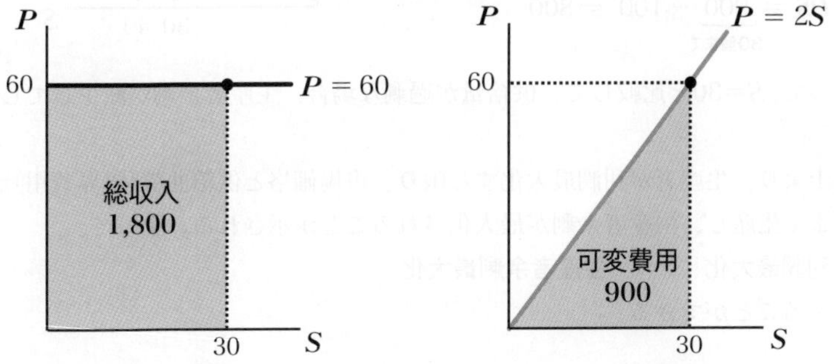

市場全体の総収入から可変費用を引くと、各企業の粗利潤を集計したものになり(∵粗利潤＝総収入－可変費用)、この大きさをこの市場における**生産者余剰*PS***(Producer's Surplus)と呼び、**市場価格(底辺)と供給曲線(斜辺)に囲まれた三角形の面積で表される。**

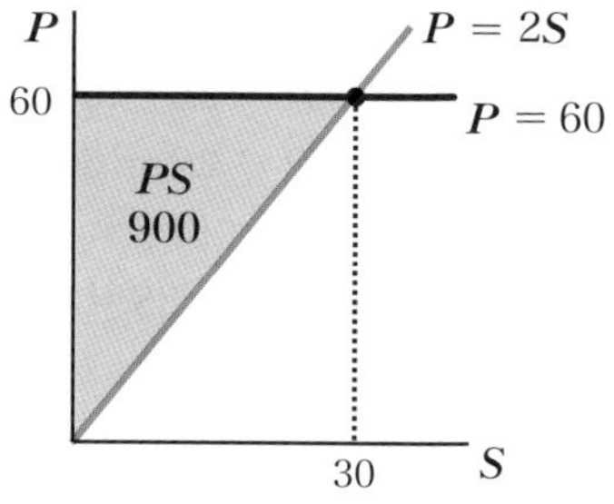

$$PS = \underbrace{1{,}800}_{\text{総収入}} - \underbrace{900}_{\text{可変費用}} = 900$$

④ 過少な生産と過剰な生産

市場価格がP=60のとき、S=30で生産者余剰PSが最大化されることを示そう。

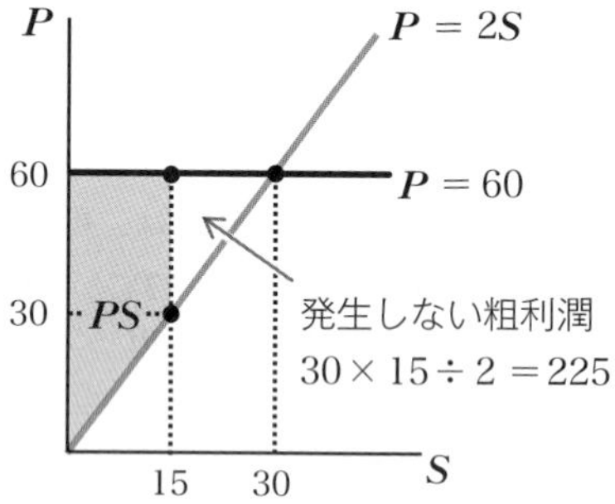

S=15しか生産されないとする。市場価格(総収入の増加)＞限界費用が成り立つ供給量が15＜S＜30の範囲で粗利潤が発生しないから、生産者余剰は、

$$PS = \underbrace{900}_{\text{30個まで}} - 225 = 675$$

となり、PS=900 (S=30) より小さい。

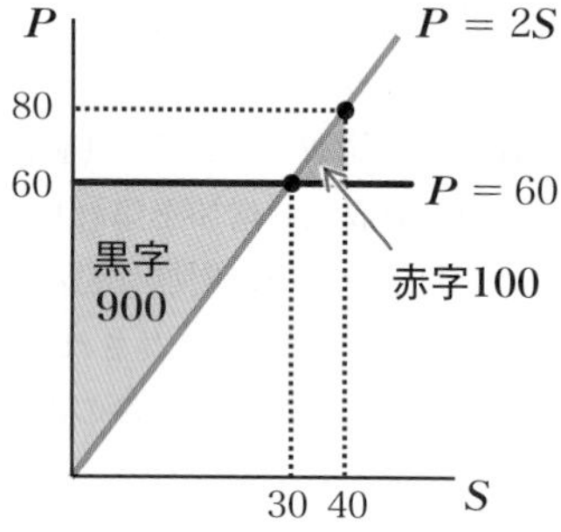

次に、S=40まで供給する場合を考える。この場合、30＜S≦40の範囲では、市場価格＜限界費用であり、生産すると粗利潤の赤字が発生してしまう。S=30まで発生した粗利潤の黒字から、この赤字を引いた大きさが生産者余剰PSである。

$$PS = \underbrace{900}_{\text{30個まで}} - 100 = 800$$

よって、S=30と比較して、供給量が過剰な場合、生産者余剰が減少してしまう。

以上より、生産者が利潤最大化する限り、市場価格と供給曲線(限界費用)が一致するまで生産し、生産者余剰が最大化されることが示される。よって、

利潤最大化 ⟺ 生産者余剰最大化

と考えることができる。

3 市場均衡と総余剰

第1節で学習したとおり、市場の需要曲線と供給曲線の交点において市場が均衡する。ここでは、市場均衡における総余剰(社会的余剰)を厚生水準 W (Welfare) として求めてみよう。

ここでの「社会」は、消費者、生産者および政府からなる。

総余剰 W = 消費者余剰 CS + 生産者余剰 PS + 政府の収入 − 政府の支出

ここで、政府は国民のために活動するので、その収入は足し、支出は引く。

ただし、右辺のどの項についても発生しないことがあり、その場合にはゼロとして、勘案しなくてよい。ここでは、政府自体が登場しないので、最後の二つの項はない。

① 市場均衡と消費者余剰・生産者余剰

例4

X財市場における需要関数と供給関数が次の式で与えられている。

$D = 120 - P$

$S = 2P - 30$ ［D：需要量、P：価格、S：供給量］

均衡において、需要と供給が一致する。

$$\overbrace{2P - 30}^{S} = \overbrace{120 - P}^{D} \rightarrow P = 50 \rightarrow \begin{cases} S = 2 \cdot \overbrace{50}^{P} - 30 = 70 \\ D = 120 - \underbrace{50}_{P} = 70 \end{cases}$$

よって、均衡は点A(70, 50)である。

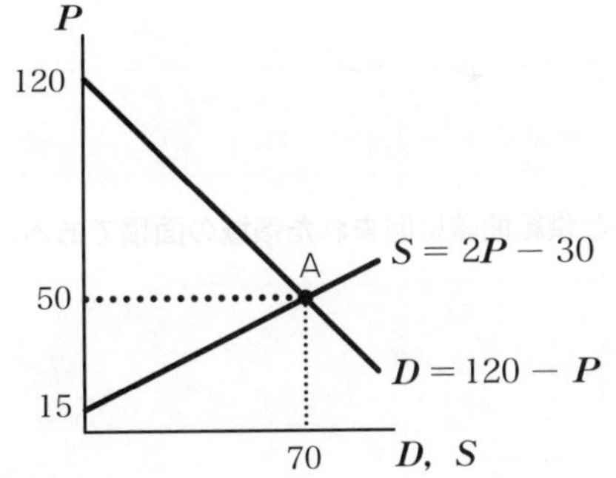

次に、消費者余剰 CS と生産者余剰 PS を求める。各関数を「P=〜」に直し、数量を x で置き換えよう。

$$P \rightarrow P = 120 - \underbrace{D}_{x} \rightarrow P = 120 - x \cdots (D)$$

$$P - 30 \rightarrow P = \frac{1}{2}\underbrace{S}_{x} + 15 \rightarrow P = \frac{1}{2}x + 15 \cdots (S)$$

余剰CSは、均衡価格50と需要曲線(D)に囲まれた三角形の面積で、生産
PSは、均衡価格50と供給曲線(S)で囲まれた三角形の面積で表される。

$$CS = \frac{(120 - 50) \times 70}{2} = \frac{4{,}900}{2} = 2{,}450$$

$$PS = \frac{(50 - 15) \times 70}{2} = \frac{2{,}450}{2} = 1{,}225$$

したがって、総余剰Wは、

$$W = CS + PS = 2{,}450 + 1{,}225 = 3{,}675$$

もちろん、初めから大きな三角形$(CS+PS)$の面積を求めてもよい。

$$W = CS + PS = \frac{(120 - 15) \times 70}{2} = 105 \cdot 35 = 3{,}675$$

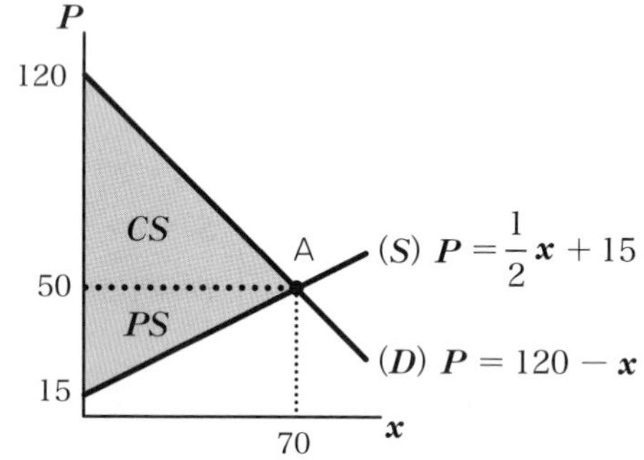

ポイント

総余剰は需要曲線と供給曲線に囲まれた領域の面積である。

例題3-7　需要関数と供給関数が次に示されている。

$D(P)=80-P$

$S(P)=P$　［D：需要量、S：供給量、P：価格］

均衡における消費者余剰、生産者余剰、総余剰はそれぞれいくらか。

解説

数量をxとし、均衡を求めると、

$$\left.\begin{array}{ll}(D) & x=80-P \\ (S) & x=P\end{array}\right\} \rightarrow \overbrace{P}^{(S)}=\overbrace{80-P}^{(D)} \rightarrow P=40 \rightarrow (S)\ x=40$$

消費者余剰CSは、需要曲線$(D)P=80-x$と価格水準$P=40$に囲まれた面積だから、

$$CS=\frac{(80-40)\times 40}{2}=800$$

また、生産者余剰PSは、供給曲線$(S)P=x$と価格水準$P=40$に囲まれた面積だから、

$$PS=\frac{40\times 40}{2}=800$$

総余剰Wは、これらの和である。

$$W=CS+PS=800+800=1,600$$

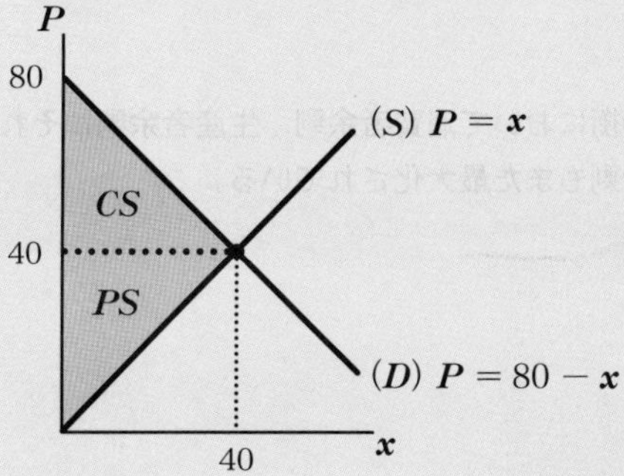

② 市場均衡において総余剰は最大化される

価格＜限界便益（需要曲線が価格より上にある範囲）である限り、財を購入して消費すれば、消費者余剰は増加する。逆に、価格＞限界便益（需要曲線が価格より下にある範囲）のとき、財を購入・消費すると、消費者余剰は減少する。市場均衡において（図左）、消費者は均衡価格水準と需要曲線の交点まで財を需要するから、価格＞限界便益となる消費者は一人もおらず、また、価格＜限界便益である消費者は全員が財を需要している。よって、これ以上、消費者余剰が大きくなることはない。

また（図右）、生産者は、均衡価格水準と供給曲線の交点まで財を供給する。価格＜限界費用（生産者余剰の減少）となる生産者は一人もおらず、また、価格＞限界費用となる生産者は全員が財を生産している。したがって、これ以上、生産者余剰を大きくすることはできない。

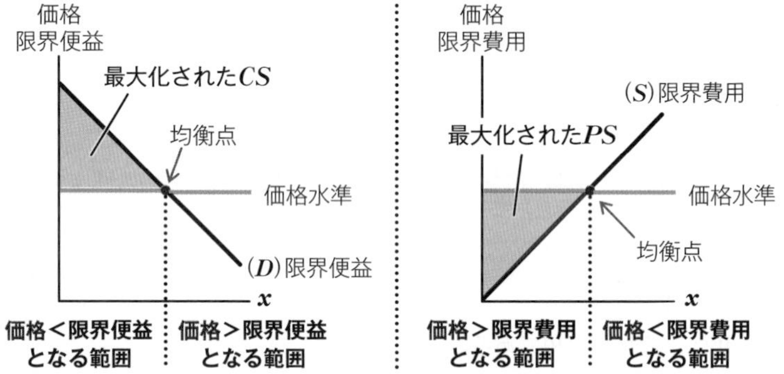

ポイント

完全競争市場の均衡において消費者余剰、生産者余剰はそれぞれ最大化され、これらの和である総余剰もまた最大化されている。

③ 総余剰の別の測り方

例5

　需要曲線(限界便益)、供給曲線(限界費用)を、棒グラフを使って考えよう。数量は横軸、限界便益や限界費用は縦軸に測る。

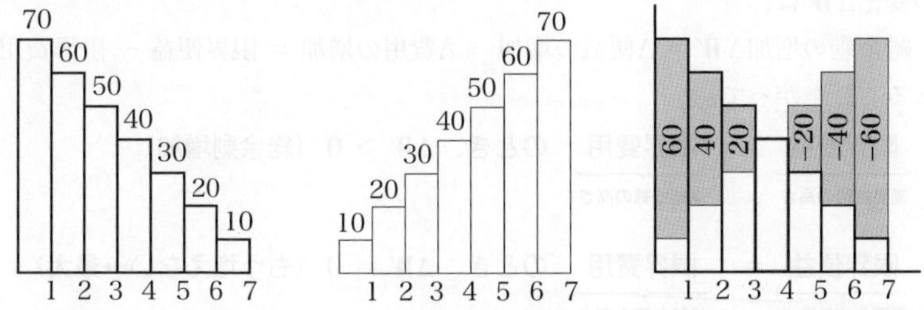

(a)需要曲線（限界便益）　(b)供給曲線（限界費用）　(c)限界便益－限界費用

財	(a)便益の発生	(b)費用の発生	(c)総余剰の変化
1	70	10	60
2	60	20	40
3	50	30	20
4	40	40	0
5	30	50	−20
6	20	60	−40
7	10	70	−60

　1個目の消費によって便益が70増加するのに対し、これを生産するのに費用が10発生する。よって、社会的には60だけ余剰が増加する。

　このように、社会全体で考える場合、価格は必要ない。これは次の理由による。均衡価格を40として、1個目の消費者余剰と生産者余剰を考え、これらを足し合わせて1個目の社会的な余剰を求めると、

$$\textbf{1個目の社会的余剰} = \overbrace{(\underset{\text{限界便益}}{70} - \underset{\text{価格}}{40})}^{\text{1個目の消費者余剰}} + \overbrace{(\underset{\text{価格}}{40} - \underset{\text{限界費用}}{10})}^{\text{1個目の生産者余剰}} = \underset{\text{限界便益}}{70} - \underset{\text{限界費用}}{10} = 60$$

　消費者の支払う40円は、生産者の収入40円になる。どちらも同じ社会に含まれるから、社会にとっては、相殺されてゼロとなる(40円の持ち主が変わっただけ)。

　よって、社会全体の総余剰を考える場合には、需要曲線(限界便益)、供給曲線(限界費用)、そして、どれだけ生産・消費されるのかに気を向けよう。

　社会全体としては、限界便益＞限界費用である限り、生産・消費することで総余剰は増加し、限界便益＜限界費用のときに生産・消費すると、総余剰は減少する。

総余剰$\boldsymbol{W}$を、

$\boldsymbol{W}$ = (社会的な)便益 − (社会的な)費用

とすると、生産することで社会的に費用が増加し(∵資源を使う)、生産したものを消費することで便益が増加する(∵効用が高まる)。財を生産・消費したとき、総余剰の変化Δ$\boldsymbol{W}$は、

総余剰の増加Δ$\boldsymbol{W}$ = Δ便益の増加 − Δ費用の増加 = 限界便益 − 限界費用

である。したがって、

$\underbrace{\text{限界便益}}_{\text{需要曲線の高さ}} > \underbrace{\text{限界費用}}_{\text{供給曲線の高さ}}$ のとき、ΔW > 0 (総余剰増加)

$\underbrace{\text{限界便益}}_{\text{需要曲線の高さ}} = \underbrace{\text{限界費用}}_{\text{供給曲線の高さ}}$ のとき、ΔW = 0 (もう増えない→最大)

$\underbrace{\text{限界便益}}_{\text{需要曲線の高さ}} < \underbrace{\text{限界費用}}_{\text{供給曲線の高さ}}$ のとき、ΔW < 0 (総余剰減少)

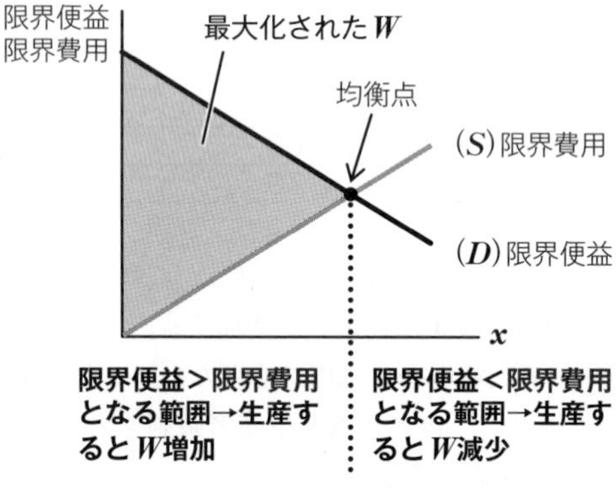

2 政府による課税と厚生損失

政府はさまざまな形で国民に税を課す。ここでは、財の取引(売買)に際して、企業(生産者)を納税義務者として課税するケースを学ぶ。

代表的な三つの課税方法として、生産量や価格に関係なく一定額が課される**定額税**、生産量(数量)に比例して課される**従量税**、価格に比例して課される**従価税**が挙げられる。

ここでは、課税によって、企業の利潤最大化条件(供給曲線)がどのように影響を受けるかを考慮し、市場の供給曲線に対する影響を検討する。

企業の利潤πは、総収入TRから総費用TCを引いたもので表される。納税額をT(Tax)とすると、課税後の利潤(π_tとする)は、

$$\pi_t = TR - TC - T$$

となる。

1 定額税の効果

定額税の場合、納税額Tは、生産量にも価格にも関係なく一定(定数)である。総費用TCは可変費用VCと固定費用FCに分けられるから、課税後の利潤π_tは、

$$\begin{aligned}\pi_t &= (TR - TC) - T \\ &= P \cdot x - (TC + T) \quad [P\text{：財の価格(定数)、}x\text{：財の生産量}] \\ &= P \cdot x - (VC(x) + FC + T)\end{aligned}$$

となる。

例6

$P=100$、$VC(x)=x^2$、$FC=100$、定額税40とする。課税前の利潤πを最大化すると(微分してゼロと置く)、

$$\pi = \underbrace{100}_{P}x - (\underbrace{x^2}_{VC} + \underbrace{100}_{FC}) \rightarrow \pi' = \underbrace{100}_{P} - \underbrace{MC(x)}_{VC'} - \underbrace{0}_{\text{定数項の微分}} = 0$$

$$\rightarrow \underbrace{100}_{P} = MC(x) \cdots (1)$$

であり、これが利潤最大化条件であった。

これに対し、課税後の利潤π_tは、総費用に定額税も加えて、

$$\pi_t = \underbrace{100}_{P}x - (\underbrace{x^2}_{VC} + \underbrace{100}_{FC} + \underbrace{40}_{T}) = \underbrace{100}_{P}x - \underbrace{x^2}_{VC} - \underbrace{140}_{FC+T}$$

定額税は、企業にとって固定費用が増えるのと同じことである(あたかも$FC=100$が$FC=140$になったかのように見える)。

課税後の利潤π_tを生産量xについて微分してゼロと置くと(∵利潤最大化)、

$$\pi'_t = \underbrace{100}_{P} - \underbrace{MC(x)}_{VC'} - \underbrace{0}_{\text{定数項の微分}} = 0 \rightarrow \underbrace{100}_{P} = MC(x) \cdots (1)\text{と同じ}$$

であり、定額税を課税されても利潤最大化条件は全く変わらない。よって、最適な生産量(供給量)も課税前後で変わらない。

個々の企業の供給曲線に影響を与えないため、それらを集計した市場の供給曲線もまた何の影響も受けない。

2 従量税の効果

次に従量税について考えよう。財の生産1個当たりt円(定数)を課税すると、納税額は$T=t\cdot x$であり、企業の利潤は、

$$\pi_t = P\cdot x - \overbrace{(VC(x) + FC + \underbrace{t\cdot x}_{T})}^{\text{課税後の総費用}}$$

と表せる($t=0$とすると課税前の利潤$\pi = P\cdot x - (VC(x) + FC)$になる)。納税額$t\cdot x$は生産量$x$の1次式だから、従量税は可変費用$VC$を増やすのと同じ効果がある。

生産量xについて最大化すると(微分してゼロと置く)、

$$\pi'_t = P - (MC(x) + t) = 0 \quad \rightarrow \quad P = MC(x) + t \text{ … 課税後の供給曲線}$$

となって、課税後の供給曲線は、課税前の供給曲線 $P = MC(x)$(課税後の供給曲線で$t=0$としたもの)よりも、従量税tの分だけ大きくなる。財を1個販売するたびに従量税t円を納税しなければならないから、課税後の限界費用は、この分大きくなる。

同じ財を生産する企業すべてに対して、同じt円が課されるから、市場全体の課税後の供給曲線も、従量税の分だけ大きくなる。

ポイント

従量税 t (>0)が課されると、供給曲線「$P=$～」の右辺は、従量税の分だけ大きくなって、「$P=$～$+t$」となる。課税後の供給曲線は、元の供給曲線を従量税 t の分だけ上方に平行シフトさせたものである[3]。

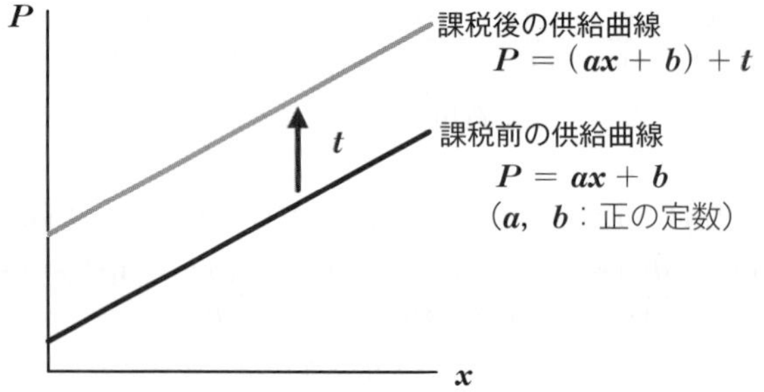

3 図の二本の供給曲線は、どちらも傾きがaであり(∴平行)、どの供給量についても、一律tだけ価格が高い。

例7

市場の需要曲線と供給曲線が次に示されている。

$D(P) = 120 - P$

$S(P) = P$　　　　［D：需要量、S：供給量、P：価格］

課税前の需要曲線と供給曲線は、数量をxで置き換えて、

$$(D)\ \underbrace{x}_{D} = 120 - P \rightarrow P = 120 - x$$

$$(S)\ \underbrace{x}_{S} = P \rightarrow P = \underbrace{x}_{MC}$$

供給曲線(S)は各企業の利潤最大化条件を供給量について集計したものであり、本書では、右辺を「課税前の限界費用MC」とする。

企業に対して、政府が財の生産1単位当たり40を課税すると課税後の供給曲線(S_tとする)は、課税前の限界費用MCに従量税$t=40$を足したもので表される。

$$(S_t)\ P = \underbrace{x}_{MC} + \underbrace{40}_{t}$$

なお、この価格Pは、税込価格であり(∵右辺に従量税)、企業は、文字通り「税を上乗せして」販売する。

① 課税前後の市場均衡

課税前の均衡は、

$$\left.\begin{array}{l}(D)\ P = 120 - x \\ (S)\ P = x\end{array}\right\} \rightarrow \overbrace{x}^{(S)} = \overbrace{120 - x}^{(D)}$$

$\rightarrow x = 60$ (x^*とする)　(S)に代入　$P = 60$ (P^*とする)

また、課税後の均衡は、

$$\left.\begin{array}{l}(D)\ P = 120 - x \\ (S_t)\ P = x + \underbrace{40}_{t}\end{array}\right\} \rightarrow \overbrace{x + \underbrace{40}_{t}}^{(S_t)} = \overbrace{120 - x}^{(D)}$$

$\rightarrow x = 40$ (x_tとする)　(S_t)に代入　$P = 80$ (P_tとする)

である[4]。

4　課税後にも、需要と供給は同じ40で一致する。

第3章 完全競争市場

② 消費者価格の上昇

課税前の均衡は点Aで、課税後の均衡は点Bで示される。

消費者が財1個に支払う金額を**消費者価格**という。課税により、消費者価格は$\boldsymbol{P^*}=60$から、**税込価格**$\boldsymbol{P_t}=80$に上昇し、(需要曲線が右下がりのため)需要量は、$\boldsymbol{x^*}=60$から$\boldsymbol{x_t}=40$に減少する。このため、消費者余剰$\boldsymbol{CS}$は、課税によって(イ＋ウ)だけ減少する。

$$\underbrace{ア}_{CS(x_t)} - \overbrace{(ア+イ+ウ)}^{CS(x^*)} = -(イ+ウ)$$

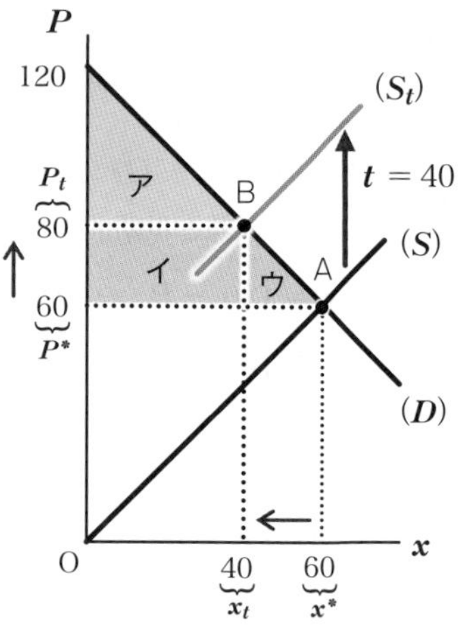

ア・イ・ウは三角形と四角形の面積

ポイント

需要曲線が右下がりである限り、課税によって消費者価格が上昇すると、消費者余剰は減少する。

③ 政府の税収

財1個あたり$\boldsymbol{t}=40$が政府の収入となる(租税収入)。

図では、課税後の均衡点Bから真下に$\boldsymbol{t}=40$だけ下がると、課税前の供給曲線(S)上に点Cが見つかる。このときBCの長さは$\boldsymbol{t}=40$に等しい。BCに課税後の数量$\boldsymbol{x_t}=40$をかけた大きさが**税収**$\boldsymbol{T}$に等しい。

$$T=\underbrace{40}_{t}\cdot\underbrace{40}_{x_t}=イ+エ$$

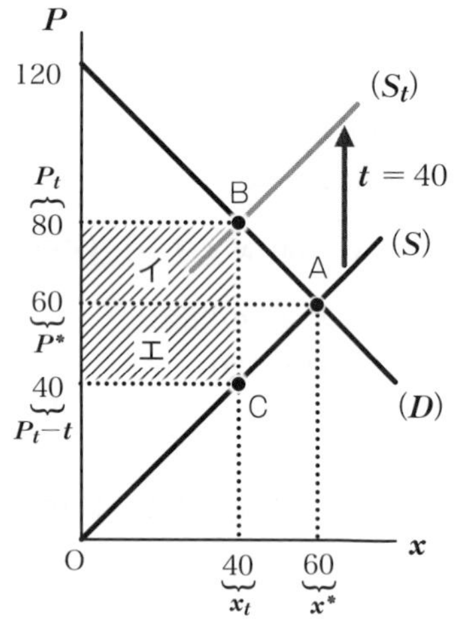

ポイント

課税後の均衡点から真下に進み、課税前の供給曲線上の点を見つける。財1単位当たりの税は、この点と課税後の均衡点までの長さに等しい。政府の税収は、財1単位当たりの税に、課税後の数量をかけた面積に等しい。

④ 生産者価格の下落

生産者の財1個当たりの収入を**生産者価格**という。課税前の生産者価格は$P^*=60$である。課税後には、税込価格$P_t=80$で販売するが、1個当たり$t=40$だけ納税するから、課税後の生産者価格(**税抜価格**)は、

$$P_t - t = 80 - 40 = 40$$

に下落し、供給量は減少する。

課税後の生産者余剰PSもまた、元の供給曲線(S)を使って求められることに注意すると[5]、課税によって生産者余剰PSは(エ＋オ)だけ減少する。

$$\overbrace{カ}^{PS(x_t)} - \overbrace{(エ+オ+カ)}^{PS(x^*)} = -(エ+オ)$$

生産者価格は元の供給曲線上で決まる

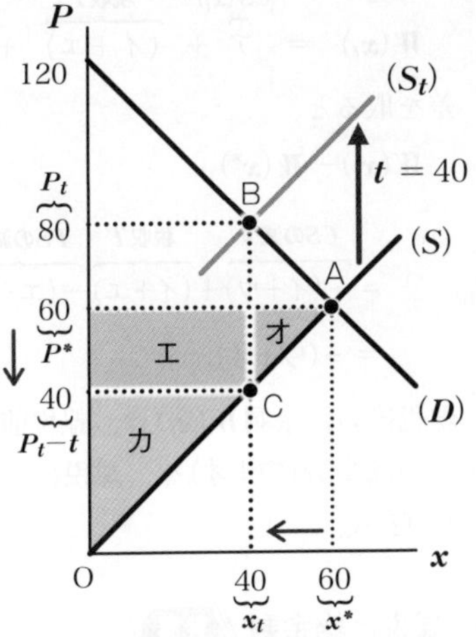

ポイント

(課税前の)供給曲線が右上がりである限り、課税によって生産者価格が下落すると、生産者余剰は減少する。ただし、課税後の生産者余剰は、税抜価格と課税前の供給曲線を使って求める。

5 課税後の供給曲線は税込であり、生産者の手元には残らない。従量税の場合、数学的には、課税前後の供給曲線の間の面積で税収を測ることができる。ただし、従価税では成立しない。

⑤ 総余剰の比較と厚生損失

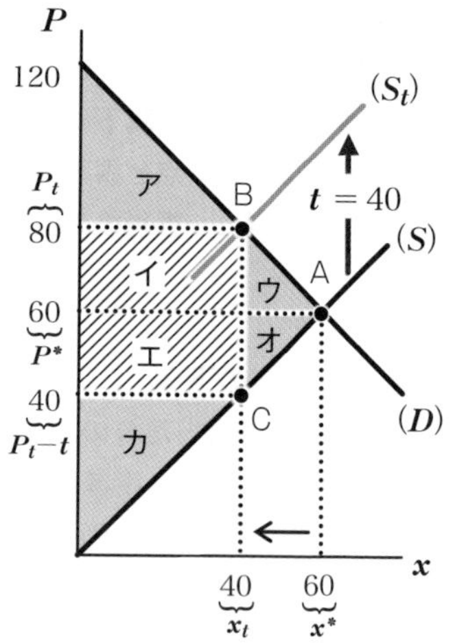

課税前の総余剰$W(x^*)$は消費者余剰$CS(x^*)$と生産者余剰$PS(x^*)$の和に等しい。

$$W(x^*) = \overbrace{(\text{ア}+\text{イ}+\text{ウ})}^{CS(x^*)} + \overbrace{(\text{エ}+\text{オ}+\text{カ})}^{PS(x^*)}$$

課税後の総余剰$W(x_t)$は消費者余剰$CS(x_t)$と政府の税収T、生産者余剰$PS(x_t)$の和に等しい。

$$W(x_t) = \overbrace{\text{ア}}^{CS(x_t)} + \overbrace{(\text{イ}+\text{エ})}^{\text{税収}T} + \overbrace{\text{カ}}^{PS(x_t)}$$

差を取ると、

$$W(x_t) - W(x^*)$$

$$= \overbrace{-(\text{イ}+\text{ウ})}^{CS\text{の減少}} + \overbrace{(\text{イ}+\text{エ})}^{\text{税収}T} \overbrace{-(\text{エ}+\text{オ})}^{PS\text{の減少}}$$

$$= -(\text{ウ}+\text{オ})$$

→ $W(x_t) - W(x^*) = -(\text{ウ}+\text{オ})$

→ $W(x_t) = W(x^*) - (\text{ウ}+\text{オ})$

課税後の総余剰$W(x_t)$は、課税前の$W(x^*)$より(ウ+オ)だけ減少してしまう。総余剰の減少分(ウ+オ)を、課税による**厚生損失**(**超過負担**、**死荷重**、資源配分の歪み)と呼ぶ。

⑥ 課税と総余剰 発展

次の図で、例えば、課税後の消費と生産について、10個目の限界便益は、$(D)P=120-x=110$($\because x=10$)だけ発生し、消費者は税込価格$P_t=80$を支払う。政府はこのうち$t=40$を生産者から受け取り、生産者は残りの$P_t-t=80-40=40$を受け取るが、限界費用が$(S)P=x=10$($\because x=10$)だけ発生する。よって、

$$\textbf{10個目の社会的余剰} = \overbrace{(\underbrace{110}_{\text{限界便益}} - \underbrace{80}_{P_t})}^{\text{10個目の消費者余剰}} + \overbrace{\underbrace{40}_{t}}^{\text{従量税}} + \overbrace{(\underbrace{40}_{P_t-t} - \underbrace{10}_{\text{限界費用}})}^{\text{10個目の生産者余剰}} = \underbrace{110}_{\text{限界便益}} - \underbrace{10}_{\text{限界費用}}$$

つまり、課税されても、依然として、次の関係が成り立つ。

限界便益>限界費用ならば、生産・消費すると総余剰が増加$\Delta W>0$

限界便益<限界費用ならば、生産・消費すると総余剰が減少$\Delta W<0$

限界便益=限界費用になる$x^*=60$まで生産・消費すれば総余剰が増加するにもかかわらず、課税によって、$x_t=40$しか生産・消費されない。よって、$x=40$〜60の範囲の面積(三角形ABC)が課税による死荷重(超過負担)となる。

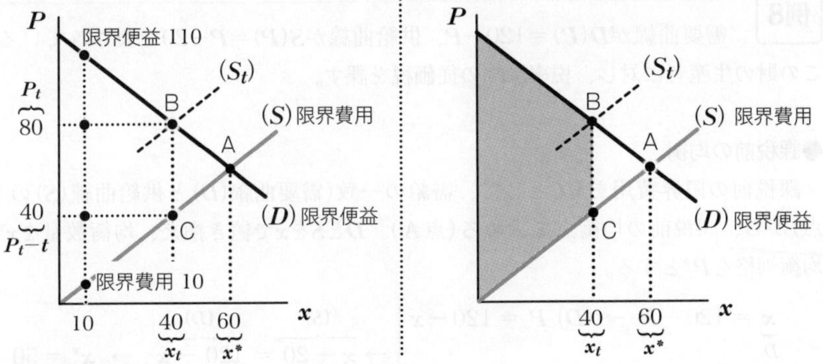

ポイント

課税後の総余剰も需要曲線と課税前の供給曲線の間の面積(生産・消費された数量まで)で測る。課税によって取引数量が過少となり、この分、超過負担が生じる。

3 従価税の効果

① 従価税の効果

消費税は従価税の好例である。税抜価格100円の商品に税率10%の従価税が課されると、税込価格は110円になる。その内訳は、

$$1.1\times\underbrace{100}_{\text{税抜価格}}=\underbrace{110}_{\text{税込価格}}\ \rightarrow\ (1+\underbrace{0.1}_{\text{税率}})\times\underbrace{100}_{\text{税抜価格}}=\underbrace{100}_{\text{税抜価格}}+\underbrace{10}_{\text{財1個当たりの税}}$$

従価税であっても、税率と税抜価格が分かれば、財1個当たりの税が決まる。

ポイント

従価税の税率を$t(>0)$として、課税前の供給曲線「$P=\sim$」の右辺に$(1+t)$をかけると課税後の供給曲線を得る[6]。

次の例で確認しよう。

6　従量税と区別したい場合、τ（タウ）を使うことがある。

例8

需要曲線が$D(P)=120-P$、供給曲線が$S(P)=P-20$で表されている。この財の生産者に対し、税率50%の従価税を課す。

●課税前の均衡

課税前の限界費用をMCとして、需給の一致（需要曲線(D)と供給曲線(S)の交点）から、課税前の均衡点を求める（点A）。DとSをxで置き換え、均衡数量をx^*、均衡価格をP^*とする。

$$\left.\begin{array}{l} \underbrace{x}_{D}=120-P \rightarrow (D)\ P=120-x \\ \underbrace{x}_{S}=P-20 \rightarrow (S)\ P=\underbrace{x+20}_{MC} \end{array}\right\} \rightarrow \overbrace{x+20}^{(S)}=\overbrace{120-x}^{(D)} \rightarrow x^*=50 \xrightarrow[(S)\text{ or }(D)\text{に代入}]{} P^*=70$$

●課税後の均衡

税率をtとして、課税後の供給曲線は次式で表される。

$P=(1+t)MC$　［MC：課税前の限界費用］

$t=0.5$（$=50\%$）だから、課税後の供給曲線は、

$$P=\underbrace{1.5}_{(1+t)}\times\underbrace{(x+20)}_{MC}\cdots(S_t)$$

で表される。課税後の供給曲線（S_t）と需要曲線（D）の交点（課税後の均衡点B）を求めよう。課税後の均衡数量をx_t、均衡価格（税込価格）をP_tとすると、

$$\left.\begin{array}{l} (D)\ P=120-x \\ (S_t)\ P=\underbrace{1.5(x+20)}_{(1+t)MC} \end{array}\right\} \rightarrow \overbrace{\frac{3}{2}(x+20)}^{(S_t)}=\overbrace{120-x}^{(D)}$$

$$\rightarrow\ 3(x+20)=2(120-x)$$

$$\rightarrow\ 5x=180 \rightarrow x_t=36 \xrightarrow[(S_t)\text{ or }(D)\text{に代入}]{} P_t=84$$

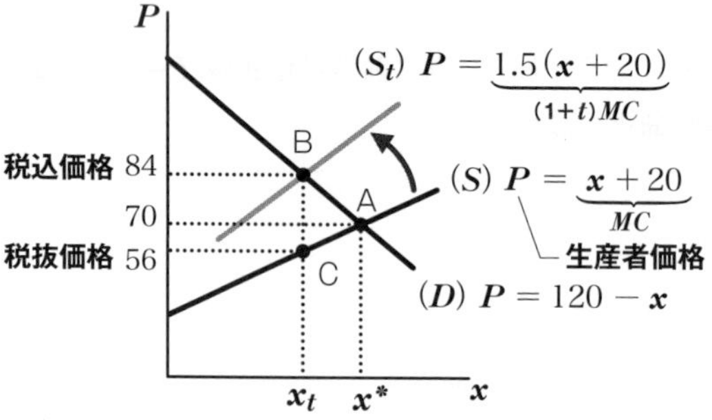

点Cにおける価格が税抜価格（課税後の生産者価格）である。課税前の供給曲線(S)に、課税後の生産量$x_t = 36$を代入して[7]、

$$(S)\ P = \underbrace{x + 20}_{MC} \rightarrow P = \underbrace{36}_{x_t} + 20 = 56$$

財１個当たりの税は、BC＝84－56＝28である。実際、税抜価格に税率50%をかけると、0.5×56＝28であり、税抜価格に税を上乗せした、56＋28＝84が税込価格である。

ポイント

課税後の生産者価格（税抜価格）は、課税後の均衡数量を元の（課税前の）供給曲線に代入して求める。財１単位当たりの税は、

財１単位当たりの税＝税込価格－税抜価格

に等しく、従量税の場合と同じである。

7 従量税の場合にも同じことが成り立つ。ただし、従量税は財１個当たりの大きさだから、上記では、「課税後の均衡点から従量税の大きさだけ真下に下がると、元の供給曲線にぶつかる」と表現した。

② 総余剰の変化

例9

税率t=0.5の従価税が課され、均衡点が課税前の点A（60, 60）から課税後の点B（48, 72）に変わったとする。

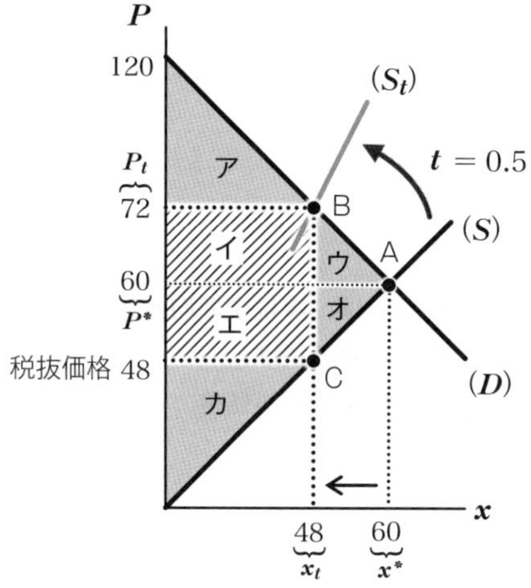

課税後の均衡点が決まれば、従量税とまったく同じように考えることができる（従量税BC=24と同じ効果を持つ）。

課税前の均衡数量x^*、課税後の均衡数量x_tについて、消費者余剰の変化ΔCS、生産者余剰の変化ΔPS、税収T、総余剰の変化ΔWは、それぞれ、

$$\Delta CS = \overbrace{\text{ア}}^{CS(x_t)} - \overbrace{(\text{ア}+\text{イ}+\text{ウ})}^{CS(x^*)} = -(\text{イ}+\text{ウ})$$

$$\Delta PS = \overbrace{\text{カ}}^{PS(x_t)} - \overbrace{(\text{エ}+\text{オ}+\text{カ})}^{PS(x^*)} = -(\text{エ}+\text{オ})$$

$$\rightarrow \Delta W = W(x_t) - W(x^*)$$

$$= \overbrace{-(\text{イ}+\text{ウ})}^{\Delta CS} + \overbrace{(\text{イ}+\text{エ})}^{T} \overbrace{-(\text{エ}+\text{オ})}^{\Delta PS}$$

$$= -(\text{ウ}+\text{オ})$$

よって、課税による死荷重は、面積（ウ+オ）である[8]。

8　従量税の場合と同様に、限界便益>限界費用であるにもかかわらず、生産・消費されない部分で死荷重が発生する。

4 課税後の各余剰（まとめ）

次の図では課税後の供給曲線は描かれていないが、従量税・従価税どちらの場合も、「課税後の均衡点」を通るようにシフトしたとする。

図の項目は、それぞれ、

CS：消費者余剰

PS：生産者余剰

「死」：死荷重(超過負担、厚生損失)

を表す。課税後の総余剰は、

課税後の総余剰 = 消費者余剰 + 税収 + 生産者余剰 = 台形の面積

であり、課税前と比較して死荷重の分だけ小さい。

課税後の総余剰 = 課税前の総余剰 − 死荷重

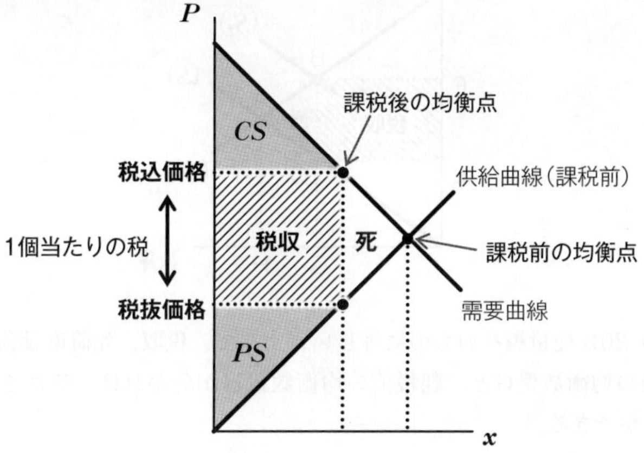

例題3-8 ある財について、需要関数と供給関数が次に示されている。

$D = 160 - 2P$

$S = 2P$　　　［D：需要量、S：供給量、P：価格］

この財の生産１単位当たり20の従量税が課されたとき、政府の税収と課税による超過負担はそれぞれいくらか。

解説

正確さを欠いても構わないので図を描いて、どの部分の面積を求めるべきかを考えよう。四角形BCEFと三角形ABCの面積を求める。

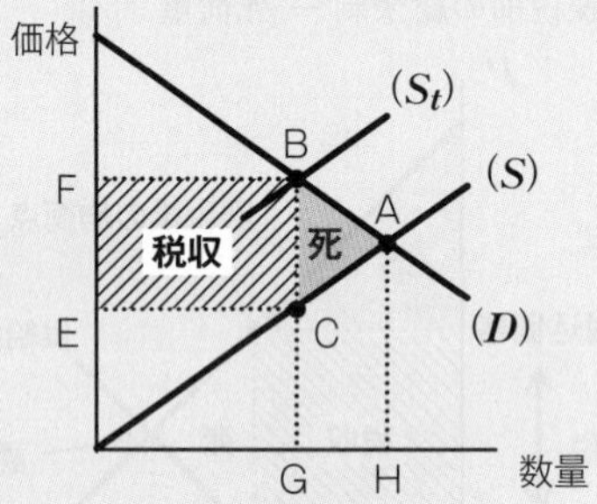

BC＝EF＝20は従量税そのものに等しい。よって、税収、死荷重(超過負担)ともに、課税後の均衡数量Gと、課税前の均衡数量Hが分かれば、それぞれの面積を求めることができる。

❶ 課税前の均衡（点A）

課税前の供給曲線(S)と需要曲線(D)の交点だから、これらの式を連立させて解く。

$$\left.\begin{array}{l}(D)\ \underbrace{x}_{D} = 160 - 2P \\ (S)\ \underbrace{x}_{S} = 2P \ \rightarrow\ 2P = x \cdots (1)\end{array}\right\}$$

（D）の右辺$2P$に(1)を代入

$$(D)\ x = 160 - \overbrace{2P}^{(1)} = 160 - x$$

xについて解く　$x = 80 \cdots (2)$

❷ 課税後の均衡（点B）

課税後の供給曲線(S_t)と需要曲線(D)の交点だから、これらの式を連立させて解く。

課税後の供給曲線(S_t)は、(1)の両辺を2で割って「P=〜」としたものの右辺に、従量税20を足したものである。

$$(1)\ 2P = x \ \xrightarrow{\text{2で割る}}\ (S)\ P = \frac{1}{2}x \ \xrightarrow{\text{右辺に従量税20を足す}}\ (S_t)\ P = \frac{1}{2}x + 20$$

よって、次の連立方程式をxについて解く。

$$\left.\begin{aligned}(D)\ x &= 160 - 2P \\ (S_t)\ P &= \frac{1}{2}x + 20\end{aligned}\right\} \xrightarrow{(D)\text{の右辺}P\text{に}(S_t)\text{を代入}} \begin{aligned}(D)\ x &= 160 - 2\overset{(S_t)}{\overbrace{P}} \\ &= 160 - 2\left(\frac{1}{2}x + 20\right) \\ &= 160 - x - 40\end{aligned}$$

$\rightarrow\ 2x = 120\ \rightarrow\ x = 60 \cdots (3)$

❸ 税収と超過負担

税収は、四角形BCEFの面積に等しく、縦の長さEFが従量税20、横の長さCFが60（∵(3)）だから、

税収 = 20 × 60 = 1,200

超過負担は、三角形ABCの面積に等しく、底辺BCが従量税20、高さGHは課税前後の数量の差80−60=20（∵(2)(3)）である。

超過負担 = 20 × 20 ÷ 2 = 200

例題3-9 ある財について、需要関数と供給関数が次に示されている。

$D = 75 - P$

$S = P - 10$ ［D：需要量、S：供給量、P：価格］

この財の生産者に対して50%の従価税が課されたとき、財1単位当たりの税はいくらになるか。

解説

生産者が財1単位当たりにつき政府に支払う税の大きさは、税込価格（課税後の均衡価格）と税抜価格（課税後の生産者価格）の差に等しい。

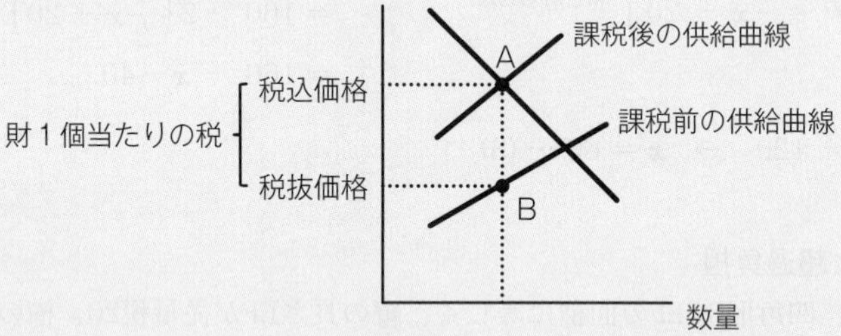

課税後の均衡点Aを求める。課税前の供給曲線は、数量をxで置き換えて、

$$(S)\ \underbrace{x}_{S} = P - 10 \ \rightarrow\ (S)\ P = x + 10$$

で表される。右辺全体に、1＋税率＝1.5をかけ、課税後の供給曲線を求める。

$$(S)\ P = x + 10 \ \rightarrow\ (S_t)\ P = 1.5(x + 10) \ \xrightarrow{\text{右辺を展開}}\ P = 1.5x + 15$$

(S_t)と需要曲線を連立させて均衡点Aを求めよう。

$$\left.\begin{array}{l}(D)\ \underbrace{x}_{D} = 75 - P \ \rightarrow\ P = 75 - x \\ (S_t)\ P = 1.5x + 15\end{array}\right\} \rightarrow \overbrace{1.5x + 15}^{(S_t)} = \overbrace{75 - x}^{(D)}$$

$$\rightarrow\ \underbrace{2.5}_{5/2}x = 60 \ \rightarrow\ x = \frac{2}{5}\cdot 60 \ \rightarrow\ x = 24$$

需要曲線(D)にx=24を代入すると、税込価格が求められる。

$$(D)\ P = 75 - \underbrace{24}_{x} = 51 \cdots (1)$$

また、元の供給曲線(S)から、税抜価格を求めると、

$(S)\ P = \underbrace{24}_{x} + 10 = 34 \cdots (2)$

(1)と(2)の差が財1単位当たりの税である。

$\underbrace{51}_{(1)} - \underbrace{34}_{(2)} = 17$

3 租税負担

生産者に課税すると、生産者は価格に税を上乗せして販売する(これを「生産者が消費者に税を転嫁する」という)。一般的に、課税により消費者余剰は減少するが、生産者余剰もまた減少する。

政府にとっての租税収入(税収)を負担する側から考え、消費者や生産者がどれだけ租税を負担するかを検討する(税収と租税の負担総額は一致する)[9]。

なお、消費者や生産者が租税を負担することを、消費者と生産者それぞれに「租税負担が帰着する」という。

1 課税による消費者価格・生産者価格の変化

例10 図は、従量税40が生産者に課される前後の様子を表している(課税後の供給曲線は省略)。課税前の均衡点では、$x=50$、$P=80$であり、課税後の均衡点では、$x=40$、$P=100$ (税込価格)である。

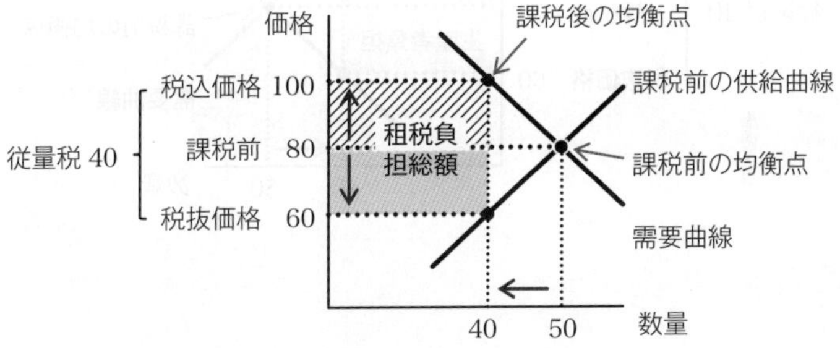

課税前の消費者価格と生産者価格は均衡価格80である。

9 厚生損失(死荷重)は超過負担とも呼ばれるが、これと租税負担を混同しないこと。租税負担は税収だから総余剰にプラスされ、厚生損失に入らない。

課税により、消費者価格は20だけ上昇して税込価格100となる。この上昇分20を、従量税40に占める消費者負担(1個当たり)とする。

なお、納税義務の有無で租税の転嫁を表す場合、生産者が財1個あたり40円の税のうち、20円を消費者に転嫁した(押し付けた)という。

また、課税後の生産者価格は税抜価格＝税込価格100－従量税40＝60である。課税によって、生産者価格は80から60に下落する。この下落分20を、従量税40に占める生産者負担(1個当たり)とする。

---

2 租税の消費者負担と生産者負担

財1個につき、消費者負担をt_D＝20、生産者負担をt_S＝20で表すと、従量税t＝40は、消費者負担と生産者負担に二分される。

$$\overbrace{40}^{t} = \overbrace{20}^{t_D} + \overbrace{20}^{t_S}$$

両辺に課税後の均衡数量40をかけると、

$$\overbrace{40}^{t} \times 40 = \overbrace{20}^{t_D} \times 40 + \overbrace{20}^{t_S} \times 40 \quad \rightarrow \quad \overbrace{1{,}600}^{\text{租税総額}} = \overbrace{800}^{\text{消費者負担}} + \overbrace{800}^{\text{生産者負担}}$$

となって、租税総額も消費者と生産者の負担に二分される。

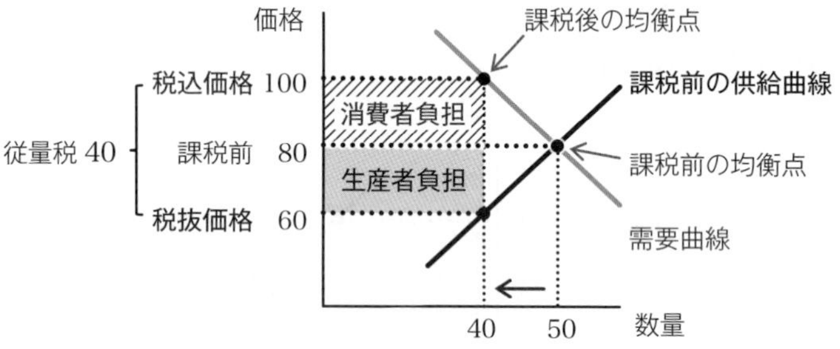

3 消費者と生産者の租税負担比

財１個当たりの租税負担比は、

$$\text{消費者：生産者} = \overbrace{20}^{t_D} : \overbrace{20}^{t_S} = 1:1$$

である。租税総額についても、負担比は、

$$\text{消費者：生産者} = \underbrace{\overbrace{20}^{t_D} \times 40}_{800} : \underbrace{\overbrace{20}^{t_S} \times 40}_{800} = 1:1$$

となり、財１個当たりの負担比と同じである。

消費者と生産者で、どちらの方が租税を多く負担するかは、課税前の需要曲線と供給曲線の傾きによって決まる（数学Tips❶）。これは、消費者と生産者の租税負担の大きさが、課税前の均衡点における需要の価格弾力性と供給の価格弾力性によって決まるためである。

ポイント

従量税・従価税について、従量税の大きさや従価税率に関係なく、次の関係が成り立つ。

消費者の租税負担：生産者の租税負担
＝|需要曲線の傾き|：課税前の供給曲線の傾き

例11

需要関数$D(P)=90-P$、供給関数$S(P)=2P$［D：需要量、S：供給量、P：価格］について、需要曲線の傾き（絶対値）は、

$$D=90-P \rightarrow \left|\frac{\Delta D}{\Delta P}\right|=1$$ 逆数 需要曲線の傾き（絶対値）$\left|\frac{\Delta P}{\Delta D}\right|=1$

であり、供給曲線の傾きは、

$$S=2P \rightarrow \frac{\Delta S}{\Delta P}=2$$ 逆数 供給曲線の傾き $\frac{\Delta P}{\Delta S}=\frac{1}{2}$

である。

従量税や従価税が課された場合、租税負担比は、

消費者：生産者 $=\left|\frac{\Delta P}{\Delta D}\right|:\frac{\Delta P}{\Delta S}=1:\frac{1}{2}=2:1$

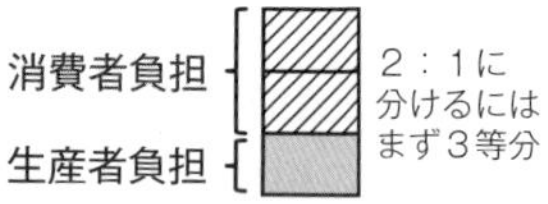

となる（数学 Tips ❷）。

よって、租税（1個当たりor総額）に占めるそれぞれの負担の割合は、

消費者の負担割合 = 2/3、生産者の負担割合 = 1/3

となる。

例題3-10 ある財について、需要関数と供給関数が次に示されている。

$D = 120 - 2P$
$S = 3P - 10$ ［D：需要量、S：供給量、P：価格］

この財の生産1単位当たり45の税が課されたとき、消費者の財1単位当たりの租税負担額はいくらか。

解説

需要関数、供給関数から、それぞれ、需要曲線の傾き(絶対値)｜$\Delta P/\Delta D$｜と供給曲線の傾き$\Delta P/\Delta S$を求めると、

$$D = 120 - 2P \quad \rightarrow \quad \left|\frac{\Delta D}{\Delta P}\right| = 2 \quad \rightarrow \quad \left|\frac{\Delta P}{\Delta D}\right| = \frac{1}{2}$$

$$S = 3P - 10 \quad \rightarrow \quad \frac{\Delta S}{\Delta P} = 3 \quad \rightarrow \quad \frac{\Delta P}{\Delta S} = \frac{1}{3}$$

これらの比を取り、租税の負担比を求めると、

$$\text{消費者：生産者} = \left|\frac{\Delta P}{\Delta D}\right| : \frac{\Delta P}{\Delta S}$$
$$= \frac{1}{2} : \frac{1}{3}$$
$$= 3 : 2$$

よって、消費者の租税負担割合は3/5である。

$$\frac{3}{3+2} = \frac{3}{5}$$

求めた負担割合3/5を従量税45にかけて、財1単位当たりの消費者の租税負担額を計算すると、

$$\frac{3}{5} \times 45 = 27$$

例題3-11 ある財について、需要関数と供給関数が次に示されている。

$\boldsymbol{D} = 129 - \boldsymbol{P}$

$\boldsymbol{S} = 6\boldsymbol{P} - 13$ ［$\boldsymbol{D}$：需要量、$\boldsymbol{S}$：供給量、$\boldsymbol{P}$：価格］

政府により、この財の売買に2％の従価税が課されたとき、生産者の租税負担の割合はいくらか。

解説

需要曲線の傾き（絶対値）は、

$$\boldsymbol{D} = 129 - \boldsymbol{P} \quad \rightarrow \quad \left|\frac{\Delta \boldsymbol{D}}{\Delta \boldsymbol{P}}\right| = 1 \quad \rightarrow \quad \left|\frac{\Delta \boldsymbol{P}}{\Delta \boldsymbol{D}}\right| = 1$$

課税前の供給曲線の傾きは、

$$\boldsymbol{S} = 6\boldsymbol{P} - 13 \quad \rightarrow \quad \frac{\Delta \boldsymbol{S}}{\Delta \boldsymbol{P}} = 6 \quad \rightarrow \quad \frac{\Delta \boldsymbol{P}}{\Delta \boldsymbol{S}} = \frac{1}{6}$$

比を取ると、租税負担比は、

$$\text{消費者：生産者} = \underbrace{1}_{\left|\frac{\Delta \boldsymbol{P}}{\Delta \boldsymbol{D}}\right|} : \underbrace{\frac{1}{6}}_{\frac{\Delta \boldsymbol{P}}{\Delta \boldsymbol{S}}} = 6 : 1$$

である。よって、生産者の負担割合は、

$$\frac{1}{1+6} = \frac{1}{7}$$

4 需要曲線・供給曲線の傾きと租税負担

財1個当たりの税が同じ大きさでも、需要曲線や課税前の供給曲線の傾きが異なる場合、消費者と生産者の租税負担比が変わる。

負担比が変わっても、次の条件を満たさなければならない。財1個につき、

消費者負担 t_D ＋ 生産者負担 t_S ＝ 財1個当たりの税 t

① 供給曲線の傾きの変化

以下、比較のため、課税前の均衡点Aの位置、従量税t の大きさは同じものを使う。課税後の供給曲線(S_t)は、いずれもtの大きさだけ真上にシフトし、課税後の均衡は点Bで表され、税込価格(点B)と税抜価格(点C)が決まる。

従量税の大きさは同じだから、どの図においても、BC＝tであり、課税前の均衡価格(点A)で、消費者負担t_D、生産者負担t_Sに分けられる。

財1個につき、

・供給曲線の傾きが大きいと、消費者負担は小さく、生産者負担は大きい（図左）
・供給曲線の傾きが小さいと、消費者負担は大きく、生産者負担は小さい（図右）

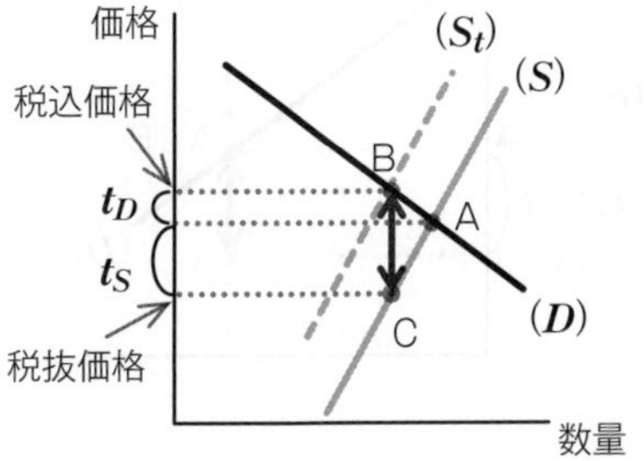

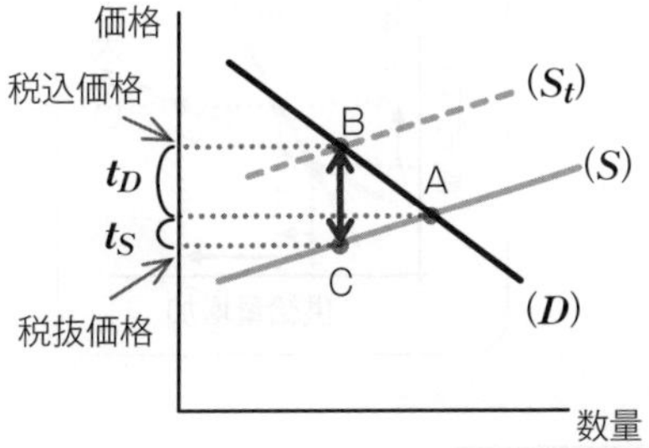

(ア) 垂直な供給曲線

供給曲線の傾きが大きくなると、財1個当たりの租税負担tのうち、消費者負担t_Dはどんどん小さくなり、生産者負担t_Sが増していく。

課税後の均衡点Bは、課税前の均衡点Aにどんどん近づき、供給曲線が垂直になると完全に一致する。このとき、消費者負担は$t_D=0$であり、生産者が全額を負担する。

$$\underbrace{t_D}_{0} + t_S = t \quad \rightarrow \quad t_S = t$$

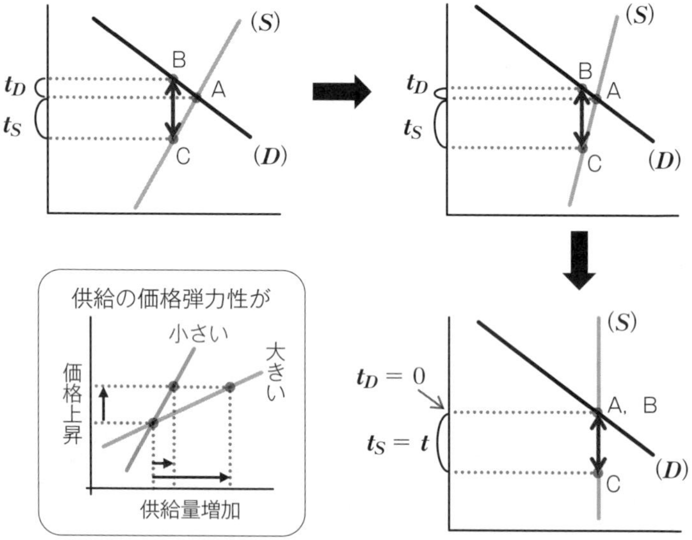

ポイント

供給曲線の傾きが大きい(供給の価格弾力性が小さい)場合、財1単位当たりの租税負担は、消費者で小さくなり、生産者で大きくなる。特に、供給曲線が垂直(供給の価格弾力性がゼロ；完全に非弾力的)な場合、消費者の負担はなくなり、生産者が租税全額を負担する[10]。

10 課税による厚生損失は三角形ABCで表されるから、供給曲線の傾きが垂直な場合には、厚生損失が発生しない。厚生損失の有無は、課税後に均衡数量が減るかどうかで決まる。

(イ) 水平な供給曲線

供給曲線の傾きが小さくなると、財1個当たりの租税負担tのうち、消費者負担t_Dは増え、生産者負担t_Sが減少する。

課税後の均衡点Bは、課税前の均衡点Aから遠ざかり、供給曲線が水平になると、生産者負担は$t_S = 0$であり、消費者が全額を負担する。

$$t_D + \underbrace{t_S}_{0} = t \rightarrow t_D = t$$

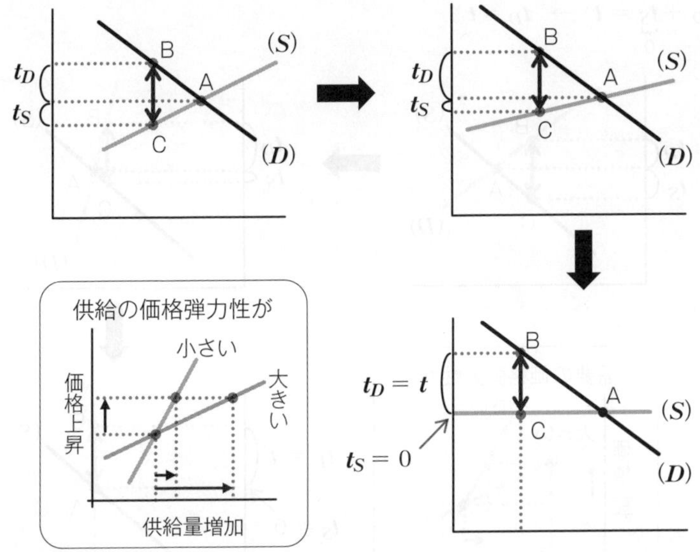

ポイント

供給曲線の傾きが小さい(供給の価格弾力性が大きい)場合、財1単位当たりの租税負担は、生産者で小さくなり、消費者で大きくなる。特に、供給曲線が水平(供給の価格弾力性が無限大；完全に弾力的)な場合、生産者の負担はなくなり、消費者が租税全額を負担する。

② 需要曲線の傾きの変化

(ア) 垂直な需要曲線

|需要曲線の傾き|が大きくなると、財1個当たりの租税負担tのうち、消費者負担t_Dはどんどん大きくなり、生産者負担t_Sが減少する。

課税後の税込価格を示す点Cは、課税前の均衡点Aにどんどん近づき、需要曲線が垂直になると完全に一致する。このとき、生産者負担は$t_S=0$であり、消費者が全額を負担する。

$$t_D + \underbrace{t_S}_{0} = t \quad \rightarrow \quad t_D = t$$

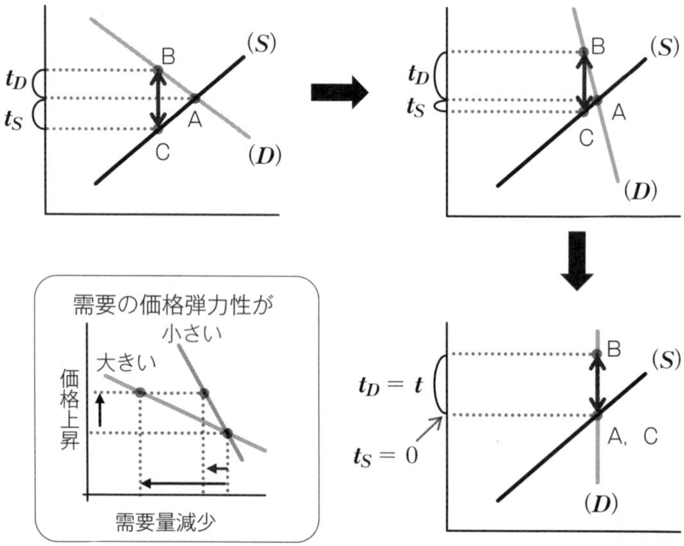

ポイント

|需要曲線の傾き|が大きい(需要の価格弾力性が小さい)場合、財1単位当たりの租税負担は、消費者で大きくなり、生産者で小さくなる。特に、需要曲線が垂直(需要の価格弾力性がゼロ；完全に非弾力的)な場合、生産者の負担はなくなり、消費者が租税全額を負担する[11]**。**

---

11 課税による厚生損失は三角形ABCで表されるから、需要曲線の傾きが垂直な場合には、厚生損失が発生しない。厚生損失の有無はやはり、課税後に均衡数量が減るかどうかで決まる。

(イ) 水平な需要曲線

|需要曲線の傾き|が小さくなると、財1個当たりの租税負担tのうち、消費者負担t_Dはどんどん小さくなり、生産者負担t_Sが増加する。

課税後の均衡点Bは、課税前の均衡点Aから遠ざかり、需要曲線が水平になると、消費者負担は$t_D=0$であり、生産者が全額を負担する。

$$\underbrace{t_D}_{0} + t_S = t \quad \rightarrow \quad t_S = t$$

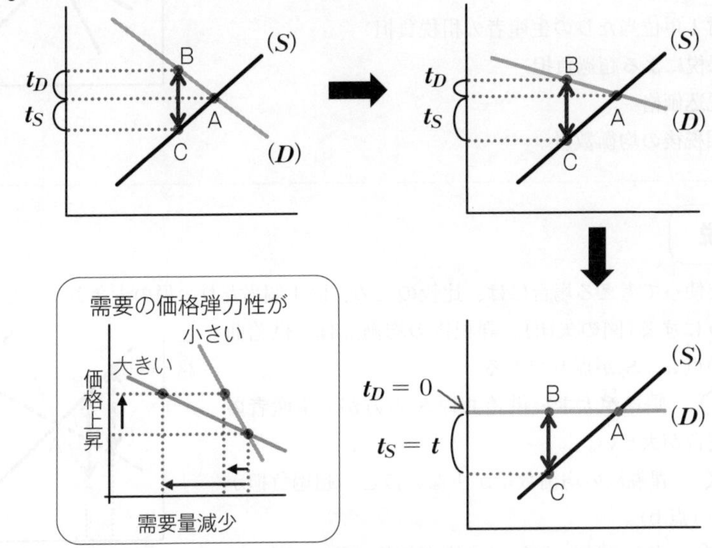

ポイント

|需要曲線の傾き|が小さい(需要の価格弾力性が大きい)場合、財1単位当たりの租税負担は、消費者で小さくなり、生産者で大きくなる。特に、需要曲線が水平(需要の価格弾力性が無限大；完全に弾力的)な場合、消費者の負担はなくなり、生産者が租税全額を負担する。

例題3-12 図は、需要曲線Dと、傾きの異なる二つの供給曲線S_1とS_2を描いたものであり、均衡は交点Aで示されている。

財の生産1単位当たりの税が同じになるように課税した場合、次の(ア) ～ (エ)について、供給曲線S_1の方がS_2より大きいのはどれか。

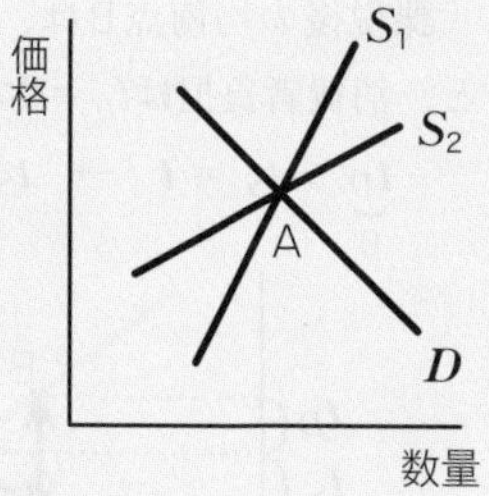

ア　財1単位当たりの生産者の租税負担
イ　課税による超過負担
ウ　税込価格
エ　課税後の均衡数量

解説

図を使って考える場合には、比較のため、財1個当たりの税の大きさが同じになるようにする(図の矢印)。課税後の均衡点は、供給曲線S_1が点a、S_2が点bである。

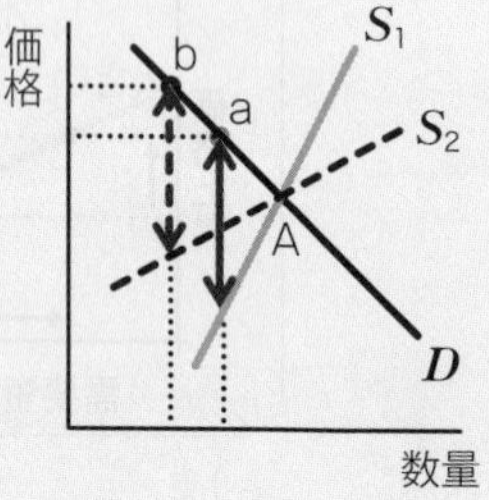

ア　○　傾きが大きい供給曲線S_1の方が、生産者の負担割合が大きい。

イ　×　課税後の均衡数量が少ないほど、超過負担が大きい(点b)。

ウ　×　点bの方が課税後の均衡価格(税込価格)が大きい。

エ　○　点aの方が大きい。

《作図のコツ》

財1個当たりの税の大きさを揃えるには、需要曲線と供給曲線の垂直差が同じになるようにする(面倒ならS_1を垂直、S_2を水平にして考えてもよい)。

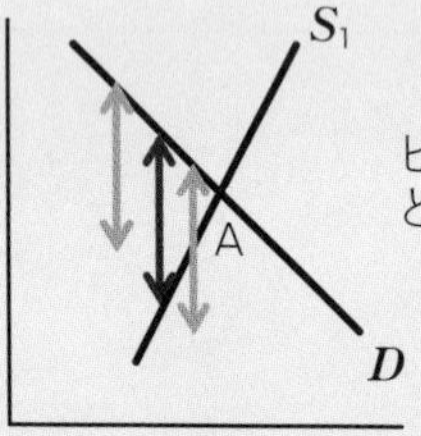

ピッタリはまるところを探す

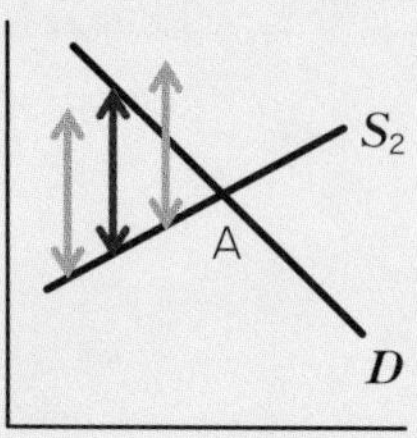

4 その他の政策

政府の代表的な政策として課税を取り上げた。ここでは別の政策を取り上げ、余剰分析を行う。

1 二重価格制度（価格支持政策）

① 二重価格制度

政府がコメ農家からコメを高く買い取り、また、消費者に安く売ることで、コメ農家を守りながら、コメの消費を促進することができる。このとき、社会的な余剰はどうなるだろう。

例12

図は、コメの需要曲線と供給曲線を表している。政策実施前の均衡は点Fであり、価格Bで数量Hが生産・消費されている。

いま、政府は生産者から価格Aでコメを買い取る。生産者は、供給曲線（利潤最大化条件；価格＝限界費用）上の点Eで供給量をＩに決める。

政府は、買い取ったコメを消費者に売り払う。買い取った数量Ｉを全部買ってもらえるよう価格Cで売却する。消費者は、需要曲線（効用最大化）上の点Gで需要量をＩに決める。

この政策により、市場における取引量（需要量、生産量）が増加する。

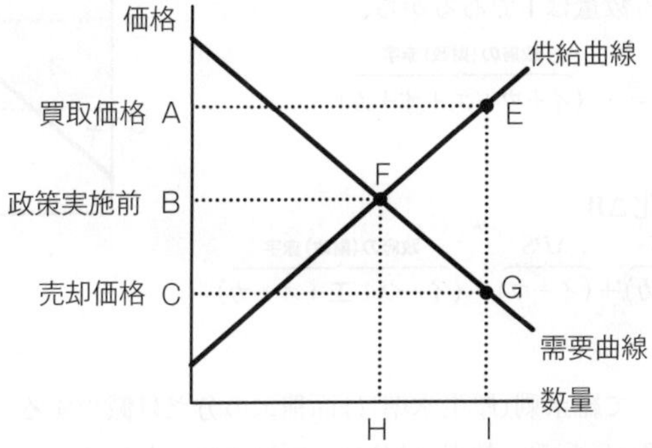

❶ 消費者余剰の変化Δ*CS*

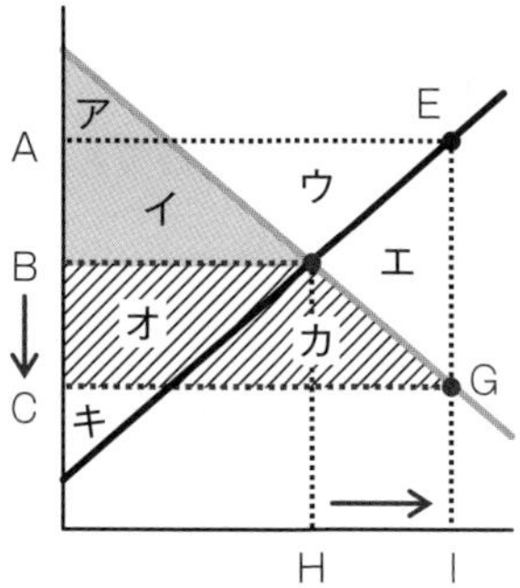

消費者余剰***CS***は、消費者価格と需要曲線に囲まれた領域の面積で測る。消費者価格はB→Cに下落、需要量はH→Ｉに増加している。

$$\Delta CS = \overset{\text{実施後}}{(ア+イ+オ+カ)} - \overset{\text{実施前}}{(ア+イ)}$$

$$= オ+カ$$

❷ 生産者余剰の変化Δ*PS*

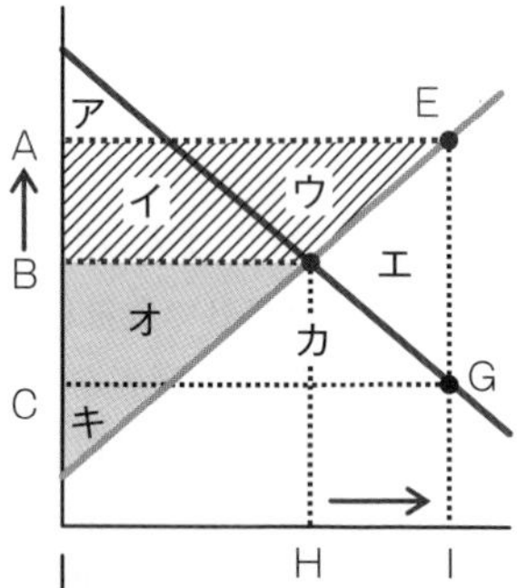

生産者余剰***PS***は、生産者価格と供給曲線に囲まれた領域の面積で測る。生産者価格はB→Aに上昇、供給量はH→Ｉに増加している。

$$\Delta PS = \overset{\text{実施後}}{(イ+ウ+オ+キ)} - \overset{\text{実施前}}{(オ+キ)}$$

$$= イ+ウ$$

❸ 政府の収支（財政収支）

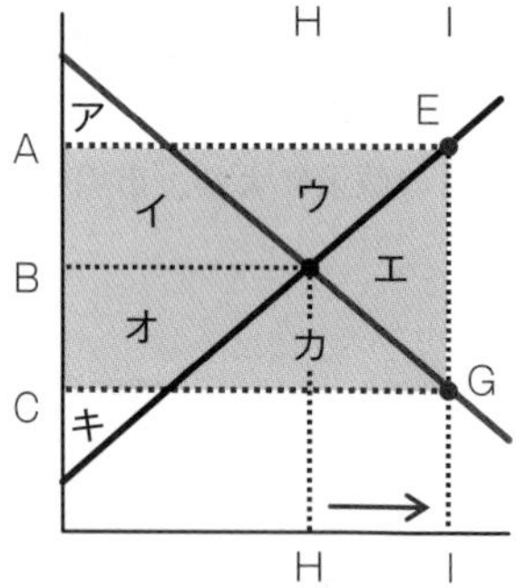

政府は価格Aで買い取ったコメを価格Cで販売するから１単位当たりACの赤字である。

政府が売買する数量はＩであるから、

$$\text{政府の収支} = -\overbrace{(イ+ウ+エ+オ+カ)}^{\text{政府の（財政）赤字}}$$

❹ 総余剰の変化Δ*W*

$$\Delta W = \overbrace{(オ+カ)}^{\Delta CS} + \overbrace{(イ+ウ)}^{\Delta PS} - \overbrace{(イ+ウ+エ+オ+カ)}^{\text{政府の（財政）赤字}}$$

$$= -エ$$

この政策によって総余剰（厚生水準）は面積エの分だけ減少する。つまり、政策実施による厚生損失（死荷重、超過負担）は、面積エで表される。

❺ 総余剰と厚生損失

実施前の均衡（需要曲線と供給曲線の交点）において、総余剰は、

$$W^* = ア+イ+オ+キ$$

で表される。

政府が生産者から買取価格Aで財をIだけ買い取り、売却価格Cで買い取った財を消費者にすべて売る場合、総余剰は、

$W = W^*$ − 厚生損失 = (ア＋イ＋オ＋キ)−エ

に減少する。

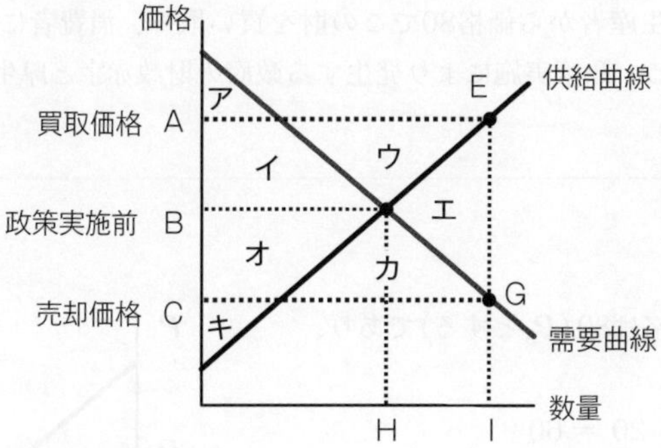

政府の赤字と厚生損失はよく覚えておこう。

政府の赤字 ＝ イ＋ウ＋エ＋オ＋カ

厚生損失 ＝ エ

例題3-13

完全競争市場の需要曲線と供給曲線が次式で示される。

$D = 100 - P$

$S = P - 20$　　[D：需要量、S：供給量、P：価格]

いま、政府が生産者から価格80でこの財を買い取り、消費者に価格40で売却する政策を実施する。政策実施により発生する政府の財政赤字と厚生損失は、それぞれいくらか。

解説

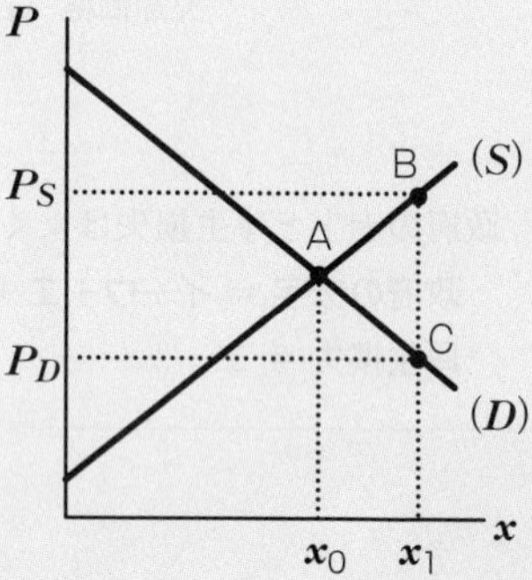

政府の買取価格は80(P_Sとする)であり、生産者は、

$$S = \underbrace{80}_{P=P_S} - 20 = 60$$

だけ生産し(点B)、政府の売却価格は40(P_Dとする)だから、消費者は、

$$D = 100 - \underbrace{40}_{P=P_D} = 60$$

だけ消費する(点C)。

ここで、x_1=60とすると、政府の赤字は、

$$\underbrace{(P_S - P_D)}_{\text{BC}} x_1 = (80 - 40) \cdot 60 = 2{,}400$$

になる。

政策実施前の均衡数量をx_0として(点A)、厚生損失は三角形ABCの面積で表されるから、まず、x_0を求める。点Aにおいて需要と供給が一致するとき、

$$\left.\begin{array}{l} D = 100 - P \\ S = P - 20 \end{array}\right\} \rightarrow \overbrace{P - 20}^{S} = \overbrace{100 - P}^{D} \rightarrow 2P = 120$$

$$\rightarrow P = 60 \rightarrow S = \overbrace{60}^{P} - 20 = 40 (= x_0)$$

よって、厚生損失(三角形ABCの面積)は、

$$\frac{\overbrace{(P_S - P_D)}^{\text{底辺}} \overbrace{(x_1 - x_0)}^{\text{高さ}}}{2} = \frac{(80 - 40)(60 - 40)}{2} = 400$$

である。

② 政府からの補助金 発展

二重価格制度は、生産者や消費者に補助金を支給するのと全く同じである。

例13　前掲の例題の二重価格制度と比較する。

当初の供給曲線(S)は、

$$S = P - 20 \quad \rightarrow \quad (S)\, P = \overbrace{S + 20}^{MC}$$

いま、政府が財の生産1個当たりh=40円の補助金を生産者に支給する[12]（1個当たりで、二重価格制度における買取価格と売却価格の差と同じ40を支給)。

補助金によって、生産者の限界費用は、財を1単位生産するごとに40だけ下がる。補助金支給後の供給曲線(S_h)は、

$$(S)\, P = \overbrace{S + 20}^{MC} \quad \rightarrow \quad (S_h)\, P = \overbrace{(S + 20)}^{MC} - 40$$

となり（負の従量税と考えて構わない；$t = -40$)、前掲の例題の図における点Cを通るようにシフトする(通常の従量税と逆方向の真下にシフト)。

補助金支給後の均衡数量は60となる。D、Sをxで置き換えて、

$$\left.\begin{aligned} D = 100 - P \quad &\rightarrow \quad (D)\, P = 100 - \underbrace{x}_{D} \\ (S_h)\, P = (\underbrace{x}_{S} &+ 20) - 40 = x - 20 \end{aligned}\right\}$$

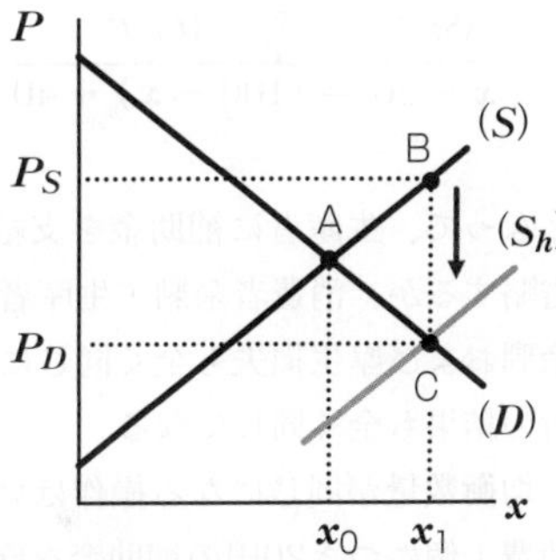

$$\rightarrow \quad \overbrace{x - 20}^{(S_h)P} = \overbrace{100 - x}^{(D)P} \quad \rightarrow \quad x = 60$$

これは二重価格制度における数量x_1に一致する。

また、均衡価格は、x=60を需要曲線に代入して、

$$(D)\, P = 100 - \underbrace{60}_{x} = 40$$

であり、消費者は価格40で購入する。この価格水準は、二重価格制度における政府の売却価格に一致する(よって、消費者余剰も一致する)。

価格40で財を1個販売するたびに、生産者は補助金40を支給される。つまり、生産者価格は、販売価格40＋補助金40＝80であり、これは二重価格制度における政府の買取価格に一致する(よって、生産者余剰も一致する)。

12　補助金はsubsidyだから、英語が得意な人はS_Sとせよ。ここでは、ローマ字ho-jo-kinのhとした。

最後に、補助金総額を考えると、1個当たり40の補助金を均衡数量60の分だけ支給するから、その総額は、40×60＝2,400となって、二重価格制度における政府の赤字とピッタリ一致する。

したがって、総余剰(＝消費者余剰＋生産者余剰－補助金総額)も二重価格制度と一致し、厚生損失もまた一致する。

今度は、財の消費1個当たり40円を消費者に支給するケースを考える。補助金支給前、消費者は、需要曲線

$$(D)\ \boldsymbol{P} = 100 - \boldsymbol{x}$$

に従って消費する(価格$\boldsymbol{P}$を支払う)。補助金が支給されると、消費者価格は40円減少するから、

$$(D_h)\ \boldsymbol{P} - 40 = 100 - \boldsymbol{x} \ \rightarrow\ \boldsymbol{P} = (100 - \boldsymbol{x}) + 40$$

となるよう消費する。

補助金支給後の均衡は、供給曲線(S)との交点で決定される。均衡数量は、

$$\left.\begin{aligned}(D_h)\ \boldsymbol{P} &= (100 - \boldsymbol{x}) + 40\\ (S)\ \boldsymbol{P} &= \overbrace{\boldsymbol{x} + 20}^{MC}\end{aligned}\right\} \rightarrow \overbrace{\boldsymbol{x} + 20}^{(S)\,P} = \overbrace{(100 - \boldsymbol{x}) + 40}^{(D_h)\,P}$$

を解いて求められるが、右辺の1個当たり補助金40円を左辺に移項すると、

$$\overbrace{\boldsymbol{x} + 20}^{(S)\,P} = \overbrace{(100 - \boldsymbol{x}) + 40}^{(D_h)\,P} \ \rightarrow\ \underbrace{(\boldsymbol{x} + 20) - 40}_{(S_h)\,P} = \underbrace{100 - \boldsymbol{x}}_{(D)\,P}$$

となって、生産者に補助金を支給した場合の均衡条件と全く同じ式になる。以下、省略するが、消費者余剰・生産者余剰・補助金総額は全く同じであり、よって、総余剰および厚生損失も全く同じになるが、結局、均衡数量が同じになれば、余剰分析の結果も全く同じになる。

均衡数量が同じになる操作はいくらでもできる。例えば、生産1個につき20円、消費1個につき20円の補助金を同時に支給すると(1個につき合計40円)、

$$\left.\begin{aligned}(D_{h=20})\ \boldsymbol{P} - 20 &= 100 - \boldsymbol{x} \ \rightarrow\ \boldsymbol{P} = (100 - \boldsymbol{x}) + 20\\ (S_{h=20})\ \boldsymbol{P} &= \overbrace{(\boldsymbol{x} + 20)}^{MC} - 20\end{aligned}\right\}$$

$$\rightarrow \underbrace{\overbrace{(\boldsymbol{x} + 20)}^{MC} - 20}_{(S_{h=20})\,P} = \underbrace{(100 - \boldsymbol{x}) + 20}_{(D_{h=20})\,P} \ \rightarrow\ \underbrace{(\boldsymbol{x} + 20) - 40}_{(S_h)\,P} = \underbrace{100 - \boldsymbol{x}}_{(D)\,P}$$

となって、これもまた一致する。

冒頭で、補助金は「負の従量税」と考えてよいことを記した。鋭い読者は、「補助金同様に、課税の場合も、消費者に課税するのと生産者に課税するのは同じでは」

と考えたかもしれない。その直感は正しい。

その場合、例えば、従量税40円を生産者に課しても、消費者に課しても均衡数量や余剰分析の結果は全く同じになり、また、従量税40円を分割して、例えば、生産者に20円、同時に消費者に20円としてもまったく同じ結果をもたらす。

2 過少・過剰な数量 発展

二重価格制度のほかにも、今後はどんどん設定および図が複雑化するから、頻繁に問われる総余剰、厚生損失について、素早く見る方法を身につけよう。

需要曲線(***D***)の高さを限界便益(限界評価)、供給曲線(***S***)の高さを限界費用として、社会的な余剰(総余剰)を考える。生産・消費する数量を増やしたとき、総余剰がどれだけ増えるかは、次式で決定される。

総余剰の増加 ＝ 限界便益 － 限界費用

総余剰は、生産されたものを消費することによって増加し(限界便益≒効用の増加)、生産にかかったコストの分だけ減少する(限界費用)。

① 限界便益 ＞ 限界費用

例えば、10個目について、限界便益＞限界費用だから、その差BCだけ総余剰が増加する(正の総余剰が追加的に発生)。

1個目、2個目、…、10個目まで正の総余剰が発生するから、この財を10個生産・消費することで、台形OABCの面積に等しい総余剰が発生する。

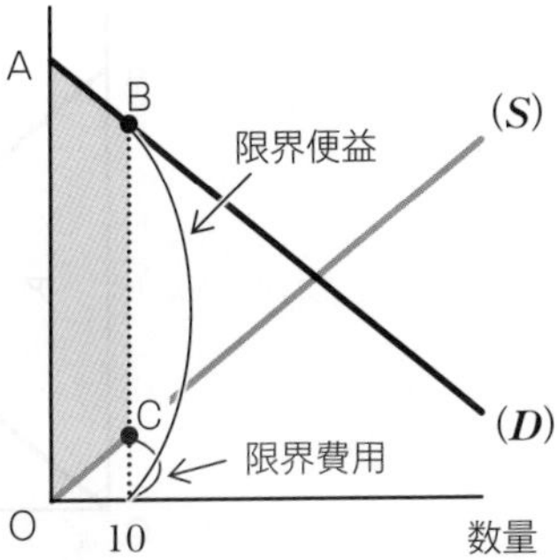

② 限界便益 ＝ 限界費用

数量が増えると、需要曲線(***D***)と供給曲線(***S***)の差(垂直方向)がどんどん縮まり、交点Eでは、限界便益と限界費用が一致する。

30個目までは、生産・消費によって正の総余剰が発生し続けるから、三角形OAEの面積で表される総余剰は、上記の総余剰(台形OABC)より明らかに大きい。

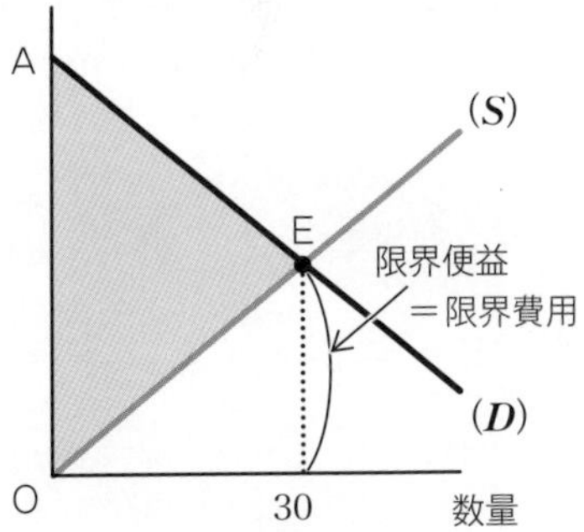

③ 限界便益 < 限界費用

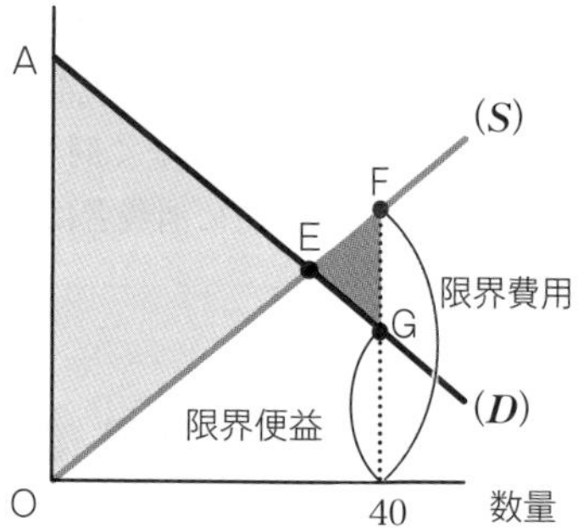

交点Eを過ぎて生産・消費すると、限界便益より限界費用が大きくなる。

40個目を生産・消費することで、FGだけ総余剰が減少する(追加的にマイナス分が発生する)。

つまり、40個まで生産・消費する場合の総余剰は、点Eまでの総余剰(三角形OAE)から、三角形EFGを引いた大きさになる。

したがって、需要曲線と供給曲線の交点Eで生産・消費するとき総余剰は最大化される(次の図では、最適な数量$\boldsymbol{x}^*$で総余剰は最大化されて三角形OAEの面積ア＋イに一致)。

課税などにより、最適な数量$\boldsymbol{x}^*$より過少な$\boldsymbol{x}_1$が生産・消費される場合、$\boldsymbol{x}^*$から$\boldsymbol{x}_1$の範囲で総余剰が損なわれる(厚生損失＝面積イ)。

また、二重価格制度などによって、最適な数量$\boldsymbol{x}^*$より過剰な$\boldsymbol{x}_2$が生産・消費されるようになると、$\boldsymbol{x}^*$から$\boldsymbol{x}_2$の範囲で総余剰が損なわれる(厚生損失＝面積ウ)。

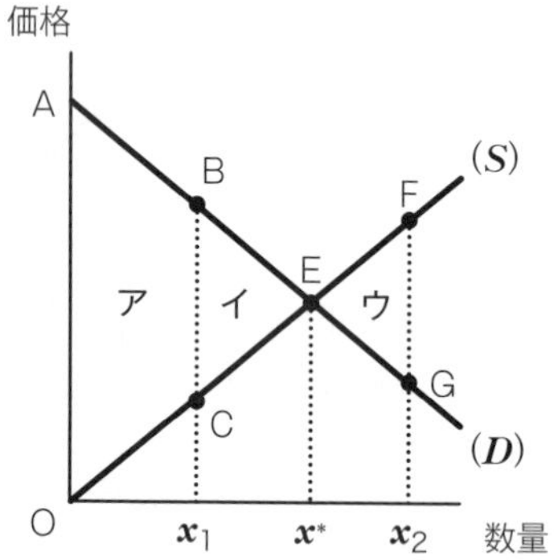

3 数量や価格に対する規制

課税や二重価格制度では、政府に収入や支出が発生したが、ここでは、政府に金銭的な収入・支出が発生しない場合の規制(統制)を考える。

① 数量規制

例14

次の図では、規制前の均衡は点Eである。いま、生産過程で発生する二酸化炭素の排出を規制するため、政府が供給量の上限を$\bar{x}$に設定すると、供給曲線はOFDCとなる。需要曲線との交点Dが新たな均衡となり、価格Bで生産・消費される。

規制後の均衡における消費者余剰は、三角形ABDの面積であり、生産者余剰は台形OBDFの面積になる。総余剰はこれらの和、つまり台形OADFの面積となる(政府の支出はなく、収入もない)。

規制前の総余剰は、三角形OAEの面積に等しいから、規制によって、超過負担(死荷重、厚生損失)が、三角形DEFの面積の分だけ発生する。

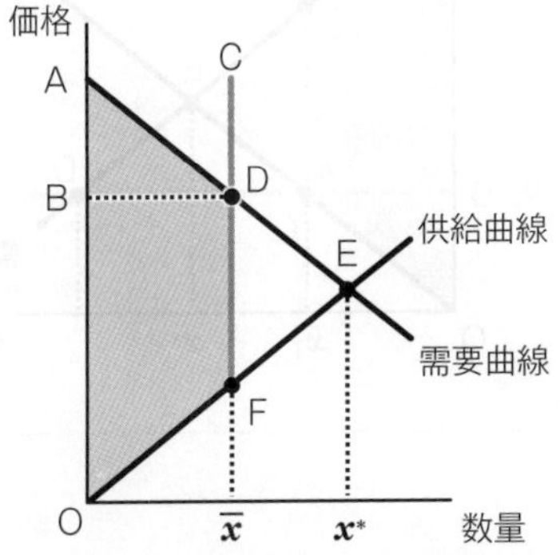

なお、このケースもまた、過少生産・消費の典型であり、$\bar{x}$からx^*の範囲で、総余剰が損なわれる。

② 価格規制

(ア) 上限価格の設定

財の価格に、政府が上限を設ける(価格の天井という意味で、プライス・シーリングという)。

例15 政府が治療薬の価格に上限Bを設定すると、価格Bではx_1(点C)まで供給されるが、消費者は点Dまで需要したがる。

超過需要がCDだけ発生するので、本来は、価格が上昇することで調整されるが、規制のためBより高い価格は実現しない。

よって、消費者は規制前(点E)より安い価格で購入できるものの、x_1しか買えないので、消費者余剰は台形ABCFの面積になる。他方、生産者余剰は三角形OBCの面積となるから、総余剰はこれらの和、つまり、台形OAFCの面積にとどまり、過少な生産・消費のため、三角形CEFの面積だけ総余剰が損なわれる(厚生損失)。

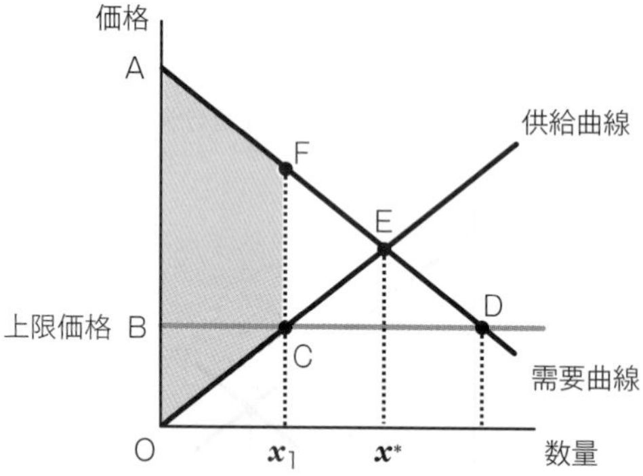

(イ) 下限価格の設定

財の価格に、政府が下限を設ける(価格の床という意味で、プライス・フロアーという)。

例16

労働市場において、政府が最低賃金(下限価格)をBに設定すると、労働者は点Dまで働きたいにも関わらず、企業はx_1(点C)までしか需要しない。

労働の超過供給(失業)がCDだけ発生しており、本来は労働の価格(賃金)が下がって需給が調整されるが、規制のため、労働の価格が下がることはない。

消費者余剰(企業の労働需要に関する余剰)は三角形ABCの面積に、生産者余剰(労働者の余剰)は台形OBCFの面積となる。総余剰は、これらの和、台形OACFの面積にとどまり、三角形CEFの面積だけ総余剰が損なわれる(厚生損失)。

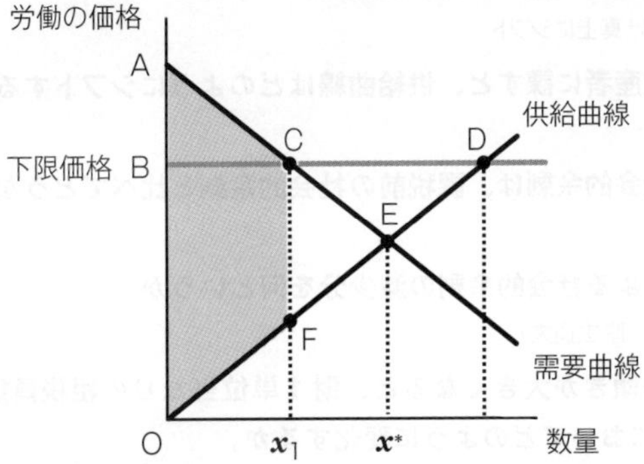

重要事項 一問一答

01 財1単位について、消費者が支払ってもよいと考える価格（限界便益）と実際に支払う価格との差（つまり、支払わずに済んだ金額）を何というか。

消費者余剰

02 財1単位について、価格と限界費用の差を何というか。

生産者余剰

03 数量に比例するように課される税を何というか。

従量税

04 価格に比例するように課される税を何というか。

従価税

05 従量税を生産者に課すと、供給曲線はどのようにシフトするか。

従量税の大きさだけ真上にシフト

06 従価税を生産者に課すと、供給曲線はどのようにシフトするか。

反時計回りにシフト

07 課税後の社会的余剰は、課税前の社会的余剰と比べてどうなっているか。

減少する

08 課税などによる社会的余剰の減少分を何というか。

死荷重（超過負担、厚生損失）

09 供給曲線の傾きが大きくなると、財1単位当たりの租税負担は、生産者と消費者のそれぞれにおいてどのように変化するか。

生産者で大きくなり、消費者で小さくなる

10 |需要曲線の傾き|が大きくなると、財1単位当たりの租税負担は、生産者と消費者のそれぞれにおいてどのように変化するか。

生産者で小さくなり、消費者で大きくなる

11 政府が二重価格制度を実施するとどのような効果が生じるか。

生産や消費を促進するが、過剰な生産量・消費量によって死荷重が発生する

第3章

完全競争市場

過去問 Exercise

問題1　完全競争市場において、ある財の需要曲線と供給曲線がそれぞれ、

$D=-P+200$

$S=4P-100$　[D：需要量、S：供給量、P：価格]

で表されるとする。この財1単位たり20の従量税が賦課されるとすると、そのときに生じる厚生損失はいくらか。

特別区Ⅰ類2021

1. 120
2. 124
3. 128
4. 140
5. 160

解説

正解 5

従量税tの場合、求める厚生損失の三角形の底辺(税込価格－税抜価格)が$t=20$になるから、後は高さ(課税前の数量－課税後の数量)を求めればよい。

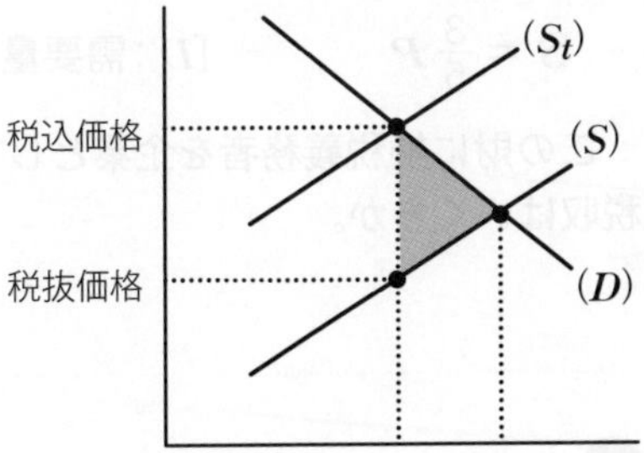

課税前と課税後の供給曲線(S)と(S_t)は、数量を$x=S$として、それぞれ、

$$\underbrace{S}_{x}=4P-100 \;\rightarrow\; P=\frac{x+100}{4}\cdots(S) \;\rightarrow\; P=\frac{x+100}{4}+\underbrace{20}_{t}\cdots(S_t)$$

で表されるから、課税前後の均衡点は、これらと需要曲線の交点として求めることができる。(S)と(S_t)の左辺に、需要曲線を変形したものを代入する。数量を$x=D$として、課税前は、

$$\underbrace{D}_{x}=-P+200 \;\rightarrow\; P=200-x\cdots(D) \;\rightarrow\; (S)\;\underbrace{200-x}_{(D)}=\frac{x+100}{4}$$

$$\rightarrow\; 800-4x=x+100 \;\rightarrow\; 700=5x \;\rightarrow\; x=140\cdots(*)$$

課税後には、

$$(S_t)\;\underbrace{200-x}_{(D)}=\frac{x+100}{4}+20 \;\rightarrow\; 800-4x=x+100+80$$

$$\rightarrow\; 700-80=5x \;\rightarrow\; x=\underbrace{140}_{(*)}-16$$

よって、課税によって数量が16だけ減少する(求める三角形の高さ)。

厚生損失は、底辺20、高さ16の三角形の面積だから、

$20\times16\div2=160$

問題2 完全競争市場において、ある財の需要関数と供給関数が、それぞれ以下のように示されている。

$$D=-\frac{3}{4}P+60$$

$$S=\frac{3}{5}P \qquad [D:需要量、S:供給量、P:価格]$$

この財に納税義務者を企業として政府が20% の従価税をかけた場合の税収はいくらか。

国税専門官・財務専門官2021

1. 172
2. 180
3. 192
4. 204
5. 210

解説

正解 ❸

以下、数量をxで置き換える。20%の従価税が課されると、供給曲線は、課税前の(S)から課税後の(S_t)へ、

$$S=\frac{3}{5}P \rightarrow P=\frac{5}{3}x \cdots (S) \rightarrow P=1.2\cdot\frac{5}{3}x \cdots (S_t)$$

となる。

課税後の均衡点を求める。需要関数に(S_t)を代入して両辺を4倍すると、

$$(D)\ x=60-\frac{3}{4}\cdot\underbrace{1.2\cdot\frac{5}{3}x}_{(S_t)} \rightarrow 4x=240-6x \rightarrow x=24\,(=x_t)$$

である。

課税後の数量をそれぞれ、(S_t)（または需要関数）に代入すると税込価格が、(S)に代入すると税抜価格が求められる。税込価格は、

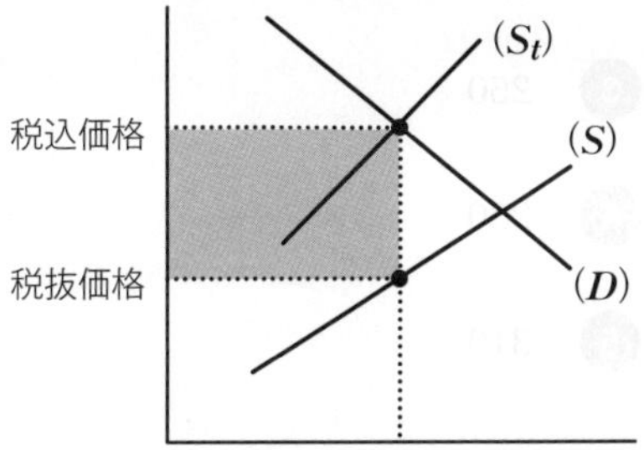

$$(S_t)\ P=1.2\cdot\frac{5}{3}x_t$$

であり、税抜価格は、

$$(S)\ P=\frac{5}{3}x_t$$

だから、その差は、

$$1.2\cdot\frac{5}{3}x_t-\frac{5}{3}x_t=0.2\cdot\frac{5}{3}x_t=\frac{2}{10}\cdot\frac{5}{3}\cdot 24=8$$

である。つまり、財1単位あたりの税は8である。

したがって、1単位あたり8の税を$x_t=24$単位について徴収すると、税収は、

$$24\times 8=192$$

問題3 ある財の市場において、需要関数と供給関数がそれぞれ、

$$D = -\frac{1}{3}p + 200$$

$$S = \frac{1}{2}p - 25$$　　[D：財の需要量、S：財の供給量、p：財の価格]

で与えられている。

ここで、生産者に対して、財の生産１単位当たり20% の従価税が課されるとき、市場に発生する死荷重はいくらか。　財務専門官2017

1. 190
2. 220
3. 250
4. 280
5. 310

解説

正解 3

数量を$\boldsymbol{x}$とする。供給曲線について、課税前は、

$$S=\frac{1}{2}p-25 \rightarrow p=2(x+25)\cdots(S)$$

であり、課税後には、

$$p=1.2\times2(x+25)=\frac{12}{5}(x+25)\cdots(S_t)$$

となる。

課税前の均衡数量を求めるため、需要関数のpに(S)を代入して、

$$D=200-\frac{1}{3}p \rightarrow (D)\ x=200-\frac{1}{3}\cdot\underbrace{2(x+25)}_{(S)p}$$

$$\rightarrow 3x=600-2x-50 \rightarrow 5x=550 \rightarrow x=110$$

また、課税後について、需要関数のpに(S_t)を代入すれば、

$$(D)\ x=200-\frac{1}{3}\cdot\underbrace{\frac{12}{5}(x+25)}_{(S_t)p} \rightarrow 5x=1000-4(x+25)$$

$$\rightarrow 9x=900 \rightarrow x=100$$

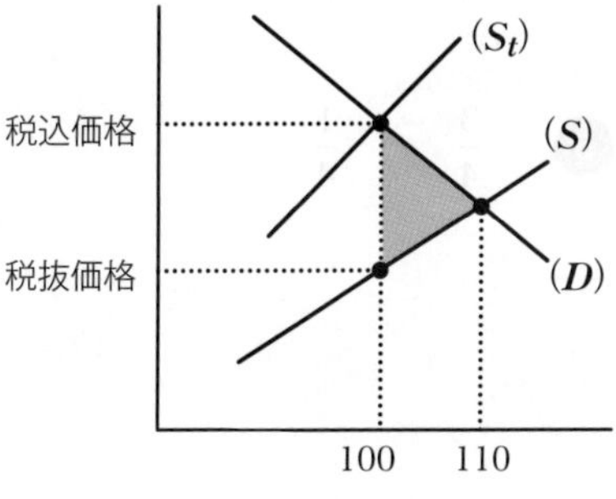

この値を、課税前後の供給曲線に代入すると、税込価格は、

$$(S_t)p=\frac{12}{5}(x+25)=\frac{12}{5}\cdot125$$

税抜価格は、

$$(S)p=2(x+25)=2\cdot125$$

よって、その差は、

$$\frac{12}{5}\cdot125-2\cdot125=\left(\frac{12}{5}-2\right)\cdot125=\frac{12-10}{5}\cdot\underbrace{125}_{=5\times25}=2\cdot25$$

である。

死荷重を表す三角形は、底辺2・25、高さ10だから、その面積(死荷重)は、

$$2\cdot25\times10\div2=250$$

問題4 完全競争市場において、X財の需要曲線がP=252−2x、供給曲線がP = x +60であるとする。ここでPはX財の価格、xはX財の数量である。X財に10% の消費税が課されたとき、課税後の均衡における消費者と生産者の租税負担の割合の組合せとして最も適当なものはどれか。

裁判所一般職2014

	消費者	生産者
❶	$\frac{1}{4}$	$\frac{3}{4}$
❷	$\frac{1}{3}$	$\frac{2}{3}$
❸	$\frac{1}{2}$	$\frac{1}{2}$
❹	$\frac{2}{3}$	$\frac{1}{3}$
❺	$\frac{3}{4}$	$\frac{1}{4}$

解説　　　　　　　　　　　　　　　　　　　　　　正解 ④

消費者と生産者の租税負担は、|需要曲線の傾き|と供給曲線の傾きの比になる。ただし、この性質は、課税前の均衡点における需要と供給の価格弾力性に起因するので、課税後の曲線は使わない。

課税前の各曲線の傾き(絶対値)は、需要曲線が、

$$\boldsymbol{P} = 252 - 2\boldsymbol{x} \ \rightarrow \ \left|\frac{\Delta \boldsymbol{P}}{\Delta \boldsymbol{x}}\right| = 2$$

供給曲線が、

$$\boldsymbol{P} = \boldsymbol{x} + 60 \ \rightarrow \ \frac{\Delta \boldsymbol{P}}{\Delta \boldsymbol{x}} = 1$$

である。したがって、租税負担は、

消費者：生産者 ＝ 2 ： 1

となる。つまり、消費者の負担割合は$\frac{2}{3}$、生産者の負担割合は残りの $\frac{1}{3}$ となる。

問題5　ある財の完全競争市場において、消費者と生産者が取引を行っている。ここで、政府が物品税を導入する場合を考える。次のA～Dの記述のうち、税負担が全て生産者に帰着するもののみを全て挙げているのはどれか。

国税専門官・財務専門官2019

A　需要の価格弾力性が0で、供給の価格弾力性が正（供給曲線が右上がり）の場合。

B　需要の価格弾力性が正（需要曲線が右下がり）で、供給の価格弾力性が0の場合。

C　需要の価格弾力性が正（需要曲線が右下がり）で、供給の価格弾力性が無限大の場合。

D　需要の価格弾力性が無限大で、供給の価格弾力性が正（供給曲線が右上がり）の場合。

1　A、B

2　A、C

3　B、C

4　B、D

5　C、D

解説　　　　　　　　　　　　　　　　　　　　　　　　　　　正解 4

図を描くか、傾き比(絶対値)を使う。租税負担は、

消費者：生産者＝|需要曲線の傾き|：供給曲線の傾き

ただし、どちらかが垂直のとき(|傾き|＝∞)、「租税負担が無限大」になることはなく、最大で「租税全額」となる(租税の大きさは有限)。同様に、どちらかが水平の場合(傾き＝0)、水平な方の負担はゼロ、そうでない方が租税全額を負担する。

A ✕　需要の価格弾力性が0の場合、需要曲線は垂直となる(|傾き|＝∞)。したがって、負担はすべて消費者に帰着する。

B ◯　供給の価格弾力性が0の場合、供給曲線は垂直となり(傾き＝∞)、負担はすべて生産者に帰着する。

C ✕　供給の価格弾力性が無限大の場合、供給曲線は水平となり(傾き＝0)、負担はすべて消費者に帰着する。

D ◯　需要の価格弾力性が無限大の場合、需要曲線は水平となり(傾き＝0)、負担はすべて生産者に帰着する。

数学Tips

1 租税負担比

1 相似な三角形（準備その１）

三角形ABCの頂点Aから底辺BCに垂線を下ろし、底辺BCが、$\alpha:\beta$ に分割されるとする。

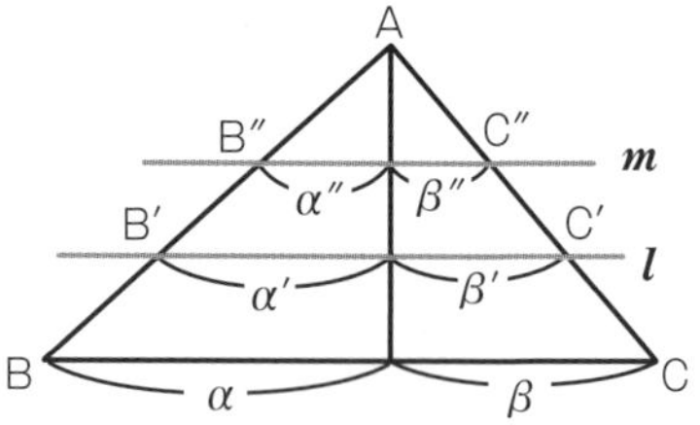

底辺と平行な直線$\boldsymbol{l}$や$\boldsymbol{m}$を引き、三角形ABCを分割する。このとき、三角形ABC、AB′C′、AB″C″は相似な三角形であり、比が保存される。

$$\alpha:\beta=\alpha':\beta'=\alpha'':\beta''$$

2 |傾き|の比（準備その２）

需要曲線$(\boldsymbol{D})\ \boldsymbol{P}=\boldsymbol{a}-\boldsymbol{bx}$［$\boldsymbol{P}$：価格、$\boldsymbol{x}$：需要量、$\boldsymbol{a},\ \boldsymbol{b}$：正の定数］の傾き（絶対値）$|\Delta \boldsymbol{P}/\Delta \boldsymbol{D}|=\boldsymbol{b}$について、図から、

$$\boldsymbol{b}=\frac{\mathrm{BE}}{\mathrm{AE}}\quad\rightarrow\quad \mathrm{BE}=\boldsymbol{b}\cdot\mathrm{AE}\cdots(1)$$

また、供給曲線$(\boldsymbol{S})\ \boldsymbol{P}=\boldsymbol{cx}+\boldsymbol{d}$［$\boldsymbol{x}$：供給量、$\boldsymbol{c}$：正の定数、$\boldsymbol{d}$：定数］の傾き$\boldsymbol{c}$について、図から、

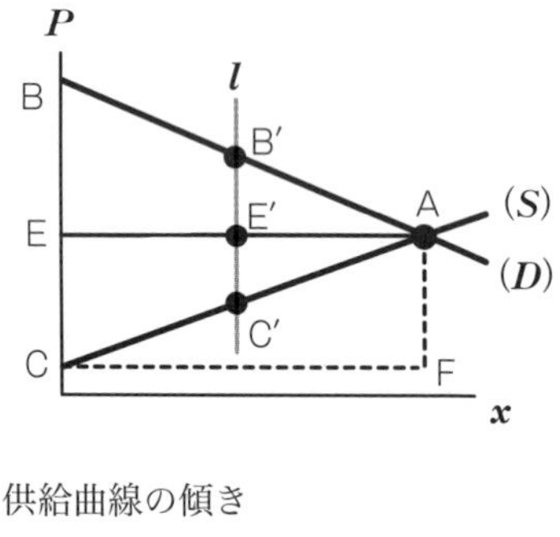

$$\boldsymbol{c}=\frac{\mathrm{AF}}{\mathrm{CF}}=\frac{\mathrm{EC}}{\mathrm{AE}}\quad\rightarrow\quad \mathrm{EC}=\boldsymbol{c}\cdot\mathrm{AE}\cdots(2)$$

ここで、(1)を(2)で割ると、

$$\frac{\mathrm{BE}}{\mathrm{EC}}=\frac{\boldsymbol{b}\cdot\mathrm{AE}}{\boldsymbol{c}\cdot\mathrm{AE}}$$

→　BE：EC ＝ $\boldsymbol{b}:\boldsymbol{c}$ ＝ |需要曲線の傾き|：供給曲線の傾き

よって、三角形ABCについて、縦軸（or 底辺BC）と平行な直線$\boldsymbol{l}$で需要曲線と供給曲線を分割すると、

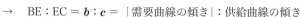

B′E′：E′C′ ＝ $\boldsymbol{b}:\boldsymbol{c}$ ＝ |需要曲線の傾き|：供給曲線の傾き

が成り立つ。

上図の点B′を課税後の均衡点に見立てると、B′C′が財１個当たりの税となり、課税前の均衡価格水準AEによって、

B′E′：E′C′ ＝ |需要曲線の傾き|：供給曲線の傾き

に分割される。

なお、(推奨するわけではないが)課税前の均衡価格もまた、傾き比を使って解くことができる。

例17

需要曲線$\boldsymbol{P}=90-\boldsymbol{D}$と供給曲線$\boldsymbol{P}=2\boldsymbol{S}$について、均衡価格は、需要曲線の縦軸切片$\boldsymbol{P}=90$（∵ $\boldsymbol{D}=0$）と原点(∵ 供給曲線は原点を通る)を傾き比に分割する。それぞれの長さを、図にあるように、αとβとすると、

|需要曲線の傾き|：供給曲線の傾き ＝ α ： β ＝１：２

が成り立つ。

したがって、$\alpha+\beta=90$について、均衡価格は、

$$P=\frac{2}{1+2}\times 90=60$$

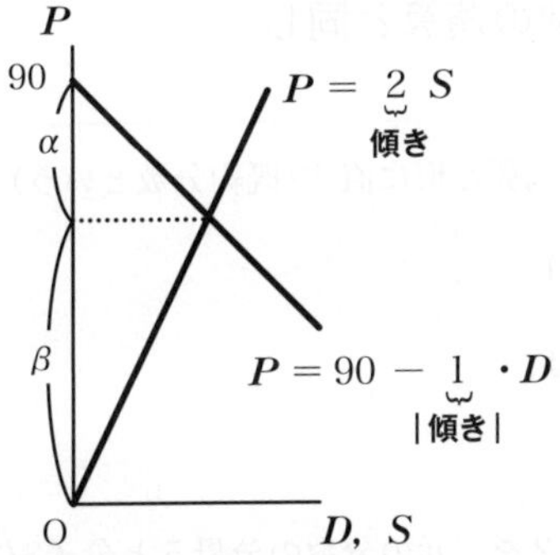

また、均衡数量は、求めた価格を使って、$\boldsymbol{D}=\boldsymbol{S}=30$と求めることができる。

❷ 比の演算

1 割り算の仲間

ゼロでない数a、bについて、分数を使って、

$$a \div b = \frac{a}{b}$$

と表す。左辺の割り算の記号「÷」について、横棒を残して二つのドットを取り去り、上下に並べたものが分数と考えてよい。

$a \div b$ ⇒（「：」を除去して、aを上に、bを下に置く）⇒ $\dfrac{a}{b}$

同じように、記号「÷」の中央の横棒を取り除いたものが比だと考えてよい。

$a \div b$ ⇒（横棒を除去）⇒ $a : b$

2 比の演算は分数の演算と同じ

例18

分数「1.5/5」を綺麗な形に直す(既約分数という)。初めに、分子は、

$$1.5 = \frac{15}{10} = \frac{3}{2} \cdots (1)$$

だから、分数「1.5/5」は、

$$\frac{1.5}{5} = \frac{3/2}{5}$$

である。分子3/2の分母2を、元の分数の分母5と分子3/2にかけて (∵1をかけるのと同じで、元の数は変わらない)、

$$\frac{\frac{3}{2}}{5} = \frac{\frac{3}{2} \times 2}{5 \times 2} = \frac{3}{10} \cdots (2)$$

同じ計算過程を比で表す。

$$\underbrace{1.5 : 5 = \frac{3}{2} : 5}_{(1)\,1.5\text{を分数に直す}} = \underbrace{\left(\frac{3}{2} \times 2\right) : (5 \times 2) = 3 : 10}_{(2)\,\frac{3}{2}\text{と5に2をかける}}$$

3 比と割合

例19

120を二等分して二つに分ける。

60	60

$$\frac{120}{2}=60$$

二つを合わせると、全体120になる。

$$\overbrace{60}^{120/2}+\overbrace{60}^{120/2}=120$$

例20

120を三等分して、二つに分ける。まず、三等分すると、

40	40	40

$$\frac{120}{3}=40$$

これを二つに分けると、一方は80、他方は40となるが、これは、

$$2\times\underbrace{40}_{120/3}+1\times\underbrace{40}_{120/3}=120\quad\rightarrow\quad 2\times\frac{120}{3}+1\times\frac{120}{3}=120$$

であるから、120をその2/3と1/3に分けることに等しい。

$$2\times\frac{120}{3}+1\times\frac{120}{3}=120\quad\rightarrow\quad\frac{2}{3}\times120+\frac{1}{3}\times120=120$$

したがって、120を2：1に分けるとき、

$$2:1=\frac{2}{3}:\frac{1}{3}=\left(\frac{2}{3}\times120\right):\left(\frac{1}{3}\times120\right)=80:40$$

一般に、数$\boldsymbol{N}$を$\boldsymbol{a}:\boldsymbol{b}$に分けるとき、

$$\boldsymbol{a:b=\frac{a}{a+b}N:\frac{b}{a+b}N}$$

とする。つまり、一方の割合を$\boldsymbol{a/(a+b)}$、残り（他方）の割合を$\boldsymbol{b/(a+b)}$とすればよい。実際、分けたものを足し合わせると元の数$\boldsymbol{N}$になる。

$$\boldsymbol{\frac{a}{a+b}N+\frac{b}{a+b}N\overset{N\text{で括る}}{=}\left(\frac{a}{a+b}+\frac{b}{a+b}\right)N\overset{\text{通分する}}{=}\overbrace{\left(\frac{a+b}{a+b}\right)}^{\text{約分して1}}N=N}$$

★★★

3 パレート最適な資源配分

これまでは、需要曲線と供給曲線を使い、一つの財の市場について考えてきました。本節では、複数の財市場が同時に均衡する状況を考えます。この場合、総余剰に代わって、パレート最適という概念を使って市場の状態を考えますが、総余剰が最大化された状態と同じと考えることができます。

1 エッジワース･ボックスと資源配分

これまでは、需要曲線と供給曲線を使い、社会的な余剰(総余剰)の大きさを判断基準としてきた。総余剰が最大化された状態は、社会的に望ましいが、これは、一定の資源(生産コストや消費者の所得など)を使って社会的に得られる余剰が最大となれば、資源効率が最もよいはずだ、という考え方に基づいている。ミクロ経済学における社会的な価値基準は、通常、資源の使い方(効率)の善し悪しにある。

需要曲線と供給曲線の図を用いる場合、暗黙の前提として、“他の事情を一定”とする(対象とする財は一種類であり、他の財などの市場は考慮しない)。

ここでは、二種類の財を同時に扱う。初めに、総余剰に代わり、社会的に望ましい状態を判断するための基準を示し、二種類の完全競争市場における均衡の、社会的な望ましさを検討する。

なお、生産も含めた話は試験では稀なので、主に消費に焦点を当てて解説する。

1 前　提

経済(社会)に存在するX財とY財の総量を一定として[1]、二個人(消費者)AとBが二財を分け合う状況を考える(二財を二個人に「配分する」という)。この意味で、二財は、この経済の資源を表す(所得と見なすことも可能；後述)。

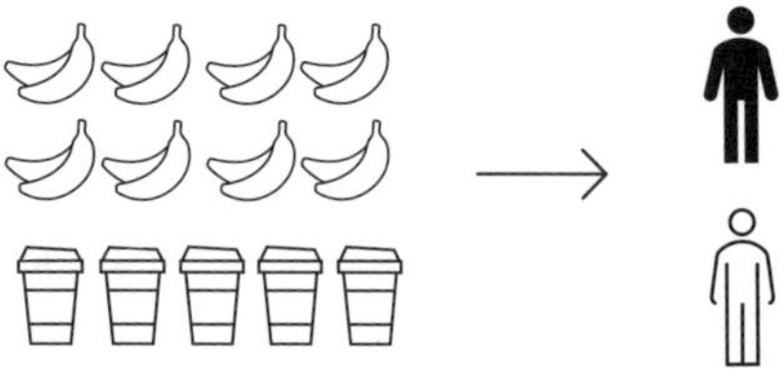

1　二財の総量を一定とするのは、生産過程を省略するためである。つまり、誰がどのように生産したかを省略し、既に一定量が供給されている状態から始める。

① エッジワース・ボックスの基本

例1　個人AとBに、X財14個とY財10個を配分する。

❶　タテ＝Y財10個、ヨコ＝X財14個の長方形で、左下に個人Aの原点O_A、右上に個人Bの原点O_Bを取る。

個人Aは、原点O_Aから、右に行くほどX財の配分(or 消費量)x_Aが大きくなり、原点O_Aから上に行くほどY財の配分(or 消費量) y_Aが大きくなる。

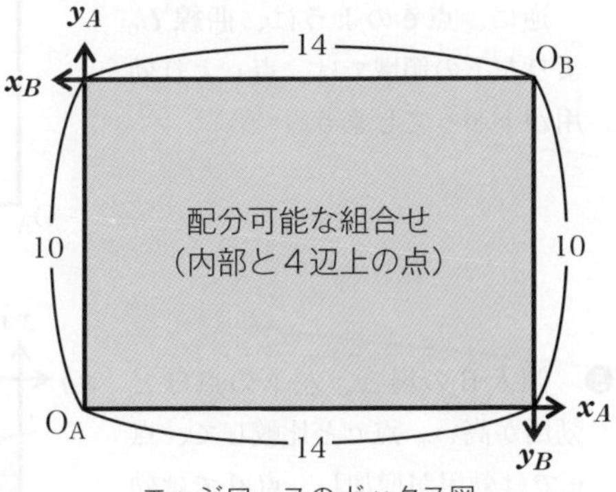

エッジワースのボックス図
(ダイアグラム)

個人Bは、原点O_Bから左に行くほどX財の配分(or 消費量)x_Bが大きくなり、原点O_Bから下に行くほどY財の配分(or 消費量)y_Bが大きくなる。

❷　配分c（点c）の場合、

個人A；　$x_A=5$、$y_A=7$

個人B；　$x_B=9$、$y_B=3$

であり、各財の合計はその総量に等しい。

$x_A+x_B=14$

$y_A+y_B=10$

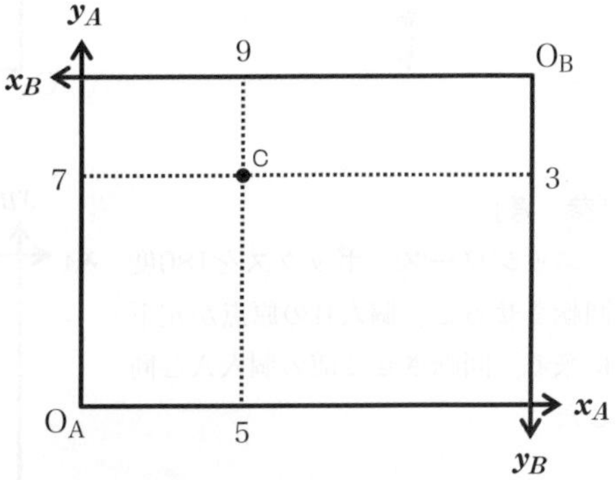

❸　点cが配分されたとき、点cを通る無差別曲線で効用水準を表す。個人Aは曲線U_0、個人Bは曲線V_0で表されている。

個人Bの原点は右上にあるから、右上に向かって凸となる。

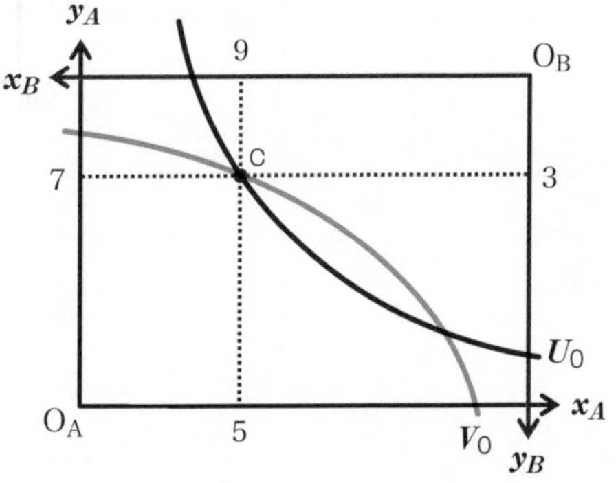

❹ 個人Aの効用が点cより増加する配分は、点dのように、曲線U_0より右上の扇形の領域に（無数に）存在している。

逆に、点eのように、曲線U_0より左下の領域では、点cより効用が下がってしまう。

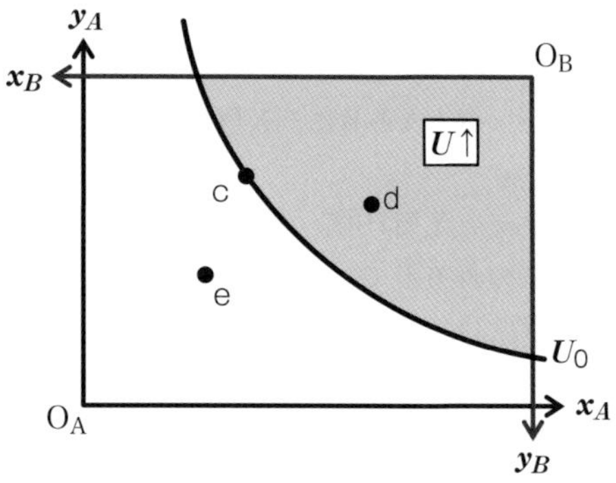

❺ 個人Bの場合、左下の点ほど効用が高い。点cと比較して、点eでは効用が増加し、点dでは効用が減少する。

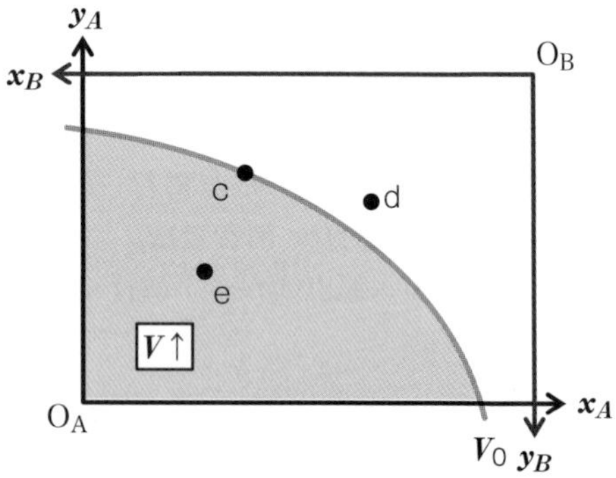

［参　考］

エッジワース・ボックスを180度回転させると、個人Bの原点が左下に来る。回転させる前の個人Aと同じだ。

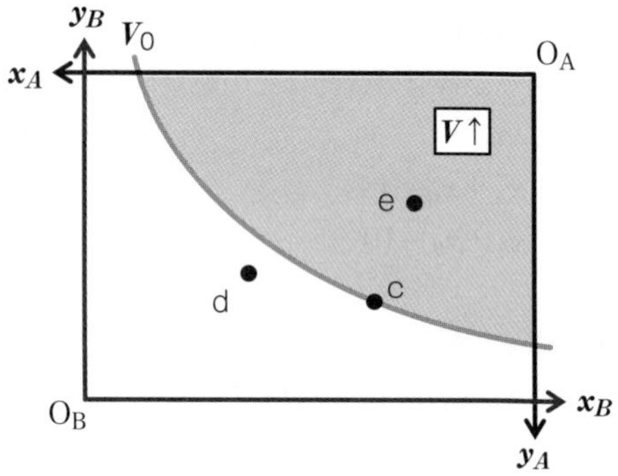

② パレートの基準

二人の個人からなる経済の社会的な厚生水準(社会的な効用水準、総余剰)を考える。社会的な厚生水準$\boldsymbol{W}$ (Welfare)は社会構成員全員(ここでは二人の個人)の効用水準に依存し、**誰の効用も下がることなく、少なくとも1人の効用が増加するならば、社会的により望ましい**。これをパレート改善という(パレートの意味で厚生水準が改善される)。

全く同じ量の資源で厚生水準が高まるであれば、資源配分がより効率的になると言える。

二個人の場合、パレート改善となるのは、二つのケースしかない。

❶ 一方の個人の効用が変わらず、他方の効用が増える

❷ 二人同時に効用が増加する

これ以外の場合、例えば、個人Aの効用は増え、同時に個人Bの効用が減る場合には、社会的に望ましいか否かの判断はできない。

以下、図は簡略化する。また、当初の配分は点c、個人AとBの無差別曲線はそれぞれ$\boldsymbol{U}_0$と$\boldsymbol{V}_0$である。

(ア) 配分を点cからeに変更

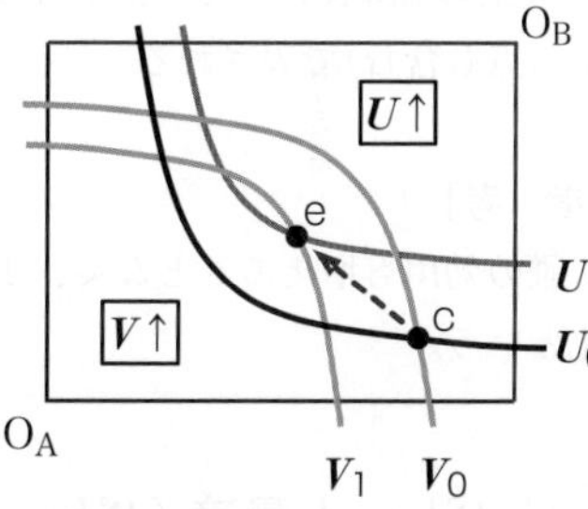

個人Aについて、点eは、点cを通る無差別曲線$\boldsymbol{U}_0$よりも右上にあるから、効用が増加する($\boldsymbol{U}_0 < \boldsymbol{U}_1$)。

個人Bでは、点eは、点cが通る無差別曲線$\boldsymbol{V}_0$より左下に位置するから、効用が増加する($\boldsymbol{V}_0 < \boldsymbol{V}_1$)。

全員の効用が増加するので、点cからeへの配分の変更は、パレート改善である(社会的により望ましい資源配分)。

このとき、パレート改善される点cを**パレート劣位な配分**、パレート改善する点eを**パレート優位な配分**という。

(イ) 配分を点cからfに変更

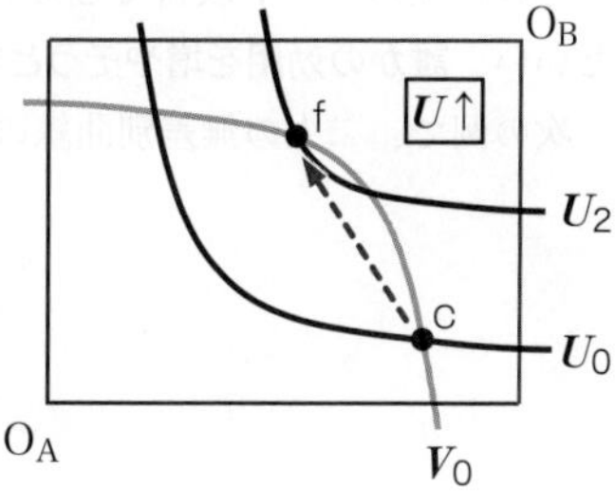

個人Aの効用は増加する($\boldsymbol{U}_0 < \boldsymbol{U}_2$)。これに対して、個人Bの効用は変わらない(点cとfは無差別)。

よって、誰の効用も下がることなく、一人の効用が増加するので、この配分の変更はパレート改善である。

(ウ) 配分を点cからdに変更

個人Aの効用は不変であり(点cとdは無差別)、個人Bの効用は増加する(V_0<V_2)。

誰の効用も下がることなく、効用が増える者が一人いるので、パレート改善である。

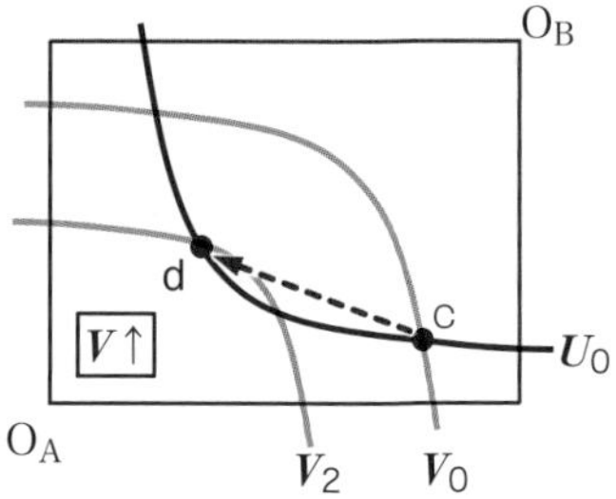

(エ) パレート改善可能な点

点cを通る各個人の無差別曲線U_0とV_0の交点c′は、パレートの意味で社会的に無差別である(厚生水準が変わらない)。

点cのように、**二人の無差別曲線U_0とV_0の交点に対しては**、パレート優位な点が必ず存在して、**パレート改善することができる**。

パレート改善可能な配分の集まり(集合)は、無差別曲線U_0とV_0で囲まれた**レンズ型の領域**(レンズ型の領域cfc′dで、点dやfなど、U_0とV_0上の点も含む)で表される。

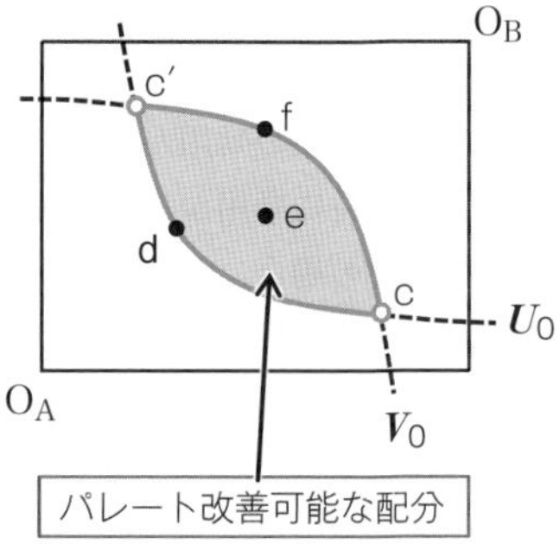

[参　考]

誰の効用も増えることなく、少なくとも一人の効用が減少することをパレート悪化という。

2 パレート最適(パレート効率的)な配分

① パレート最適な状態

二人の無差別曲線が接する場合、レンズ型が形成されず、接点からパレート改善することができない(接点よりパレート優位な点が存在しない)。

それ以上パレート改善できない配分を**パレート最適な(効率的な)配分**(資源配分)といい、**誰かの効用を増やそうとすれば、別の誰かの効用が必ず減少する。**

次の例で、二人の無差別曲線の接点(パレート最適)が持つ性質を確認しよう。

例2

接点gから点hに移ると、個人Aの効用は増えるが個人Bの効用は減ってしまう。接点gから点iに移ると、個人Bの効用は増えるが個人Aの効用は減ってしまう。

つまり、接点gからパレート改善することはできない。

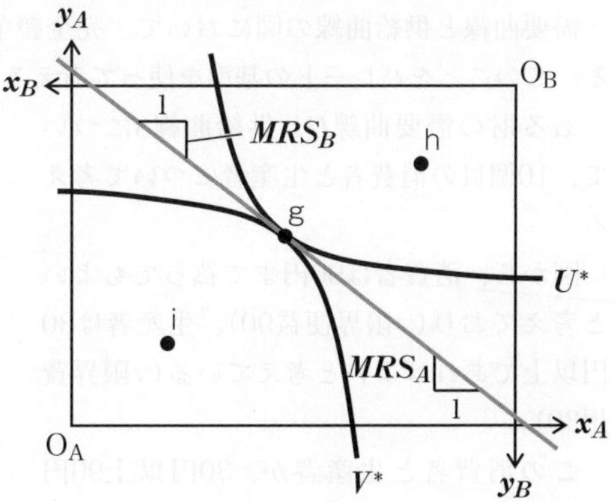

個人Aの無差別曲線U^*の点gにおける接線は、個人Bの無差別曲線V^*の点gにおける接線と一致する(つまり、二人の無差別曲線の接点gに共通の接線が一本描ける)。

無差別曲線の傾き(絶対値)は、限界代替率*MRS*だから、接点gにおいて、

個人Aの限界代替率 MRS_A ＝ 個人Bの限界代替率 MRS_B

が成立する[2]。

なお、**パレート最適な状態**は、各財の市場において、それぞれ、**総余剰が最大化された状態**に対応している。

[参 考] 共通接線の傾き(絶対値)の一致

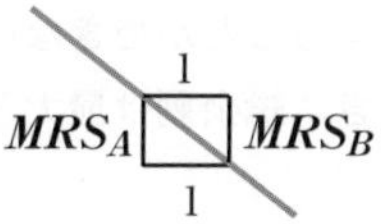

|傾き|を表す直角三角形(底辺の長さ1)を重ねてみると、共通接線はヨコの長さ1の長方形の対角線となる。長方形のタテの長さは左右で一致するから、MRS_AとMRS_Bは一致する。

2 3人以上いたとしても、全員の限界代替率が一致する。

[参　考] パレート最適と総余剰の関係

需要曲線と供給曲線の図において、完全競争市場の均衡で総余剰が最大化される。このことをパレートの基準を使って考えることができる。

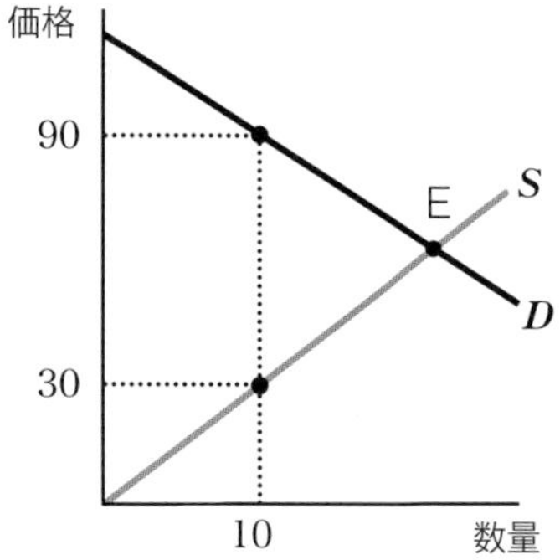

ある財の需要曲線***D***と供給曲線***S***について、10個目の消費者と生産者について考える。

図から、消費者は90円まで払ってもよいと考えており(∵限界便益90)、生産者は30円以上であればよいと考えている(∵限界費用30)。

この消費者と生産者が、30円以上90円以下の価格で10個目を生産・消費することで、消費者は便益(≒効用)が増加し、生産者は利潤が増加(＝粗利潤が増加)するから、この取引によってパレート改善される(消費者も生産者も余剰という形で利益を得る)。

このとき、総余剰は、限界便益と限界費用の差90 − 30 ＝ 60だけ増加するから、総余剰を増やすことができる状況は、パレート改善が可能な状況だといえる。

したがって、限界便益が限界費用を上回る限り(需要曲線が供給曲線より上側にある限り)、パレート改善することができ、均衡点Eまでパレート改善可能である。

均衡点Eを超えると限界費用が限界便益を上回るため、それ以上、パレート改善することができない。つまり、完全競争市場の均衡はパレート最適であり、このとき、総余剰は最大となる。

② 契約曲線

パレート最適な配分の集まりを契約曲線(パレート集合)と呼ぶ。二人の無差別曲線の接点は契約曲線上にあり、また、契約曲線上にしかない。

例3

点gおよびhは契約曲線上の配分であり、いずれもパレート最適である。パレート最適な配分は、定義から、それ以上パレート改善することができない。したがって、**パレート最適な配分どうしを比較しても、パレートの基準で優劣をつけられない**[3]。

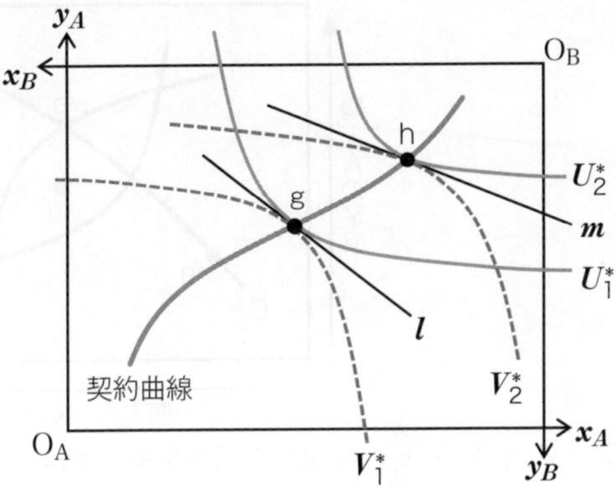

実際、点gからhに配分を変更すると、個人Aの効用は増加するが($U_1^* < U_2^*$)、個人Bの効用は減少してしまう($V_1^* > V_2^*$)。よって、この配分の変更は、パレート改善ではない。

逆に、点hからgに配分を変更しても、個人Aの効用は下がり、個人Bの効用は高まるから、これもまた、パレート改善ではない。

なお、契約曲線上のどの点においても、それぞれの点において二人の限界代替率は一致するが、異なる点の間で一致する保証はない。

|共通接線lの傾き|>|共通接線mの傾き|

---

3 パレートの基準は、特定の(数値を用いた)価値判断を含まない。例えば、Aさんの効用が10増え、Bさんの効用が2減ったとしても、社会的により望ましくなったかを何の矛盾もなく決めることはできない。現代の経済学では、個人間の効用水準(数値)の比較は意味を持たないと考える。

例題3-14

図は個人AとBおよびX財とY財から成る経済のエッジスワース・ボックスを表している。個人Aの原点はボックスの左下、個人Bの原点はボックスの右上にあり、曲線UとVはそれぞれ、点qにおける個人Aと個人Bの無差別曲線を示している。また、曲線CCはこの経済における契約曲線を表し、点pとsはこの曲線上の点である。

次の記述ア〜カのうち正しいのはどれか。

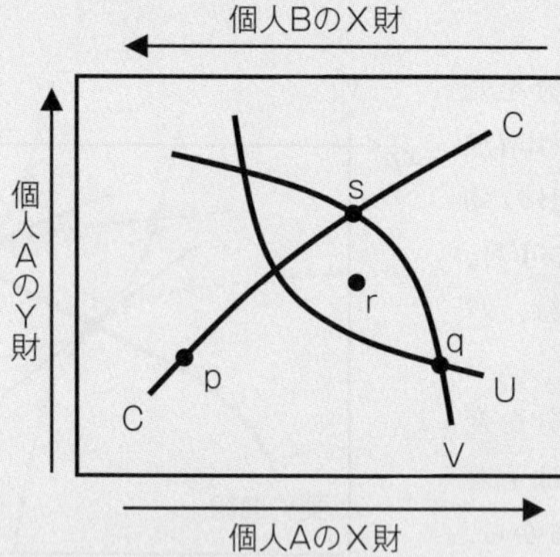

ア　点qから点rに配分を変更することは、パレート改善である。

イ　点rでは、個人AとBの無差別曲線が接する。

ウ　点pは点qより社会的に望ましい配分である。

エ　点sは点rと比較して、パレート優位な配分である。

オ　点rから、曲線CC上の点pに配分を変更することはパレート改善である。

カ　点pと点sはどちらもパレート最適であるが、点sの方が社会的に公平な配分である。

解説

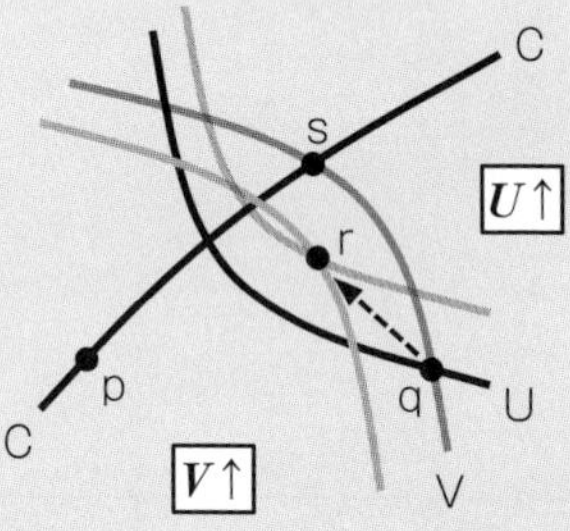

ア　○　二人の効用が同時に高まる。

イ　×　点rは契約曲線上の点でなく、この点を通る二人の無差別曲線は交差する。

ウ ✕ パレート改善できるなら、社会的に望ましい。また、パレート改善の場合、「誰の効用も下がらず」が前提である。

点qからpに配分を変えたとき、個人Aの効用は下がってしまうから、パレート改善ではない（個人Bは各自確認のこと）。

パレート最適でない点からパレート最適な点に配分を移すことは、必ずしもパレート改善とは限らない。

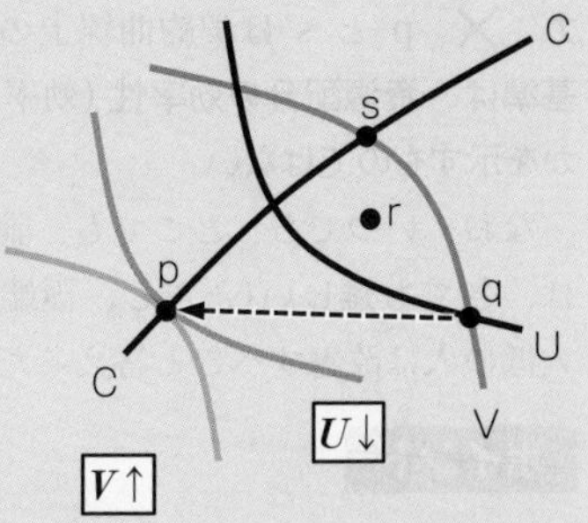

エ ✕ 点rからsへの配分の変更がパレート改善なら、点sはrよりパレート優位である。

個人Bの点rを通る無差別曲線は、曲線Vより左下にあり、点rからsに配分を変えると個人Bの効用は減少する。

したがって、この配分の変更は、パレート改善ではない(個人Aは各自確認のこと)。

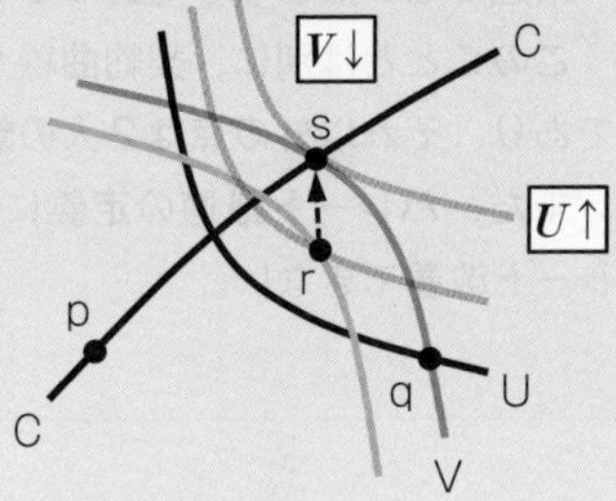

ポイント

パレート改善は、パレート非効率な点(パレート最適でない点)から、パレート効率的(パレート最適な点)へ移ることではない。パレート非効率な点から、パレート効率的な点に移ったとき、パレート改善する場合もあれば、しない場合もある。したがって、パレート優位な点(パレート改善する点)が契約曲線上にある場合もあれば、ない場合もある。

オ ✕ 個人Aの効用が下がってしまう。

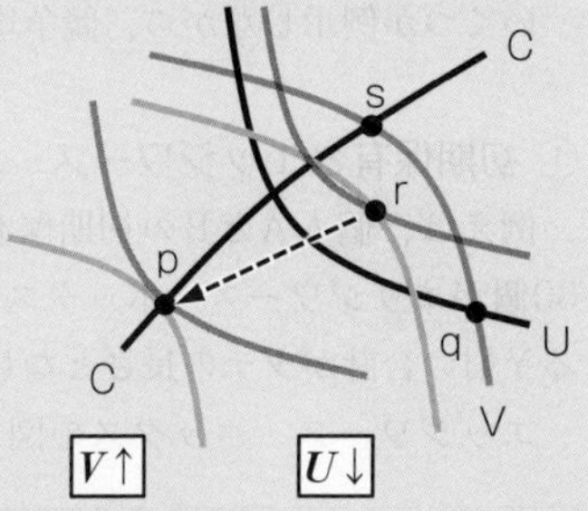

カ ✕ p と s は契約曲線上の点でありパレート最適な配分である。パレートの基準は、資源配分の効率性（効率的な資源配分）についての基準であり、公平かどうかを示すものではない。

なお、いつでも、どこでも、誰もが、「これは公平だ」と考える基準を設けることは、とても難しい（ただし、極端に不公平な状況、格差が大きい状況については、大抵の人は改善すべきと答えるだろう）。

ポイント

2つの配分を比較したとき、各個人の効用の変化を調べることでパレート改善か否かが決まる。比較される点がパレート最適かどうかは関係ない（そもそもパレート最適でない点どうしであってもパレート改善可能である）。

このこととは別に、契約曲線が示される場合、契約曲線上の点のみパレート最適であり、それ以外の点は２人の無差別曲線の交点でありパレート最適ではない。

また、パレート最適の定義により、契約曲線上の一つ一つの点からは絶対にパレート改善できない。

2 競争均衡と厚生経済学の基本定理（命題）

ここでは、エッジワース・ボックスを使って、完全競争市場の均衡（競争均衡と呼ぶ）を考える。これまでのように、２財・２個人を想定し、各個人が保有する財を交換する状況で市場取引を表すものとする[4]。

1 競争均衡と厚生経済学の第一命題（第一基本定理）

いくつか例示しながら、競争均衡を表そう。

① 初期保有とエッジワース・ボックス

例えば、個人ＡとＢの初期保有するＸ財がそれぞれ10個と20個であれば、合計30個がエッジワース・ボックスのヨコの長さとなる。同様に、二人が初期保有するＹ財の合計がタテの長さとなり、エッジワース・ボックスの大きさが決まる。

エッジワース・ボックスの図では、初期保有点ｅとして、この経済の初期状態

4 ワルラス的調整過程を用いた説明は、出題が少ないので後回しにする。

が表される。初期保有点eを通る個人Aの無差別曲線をU_0、個人BをV_0とする。

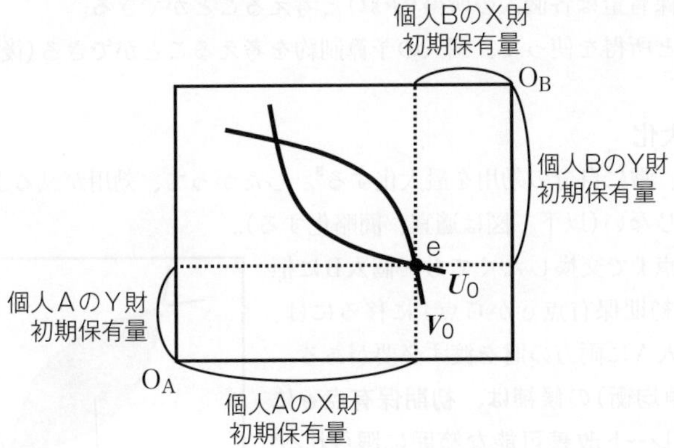

② 交換の例

点fを例に考えよう。個人Aが、個人BにX財を1個渡して(売って)、代わりに個人BからY財を2個もらう(買う)。これは同時に、個人Bが、個人AにY財を2個渡して(売って)、個人AからX財を1個もらう(買う)ことを意味する。

また、この交換条件(X財1個とY財2個の交換)は、二財の相対価格を表している。X財とY財の価格をそれぞれ、p_xとp_yとして、X財1個とY財2個が交換されるなら、それらの価値が等しいということである。

$$p_x \times 1\text{個} = p_y \times 2\text{個} \quad \rightarrow \quad \frac{p_x}{p_y} = \frac{2}{1}\ (=2) \qquad \boldsymbol{a \times b = c \times d \iff \frac{a}{c} = \frac{d}{b}}$$

変形したものは、二財の相対価格p_x/p_yが2であることを示す(相対価格は金額ではなく、X財1個につき、Y財何個が交換可能かを表す)。

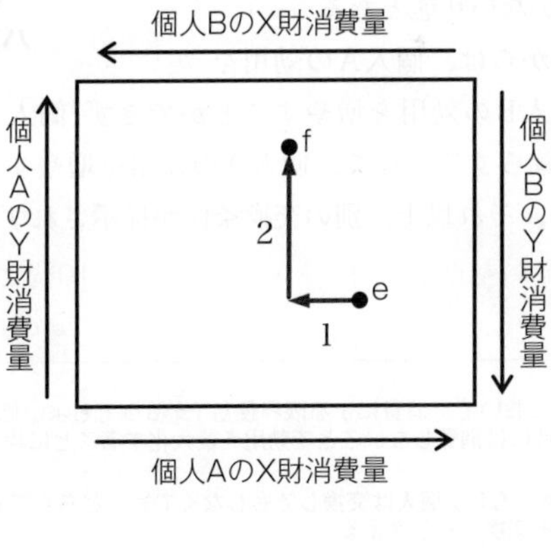

なお、各個人が相手に渡すことができる財の最大量は、初期保有量に限定されるから、初期保有量は各個人の所得(予算)と考えることができる。

相対価格と所得を使って、個人の予算制約を考えることができる(後述)。

③ 効用最大化

各個人は、常に自分の効用を最大化する[5]。したがって、効用が減るような交換には決して応じない(以下、図は適宜、簡略化する)。

個人Aが点fで交換したくても、個人Bに拒否される。初期保有点eから点fに移るには、個人Bは個人Aに両方の財を渡す必要がある。

交換(競争均衡)の候補は、初期保有点eに対して、パレート改善可能な範囲に限られる[6](誰の効用も下がることなく、少なくとも1人の効用が増える)。

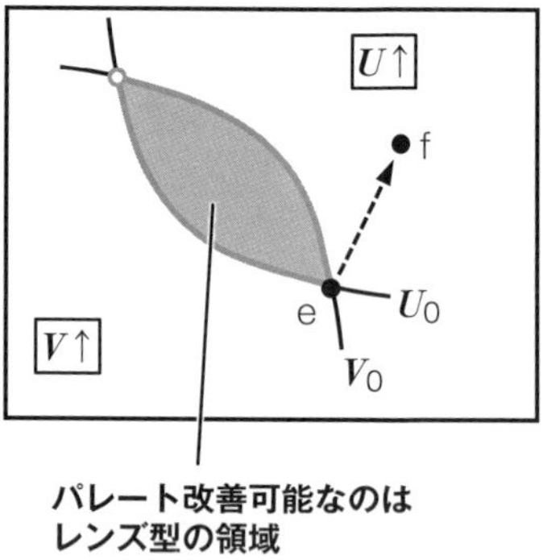

次の図では、点gを例に考えよう。点gでは、点eよりも二人とも効用が高い。ただし、点g自体もレンズ型を持つから、さらにパレート改善可能である。つまり、レンズ型がある限り、別の交換条件が提示される。

レンズ型がなくなるのは二人の無差別曲線が接するときであり、これは契約曲線上の点である。したがって、**競争均衡は契約曲線上の点(パレート最適な点)**であり、パレート改善(新たな交渉)の余地がない状態となる。

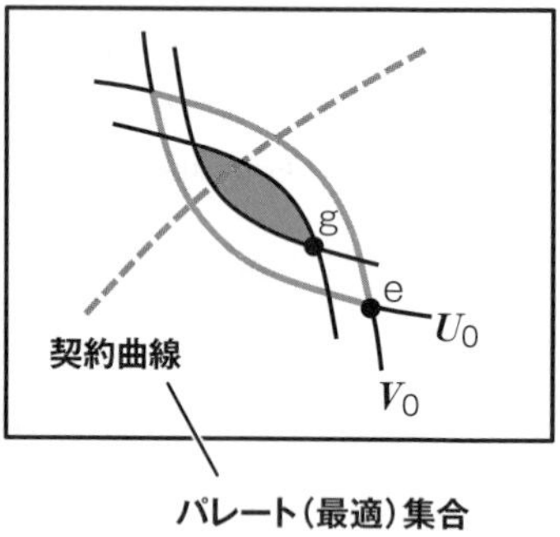

パレート最適な点からは、個人Aの効用を減らさなければ、個人Bの効用を増やすことができず(個人Aに拒否される)、また、個人Bの効用を減らすことなく、個人Aの効用を増やすこともできない(個人Bに拒否される)から、それ以上、別の交換条件が提示されず、二人の間で交換(の契約)が成立する。

---

5 これは、需要曲線の図において、消費による限界便益(支払ってもよい価格)が実際の価格を上回る限り消費し、下回る場合には消費しないことで効用を最大化することに相当する。

6 効用が変わらない(増減しない)個人は交換してもしなくても、どちらでもよい(無差別である)。この場合、相手が望むなら交換すると考える。

④ 初期保有点ｅのコア

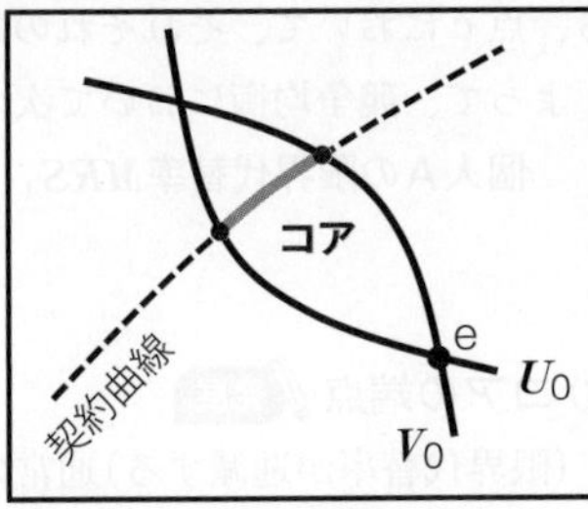

初期保有点ｅからパレート改善され、かつ、パレート最適な配分の集まりを、初期保有点ｅのコア(コア配分)という。競争均衡はコアに含まれる。

したがって、次の命題(定理)が成り立つ。

⑤ 厚生経済学の第１命題（第１基本定理）

『任意の競争均衡は、パレート最適である。』

ここでの「任意の」は、「初期保有点が(エッジスワース・ボックス内の)どこにあったとしても」という意味で、自由な意思に基づく交換によって(市場に委ねておけば)、効率的な資源配分が実現し、社会的に望ましい状態にたどり着くことである(ここでは政府の出る幕はない[7])。

⑥ 競争均衡の例

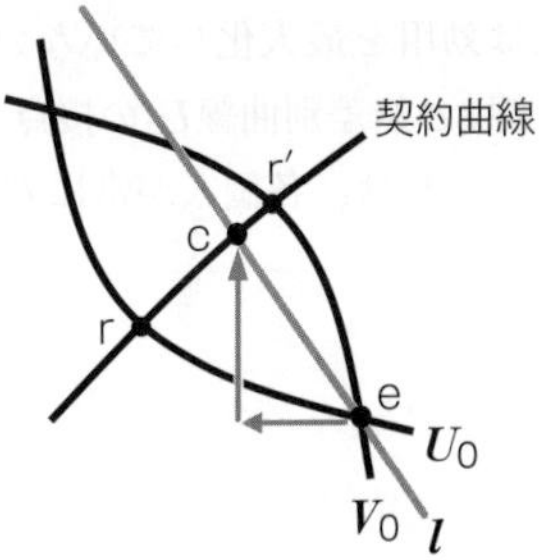

初期保有点ｅのコアrr′に含まれる点ｃは競争均衡である(競争均衡になりうる[8])。

競争均衡である点ｃと初期保有点ｅを通る直線lの傾き(絶対値)は、X財とY財の市場を同時に均衡させる相対価格を表す(直線lは各個人の予算線である)。

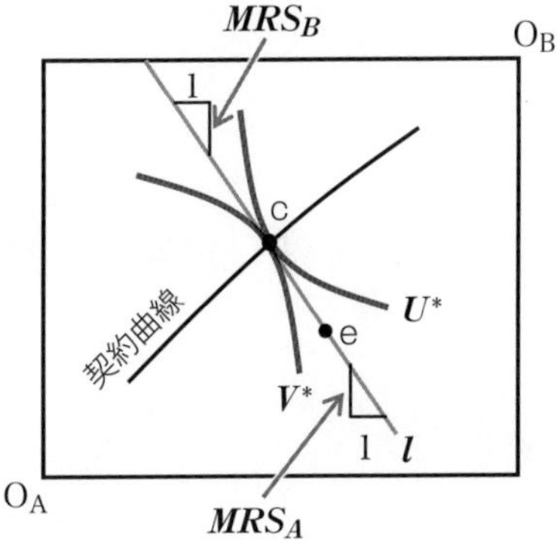

競争均衡において二人(全員)の限界代替率が一致する(図；当初の無差別曲線などは省略)。

点ｃを競争均衡として、点ｅのコアに属する点ｃはパレート最適であり、点ｃを通る個人Ａの無差別曲線U^*と個人Ｂの無差別曲線V^*は点ｃで接する。

また、各個人は効用を最大化しているか

7　需要曲線と供給曲線を使った余剰分析では、政府が（定額税以外の）政策を行うことで、必ず厚生損失が生じたことを思い出そう。

8　競争均衡が複数ある可能性を排除できないが、ここでは、典型的な一つの点を扱う。

ら、点cにおいて、それぞれの無差別曲線U^*とV^*が予算線lに接している。

よって、競争均衡において次の関係が成立する。

個人Aの限界代替率MRS_A ＝ 個人Bの限界代替率MRS_B
＝ 二財の市場を同時に均衡させる相対価格

⑦ コアの端点 発展

（限界代替率が逓減する）通常の無差別曲線の場合、コアの端点は競争均衡にならない[9]。

例4

初期保有点eのコアrr'について、端点rが競争均衡だと仮定する。

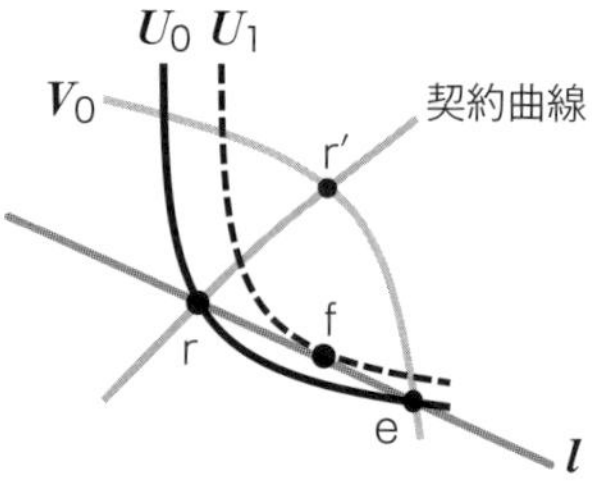

競争均衡における予算線lは、点eとrを通る直線で表される。このとき、無差別曲線U_0は点rにおいて予算線lと交差しているから、個人Aは効用を最大化していない（効用最大化は、予算線lと無差別曲線U_1の接点fで示される）。

これは、各個人が常に効用を最大化するという前提と矛盾する。

9　初期保有点に対するコアの定義や、競争均衡がコアに含まれるという性質に変更はない。

2 競争均衡と厚生経済学の第二命題（第二基本定理）

第一命題によって、任意の競争均衡はパレート最適であることが示された。逆に、任意のパレート最適な配分を競争均衡として実現できるだろうか。

答えはノーである（無条件には成り立たない）。

① 競争均衡はコアに限定される

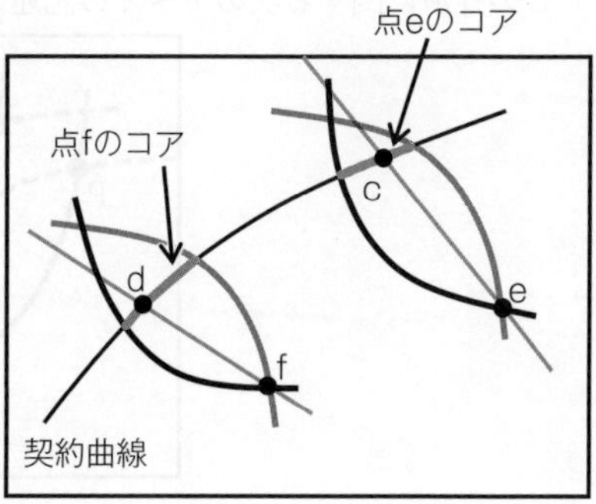

点cは初期保有点eから実現可能な競争均衡であり、点dは初期保有点fから実現可能な競争均衡である。

初期保有点eのコアに含まれない点dは、点eから実現することはできず、また、初期保有点fのコアに含まれない点cは、点fから実現することはできない。

② 厚生経済学の第2命題（第2基本定理）

『適切な所得再分配により[10]、契約曲線上の任意の点を競争均衡として実現することができる。』

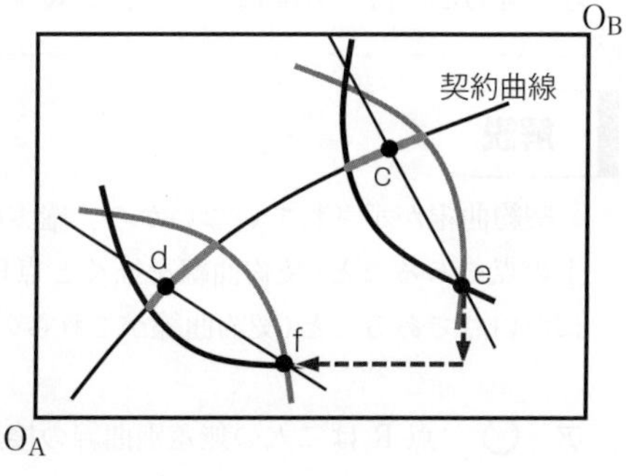

初期保有点が点eのとき、点dを競争均衡として実現したければ、個人Aが保有する二財をいくつか個人Bに移して、初期保有点を点fにしてしまえばよい。

なお、二財を資源とみなす場合には、「適切な再配分」という[11]。

---

10 （頭の中で合致させるのは難しいかもしれないが）従量税や従価税の場合、厚生損失が発生した。エッジワース・ボックスにおいては、総余剰が最大化された状態（厚生損失のない状態）がパレート最適であり、契約曲線上の点に対応している。したがって、ここでの「適切な所得再分配」（政策）は、厚生損失を生じない手段を指している。二人が交換する二財の数量に関係なく、一定量を一方から他方に移せばよい。

11 日本語では、分配と配分は瓜二つだが、英語では、所得分配（所得の分布）income distributionと資源配分resource allocationで全然似ていない。政府によって所得分配や資源配分が変更されることを、再分配や再配分という。

例題3-15　図は２人の消費者と２種類の財から成る純粋交換経済をエッジスワース・ボックス・ダイアグラムで表したものである。２人のうちの１人について、原点を左下に取り、その無差別曲線を実線で表す。また、残りの１人の原点を右上に取り、その無差別曲線を破線で表す。

この経済に関する次のア～オの記述のうち、妥当なものはどれか。

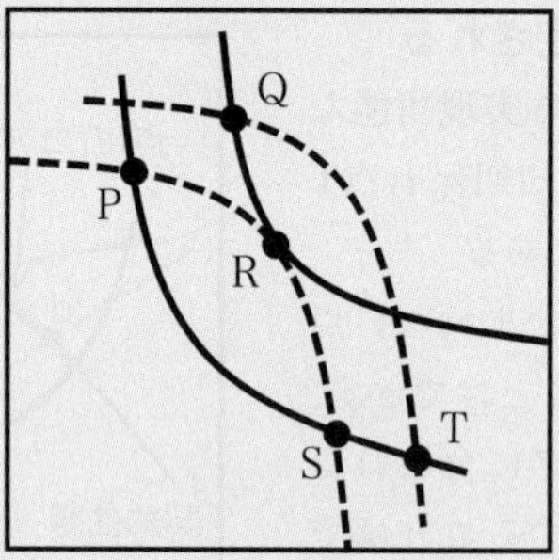

ア　点Ｑを初期保有点とした場合、点Ｒは点Ｑのコア配分である。

イ　点Ｐを初期保有点とした場合、点Ｓは点Ｐのコア配分である。

ウ　契約曲線は点ＰとＱを通る。

エ　初期保有点が点Ｔであれば、点Ｒは競争均衡として実現可能である。

オ　適切な所得再分配によって、点Ｑを競争均衡として実現することができる。

解説

契約曲線が示されていないから、確実に分かること、すなわち、点Rは契約曲線上の点であること(契約曲線を描くと点Rを通る)、点P・Q・S・Tは契約曲線上にない点であること(契約曲線がこれらの点を通ることはない)を利用する。

ア　○　点Ｒは二人の無差別曲線の接点だから、パレート最適である。また、点ＱからＲに移ると、実線の無差別曲線で表される消費者の効用は不変であり、破線の無差別曲線で表される消費者の効用は大きくなる。よって、パレート改善である。

したがって、点Qに対して、点Rはパレート最適かつパレート改善可能だから、点Rは点Qのコアに含まれる。

イ　×　点Ｓはパレート最適ではないから、どの点を初期保有点としてもコア配分にならない。

ウ　×　点PとQはどちらもパレート最適ではない（パレート改善の余地がある）ので、契約曲線がこれらの点を通ることはない。

エ　○　点Rは二人の無差別曲線の接点だから、契約曲線上の点である。また、点Rは点Tからパレート改善可能な点だから、点Tのコアに含まれる。よって、競争均衡（の一つ）である。

オ　×　点Qは契約曲線上の点でないから、そもそも競争均衡にならない。

3 ワルラス的調整過程と競争均衡

ここでは、ワルラス的調整過程を経て[12]、競争均衡に至るメカニズムを学習する。ワルラス的調整過程では、需要と供給が一致しない場合(市場が均衡していない場合)、次のように価格調整される。

超過供給の発生　→　価格下落
超過需要の発生　→　価格上昇

1 最適消費点と不均衡

予算線は初期保有点eを必ず通過する(交換の出発点)。

次の図では、相対価格が$p_x/p_y = 1/2$の場合の予算線が直線lで表され、個人Aの最適消費点は無差別曲線U_1と予算線lの接点fで、個人Bの最適消費点は無差別曲線V_1と予算線lの接点gで表されている。

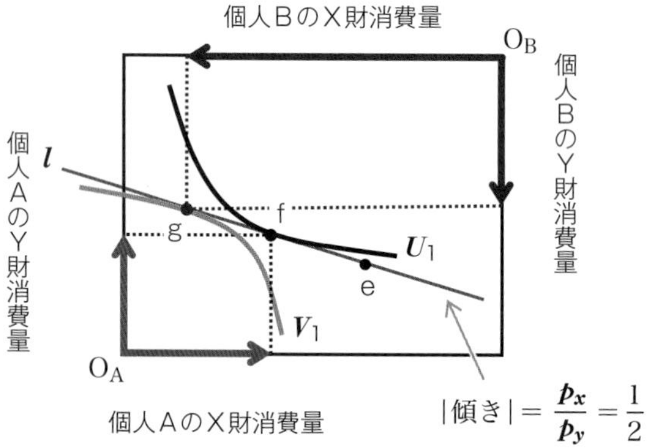

12　ワルラスの模索過程と呼ばれ、以下の要領で導かれる競争均衡はワルラス均衡と呼ばれるが、厚生経済学の基本定理(命題)で示された競争均衡と全く同じものだ。

① X財市場は超過需要

エッジワース・ボックスのヨコの長さは、この経済のX財の総量(供給量)であり、二人のX財消費量(需要量)の和は明らかに総量を超えており、超過需要が発生しているから、X財価格は上昇する。

$p_x\uparrow$ …(1)

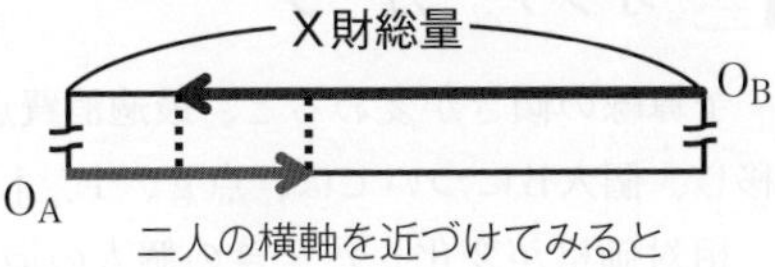

② Y財市場は超過供給

同様にして、タテの長さは、この経済のY財の総量(供給量)であり、二人のY財消費量(需要量)の和は、総量未満となり、超過供給が発生しているので、Y財価格は下落する。

$p_y\downarrow$ …(2)

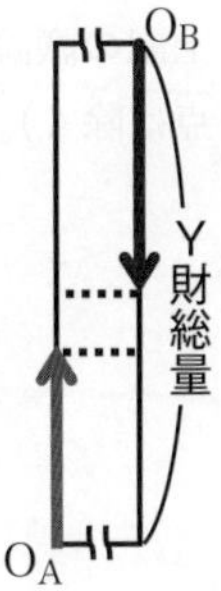

③ 相対価格の変化

(1)(2)より、相対価格は上昇する。

$$\frac{p_x\uparrow}{p_y\downarrow}\xrightarrow[\text{分母}\downarrow\text{は分数}\uparrow]{\text{分子}\uparrow\text{は分数}\uparrow}\frac{p_x}{p_y}\Uparrow$$

相対価格上昇後の予算線mについても、個人Aは点hで、個人Bは点iで効用を最大化する。ただし、依然、X財市場は超過需要、Y財市場では超過供給が発生しており、相対価格はさらに上昇する。

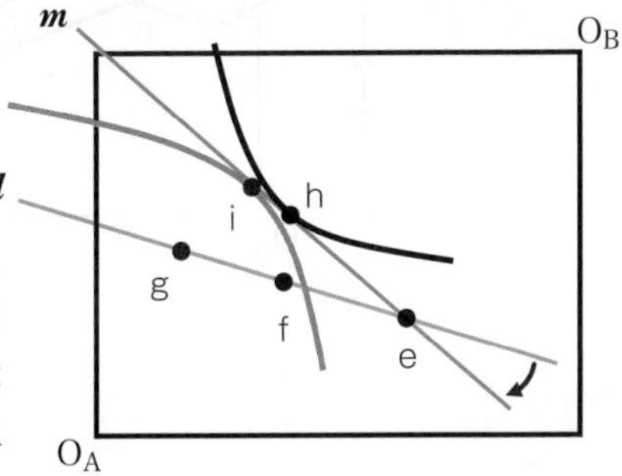

④ 競争均衡

予算線nの下、互いの最適消費点が点jで一致している。X財市場もY財市場も、もはや、超過需要・超過供給が完全に解消され、二つの市場は同時に均衡する[13]。

これが純粋交換経済における競争均衡である。

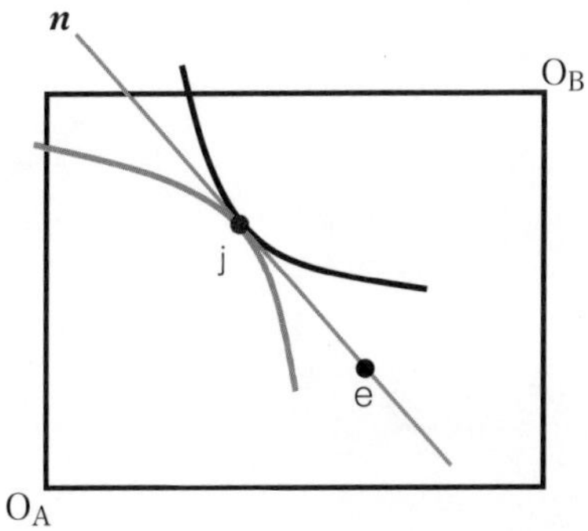

---

13 ワルラス法則と呼ばれる法則から導かれる性質として、次のものが挙げられる。二つの市場についてワルラス法則が働く場合、一方の市場で超過需要が発生していれば他方の市場は必ず超過供給が発生する。つまり、二つの市場は同時に均衡する(同時にしか均衡しない。「一方が均衡し、他方が超過需要または超過供給」という状態は起こらない)。

2 オファーカーブ

予算線の傾きが変わると、最適消費点が、個人Aについては、点f、h、jと遷移し、個人Bについては、点g、i、jと遷移した。

相対価格が変化したときの個人の最適消費点の集まりを(その個人の)**オファーカーブ**(価格消費曲線)という。

上記の議論から、競争均衡は、二人のオファーカーブの交点で表される(初期保有点は除く)。

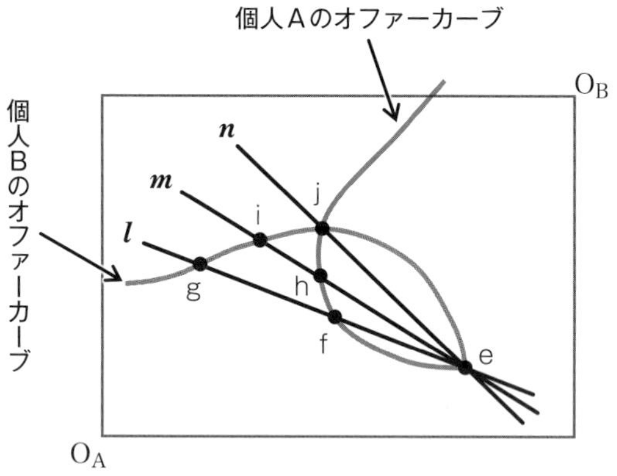

重要事項 一問一答

01 誰の効用も減らすことなく、少なくとも１人の効用を増加させることを何というか。

パレート改善

02 パレート改善が可能なとき、改善前と改善後の２財の配分をそれぞれどのように表現するか。

改善前：パレート劣位、改善後：パレート優位

03 配分を変えてもそれ以上パレート改善できない状態を何というか。

パレート最適

04 パレート最適な点の集まりを何というか。

契約曲線

05 初期保有点を通る２人の無差別曲線に挟まれた契約曲線上の一部分を何というか。

コア配分

06 厚生経済学の第１命題を示せ。

任意の競争均衡はパレート最適である

07 厚生経済学の第２命題を示せ。

適切な所得再分配政策によって初期保有点を移動させることで、契約曲線上の任意の点を競争均衡として実現することができる

08 個々人について、予算線と無差別曲線の接点の集まりを何というか。

オファーカーブ

過去問 Exercise

問題1 次の図は2財（x財とy財）と2個人（1、2）が存在する経済のエッジワース・ボックスである。O_1は個人1の原点を、O_2は個人2の原点を表す。実線曲線u^{11}、u^{12}、u^{13}、u^{14}は個人1の無差別曲線を表し、O_1から、より遠い位置にある無差別曲線ほど、大きな効用を表す。点線曲線u^{21}、u^{22}は個人2の無差別曲線を表し、O_2から、より遠い位置にある無差別曲線ほど、大きな効用を表す。次の説明文の中で最も適当なのはどれか。

裁判所一般職2013

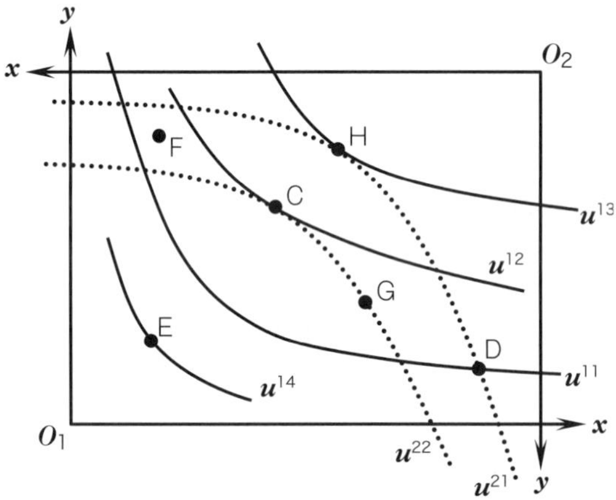

❶ 配分が点Cから点Dへ移行した場合、パレート改善する。

❷ 配分が点Gから点Hへ移行した場合、パレート改善する。

❸ 配分が点Dから点Fへ移行した場合、パレート改善する。

❹ 配分が点Hから点Eへ移行した場合、パレート改善する。

❺ 配分が点Cから点Fへ移行した場合、パレート改善する。

解説

正解 ③

契約曲線が描かれていないので、すぐ分かるのは、点C、Hがパレート最適だということ(互いの無差別曲線の接点)、点Dはパレート最適ではないということである。したがって、点C、Hからパレート改善することはできず、また、点Dからパレート改善することは(移行先を適切に選べば)可能である。いずれにせよ、誰かの効用が減る場合にはパレート改善ではない。

❶ ✕ 点Cはパレート最適であり、パレート最適な配分からパレート改善することはできない。

❷ ✕ 点GからHへの移行によって、個人2の効用は減少するから、パレート改善(誰の効用も減らすことなく、少なくとも1人の効用が増加する)ではない。

❸ ○ 点Dを通る個人1と2の無差別曲線を見ると、点Fは$\boldsymbol{u}^{11}$と$\boldsymbol{u}^{21}$に囲まれた領域(レンズ型)内部の点であるから、点DからFへの移行はパレート改善である(ルール「同一個人の無差別曲線は交わらない」に従い点Fを通る各個人の無差別曲線を描いてみるとよい)。

❹ ✕ この場合、個人1の効用が減少する。

❺ ✕ この場合、2人とも効用が減少する。なお、誰の効用も増加することなく、少なくとも1人の効用が減少する場合、パレート悪化である。

問題2　図は２財２消費者の純粋交換経済におけるエッジワースのボックス・ダイアグラムであり、I_A は消費者Aの無差別曲線、I_B は消費者Bの無差別曲線、cc' は契約曲線、dd' は予算制約線、点Eは消費者の初期保有点を表す。これに関するア～エの記述のうち、妥当なもののみを全て挙げているのはどれか。

なお、点E、点F、点Gは予算制約線上の点であり、点Eと点Gは無差別曲線 I_A、I_B の交点である。また、点Hは無差別曲線 I_A 上の点であり、点Fと点Jは契約曲線上の点である。

国家一般職2013

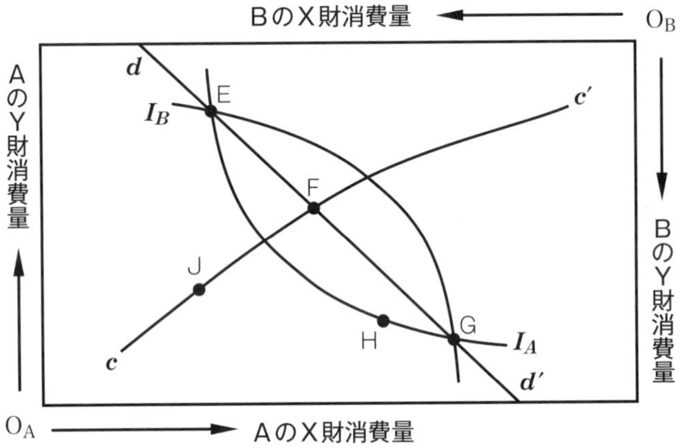

ア　点Eの配分から点Hの配分への移行はパレート改善であるが、点Eの配分から点Gの配分への移行はパレート改善ではない。

イ　点Fの配分では、消費者Aと消費者Bの限界代替率が等しく、パレート効率性が実現している。

ウ　点Gの配分は市場均衡として実現できるが、パレート効率的な配分ではない。

エ　点Jの配分と比べると、点Fの配分はパレート効率性の基準に照らして望ましい配分である。

❶ イ

❷ ア、イ

❸ ウ、エ

❹ ア、イ、ウ

❺ ア、ウ、エ

解説

正解 ❷

ア ◯　点EからHへの移行では、消費者Aの効用は不変、消費者Bの効用は増加する。よって、パレート改善である。点EからGへの移行は、両者の効用が変わらないから、パレート改善ではない。

イ ◯　点Fは契約曲線 cc' 上の配分だから、両者の無差別曲線の接点である。よって、両者の限界代替率は一致し、パレート効率的である。

この時点で、正解は❷か❹に絞られる。

ウ ✕　初期保有点Eのコア配分は無差別曲線 I_A と I_B に挟まれる契約曲線上の一部分である。市場均衡（競争均衡）はコア配分に含まれるから、点Gが市場均衡になることはない。

よって、❷が正解となる。

エ ✕　契約曲線上の点はその一つ一つがパレート効率的であり、それ以上パレート改善できない。したがって、契約曲線上の点どうしを比較しても、パレート優位（他の点よりパレート改善可能な点）にならず、よって、パレートの基準で望ましい（パレート改善可能な）配分とはいわない。

問題3

次の図は、２人の消費者Ａ、ＢとＸ財、Ｙ財の２つの財からなる交換経済のエッジワースのボックス・ダイアグラムである。図において、横軸と縦軸の長さは、それぞれＸ財とＹ財の全体量を表す。図中の U_1、U_2、U_3、U_4は消費者Ａの無差別曲線を表し、V_1、V_2、V_3、V_4は消費者Ｂの無差別曲線を表し、曲線 WW' は契約曲線を表している。この図の説明として妥当なのはどれか。

特別区Ⅰ類2014

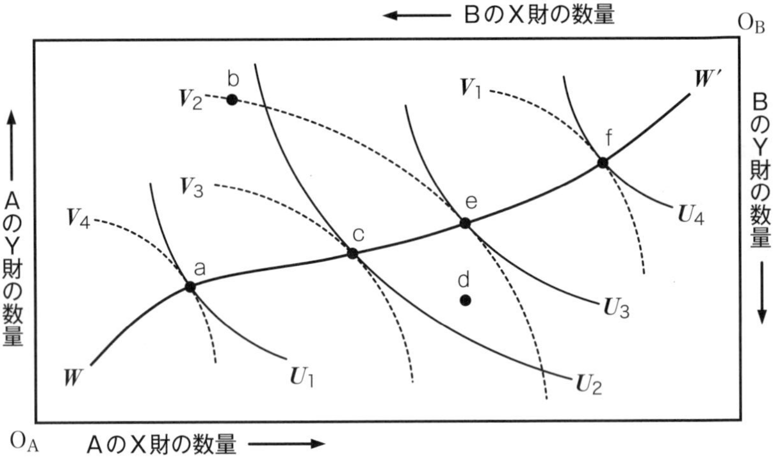

1 曲線 WW'上では、Ａ、Ｂのそれぞれの資源配分が効率的であるとともに、常に公平な配分が実現される。

2 ａ点からｅ点への移行は、パレート改善である。

3 ｆ点では、Ｂの限界代替率は、Ａの限界代替率より小さく、Ｘ財、Ｙ財をより多くＢに配分すれば、社会厚生は増加する。

4 ｂ点からｄ点への移行は、パレート改善である。

5 ａ点、ｃ点、ｆ点は、いずれもパレート最適な状態であるが、これらの点のうち、Ａ、Ｂともに効用が最も高いのは、ｃ点である。

解説

正解 4

❶ × 契約曲線上では資源配分が(パレートの基準で)効率的となるが、そのことと、公平か否かは関連がない。

❷ × 契約曲線上のどの点からもパレート改善することはできない。

❸ × 契約曲線上の点において2人の限界代替率は一致する。また、契約曲線上の点からパレート改善できないということは、パレートの基準で、社会厚生を増加させることができないという意味である。

❹ ○ b点を通る個人Aの無差別曲線をU_2の左下に描けば、その曲線と個人Bの無差別曲線V_2に囲まれた領域内部にd点が入る。よって、b点からd点へ移行すれば、パレート改善となる。

❺ × 契約曲線上の点はどれもパレート最適である。これらの点のうち、個人Bの原点O_Bに近いほど、個人Aの効用は高くなり、同時に、個人Bの効用は低くなる。また、契約曲線上、個人Aの原点O_Aに近い点ほど個人Aの効用は低くなり、同時に、個人Bの効用は高くなる。したがって、契約曲線上の点を比較して、2人ともに効用が最も高い点を決めることはできず、そもそも、a、f点よりc点の方が2人ともに効用が高まるのであればa、f点はパレート改善可能な点になってしまい、パレート最適(それ以上パレート改善不可能)な点ではなくなってしまう(矛盾だらけ)。

問題4　次の図は、ある純粋交換経済におけるエッジワース・ダイアグラムである。横軸は財 X の数量、縦軸は財 Y の数量を示し、左下の O_A 点は主体Ａの原点、右上の O_B 点は主体Ｂの原点を表す。O_A 点に向かって凸に描かれている曲線は主体Ａの無差別曲線であり、O_B 点に向かって凸に描かれている曲線は主体Ｂの無差別曲線である。H 点は両主体の初期保有量を表す。また、線分 LM は、J 点で無差別曲線 UU に接している。

この図に関する次の記述のうち、最も妥当なものはどれか。

裁判所一般職2018

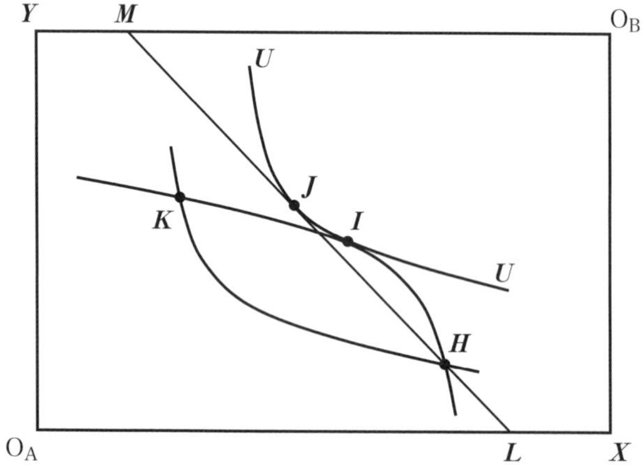

1. H点からK点への移行は、主体A、主体Bの効用水準をともに増加させる。

2. 初期保有点を適切に再配分すれば、市場メカニズムによってI点を実現できる。

3. I点は主体Aのオファー曲線上にある。

4. J点は契約曲線上にある。

5. 線分LMの傾きの大きさは、完全競争市場において実現する価格比に等しい。

解説

正解 ②

❶ × *H*点と*K*点は、主体Aにとっても主体Bにとっても無差別である(効用が等しい)。

❷ ○ *I*点はパレート最適であり、初期保有点を再配分すると競争均衡になる(市場メカニズムによって実現される)。

*I*点は、*H*点のコアの端点だから再配分が必要である。*I*点と*H*点を通る予算線*l*を描けば、両者とも効用が最大化されていない(予算線と無差別曲線の接点になっていない)ので、競争均衡ではない。二人の無差別曲線の共通接線*m*を予算線として、この上に初期保有点を再配分すればよい(*G*点)。

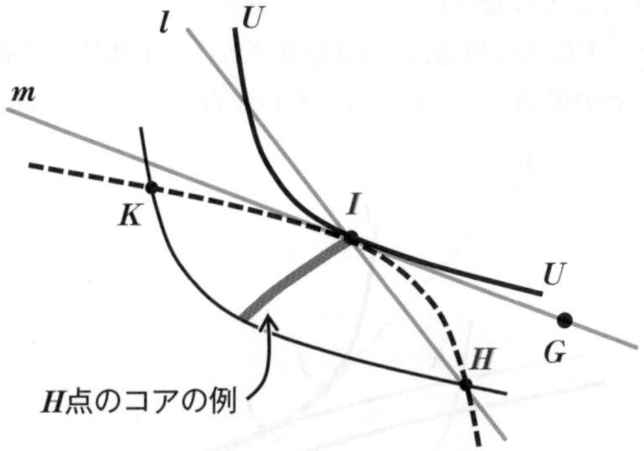

❸ × オファー曲線は、その個人(主体)の最適消費点の集まりである。上記の通り、*I*点はどちらの主体にとっても最適消費点ではないから、主体Aのオファー曲線上の点ではない。この図から、主体Aのオファー曲線上にあると言えるのは、*J*点である。

❹ × 契約曲線は両者の無差別曲線の接点の集まりだから、契約曲線は*I*点を通る。このとき、*J*点も含めて、同じ無差別曲線*UU*上の別の点で両者の無差別曲線が接することはない。

実際、*J*点で接するような主体Bの無差別曲線を考えると、次の図の曲線*VV*のように、必ず自分の無差別曲線(*K*、*I*、*H*を通る曲線)と交差してしまう。同一個人(同一主体)の無差別曲線は交わらないから、仮定「*J*点で接する」は誤りである。

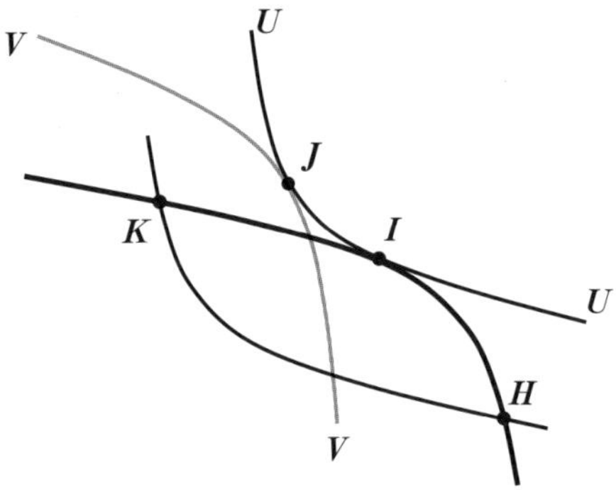

❺ ✕　線分***LM***は、競争均衡になりえない***J***点と、初期保有点***H***を通る予算線だから、その傾き(絶対値)は完全競争市場において実現する価格比ではない(この価格比の下、均衡することはない)。

予算線***LM***の下、主体Aの最適消費点は***J***点であり、主体Bの最適消費点は、例えば***N***点となる。両者の最適消費点が一致しない場合、どちらの市場も均衡しない。

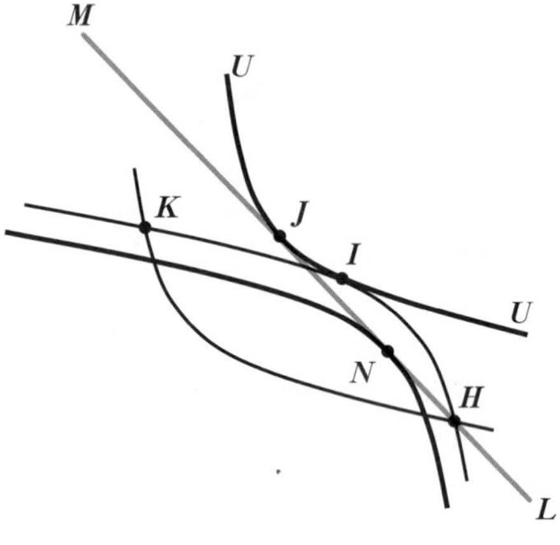

第4章

不完全競争市場とゲーム理論

本章では、不完全競争として、完全競争市場と比べて企業間の競争がない状況（独占）や競争がそれほど激しくない状況（寡占）を分析します。

また、不完全競争のうち、寡占と関わりの深いゲーム理論の考え方も併せて学習します。

★★★

1 独　占

財を供給する企業が１社しかない場合、企業が利潤最大化を通じて、どのように振る舞うかを学習します。本節の独占企業の場合、完全競争企業と対極にあることから、利潤最大化、余剰分析、異なる価格の設定など、出題パターンが多くなります。

1 独占企業の利潤最大化

ある財について、それを生産し市場に供給する企業が1社だとする。この企業は市場(の需要)をすべて独占するから、この企業を**独占企業**と呼ぶ。

1 価格設定者（プライスメイカー）

独占企業は、生産量を調節することで自由に価格をコントロールできる。これを**価格支配力**を持つといい、完全競争市場におけるプライステイカー（price taker）に対して、価格を自分で設定できる**プライスメイカー**（price maker）と呼ぶことがある。

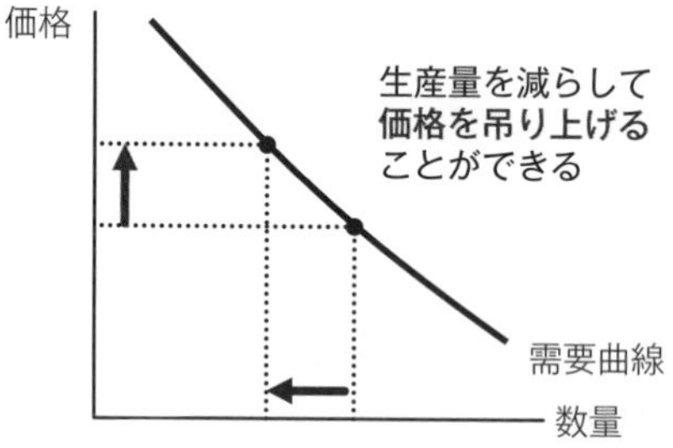

独占企業であっても断りのない限り利潤を最大化する。これまでと全く異なるのは、価格支配力を持つことである。

以下、具体的な式を使って、独占企業の利潤最大化を考えよう。

2 利潤最大化

① 利　潤

企業の利潤πは、総収入R(Revenue)と総費用C(Cost)の差で定義された(第1章でTR、TCとしていたものをR、Cとする)。

$$\underbrace{\pi(x)}_{\text{利潤}} = \underbrace{R(x)}_{\text{総収入}} - \underbrace{C(x)}_{\text{総費用}} \quad [x：生産量]$$

② 独占企業の総収入と価格支配力

例1

独占企業の直面する需要曲線が[1]、

$D=80-P$　[D：独占企業が供給する財の需要量、P：この財の価格]

で示されている。市場の需要は、すべて、独占企業の供給によって満たされるから、

$x=D$

が成り立ち、価格は需要関数から決定される[2]。

$$\left.\begin{array}{l} D=80-P \\ x=D \end{array}\right\} \rightarrow P=80-\underbrace{x}_{D}$$

独占企業が供給量を決定すると、価格および需要量が決定される。

$x=40 \rightarrow D=x=40$、$P=80-x=80-40=40$

$x=20 \rightarrow D=x=20$、$P=80-x=80-20=60$

これが冒頭で述べた価格支配力を持つことの意味である。

1　企業が直面する需要曲線は、その企業が生産する財に対する需要を意味する。独占企業の場合、この財の供給者は独占企業だけだから、独占企業が直面する需要曲線は市場の需要曲線（右下がり）そのものとなる。企業の直面する需要曲線が右下がりの場合、不完全競争であることを示す。これに対して、完全競争の場合、企業が直面する需要曲線は、価格水準で一定（水平）となる（数学Tips❸）。

2　完全競争では、市場全体として需要と供給が一致するように価格が決定され、その価格の下で需要量が決まる。これに対して、独占企業が生産量を決定すれば、価格および需要量が決定される、という意味を込めて、需要関数を逆需要関数ということがある。問題を考える上では、逆が付こうと付くまいと、これまで同様に需要関数として扱えばよい。

③ 利潤最大化

例2

需要関数$D=80-P$、独占企業の費用関数$C=x^2$のとき、独占企業の利潤を最大化しよう。独占企業の総収入Rは、

$$\left.\begin{matrix} D=80-P \\ x=D \end{matrix}\right\} \rightarrow P=80-\underbrace{x}_{D} \rightarrow \overset{\text{総収入}}{R}=P\cdot x=\underbrace{(80-x)}_{P}x$$

利潤は、総収入から総費用を引いたものであり、価格も含めて生産量xの関数として、

$$\pi=R-C=(80-x)x-x^2$$

で表される。独占企業は利潤πを生産量xについて最大化する。

企業は利潤πを生産量xで微分してゼロと置くことで利潤を最大化する[3]。

$$\frac{\Delta\pi}{\Delta x}=\frac{\Delta R}{\Delta x}-\frac{\Delta C}{\Delta x}=0 \rightarrow \frac{\Delta R}{\Delta x}=\frac{\Delta C}{\Delta x}$$

右辺$\Delta C/\Delta x$はこれまでと全く同じ限界費用MCである。

これに対して、左辺は**限界収入MR**（Marginal Revenue）であり、**生産量を1個増やしたときの総収入の増加額**を表す。

《利潤最大化条件》　限界収入＝限界費用

なお、**完全競争企業（プライステイカー）は、価格Pを所与（一定）とするので、限界収入が価格に一致する。**

完全競争の場合、利潤最大化条件は、（限界収入＝）価格＝限界費用

3　他の不完全競争と異なり、独占企業の場合は価格について最大化しても同じ結果が得られる。ただし、頻出のクールノー競争などとの比較のため、ここでは生産量について最大化する。

[参　考]

独占企業の利潤を曲線で表すと頂点を持つ曲線で表される。利潤の式を生産量で微分したものはこの曲線の接線の傾きを表すから、頂点ではゼロとなる。

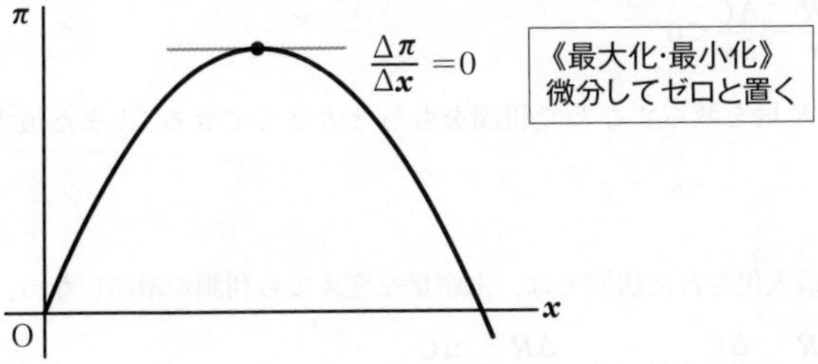

[参　考] 限界的な利潤と利潤最大化

生産量を1個増やしたときの利潤の増加を限界利潤と呼ぶと、

$$\frac{\Delta\pi}{\Delta x}=\frac{\Delta R}{\Delta x}-\frac{\Delta C}{\Delta x}$$

で表される。例えば、限界収入$\Delta R/\Delta x=10$、限界費用$\Delta C/\Delta x=5$とすると（限界収入＞限界費用）、

$$\frac{\Delta\pi}{\Delta x}=10-5=5 \quad \rightarrow \quad \Delta\pi=5\Delta x$$

である。生産量を1個増やすと、利潤が5増加する[4]。

$$\Delta x=1 \quad \rightarrow \quad \Delta\pi=5\underbrace{\Delta x}_{1}=5$$

よって、

$$\frac{\Delta\pi}{\Delta x}=\frac{\Delta R}{\Delta x}-\frac{\Delta C}{\Delta x}>0$$

の場合には、生産量を増やすことで利潤をもっと増やすことができる（∴まだ最大になっていない）。

逆に、限界収入＜限界費用の場合、例えば、$\Delta R/\Delta x=4$、$\Delta C/\Delta x=12$であれば、

$$\frac{\Delta\pi}{\Delta x}=4-12=-8 \quad \rightarrow \quad \Delta\pi=-8\Delta x$$

だから、生産量を1個減らすことで、利潤が8増加する。

4　数学としては「生産量を少し（微小に）増やす」となる。これを日常的な言葉で表す場合に「生産量を1個増やす」という。本当に1個増やしたと思ってもよいし、単なる表現だと思ってもよい。

$$\Delta \boldsymbol{x}=-1 \quad \rightarrow \quad \Delta \pi=-8\underbrace{\Delta \boldsymbol{x}}_{-1}=8$$

よって、

$$\frac{\Delta \pi}{\Delta \boldsymbol{x}}=\frac{\Delta R}{\Delta \boldsymbol{x}}-\frac{\Delta C}{\Delta \boldsymbol{x}}<0$$

である限り生産量を減らすことで利潤をもっと大きくできる(∴まだ最大になっていない)。

以上より、最大化された状態では、生産量を変えても利潤が増加しない、すなわち、

$$\frac{\Delta \pi}{\Delta \boldsymbol{x}}=\frac{\Delta R}{\Delta \boldsymbol{x}}-\frac{\Delta C}{\Delta \boldsymbol{x}}=0 \quad \rightarrow \quad \frac{\Delta R}{\Delta \boldsymbol{x}}=\frac{\Delta C}{\Delta \boldsymbol{x}}$$

となって、利潤最大化条件になる。

先見的に「頂点のある曲線だ」と分からなくても、このように微分を考えればよい。「接線の傾き」を使う場合は、あくまで、視覚的に捉えたい場合に用いる方法である。

3 需要曲線が直線のケース

本試験では、計算問題の場合、需要曲線が右下がりの直線のものが出題される。ここでもこれにならう。

例3

需要曲線が、$\boldsymbol{P}=\boldsymbol{a}-\boldsymbol{b}\boldsymbol{D}$ [$\boldsymbol{P}$：価格、$\boldsymbol{D}$：需要量、$\boldsymbol{a}$, $\boldsymbol{b}$：正の定数]で表され、ここでは、

$\boldsymbol{P}=120-3\boldsymbol{D}$ ($\boldsymbol{a}=120$、$\boldsymbol{b}=3$)…(1)

であるとする。消費者がこの財を買う相手は独占企業だけだから、常に、需要量と独占企業の生産量は一致する。

$\boldsymbol{D}=\boldsymbol{x}$ …(2)

(2)を(1)に代入すると、

$$(1)\ \boldsymbol{P}(\boldsymbol{x})=\underbrace{120}_{\boldsymbol{a}}-\underbrace{3}_{\boldsymbol{b}}\cdot\underbrace{\boldsymbol{x}}_{(2)\boldsymbol{D}}\ \cdots(3)$$

独占企業の総収入$\boldsymbol{R}$（販売収入＝価格×生産量）は、

$\boldsymbol{R}(\boldsymbol{x})=\boldsymbol{P}(\boldsymbol{x})\cdot\boldsymbol{x}$

であり、価格$\boldsymbol{P}$はもはや定数でなく、独占企業の生産量$\boldsymbol{x}$の関数である。

(3)を右辺に代入し、展開すると、

$$R(x)=(\overbrace{\underbrace{120}_{a}-\underbrace{3}_{b}x}^{(3)\,P(x)})\cdot x=\underbrace{120}_{a}x-\underbrace{3}_{b}x^{2}$$

$(A-B)C=AC-BC$

総収入Rを生産量xについて微分し、限界収入MRを求めると、

$$\begin{aligned}MR\left(=\frac{\Delta R}{\Delta x}\right)&=(\underbrace{120}_{a}x)'-(\underbrace{3}_{b}x^{2})'\\&=\underbrace{120}_{a}-2\times\underbrace{3}_{b}x^{2-1}\\&=\underbrace{120}_{a}-\underbrace{6}_{2b}x\cdots(4)\end{aligned}$$

1次式の微分
$(ax)'=a$

微分のルール
$(ax^{n})'=anx^{n-1}$

となり、限界収入曲線 MR は、需要曲線と縦軸切片が同じで、需要曲線の傾きを2倍したもので表される[5]。

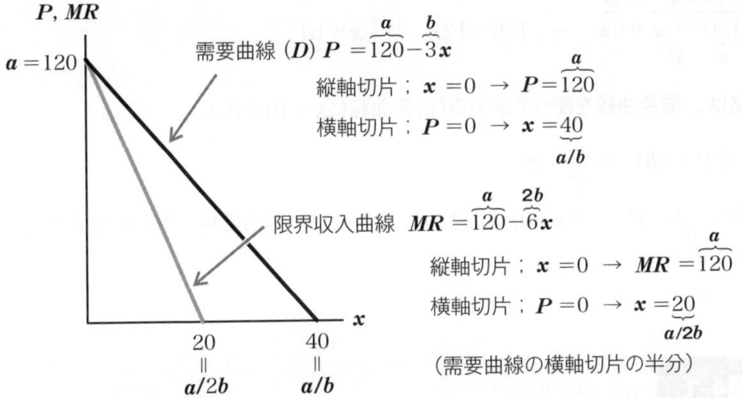

予算線の学習で右下がりの直線の場合、

$$|\text{傾き}|=\frac{\text{縦軸切片}}{\text{横軸切片}}$$

が成り立つことを見た。ここでも、成立している。

$$|\text{需要曲線の傾き}|=\frac{120}{40}=3$$

$$|\text{限界収入曲線の傾き}|=\frac{120}{20}=6$$

5 一部の試験において、「傾きが□倍」のように空欄補充の出題があったので、念のため覚えておくとよい。また、知識として、独占企業の限界収入曲線は、(生産量が正の範囲で) 需要曲線の下方に位置すると覚えておこう。

4 独占均衡

独占企業が利潤を最大化するときの生産量と、その生産量が消費されるときの価格を独占市場の均衡として求める。

例4

需要曲線は上記の$P=120-3x$とする。独占企業の総費用Cが、

$C(x)=3x^2$

で示されるとする。限界費用MCは、総費用Cを生産量xで微分して、

$$MC\ \left(=\frac{\Delta C}{\Delta x}\right)=2\cdot 3x^1=6x\cdots(5)$$

利潤最大化条件(限界収入MR=限界費用MC)を適用して[6]、

$$\overbrace{\underbrace{120}_{a}-\underbrace{6}_{2b}x}^{(4)MR}=\overbrace{6x}^{(5)}\ \rightarrow\ 120=12x\ \rightarrow\ x=10$$

価格は、需要曲線を使って求める(需要曲線に$x=10$を代入)。

$$(3)\ P=120-3\cdot\underbrace{10}_{x}=90$$

均衡は、$(x, P)=(10, 90)$で表され、均衡価格を**独占価格**、均衡を**独占均衡**と呼ぶことがある。

例題4-1

独占企業が供給する財の需要曲線が、

$D=100-P$ ［D：需要量、P：価格］

で示される。独占企業の費用関数は、

$C=20x$ ［C：総費用、x：生産量］

である。独占企業が利潤を最大化するときの価格はいくらか。

---

6 これは利潤の式を立てて、生産量について微分してゼロと置いたものと全く同じだから、この作業を省いたものとして捉えてよい。利潤の式を立てる方が楽な人は、利潤最大化条件と一致することを確かめるとよい。

解説

利潤最大化条件$MR=MC$（限界収入と限界費用の一致）を使う。

❶ 限界収入 MR

需要曲線を「$P=\sim$」に直し、$D=x$で置き換えると、

$$D=100-P \quad \rightarrow \quad P=100-\underbrace{x}_{D} \cdots(1)$$

需要曲線(1)は直線だから、限界収入MRは**傾き（xの係数）を2倍**すればよい。

$$(1)\ P=100-x \quad \xrightarrow{\text{傾き2倍}} \quad MR=100-2x \cdots(2)$$

❷ 利潤最大化条件の適用

限界費用を求めて限界収入と一致させる。費用関数Cを生産量xで微分して限界費用MCを求めると、

$$C=20x \quad \rightarrow \quad MC=20 \cdots(3)$$

利潤最大化条件「**限界収入MR＝限界費用MC**」を用いて、生産量xを求める。

$$\overbrace{100-2x}^{(2)MR}=\overbrace{20}^{(3)MC} \quad \rightarrow \quad 2x=80 \quad \rightarrow \quad x=40$$

最後に、需要曲線(1)から価格Pを求めればよい。

$$(1)\ P=100-\underbrace{40}_{x}=60$$

［計算手順］

需要曲線$P=a-bx$の傾きを２倍した限界収入$MR=a-2bx$と限界費用MCを一致させ（∵利潤最大化条件）、生産量を求める。

$$\overbrace{a-2bx}^{MR}=MC(x) \quad \rightarrow \quad x=x_M$$ （と置く；独占Monopoly）

求めた生産量を需要曲線に代入して価格を求める。

$$P(x_M)=a-b\cdot x_M$$

例題4-2

与えられた需要曲線と独占企業の費用関数について、独占価格を求めなさい。ただし、Dは需要量、Pは価格、Cは独占企業の総費用、xは独占企業の生産量とする。

(A)　$D=120-P$、　$C=x^2$

(B)　$D=100-\frac{1}{2}P$、　$C=\frac{1}{2}x^2+10$

(C)　$P=80-\frac{1}{2}D$、　$C=10x$

解説

計算手順に従って解く。

(A)

$D=120-P$ →「$P=\sim$」に変形 $D=x$で置換→ $P=120-x$ …(D) →傾き2倍→ $MR=120-2x$（限界収入）

$C=x^2$ →xで微分→ $MC=2x$（限界費用）

利潤最大化条件→ $\overbrace{120-2x}^{MR}=\overbrace{2x}^{MC}$ → $120=4x$ → $x=30$

(D)に代入→ $P=120-\overbrace{30}^{x}=90$

(B)

$D=100-\frac{1}{2}P$ →「$P=\sim$」に変形 $D=x$で置換→ $P=200-2x$ …(D) →傾き2倍→ $MR=200-4x$（限界収入）

$C=\frac{1}{2}x^2+10$ →xで微分→ $MC=x$（限界費用）

利潤最大化条件→ $\overbrace{200-4x}^{MR}=\overbrace{x}^{MC}$ → $200=5x$ → $x=40$

(D)に代入→ $P=200-2\cdot\overbrace{40}^{x}=120$

（C）

$$P=80-\frac{1}{2}D \xrightarrow{D=x\text{で置換}} P=80-\frac{1}{2}x \cdots(D) \xrightarrow{\text{傾き2倍}} \underset{\text{限界収入}}{MR}=80-1\cdot x$$

$$C=10x \xrightarrow{x\text{で微分}} \underset{\text{限界費用}}{MC}=10$$

$$\xrightarrow{\text{利潤最大化条件}} \overbrace{80-1\cdot x}^{MR}=\overbrace{10}^{MC} \rightarrow x=70$$

$$\xrightarrow{(D)\text{に代入}} P=80-\frac{1}{2}\cdot\overbrace{70}^{x}=45$$

例題4-3

需要曲線が、

$P=100-x$　［P：価格、x：需要量］

で表される財を独占的に供給する企業の平均費用が、

$AC=x+\frac{750}{x}$　［AC：平均費用、x：生産量］

で示されている。この企業が利潤最大化行動をとった場合の利潤はいくらか。

解説

まず、利潤最大化条件を使い独占均衡を求める。独占企業の限界収入MRは、

$$P=100-x \xrightarrow{\text{傾き2倍}} MR=100-2x \cdots(1)$$

また、平均費用ACに生産量xをかけて、独占企業の総費用Cを求めると、

$$C=AC\cdot x=\underbrace{\left(x+\frac{750}{x}\right)}_{AC}x=x^2+750$$

これを生産量について微分すると、限界費用MCを得る。

$MC=2x \cdots(2)$

利潤最大化条件は、限界収入(1)と限界費用(2)が一致することだから、

$$\overbrace{100-2x}^{(1)MR}=\overbrace{2x}^{(2)MC} \rightarrow 100=4x \rightarrow x=25 \cdots(3)$$

したがって、独占価格は、需要曲線と(3)から、

$$P=100-\underbrace{25}_{(3)x}=75 \cdots(4)$$

利潤を求めるため、平均費用を計算すると、

$$AC=\underbrace{25}_{(3)x}+\frac{750}{\underbrace{25}_{(3)x}}=25+30=55 \cdots(5)$$

価格(4)、平均費用(5)、生産量(3)を使って利潤を求めると、

$$\pi=px-\underbrace{C}_{=AC\times x}=(P-AC)\,x=(\underbrace{75}_{(4)P}-\underbrace{55}_{(5)AC})\cdot\underbrace{25}_{(3)x}=500$$

点Gにおいて利潤最大化条件$MR=MC$が成立し、生産量25が決まる。生産量が決まると、需要曲線から価格$P=75$（点E）、平均費用曲線から平均費用$AC=55$（点F）が決まる[7]。

利潤πは、1個あたりの利潤$P-AC$に生産量をかけた面積で表される。

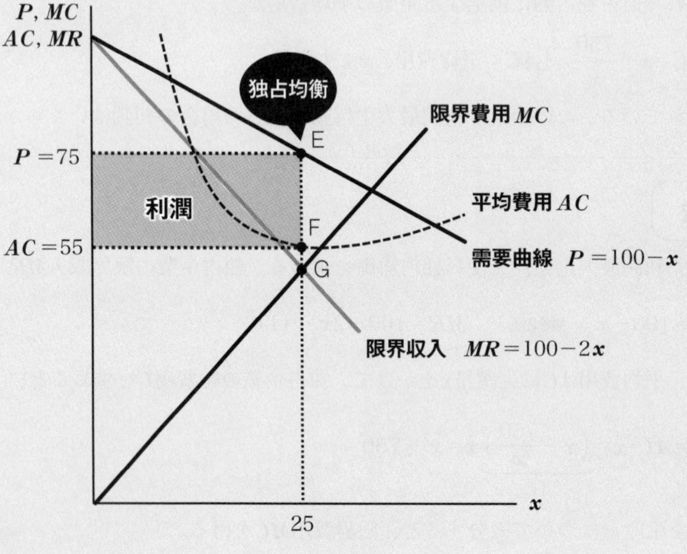

7　独占均衡点Eを稀に、クールノーの点と呼ぶことがある。

5 独占の弊害

完全競争市場では、需要曲線と供給曲線の交点において総余剰が最大となるから、均衡における生産量・消費量はパレート最適である[8]。一企業が市場を独占する場合、企業間の競争がなく、完全競争の対極にある。ここでは、図を使って余剰を分析する。

① 独占均衡における総余剰

次の図で、独占均衡は点Bで表されている。価格は$\boldsymbol{P_M}$、数量は$\boldsymbol{x_M}$であるから、$0 \leqq \boldsymbol{x} \leqq \boldsymbol{x_M}$の範囲について、消費者余剰$\boldsymbol{CS}$は需要曲線と価格$\boldsymbol{P_M}$に囲まれた三角形AB$\boldsymbol{P_M}$の面積で表され、生産者余剰$\boldsymbol{PS}$は限界費用曲線と価格$\boldsymbol{P_M}$に囲まれた台形O$\boldsymbol{P_M}$BCの面積で表される[9]。

総余剰は、消費者余剰AB$\boldsymbol{P_M}$と生産者余剰O$\boldsymbol{P_M}$BCの和で表されるから、台形OABCの面積に等しい。

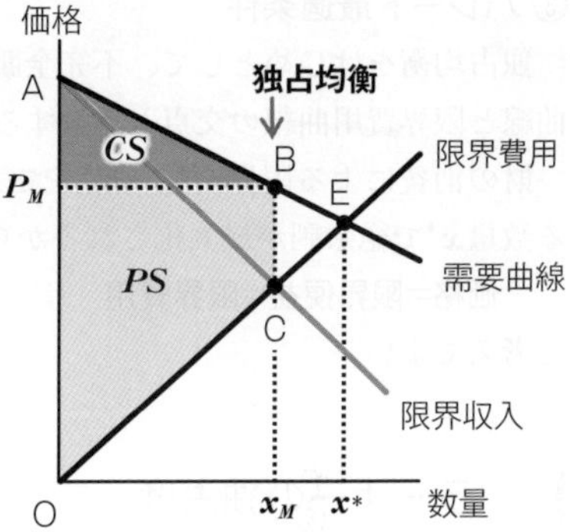

② 独占による厚生損失

独占であっても、これまで通り、需要曲線の高さで表される限界便益(限界評価)と限界費用を使って総余剰を求めることができる。

需要曲線が限界費用曲線を上回る限り(限界便益＞限界費用)、生産・消費することで総余剰は増加するから、$\boldsymbol{x}^*$のとき(点E)、総余剰は三角形OAEの面積となり、これ以上大きくはならない(∴総余剰は最大)。

---

8 総余剰の分析とエッジワース・ボックスの分析には隔たりを感じるかもしれないが、一般に、資源配分の効率性とパレート効率性は同じだから、本書では、一律、パレート最適(パレート効率的)という用語を用いる。総余剰が最大化される資源配分とパレート最適な資源配分がどのように一致するかは、試験で必要な知識を超えるので省略する。

9 独占企業はもちろんのこと、不完全競争市場の場合、完全競争のように供給曲線と呼ばれるもの(与えられた価格と最適な生産量の関係)は登場しないので、限界費用曲線を使う。ただし、完全競争の場合にも、供給曲線の本体は限界費用曲線であったから、内容は同じである。

したがって、**独占均衡において、三角形BCEの面積に等しい厚生損失(死荷重)が発生する。**このことは、**不完全競争では企業が利潤を最大化しても総余剰が最大にならない**ことを示しており[10]、**独占均衡はパレート最適でない。**

[参　考]

したがって、企業の利潤最大化とパレート最適の合致がいつも保証されているのは完全競争だけと考えてよい。

③ パレート最適条件

独占均衡をはじめとして、不完全競争における資源配分を考える場合にも、需要曲線と限界費用曲線の交点と比較する。

財の消費による限界便益(価格$\boldsymbol{P}$で表される需要曲線の高さ)と限界費用が一致する数量$\boldsymbol{x}^*$で総余剰が最大化されるから、パレート最適条件は、

価格＝限界便益＝限界費用

と考えてよい。

6 ラーナーの独占度

① ラーナーの独占度

利潤最大化条件(限界収入$\boldsymbol{MR}$＝限界費用$\boldsymbol{MC}$)を変形して次の形式で表す(数学Tips❶)。均衡における需要の価格弾力性を$\boldsymbol{e}$として、

$$\frac{\boldsymbol{P}-\boldsymbol{MC}}{\boldsymbol{P}}=\frac{1}{\boldsymbol{e}}$$

ラーナーの独占度(左辺)は、価格$\boldsymbol{P}$が限界費用$\boldsymbol{MC}$を上回る程度を表しており、企業が持つ価格支配力(独占力)を測る。ラーナーの独占度が大きいほど、企業は、限界費用より大きな価格をつけて財を販売していることを示す(「独占であればこの値を取る」というようなことはない。異なる財市場に異なる独占企業がいる場合、ラーナーの独占度は異なる値を取りうる)。

右辺は需要の価格弾力性の逆数であり、**需要の価格弾力性が低いほど、ラーナーの独占度は大きくなる**(等号が成立するから、右辺をラーナーの独占度と考えても差し支えない)。

10　独占企業の場合にも、利潤最大化と生産余剰(粗利潤)最大化は同じことである。よって、独占を含む不完全競争では、生産者余剰が最大化されても総余剰は最大にならない。

例題4-4

独占企業が直面する需要曲線が、

$D=120-2P$ ［D：需要量、P：価格］

で示される。独占企業が利潤を最大化するとき、ラーナーの独占度はいくらか。ただし、独占企業の限界費用は、

$MC=2x$ ［MC：限界費用、x：生産量］

である。

解説

初めに独占均衡を求める。需要曲線を変形して、

$$D=120-2P \cdots (1) \xrightarrow{D=x\text{で置換}} P=60-\frac{1}{2}x \cdots (2)$$

よって、限界収入MRは、

$$MR=60-\underbrace{2}_{\text{傾き2倍}}\cdot\frac{1}{2}x=60-x$$

限界収入MRと限界費用MCを一致させ、利潤を最大化する生産量を求める。

$$\overbrace{60-x}^{MR}=\overbrace{2x}^{MC} \rightarrow 3x=60 \rightarrow x=20(=D)\cdots(3)$$

(2)より、価格は、

$$(2)\ P=60-\frac{1}{2}\cdot\underbrace{20}_{x}=50 \cdots (4)$$

ラーナーの独占度は、需要の価格弾力性eの逆数に等しいから、左辺か右辺のどちらかを求めればよい。

$$\frac{P-MC}{P}=\frac{1}{e}$$

［解法1］　需要の価格弾力性の逆数を求める[11]

需要曲線から、

$$(1)\ D=120-2P \rightarrow \left|\frac{\Delta D}{\Delta P}\right|=2 \cdots (5)$$

(3)(4)(5)を使って需要の価格弾力性eを求める。

11　需要の価格弾力性は幾度となく求めてきただろうから、こちらを優先する。

$$e = \overbrace{\left|\frac{\Delta D}{\Delta P}\right|}^{(5)} \frac{\overset{(4)}{\overbrace{P}}}{\underset{(3)}{\underbrace{D}}} = 2 \cdot \frac{50}{20} = 5$$

最後に逆数を取ると、ラーナーの独占度は、

$$\frac{1}{e} = \frac{1}{5}$$

［解法2］　価格と限界費用を使う[12]

独占均衡における限界費用MCは、

$$MC = 2 \cdot \underbrace{20}_{(3)x} = 40 \cdots (6)$$

価格(4)も使って、ラーナーの独占度を求めると、確かに上記と一致する。

$$\frac{\overbrace{P}^{(4)} - \overbrace{MC}^{(6)}}{\underbrace{P}_{(4)}} = \frac{50-40}{50} = \frac{1}{5}$$

② 独占均衡におけるラーナーの独占度の範囲

独占企業が利潤を最大化するとき、価格Pは限界収入MRと限界費用MCよりも大きい。

$$\left.\begin{array}{l} P > MR \\ MR = MC \end{array}\right\} \rightarrow P > \underbrace{MC}_{MR}$$

したがって、独占均衡におけるラーナーの独占度は正である。

$$\frac{P-MC}{P} > 0 \cdots (1)$$

他方、（限界費用が正の場合、）独占均衡における需要の価格弾力性が1を超えるから（数学Tips❷）、

$$1 < e \quad \rightarrow \quad \frac{1}{e} < 1 \cdots (2)$$

したがって、(1)(2)から、**独占均衡におけるラーナーの独占度は0と1の間に決まる。**

12　ここでは、検算として、本当に一致するか確認する。

$$0 < \underbrace{\frac{P - MC}{P}}_{(1)} \underbrace{\left(= \frac{1}{e}\right) < 1}_{(2)}$$

③ 比　較

完全競争企業(プライステイカー)の場合、利潤最大化条件は、価格P=限界費用MCだから、ラーナーの独占度はゼロである。

$$\frac{\overbrace{P - MC}^{0}}{P} = 0$$

2 独占企業の価格差別

例えば、映画の料金は、一般料金が1,800円、大学生が1,500円、高校生が1,000円など、全く同じ映画にもかかわらず、料金が異なる。

このように、企業が全く同一の財に対して異なる価格を設定することを**価格差別**という[13]。

ここでは、独占企業が利潤最大化の結果、異なる価格を設定することを示す。

1 前　提

① 独占企業は消費者を識別できる

映画を学生料金で観る場合、学生証の提示が求められる。また、男女で価格が異なる場合は目で見て判断している。

出題では、二つ(以上)の需要曲線が与えられ、市場Aの需要曲線と市場Bの需要曲線のように二つの市場として区別される[14](識別できない場合には、これまで見てきた一つの需要曲線で表される)。

13　差別価格を設定するということがある。また、独占企業による価格差別行動を、まれに、差別独占ということがある。なお、価格差別にはいくつか種類があるが、ここでは限界費用が同じものを扱う。

14　識別される消費者（の属性）は何でもよい。出題は少ないが、A国とB国のように国ごとの場合もある（独占企業が二つの国の市場を独占している状態）。また、3つ以上の需要曲線が与えられたとしても、以下の要領で簡単に解ける。

② 消費者間の転売がない(転売できない)

例えば、学生が割引料金で購入した商品を、一般料金で買うべき人に転売できる場合、独占企業は価格差別をやめ、同一料金にするかもしれない(そもそも、転売できる場合、低価格で買った消費者もその商品の供給者となり、独占企業が「独占的に供給する」企業でなくなってしまう)。

2 利潤最大化条件

① 利潤最大化

独占企業が、市場A(例：消費者は学生)と市場B(例：消費者は学生以外)で価格差別を行うと、利潤πは、

$$\pi = R_A(x_A) + R_B(x_B) - C(x)$$

で表される[15] [R_i：市場iの販売収入(総収入)、x_i：市場iへの供給量、$i=A, B$]。また、総費用Cは、全体の生産量$x(=x_A+x_B)$に依存する[16]。

ここでは、利潤最大化条件を求め、その意味については数学Tipsに譲る。各市場への供給量について、それぞれ、利潤を最大化する(微分してゼロと置く)。

$$\underset{\text{利潤の増加}}{\Delta\pi/\Delta x_A} = \underset{\text{総収入の増加}}{\Delta R_A/\Delta x_A} - \underset{\text{費用の増加}}{\Delta C/\Delta x_A} = 0 \quad \rightarrow \quad \underset{\text{限界収入}}{\Delta R_A/\Delta x_A} = \underset{\text{限界費用}}{\Delta C/\Delta x}$$

$$\underset{\text{利潤の増加}}{\Delta\pi/\Delta x_B} = \underset{\text{総収入の増加}}{\Delta R_B/\Delta x_B} - \underset{\text{費用の増加}}{\Delta C/\Delta x_B} = 0 \quad \rightarrow \quad \underset{\text{限界収入}}{\Delta R_B/\Delta x_B} = \underset{\text{限界費用}}{\Delta C/\Delta x}$$

なお、限界費用については市場AとBで違いはない(価格差別であって、費用に区別や差別はない)[17](数学Tips❹)。

$$\frac{\Delta C}{\Delta x_A} = \frac{\Delta C}{\Delta x_B} = \frac{\Delta C}{\Delta x}$$

市場$i=A, B$の限界収入を$MR_i = \Delta R_i/\Delta x_i$で、また、限界費用を$MC=\Delta C/\Delta x$とすると、**利潤最大化条件は、それぞれの市場について、限界収入と限界費用(共通)を一致させること**である(数学Tips❺)。

$$MR_A = MC$$

---

15 今後、目にする機会が増えるので、ここで紹介しておく。「$i=A, B$」という書き方は、「$i=A$または$i=B$とせよ」という意味で、「$i=A$」を考える場合はすべてのiをAで置き換えて、$i=A \rightarrow R_A, x_A$とする。また、「$i=B$」の場合、R_B, x_Bとする。

16 ただし、問題の指定に従うこと。例えば、$C=x_A^2+x_B^2$と与えられたら、これを使うこと。

17 全く同じ財を同じ方法で生産していることに注意しよう。例えば、初めの1個を生産すると、総費用が50円増加するとしよう。これを学生(市場Aの消費者)が買おうと、学生以外(市場Bの消費者)が買おうと、限界費用(増加するコスト)は50円である。

$MR_B = MC$

また、これらの条件から、独占企業の利潤最大化により、**市場間で限界収入が一致する**ことが示される。

$MR_A = MR_B\ (= MC)$

② 計算例

例5

独占企業が供給する財に対して、市場AとBの需要曲線は、それぞれ次式で示される。

$D_A = 100 - P_A \cdots (1)$　［D_A：市場Aの需要量、P_A：市場Aの価格］

$D_B = 40 - 2P_B \cdots (2)$　［D_B：市場Bの需要量、P_B：市場Bの価格］

また、独占企業の総費用は、

$C = 10x \cdots (3)$　［C：総費用、x：生産量］

で表される。

利潤最大化条件を使って、利潤最大化問題を解いてみよう。限界費用MCは、費用関数(3)を生産量xで微分して、

$$(3)\ C = 10x \ \rightarrow\ MC\left(=\frac{\Delta C}{\Delta x}\right) = 10 \cdots (4)$$

1次式の微分
$(ax)' = a$

価格差別しない場合と同様に、各市場における限界収入MR_i（$i=A,\ B$）は、それぞれの需要曲線(1)(2)の傾きを2倍するだけでよい（∵需要曲線は直線）。$D_i = x_i$で置き換えて、

$$(1)\ \underbrace{x_A}_{D_A} = 100 - P_A \ \rightarrow\ P_A = 100 - x_A \cdots (5)$$

傾き2倍 → $MR_A = 100 - 2x_A \cdots (6)$

利潤最大化条件 → $\overbrace{100 - 2x_A}^{(6)MR_A} = \overbrace{10}^{(4)MC} \ \rightarrow\ x_A = 45$

価格を求める → $(5)\ P_A = 100 - \underbrace{45}_{x_A} = 55$

$$(2)\ \underbrace{x_B}_{D_B} = 40 - 2P_B \ \rightarrow\ P_B = 20 - \frac{x_B}{2} \cdots (7)$$

傾き2倍 → $MR_B = 20 - 2 \cdot \dfrac{x_B}{2}$

$= 20 - x_B \cdots (8)$

利潤最大化条件 → $\overbrace{20 - x_B}^{(8)MR_B} = \overbrace{10}^{(4)MC} \ \rightarrow\ x_B = 10$

価格を求める → $(7)\ P_B = 20 - \dfrac{\overbrace{10}^{x_B}}{2} = 15$

初めに学習した利潤最大化の計算を二つの市場について行うだけであり、手順さえ覚えてしまえば、特に苦労はしない。

例題4-5 市場Aと市場BのX財に対する需要曲線が、

$P_A = 80 - x_A$

$P_B = 120 - x_B$ ［P_i：市場 i の価格、x_i：市場 i の需要量、$i = A, B$］

で示される。X財は一企業によって供給されており、生産費用は、

$C = 20x$ ［C：総費用、x：生産量］

であるという。この企業が利潤を最大化するとき、それぞれの市場における価格はいくらか。

解説

限界費用MCは、

$C = 20x \ \rightarrow \ MC = 20$

で共通である。利潤最大化条件(限界収入＝限界費用)を適用する。市場Aについて、

$$P_A = 80 - x_A \ \rightarrow \ \overbrace{80 - 2x_A}^{MR_A} = \overbrace{20}^{MC} \ \rightarrow \ x_A = 30 \ \rightarrow \ P_A = 80 - \underbrace{30}_{x_A} = 50$$

市場Bについて、

$$P_B = 120 - x_B \ \rightarrow \ \overbrace{120 - 2x_B}^{MR_B} = \overbrace{20}^{MC} \ \rightarrow \ x_B = 50 \ \rightarrow \ P_B = 120 - \underbrace{50}_{x_B} = 70$$

3 各市場における需要の価格弾力性

独占企業が異なる価格を設定するのは、単一の価格を設定する場合より、利潤が大きいからである[18]。

上記の例題を使って、各市場における需要の価格弾力性e_iを調べると、

$$\left.\begin{array}{l} P_A=80-x_A \ \rightarrow \ x_A=80-P_A \\ \qquad\qquad x_A=30 \\ \qquad\qquad P_A=50 \end{array}\right\} \rightarrow e_A=\left|\frac{\Delta x_A}{\Delta P_A}\right|\frac{P_A}{x_A}=1\cdot\frac{50}{30}=\frac{5}{3}\left(=\frac{25}{15}\right)$$

$$\left.\begin{array}{l} P_B=120-x_B \ \rightarrow \ x_B=120-P_B \\ \qquad\qquad x_B=50 \\ \qquad\qquad P_B=70 \end{array}\right\} \rightarrow e_B=\left|\frac{\Delta x_B}{\Delta P_B}\right|\frac{P_B}{x_B}=1\cdot\frac{70}{50}=\frac{7}{5}\left(=\frac{21}{15}\right)$$

需要の価格弾力性は市場Aの方が大きく、価格は市場Aの方が低い。つまり、**独占企業は、需要の価格弾力性が相対的に大きい市場では、相対的に低い価格を設定することで、利潤を最大化する。同様に、需要の価格弾力性が相対的に小さい市場では、相対的に高い価格を設定することで、利潤を最大化する。**

これは、価格弾力性が大きい消費者は、価格を下げると需要量が大きく増え、価格弾力性が小さい消費者は、価格が高くてもあまり需要量が減らないことによる(数学Tips❻)。

3 独占企業の売上高最大化

企業の販売収入(総収入)を売上高Rという(英語は総収入と同じ)。企業が利潤ではなく、売上高Rを最大化するケースを独占企業で示す。

例6

独占企業が供給する財に対する需要が、

$D=100-P$ ［D：需要量、P：価格］

で表され、独占企業の総費用は、

$C=20x$ ［C：総費用、x：生産量］

である。

この独占企業が売上高Rを最大化するとき、総収入Rを生産量xで微分してゼロとおいて、

18 厳密には、単一の価格より、価格差別の方が利潤が小さくなることはない。

$$\frac{\Delta R}{\Delta x}=0 \rightarrow MR=0$$

《最大化・最小化》
微分してゼロと置く

が成り立つから、限界収入*MR*がゼロになる生産量を選ぶ。

$$D=100-P \rightarrow P=100-\underbrace{x}_{D} \rightarrow MR=100-2x=0 \rightarrow x=50$$

限界費用*MC*が正である限り、売上高最大化と利潤最大化では、もちろん、後者の方が利潤は大きい。

❶ 売上高最大化

上記$x=50$より、

$$\left.\begin{array}{l} P=100-\underbrace{50}_{x}=50 \\ C=20x \rightarrow AC\left(=\dfrac{C}{x}\right)=20 \end{array}\right\} \rightarrow \pi=(P-AC)x=(\underbrace{50}_{P}-\underbrace{20}_{AC})\cdot\underbrace{50}_{x}=1{,}500$$

❷ 利潤最大化

限界費用は$MC=20$だから、利潤最大化条件を適用して生産量を求め、需要曲線から価格を求める。

$$\overbrace{100-2x}^{MR}=\overbrace{20}^{MC} \rightarrow x=40 \rightarrow P=100-\underbrace{40}_{x}=60$$

よって、利潤πは、

$$\left.\begin{array}{l} P=60 \\ AC=20 \end{array}\right\} \rightarrow \pi=(P-AC)x=(\underbrace{60}_{P}-\underbrace{20}_{AC})\cdot\underbrace{40}_{x}=1{,}600$$

であり、売上高最大化の場合よりも100だけ大きい。

例題4-6 独占企業の供給する財の需要曲線が、

$P=160-2x$ ［P：価格、x：需要量］

で示される。また、この企業の費用関数は、

$C=40x$ ［C：総費用、x：生産量］

である。

独占企業が利潤を最大化する場合の価格と売上高を最大化する場合の価格の差は絶対値でいくらか。

解説

利潤最大化条件は、限界収入MR＝限界費用MCであり、売上高の最大化条件は、限界収入$MR=0$である。

限界収入は、需要曲線の傾きを２倍して、

$$P=160-2x \quad \to \quad MR=160-4x$$

だから、これを限界費用40（$C=40x$の係数）と一致させれば利潤最大化、０と一致させれば売上高最大化となる。

$$\overbrace{160-4x}^{MR}=\overbrace{40}^{MC} \ \to \ 4x=120 \ \to \ x=30 \ \to \ P=160-2\cdot\underbrace{30}_{x}=100$$

$$\overbrace{160-4x}^{MR}=0 \ \to \ 4x=160 \ \to \ x=40 \ \to \ P=160-2\cdot\underbrace{40}_{x}=80$$

したがって、価格差は20である。

［別　解］

売上高最大化の場合、生産量は需要曲線の横軸切片の半分であり、この生産量の下、需要曲線の中点で価格が決まる。この場合、価格は需要曲線の縦軸切片の半分に決まる。

需要曲線の縦軸切片は、$x=0$として、

$$P=160-2\cdot\underbrace{x}_{0}=160$$

であるから、求める価格はこの半分、$P=80$である。

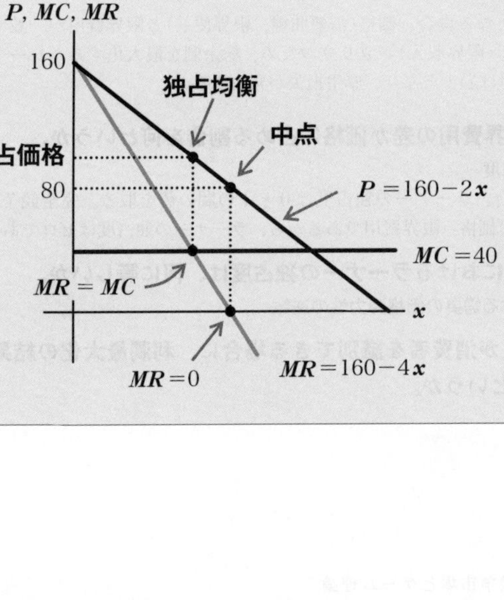

重要事項 一問一答

01 独占企業とは何か。

財を供給する企業が一つしかない場合、この企業は独占的に財を供給するといい、このような企業を独占企業という。

02 完全競争企業が価格受容者（プライステイカー）であるのに対し、独占企業は何と呼ばれるか。

独占企業は価格設定者（プライスメイカー）

企業が価格に影響力を及ぼすことができる場合、価格支配力を持つという。

03 限界収入とは何か。

生産量（販売量）を1単位増やしたときの総収入の増加を限界収入と呼ぶ。

04 需要曲線が直線の場合、限界収入曲線の傾きは、需要曲線の何倍か。

2倍

縦軸切片が需要曲線と一致し、横軸切片は需要曲線の半分の大きさになる。

05 （独占かどうかに関係なく）企業が利潤を最大化する場合、何と何が一致するか。

限界収入と限界費用（利潤最大化条件）

完全競争企業の場合、限界収入は市場価格に等しいが、独占企業の場合、限界収入は生産量の減少関数である（需要曲線の傾きを２倍したもの）。

06 独占価格はどの曲線上で決定されるか。

需要曲線

利潤最大化する数量と需要曲線上で決まる価格の組合せを独占均衡という。

07 独占企業の利潤最大化により、厚生損失は発生するか。

発生する

総余剰が最大となる場合、価格（需要曲線、限界便益）と限界費用が一致するが、独占均衡では、価格＞限界費用（＝限界収入）が成り立つため、総余剰を最大化するパレート最適な生産量よりも、独占企業の生産量は過少となり、厚生損失が発生する。

08 価格と限界費用の差が価格に占める割合を何というか。

ラーナーの独占度

独占企業の場合、ラーナーの独占度は０と１の間の値を取る。完全競争企業の利潤最大化条件は、（限界収入＝）価格＝限界費用であるから、ラーナーの独占度はゼロである

09 独占均衡におけるラーナーの独占度は、何に等しいか。

独占均衡における需要の価格弾力性の逆数

10 独占企業が消費者を識別できる場合に、利潤最大化の結果、異なる価格をつけることを何というか。

価格差別

11 消費者を識別できる場合、独占企業はどんな市場で、相対的に高い価格をつけるか。

需要の価格弾力性が相対的に小さい市場

需要の価格弾力性が相対的に大きい市場に対しては、相対的に低い価格を設定する。

12 独占企業が売上高を最大化するとき、何が最大化されるか。

総収入

総収入(売上高)を最大化するには、限界収入をゼロと置けばよい。需要曲線が直線の場合、限界収入曲線の横軸切片(需要曲線の横軸切片の半分)を求めることに他ならない。

過去問 Exercise

問題1 一企業により独占的に供給されるある財の価格をP、生産量をQとする。この企業の総費用関数と財の需要関数がそれぞれ、

$TC = Q^2 + 20$ ［TC：総費用］

$Q = 120 - 2P$

で表されるとき、この企業の利潤を最大にする財の価格はどれか。

特別区Ⅰ類2019

1. 10
2. 20
3. 30
4. 40
5. 50

解説

正解 5

需要曲線の傾きを2倍して、独占企業の限界収入$\boldsymbol{MR}$を求める。

$$Q=120-2P \rightarrow P=60-\frac{1}{2}Q \cdots (*) \xrightarrow{Qを2倍} MR=60-Q$$

総費用関数を微分して限界費用$\boldsymbol{MC}$を求める。

$$TC=Q^2+20 \xrightarrow{Qで微分} MC=2Q$$

利潤最大化条件を適用すると、

$$\overbrace{60-Q}^{MR}=\overbrace{2Q}^{MC} \rightarrow 3Q=60 \rightarrow Q=20$$

(＊)に求めた生産量を代入すると、

$$(*)\ P=60-\frac{1}{2}Q=60-\frac{1}{2}\cdot 20=50$$

問題2 ある独占企業の直面する市場の逆需要関数は、価格をp、需要量をdとすると、$p=40-d$である。一方、この独占企業の費用関数は、総費用をc、生産量をxとすると、$c=4x+5$で表されているとする。この独占企業の利潤が最大になる独占価格及び独占による死荷重の組合せとして正しいのはどれか。

国家一般職2016

	独占価格	死荷重
1	18	98
2	18	162
3	22	98
4	22	162
5	24	98

解説

正解 4

初めに独占均衡を求める。利潤最大化条件は、限界収入MRと限界費用MCの一致だから、

$$\left.\begin{array}{l} p=40-\underbrace{x}_{d} \xrightarrow{x\text{を2倍}} MR=40-2x \\ c=4x+5 \xrightarrow{x\text{で微分}} MC=4 \end{array}\right\} \rightarrow \overbrace{40-2x}^{MR}=\overbrace{4}^{MC} \rightarrow x=\frac{36}{2}=18$$

これを需要曲線(逆需要関数)に代入すると、

$$p=40-x=40-18=22$$

死荷重を求めるため、パレート最適な生産量を求める。パレート最適条件は、価格と限界費用が一致することだから、

$$\overbrace{40-x}^{p}=\overbrace{4}^{MC} \rightarrow x=36$$

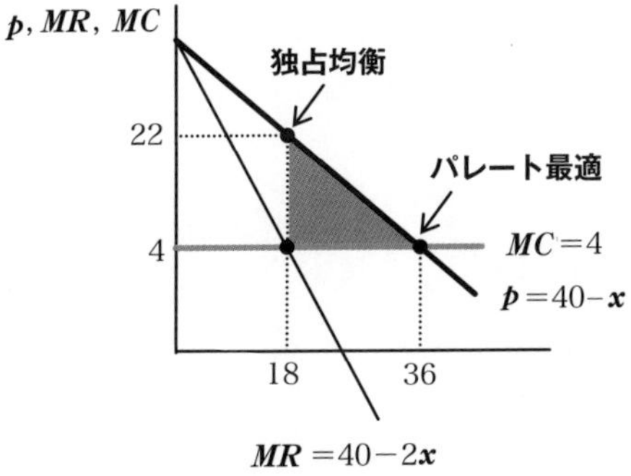

死荷重は図の三角形の面積で表されるから、

$$(36-18)(22-4)\div 2=18\times 18\div 2=18\times 9=162$$

問題3 ある独占企業において供給される財の生産量をQ、価格をP、平均費用をACとし、この財の需要曲線が、

$$P=16-2Q$$

で表され、また、平均費用曲線が、

$$AC=Q+4$$

で表されるとする。この独占企業が利潤を最大化する場合のラーナーの独占度の値はどれか。

特別区Ⅰ類2021

1. $\frac{1}{3}$
2. $\frac{2}{3}$
3. $\frac{1}{4}$
4. $\frac{3}{4}$
5. $\frac{1}{6}$

解説　　正解 1

ラーナーの独占度は、価格と限界費用の差が、価格に占める割合であり、これは独占均衡における需要の価格弾力性の逆数に一致する。

ここでは、後者を用いて解く。独占企業の限界収入MRおよび限界費用MCを一致させる。総費用Cは平均費用ACに生産量Qをかけたものである。

$$\left.\begin{array}{l} P=16-2Q \xrightarrow{Qを2倍} MR=16-4Q \\ C=(Q+4)Q=Q^2+4Q \xrightarrow{Qで微分} MC=2Q+4 \end{array}\right\} \rightarrow \overbrace{16-4Q}^{MR}=\overbrace{2Q+4}^{MC}$$

$$\rightarrow\ 6Q=12\ \rightarrow\ Q=2\ \rightarrow\ P=16-2\underbrace{Q}_{2}=16-4=12$$

需要の価格弾力性を求めるため、$Q=D$として、

$$P=16-2D\ \rightarrow\ D=8-\frac{1}{2}P\ \rightarrow\ \left|\frac{\Delta D}{\Delta P}\right|=\frac{1}{2}$$

であるから、独占均衡$D(=Q)=2$、$P=12$における需要の価格弾力性eは、

$$(e=)\left|\frac{\Delta D}{\Delta P}\right|\frac{P}{D}=\frac{1}{2}\frac{12}{2}=3$$

よって、ラーナーの独占度は、逆数$\frac{1}{3}$である。

確認のため、$(P-MC)/P$も求めてみると、

$$MC=2\underbrace{Q}_{2}+4=8\ \rightarrow\ \frac{P-MC}{P}=\frac{12-8}{12}=\frac{4}{12}=\frac{1}{3}$$

となって確かに一致する。

[参　考]　平均費用が直線のケース

例えば、$AC=ax+b$ [a, b：定数]のとき、

$$C=AC\cdot x=(ax+b)x=ax^2+bx$$

$$\rightarrow\ MC=2ax+b$$

で、限界費用は平均費用（直線）の傾きを2倍したものとなる。

限界収入の場合も同じで、単に数学的な性質である。

問題4 ある独占企業は同一財について二つの市場で異なる価格を設定して販売している。この企業が直面している市場1と市場2の需要曲線はそれぞれ

$d_1=10-2p_1$ ［d_1：市場1の需要量、p_1：市場1の価格］

$d_2=6-2p_2$ ［d_2：市場2の需要量、p_2：市場2の価格］

である。また、この企業の費用関数は、

$$c=\frac{25}{6}+x_1+x_2$$

［c：総費用、x_1：市場1の供給量、x_2：市場2の供給量］

である。

この企業が利潤最大化を行う場合における、市場1の需要の価格弾力性e_1と市場2の需要の価格弾力性e_2の組合せとして正しいのはどれか。

国家一般職2008

	e_1	e_2
1	1.5	1.5
2	1.5	2.0
3	1.8	1.5
4	1.8	2.0
5	2.0	2.0

解説

正解 ②

各市場における限界収入MR_1、MR_2と限界費用$MC=1$（共通；各生産量の係数）を一致させて各市場における均衡を求める。また、需要曲線は直線だから、需要の価格弾力性の一部分$|d_1/p_1|$、$|d_2/p_2|$は、それぞれの価格の係数(絶対値)である。

市場1について、

$$d_1=10-\underbrace{2}_{\left|\frac{d_1}{p_1}\right|}p_1 \cdots(1) \rightarrow p_1=5-\frac{1}{2}\underbrace{x_1}_{d_1} \xrightarrow{x_1\text{を2倍}} \overbrace{5-x_1}^{MR_1}=\overbrace{1}^{MC}$$

$$\rightarrow x_1(=d_1)=4 \cdots(2) \rightarrow p_1=5-\frac{1}{2}\cdot\underbrace{4}_{x_1}=3 \cdots(3)$$

よって、市場1の均衡における需要の価格弾力性e_1は、

$$e_1=\left|\frac{d_1}{p_1}\right|\frac{p_1}{d_1}=\underbrace{2}_{(1)}\frac{\overbrace{3}^{(3)}}{\underbrace{4}_{(2)}}=\frac{3}{2}=1.5$$

同様に、市場2について、

$$d_2=6-\underbrace{2}_{\left|\frac{d_2}{p_2}\right|}p_2 \cdots(4) \rightarrow p_2=3-\frac{1}{2}\underbrace{x_2}_{d_2} \xrightarrow{x_2\text{を2倍}} \overbrace{3-x_2}^{MR_2}=\overbrace{1}^{MC}$$

$$\rightarrow x_2(=d_2)=2 \cdots(5) \rightarrow p_2=3-\frac{1}{2}\cdot\underbrace{2}_{x_2}=2 \cdots(6)$$

より、市場2の均衡における需要の価格弾力性e_2は、

$$e_2=\left|\frac{d_2}{p_2}\right|\frac{p_2}{x_2}=\underbrace{2}_{(4)}\frac{\overbrace{2}^{(6)}}{\underbrace{2}_{(5)}}=2$$

問題5 ある財に対する需要曲線が、

$Q=-0.5P+16$　[Q：需要量、P：価格]

であり、この財が独占企業によって供給されている。また、この独占企業の平均費用が

$AC=X+2$　[AC：平均費用、X：生産量]

である。このとき、この企業が利潤最大化行動をとる場合の利潤の大きさは、売上高を最大にする場合の利潤の大きさと比べ、どれだけ大きくなるか。

国家一般職 2011

1. 21
2. 27
3. 48
4. 69
5. 75

解説　　　正解 2

利潤最大化条件は、限界収入と限界費用の一致であり、売上高(総収入)最大化条件は限界収入がゼロになることである。需要曲線は、

$$Q=-0.5P+16 \rightarrow 2Q=-P+32 \rightarrow P=32-2Q=32-2\underbrace{X}_{Q}$$

であり、限界収入MRは、

$$P=32-2X \cdots(1) \rightarrow MR=32-4X \cdots(2)$$

である。これをゼロとして(売上高最大化)、生産量と価格を求めると、

$$MR=32-4X=0 \rightarrow X=8 \cdots(3) \rightarrow (1)P=32-2\cdot\underbrace{8}_{X}=16 \cdots(4)$$

また、平均費用ACは、

$$AC=X+2=\underbrace{8}_{X}+2=10 \cdots(5)$$

したがって、売上高最大化の利潤πは、

$$\pi=PX-\underbrace{AC\cdot X}_{\text{総費用}}=(\underbrace{P}_{(4)}-\underbrace{AC}_{(5)})\underbrace{X}_{(3)}=(16-10)\cdot 8=48 \cdots(6)$$

総費用を微分して限界費用MCを求めると、

$$\underbrace{AC\cdot X}_{\text{総費用}}=(X+2)X=X^2+2X \rightarrow MC=2X+2$$

これと(2)を一致させて(利潤最大化条件)、

$$\overbrace{2X+2}^{MC}=\overbrace{32-4X}^{(2)MR} \rightarrow 6X=30 \rightarrow X=5 \cdots(7)$$

よって、価格と平均費用は、

$$(1)P=32-2X=32-2\cdot 5=22 \cdots(8)$$

$$AC=X+2=5+2=7 \cdots(9)$$

このとき、利潤は、

$$\pi=PX-\underbrace{AC\cdot X}_{\text{総費用}}=(\underbrace{P}_{(8)}-\underbrace{AC}_{(9)})\underbrace{X}_{(7)}=(22-7)\cdot 5=75 \cdots(10)$$

(限界費用が正である限り)利潤最大化と売上高最大化では、当然、前者の方が利潤は大きく、その差は、

$$\underbrace{75}_{(10)}-\underbrace{48}_{(6)}=27$$

数学 Tips

❶ 利潤最大化条件とラーナーの独占度

利潤最大化条件を変形すると、ラーナーの独占度が均衡における需要の価格弾力性の逆数に一致することを示す。

1 総収入の変化

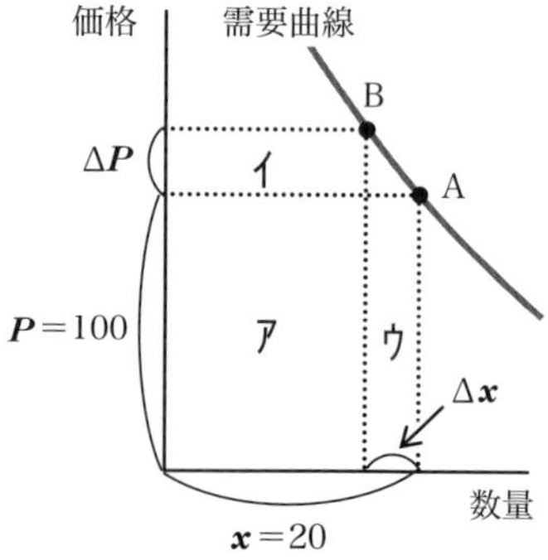

需要曲線を使うと、変化前(点A)における総収入は、$\boldsymbol{R}$＝ア＋ウ(面積)で表される。生産量が少し減ると、価格が上昇する(点B)。このとき、総収入は、ア＋イの大きさで表されるから、総収入の変化$\Delta \boldsymbol{R}$は、

$$\Delta \boldsymbol{R} = (\text{ア}+\text{イ}) - (\text{ア}+\text{ウ}) = \text{イ} - \text{ウ}$$

で表される。つまり、価格上昇による正の効果イから、生産量減少による負の効果ウを引いたものである。

これを計算で表そう。

総収入$\boldsymbol{R}$は、価格$\boldsymbol{P}$(＝100とする)と生産量$\boldsymbol{x}$(＝20とする)の積、$\boldsymbol{R}=\boldsymbol{Px}$、で表される；$\boldsymbol{R}=\underbrace{100}_{\boldsymbol{P}}\cdot\underbrace{20}_{\boldsymbol{x}}=2{,}000$。生産量を少し減らすと($\Delta \boldsymbol{x}$)、価格が少し上昇する[19]($\Delta \boldsymbol{P}$)。このとき、総収入が変化する($\Delta \boldsymbol{R}$)。変化後の総収入は、変化後の価格に変化後の生産量をかけたものだから、

$$\overbrace{\underbrace{2{,}000}_{\boldsymbol{R}}+\Delta \boldsymbol{R}}^{\text{変化後の総収入}} = \overbrace{(\underbrace{100}_{\boldsymbol{P}}+\Delta \boldsymbol{P})}^{\text{変化後の価格}}\ \overbrace{(\underbrace{20}_{\boldsymbol{x}}+\Delta \boldsymbol{x})}^{\text{変化後の生産量}}$$

$$= \overbrace{\underbrace{100}_{\boldsymbol{P}}\cdot\underbrace{20}_{\boldsymbol{x}}}^{2{,}000(=\boldsymbol{R})} + \underbrace{20}_{\boldsymbol{x}}\Delta \boldsymbol{P} + \underbrace{100}_{\boldsymbol{P}}\Delta \boldsymbol{x} + \Delta \boldsymbol{P}\cdot\Delta \boldsymbol{x}$$

ここで、左辺の$\boldsymbol{R}=2{,}000$を右辺に移項し、また、最後の項を$\Delta \boldsymbol{P}\cdot\Delta \boldsymbol{x}=0$として微分(微小な変化)を表せば、総収入の変化$\Delta \boldsymbol{R}$は二つの項で表すことができる。

---

19 例えば、生産量を0.1減らすと、20－0.1＝19.9であり、このとき、$\boldsymbol{x}$=20、$\Delta \boldsymbol{x}$=－0.1 → $\boldsymbol{x}+\Delta \boldsymbol{x}$ =20＋(－0.1)＝19.9である。つまり、変化後の生産量は、$\boldsymbol{x}+\Delta \boldsymbol{x}$と書け、$\boldsymbol{x}$が変化前の生産量を表す。

$$\Delta R = -2{,}000 + (2{,}000 + \underbrace{20}_{x}\Delta P + \underbrace{100}_{P}\Delta x + \underbrace{\Delta P \cdot \Delta x}_{0})$$

$$= \underbrace{20}_{x}\underbrace{\Delta P}_{(+)} + \underbrace{100}_{P}\underbrace{\Delta x}_{(-)}$$

第１項の$20\Delta P$は価格上昇による正の効果(図の面積イ)に、第２項の$100\Delta x$は生産量の減少による負の効果(図の面積ウ)に対応している。

以上より、総収入の変化ΔRは、次式で求めることができる。

$$\Delta R = \underbrace{x\Delta P}_{イ} + \underbrace{P\Delta x}_{ウ}$$

2 限界収入

① 価格弾力性との関係

いま求めたΔRについて、両辺をΔxで割ると、

$$\Delta R = x\Delta P + P\Delta x \ \rightarrow\ \frac{\Delta R}{\Delta x} = x\frac{\Delta P}{\Delta x} + P \ \rightarrow\ MR = P + \underbrace{\frac{\Delta P}{\Delta x}x}_{第2項} \cdots(1)$$

となり、これは限界収入$MR = \Delta R/\Delta x$を表すものである。生産量を１個増やしたとき、限界収入MRは、まず、価格Pの分だけ増加する(この部分は、完全競争と同じ)。

価格支配力を持つため、価格変化に販売量をかけた分だけさらに限界収入が変化する((1)の第２項)。例えば、販売量が20個で、価格が１円下落または上昇したとすると、

$$\frac{\Delta P}{\Delta x} = -1 \ \rightarrow\ 第2項 = \frac{\Delta P}{\Delta x}x = (-1)\cdot 20 = -20$$

$$\frac{\Delta P}{\Delta x} = 1 \ \rightarrow\ 第2項 = \frac{\Delta P}{\Delta x}x = (+1)\cdot 20 = 20$$

となる。これは、価格支配力を持たない完全競争企業では生じることのない、新たな効果である。

販売量の変化と価格の変化は、需要の価格弾力性e（以下、単に価格弾力性という)で測ることができる(販売量x＝需要量D)。使い慣れた形式に直すため、$x = D$、$\Delta x = \Delta D$で(1)の第２項を置き換えると、

$$第2項 = \frac{\Delta P}{\Delta x}x = \frac{\Delta P}{\Delta D}D$$

他方、価格弾力性eの定義を変形して（ここでは絶対値の形式ではなく、「－」をつけたもので考える）、

$$e = -\frac{\Delta D}{\Delta P}\frac{P}{D} \xrightarrow{\text{両辺を}-P\text{で割る}} -\frac{e}{P} = \frac{\Delta D}{\Delta P}\frac{1}{D} \xrightarrow{\text{逆数を取る}} -\frac{P}{e} = \frac{\Delta P}{\Delta D}D$$

これを代入すれば、

$$\text{第2項} = \frac{\Delta P}{\Delta x}x = \frac{\Delta P}{\Delta D}D = -\frac{P}{e} \cdots (2)$$

価格弾力性eが「価格が１％変化したときの需要量の変化（％）」を表すのに対し、いまは、「生産量（＝需要量）が１％変化したときの価格の変化（％）」を考えているため、逆数となって式に現れる。

② 価格弾力性で表された限界収入

変形した第２項（2）を使って、限界収入MR（1）を書き直すと、

$$(1)\ MR = P + \underbrace{\frac{\Delta P}{\Delta x}x}_{\text{第2項}} = P + \underbrace{\left(-\frac{P}{e}\right)}_{(2)} = \left(1 - \frac{1}{e}\right)P \cdots (3)$$

ここでの限界収入は正であるから、独占均衡における需要の価格弾力性は１より大きい。

$$MR = \left(1 - \frac{1}{e}\right)\underbrace{P}_{(+)} > 0 \xrightarrow{\text{「～>0」が成り立つから}(1-1/e)\text{も正である}} 1 - \frac{1}{e} > 0 \xrightarrow{\text{移項}} 1 > \frac{1}{e}$$

最後に、両辺に需要の価格弾力性e（＞0）をかけると、

$$1 > \frac{1}{e} \ \rightarrow \ e > 1$$

3 利潤最大化条件とラーナーの独占度

先に求めた(3)を使って、ラーナーの独占度を表そう。利潤最大化条件を変形する。限界収入$\boldsymbol{MR}$と限界費用$\boldsymbol{MC}$を一致させて、

$$MR = MC \quad \rightarrow \quad \overbrace{\left(1-\frac{1}{e}\right)P}^{(3)MR} = MC$$

両辺をPで割る　$1-\dfrac{1}{e} = \dfrac{MC}{P}$

移項する　$1-\dfrac{MC}{P} = \dfrac{1}{e}$

左辺を通分する　$\dfrac{P-MC}{P} = \dfrac{1}{e}$

2 需要曲線が直線の場合の独占均衡と需要の価格弾力性

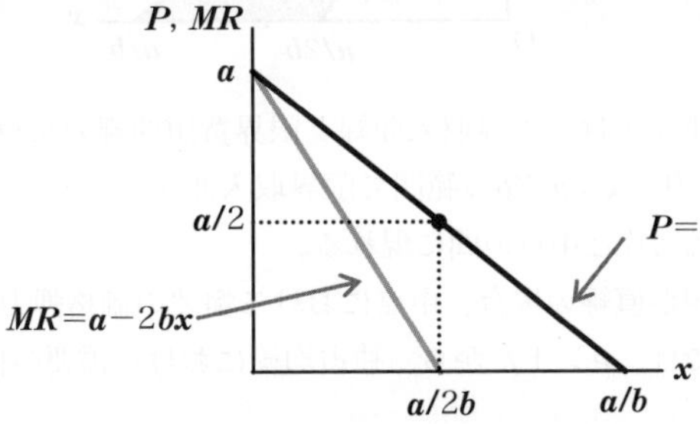

需要曲線が直線の場合、限界収入曲線は縦軸切片が需要曲線と同じで、傾きが2倍である。$\boldsymbol{a}$、$\boldsymbol{b}$を正の定数、価格を$\boldsymbol{P}$、数量を$\boldsymbol{x}$として、

(需要曲線) $P=a-bx$ → (限界収入曲線) $MR=a-2bx$

で表すと、縦軸切片($x=0$のときのPとMR)は同じa、限界収入曲線の横軸切片($MR=0$のときのx)は、需要曲線の横軸切片($P=0$のときのx)のちょうど半分となる。

実際、傾き(絶対値)を縦軸切片と横軸切片の比率で表すと、

$$|\text{需要曲線の傾き}| = \frac{\text{縦軸切片}}{\text{横軸切片}} = \frac{a}{a/b} = a\times\frac{b}{a} = b$$

$$|\text{限界収入曲線の傾き}| = \frac{\text{縦軸切片}}{\text{横軸切片}} = \frac{a}{a/2b} = a\times\frac{2b}{a} = 2b$$

第4章 不完全競争市場とゲーム理論

となって、確かに|傾き|が２倍である。言い換えると、縦軸切片が同じなら、限界収入曲線の横軸切片は、需要曲線の半分でなければならない[20]。

需要曲線について、数量が横軸切片の半分の場合、価格もまた、縦軸切片の半分となる。

$$P=a-b\cdot\underbrace{\frac{a}{2b}}_{x}=a-\frac{a}{2}=\frac{a}{2}$$

したがって、需要曲線上の中点の座標は、$(x, P)=(a/2b, a/2)$である（直角三角形ＡとＢは合同）。

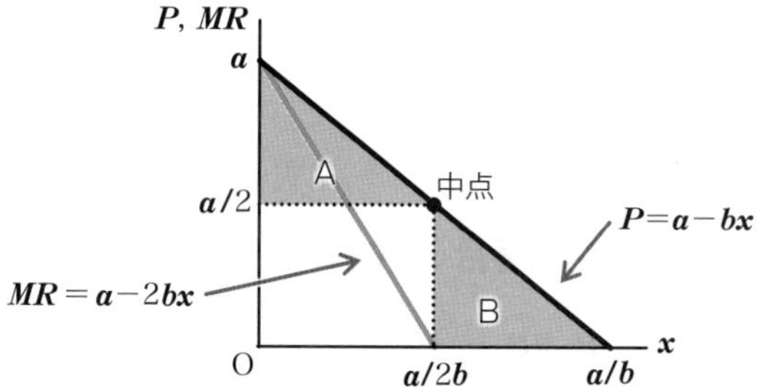

独占均衡における生産量は、限界収入曲線と限界費用曲線の交点で求められる。限界費用曲線MCが、$0<x<a/2b$の範囲で限界収入曲線と交わる限り、独占均衡は、需要曲線上、縦軸切片と中点の間に現れる。

ところで、需要曲線が直線の場合、中点における需要の価格弾力性は$e=1$であり、中点の左上の点では、$e>1$だから、独占均衡における需要の価格弾力性は１より大きい。

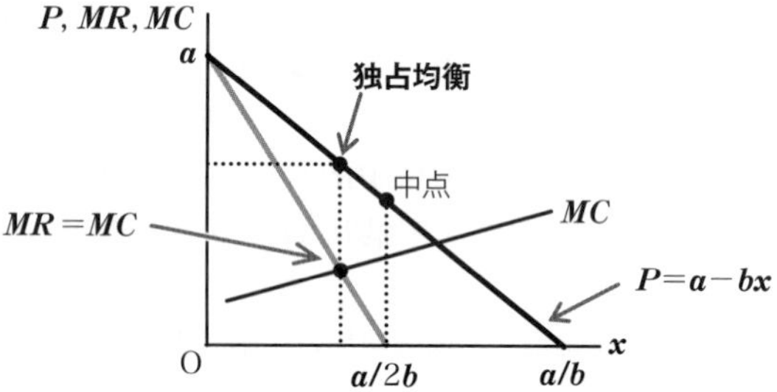

20 もっと言えば、縦軸切片以外について、限界収入曲線は、縦軸切片から需要曲線までの水平距離を必ず二等分する。

3 完全競争企業が直面する需要曲線

1 企業が直面する需要曲線

市場全体の需要曲線は、その財を供給する企業すべてを対象としている(全く同じ財なので、どの企業が生産したかは消費者にとって無差別であり、このような財を同質的な財という)。

これに対し、企業にとっては、他の企業の財がいくら売れても(需要されても)全く意味はなく、(他の企業も同じ財を供給しているが)自分が供給する財のみに対する需要が問題になることがある。

企業が直面する需要曲線とは、他の企業も同じ財を生産している場合には、市場の需要曲線と区別して、その企業が供給する分に対する需要を指す[21]。

単純に言えば、企業が直面する需要曲線は、水平か右下がりかのどちらかで、水平な場合は完全競争、右下がりの場合は不完全競争が該当する。後者のうち、独占企業だけは、直面している需要曲線が市場全体の需要曲線そのものである。

企業が直面する需要曲線が右下がりの場合、その企業が自身の生産量を変えることで価格に影響を及ぼすことが可能だ、という意味を持つ(独占の冒頭の箇所を参照)。つまり、(少なくともある程度)価格支配力を持つ場合には、企業の直面する需要曲線は右下がりになる。

これに対して、市場全体の需要曲線が右下がりであっても、完全競争企業が直面する需要曲線は、均衡価格の水準で水平になる。これが(厳密な意味での)プライステイカーということを示す。

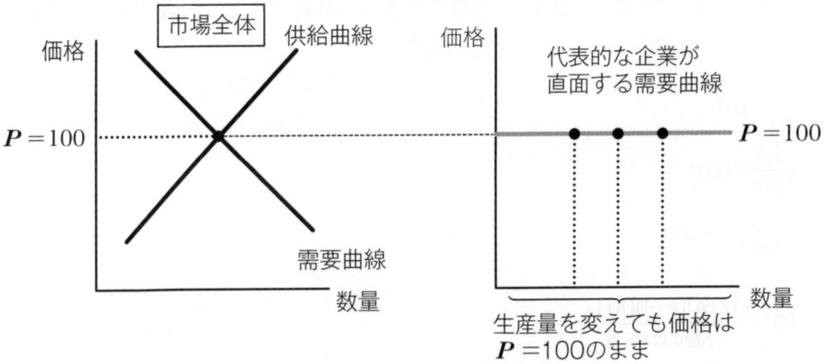

---

21 稀に、文脈がはっきりしていれば、「個別の需要曲線」ということもある。ただし、「消費者ごとの」個別需要曲線という言い方もあるため、「一企業の商品に対する需要」なのか「一消費者の（どの企業の商品かは問わない）需要」なのかを混同しないよう、通常は「企業が（の）直面する需要曲線」（英語の直訳）が用いられる。

また、完全競争企業では、限界収入$\boldsymbol{MR}$も、直面する需要曲線とまったく同じ水平な直線となる。

$$\overset{\text{総収入}}{\boldsymbol{R}} = \underbrace{100}_{\boldsymbol{P}}\boldsymbol{x} \quad \rightarrow \quad \boldsymbol{MR} = \frac{\Delta \boldsymbol{R}}{\Delta \boldsymbol{x}} = \underbrace{100}_{\boldsymbol{P}}$$

2 完全競争企業とラーナーの独占度

本文では、利潤最大化条件$\boldsymbol{P}=\boldsymbol{MC}$（限界費用）から、完全競争企業のラーナーの独占度がゼロであることを示した。

$$\frac{\overbrace{\boldsymbol{P}-\boldsymbol{MC}}^{0}}{\boldsymbol{P}} = 0$$

完全競争企業であっても、ラーナーの独占度はやはり需要の価格弾力性の逆数に等しい。ただし、ここでの「需要」は企業が直面する需要を指している。図で示した通り、完全競争企業の直面する需要曲線は水平であり、このとき、需要の価格弾力性は無限大であった。

$$\boldsymbol{e} = \infty$$

したがって、その逆数はゼロである。

$$\frac{1}{\boldsymbol{e}} = \frac{1}{\infty} = 0$$

[参　考]

分子を一定として(ここでは1)、分母が大きくなり続けると、分数はほとんどゼロになる(ゼロに限りなく近づいていく)。例えば、

$$\frac{1}{10} = 0.1$$

$$\frac{1}{100} = 0.01$$

$$\frac{1}{1{,}000} = 0.001$$

$$\frac{1}{10^n} = 0.\underbrace{000\cdots0001}_{\text{小数点以下}\boldsymbol{n}\text{桁}}$$

$$\frac{1}{\infty} = 0.\underbrace{000\cdots000\cdots0001}_{\text{小数点以下}\infty\text{桁}} \fallingdotseq 0$$

分母が1,000でもほとんどゼロだが、分母が無限大の場合、それ以上に限りなくゼロに近いので、ゼロと考えて構わない。

4 価格差別と限界費用

独占企業が価格差別を行っても、生産する財は全く同じ財であり、厳密にいうと、全体の生産量に依存して総費用が決まるため、限界費用についても全体の生産量に依存する(ただし、費用関数が1次式の場合は一定)。

以下、具体的な式を使って確認しよう。

1 費用関数が1次式の場合

圧倒的に出題が多い。例えば、次式で考える。

$C=5x$

$x=x_A+x_B$ ［x：全体の生産量・供給量、x_i：市場$i=A,\ B$への供給量］

まず、生産量全体xについて微分すると(全体の生産量が1個増えると)、

$$\frac{\Delta C}{\Delta x}=5$$

次に、市場AとBを分けて考える。

$C=5(x_A+x_B)=5x_A+5x_B$

x_Aが1個増えるとき、x_Bを一定として、

$$\frac{\Delta C}{\Delta x_A}=\underbrace{(5x_A)'}_{\text{1次式の微分}}+\underbrace{(5x_B)'}_{\text{定数項の微分}}=5+0=5$$

x_Bが1個増えるとき、x_Aを一定として、

$$\frac{\Delta C}{\Delta x_B}=\underbrace{(5x_A)'}_{\text{定数項の微分}}+\underbrace{(5x_B)'}_{\text{1次式の微分}}=0+5=5$$

よって、どちらも全体の生産量が1個増える場合と同じである。

これは当然の帰結で、市場Aの分だろうと市場Bの分だろうと、どちらか一方が1個増えれば($\Delta x_A=1$ or $\Delta x_B=1$)、全体の生産量もまた1個増える($\Delta x=1$)のは自明である。

$$x+\Delta x=(x_A+\underbrace{1\text{個}}_{\Delta x_A})+x_B=(\underbrace{x_A+x_B}_{x})+\underbrace{1\text{個}}_{\Delta x}\ \rightarrow\ \Delta x=\Delta x_A$$

$$x+\Delta x=x_A+(x_B+\underbrace{1\text{個}}_{\Delta x_B})=(\underbrace{x_A+x_B}_{x})+\underbrace{1\text{個}}_{\Delta x}\ \rightarrow\ \Delta x=\Delta x_B$$

2 費用関数が2次式の場合

具体的な式として次式を考える。

$C = \boldsymbol{x}^2$

$\boldsymbol{x} = \boldsymbol{x}_A + \boldsymbol{x}_B$

全体の生産量$\boldsymbol{x}$について微分すると、

$$\frac{\Delta C}{\Delta \boldsymbol{x}} = 2\boldsymbol{x} \cdots (\boldsymbol{MC})$$

上記と同様に、

$\boldsymbol{x}_B$を一定として、$\boldsymbol{x}_A$が増加；$\Delta\boldsymbol{x} = \Delta\boldsymbol{x}_A$

$(\boldsymbol{MC})$の左辺の分母を置き換えて、

$$(\boldsymbol{MC})\ \frac{\Delta C}{\Delta \boldsymbol{x}} = 2\boldsymbol{x} \quad \to \quad \frac{\Delta C}{\Delta \boldsymbol{x}_A} = 2\boldsymbol{x} \cdots (\boldsymbol{MC}_A)$$

$\boldsymbol{x}_A$を一定として、$\boldsymbol{x}_B$が増加；$\Delta\boldsymbol{x} = \Delta\boldsymbol{x}_B$

$(\boldsymbol{MC})$の左辺の分母を置き換えて、

$$(\boldsymbol{MC})\ \frac{\Delta C}{\Delta \boldsymbol{x}} = 2\boldsymbol{x} \quad \to \quad \frac{\Delta C}{\Delta \boldsymbol{x}_B} = 2\boldsymbol{x} \cdots (\boldsymbol{MC}_B)$$

念のため、きちんと計算しておくと、以下の通り。$C = \boldsymbol{x}^2$の右辺に、$\boldsymbol{x} = \boldsymbol{x}_A + \boldsymbol{x}_B$を代入し展開すると、

$$C = (\boldsymbol{x}_A + \boldsymbol{x}_B)^2 = \boldsymbol{x}_A^2 + 2\boldsymbol{x}_A\boldsymbol{x}_B + \boldsymbol{x}_B^2$$

$\boldsymbol{x}_B$を一定として、$\boldsymbol{x}_A$について微分する場合、第1項は通常の微分、第2項は$2\boldsymbol{x}_B$を一定として$\boldsymbol{x}_A$の1次式の微分、第3項は定数項の微分として計算する。

$$C = \underbrace{\boldsymbol{x}_A^2}_{\boldsymbol{x}_A\text{の2次式}} + \underbrace{2\boldsymbol{x}_A\boldsymbol{x}_B}_{\boldsymbol{x}_A\text{の1次式}} + \underbrace{\boldsymbol{x}_B^2}_{\text{定数項}}$$

$$\begin{aligned}\frac{\Delta C}{\Delta \boldsymbol{x}_A} &= \underbrace{(\boldsymbol{x}_A^2)'}_{\text{2次式の微分}} + \underbrace{(2\boldsymbol{x}_A^1\boldsymbol{x}_B)'}_{\text{1次式の微分}} + \underbrace{(\boldsymbol{x}_B^2)'}_{\text{定数項の微分}} \\ &= \underbrace{2\boldsymbol{x}_A + 2\boldsymbol{x}_B}_{\text{2で括る}} + 0 \\ &= 2\underbrace{(\boldsymbol{x}_A + \boldsymbol{x}_B)}_{\boldsymbol{x}} \\ &= 2\boldsymbol{x}\end{aligned}$$

同様に、$\boldsymbol{x}_A$を一定として、$\boldsymbol{x}_B$について微分すると、

$$\frac{\Delta C}{\Delta x_B} = \underbrace{(x_A^2)'}_{\text{定数項の微分}} + \underbrace{(2x_A x_B^1)'}_{\text{1次式の微分}} + \underbrace{(x_B^2)'}_{\text{2次式の微分}}$$

$$= 0 + \underbrace{2x_A + 2x_B}_{\text{2で括る}}$$

$$= 2\underbrace{(x_A + x_B)}_{x}$$

$$= 2x$$

よって、確かに、

$$\frac{\Delta C}{\Delta x} = \frac{\Delta C}{\Delta x_A} = \frac{\Delta C}{\Delta x_B}$$

が成り立つ。

5 価格差別と利潤最大化条件の意味

例7

限界費用は50円で一定とする。市場AとBにおける限界収入は次の通りとする。

各市場における販売量	1	2	3	4	…
限界収入 MR_A	90	80	70	60	…
限界収入 MR_B	85	76	67	58	…

利潤は、総収入の増加(限界収入)から総費用の増加(限界費用)を引いた分だけ増加する。

最初の1個について、利潤の増加は市場Aで販売した方が大きい。

市場Aで販売する場合の利潤の増加＝90円－50円＝40円

市場Bで販売する場合の利潤の増加＝85円－50円＝35円

よって、市場Aで販売する。

各市場における販売量	1	2	3	4	…
限界収入 MR_A	~~90~~	80	70	60	…
限界収入 MR_B	85	76	67	58	…

独占企業にとっての2個目は、市場Bで販売される。

市場Aで販売する場合の利潤の増加＝80円－50円＝30円

市場Bで販売する場合の利潤の増加＝85円－50円＝35円

各市場における販売量	1	2	3	4	…
限界収入 MR_A	~~90~~	80	70	60	…
限界収入 MR_B	~~85~~	76	67	58	…

したがって、独占企業は限界収入が大きい方の市場で販売する。各市場の限界収入曲線は右下がりだから、販売量が多くなれば、限界収入は減少する。

どちらの市場であっても、限界収入＜限界費用の場合に生産すると、利潤が減ってしまうから、限界収入＝限界費用となった時点で、その市場ではそれ以上販売しない。

よって、独占企業は、すべての市場について限界収入＝限界費用となるまで(生産・)販売することによって、利潤(全ての市場から得られる販売収入から、全体の総費用を引いたもの)を最大化する。

---

6 需要の価格弾力性と価格の大小関係

ここでは、❶「利潤最大化条件とラーナーの独占度」で求めた限界収入をそのまま使う。市場i＝A，B、それぞれの限界収入は、e_i(＞1) を市場iの均衡における需要の価格弾力性として、次式で表される。

$$MR_A = P_A\left(1-\frac{1}{e_A}\right)$$

$$MR_B = P_B\left(1-\frac{1}{e_B}\right)$$

例8

利潤最大化条件から、各市場の限界収入は均衡において均等化する。

$$MR_A = MR_B \quad\rightarrow\quad P_A\left(1-\frac{1}{e_A}\right)=P_B\left(1-\frac{1}{e_B}\right)$$

ここでは具体的な数値で確認する。$e_A=2$、$e_B=3$とすると、

$$P_A\left(1-\frac{1}{\underbrace{2}_{e_A}}\right)=P_B\left(1-\frac{1}{\underbrace{3}_{e_B}}\right) \quad\rightarrow\quad P_A\cdot\frac{1}{2}=P_B\cdot\frac{2}{3}$$

両辺をP_Bで割り、また、両辺に2をかけると、

$$\frac{P_A}{P_B}=\frac{4}{3}>1 \quad\rightarrow\quad P_A>P_B$$

よって、$e_A<e_B$である限り、$P_A>P_B$となる。

逆に、$e_A=3$、$e_B=2$とすれば、$e_A>e_B$である限り、$P_A<P_B$となることを示すことができる。

★★★

2 寡占市場（寡占産業）

第１節では企業が一社しかない独占市場を考えました。本節では二社以上の企業が財を供給する不完全競争を考えます。
各企業はある程度の価格支配力を持ちながら、企業間で競争が行われます。

1 寡占モデル

少数の企業によって財が供給される場合、**寡占**(oligopoly)という。このうち、企業数が２社の場合には**複占**(duopoly)ということがある。

寡占市場においても各企業は価格支配力をいくらか持つが、完全競争ほどでないものの、企業間の競争も生じる。

ここでは、独占企業との比較から(または出題傾向から)**クールノー・モデル**、**シュタッケルベルク**(シュタッケルベルグ)・**モデル**、**カルテル**のケースについて一つずつ見ていく[1]。

これらの共通項は、利潤最大化などによって、各企業が生産量を決定するということである。また、完全競争と同様に、**同質的な財**が仮定されるため、どの企業が生産しても、見た目(デザイン)から中身(性能)も全く同じである。したがって、価格は一つに決まる(同質的だから、価格が異なると一番安いものしか売れない)。

なお、各企業が価格競争を行う(価格を決定する)ベルトラン・モデルや、同じ産業内であっても(自動車など)、各企業がデザインや性能の異なる独自の財(製品差別化された財)を供給する独占的競争モデルもある。これらのモデルでは、企業間で価格が同じになる必然性はない。

1 「モデル」(模したもの) は便利な言葉で、試験でも使われる。経済モデル (経済を数学的に模したもの、模型) のことを指すが、例えば、需要曲線と供給曲線が出てきただけでも立派な経済モデルである。(理由は不明だが) 試験では、「モデル」という表現を、寡占モデルにおいて使うことが多くなる。複雑なもの (現実) を単純化して考える、と思えばよい (科学の基本)。

2 クールノー・モデル

クールノー型の寡占市場を考える。**クールノー型の場合、各企業が「互いに相手の生産量を所与(一定)として利潤を最大化する」**という前提が置かれる。

例1

X財の需要関数が、

$\boldsymbol{D}=120-\mathrm{P}$ …(1)　［$\boldsymbol{D}$：需要量、$\boldsymbol{P}$：価格］

で表されている(出題傾向から、ここでも直線のケースのみ考慮する)。

この財を生産する企業は、企業AとBだけであり、各企業の費用関数は、

$C_i=\boldsymbol{x}_i^2$ …(2)　［C_i：企業$\boldsymbol{i}$の総費用、$\boldsymbol{x}_i$：企業$\boldsymbol{i}$の生産量、$\boldsymbol{i}=A, B$］

で示される。

❶ 需要曲線と価格支配力

消費者は二企業によって供給される財を需要するので、

$\boldsymbol{D}=\boldsymbol{x}_A+\boldsymbol{x}_B$ …(3)

が成り立つ。これを需要曲線に代入すると、価格が二企業の生産量の和に依存して決まることが分かる。

$$(1)\ \boldsymbol{D}=120-\boldsymbol{P}\ \rightarrow\ \boldsymbol{P}=120-\underbrace{\boldsymbol{D}}_{(3)}\ \rightarrow\ \boldsymbol{P}=120-\underbrace{(\boldsymbol{x}_A+\boldsymbol{x}_B)}_{D}\ \cdots(4)$$

独占と異なるのは、例えば、企業Aは、企業Bが生産量を減らすことで価格が吊り上がり、吊り上がった価格で自分はたくさん販売したい、と考えることである[2]。

❷ 利潤最大化条件

モデルが変わっても、**利潤最大化条件は、限界収入と限界費用の一致**である。

企業$\boldsymbol{i}$の利潤(＝企業$\boldsymbol{i}$の総収入－企業$\boldsymbol{i}$の総費用)を自己の生産量$\boldsymbol{x}_i$について最大化すると、

企業$\boldsymbol{i}$の利潤の増加＝企業$\boldsymbol{i}$の限界収入－企業$\boldsymbol{i}$の限界費用＝0

利潤最大化条件　企業$\boldsymbol{i}$の限界収入＝企業$\boldsymbol{i}$の限界費用　《最大化・最小化》微分してゼロと置く

2　同質的な財（全く同じ財）を生産・供給するため、価格は同一になる。よって、「企業Aの財の価格」「企業Bの財の価格」などは一切出てこない。

[企業Aの利潤最大化]

企業Aの限界収入MR_Aは、需要曲線(4)の右辺において、自己の生産量x_Aを2倍したもので表される(数学Tips❶)。

$$(4)\ P=120-\underbrace{(x_A+x_B)}_{D} \ \rightarrow \ MR_A=120-(2x_A+x_B)\ \cdots(5)$$

他方、企業Aの限界費用は、総費用(2)について$i=A$とし、自己の生産量x_Aについて微分したものである。

$$(2)\ C_A=x_A^2 \ \rightarrow \ MC_A=2x_A\ \cdots(6)$$

限界収入(5)と限界費用(6)を一致させて、

$$\overbrace{120-(2x_A+x_B)}^{(5)MR_A}=\overbrace{2x_A}^{(6)MC_A} \ \rightarrow \ 120=2x_A+(2x_A+x_B)$$
$$\rightarrow \ 4x_A+x_B=120\ \cdots(7)$$

[企業Bの限界収入]

企業Bの限界収入MR_Bは、需要曲線(4)の右辺において、自己の生産量x_Bを2倍したもので表される。

$$(4)\ P=120-\underbrace{(x_A+x_B)}_{D} \ \rightarrow \ MR_B=120-(x_A+2x_B)\cdots(8)$$

企業Bの限界費用は、$i=B$として、

$$(2)\ C_B=x_B^2 \ \rightarrow \ MC_B=2x_B\ \cdots(9)$$

だから、企業Bの利潤最大化条件は、

$$\overbrace{120-(x_A+2x_B)}^{(8)MR_B}=\overbrace{2x_B}^{(9)MC_B} \ \rightarrow \ 120=2x_B+(x_A+2x_B)$$
$$\rightarrow \ x_A+4x_B=120\ \cdots(10)$$

❸ クールノー均衡

クールノー均衡は[3]、二企業の利潤最大化条件を連立方程式として解いたものである。

$$\begin{cases} (7)\ 4x_A+x_B=120 \\ (10)\ x_A+4x_B=120 \end{cases}$$

3 後述のゲーム理論におけるナッシュ均衡でもあるため、クールノー・ナッシュ均衡ということがある。

[解法1]　変数を減らして解く

(7)より、

$$(7)\ 4\boldsymbol{x}_A+\boldsymbol{x}_B=120 \quad\rightarrow\quad \boldsymbol{x}_B=120-4\boldsymbol{x}_A$$

である。これを(10)に代入して、

$$(10)\ \boldsymbol{x}_A+4\overbrace{(120-4\boldsymbol{x}_A)}^{\boldsymbol{x}_B}=120 \xrightarrow{\text{カッコを展開}} \boldsymbol{x}_A+4\cdot 120-16\boldsymbol{x}_A=120$$

$$\xrightarrow{\text{移項してまとめる}} 3\cdot 120-15\boldsymbol{x}_A=0$$

$$\xrightarrow{\text{両辺を３で割る}} 120-5\boldsymbol{x}_A=0 \quad\rightarrow\quad \boldsymbol{x}_A=\frac{120}{5}=24$$

これを(7)に代入して、

$$(7)\ 4\cdot\underbrace{24}_{\boldsymbol{x}_A}+\boldsymbol{x}_B=\underbrace{120}_{4\times 30} \xrightarrow{\text{移項してまとめる}} \boldsymbol{x}_B=4(30-24)=24$$

したがって、クールノー均衡における二企業の生産量は、

$$\boldsymbol{x}_A=\boldsymbol{x}_B=24$$

[解法2]　対称性($\boldsymbol{x}_A=\boldsymbol{x}_B$)を使って解く

こちらの解法のほうが楽に解ける。**クールノー・モデルでは、各企業の費用関数(厳密には可変費用)が同じ形であれば、均衡における生産量は必ず一致する。**この例題のように、「$\boldsymbol{i}=\boldsymbol{A},\ \boldsymbol{B}$」とすれば、費用関数を一つの式(2)で表せる場合は確実に成立する(数学Tips❷)。

この場合、一企業についてのみ利潤最大化条件を求めて、すべての生産量を一企業のもので表して解くだけでよい。

企業Aについて、利潤最大化条件を適用すると、

$$\left.\begin{array}{l}\text{需要曲線 } \boldsymbol{P}=120-\underbrace{(\boldsymbol{x}_A+\boldsymbol{x}_B)}_{D} \\ \text{費用関数 } \boldsymbol{C}_A=\boldsymbol{x}_A^2\ (\boldsymbol{i}=\boldsymbol{A})\end{array}\right\} \rightarrow \overbrace{120-(2\boldsymbol{x}_A+\boldsymbol{x}_B)}^{\text{企業Aの限界収入}}=\overbrace{2\boldsymbol{x}_A}^{\text{企業Aの限界費用}}$$

左辺カッコ内で、$\boldsymbol{x}_B=\boldsymbol{x}_A$と置き換えて、

$$120-(2\boldsymbol{x}_A+\underbrace{\boldsymbol{x}_A}_{\boldsymbol{x}_B})=2\boldsymbol{x}_A \quad\rightarrow\quad 120=2\boldsymbol{x}_A+3\boldsymbol{x}_A \quad\rightarrow\quad \boldsymbol{x}_A=\frac{120}{5}=24(=\boldsymbol{x}_B)$$

例題4-7 需要曲線が、

$$D=80-\frac{P}{2} \quad [D：需要量、P：価格]$$

で表され、この財を供給する企業AとBの費用関数は、それぞれ、

$$C_A=80x_A$$
$$C_B=60x_B$$

である［C_i：企業iの総費用、x_i：企業iの生産量、$i=A, B$］。

この二企業がクールノー型の寡占競争を行う場合、この財の均衡価格はいくらになるか。

解説

費用関数が異なる形で与えられているので、二企業の利潤最大化条件を連立させて解く。

需要曲線は、

$$D=80-\frac{P}{2} \xrightarrow{D=x_A+x_B\text{で置換 } P=\sim\text{にする}} P=2(80-\overbrace{(x_A+x_B)}^{D}) \cdots(1)$$

である。また、各企業の費用関数は１次式だから（微分したものは係数に一致）、

$$(1)\ P=2(80-(x_A+x_B)) \xrightarrow{MR_i\text{は自己の生産量}x_i\text{を2倍}} \begin{cases} \overbrace{2(80-(2x_A+x_B))}^{\text{限界収入}MR_A}=\overbrace{80}^{MC_A} \cdots(2) \\ \overbrace{2(80-(x_A+2x_B))}^{\text{限界収入}MR_B}=\overbrace{60}^{MC_B} \cdots(3) \end{cases}$$

(2)(3)の両辺を２で割って、連立方程式を解く。

$$\begin{cases} (2)\text{より、}80-(2x_A+x_B)=40 \rightarrow x_B=40-2x_A \cdots(4) \\ (3)\text{より、}80-(x_A+2x_B)=30 \rightarrow x_A+2x_B=50 \cdots(5) \end{cases}$$

(5)の左辺に(4)を代入し、x_Aを求めると、

$$(5)\ x_A+2\underbrace{(40-2x_A)}_{(4)\,x_B}=50 \rightarrow 80-50=3x_A \rightarrow x_A=10$$

(4)より、

$$(4)\ x_B=40-2\cdot\underbrace{10}_{x_A}=20$$

最後に、これらの生産量を(1)に代入し価格を求める。

$$(1)\ P=2(80-(\underbrace{10}_{x_A}+\underbrace{20}_{x_B}))=2\cdot50=100$$

例題4-8 需要関数が$P=60-3D$［P：価格、D：需要量］で表される財を生産する企業i（$i=A, B, C$）の費用関数が、

$C_i=12x_i$ ［C_i：企業iの総費用、x_i：企業iの生産量］

で表されるとき、均衡価格はいくらか。ただし、三つの企業は、互いに他の企業の生産量を所与として利潤を最大化するものとする。

解説

クールノー均衡において、$x_A=x_B=x_C$が成り立つ。企業Aについて、限界費用は12だから、利潤最大化条件を使って、

$$P=60-3\overbrace{(x_A+x_B+x_C)}^{D} \xrightarrow{\text{自己生産量2倍}} \overbrace{60-3(2x_A+x_B+x_C)}^{\text{限界収入}MR_A}=\overbrace{12}^{\text{限界費用}MC_A} \cdots(1)$$

$$\xrightarrow{\text{両辺を3で割る}} 20-(2x_A+x_B+x_C)=4$$

$$\rightarrow 2x_A+x_B+x_C=16$$

ここで、x_Bとx_Cをx_Aで置き換えて、

$$2x_A+\underbrace{x_A}_{x_B}+\underbrace{x_A}_{x_C}=16 \rightarrow 4x_A=16 \rightarrow x_A=4(=x_B=x_C)$$

よって、$D=x_A+x_B+x_C=12$だから、需要曲線より、

$$P=60-3\cdot\underbrace{12}_{D}=24$$

3 シュタッケルベルク・モデル（先導者と追随者）

1 シュタッケルベルク・モデル

クールノー・モデルにおける企業は、互いに他の生産量を所与として行動した。ここでは、先導的な企業とそれに追随する企業を考える。

現実の多くの寡占産業においては（時とともに移ろうものの）、リーディング・カンパニー（リーダー格の企業、トップ企業）が存在することが多い。A社がスマートフォンを売り出せば、G社も同様の機能を持つスマートフォンを売りに出す。T社が電気自動車を販売すれば、それに続く2番手・3番手の企業も電気自動車を販売する。

シュタッケルベルク・モデルでは、次の設定のもと、各企業は利潤を最大化する。

- 先導者(リーダー)である企業は1社のみであり、その他の企業が自分(先導者)の生産量を所与のものとして、各自利潤を最大化することを知っている。その上で先導者は利潤最大化する。
- 追随者(フォロワー)である企業は(1社でも複数でもよい)、先導者(および他の企業)の生産量を所与として、利潤を最大化する[4]。

クールノー・モデルは、すべての企業が互いの追随者であるが、シュタッケルベルク・モデルの場合、1社だけ先導者がいるという点が異なる。クールノー・モデルはどの企業から解いても構わないが、シュタッケルベルク・モデルでは、先導者の「追随者の利潤最大化の方法を知った上で」の部分(先導者を先導者たらしめる部分)を加味するため、先に追随者の利潤最大化条件を求めなくてはならない。

例2

二企業の生産する財の需要関数が、

$D=120-P$　[D：需要量、P：価格]

で示され、二企業i($i=A,\ B$)の費用関数が、

$C_i=60x_i$　[C_i：iの総費用、x_i：iの生産量]

で与えられている。つまり、限界費用は、各企業ともに60である。

企業Aを先導者、企業Bを追随者として、シュタッケルベルク均衡における各企業の生産量を求める。

❶ 追随者の反応関数(最適反応)

クールノー・モデルと同様に、企業Bの限界収入MR_Bと限界費用MC_Bを一致させて(∵利潤最大化条件)、

$$P=120-\overbrace{(x_A+x_B)}^{D}\cdots(1) \quad \xrightarrow{\text{自己生産量2倍}} \quad \overbrace{120-(x_A+2x_B)}^{MR_B}=\overbrace{60}^{MC_B}$$

「$x_B=$〜」で表すと、

$$120-(x_A+2x_B)=60 \quad \rightarrow \quad 2x_B=60-x_A \quad \rightarrow \quad x_B=30-\frac{x_A}{2}\cdots(2)$$

4　ゲーム理論の用語を借りれば、逐次手番であり、リーダーが生産量を決定すると、それを見てフォロワーが追随するという順序になる。

これは企業Bの利潤最大化条件（企業Bの生産量の決定条件）であり、企業Bの**反応関数**（**最適反応**）を表す。例えば、企業Aが20供給するとき（$\boldsymbol{x}_A=20$）、企業Bの利潤を最大化する生産量（最適反応）は、

$$(2)\ \boldsymbol{x}_B=30-\frac{\overbrace{20}^{\boldsymbol{x}_A}}{2}=20$$

である（完全競争企業の場合に、与えられた価格水準に対して自己の生産量を決定する$\boldsymbol{P=MC}$と同様に、クールノー・モデルの各企業や、シュタッケルベルク・モデルの追随者は、与えられた他企業の生産量に対して、自己の生産量を決定する）。

❷ 先導者の利潤最大化

先導者は、追随者の最適反応（追随者が(2)に従って生産量を選ぶこと）を知っているから、先導者にとっての需要曲線は、

$$(1)\ \boldsymbol{P}=120-\overbrace{(\boldsymbol{x}_A+\underbrace{\boldsymbol{x}_B}_{(2)})}^{D}$$

$$=120-(\boldsymbol{x}_A+\underbrace{\left(30-\frac{\boldsymbol{x}_A}{2}\right)}_{\boldsymbol{x}_B})$$

$$=120-\left(30+\frac{\boldsymbol{x}_A}{2}\right)$$

$$=90-\frac{\boldsymbol{x}_A}{2}\cdots(3)$$

したがって、先導者の利潤最大化条件は、

$$(3)\ \boldsymbol{P}=90-\frac{\boldsymbol{x}_A}{2}\ \xrightarrow{\text{自己生産量2倍}}\ \overbrace{90-\frac{2\boldsymbol{x}_A}{2}}^{\text{限界収入}\boldsymbol{MR}_A}=\overbrace{60}^{\boldsymbol{MC}_A}\ \rightarrow\ \boldsymbol{x}_A=30\cdots(4)$$

❸ 均　衡

企業Aの生産量が$\boldsymbol{x}_A=30$に決まると、(2)から企業Bの生産量が決まる。

$$(2)\ \boldsymbol{x}_B=30-\frac{\overbrace{30}^{\boldsymbol{x}_A}}{2}=15\cdots(5)$$

なお、均衡価格は、(4)を(3)に代入して、

$$\boldsymbol{P}=90-\frac{\overbrace{30}^{\boldsymbol{x}_A}}{2}=75$$

とするか、(4) (5)を元々の需要曲線(1)に代入して求めてもよい。

$$(1)\ \boldsymbol{P}=120-(\overbrace{30}^{\boldsymbol{x}_A}+\overbrace{15}^{\boldsymbol{x}_B})=75$$

例題4-9

企業AとBの費用関数は、それぞれ、

$C_A = x_A^2$　［C_A：企業Aの総費用、x_A：企業Aの生産量］

$C_B = 2x_B^2$　［C_B：企業Bの総費用、x_B：企業Bの生産量］

である。この二企業が供給する財の需要関数が、

$D = 60 - \frac{P}{2}$　［D：需要量、P：価格］

で示されるとき、シュタッケルベルク均衡における価格はいくらか。ただし、企業Aは先導者、企業Bは追随者として行動するものとする。

解説

追随者（企業B）の反応関数（最適反応）を求める。企業Bが利潤を最大化するとき、

$$\left.\begin{aligned} &D = 60 - \frac{P}{2} \;\rightarrow\; P = 2[60 - \overbrace{(x_A + x_B)}^{D}] \cdots (1) \\ &C_B = 2x_B^2 \;\rightarrow\; MC_B = 2 \cdot 2x_B^{2-1} = 4x_B \end{aligned}\right\}$$

$$\rightarrow\; \overbrace{2[60 - (x_A + 2x_B)]}^{MR_B\text{（自己生産量2倍）}} = \overbrace{4x_B}^{MC_B}$$

$$\rightarrow\; 60 - (x_A + 2x_B) = 2x_B \;\rightarrow\; 60 - x_A = 4x_B \;\rightarrow\; x_B = 15 - \frac{x_A}{4}$$

これを(1)に代入して、先導者（企業A）の利潤最大化条件を解く。

$$\begin{aligned} (1)\; P &= 2\left\{60 - \left[x_A + \underbrace{\left(15 - \frac{x_A}{4}\right)}_{x_B}\right]\right\} \\ &= 2\left\{60 - \left[\frac{3}{4}x_A + 15\right]\right\} \\ &= 2\left(60 - 15 - \frac{3}{4}x_A\right) \\ &= 2\left(45 - \frac{3}{4}x_A\right) \cdots (2) \end{aligned}$$

$$C_A = x_A^2 \;\rightarrow\; MC_A = 2x_A^{2-1} = 2x_A$$

より、利潤最大化条件を適用して、

$$\overbrace{2\left(45-\frac{3}{4}\cdot 2\boldsymbol{x}_A\right)}^{MR_A\text{（自己生産量2倍）}}=\overbrace{2\boldsymbol{x}_A}^{MC_A}$$

両辺を2で割る → $45-\frac{3}{2}\boldsymbol{x}_A=\boldsymbol{x}_A$

両辺に2をかける → $90-3\boldsymbol{x}_A=2\boldsymbol{x}_A$

同類項をまとめる → $5\boldsymbol{x}_A=90$

両辺を5で割る → $\boldsymbol{x}_A=18$

これを価格の式(2)に代入して、

$$\begin{aligned}\boldsymbol{P}&=2\left(45-\frac{3}{4}\cdot\underbrace{18}_{\boldsymbol{x}_A}\right)\\&=90-\frac{3}{2}\cdot 18\\&=9\cdot 10-\frac{3}{2}\cdot 2\cdot 9\\&=9(10-3)\\&=63\end{aligned}$$

2 シュタッケルベルク・モデルと対称性 発展

追随者が1社の場合、「対称性により、先導者と追随者の生産量が一致する」ことは保証されない(あらかじめ分かることはない)。

「〜・モデルでは、…ならば対称性があり、生産量が同じになる」と覚えてよいが、シュタッケルベルク・モデルの場合には常に対称性がないわけではなく、追随者が複数いて費用関数が同じ形であれば、追随者の利潤最大化条件に対称性がある。

例3

同質的な財を供給する企業$\boldsymbol{i}$（$\boldsymbol{i}=A, B, C$）の費用関数が、

$C_i=30\boldsymbol{x}_i$　[C_i：企業$\boldsymbol{i}$の総費用、$\boldsymbol{x}_i$：企業$\boldsymbol{i}$の生産量]

で与えられ、この財の需要曲線が次式で表されるとする。

$\boldsymbol{P}=120-(\boldsymbol{x}_A+\boldsymbol{x}_B+\boldsymbol{x}_C)$　[$\boldsymbol{P}$：価格]

企業Aを先導者、他の企業を追随者とするシュタッケルベルク・モデルを考える。

追随者である企業B、Cについて、利潤最大化条件を求める。費用関数は同じ形だから、

$$MC_i\left(=\frac{\Delta C_i}{\Delta x_i}\right)=30$$

であり、各企業の限界収入MR_iは、需要曲線において自己生産量を２倍したもので表されるから、限界収入と限界費用を一致させると、

$$P=120-(x_A+x_B+x_C)$$

$$\rightarrow\quad (i=Bとして)\ \underbrace{120-(x_A+2x_B+x_C)}_{MR_B}=\underbrace{30}_{MC_B}$$

$$\rightarrow\quad x_A+2x_B+x_C=90\ \cdots(1)$$

$$P=120-(x_A+x_B+x_C)$$

$$\rightarrow\quad (i=Cとして)\ \underbrace{120-(x_A+x_B+2x_C)}_{MR_C}=\underbrace{30}_{MC_C}$$

$$\rightarrow\quad x_A+x_B+2x_C=90\ \cdots(2)$$

(1)(2)について、どちらも90に等しいから、

$$\underbrace{x_A+2x_B+x_C}_{(1)}=\underbrace{x_A+x_B+2x_C}_{(2)}(=90)\quad\rightarrow\quad x_B=x_C$$

よって、費用関数が同じ形の場合、追随者の生産量は同じである。

(1)より、$x_C=x_B$とすると、

$$(1)\ x_A+2x_B+\underbrace{x_C}_{x_B}=90\quad\rightarrow\quad 3x_B=90-x_A\quad\rightarrow\quad x_B=30-\frac{x_A}{3}(=x_C)\cdots(3)$$

次に、先導者（企業Ａ）の利潤最大化条件を考える。需要曲線に(3)を代入すると、

$$\begin{aligned}P&=120-(x_A+x_B+\underbrace{x_C}_{x_B})=120-(x_A+2\underbrace{x_B}_{(3)})\\&=120-\left[x_A+2\left(30-\frac{x_A}{3}\right)\right]=120-\left(x_A+60-\frac{2}{3}x_A\right)\\&=60-\frac{1}{3}x_A\end{aligned}$$

自己生産量を２倍して限界費用30と一致させると、

$$\overbrace{60-\frac{1}{3}\cdot 2x_A}^{MR_A}=\overbrace{30}^{MC_A}\quad\rightarrow\quad x_A=\frac{3}{2}\cdot 30=45$$

これを(3)に代入して、

$$(3)\ x_B=30-\frac{\overbrace{45}^{x_A}}{3}=15(=x_C)$$

追随者が複数のシュタッケルベルク・モデルは稀ではあるが、「クールノーやシュタッケルベルクでは、追随者の費用関数が同形のとき、追随者の生産量は同じになる」と覚えておけばよい。

4 カルテル

寡占産業において、各企業が**協調**して(**協力**、共謀、結託)、**互いの利潤の和を最大化する**よう行動するケースを**カルテル**として扱う。

これまでとは違い(利潤最大化するのではなく)、各企業は利潤の和を最大化する。カルテルの場合、これまで(たとえ少しでも)存在していた競争が全くなくなる、と言い換えてもよい。つまり、**集団として独占企業のように振る舞う**(競争のない状態は独占と同じ)。

例4

企業$\boldsymbol{i}$($\boldsymbol{i}=\boldsymbol{A}$, $\boldsymbol{B}$)の費用関数を、$C_i(\boldsymbol{x}_i)=20\boldsymbol{x}_i$ [C_i:企業$\boldsymbol{i}$の総費用、$\boldsymbol{x}_i$:企業$\boldsymbol{i}$の生産量]とし、この二企業が供給する財の需要曲線を$\boldsymbol{P}=120-\boldsymbol{D}$とする。

ここで、後々のため、二企業の生産量の和を、

$$\boldsymbol{X}=\boldsymbol{x}_A+\boldsymbol{x}_B \cdots(1)$$

で表すとしよう。需要曲線は、

$$\boldsymbol{P}=120-\underbrace{\boldsymbol{X}}_{\boldsymbol{D}} \cdots(2)$$

である。二企業の利潤の和$\boldsymbol{\Pi}$は、企業$\boldsymbol{i}$の総収入を$\boldsymbol{P}\cdot\boldsymbol{x}_i$として、

$$\begin{aligned}\boldsymbol{\Pi}&=\overbrace{(\boldsymbol{P}\cdot\boldsymbol{x}_A-C_A(\boldsymbol{x}_A))}^{\text{企業Aの利潤}}+\overbrace{(\boldsymbol{P}\cdot\boldsymbol{x}_B-C_B(\boldsymbol{x}_B))}^{\text{企業Bの利潤}}\\&=\overbrace{\boldsymbol{P}\underbrace{(\boldsymbol{x}_A+\boldsymbol{x}_B)}_{(1)}}^{\text{総収入の和}}-\overbrace{(C_A(\boldsymbol{x}_A)+C_B(\boldsymbol{x}_B))}^{\text{総費用の和}}\\&=\overbrace{\boldsymbol{PX}}^{\text{総収入の和}R}-\overbrace{(C_A(\boldsymbol{x}_A)+C_B(\boldsymbol{x}_B))}^{\text{総費用の和}}\cdots(3)\end{aligned}$$

と表せる。各企業の利潤はそれぞれ総収入から総費用を引いたものだから、利潤の和は、総収入の和から総費用の和を引いたもので表される。

(3)の第1項$\boldsymbol{PX}$は二企業の総収入の和であるが、ここでは、「仮想的な独占企業の総収入」と呼び、$\boldsymbol{R}=\boldsymbol{PX}$で表すことにする(本当に合併して独占企業になるわけではないので「仮想」とする)。実際、カルテルを結ぶことは、競争しないことと同じであり、独占企業が利潤を最大化するのとまったく同じ状況になる。

各企業は、利潤の和(3)を各自の生産量について最大化する。ここで、次のテクニックを用いる。

企業Bの生産量を一定として、企業Aの生産量が増えるとき、(1)より、

$$(1)\ \boldsymbol{X}=\boldsymbol{x_A}+\underbrace{\boldsymbol{x_B}}_{\text{一定}}$$

→ $\Delta X=\Delta x_A$ （全体の生産量Xはx_Aが増えた分だけ増加）

よって、

$$\frac{\Delta R}{\Delta x_A}=\frac{\Delta R}{\Delta X}$$

つまり、企業Aが生産量x_Aを1個増やしたときの総収入の和の増加(左辺)は、仮想独占企業の限界収入(これをMRとする)に一致する。

$$\frac{\Delta R}{\Delta x_A}=MR\ \cdots(4)$$

企業Aの生産量を一定として、企業のBの生産量が増えるとき、(1)より、

$$(1)\ \boldsymbol{X}=\underbrace{\boldsymbol{x_A}}_{\text{一定}}+\boldsymbol{x_B}$$

→ $\Delta X=\Delta x_B$ （全体の生産量はx_Bが増えた分だけ増加）

したがって、企業Bについても仮想独占企業の限界収入MRに一致する。

$$\frac{\Delta R}{\Delta x_B}=\frac{\Delta R}{\Delta X}=MR\ \cdots(5)$$

❶ 企業Aの利潤の和最大化条件

利潤の和(3)をx_Aについて最大化すると(x_Aで微分してゼロと置く)、$R=PX$として、

$$(3)\ \frac{\Delta \Pi}{\Delta x_A}=\underbrace{\frac{\Delta R}{\Delta x_A}}_{(5)MR}-\underbrace{\frac{\Delta C_A(x_A)}{\Delta x_A}}_{MC_A}-\underbrace{\frac{\Delta C_B(x_B)}{\Delta x_A}}_{0}=0$$

企業Bの総費用$C(x_B)$は企業Aの生産量x_Aに無関係だから、x_Aを1個増やしても(何個増やしても)総費用C_Bは増加しない。

よって、企業Aの利潤の和最大化条件は、

$$\underset{\text{仮想独占企業の限界収入}}{MR}=\underset{\text{企業Aの限界費用}}{MC_A}$$

で表される。

❷ 企業Bの利潤の和最大化条件

同様にして、

$$(3)\ \frac{\Delta \boldsymbol{\Pi}}{\Delta \boldsymbol{x}_B} = \underbrace{\frac{\Delta \boldsymbol{R}}{\Delta \boldsymbol{x}_B}}_{(5)\boldsymbol{MR}} - \underbrace{\frac{\Delta \boldsymbol{C}_A(\boldsymbol{x}_A)}{\Delta \boldsymbol{x}_B}}_{0} - \underbrace{\frac{\Delta \boldsymbol{C}_B(\boldsymbol{x}_B)}{\Delta \boldsymbol{x}_B}}_{\boldsymbol{MC}_B} = 0$$

より、

$$\overset{\text{仮想独占企業の限界収入}}{\boldsymbol{MR}} = \overset{\text{企業Bの限界費用}}{\boldsymbol{MC}_B}$$

❸ 解 法

それでは、以下で解いてみよう。仮想独占企業の限界収入**MR**を、各企業の限界費用と一致させる。

$$(2)\ \boldsymbol{P} = 120 - \boldsymbol{X} \quad \rightarrow \quad \begin{cases} \overbrace{120 - 2\boldsymbol{X}}^{\boldsymbol{MR}\text{（傾き2倍）}} = \boldsymbol{MC}_A \\ \overbrace{120 - 2\boldsymbol{X}}^{\boldsymbol{MR}\text{（傾き2倍）}} = \boldsymbol{MC}_B \end{cases} \cdots(6)$$

ここで、各企業の限界費用は、

$\boldsymbol{C}_A = 20\boldsymbol{x}_A \quad \rightarrow \quad \boldsymbol{MC}_A = 20$

$\boldsymbol{C}_B = 20\boldsymbol{x}_B \quad \rightarrow \quad \boldsymbol{MC}_B = 20$

したがって、

$$(6) \begin{cases} \overbrace{120 - 2\boldsymbol{X}}^{\boldsymbol{MR}} = \overbrace{20}^{\boldsymbol{MC}_A} \\ \overbrace{120 - 2\boldsymbol{X}}^{\boldsymbol{MR}} = \overbrace{20}^{\boldsymbol{MC}_B} \end{cases}$$

限界費用は定数で同じ大きさだから、これらは全く同一の式である[5]。生産量の和**X**について解いて、

$120 - 2\boldsymbol{X} = 20 \quad \rightarrow \quad \boldsymbol{X} = 50$

を得る。生産量の和が決まると、価格および利潤の和も求めることができる。

$(2)\ \boldsymbol{P} = 120 - \boldsymbol{X} = 120 - 50 = 70$

利潤の和**Π**[6]は 、(1) $\boldsymbol{X} = \boldsymbol{x}_A + \boldsymbol{x}_B$を総費用の和に用いて、

5　この場合、さらに条件があれば各企業の生産量について解くことができる（各企業は需要を等しく分け合う（$\boldsymbol{x}_A = \boldsymbol{x}_B$）など）。

6　この例における各企業の費用関数のように、固定費用がない場合には、実際に合併して独占企業になったときの独占均衡と全く同じ価格、生産量（全体）になる。

(3) $\Pi = PX - \underbrace{(20x_A + 20x_B)}_{\substack{=20(x_A+x_B) \\ =20X}} = (P-20)X = (70-20)\cdot 50 = 2{,}500$

例題4-10　需要曲線が$D=120-2P$［D：需要量、P：価格］で表される財は、企業AとBの二企業によって供給されている。この二企業の費用関数が、$C_i = x_i^2$［C_i：企業iの総費用、x_i：企業iの生産量、$i=A, B$］で表される。

この二企業が、互いに利潤の合計を最大にするよう生産した場合の価格はいくらか。

解説

仮想独占企業の限界収入MRは、

$$D=120-2P \quad \rightarrow \quad P=60-\frac{\overset{D}{\overbrace{X}}}{2} \cdots (1) \quad \xrightarrow{\text{傾き2倍}} \quad MR=60-X \cdots (2)$$

これを各企業の限界費用と一致させて、

$$C_A = x_A^2 \quad \rightarrow \quad MC_A = 2x_A \quad \rightarrow \quad \overset{(2)MR}{\overbrace{60-X}} = \overset{MC_A}{\overbrace{2x_A}} \cdots (3)$$

$$C_B = x_B^2 \quad \rightarrow \quad MC_B = 2x_B \quad \rightarrow \quad \overset{(2)MR}{\overbrace{60-X}} = \overset{MC_B}{\overbrace{2x_B}} \cdots (4)$$

［解法1］　両辺を足し合わせる

(3)(4)および$X=x_A+x_B$より、

$(60-X)+(60-X)=2x_A+2x_B$　　$\left.\begin{matrix} a=b \\ c=d \end{matrix}\right\} \rightarrow a+c=b+d$

$\rightarrow \quad 2(60-X)=2\underbrace{(x_A+x_B)}_{X}$

$\rightarrow \quad 60-X=X \quad \rightarrow \quad 2X=60 \quad \rightarrow \quad X=30$

よって、価格は、

(1)　$P=60-\frac{\overset{X}{\overbrace{30}}}{2}=60-15=45$

[解法2]　カルテルで各企業の限界費用が生産量の関数（式）である場合、対称性から、$x_A = x_B$とする（数学Tips❷）

(3)か(4)に適用して、

$$(3)\ 60-(\overbrace{x_A+\underbrace{x_A}_{x_B}}^{X}) = 2x_A \quad \to \quad 60-2x_A = 2x_A \quad \to \quad 4x_A = 60$$

$$\to \quad x_A = 15 (= x_B)$$

よって、$X = x_A + x_B = 15 + 15 = 30$だから、価格は、

$$(1)\quad P = 60 - \frac{\overbrace{30}^{X}}{2} = 45$$

重要事項 一問一答

01 少数の企業によって財が供給される市場を何というか。

寡占市場

企業数が2社の寡占を複占ということがある。

02 各企業が互いに他の生産量を所与として利潤を最大化する寡占モデルを何というか。

クールノー・モデル

03 需要曲線が直線の場合、クールノー競争を行う企業の限界収入は、何を2倍したものか。

自己生産量

クールノー・モデルでは、需要曲線(価格=〜)の自己生産量を2倍したものが限界収入となる。

04 クールノー均衡において、各企業の費用関数(厳密には、可変費用およびこれを微分した限界費用)が同じ形の場合、各企業の生産量はどうなるか。

同じになる

05 シュタッケルベルク・モデルにおける2つの企業のタイプは何か。

先導者と追随者(リーダーとフォロワー)

06 シュタッケルベルク・モデルでは、初めに何を求めるか。

追随者の反応関数

クールノー・モデルと同じ利潤最大化条件を求め(自己生産量2倍)、自己生産量=〜に直したものを反応関数という。

07 シュタッケルベルク・モデルでは、先導者の限界収入をどのようにして求めるか。

追随者の反応関数を需要曲線に代入してから、自己生産量を2倍

08 カルテルの場合、各企業は何を最大化するか。

互いの利潤の和

利潤の和の最大化条件は、仮想的な独占企業の限界収入(需要曲線の傾き2倍)と各企業の限界費用を一致させたものである。カルテルにおいては(問題の構造上)、各企業の生産量は一致する。

過去問 Exercise

問題1 ある財を生産する企業Aと企業Bからなる複占市場を考える。企業Aの費用関数C_Aと企業Bの費用関数C_Bは、それぞれ以下のように示される。

$$C_A = 5q_A \qquad \left[q_A：企業Aの生産量 \right]$$
$$C_B = \frac{1}{2}q_B^2 + 20 \qquad \left[q_B：企業Bの生産量 \right]$$

また、この財に対する逆需要関数は、以下のように示される。

$P = 180 - Q$ ［P：価格、Q：需要量］

このとき、クールノー・ナッシュ均衡における企業Aの生産量(q_A)はいくらか。

財務専門官・労働基準監督官2021

1. 29
2. 37
3. 60
4. 69
5. 73

解説

正解 4

２企業が市場の需要を満たすから、需要曲線(逆需要関数)は、

$$P=180-\underbrace{(q_A+q_B)}_{Q}$$

と書ける。企業Aの限界収入MR_Aと限界費用MC_Aは、

$$P=180-\underbrace{(q_A+q_B)}_{Q}\ \xrightarrow{q_A\text{を2倍}}\ MR_A=180-(2q_A+q_B)$$

$$C_A=5q_A\ \xrightarrow{q_A\text{で微分}}\ MC_A=5$$

であるから、これらを一致させて（利潤最大化条件）、

$$\underbrace{180-(2q_A+q_B)}_{MR_A}=\underbrace{5}_{MC_A}\ \rightarrow\ 2q_A+q_B=175\ \cdots(1)$$

また、企業Bについても、限界収入MR_Bと限界費用MC_Bを一致させると、

$$\left.\begin{array}{l} P=180-\underbrace{(q_A+q_B)}_{Q}\ \xrightarrow{q_B\text{を2倍}}\ MR_B=180-(q_A+2q_B) \\ C_B=\dfrac{1}{2}q_B^2+20\ \xrightarrow{q_B\text{で微分}}\ MC_B=q_B \end{array}\right\}$$

$$\rightarrow\ \underbrace{180-(q_A+2q_B)}_{MR_B}=\underbrace{q_B}_{MC_B}\ \rightarrow\ q_A+3q_B=180\cdots(2)$$

(1)(2)を連立させ、問われているq_Aを求める。

(1) $2q_A+q_B=175\ \rightarrow\ q_B=175-2q_A$

これを(2)の左辺に代入すると、

(2) $q_A+3\underbrace{(175-2q_A)}_{q_B}=180$

左辺第２項を展開してq_Aの項をまとめると、

$$q_A+3\cdot175-6q_A=180\ \rightarrow\ 3\cdot175-5q_A=180$$

$$\rightarrow\ 3\cdot175-\underbrace{3\cdot60}_{180}=5q_A\ \rightarrow\ 3(175-60)=5q_A\ \rightarrow\ 3\cdot115=5q_A$$

$$\rightarrow\ q_A=3\cdot\frac{115}{5}=3\cdot23=69$$

問題2　同じ財Xを生産する企業１、企業２からなる複占市場において、Xの需要関数が、

$X=60-2P$　［X：財Xの需要量、P：財Xの価格］

で表されるとする。また、総費用関数は企業１、企業２ともに

$TC_i=6Q_i$　［$i=1, 2$、Q_i：企業iの生産量］

で表されるとする。

このとき、クールノー均衡における財Xの価格と、企業１、企業２のそれぞれの生産量の組合せとして、妥当なのはどれか。

特別区Ⅰ類2018

	財Xの価格	企業１の生産量	企業２の生産量
❶	21	9	9
❷	16	12	16
❸	14	16	16
❹	9	18	24
❺	6	24	24

解説

正解 ❸

クールノー・モデルで総費用関数が同じ形だから、均衡において各企業の生産量は一致する($Q_1=Q_2$)。この時点で、正解は、❶・❸・❺に絞られる。

また、$X=Q_1+Q_2$より、需要曲線は、

$$X=60-2P \quad \rightarrow \quad P=30-\frac{1}{2}(Q_1+Q_2)$$

となる。ここで選択肢を使うと、例えば、$Q_1=Q_2=9$(❶)のとき、

$$P=30-\frac{1}{2}(9+9)=21$$

となるが、残りの❸・❺も同様に生産量の組合せと価格に整合性があるので、きちんと解く。

$Q_1=Q_2$が保証されているので、ここでは、企業1の利潤最大化条件のみ考慮する。企業1の限界収入MR_1と限界費用MC_1を一致させる。

$$\left.\begin{array}{l} P=30-\dfrac{1}{2}(Q_1+Q_2) \xrightarrow{Q_1\text{を2倍}} MR_1=30-\dfrac{1}{2}(2Q_1+Q_2) \\ TC_1=6Q_1\ (i=1) \xrightarrow{Q_1\text{で微分}} MC_1=6 \end{array}\right\}$$

$$\rightarrow \quad \overbrace{30-\frac{1}{2}(2Q_1+Q_2)}^{MR_1}=\overbrace{6}^{MC_1}$$

左辺第2項カッコ内で、$Q_2=Q_1$として、

$$30-\frac{1}{2}(2Q_1+\underbrace{Q_1}_{Q_2})=6 \quad \rightarrow \quad 24=\frac{3}{2}Q_1 \quad \rightarrow \quad Q_1=16$$

したがって、❸が正しい。

価格を確認すると、

$$P=30-\frac{1}{2}(Q_1+Q_2)=30-\frac{16+16}{2}=14$$

となり、やはり❸が正解である。

問題3 ある財について、価格Pに対して、市場全体の需要曲線が$D=900-P$で示される。その財を生産するのは三つの企業だけであり、クールノー競争を行っている。また、各企業i（$i=1, 2, 3$）の総費用は、その生産量y_iに対して$C_i=100y_i$で表される。この財の均衡での価格はいくらか。

労働基準監督官2019

1. 200
2. 300
3. 400
4. 500
5. 600

解説

正解 2

費用関数(総費用)が同じ形のクールノー・モデルだから、各企業の生産量は同じになる。企業1の限界収入MR_1と限界費用MC_1を一致させる。

$$P=900-(\underbrace{y_1+y_2+y_3}_{D})\cdots(*) \xrightarrow{y_1\text{を2倍}} MR_1=900-(2y_1+y_2+y_3)$$

$$C_1=100y_1\,(i=1) \xrightarrow{y_1\text{で微分}} MC_1=100$$

$$\to \overbrace{900-(2y_1+y_2+y_3)}^{MR_1}=\overbrace{100}^{MC_1}$$

$y_1=y_2=y_3$だから、

$$900-(2y_1+\underbrace{y_1}_{y_2}+\underbrace{y_1}_{y_3})=100 \quad\to\quad 900-4y_1=100 \quad\to\quad y_1=\frac{800}{4}=200$$

したがって、$D=y_1+y_2+y_3=200+200+200=600$だから、均衡価格は、(＊)より、

$$P=900-(y_1+y_2+y_3)=900-600=300$$

問題4　同質的な財Xを生産する企業1、企業2からなる複占市場において、Xの需要関数が、

$D=32-P$　[D：財Xの需要量、P：財Xの価格]

で表されるとする。また、企業1、企業2の費用関数はそれぞれ、

$C_1=2Q_1+10$　[C_1：企業1の総費用、Q_1：企業1の生産量]

$C_2=4Q_2$　[C_2：企業2の総費用、Q_2：企業2の生産量]

で表されるとする。

企業1が先導者、企業2が追随者として行動するとき、シュタッケルベルク均衡における企業1、企業2のそれぞれの生産量の組み合わせとして、妥当なのはどれか。

特別区Ⅰ類2020

	企業1の生産量	企業2の生産量
1	6	11
2	9	10
3	12	7
4	16	6
5	19	3

解説

正解 4

初めに、追随者（企業２）の利潤最大化条件から、反応関数を求める。需要関数を変形して、$\boldsymbol{D}=\boldsymbol{Q}_1+\boldsymbol{Q}_2$とし、企業２の限界収入$\boldsymbol{MR}_2$を求めると（自己生産量$\boldsymbol{Q}_2$を２倍）、

$$D=32-P \quad \rightarrow \quad P=32-\underbrace{(Q_1+Q_2)}_{D}\cdots(1)$$

$$\rightarrow \quad MR_2=32-(Q_1+2Q_2)\ \cdots(2)$$

また、企業２の限界費用$\boldsymbol{MC}_2$は、費用関数を生産量$\boldsymbol{Q}_2$について微分して、

$$C_2=4Q_2 \quad \rightarrow \quad MC_2=4\ \cdots(3)$$

したがって、企業２の利潤最大化条件は、

$$\overbrace{32-(Q_1+2Q_2)}^{(2)MR_2}=\overbrace{4}^{(3)MC_2}$$

であり、これを$\boldsymbol{Q}_2$＝～に変形したものが、企業２の反応関数である。

$$32-(Q_1+2Q_2)=4 \quad \rightarrow \quad Q_1+2Q_2=28 \quad \rightarrow \quad \frac{1}{2}Q_1+Q_2=14$$

$$\rightarrow \quad Q_2=14-\frac{1}{2}Q_1\cdots(4)$$

先導者（企業１）は、追随者（企業２）が(4)で生産量$\boldsymbol{Q}_2$を決定することを知りつつ、利潤を最大化する。企業１にとって、需要曲線(1)は、(4)を代入したものである。

$$(1)\ P=32-(Q_1+\underbrace{Q_2}_{(4)}) \quad \rightarrow \quad P=32-\left(Q_1+\underbrace{(14-\frac{1}{2}Q_1)}_{Q_2}\right)$$

$$=32-\left(\frac{1}{2}Q_1+14\right)$$

$$=18-\frac{1}{2}Q_1$$

よって、企業１の限界収入$\boldsymbol{MR}_1$は（自己生産量$\boldsymbol{Q}_1$を２倍）、

$$P=18-\frac{1}{2}Q_1 \quad \rightarrow \quad MR_1=18-Q_1\ \cdots(5)$$

で表され、また、限界費用$\boldsymbol{MC}_1$は費用関数$\boldsymbol{C}_1$を$\boldsymbol{Q}_1$について微分して、

$$C_1=2Q_1+10 \quad \rightarrow \quad MC_1=2\ \cdots(6)$$

である。よって、(5)と(6)を一致させて(企業1の利潤最大化条件)、Q_1を求めると、

$$\overbrace{18-Q_1}^{(5)MR_1} = \overbrace{2}^{(6)MC_1} \quad \rightarrow \quad Q_1=16$$

である(❹)。これを企業2の反応関数(4)に代入して、

$$(4)\ Q_2=14-\frac{1}{2}Q_1=14-\frac{1}{2}\cdot 16=6$$

問題5

複占市場において、二つの企業が同質の財を生産しており、その財の需要関数が、以下のように示される。

$p=42-(q_1+q_2)$

［p：財の価格、q_1：企業１の生産量、q_2：企業２の生産量］

また、各企業の総費用関数は同じ形であり、以下のように示される。

$TC(q_i)=q_i^2$　(i=1, 2)　［TC：総費用］

企業１がリーダーである場合、シュタッケルベルク均衡における企業１の生産量はいくらか。

財務専門官・労働基準監督官2019

1. 8
2. 9
3. 10
4. 11
5. 12

解説

正解 2

企業1がリーダー（先導者）であれば、企業2がフォロワー（追随者）である。

企業2の反応関数を求めよう。需要曲線を用いて、企業2の限界収入MR_2、総費用関数から限界費用MC_2を求め、両者を一致させる。

$$\left.\begin{array}{l} p=42-(q_1+q_2) \xrightarrow{q_2\text{を2倍}} MR_2=42-(q_1+2q_2) \\ TC(q_2)=q_2^2\,(i=2) \xrightarrow{q_2\text{で微分}} MC_2=2q_2 \end{array}\right\}$$

$$\to\ \overbrace{42-(q_1+2q_2)}^{MR_2}=\overbrace{2q_2}^{MC_2}\ \to\ 42-q_1=4q_2\ \to\ q_2=\frac{42-q_1}{4}\cdots(*)$$

企業1（リーダー）は、企業2（フォロワー）が(＊)の通りに生産量を決定すると考えるから、企業1にとっての需要曲線は、

$$p=42-(q_1+\underbrace{q_2}_{(*)})=42-\left(q_1+\frac{42-q_1}{4}\right)=42-\left(\frac{1}{4}\cdot42+\frac{3}{4}q_1\right)$$
$$=\frac{3}{4}\cdot42-\frac{3}{4}q_1=\frac{3}{4}(42-q_1)$$

したがって、企業1の限界収入MR_1は、

$$p=\frac{3}{4}(42-q_1) \xrightarrow{q_1\text{を2倍}} MR_1=\frac{3}{4}(42-2q_1)$$

また、企業1の限界費用MC_1は、

$$TC(q_1)=q_1^2\ (i=1) \xrightarrow{q_1\text{で微分}} MC_1=2q_1$$

限界収入MR_1と限界費用MC_1を一致させると、

$$\overbrace{\frac{3}{4}(42-2q_1)}^{MR_1}=\overbrace{2q_1}^{MC_1} \xrightarrow{\text{両辺に4をかける}} 3(42-2q_1)=4\cdot2q_1$$

$$\xrightarrow{\text{左辺を展開 移項する}} 3\cdot42=4\cdot2q_1+3\cdot2q_1\ \to\ 3\cdot42=7\cdot2q_1$$

$$\to\ q_1=\frac{3\cdot42}{7\cdot2}=9$$

問題6 同じ財を生産する企業１、企業２からなる複占市場において、需要量をD、価格をP、総費用をC、生産量をXとして、この財の需要曲線が、

$$D=160-P$$

で表され、また、総費用曲線は企業１、企業２ともに

$$C=2X^2$$

で表されるものとする。もし２つの企業が協調して、企業１、企業２の利潤の合計が最大となるように行動するとした場合、財の価格はどれか。

特別区Ⅰ類2015

1. 40
2. 60
3. 80
4. 100
5. 120

解説

正解 5

ここでは、企業1と2の生産量をX_1、X_2で表し、生産量の合計を$x=X_1+X_2$とする。利潤の合計(和)を最大化するので、カルテル(協調)のケースを解く。

各企業の利潤の和最大化条件は、仮想的な独占企業の限界収入MRと各企業の限界費用の一致である。この限界収入MRは、独占企業のケースと同様に、

$$D=160-P \quad \rightarrow \quad P=160-\underbrace{x}_{D} \quad \rightarrow \quad MR=160-2x \cdots (1)$$

で表せる。また、企業1の限界費用は、総費用をC_1とすると、

$$C_1=2X_1^2 \quad \rightarrow \quad MC_1=4X_1 \cdots (2)$$

だから、(1)(2)を一致させて、

$$\underbrace{160-2x}_{(1)MR}=\underbrace{4X_1}_{(2)MC_1}\cdots (3)$$

[解法1]

カルテルの場合、費用関数(総費用曲線)が同じ形であれば、$X_1=X_2$が成り立つ。(X_1を求めてもよいが)価格を求めるため、

$$x=X_1+\underbrace{X_2}_{X_1}=2X_1 \quad \rightarrow \quad X_1=\frac{1}{2}x$$

として、(3)に代入すると、

$$(3)\ 160-2x=4\cdot\underbrace{\frac{1}{2}x}_{X_1} \quad \rightarrow \quad 160-2x=2x \quad \rightarrow \quad x=\frac{160}{4}=40$$

需要曲線から、

$$P=160-\underbrace{40}_{x}=120$$

[解法2]

企業2について、利潤の和最大化条件は、(3)の右辺を企業2の限界費用MC_2に変えたものである。費用関数が同じ形だから、右辺X_1の添字を2に変えるだけでよい。

(3) $\underbrace{160-2\boldsymbol{x}}_{MR}=\underbrace{4\boldsymbol{X}_1}_{MC_1}$

→ $\underbrace{160-2\boldsymbol{x}}_{MR}=\underbrace{4\boldsymbol{X}_2}_{MC_2}$

両辺を足し合わせると、

$$\underbrace{160-2\boldsymbol{x}}_{MR}+\underbrace{160-2\boldsymbol{x}}_{MR}=\underbrace{4\boldsymbol{X}_1}_{MC_1}+\underbrace{4\boldsymbol{X}_2}_{MC_2} \rightarrow 2\underbrace{(160-2\boldsymbol{x})}_{MR}=4\underbrace{(\boldsymbol{X}_1+\boldsymbol{X}_2)}_{\boldsymbol{x}}$$

となって、２企業の生産量の和$\boldsymbol{x}$だけの式となる。これを解いて、

$$2\underbrace{(160-2\boldsymbol{x})}_{MR}=4\underbrace{(\boldsymbol{X}_1+\boldsymbol{X}_2)}_{\boldsymbol{x}} \rightarrow 160-2\boldsymbol{x}=2\boldsymbol{x} \rightarrow \boldsymbol{x}=40$$

以下、同様にして、

$\boldsymbol{P}=160-\boldsymbol{x}=120$

数学 Tips

❶ クールノー・モデルと限界収入

需要曲線を直線 $P=120-D$ とする［P：価格、D：需要量］。企業Aの総収入 R_A は、

$$R_A=P\cdot x_A=\overbrace{(120-\underbrace{(x_A+x_B)}_{D})}^{P}x_A$$

$$=120x_A-(x_A+x_B)x_A$$

$$=120x_A-x_A{}^2-x_Bx_A$$

で表される。

企業Aが生産量 x_A を1個増やしたときの総収入の増加額（限界収入 MR_A）は、x_B を一定として、総収入 R_A を自己の生産量 x_A で微分したものだから、

$$MR_A\left(=\frac{\Delta R_A}{\Delta x_A}\right)=\underbrace{(120x_A)'}_{\text{1次の項の微分}}-\underbrace{(x_A{}^2)'}_{\text{2次の項の微分}}-\underbrace{(\overbrace{x_B}^{\text{係数}}x_A)'}_{\text{1次の項の微分}}$$

$$=120-2x_A{}^{2-1}-x_B$$

$$=120-(2x_A+x_B)$$

この結果を需要曲線と比較すると、自己の（企業Aの）生産量を2倍したものだと判明する。

$$P=120-(x_A+x_B)\quad\rightarrow\quad MR_A=120-(2x_A+x_B)$$

同様に、企業Bについても調べると以下の通り。

$$R_B=P\cdot x_B=\overbrace{\left(120-\underbrace{(x_A+x_B)}_{D}\right)}^{P}x_B$$

$$=120x_B-x_Ax_B-x_B{}^2$$

$$\rightarrow\quad MR_B\left(=\frac{\Delta R_B}{\Delta x_B}\right)=\underbrace{(120x_B)'}_{\text{1次の項の微分}}-\underbrace{(\overbrace{x_A}^{\text{係数}}x_B)'}_{\text{1次の項の微分}}-\underbrace{(x_B{}^2)'}_{\text{2次の項の微分}}$$

$$=120-x_A-2x_B{}^{2-1}$$

$$=120-(x_A+2x_B)$$

この結論『自己の生産量を２倍』は、企業数が増えても必ず成り立つ。これは、需要曲線が直線であること、総収入が価格と自己生産量の積であることの二つに起因する。

例えば、企業が４社($\boldsymbol{i}=\boldsymbol{A}, \boldsymbol{B}, \boldsymbol{C}, \boldsymbol{D}$)であっても、

$$\boldsymbol{P}=120-\underbrace{(\boldsymbol{x}_A+\boldsymbol{x}_B+\boldsymbol{x}_C+\boldsymbol{x}_D)}_{\boldsymbol{D}} \rightarrow \begin{cases} \boldsymbol{MR}_A=120-(2\boldsymbol{x}_A+\boldsymbol{x}_B+\boldsymbol{x}_C+\boldsymbol{x}_D) \\ \boldsymbol{MR}_B=120-(\boldsymbol{x}_A+2\boldsymbol{x}_B+\boldsymbol{x}_C+\boldsymbol{x}_D) \\ \boldsymbol{MR}_C=120-(\boldsymbol{x}_A+\boldsymbol{x}_B+2\boldsymbol{x}_C+\boldsymbol{x}_D) \\ \boldsymbol{MR}_D=120-(\boldsymbol{x}_A+\boldsymbol{x}_B+\boldsymbol{x}_C+2\boldsymbol{x}_D) \end{cases}$$

とするだけでよい。

2 対称性

ここでの数学的な対称性は、$\boldsymbol{x}_A$と$\boldsymbol{x}_B$に関するものを指す。

$\boldsymbol{D}=120-\boldsymbol{P}$ …(1)　[$\boldsymbol{D}$：需要量、$\boldsymbol{P}$：価格]

$\boldsymbol{C}_i=\boldsymbol{x}_i^2$ …(2)　[$\boldsymbol{C}_i$：企業$\boldsymbol{i}$の総費用、$\boldsymbol{x}_i$：企業$\boldsymbol{i}$の生産量、$\boldsymbol{i}=\boldsymbol{A}, \boldsymbol{B}$]

初めに企業$\boldsymbol{i}$の限界費用を求めておこう。

$$(2) \quad \rightarrow \quad \boldsymbol{MC}_i=\frac{\Delta \boldsymbol{C}_i}{\Delta \boldsymbol{x}_i}=2\boldsymbol{x}_i \quad (\boldsymbol{i}=\boldsymbol{A}, \boldsymbol{B})$$

企業ＡとＢの利潤最大化条件(限界収入＝限界費用)は、

$$(1) \quad \rightarrow \quad \boldsymbol{P}=120-\underbrace{(\boldsymbol{x}_A+\boldsymbol{x}_B)}_{\boldsymbol{D}} \rightarrow \begin{cases} \overbrace{120-(2\boldsymbol{x}_A+\boldsymbol{x}_B)}^{\boldsymbol{MR}_A}=\overbrace{2\boldsymbol{x}_A}^{\boldsymbol{MC}_A} \cdots(3) \\ \overbrace{120-(\boldsymbol{x}_A+2\boldsymbol{x}_B)}^{\boldsymbol{MR}_B}=\overbrace{2\boldsymbol{x}_B}^{\boldsymbol{MC}_B} \cdots(4) \end{cases}$$

試験で使いたい対称性は、その帰結、$\boldsymbol{x}_A=\boldsymbol{x}_B$、である。ここでは、見栄えが良いように、$\boldsymbol{x}_A=\boldsymbol{x}_B=\alpha$と置く。対称性の有無をチェックするのは、解くべき連立方程式(3)(4)である。

「$\boldsymbol{x}_A=\boldsymbol{x}_B=\alpha$」が連立方程式(3)(4)の解であることを仮定すると、

$$(3)\ 120-(2\underbrace{\alpha}_{\boldsymbol{x}_A}+\underbrace{\alpha}_{\boldsymbol{x}_B})=2\underbrace{\alpha}_{\boldsymbol{x}_A}$$

$$(4)\ 120-(\underbrace{\alpha}_{\boldsymbol{x}_A}+2\underbrace{\alpha}_{\boldsymbol{x}_B})=2\underbrace{\alpha}_{\boldsymbol{x}_B}$$

これらはαについての全く同じ式であり、実際に解いてみても、αが一致する。

$$120-(2\underbrace{\alpha}_{x_A}+\underbrace{\alpha}_{x_B})=2\underbrace{\alpha}_{x_A}$$

$$\rightarrow\ 120-3\alpha=2\alpha\ \rightarrow\ 5\alpha=120\ \rightarrow\ \alpha=24$$

$$120-(\underbrace{\alpha}_{x_A}+2\underbrace{\alpha}_{x_B})=2\underbrace{\alpha}_{x_B}$$

$$\rightarrow\ 120-3\alpha=2\alpha\ \rightarrow\ 5\alpha=120\ \rightarrow\ \alpha=24$$

したがって、$x_A=x_B$が成り立つ。

(3)(4)を見て判断がすぐつけばよいが、試験対策ということもあるので、クールノー・モデルで費用関数が同じ形の場合と、カルテルで費用関数が同じ形の場合(限界費用が定数のケースを除く)と覚えてしまって構わない。

なお、企業数が3以上の場合、稀に3つのうち2つだけ費用関数が同じ形、というケースがある。この場合にも、クールノー・モデルやカルテルであれば、費用関数が同型な二企業に対して生産量を同じとすればよい。

例5

需要曲線が$P=120-(x_A+x_B+x_C)$、クールノー競争を行う各企業の限界費用が、

$$MC_i=50\ (i=A,\ B)$$

$$MC_C=60$$

の場合、各企業の利潤最大化条件は、

$$\overbrace{120-(2x_A+x_B+x_C)}^{MR_A}=\overbrace{50}^{MC_A}\ \cdots(5a)$$

$$\overbrace{120-(x_A+2x_B+x_C)}^{MR_B}=\overbrace{50}^{MC_B}\ \cdots(6a)$$

$$\overbrace{120-(x_A+x_B+2x_C)}^{MR_C}=\overbrace{60}^{MC_C}\ \cdots(7a)$$

である。ここで、$x_A=x_B$とすると、

$$\text{(5a)}\ \overbrace{120-\left(2\boldsymbol{x}_A+\underbrace{\boldsymbol{x}_A}_{\boldsymbol{x}_B}+\boldsymbol{x}_C\right)}^{MR_A}=\overbrace{50}^{MC_A}$$

$$\rightarrow\quad 120-(3\boldsymbol{x}_A+\boldsymbol{x}_C)=50\ \cdots\text{(5b)}$$

$$\text{(6a)}\ \overbrace{120-\left(\boldsymbol{x}_A+2\underbrace{\boldsymbol{x}_A}_{\boldsymbol{x}_B}+\boldsymbol{x}_C\right)}^{MR_A}=\overbrace{50}^{MC_B}$$

$$\rightarrow\quad 120-(3\boldsymbol{x}_A+\boldsymbol{x}_C)=50\ \cdots\text{(6b)}$$

$$\text{(7a)}\ \overbrace{120-\left(\boldsymbol{x}_A+\underbrace{\boldsymbol{x}_A}_{\boldsymbol{x}_B}+2\boldsymbol{x}_C\right)}^{MR_C}=\overbrace{60}^{MC_C}$$

$$\rightarrow\quad 120-(2\boldsymbol{x}_A+2\boldsymbol{x}_C)=60\ \cdots\text{(7b)}$$

(5b)(6b)は全く同じ式だから、連立方程式(5b)(7b)を解けばよい。

$$\text{(5b)}\quad\rightarrow\quad \boldsymbol{x}_C=70-3\boldsymbol{x}_A\ \cdots\ \text{(8)}$$

を、(7b)を整理したものに代入すると、

$$\text{(7b)}\quad\rightarrow\quad 2(\boldsymbol{x}_A+\boldsymbol{x}_C)=60\quad\rightarrow\quad \boldsymbol{x}_A+\underbrace{\boldsymbol{x}_C}_{(8)}=30\quad\rightarrow\quad \boldsymbol{x}_A+\underbrace{(70-3\boldsymbol{x}_A)}_{\boldsymbol{x}_C}=30$$

$$\rightarrow\quad 2\boldsymbol{x}_A=40\quad\rightarrow\quad \boldsymbol{x}_A=20\ \ (=\boldsymbol{x}_B)$$

これを(8)に代入して、

$$\text{(8)}\ \boldsymbol{x}_C=70-3\cdot\underbrace{20}_{\boldsymbol{x}_A}=10$$

★★★

3 ゲーム理論

消費者も生産者も、また、政府も日々何かしらの意思決定を行っています。これまでは、利潤最大化や効用最大化を基礎として、生産量や消費量の決定を学んできました。
本節では、ゲーム理論の考え方を使って「何をどう選ぶか（決定するか）」（戦略的な行動）を考察します。

1 ナッシュ均衡

1 ゲームの設定

ゲーム理論では、企業、個人（消費者、家計）、国家など、意思決定（選択）を行う**プレイヤー**と、意思決定の選択肢である**戦略（純粋戦略）**、意思決定の基準となる効用や利潤などの**利得**を設定し、**利得表**として示す[1]。

例1

同じ商品を扱う二つの企業が価格を維持するか、値下げするかを（同時に）選ぶ状況が次の利得表に示されている[2]。

		企業B	
		価格維持	値下げ
企業A	価格維持	(80, 80)	(20, 100)
	値下げ	(100, 20)	(10, 10)

プレイヤー（企業A・企業B）　戦略（価格維持・値下げ）　利得（表中の数値）

このゲームのプレイヤーは、企業A（行）と企業B（列）であり、各プレイヤーには、「価格維持」か「値下げ」の二つの選択肢（戦略）がある。表中の数値は、左が企業Aの利得、右が企業Bの利得を表す。

1　本書では、試験での出題が稀な繰り返しゲームや混合戦略などは扱わない。

2　マトリックス（行列）のセル（マス）には、数値がペアで記入されているので、双行列ということがある。

利得表は、各プレイヤーの戦略の組(組合せ)に対して、各々が手に入れる利得を表している。例えば、企業Aが「価格維持」を選び、企業Bが「価格維持」を選ぶと、企業Aは利得80を、企業Bは利得80を得る。

		企業B	
		価格維持	
企業A	価格維持	(80, 80)	

なお、各プレイヤーが持つ戦略の数は同じである必要はなく、企業Bにだけもう一つの選択肢「店をたたむ」があってもよい。

---

2 最適な反応とナッシュ均衡

各プレイヤーは、**相手の戦略に対して、最適に反応する**(利得を最大化する)。次の利得表で表されるゲームの最適反応を求めてみよう(プレイヤーはXとY)。

		Y	
		戦略C	戦略D
X	戦略A	5, 3	3, 0
	戦略B	6, 0	7, 2

① Xの最適反応

相手(Y)の各戦略に対して、自分(X)の最適反応を選ぶ。最適反応は複数あってもよいが、一つもないことはあり得ない。

(ア) 相手 (Y) が戦略Cの場合の最適反応

		Y	
		戦略C	
X	戦略A	5,	
	戦略B	6,	

自分(X)が戦略Aを選んだ場合の自分の利得5と、戦略Bを選んだ場合の自分の利得6を比較すると、戦略Bを選んだ方が利得は大きい。

戦略A　　戦略B
5　＜　6

このとき、「プレイヤーYが戦略Cを選んだときのプレイヤーXの最適反応は戦略Bである」という。

最適反応(戦略B)の利得6に印を付けよう(◯で囲うとよい)。

		Y	
		戦略C	戦略D
X	戦略A	5, 3	3, 0
	戦略B	⑥, 0	7, 2

(イ) 相手 (Y) が戦略Dの場合の最適反応

		Y	
		[redacted]	戦略D
X	戦略A	[redacted]	3, [redacted]
	戦略B	[redacted]	7, [redacted]

自分(X)が戦略AとBの場合の利得を比較して、

戦略A　　戦略B
3　＜　7　→　表の「7」にマーク

		Y	
		戦略C	戦略D
X	戦略A	5, 3	3, 0
	戦略B	⑥, 0	⑦, 2

このように、相手(Y)の戦略ごとに、自分(X)の最適反応が決まる。

② Yの最適反応

Yの利得が右の数値であることに注意して、相手(X)に対する最適反応を調べよう。

(ア) 相手（X）が戦略Aの場合の最適反応

		Y	
		戦略 C	戦略 D
X	戦略 A	③	0

同様にして、

戦略C　戦略D
3 ＞ 0 → 表の「3」にマーク

(イ) 相手（X）が戦略Bの場合の最適反応

		Y	
		戦略 C	戦略 D
X			
	戦略 B	0	②

戦略C　戦略D
0 ＜ 2 → 表の「2」にマーク

③ 最適反応の組（ナッシュ均衡）

各プレイヤーが互いに最適に反応し合う戦略の組は、**ナッシュ均衡**(**純粋戦略ナッシュ均衡**)と呼ばれる。利得表においては、**両者の利得に○が付いている戦略の組**である。

このゲームのナッシュ均衡は、(戦略B，戦略D)である。

		Y	
		戦略 C	戦略 D
X	戦略 A	5，③	3，0
	戦略 B	⑥，0	⑦，②

なお、**純粋戦略ナッシュ均衡が一つもないゲームや複数あるゲームもある**(例題参照)。

④ 支配戦略

相手のどんな戦略に対しても、自分の最適反応となる戦略が一つに決まるとき、この戦略を**支配戦略**という。支配戦略の有無はゲームによって異なる。

上記では、Yの戦略がCでもDでも、Xの最適反応は戦略Bだから、**戦略BはXの支配戦略である**（Xの利得（左の数値）に注目すると、戦略Bの行にだけ○が付いている）。

これに対し、**Yには支配戦略がない**（Yの利得（右の数値）について、戦略Cの列と戦略Dの列の両方に○が付いている）。

⑤ ナッシュ均衡のパレート効率性

戦略の組を変えたとき、**誰の利得も減ることなく、少なくとも一人の利得が増える**なら、その変更は**パレート改善**である。また、**パレート改善することが不可能な場合、その戦略の組はパレート最適（効率的）である。**

ゲーム理論の出題では、ナッシュ均衡がパレート最適か否かを問われる（パレート最適でないことを、パレート非効率的、と呼ぶことがある）。

例2

ナッシュ均衡がパレート改善可能な場合、パレート最適でない（パレート非効率である）。パレート改善の条件の一部、「誰の利得も減ることなく」がポイントになる。以下、（戦略B，戦略D）を省略して、（B，D）のように書く。

[解法1]

ナッシュ均衡（B，D）と比較すると、他の三つの組ではXの利得が減ってしまう。よって、（B，D）からパレート改善することはできないから、ナッシュ均衡（B，D）はパレート最適である。

		Y	
		戦略C	戦略D
X	戦略A	5，③	3，0
	戦略B	⑥，0	⑦，②

実際、（B，D）から（A，C）に変えるとXの利得は7から5に減り、また、（B，D）から（A，D）に変えるとXの利得は7から3に、同じく（B，C）に変えると7から6に減少してしまう。この場合、Yの利得がどのように変化しようとも、パレート改善とは言わない（∵Xの利得が減少する）。

[解法2]

Yの利得から考えてもよい。ナッシュ均衡(B, D)と比較して、Yの利得が減らないのは(A, C)だけである(パレート改善の候補)。他方、Xの利得は7から5に減少するから、パレート改善ではない。したがって、ナッシュ均衡(B, D)はパレート最適である。

---

⑥ 無差別な戦略

最適な反応を調べるとき、自分の利得が同じ大きさの場合がある。最適反応(最大の利得)であれば、すべてに◯をつける。

例3

プレイヤーYの最適反応について、

相手(X)が戦略Aのとき、自分の戦略C、D、Eと利得の関係は、

戦略C		戦略E		戦略D		
3	=	3	>	0	→	すべての「3」にマーク

		Y		
		戦略C	戦略D	戦略E
X	戦略A	③	0	③

戦略CもEも利得が3で最大であり、無差別である。この場合、両方の3に◯を付ければよい。

例題4-11

次の利得表に示されるゲームにおいて、各プレイヤーの支配戦略、ナッシュ均衡およびそのパレート効率性について調べよ。ただし、プレイヤーXの戦略をAとB、プレイヤーYの戦略をCとD、または、C・D・Eとし、左の数値はXの利得、右の数値はYの利得を表す。

ゲーム1		Y	
		C	D
X	A	3，5	6，1
	B	3，9	4，7

ゲーム2		Y	
		C	D
X	A	5，1	0，4
	B	1，6	2，2

ゲーム3		Y		
		C	D	E
X	A	6，1	2，5	4，7
	B	2，3	0，2	3，5

解説

[ゲーム1]

ゲーム1		Y	
		C	D
X	A	③，⑤	⑥，1
	B	③，⑨	4，7

プレイヤーX(行)の最適反応は、

- 相手Yが戦略Cのとき、戦略Aと戦略B（どちらも利得3）
- 相手Yが戦略Dのとき、戦略A（利得6＞戦略Bの利得4）

自分の利得（左の数値）に◯が付いているのは、戦略Aの行とBの行だから、「相手のどんな戦略にも一つの戦略を選ぶ」支配戦略はない。

他方、プレイヤーY（列）の最適反応は、

- 相手Xが戦略Aのとき、戦略C（利得5＞戦略Dの利得1）
- 相手Xが戦略Bのとき、戦略C（利得9＞戦略Dの利得7）

自分の利得（右の数値）に◯がついているのは、戦略Cの列だけだから、プレイヤーYの支配戦略は戦略Cである。

したがって、ナッシュ均衡は、戦略の組(A，C)と(B，C)の二つである。このうち、(A，C)は(B，C)や(B，D)に移ることでパレート改善できるから、パレート非効率なナッシュ均衡である。

もう一方のナッシュ均衡(B，C)からパレート改善することはできないから、パレート効率的なナッシュ均衡である(∵他の組に移ると、必ずYの利得が減少する)。

[ゲーム2]

ゲーム２		Y	
		C	D
X	A	⑤, 1	0, ④
	B	1, ⑥	②, 2

プレイヤーXについて、

- 相手がCなら、最適反応はA（利得５＞Bの利得１）
- 相手がDなら、最適反応はB（利得２＞Aの利得０）

よって、支配戦略はない。

プレイヤーYについて、

- 相手がAなら、最適反応はD（利得４＞Cの利得１）
- 相手がBなら、最適反応はC（利得６＞Dの利得２）

よって、支配戦略はない。

互いに最適反応をとり合う組がないから、ナッシュ均衡はない[3]。

[ゲーム3]

ゲーム３		Y		
		C	D	E
X	A	⑥, 1	②, 5	④, ⑦
	B	2, 3	0, 2	3, ⑤

3　ここで学習しているナッシュ均衡を純粋戦略（純戦略）ナッシュ均衡という。この場合、ゲーム２のようにナッシュ均衡がないゲームもある。これに対して、各戦略をとる確率を求めるナッシュ均衡を混合戦略ナッシュ均衡という。例えば、「プレイヤーＸが確率20%で戦略Ａを、確率80%で戦略Ｂをプレイし、プレイヤーＹが確率50%で戦略Ｃを、確率50%で戦略Ｄをプレイする」ことを混合戦略ナッシュ均衡という。混合戦略まで含めると、ナッシュ均衡が必ず存在する（証明省略）。

プレイヤーY(列)の戦略が三つあるが、解き方は全く変わらない。

プレイヤーXについて、

- ● 相手がCなら、最適反応はA（利得6＞Bの利得2）
- ● 相手がDなら、最適反応はA（利得2＞Bの利得0）
- ● 相手がEなら、最適反応はA（利得4＞Bの利得3）

よって、支配戦略は戦略Aである。

プレイヤーYについて、

- ● 相手がAなら、最適反応はE（利得7＞Cの利得1 or Dの利得5）
- ● 相手がBなら、最適反応はE（利得5＞Cの利得3 or Dの利得2）

よって、支配戦略は戦略Eである。

ナッシュ均衡は(A，E)であり、パレート改善不可能だから(∵他の組ではYの利得が減少)、パレート最適である。

3 支配戦略均衡と囚人のジレンマ

① 支配戦略均衡

上記の通り、ある戦略がそのプレイヤーにとっての支配戦略であれば、相手のどんな戦略に対しても、一つの戦略のみが最適反応となる。

すべてのプレイヤーに支配戦略が存在する場合、各プレイヤーの支配戦略の組は、そのゲームの唯一のナッシュ均衡である。これを**支配戦略均衡**(支配戦略の組)という。

ａ．支配戦略はそのプレイヤーの唯一の最適反応である。
ｂ．支配戦略の組（支配戦略均衡）は、各プレイヤーの唯一の最適反応の組である。
ｃ．最適反応の組はナッシュ均衡である。

よってａ～ｃにより、支配戦略の組(支配戦略均衡)は唯一のナッシュ均衡である。なお、「支配戦略均衡はナッシュ均衡である」は正しいが、「ナッシュ均衡は支配戦略均衡である」は誤り(必ずしも正しくない)。

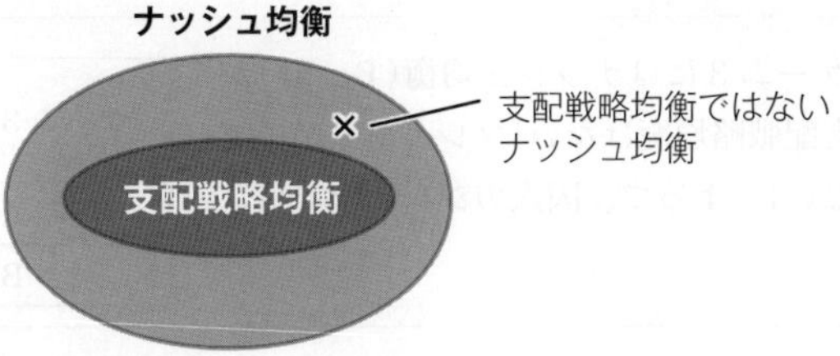

例4

プレイヤーXは、相手が戦略Cのとき、戦略Bをとり、相手が戦略Dのときも戦略Bをとる。よって、戦略BはプレイヤーXの支配戦略である。

プレイヤーYは、相手が戦略Aのとき、戦略Dをとり、また、相手が戦略Bでも戦略Dをとるから、支配戦略Dを持つ。

		Y	
		C	D
X	A	2，1	0，④
	B	⑥，1	⑤，②

支配戦略の組(B，D)は、各プレイヤーの最適反応の組だから、ナッシュ均衡である。

② 囚人のジレンマ

支配戦略均衡が存在し、それがパレート非効率であるゲームを囚人のジレンマと呼ぶ(尋問される囚人が互いに協力できない、という話に由来する)。

ナッシュ均衡が存在する場合、支配戦略均衡かどうか、また、パレート最適かどうかを調べ、支配戦略均衡であり、かつ、パレート非効率な場合には、囚人のジレンマである。

例5

ゲーム1は、支配戦略均衡(B，D)が存在するので、ナッシュ均衡は(B，D)である。ナッシュ均衡(B，D)はパレート改善できないから、パレート効率的である。よって、囚人のジレンマではない。

ゲーム1		Y	
		C	D
X	A	2，1	0，④
	B	⑥，1	⑤，②

例6

ゲーム2にはナッシュ均衡がない。よって、囚人のジレンマではない。

ゲーム2		Y	
		C	D
X	A	⑤，1	0，④
	B	1，⑥	②，2

例7

ゲーム3にはナッシュ均衡(B，D)があるが、支配戦略均衡はない(プレイヤーYに支配戦略がない)。よって、囚人のジレンマではない。

ゲーム3		Y	
		C	D
X	A	6，⑧	2，6
	B	⑧，2	③，③

例8

ゲーム４には支配戦略均衡(Ｂ，Ｄ)があるから、これはナッシュ均衡である。さらに、ナッシュ均衡(Ｂ，Ｄ)は(Ａ，Ｃ)に移ればパレート改善可能だから、パレート非効率である。よって、これは囚人のジレンマである。

ゲーム４		Ｙ	
		Ｃ	Ｄ
Ｘ	Ａ	6，6	2，⑧
	Ｂ	⑧，2	③，③

2 マックス・ミニ戦略

1 マックス・ミニ戦略

互いに最適反応をとり合うナッシュ均衡とは別に、**マックス・ミニ戦略**(マクシ・ミン戦略)という概念がある[4]。

丁寧に書くと、

max (min {…} ,min {…})

であり、数学の約束事として、最初にカッコ内のミニ(最小値min)を求め、その中から、マックス(最大値max)を選ぶ。

以下、右の利得表で示されるゲームを考える。

		Y	
		C	D
X	A	5, 6	7, 3
	B	3, 2	4, 1

① プレイヤーＸのマックス・ミニ戦略

(ア) Ｘの各戦略のミニ

● **戦略Aのミニ**[5]

自分(Ｘ)が戦略Ａのとき、相手(Ｙ)の戦略に応じて、自分(Ｘ)の利得が決まる。最小(ミニ)のものを見つけると、

相手(Y)の戦略
戦略C　　戦略D
5 ＜ 7
自分(X)の利得

		Y		Xのミニ
		C	D	
X	A	5,	7,	5

自分(X)が戦略Aである限り、最低でも利得5を確保できることがわかる。

4 「最小値を最大化」の英語の略で、マックス・ミン戦略、マクシ・ミニ戦略と呼ぶこともある。以下、「マックス・ミニ」で統一する。

5 学問的には「保証水準」というが、試験に出てこないのでミニと呼ぶことにする。

● 戦略Bのミニ

自分(X)が戦略Bである限り、最低でも利得3を確保できる。

		Y		Xのミニ
		C	D	
X				
	B	3,	4,	3

戦略C　戦略D
3 ＜ 4

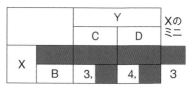

（イ）プレイヤーXのマックス・ミニ戦略

各戦略のミニの中から、最大値(マックス)を求める。

				Xのミニ
X	Ⓐ			5
	B			3

戦略Aのミニ　戦略Bのミニ
5 ＞ 3

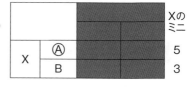

よって、プレイヤーXのマックス・ミニ戦略は、戦略Aである(戦略Aに印を付けよう)。

② プレイヤーＹのマックス・ミニ戦略

戦略Cのミニは2、戦略Dのミニは1である。

		Y			
		Ⓒ		D	
X	Ⓐ		6		3
	B		2		1
Yのミニ			2		1

相手(X)の戦略
戦略A　戦略B
6 ＞ 2
自分(Y)の戦略Cの利得

相手(X)の戦略
戦略A　戦略B
3 ＞ 1
自分(Y)の戦略Dの利得

よって、マックス・ミニ戦略は、戦略Cである(戦略Cに印を付ける)。

③ マックス・ミニ戦略の組

このゲームのマックス・ミニ戦略の組は、(A, C)である。

④ ナッシュ均衡との関連性

一般的に、ナッシュ均衡(最適反応の組)とマックス・ミニ戦略の組に関係性はない。つまり、両者が一致することもあれば、一致しないこともある。

上記のゲームのナッシュ均衡を調べると、(A, C)であり、たまたま一致している。

		Y	
		Ⓒ	D
X	Ⓐ	⑤,⑥	⑦,3
	B	3,②	4,1

例題4-12

企業１と企業２の戦略と利得が次の表に示されている。各企業のマックス・ミニ戦略はどれか。また、ナッシュ均衡はどの戦略の組か。ただし、左の数値は企業１の利潤、右の数値は企業２の利潤を表す。

		企業２の戦略		
		c	d	e
企業１の戦略	a	2, 5	3, 2	6, 2
	b	0, 0	1, 4	5, 1

解説

表の企業名などは省略する。企業１について、各戦略における最低の利得(利潤)は、戦略aが2、戦略bが0であり、これらのうち、前者の方が大きい。よって、企業１のマックス・ミニ戦略は戦略aである。

	c	d	e
ⓐ	2 , 5	3 , 2	6 , 2
b	0 , 0	1 , 4	5 , 1

下線は各戦略のミニ

企業２については、戦略c、d、eの最低の利得は、0、2、1であり、これらのうち2が最大である。よって、企業２のマックス・ミニ戦略は、戦略dである。

	c	ⓓ	e
ⓐ	2 , 5	3 , 2	6 , 2
b	0 , 0	1 , 4	5 , 1

次に最適反応を調べよう。企業１の最適反応は、相手の戦略c、d、eに対して、2、3、6の利得を得る戦略である(すべて戦略a＝支配戦略)。

企業２の最適反応は、相手の戦略a、bについて、利得5、4が得られる戦略c、dである。

よって、ナッシュ均衡は、戦略の組(a, c)である。

	c	ⓓ	e
ⓐ	②,⑤	③ , 2	⑥ , 2
b	0 , 0	1 ,④	5 , 1

印の付け方を工夫して一つの表に収めよう。

2 ゼロ和ゲーム

利得表の各セルについて、左右の利得の和(sum サム)がすべてゼロになるゲームをゼロ和ゲーム(ゼロ・サム・ゲーム)という[6]。

ゼロ和ゲームの特徴は、2人のプレイヤーについて、一方の利得の分だけ他方の利得が減ることにある。

例9

戦略の組が(A，C)の場合、Xは利得1を、Yは利得−1を得る。また、戦略の組が(B，D)では、Xの利得は−3、Yの利得は3である。

		Y	
		C	D
X	A	1，−1	0，0
	B	−2，2	−3，3

ゼロ和ゲームでは、ナッシュ均衡と、マックス・ミニ戦略の組は必ず合致するから、試験でゼロ和ゲームが出された場合、マックス・ミニ戦略を求める必要はなく、ナッシュ均衡を求めればよい。

例10

右の利得表のゲームにおいて、Xの最適反応は戦略C・Dに対して戦略A、Yの最適反応は戦略A・Bに対して戦略Dである。よって、ナッシュ均衡は戦略の組(A, D)である。

また、Xのマックス・ミニ戦略は戦略A、Yのマックス・ミニ戦略は戦略Dであるから、これらの組はナッシュ均衡と一致する。

		Y	
		C	Ⓓ
X	Ⓐ	①，−1	⓪，⓪
	B	−2，2	−3，③

[参　考]ゼロ和ゲームの利得表

ゼロ和ゲームの場合、プレイヤーY（列）の利得(右の数値)を書かず、「プレイヤーXの利得は、プレイヤーYの損失に等しい」とすることがある[7]。

6　定和ゲームの一種で、左右の利得の和が同じ定数になるなら、ゼロでなくてもよい。例えば、和がすべて5になる場合、ゼロ和ゲームと同じ結論に至る。

7　(参考) この場合、プレイヤーYはミニ・マックス戦略をとる。自分の損失の最大値の中から、最小のものを選ぶ (利得ではなく、真逆の損失だから、戦略も逆転する)。なお、プレイヤーYの「利得」を復元した表では、プレイヤーYもマックス・ミニ戦略をとる。

ゲーム		Y	
		C	D
X	A	1	0
	B	−2	−3

この場合、プレイヤーXの利得の符号(プラス・マイナス)を逆にし、プレイヤーYの利得を復元して普通に解けばよい(ゼロに対しては単にゼロとする)。

ゲーム		Y	
		C	D
X	A	1, −1	0, 0
	B	−2, 2	−3, 3

重要事項 一問一答

01 相手の戦略を所与として、自分の利得が最大となる戦略を選ぶことを何というか。

最適反応

02 各プレイヤーが最適反応を取り合う状態を何というか。

ナッシュ均衡

03 一つのゲームにナッシュ均衡はいくつかあるか。

決まりはない

全くないことも、一つしかないことも、二つ以上あることもある。

04 相手の戦略に対して、自分の最適反応となる戦略が一つしかないとき、これを何というか。

支配戦略

支配戦略は必ずあるわけではない。

05 各プレイヤーの支配戦略の組を何というか。

支配戦略均衡

支配戦略均衡はナッシュ均衡である。

06 ナッシュ均衡であれば、支配戦略の組か。

ナッシュ均衡があっても、支配戦略均衡とは限らない。

07 ナッシュ均衡であれば、パレート最適か。

そうとは限らない

08 ナッシュ均衡が、支配戦略均衡かつパレート非効率なゲームを何というか。

囚人のジレンマ

09 自分の各戦略について、最低限保証される利得を、最大化する戦略を何というか。

マックス・ミニ戦略

10 ナッシュ均衡とマックス・ミニ戦略の組が必ず一致するのは、何というゲームか。

ゼロ和ゲーム

利得表の各セルにおける各プレイヤーの利得の和が、すべてのセルでゼロとなるゲームをゼロ和ゲームという。あるいは、各セルの数値が一つしかなく、一方のプレイヤーの利得＝他方の損失、である場合、ゼロ和ゲームである。

過去問 Exercise

問題1 プレーヤーA、Bがそれぞれ三つの戦略を持つゲームが以下のように示されている。このとき、ナッシュ均衡となる戦略の組みとして妥当なもののみを全て挙げているのはどれか。

ただし、A_i (i=1, 2, 3)はプレーヤーAの戦略、B_j (j=1, 2, 3)はプレーヤーBの戦略を示し、表中の数字は、左側がプレーヤーAの利得、右側がプレーヤーBの利得を示している。また、各プレーヤーは純粋戦略をとるものとする。

国家一般職2018

	B_1	B_2	B_3
A_1	5, 0	1, 1	4, 2
A_2	3, 4	2, 5	3, 3
A_3	2, 5	0, 1	2, 0

1. (A_2, B_3)
2. (A_1, B_2)、(A_2, B_3)
3. (A_1, B_3)、(A_2, B_2)
4. (A_3, B_1)、(A_2, B_2)
5. ナッシュ均衡は存在しない。

解説

正解 3

各プレーヤーの最適反応を調べる。プレーヤーAの最適反応は、相手の各戦略について、最大の利得が得られる自分の戦略である。

	B_1	B_2	B_3
A_1	⑤，0	1，1	④，2
A_2	3，4	②，5	3，3
A_3	2，5	0，1	2，0

同様に、プレーヤーBの最適反応を求める。

	B_1	B_2	B_3
A_1	⑤，0	1，1	④，②
A_2	3，4	②，⑤	3，3
A_3	2，⑤	0，1	2，0

最適反応の組は、$(\boldsymbol{A}_1, \boldsymbol{B}_3)$と$(\boldsymbol{A}_2, \boldsymbol{B}_2)$であるから、これらが純粋戦略ナッシュ均衡である。

問題2　次の２つの表は、企業A、B間のゲーム１及びゲーム２について、両企業がそれぞれX、Yの戦略を選択したときの利得を示したものである。各項の左側の数字が企業Aの利得、右側が企業Bの利得である。これに関する記述として、妥当なのはどれか。ただし、A、Bの間に協力関係が成立していない状況で、両企業が純粋戦略の範囲で戦略を選択するものとする。

特別区Ⅰ類2016

ゲーム１

		企業Ｂ	
		戦略Ｘ	戦略Ｙ
企業Ａ	戦略Ｘ	2,　5	7,　12
	戦略Ｙ	8,　10	3,　9

ゲーム２

		企業Ｂ	
		戦略Ｘ	戦略Ｙ
企業Ａ	戦略Ｘ	6,　6	15,　4
	戦略Ｙ	4,　15	8,　8

❶ ゲーム１で、企業Ａが戦略Ｙ、企業Ｂが戦略Ｘを選択する組合せは、支配戦略均衡である。

❷ ゲーム１のナッシュ均衡は、企業Ａが戦略Ｙ、企業Ｂが戦略Ｘを選択する組合せのみである。

❸ ゲーム２で、企業Ａが戦略Ｙ、企業Ｂが戦略Ｙを選択する組合せは、ナッシュ均衡で、パレート最適な状態である。

❹ ゲーム２で、企業Ａが戦略Ｘ、企業Ｂが戦略Ｘを選択する組合せは、ナッシュ均衡で、支配戦略均衡でもある。

❺ ゲーム１、ゲーム２ともに、企業Ａが戦略Ｘ、企業Ｂが戦略Ｙを選択する組合せは、ナッシュ均衡である。

解説

正解 ❹

各ゲームで、各企業の最適反応を調べる。

ゲーム１

		企業B	
		戦略X	戦略Y
企業A	戦略X	2 , 5	⑦ , ⑫
	戦略Y	⑧ , ⑩	3 , 9

ゲーム２

		企業B	
		戦略X	戦略Y
企業A	戦略X	⑥ , ⑥	⑮ , 4
	戦略Y	4 , ⑮	8 , 8

ゲーム１について、ナッシュ均衡は、戦略の組(X, Y)および(Y, X)である(左が企業A、右が企業Bの戦略)。ナッシュ均衡が２つあるから、支配戦略均衡はない(どちらの企業も支配戦略自体がない)。よって、❶・❷は誤り。

ゲーム２について、企業AもBも、支配戦略は戦略Xである。よって、支配戦略均衡(X, X)はナッシュ均衡である。よって、❸・❺は誤り。

したがって、残った❹が正解である。

なお、ゲーム２で(X, X)＝利得(6, 6)と(Y, Y)＝利得(8, 8)を比較すると、後者の方が２企業とも利得が大きい。よって、ナッシュ均衡(X, X)はパレート最適ではない。つまり、パレート非効率な支配戦略均衡をもたらすゲーム２は、囚人のジレンマである。

問題3

個人X、Yがそれぞれ三つの戦略を持つゲームが以下の表のとおり示されるとする。この表で示された状況に関するA ～ Dの記述のうち、妥当なもののみを全て挙げているのはどれか。

ただし、表の(　)内の左側の数字は個人Xの利得を、右側の数字は個人Yの利得をそれぞれ示しており、各個人は純粋戦略をとるものとする。

財務専門官・労働基準監督官2014

		個人Y		
		戦略$\boldsymbol{y}_1$	戦略$\boldsymbol{y}_2$	戦略$\boldsymbol{y}_3$
個人X	戦略$\boldsymbol{x}_1$	(3, 8)	(6, 3)	(5, 3)
	戦略$\boldsymbol{x}_2$	(5, 2)	(3, 4)	(9, 2)
	戦略$\boldsymbol{x}_3$	(6, 5)	(5, 4)	(4, 2)

A (戦略$\boldsymbol{x}_1$, 戦略$\boldsymbol{y}_2$)はナッシュ均衡であり、この組合せはパレート効率的である。

B (戦略$\boldsymbol{x}_3$, 戦略$\boldsymbol{y}_1$)はナッシュ均衡であり、この組合せはパレート効率的である。

C マクシ・ミン戦略では、個人Xは戦略$\boldsymbol{x}_2$を選び、個人Yは戦略$\boldsymbol{y}_1$を選ぶ。

D マクシ・ミン戦略では、個人Xは戦略$\boldsymbol{x}_3$を選び、個人Yは戦略$\boldsymbol{y}_2$を選ぶ。

1. A、B
2. A、C
3. A、D
4. B、C
5. B、D

解説

正解 ❺

各個人の最適反応を調べると、個人Xは、相手の戦略$\{y_1, y_2, y_3\}$に対して、それぞれ、$\{x_3, x_1, x_2\}$であり、個人Yは、相手の戦略$\{x_1, x_2, x_3\}$に対して、それぞれ、$\{y_1, y_2, y_1\}$である。よって、ナッシュ均衡は(x_3, y_1)だけである。

ナッシュ均衡における個人Xの利得は6だから、これより利得が減らないのは、(x_1, y_2)と(x_2, y_3)だけである。ただし、どちらも個人Yの利得がナッシュ均衡における5よりも小さいから、ナッシュ均衡からパレート改善することはできない。よって、ナッシュ均衡(x_3, y_1)はパレート効率的である。

		個人Y		
		戦略y_1	戦略y_2	戦略y_3
個人X	戦略x_1	(3, ⑧)	(⑥, 3)	(5, 3)
	戦略x_2	(5, 2)	(3, ④)	(⑨, 2)
	戦略x_3	(⑥, ⑤)	(5, 4)	(4, 2)

したがって、記述**A**を含まず、記述**B**を含む❹❺が正解の候補である。

次に、各個人のマクシ・ミン戦略を調べる。個人Xは、自分の戦略$\{x_1, x_2, x_3\}$について、それぞれ、$\{3, 3, 4\}$がミニ(ミン)だから、マクシ・ミン戦略はx_3である。個人Yは、自分の戦略$\{y_1, y_2, y_3\}$について、それぞれ、$\{2, 3, 2\}$だから、マクシ・ミン戦略はy_2である。

		個人Y		
		戦略y_1	戦略(${y_2}$)	戦略y_3
個人X	戦略x_1	($\underline{3}$, ⑧)	(⑥, $\underline{3}$)	(5, 3)
	戦略x_2	(5, $\underline{2}$)	($\underline{3}$, ④)	(⑨, $\underline{2}$)
	戦略(${x_3}$)	(⑥, ⑤)	(5, 4)	($\underline{4}$, $\underline{2}$)

下線は各戦略のミニ(ミン)

よって、記述**C**を含まず、記述**D**を含む❺が正解となる。

第5章

市場メカニズムの限界

前章において、市場が競争的でない場合、つまり、不完全競争の場合、市場均衡(消費者や生産者の自由な取引)であっても厚生損失が発生し、効率的な資源配分が実現されないことを見てきました。このように、市場メカニズムがはたらいているにもかかわらず効率的な資源配分がなされないケースについて、本章で見ていきます。

★☆☆

1 費用逓減産業

本節では、特定の産業（市場）において、たとえ多くの企業が競争したとしても、自然に１社だけが生き残るケースを考えます。これらの産業の多くは、生活に必要な場合が多いため、政府による規制のうち、代表的なものを２つ学習し、規制がない状態と比較します。

1 規模の経済と費用逓減産業

鉄道、電気(電力)、水道、ガスなどの供給には、**規模の経済**が働く。規模の経済とは、**供給(生産)すればするほど平均費用が減少する**ことを指す。このような産業は**費用逓減産業(平均費用逓減産業)**と呼ばれ、**市場は競争的にはならず、市場の自由な取引(生産・消費)に任せても、資源配分の効率性(パレート最適)を実現できずに市場の失敗が起こる**。市場の失敗が生じる原因はいくつかあるが、ここでは費用逓減産業について考える。

費用逓減産業において規模の経済が働く最大の原因は、鉄道網・駅舎、電力網・発電所など、**設備にかかる費用(固定費用)が莫大**なことにある[1]。この場合、多くの需要を獲得しなければ(売上が多くなければ)コストを回収できない。

例1

二つの都市をつなぐ電車を考え、片道の運賃が1,000円であるとする。次の図には、乗客数と平均費用の関係が描かれているが、固定費用が莫大で、損益分岐点Eに到達するには相当な需要が必要になる。

乗客が１日１万人の場合、平均費用は1,400円であり、運賃1,000円では、乗客１人当たり400円(AB)の赤字、全体では400万円の赤字となる。乗客が３万人であれば、平均費用が半分の700円に下がり、１人当たり300円の黒字、全体では900万円の黒字となる。

1　例えば、平均費用が$AC(x)=x+FC/x$［x：生産量、FC：固定費用］で表されるとする。固定費用が100の場合、$x=10$で損益分岐点に達する（$0<x<10$の範囲で平均費用は逓減する）。これに対して、固定費用が10,000の場合、$x=100$で損益分岐点に到達する。

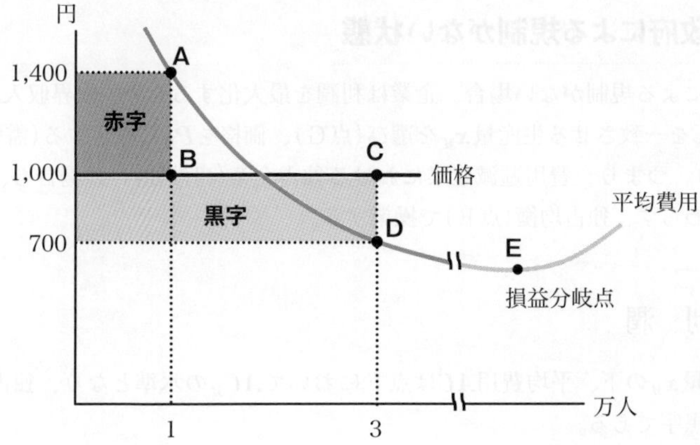

先に多くの需要を獲得した企業は、(供給量が多いので)規模の経済によって平均費用が小さくなり、競争上の優位を築くことができる(価格を下げて競争しても操業を続けられる)。

このような企業と競争しても、需要がまだ少ない(平均費用が高い)企業に勝ち目はなく[2]、市場は自然に一部の企業によって占有されてしまう。

ここでは、市場が一企業に占有される状態(独占)を扱う。費用逓減産業では(自由に競争させても)自然に独占化するという意味で、**自然独占**という。

冒頭で述べたように、費用逓減産業に該当するのは、鉄道、電気(電力)、水道、ガスなど生活に欠かせないものである。「自然独占」と呼称されるものの、独占であることには変わりなく、前章で学習したように、利潤最大化を許せば過少供給によって、独占価格で供給されてしまい、消費者の生活に影響を及ぼす。したがって、政府の政策的な介入が必要となる。

以下では、政府による2種類の価格規制を資源配分の観点(総余剰、厚生損失)から考える。初めに、規制のない状態(独占均衡)を検討する。

2　このような企業は価格を下げられない。下げてしまうと利潤が赤字になっていずれ倒産する。しかし、価格を下げないと消費してもらえず、結局、売上が下がり、赤字になって倒産する。

② 政府による規制がない状態

政府による規制がない場合、企業は利潤を最大化するため、限界収入MRと限界費用MCを一致させる生産量x_Mを選び(点G)、価格をP_Mに設定する(需要曲線D上の点E)。つまり、費用逓減産業における独占企業(自然独占)の場合も、通常の独占と変わらず、独占均衡(点E)で操業する。

1 利　潤

生産量x_Mの下、平均費用ACは点FにおいてAC_Mの水準となり、独占企業の利潤πは黒字である。

$$\pi = \underbrace{(P_M - AC_M)}_{(+)}\ \underbrace{x_M}_{(+)} > 0$$

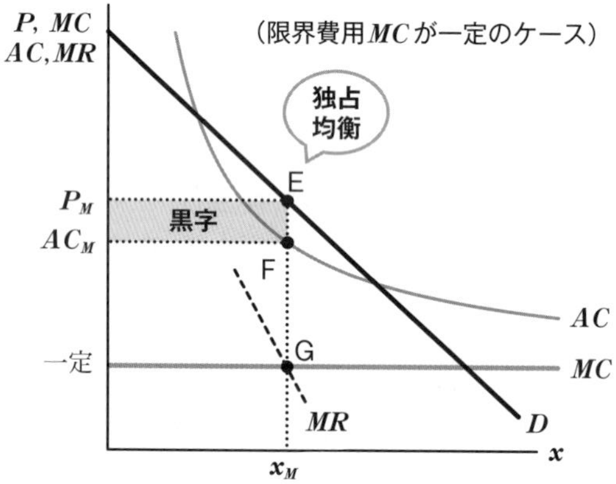

※　限界費用が一定でない場合でも、平均費用逓減産業においては、需要が存在する範囲において、平均費用AC>限界費用MCが成り立つ。

2 総余剰と厚生損失

需要曲線Dの高さPは、財の消費による限界便益(限界評価)だから、限界便益Pと限界費用MCが一致するまで生産・消費することで総余剰は最大化される。このパレート最適条件(価格＝限界便益＝限界費用)は、次図の需要曲線と限界費用曲線の交点H(x^*, P^*)で満たされ、最大化された総余剰は面積ア＋イ＋ウに等しい(以下、必要な場合に限り平均費用曲線ACを表示する。また、縦軸は価格Pのみ表示するが、数量以外の限界費用などは縦軸に測る)。

これに対し、**独占均衡**(点E)では**過少生産**($x_M < x^*$)となり、総余剰は面積ア＋イの大きさしか発生せず、**厚生損失(死荷重)が面積ウの分だけ発生する**[3]。つまり、市場に任せると(自由に生産・消費させても)、自動的に資源配分が効率的になることはなく(総余剰が最大にならず)、市場の失敗が起こる。

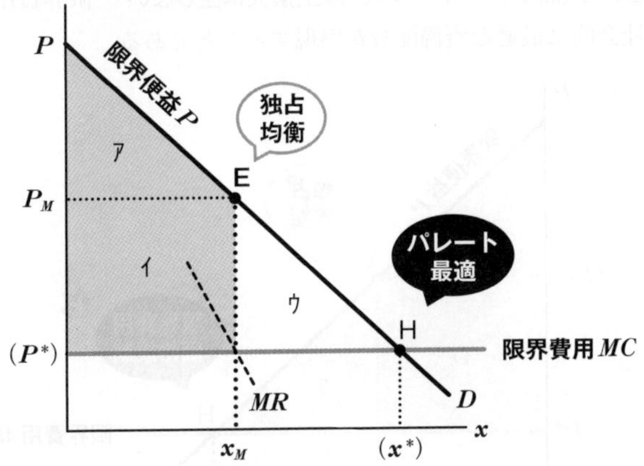

費用逓減産業は、電気・ガス・水道・鉄道など、多くの人の生活に必要なものばかりであるにもかかわらず、独占企業によって、供給量が抑制され、価格は高く設定される。ここに、政府による規制が必要な理由がある。

以下、価格を抑えた上で、資源配分をできる限り最適化するための二つの価格規制の効果を調べよう。

3　消費者余剰は面積ア、生産者余剰は面積イである。

❸ 政府による価格規制

1 限界費用価格規制

資源配分の効率性(パレート効率性)を実現するには、パレート最適条件(価格＝限界便益＝限界費用)を満たすように、価格規制を行えばよい。

政府が**効率的な資源配分**を実現する手段として、**限界費用価格規制**(**限界費用価格形成原理**)がある。その名の通り、**価格と限界費用が一致するように操業させる**。独占企業は、価格P^*でx^*だけ生産する。

① 総余剰と厚生損失

パレート最適条件を満たすので、**パレート最適な資源配分が実現し**(点H)、**総余剰は最大化されて**(面積ア＋イ＋ウ)、**厚生損失は生じない**[4]。限界費用価格規制のメリットは、社会的に最適な資源配分が実現することである。

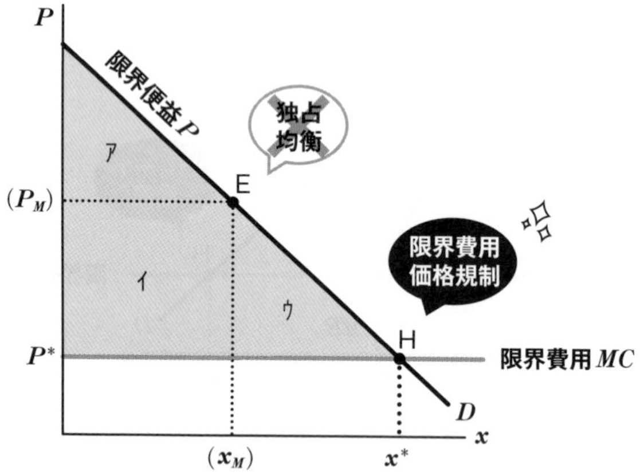

4　限界費用を一定としたので、消費者余剰は面積ア＋イ＋ウ、生産者余剰はゼロである。

② 利　潤

次の図で、価格P^*、生産量x^*の下、平均費用ACは点Ｉの水準になる。費用逓減産業において、価格と限界費用を一致させる限り、

$$\left.\begin{array}{l} P=MC \\ MC<AC \end{array}\right\} \rightarrow P<AC \rightarrow \text{1個当たりの利潤 } P-AC<0$$

が成り立つ。

したがって、**限界費用価格規制によって、独占企業は赤字に陥る**。これがこの規制の問題点である。

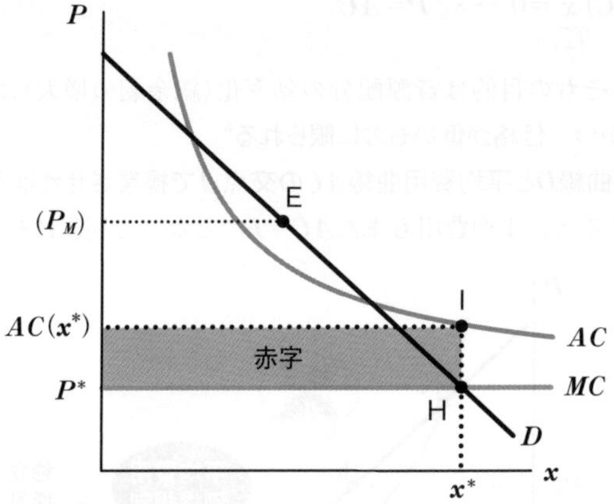

限界費用価格規制は、総余剰を最大化する（資源配分を最適にする）ものの、企業が赤字になることに欠点がある。（生活に必要な財を供給する産業であり、政府が規制したのだから）この企業を存続させるには、**政府が赤字を補てんする必要がある**[5]。

5　この赤字額は固定費用（設備費用）に一致する。この赤字額を基本料金として消費者全員に負担させ、従量料金（消費量が増えるほどたくさん支払う）として可変費用を負担させる方法を二部料金という。二部料金は、多くの公共料金に採用されており、この場合、政府が赤字を補てんする必要がない。
なお、二部料金は価格体系が二つあることを意味する（基本料金と従量料金でなくてもよい）ので、他の場面において、別の形式で登場することがある。

第5章 市場メカニズムの限界

2 平均費用価格規制

① 利　潤

赤字に陥ることなく(かといって過剰な利潤を得ることもなく)操業させるには、利潤がゼロとなるように規制すればよい。政府の援助なく、自力で採算が取れる、という意味で、**独立採算**という。

利潤πを(赤字でなく)ゼロにするには、**平均費用ACを価格Pと一致させる**価格規制を行えばよい。これを**平均費用価格規制**(**平均費用価格形成原理**)という。

$$\pi = (P - AC)\underbrace{x}_{(+)} = 0 \quad \rightarrow \quad P = AC$$

ただし、そもそもの目的は資源配分の効率化(総余剰の増大)にあるから、$P = AC$を満たし、かつ、**価格が低いものに限られる**[6]。

よって、**需要曲線Dと平均費用曲線ACの交点Jで操業させればよい**。価格P^{**}で生産量をx^{**}にすると、平均費用もまた$AC = P^{**}$となって利潤はゼロとなる。

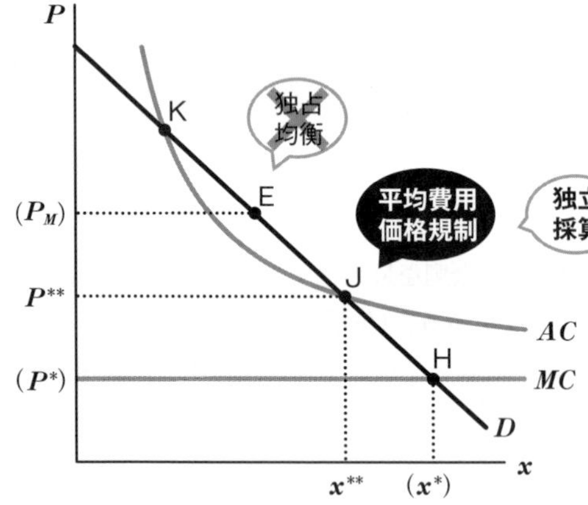

② 総余剰と厚生損失

平均費用価格規制により、点Jで操業すると、パレート最適な生産量より、過少になり($x^{**} < x^{*}$)、**総余剰は最大化されない**(次の図の面積ア＋イ)。

生産量が過少な分(x^{**}からx^{*}の範囲)総余剰は失われる。つまり、厚生損失(死荷重)が発生する(面積ウ)。

6　点Kにおいても$P = AC$を満たすが、これは該当しない。点Kでは、価格は独占価格P_Mより高く、厚生損失も規制しない状態より拡大してしまう。

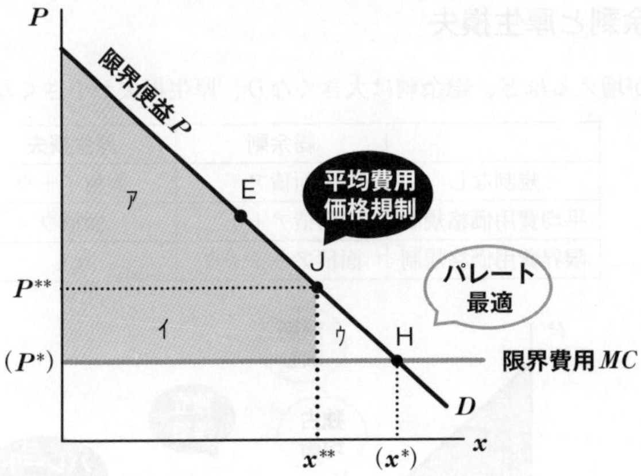

4 比　較

1 利　潤

需要曲線Dおよび平均費用曲線ACが右下がりのため、価格が低いほど利潤も小さい(規制なしのとき黒字→ 平均費用価格規制でゼロ→ 限界費用価格規制で赤字)。

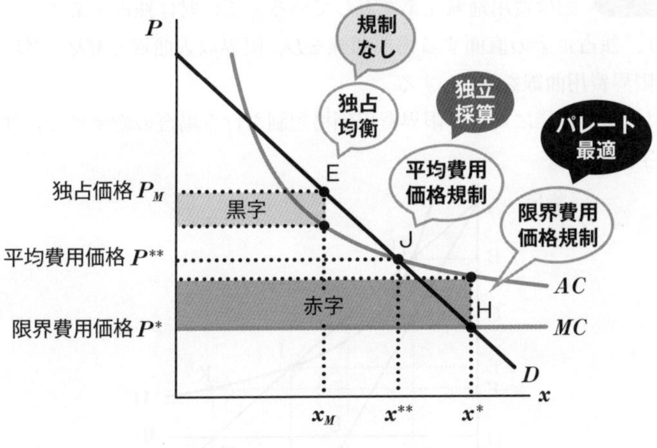

2 総余剰と厚生損失

生産量が増えるほど、総余剰は大きくなり、厚生損失が小さくなる。

	総余剰	厚生損失
規制なし	面積ア	面積イ＋ウ
平均費用価格規制	面積ア＋イ	面積ウ
限界費用価格規制	面積ア＋イ＋ウ	なし

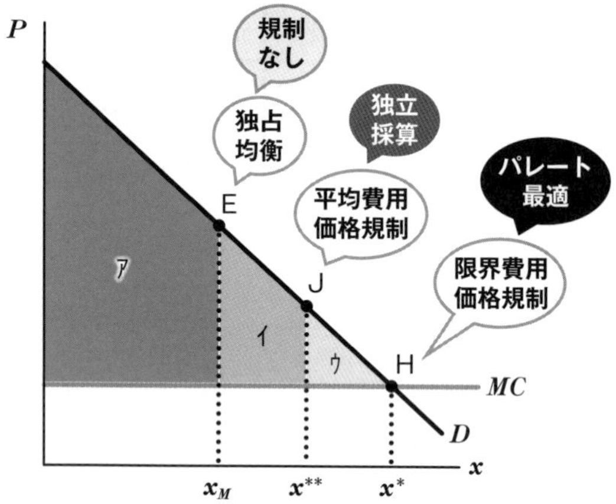

例題5-1 図は費用逓減産業を表している。この財は独占企業によって供給されており、独占企業の直面する需要曲線をD、限界収入曲線をMR、平均費用曲線をAC、限界費用曲線をMCとする。

政府が、独占企業に対して限界費用価格規制を行う場合の総余剰と、独占企業の利潤（赤字）を表せ。

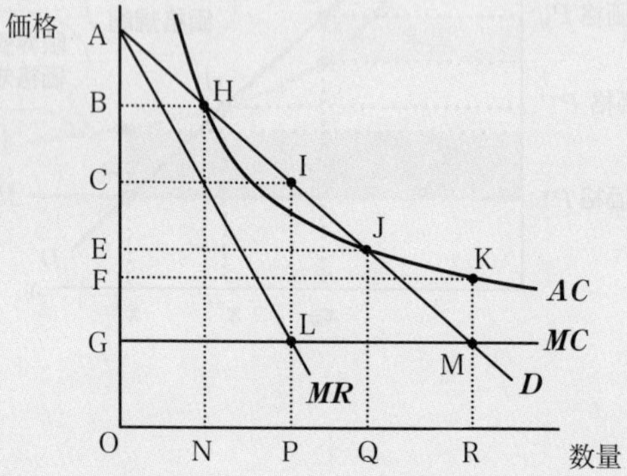

解説

限界費用価格規制によって、独占企業は点Mで操業する（価格G，数量R）。このとき、総余剰は最大化され、三角形AGMの面積で表される。

生産量Rのとき、平均費用は点Kの高さ、つまり、Fであるから、価格Gより大きい。よって、１単位あたりFG（＝KM）だけ赤字が発生するから、赤字額は、四角形FKMGの面積に等しい。

例題5-2

費用逓減産業における財の需要曲線が、

$P=20-x$ ［P：価格、x：需要量］

で表されている。この財を独占的に供給する企業の費用関数は、

$C(x)=4x+60$ ［C：総費用、x：生産量］

である。

いま、政府がこの企業に対して平均費用価格規制を行う場合、資源配分が効率的な場合と比較して、厚生損失はいくらになるか。ただし、この価格規制によって実現する価格は、価格規制が行われない場合の価格より高くなることはない。

解説

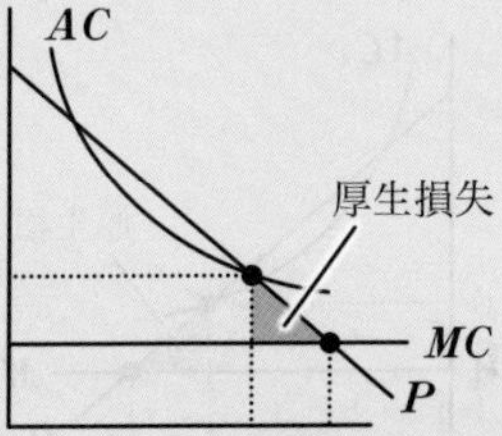

厚生損失（死荷重）を求めるため、パレート最適な生産量を求める。パレート最適条件は、$P=MC$（限界費用）であり、左辺は需要曲線である。限界費用は、費用関数を生産量について微分して、

$C(x)=4x+60 \rightarrow MC(=C')=4$

だから、

$\overbrace{20-x}^{P}=\overbrace{4}^{MC} \rightarrow x=16 \cdots(1)$

平均費用価格規制により、需要曲線と平均費用曲線の交点（価格が低い方）で生産が行われる。平均費用ACは、

$$C(x)=4x+60 \quad\rightarrow\quad AC\left(=\frac{C}{x}\right)=4+\frac{60}{x}$$

だから、需要曲線と一致させて、

$$\overbrace{20-x}^{P}=\overbrace{4+\frac{60}{x}}^{AC} \quad\rightarrow\quad 16-x=\frac{60}{x}$$

両辺にxをかけて、

$x(16-x)=60$ …(2)

図から、需要曲線と平均費用曲線の二つの交点は、パレート最適生産量16より小さい。右辺60の約数のうち、15以下の組合せを探すと、次の３組である。

$60=15\times4=12\times5=10\times6$ …(3)

$x=15$, 12, 10をそれぞれ試すと、(2)を成立させるのは、$x=10$であり、(3)で10と組み合わせた$x=6$もまた(2)を満たす。

(2) $x(16-x)=10(16-10)=60$

(2) $x(16-x)=6(16-6)=60$

需要曲線は右下がりだから、生産量が大きいものほど価格が低い。

$P=20-x=20-10=10$

$P=20-x=20-6=14$

よって、求める生産量は$x=10$である。

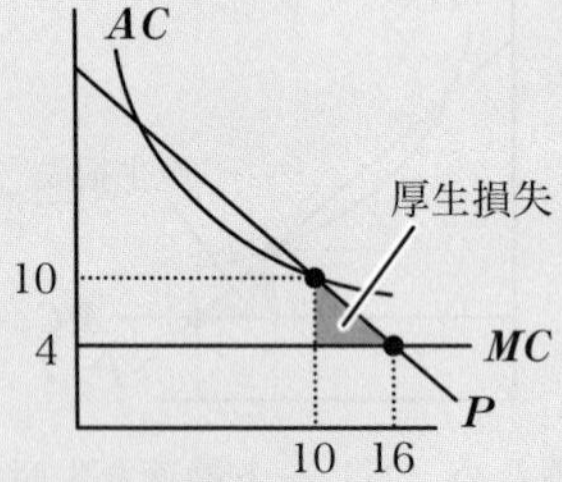

図から、厚生損失は、底辺６、高さ６の三角形の面積18である。

重要事項 一問一答

01 平均費用が逓減する範囲で操業せざるを得ない産業を何というか。

費用逓減産業(平均費用逓減産業)

鉄道・電気など、莫大な設備費用(固定費用)が必要となる産業では、(需要が存在する範囲で)生産量が増えるに従い、平均費用が減少する。

02 生産量とともに平均費用が逓減することを何が働くというか。

規模の経済

03 費用逓減産業で、企業が競争しても(需要を一番多く獲得した)1社のみが存続可能となる状態を何というか。

自然独占

04 政府の規制がない場合、市場の自由な取引で実現する均衡はどんな均衡か。

独占均衡

通常の独占と同じで、厚生損失が生じる。

05 市場に任せても(市場の自由な取引に委ねても)パレート最適な資源配分が実現しないことを何というか。

市場の失敗

費用逓減産業はその好例である。

06 限界費用価格規制(限界費用価格形成原理)では、何が一致するように規制するか。

価格と限界費用

07 限界費用価格規制のメリットとデメリットはそれぞれ何か。

メリットはパレート最適な資源配分の実現、デメリットは独占企業の利潤が負(赤字)になること

このため、この規制を行うのであれば、(生活に必要な産業だから)政府が赤字を補てんして、独占企業を存続させる必要がある。

08 平均費用価格規制(平均費用価格形成原理)では何が一致するか。

価格と平均費用

09 平均費用価格規制のメリットとデメリットはそれぞれ何か。

メリットは、独立採算(利潤がゼロ)、デメリットはパレート最適でないこと

厚生損失が発生するが、規制されない場合(独占均衡)よりも小さい。

過去問 Exercise

問題1 ある財の市場の需要関数が$D(p)$＝16－p［D：需要量、p：価格］で示され、この財の費用関数が$C(y)$＝4y＋32［C：費用、y：生産量］である独占企業が生産している。独占による死荷重を小さくするために、政府が、この企業に対して平均費用での価格設定をさせる平均費用価格規制を行ったとすると、死荷重の大きさはいくらになるか。

労働基準監督官2015

1. 4
2. 8
3. 16
4. 18
5. 24

解説

正解 ②

パレート最適条件(価格＝限界費用)より、パレート最適な生産量を求める。限界費用MCは、費用関数が１次式だから生産量yの係数である。

$$\overbrace{16-\underbrace{y}_{D}}^{p}=\overbrace{4}^{MC} \rightarrow y=12$$

需要曲線と平均費用曲線の交点(生産量が大きい方)を求める。

$$\overbrace{16-\underbrace{y}_{D}}^{p}=\overbrace{4+\frac{32}{y}}^{C/y(=AC)} \rightarrow y(12-y)=32$$

11以下の32の約数を大きいものから試すと、

$y=8\times4 \rightarrow y=8$のとき、$y(12-y)=8(12-8)=32$

となり、１回で見つけることができた。

$y=8$のとき、平均費用は、

$$AC=4+\frac{32}{y}=4+\frac{32}{8}=8$$

である。よって、死荷重は図の直角三角形の面積（グレー）

$$\frac{4\cdot4}{2}=8$$

である。

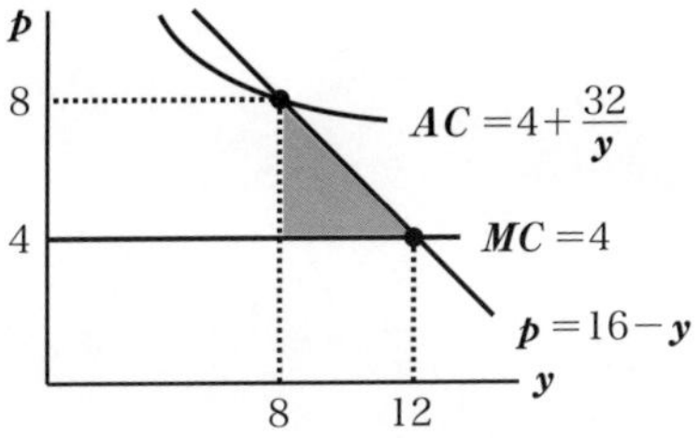

問題2 価格支配力を持ち、平均費用の逓減が著しい、ある独占企業について、この企業の生産物に対する逆需要関数$p(x)$、費用関数$C(x)$がそれぞれ、

$p(x)=500-x$

$C(x)=100x-30{,}000$　[x：生産量]

で示されているとする。

この企業が利潤を最大化した場合の価格をp_A、政府からの限界費用価格規制を受けた場合の価格をp_Bとすると、p_Aとp_Bの関係に関する次の記述のうち、妥当なのはどれか。

国家一般職2021

1. p_Aの方がp_Bより250小さい。
2. p_Aの方がp_Bより200小さい。
3. p_Aの方がp_Bより200大きい。
4. p_Aの方がp_Bより250大きい。
5. p_Aとp_Bは同じ大きさである。

解説

正解 ❸

独占価格p_Aを求める。利潤最大化条件（限界収入MR＝限界費用MC）を適用すると、

$$\left.\begin{array}{l} p(x)=500-x \xrightarrow{x\text{を2倍}} MR=500-2x \\ C(x)=100x-30{,}000 \xrightarrow{x\text{で微分}} MC=100 \end{array}\right\} \to \overbrace{500-2x}^{MR}=\overbrace{100}^{MC} \to x=200$$

より、

$$p(200)=500-200=300\,(=p_A)$$

限界費用価格規制では、価格p（需要曲線）と限界費用MCが一致するから、

$$p=\overbrace{100}^{MC}\,(=p_B)$$

よって、$p_A=300$の方が$p_B=100$より200大きい。

★★☆

2 外部性（外部効果）

本節では、完全競争であっても、市場で効率的な資源配分が実現しない例を考察します。

1 外部性（外部効果）

1 外部性とは

一般に、完全競争市場が効率的な資源配分を実現できるのは、価格によって需給が調節されることによる。消費者は、価格と限界便益(限界評価)を比較し、市場では価格と限界便益が一致するまで消費される。また、生産者は価格と限界費用を比較し、市場では価格と限界費用が一致するまで生産される。完全競争市場の均衡では、こうして決定される需要量と供給量がぴったり一致することで、総余剰が最大化される(超過供給や超過需要がある限り、価格調整によって、需要と供給が変化する)。

このため、市場(財の売買、生産者と消費者の取引のこと)は、価格を通じて機能するメカニズム(機構)と考えられる(市場メカニズム、価格メカニズム)。

しかし、市場経済(現代社会の在り方の一つ)において、市場が万能に機能しているとは思えない事象が多々生じている。公害や地球温暖化はその代表格であり、地球温暖化に至っては、生産活動によって世界各地で災害を引き起こしている。つまり、資源が地球温暖化をもたらす生産活動に過剰に配分されており、市場の失敗が起きている。

公害のように、財の生産・消費によって、市場メカニズムを介することなく(価格を通じることなく)、市場の「外部」に影響を及ぼすことを**外部性**(**外部効果**)と呼ぶ。

2 金銭的外部性と技術的外部性

ただし、外部性といっても、**金銭的外部性**と呼ばれ、公害などの外部性と区別すべきものもある。「金銭的」は、「価格を通じて」という意味であり、**市場の失敗は生じない**。

例えば、新興国(中国やインド、ASEAN諸国など)でエネルギー需要が高まると、日本の電気料金が高くなる。これは、エネルギー需要が増えたため、原油や天然ガスの価格が上昇して、これらを使って発電する日本の発電コストが増えることによる。

電気料金が高くなると、人々は電気の消費(需要)を減らす。これが価格を通じた効果であり、原油市場や天然ガス市場の外部にある、電気(電力)市場で需要が抑制される(資源配分が調整される)。

金銭的外部性と明確に区別するとき、公害などの外部性を**技術的外部性**ということがある[1]。以下、市場の失敗が生じる技術的外部性を単に外部性と呼び、その解消方法を学習する。

2 外部不経済と市場の失敗

外部性には、**正の外部性**(**外部経済**)と**負の外部性**(**外部不経済**)がある。優れた技術・知識は、(ある程度時間が経てば)世の中に広まって、良い効果(外部経済)を及ぼす。対照的に、公害などは、明らかに悪い効果(外部不経済)をもたらす[2]。

以下、外部不経済を取り上げ、市場の失敗を是正する方法をいくつか学習する。

1 パレート最適条件と社会的限界費用

市場の失敗か否かを判定するため、総余剰を再び定義しよう。

社会的な厚生水準(総余剰)＝社会的な便益－社会的な費用

社会的な厚生水準(以下、総余剰)が最大化されるとき、社会的に望ましい(パレート最適な)資源配分が実現する。

総余剰が最大化された状態では、生産量を１個増やしても総余剰はもう増えないから、

総余剰の増加＝社会的な便益の増加－社会的な費用の増加＝0

→　社会的な便益の増加＝社会的な費用の増加

が成立する[3]。左辺を**社会的限界便益**(**社会的限界評価**)、右辺を**社会的限界費用**と呼べば、社会的に望ましい生産量は、

1　技術的外部性の場合、市場での取引を通じることなく、他の経済主体の効用関数や生産関数(または費用関数)に直接影響を及ぼす、ということがある。

2　金銭的外部性にも正の外部性、負の外部性があるが、金銭的外部性である限り、どちらも市場の失敗は引き起こさない。

3　社会的な便益の増加＞社会的な費用の増加の場合、生産量を増やすことで総余剰は増加し、逆に、社会的な便益の増加＜社会的な費用の増加の場合、生産量を減らすことで総余剰は増加する。

社会的限界便益＝社会的限界費用

を満たす。

① 社会的限界便益

社会的な限界便益に対して、消費者の限界便益(限界評価)を私的な限界便益ということがある。ここでは、社会的限界便益と私的限界便益を区別せずに用いる[4]。

私的限界便益は、これまでの限界便益そのものであり(財の消費による効用の増加を金額で表したもの)、需要曲線の高さ$\boldsymbol{P}$で表される。

② 社会的限界費用

財を生産するにはコストがかかる。これまで学習してきた企業の生産コストは、私的なコストである。社会の(地球上の有限な)資源を利用するにはお金が必要であり、企業はこれをお金を支払って調達する(企業の総費用)。したがって、企業の生産コストも(資源を利用するので)社会的な費用に含まれる。

外部不経済が発生する場合、生産コストの他に外部性によるコストが発生する。例えば、大気汚染によって病気になれば、治療費がかかるだろうし、また、地球温暖化に起因する洪水によって家屋が流されると、家財道具一式と新しい家を買うコストが発生する。

したがって、何かを生産・消費することの社会的な費用には、生産費用の他に外部不経済による費用(被害額など)が含まれる[5]。つまり、

社会的費用＝私的費用(生産費用)＋外部不経済による費用[6]

と定義される。

生産量を1個増やしたときの社会的な費用の増加を社会的限界費用*SMC* (Social Marginal Cost)と呼ぶ。生産量を1個増やすと、私的費用と外部不経済の費用の双方が増加することで社会的な費用が増加するから、**私的限界費用*PMC*** (Private Marginal Cost；通常の限界費用***MC***)と追加的な外部不経済(の費用)の和で、社会的限界費用を表す。

社会的限界費用*SMC*＝私的限界費用*PMC*＋追加的な外部不経済(の費用)

---

4 外部不経済の効果の分だけ私的限界便益が下がる場合、社会的限界便益は、私的限界便益から外部不経済の効果を引いたものと定義できる。ただし、試験は外部性を社会的な費用として考えることがほとんどであり、この場合、社会的限界便益と私的限界便益は同じである。

5 厳密には、気分を害する（効用が減少する）だけでも外部不経済が発生する。自動車の売買にともなって（自動車の通行が増えることによって）騒音が生じる場合、「うるさい」と感じることが外部不経済に相当する。

6 外部不経済による費用を、外部費用ということがある。ただし、試験では稀だからここでは用いない。

ここで、私的限界費用***PMC***は通常の限界費用***MC***であり、完全競争市場においては供給曲線***S***（の高さ）で表される。よって、**外部不経済が発生する場合、**

社会的限界費用*SMC*＞私的限界費用*PMC*

が成り立つ。

例1

20個目の生産に伴い、生産コストが100円増加し、外部不経済も70円増加すると、社会的なコストは170円増加する。

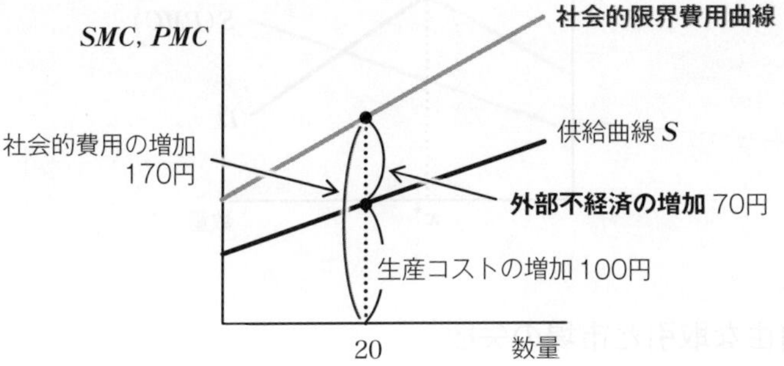

こうした社会的なコストの増加は、１個目、２個目、…と生産量を１個増やすたびに社会的限界費用曲線と供給曲線（私的限界費用曲線）の垂直差の分だけ増大していく。20個目まで生産したとき、社会的なコストは、面積ア＋イだけ発生し（次の図）、このうち、面積イは生産コスト（可変費用）だから、外部不経済は面積アだけ発生していることがわかる。

つまり、**外部不経済は社会的限界費用曲線と供給曲線**（私的限界費用曲線）**に囲まれた面積で表される。**

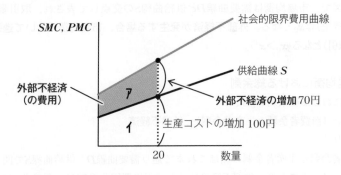

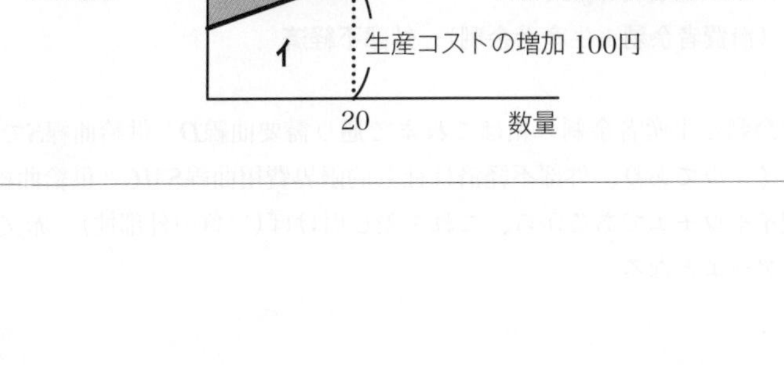

③ パレート最適な生産量

需要曲線D（社会的限界便益）と社会的限界費用曲線SMCの交点Eにおいて、社会的に望ましい生産量x^*（および消費量）が決定される。

パレート最適条件は、社会的限界便益＝社会的限界費用

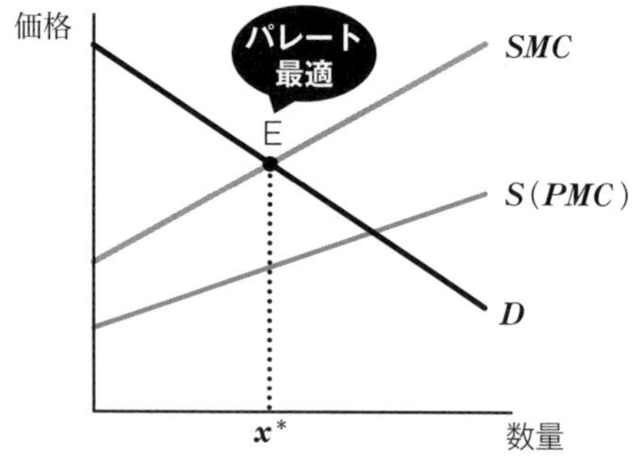

2 自由な取引と市場の失敗

市場での自由な取引は、需要と供給が一致するとき均衡する。ここでは、これを単に「市場均衡」と呼ぶことにする（以下で課税するが、課税前の市場均衡を単に「市場均衡」と呼び、課税後の場合には省略せず、「課税後の（市場）均衡」と書く）。縦軸は価格とするが、数量以外のもの（社会的限界費用SMC、私的限界費用PMC、社会的限界便益（需要曲線の高さ））はすべて縦軸に測られている。

① 市場均衡

次の図で、**市場均衡は需要曲線Dと供給曲線Sの交点G**で表され、取引量（生産量・消費量）はx_0となる。**外部不経済が発生する場合、市場均衡において過剰生産（過剰取引）となる**（$x_0 > x^*$）。

② 市場均衡における総余剰

点Gにおける総余剰W_0は、

W_0＝（消費者余剰＋生産者余剰）－**外部不経済**

で表される。

消費者余剰と生産者余剰の和はこれまで通り需要曲線Dと供給曲線Sで囲まれた面積ア＋イ＋ウであり、外部不経済は社会的限界費用曲線SMCと供給曲線Sに囲まれた面積イ＋ウ＋エであるから、これを差し引けば（∵負の外部性）、赤文字が相殺されて、アーエとなる。

W_0＝(ア＋イ＋ウ)－(イ＋ウ＋エ)＝アーエ …(1)

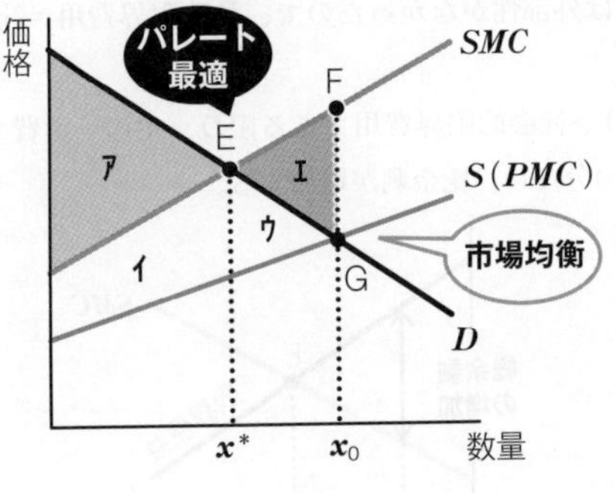

③ 厚生損失

パレート最適な生産量x^*で総余剰は最大化される。最大化された総余剰W^*は、社会的な限界便益を表す需要曲線Dと社会的な限界費用曲線SMCに囲まれた面積に等しい。

W^*＝ア …(2)

市場均衡における厚生損失(死荷重)は、(1)(2)を比較して、

$W_0 = W^*$－エ

より、面積エの大きさに等しい。よって、市場の失敗が発生する。

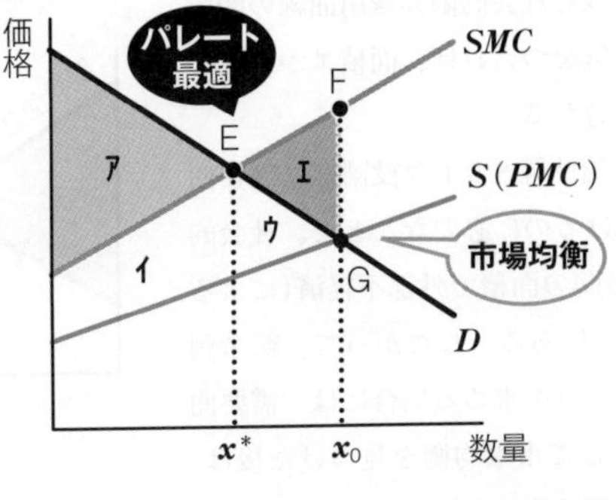

[参　考]

総余剰は、社会全体の状態を表すから、私的限界費用ではなく、社会的限界費用***SMC***を使って表す(これまでは外部性がなかったので、私的限界費用＝社会的限界費用が成立していた)。

限界便益(需要曲線)＞社会的限界費用である限り、生産・消費すると、その差(限界便益－社会的限界費用)の分だけ、総余剰が増加する。

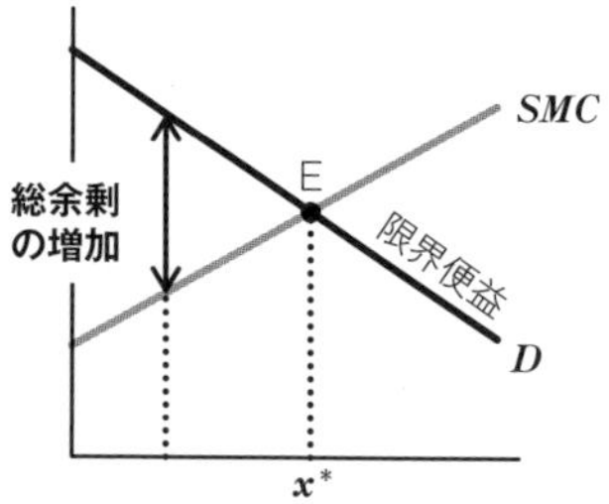

逆に、限界便益(需要曲線)＜社会的限界費用の場合、生産・消費するとその差(社会的限界費用－限界便益)の分だけ、総余剰が減少する。

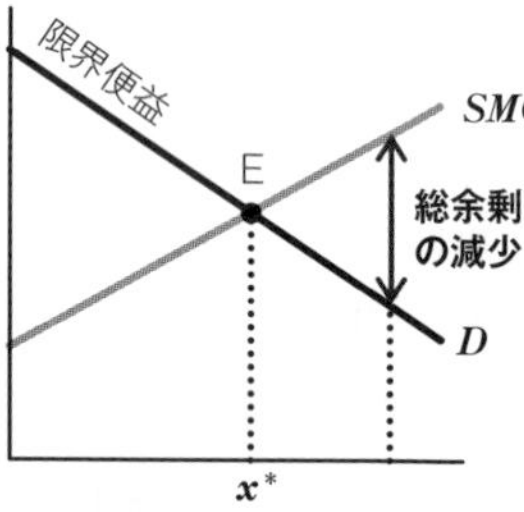

パレート最適な点Eと市場均衡点Gを比較すると、最適生産量に比して過剰生産であり(限界便益＜社会的限界費用の範囲)、この分だけ総余剰が減少してしまう。総余剰が需要曲線と社会的限界費用曲線の間でカウントされることに気をつければ、面積エが厚生損失を表すことがすぐに分かる。

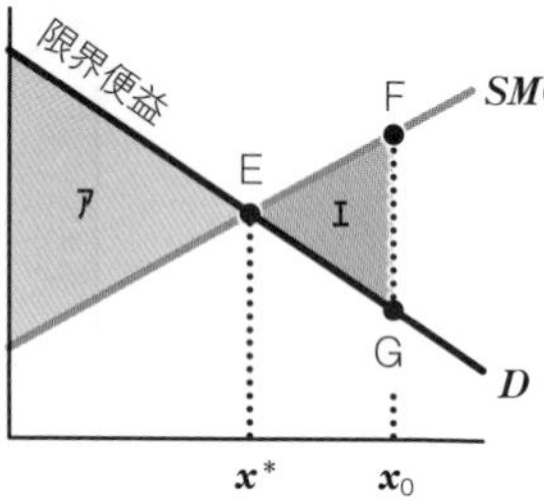

外部性の図では、供給曲線***S***の主な役割は、需要曲線***D***との交点Gを見つけるのに必要なことと、社会的限界費用曲線***SMC***との間の面積で外部不経済(によるコスト)を表すことなどにある。したがって、総余剰や、その減少分(厚生損失)を求める場合には、需要曲線と供給曲線の交点として市場均衡を見つけた後は、需要曲線と社会的限界費用曲線を使えばよい。

なお、市場均衡における消費者余剰と生産者余剰を個別に求める場合は、これまで通り、需要曲線と供給曲線とを使えばよい。次の図では、市場均衡点Gの価格水準をP_0として、消費者余剰は面積オ、生産者余剰は面積カで表される。

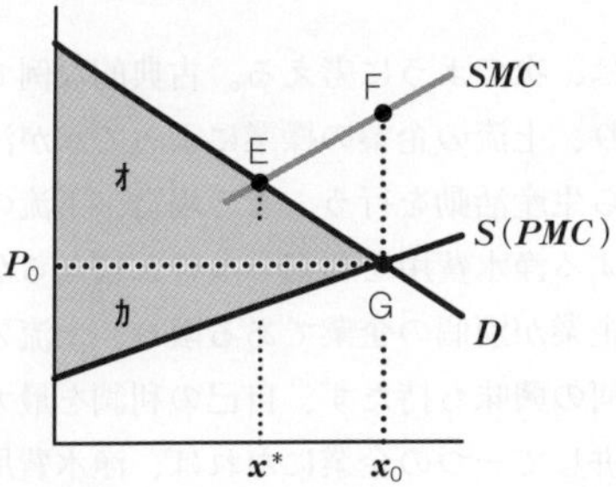

❸ 外部性の内部化

市場均衡における取引(生産・消費)が、社会的に望ましい水準より過剰になってしまうのは、取引の当事者(生産者・消費者)が、自分がそれを生産または消費することで、外部性が発生することを認識しないことによる。

したがって、パレート最適な資源配分を実現するには、取引によって外部性が発生することを当事者に認識させ、その意思決定(どれくらい生産するか、消費するか)を変える必要がある。

外部性を是正することを、**外部性の内部化**という。内部化の方法は、大きく分けて、政府による市場への介入(政策の実施)と、政府の介入が必要ないものが挙げられる。前者には、

- ピグー(的)政策
- (政府による)直接規制
- 排出権取引市場などの創設

などが含まれ、また、後者には、

- 当事者の自発的な交渉
- 当事者企業の合併

などが含まれる。

以下、ピグー政策、当事者間の自発的交渉を取り上げるので、その他のものについては、簡単な説明に留めておく。

政府による直接規制は、騒音規制や排出量規制、フロンガスの使用禁止のように、直接規制することを指す。

排出権取引市場の創設は、例えば二酸化炭素を一定量排出する権利を生産者等に付与し、また、この排出権を取引してよいと許可する制度で、大気汚染物質を排出することに価格を設ける(市場を創設する)。排出権を使わない企業は、それを欲しがる企業に売ることができるので、排出量を削減するインセンティブ(誘因)を与え

ることができる。

また、企業の合併では、次のように考える。古典的な例では、同じ河川の水を利用する二つの企業があり、上流の企業の操業によって水が汚れ、下流の企業は汚染された水を浄水してから生産活動を行う。この場合、下流の企業は、上流の企業の生産活動によって発生する浄水費用を負担しなければならない。

上流の企業と下流の企業が別個の企業である限り、上流の企業は下流の企業の費用負担や利潤に関して何の興味も持たず、自己の利潤を最大化する。もし、上流の企業と下流の企業が合併して一つの企業になれば、浄水費用を自ら負担する費用と考えるため、望ましい資源配分が実現する[7]。

初めに、出題の中心であるピグー政策を見ていく。

4 ピグー政策

政府が課税や補助金などの手段によって外部性を内部化し、パレート最適な生産量を実現することを**ピグー政策**(**ピグー的政策**)という。

通常の自由な取引においては、外部性を考慮した価格にならないため(定義により、外部性は価格に反映されない)、生産者も消費者も外部性を考慮した取引を行わない。これに対し、例えば、レジ袋の利用に課税すれば、外部不経済を意識しない利用者であっても、課税という形で費用を負担するため、消費量が抑制される。

1 ピグー税の効果

ここでは、生産者に対する課税によって、パレート最適な生産量を実現することを考える。以下、従量税とするが、従価税であっても構わない。

生産者に従量税を課すと、生産コストの他に納税という形でコストが発生する。生産者は、価格＝課税前の限界費用＋従量税、が成り立つ生産量を選ぶことで、利潤を最大化するから、選ばれた生産量がパレート最適となるよう、適切に従量税を設定しなければならない。

次の図で、**ピグー税t^*は、パレート最適な点Eにおける外部不経済の増加EHを財1個当たりの税とする**。財１個につき、従量税 t^*＝EHを課税することで、パレート最適なx^*を実現し、総余剰を最大化することができる。従量税 t^*＝EHにより、

7 つまり、外部性が外部性であるもう一つの理由は、外部性の発生者と被害者が異なることにある。言い換えると、発生者と被害者が完全に一致する場合、最早、外部性ではなくなり（つまり、自分自身の問題（内部の問題）になる）、したがって、外部性の問題が生じない。企業同士の合併はこの論理に合致する。

供給曲線は、点Eを通るよう上方にシフトする(*PMC*＋ t^* ；破線で部分的に表す)。課税後の均衡は点Eに、**課税後の取引量はパレート最適なx^*となる。**

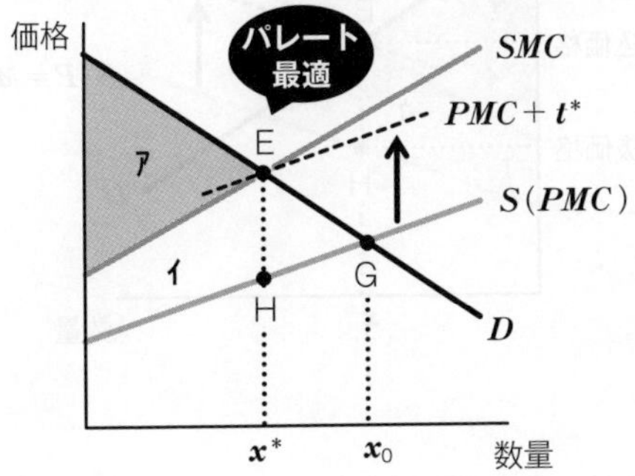

ピグー税 t^*＝EHを課した後の総余剰W_1は次式で求められ、その目的から、必ず最大化されてW^*に一致する。

W_1＝(消費者余剰＋税収＋生産者余剰)－外部不経済
　＝(ア＋イ)－イ
　＝ア(＝W^*)

2 課税後の市場取引と総余剰

復習を兼ねて、ここでは、従来のトピック(課税と総余剰)と新しいトピック(外部不経済の発生)を分けて考える。

① これまでと同じ部分

次の図で、生産者に従量税tを課すと、供給曲線S（課税前の私的限界費用*PMC*、通常の限界費用*MC*を表す)が任意の生産量について上方にtだけシフトする。課税後の均衡は、需要曲線Dと課税後の供給曲線S_t（$P=MC+t$)の交点に決まる。

ここでは、課税後の交点が点Eになるようにしたい(∵パレート最適)。つまり、最適な資源配分を実現する従量税の大きさはt＝EH(＝t^*)しかない。

ピグー税(従量税t^*＝EH)を課すと、税込価格(消費者価格)が点Eで決まり、税抜価格(生産者価格)が点Hで決まる。したがって、

消費者余剰＋税収＋生産者余剰＝ア＋(イ＋ウ)＋エ …(1)

である（消費者余剰は税込価格と需要曲線Dの間の領域、税収は税込価格と税抜価格の間の領域、生産者余剰は税抜価格と課税前の供給曲線Sの間の領域)。

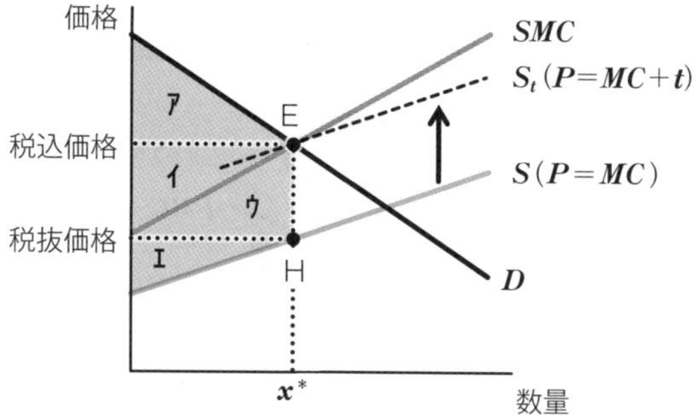

② 新しい部分

外部不経済の発生は、総余剰を減少させる。ピグー税によって内部化し、最適な資源配分を実現しても、**生産活動が行われる限り、外部不経済は発生する。**

外部不経済は、社会的限界費用曲線*SMC*と課税前の供給曲線*S*の間の領域で測定される。

外部不経済＝ウ＋エ …(2)

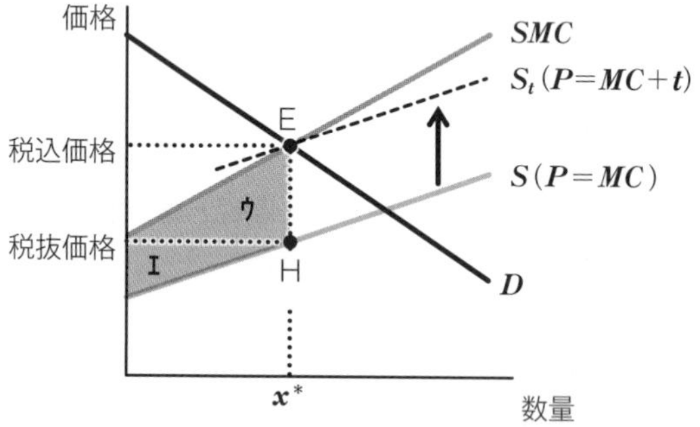

③ 総余剰

次の図で、ピグー税課税後の総余剰W_1は、プラスの余剰(1)からマイナスの余剰(2)(負の外部性)を引いたものである。

W_1＝(ア＋イ＋ウ＋エ)－(ウ＋エ)＝ア＋イ

これは、x^*までの範囲で限界便益Dと社会的限界費用*SMC*に囲まれた領域の面積に等しいから、最大化された総余剰W^*が実現する。

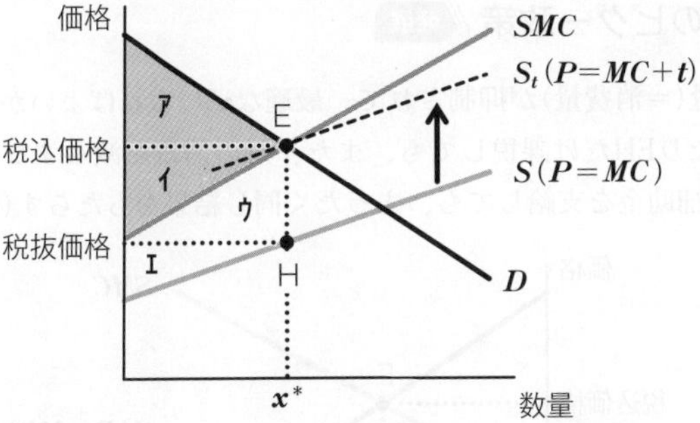

④ ピグー税による外部不経済（損害、被害）の減少 発展

外部不経済に着目すると、外部不経済は、ピグー税課税前には、面積カ＋キ＋クなのに対し、ピグー税課税後には、面積クに減っている。つまり、x^*からx_0の範囲で生産量が減少するので、この部分の外部不経済が減少する。

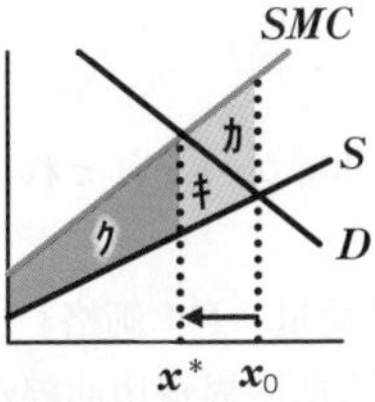

3 ピグー的減産補助金

上記では、過剰生産を抑制し、パレート最適な生産量を達成するため、財の生産にピグー税を課した。

生産量を減らすことを奨励するのは、過剰生産を抑制するのと同じことである。減産補助金として、生産量を１個減らすごとにEHの補助金を支給すると、企業にとって、財を１個生産することの機会費用がEHとなる(図を描けば、減産補助金支給後の供給曲線は、ピグー税課税後の供給曲線とまったく同じになる)。

4 その他のピグー政策 発展

過剰な生産量(＝消費量)が抑制されて、最適なx^*になればよいから、財の消費に対して１個当たりEHだけ課税しても、また、財の消費を減らすことに対して１個当たりEHだけ補助金を支給しても、まったく同じ結果をもたらす(次の図を参照)。

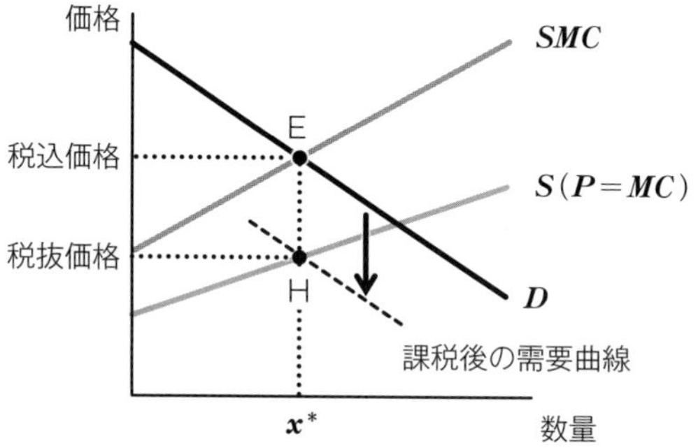

例題5-3 需要曲線と供給曲線が、それぞれ、

$D=120-P$

$S=P$ ［D：需要量、S：供給量、P：価格］

で表される財市場において、社会的限界費用曲線が、

$P=2S$ ［P：社会的限界費用、S：供給量］

で表される。このとき、市場での自由な取引によって生じる厚生損失と、社会的に望ましい取引を実現するために課すべき、財１単位当たりの税の大きさはそれぞれいくらか。

解説

図を描くと、パレート最適条件は点Eで成立するから、求める厚生損失は三角形EGHの面積であり、また、ピグー税はEFの長さである。計算の都合により、先にピグー税を求めよう。すべての数量をxに置き換える($D=S=x$)。

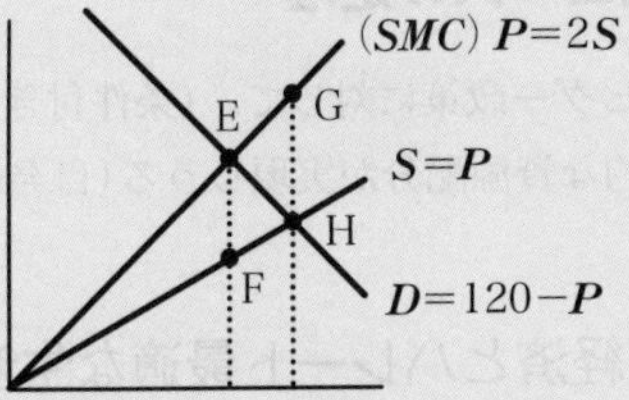

点E（パレート最適条件が成立）は、需要曲線$\boldsymbol{D}$と社会的限界費用曲線$\boldsymbol{SMC}$の交点だから、これらを連立させて、

$$\left.\begin{array}{l}(\boldsymbol{D})\ \boldsymbol{x}=120-\boldsymbol{P} \\ (\boldsymbol{SMC})\ \boldsymbol{P}=2\boldsymbol{x}\end{array}\right\} \rightarrow (\boldsymbol{D})\ \boldsymbol{x}=120-\underbrace{2\boldsymbol{x}}_{(SMC)}$$

$$\rightarrow\ \boldsymbol{x}=40 \cdots(1)\ \rightarrow\ (\boldsymbol{SMC})\ \boldsymbol{P}=2\boldsymbol{x}=80$$

よって、点E（40, 80）である。パレート最適な生産量$\boldsymbol{x}=40$における私的限界費用は点Fの高さだから、供給曲線$\boldsymbol{S}$と$\boldsymbol{x}=40$より、

$$(\boldsymbol{S})\ \boldsymbol{x}=\boldsymbol{P}\ \rightarrow\ \boldsymbol{P}=\boldsymbol{x}=40$$

したがって、財１単位当たりのピグー税は、

$$\mathrm{EF}=80-40=40$$

次に市場の自由な取引による均衡（点H）を求めて、厚生損失を算出する。点Hは需要曲線$\boldsymbol{D}$と供給曲線$\boldsymbol{S}$の交点だから、これらを連立させて、

$$\left.\begin{array}{l}(\boldsymbol{D})\ \boldsymbol{x}=120-\boldsymbol{P} \\ (\boldsymbol{S})\ \boldsymbol{x}=\boldsymbol{P}\end{array}\right\} \rightarrow (\boldsymbol{D})\ \underbrace{\boldsymbol{P}}_{(S)x}=120-\boldsymbol{P}$$

$$\rightarrow\ \boldsymbol{P}=60\ \rightarrow\ (\boldsymbol{S})\ \boldsymbol{x}=60 \cdots(2)\quad \therefore \text{点H}(60,\ 60)$$

点Gの高さは、$\boldsymbol{x}=60$における社会的限界費用（$\boldsymbol{SMC}$）であるから、

$$(\boldsymbol{SMC})\ \boldsymbol{P}=2\boldsymbol{x}=120\quad \therefore \text{点G}(60,\ 120)$$

よって、求める三角形EGHの底辺GHは、

$$\underbrace{120}_{\text{点G}}-\underbrace{60}_{\text{点H}}=60$$

である。他方、三角形EGHの高さは、点Hにおける数量から、点Eにおける数量を引いた大きさに等しい。(1)(2)を使って、

$$\underbrace{60}_{\text{点H}}-\underbrace{40}_{\text{点E}}=20$$

したがって、求める面積は、

$$60\times 20\div 2=600$$

5 自発的な交渉とコースの定理

政府が市場に介入するピグー政策に対して、(条件付きではあるが)**当事者間の自発的な交渉**によって効率的な資源配分が実現しうる(自発的＝政府の関与なし)。

1 企業間の外部不経済とパレート最適な生産量

例2

上流の企業1はX財を生産し、その生産過程において下流の企業2に$20x$［x：X財の生産量］の被害を与えている[8]（浄水費用$20x$）。つまり、企業1がX財を1個増やすごとに外部不経済は20だけ増加し、企業2は浄水費用としてこれを負担しなければならない。

X財の市場価格を$p_x = 120$、企業1の費用関数を$c_1 = x^2$［c_1：企業1の総費用］とする。企業1が利潤最大化するとき、価格と限界費用を一致させる。限界費用(私的限界費用)MC_1は、

$$MC_1 \left(= \frac{\Delta c_1}{\Delta x}\right) = (x^2)' = 2x \cdots (1)$$

だから、価格p_xと限界費用MC_1を一致させて、

$$p_x = MC_1 \ \rightarrow \ 120 = 2x \ \rightarrow \ x = 60$$

他方、企業2はY財を生産しており、Y財価格は$p_y = 100$である。企業2の費用関数は、Y財生産による通常のコストの他に、企業1の生産によって被る浄水費用$20x$が含まれる。

$$c_2 = y^2 + \underbrace{20x}_{\text{浄水費用}} \quad [c_2：企業2の総費用、y：Y財生産量]$$

企業2の限界費用MC_2は、Y財を1個増やしたときに発生する(増加する)総費用の大きさであり、

$$MC_2 \left(= \frac{\Delta c_2}{\Delta y}\right) = (y^2)' + (\underbrace{20x}_{y\text{に無関係}})' = 2y + 0 = 2y$$

だから、企業2が利潤を最大化すると、

$$p_y = MC_2 \ \rightarrow \ 100 = 2y \ \rightarrow \ y = 50$$

---

8 下流に住む住民でも構わない（後述の限界被害が分かれば誰でもよい）。ここでは、出題の多い企業間の外部不経済とした。

企業2の浄水費用(被害)については、企業1がX財を1個増やすたびに増加する。増加する被害の大きさを限界被害と呼べば、

$$限界被害=\frac{\Delta c_2}{\Delta x}=\underbrace{(y^2)'}_{x\text{に無関係}}+(20x)'=0+20=20 \cdots(2)$$

である。

企業1が生産するX財のパレート最適な生産量を求めよう。パレート最適条件は、価格(限界便益)=社会的限界費用であり、右辺の社会的限界費用*SMC*は、

$$SMC=\underbrace{2x}_{(1)MC_1}+\underbrace{20}_{(2)\text{限界被害}}$$

で表されるから、

$$p_x=SMC \quad\rightarrow\quad 120=2x+20 \quad\rightarrow\quad x=50(x^*\text{と置く})$$

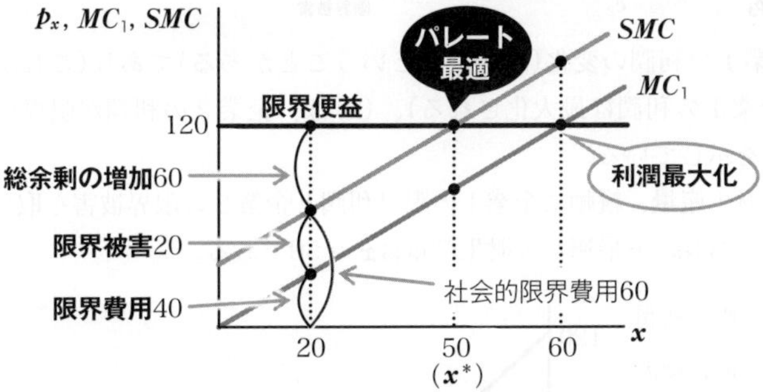

市場全体の需要曲線の代わりに、価格$p_x=120$で消費者の限界便益が表されているが、これまでと同様の議論ができる[9]。例えば、$x=20$だけ生産・消費すると、限界便益が120発生するのに対して、まず、限界費用が$MC_1=2x=40$発生し、加えて、限界被害(外部不経済の増加)が20発生するから、総余剰の増加は、

$$総余剰の増加=限界便益 p_x-SMC=120-(40+20)=60$$

である。限界便益(価格 p_x)>社会的限界費用 *SMC* である限り、生産・消費することによって、総余剰は増加するから、パレート最適条件、限界便益(価格)=社会的限界費用が成立するまで生産・消費することで総余剰は最大化される。

9　企業1が直面する需要曲線(企業1が生産したX財に対する需要)と考えてよい。この場合、消費者余剰はゼロとなる(∵消費者余剰は、需要曲線と価格に囲まれた領域の面積)。

2 交渉の様子 発展

試験では頻出でないが、問題の理解のため記載する。いま、企業1と企業2の間で交渉が行われるとする。

例3

（再掲）X財価格$p_x=120$、企業1の費用関数$c_1=x^2$、Y財価格$p_y=100$、企業2の費用関数$c_2=y^2+20x$のとき、企業i（$i=1,\ 2$）の利潤π_iと、X財生産量を1個増やしたときの変化は、それぞれ、

$$\pi_1=\underbrace{120}_{p_x}x-\underbrace{x^2}_{c_1} \rightarrow \frac{\Delta\pi_1}{\Delta x}=\underbrace{120}_{p_x}-\underbrace{2x}_{MC_1} \cdots(1)$$

$$\pi_2=\underbrace{100}_{p_y}y-\underbrace{(y^2+20x)}_{c_2} \rightarrow \frac{\Delta\pi_2}{\Delta x}=-\underbrace{20}_{\text{限界被害}} \cdots(2)$$

(1)は企業1の利潤の変化(**限界利潤**ということがある)であり(これがゼロとなるとき、企業1の利潤は最大化される)、(2)は、企業2の利潤が限界被害の分だけ減ることを示している。

横軸にX財生産量、縦軸に企業1の限界利潤と企業2の限界被害を取り、これらを図示する。パレート最適なX財生産量は$x^*=50$である。

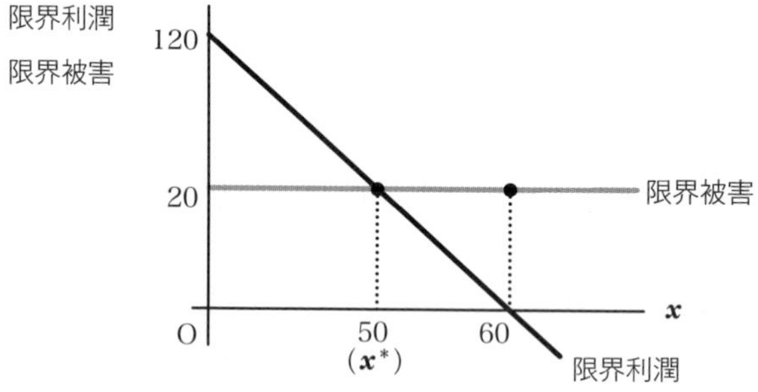

❶ 企業2による補償

企業1が利潤最大化し、$x=60$であるとする。X財の生産量が減ることによって、企業2には「被害の減少」(浄化費用の減少)という形で利潤が増加する。ここでは限界被害が20円で一定としたから、X財が1個減るたびに企業2の利潤は20円増加する。

他方、X財の生産量が減ることによって企業1の利潤は限界利潤の大きさだけ減っていく。例えば、$x=60$から1個減らすと、企業1の利潤は(限界利潤がゼロ

だから)減らない[10]。したがって、企業２が企業１にたった１円支払っても(補償しても)企業１には１円の利潤増加(補償を含む)、企業２にとっては19円の利潤増加となる。

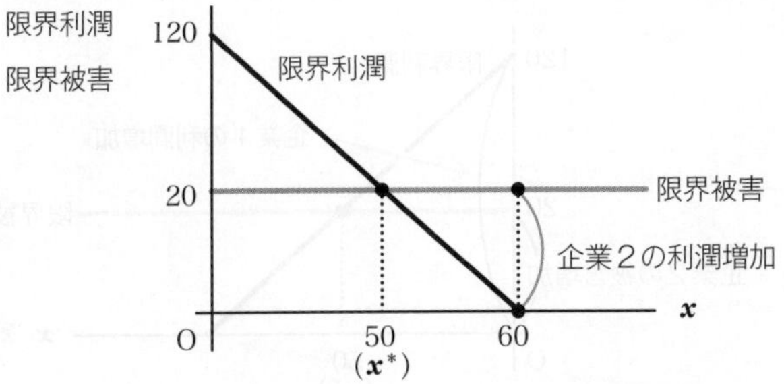

こうした交渉はどこで妥結するだろうか。２企業は、企業１の限界利潤を企業２の限界被害が上回る限り、企業２が補償することで互いに利益を得るから、企業１の限界利潤＝企業２の限界被害となる生産量で交渉が妥結する。

(1)(2)から、企業１の限界利潤と企業２の限界被害が一致するとき、

$$\left.\begin{aligned}&(1)\ \frac{\Delta\pi_1}{\Delta x}=\underbrace{120}_{p_x}-\underbrace{2x}_{MC_1}\\&(2)\ \frac{\Delta\pi_2}{\Delta x}=-\underbrace{20}_{\text{限界被害}}\end{aligned}\right\}\rightarrow\ \underbrace{120}_{p_x}-\underbrace{2x}_{MC_1}=\underbrace{20}_{\text{限界被害}}\ \rightarrow\ \underbrace{120}_{p_x}=\underbrace{2x}_{MC_1}+\underbrace{20}_{\text{限界被害}}$$

が成立し、パレート最適条件（価格＝社会的限界費用）が成り立つ。

❷ 企業1による賠償

次に、企業１が企業２にお金を支払って(賠償して)生産活動をさせてもらう場合を考える。次の図で、生産量を(ゼロから)１個増やすと、企業１の利潤は限界利潤の大きさである120円増え、他方、企業２の被害は20円増加する。

企業１が企業２に21円賠償すれば、企業２は浄水費用に20円かかっても１円利潤が増加する(賠償込み)。このとき、企業１は賠償後にも99円の利潤が残るから、互いに了承する。

企業１の限界利潤が企業２の限界被害を上回る限り、このような賠償に互いが納得するから、企業１の限界利潤＝企業２の限界被害となるとき、交渉が妥結してX

10　売上は価格の分だけ減り、総費用も同じだけ減るということを意味する。違和感を感じる原因は「１個」と表現されるためだろう。「限界～」(微分)が数学的に意味するのは「ちょっと」(微小に)かつ「近似的に」だから、「生産量をちょっと減らしてもほとんど利潤は変わらない」となる。本当に「１個減らしたときの利潤の変化」を知りたければ、生産量が60と59のときの利潤を求めて差を求めればよい。

財の生産量が決まる。

(計算は企業2による補償と同じになり)、パレート最適条件を満たすX財生産量が実現する。

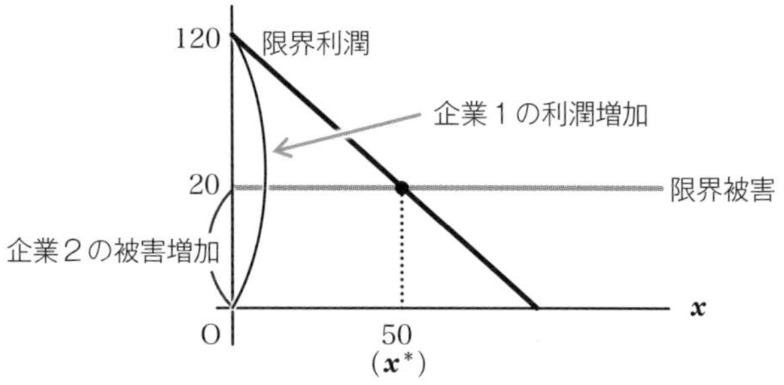

したがって、どちらがどちらに補償・賠償しようとも、交渉の結果、パレート最適な生産量が実現する。(日常的な感覚に沿って)賠償・補償される側には権利があるとみなせば、**どちらに権利があっても、交渉の結果パレート最適な生産量が実現する**。

---

3 コースの定理

自発的な交渉の結果として実現する資源配分について、**コースの定理**は、「**取引費用がなければ**(十分に小さければ)、**どちらに権利があったとしても、当事者間の交渉によってパレート最適な資源配分が実現する**。どちらに権利を与えるか(認めるか)という法的制度は、所得分配に影響を与えるが、交渉によって実現する資源配分には全く影響を与えない」ことを示す。

なお、どちらが(どれだけ)相手に支払うか、あるいは、どちららが(どれだけ)受け取るかは、所得分配の問題であって、資源配分の効率性を問題とするパレート最適性とは切り離して考えることができる。

なお、ここでの**取引費用**は、**交渉に際して必要になる諸々の費用**を指す。企業と多数の周辺住民の係争などでは、例えば、企業も周辺住民もそれぞれ代理人を立てるための費用が必要だろうし、また、住民どうしは互いの意見をまとめるための費用が必要だろう(何度も会合を開く必要があり、その都度、仕事を休んだり、会場費用や飲食費がかかるかもしれない)。こうした場合、取引費用が莫大なため、最適な資源配分を実現できない可能性が強まる[11]。

4 利潤の和を最大化

出題によっては、「交渉によって２企業は利潤の和を最大化する」と指定されることがある。

ここでは、パレート最適条件が、２企業が利潤の和を最大化する場合に成立することを示す。企業１と２の利潤、π_1、π_2の和Πは、

$$\left.\begin{aligned}\pi_1 &= \underbrace{120}_{p_x}x - \underbrace{x^2}_{c_1} \\ \pi_2 &= \underbrace{100}_{p_y}y - \underbrace{(y^2+20x)}_{c_2}\end{aligned}\right\} \rightarrow \Pi = \pi_1 + \pi_2$$

である。これを生産量xについて最大化すると（微分してゼロと置く）、

$$\frac{\Delta\Pi}{\Delta x} = \frac{\Delta\pi_1}{\Delta x} + \frac{\Delta\pi_2}{\Delta x} = 0$$

ここで、

$$\frac{\Delta\pi_1}{\Delta x} = (\underbrace{120}_{p_x}x)' - (\underbrace{x^2}_{c_1})' = \underbrace{120}_{p_x} - \underbrace{2x}_{MC_1}$$

$$\frac{\Delta\pi_2}{\Delta x} = \overbrace{(\underbrace{100}_{p_y}y)'}^{x\text{に無関係}} - (\underbrace{\overbrace{y^2}^{x\text{に無関係}} + 20x}_{c_2})' = -\overbrace{\underbrace{20}_{\Delta c_2/\Delta x}}^{\text{限界被害}}$$

だから、

$$\frac{\Delta\Pi}{\Delta x} = \frac{\Delta\pi_1}{\Delta x} + \frac{\Delta\pi_2}{\Delta x} = 0 \rightarrow \underbrace{120}_{p_x} - \underbrace{2x}_{MC_1} - \overbrace{\underbrace{20}_{\Delta c_2/\Delta x}}^{\text{限界被害}} = 0$$

$$\rightarrow \underbrace{120}_{p_x} = \underbrace{2x}_{MC_1} + \underbrace{20}_{\Delta c_2/\Delta x}$$

となる。左辺はX財の限界便益であり、右辺はX財の社会的限界費用だから、これは上記のパレート最適条件と一致する。

したがって、企業間の外部不経済の場合、２企業が利潤の和を最大化すると、パレート最適条件を満たす。

なお、Y財については外部不経済が発生しないから、企業２が利潤の和を最大化することと利潤を最大化することは全く同じである。

---

11 上流・下流の２企業の例で言えば、交渉するのに100億円かかるとすれば、どちらも交渉すらしないだろう。

第５章 市場メカニズムの限界

$$\left.\begin{array}{l} \dfrac{\Delta \Pi}{\Delta y} = \dfrac{\Delta \pi_1}{\Delta y} + \dfrac{\Delta \pi_2}{\Delta y} = 0 \\ \pi_1 = \overbrace{\underbrace{120}_{p_x} x - \underbrace{x^2}_{c_1}}^{y\text{に無関係}} \end{array}\right\} \rightarrow \quad \frac{\Delta \Pi}{\Delta y} = 0 + \frac{\Delta \pi_2}{\Delta y} = 0 \quad \rightarrow \quad \frac{\Delta \pi_2}{\Delta y} = 0$$

例題5-4

企業１は、価格200のＸ財を生産し、その費用関数は、

$c_1 = 2x^2$　［c_1：Ｘ財総費用、x：Ｘ財生産量］

で表される。企業２は、価格120のＹ財を生産し、その費用関数は、

$c_2 = y^2 + 2xy$　［c_2：Ｙ財総費用、y：Ｙ財生産量］

である。２企業の交渉によって互いの利潤の和を最大化するよう生産することになった。このとき、Ｘ財の生産量はいくらか。

解説

利潤の和が最大化されるとパレート最適な生産量が実現するから、パレート最適条件を適用すればよい。

Ｘ財について、企業１の私的限界費用MC_1は、

$$c_1 = 2x^2 \quad \rightarrow \quad MC_1 \left(= \frac{\Delta c_1}{\Delta x}\right) = 4x$$

であり、企業２のＸ財生産による限界被害は、

$$c_2 = \underbrace{y^2}_{x\text{に無関係}} + 2xy \quad \rightarrow \quad \frac{\Delta c_2}{\Delta x} = 0 + 2(x)'y = 2 \cdot 1 \cdot y = 2y$$

よって、Ｘ財価格$p_x = 200$（限界便益）と社会的限界費用SMCが一致するとき、

$$\underbrace{200}_{p_x} = \overbrace{\underbrace{4x}_{MC_1} + \underbrace{2y}_{\text{限界被害}}}^{SMC} \quad \rightarrow \quad x = \frac{200 - 2y}{4} \cdots (1)$$

(1)はyの式だから、Ｘ財のパレート最適な生産量を求めるには、Ｙ財のパレート最適な生産量を求める必要がある。

Ｙ財についても、パレート最適条件を適用する。Ｙ財の生産には何ら外部性はない（企業１の費用関数を確認すると、yにまったく影響されない）から、Ｙ財生産の私的限界費用と社会的限界費用は一致する。よって、Ｙ財価格$p_y = 120$（限界便益）とＹ財生産の限界費用が一致すればパレート最適条件を満たす。企業２の限界費用MC_2は、

$$c_2=y^2+2xy \ \rightarrow \ MC_2\left(=\frac{\Delta c_2}{\Delta y}\right)=(y^2)'+2x\cdot(y)'=2y+2x\cdot 1=2y+2x$$

であるから、パレート最適条件を適用して、

$$\underbrace{120}_{p_y}=\underbrace{2y+2x}_{MC_2} \ \rightarrow \ 2y=120-2x \cdots(2)$$

X財のパレート最適条件(1)に、Y財のパレート最適条件(2)を代入すると、

$$(1)\ x=\frac{200-\overbrace{2y}^{(2)}}{4}=\frac{200-(120-2x)}{4}=\frac{80+2x}{4}$$

$$\rightarrow \ 4x=80+2x \ \rightarrow \ x=40$$

よって、交渉によって実現するX財生産量は$x=40$である。

なお、(2)より、Y財について、

$$2y=120-2\cdot\underbrace{40}_{x} \ \rightarrow \ y=20$$

である。

6 外部経済と内部化

正の外部性(外部経済)が発生する場合、社会にとって良い効果を生むので、もっと生産・消費されるべきであり、社会的に望ましい水準より過少である(市場の失敗)。

外部経済が発生する場合も、外部不経済のケースと同様に議論することができる。財の生産・消費によって外部経済が発生する場合、社会的な便益は、財の消費による便益のほかに、外部経済の便益が含まれる。

古典的な例では、養蜂家と果樹園の関係が挙げられる。養蜂家はハチミツを採取するために蜂を草原に放つが、近隣の果樹園では、蜂のおかげで受粉がうまくいき、たくさんの果実を出荷できる。

この場合、養蜂家はハチミツの生産コストのみを考えて生産活動を行うが、果樹園が受ける恩恵を考慮することはない。(養蜂家と果樹園からなる小さな社会において、)社会的には、養蜂家はもっと多くの蜜蜂を飼育すべきである[12]。

12 もちろん、養蜂家も果樹園から恩恵を受けるから、互いに外部経済を与え合っており、果樹園もまた、社会的にはもっと多くの果樹を植えるべきである。なお、外部不経済の場合にも、当事者が互いに外部不経済を及ぼし合うケースがあってもよい。

1 市場均衡

財の生産によって外部経済が発生する場合、社会的な限界費用*SMC*は、私的な限界費用*PMC*より小さく、

社会的限界費用*SMC*＝私的限界費用*PMC*－外部経済の増加

で表される[13]。

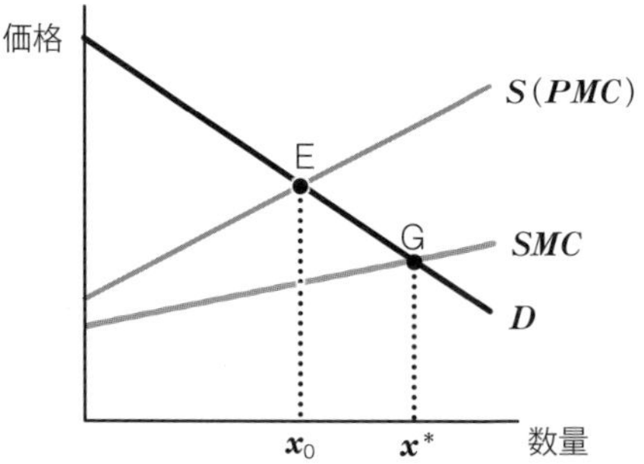

市場での自由な取引は、需要曲線*D*と供給曲線*S*（私的限界費用*PMC*）の交点Eに決まるが、パレート最適な生産量は、需要曲線*D*と社会的限界費用曲線*SMC*の交点Gで決まる。

外部経済によって、社会的限界費用曲線*SMC*は、供給曲線*S*より下側に位置するため、市場均衡における生産量x_0は、パレート最適生産量x^*より過少になる。

2 市場均衡における総余剰

次の図で、市場均衡（点E）における総余剰W_0は、消費者余剰と生産者余剰の和（需要曲線*D*と供給曲線*S*に囲まれた領域の面積ア）と、外部経済（供給曲線*S*と社会的限界費用曲線*SMC*に囲まれた領域の面積イ）の合計、

W_0＝（消費者余剰＋生産者余剰）＋外部経済＝ア＋イ

である。総余剰は需要曲線と社会的限界費用曲線に囲まれた領域で表される。

パレート最適な生産量はx^*（需要曲線と社会的限界費用曲線の交点G）であり、このとき、総余剰は最大化されて、

W^*＝ア＋イ＋ウ（＝W_0＋ウ）

になるから、市場均衡（点E）では、死荷重（厚生損失）が面積ウの分だけ発生する（∴市場の失敗）。

---

13 外部不経済の場合と同様に、外部経済の場合にも、私的限界便益（需要曲線）＋外部経済の増加を社会的限界便益とし、私的限界費用＝社会的限界費用として分析することも可能である。

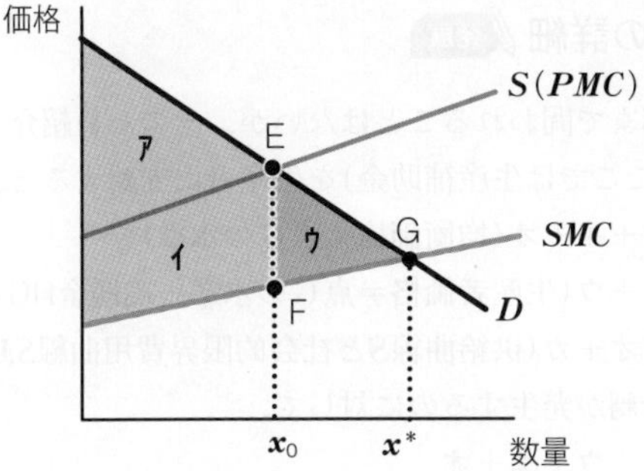

3 外部経済とピグー政策による内部化

外部経済が発生する場合、過少生産となるから、生産を奨励する必要がある。つまり、**生産することに対して補助金を支給**すればよい(ピグー補助金)。

次の図で、パレート最適な生産量は点Gで決まるから、財の生産1個当たりh^*＝HGだけ補助金を支給することで、パレート最適な生産量x^*が実現し、総余剰は最大化されて面積ア＋イとなる(詳細は後述)。

生産補助金の場合、パレート最適なx^*における外部経済の増加HGを生産1個当たりの補助金h^*として支給すればよい。

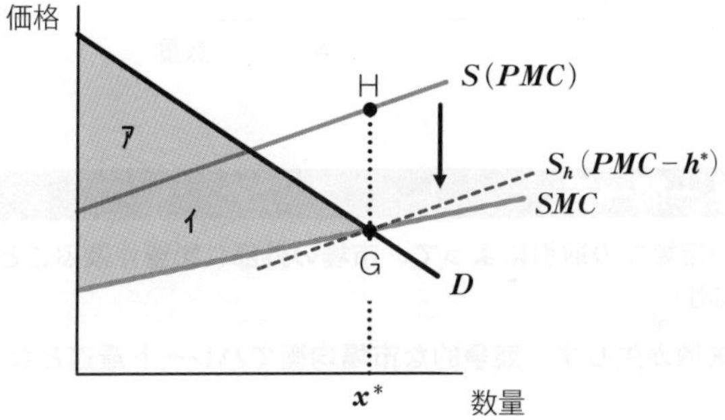

また、外部経済の場合にも、ピグー政策として、消費1個当たりに補助金h^*を支給することで同じ結果が得られる。

4 余剰分析の詳細 発展

試験では、細部まで問われることはないが、念のため紹介する。

ピグー補助金(ここでは生産補助金)を生産者に支給すると、

消費者余剰ア＋イ＋オ(均衡価格＝点Gの水準)

生産者余剰イ＋ウ(生産者価格＝点Gの水準＋補助金HG)

外部経済エ＋オ＋カ(供給曲線*S*と社会的限界費用曲線*SMC*の間)

だけ、プラスの余剰が発生するのに対して、

補助金総額イ＋ウ＋エ＋オ

だけ、マイナスの余剰が発生する。よって、

総余剰＝(ア＋イ＋オ)＋(イ＋ウ)＋(エ＋オ＋カ)－(イ＋ウ＋エ＋オ)

＝ア＋イ＋オ＋カ

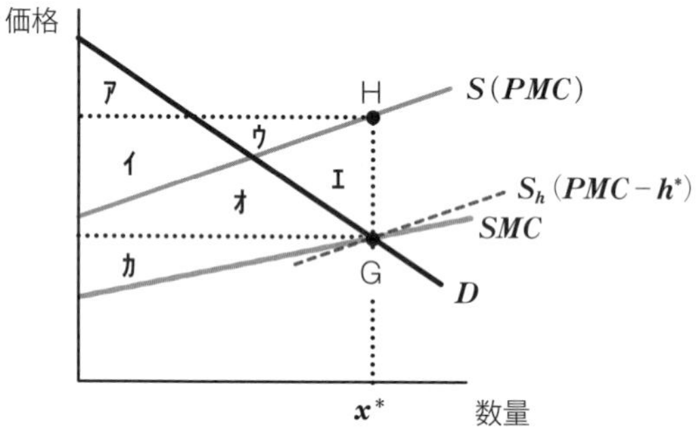

重要事項 一問一答

01 ある財の市場での取引によって、市場の外部に影響が及ぶことを何というか。

外部効果(外部性)

02 市場の失敗が生じず、競争的な市場均衡でパレート最適となるのはどんな外部性か。

金銭的外部性

ある市場から、別の市場に影響が及ぶが、価格を通じた影響であるため、市場の失敗は生じない。

03 競争的な市場均衡においても市場の失敗が発生するのはどんな外部性か。

技術的外部性

公害のように、(公害そのものに)価格が付かない場合、市場の失敗が生じる。負の外部性を外部不経済、正の外部性を外部経済という。

04 パレート最適な取引量は、需要曲線と何の交点で決まるか。

社会的限界費用曲線

05 外部不経済の場合、パレート最適な生産量（取引量）と比較してどんな生産量となるか。

過剰

社会的限界費用が私的限界費用より大きいため、需要曲線と供給曲線(私的限界費用曲線)の交点では過剰となり、市場の失敗が生じる。

06 外部経済の場合、パレート最適な生産量と比較してどんな生産量となるか。

過少

社会的限界費用が私的限界費用より小さいため、需要曲線と供給曲線(私的限界費用曲線)の交点では過少となり、市場の失敗が生じる。

07 外部性を是正することを何というか。

外部性の内部化

08 外部不経済を内部化する方法として、課税や補助金を用いることを何というか。

ピグー政策

外部不経済を発生させている企業の生産に課税したり、減産に補助金を支給することでパレート最適な生産量を実現したりすることができる。

09 コースの定理が成立するための条件は何か。

交渉にかかる取引費用がないこと

この場合、外部不経済の発生者とその影響を受ける者が自発的に交渉することで、パレート最適な生産量を実現できる。これをコースの定理という。

10 コースの定理では、当事者のうち、どちらがどちらに金銭を支払うか。

どちらでもよい

所得分配はまったく別の問題であり、これに左右されることなく、取引費用がなければ、パレート最適な資源配分が実現する。

11 企業間の交渉によって実現するパレート最適な生産量は、これらの企業の何を最大化する生産量か。

利潤の和

過去問 Exercise

問題1 下の図は、完全競争市場において企業が外部不経済を発生させているときの状況を、縦軸に価格を、横軸に数量をとり、需要曲線をD、私的限界費用曲線をPMC、社会的限界費用曲線をSMCで表したものである。この場合の余剰に関する記述として、妥当なのはどれか。

特別区Ⅰ類2013

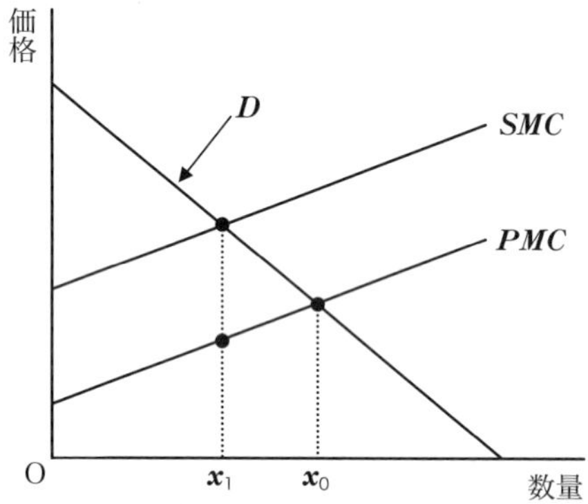

❶ 生産量がx_0のとき、企業に補助金を支給して生産量をx_1に減少させると、生産者余剰は増加するが、社会全体の余剰は減少する。

❷ 生産量がx_0のとき、企業に補助金を支給して生産量をx_1に減少させると、消費者余剰と社会全体の余剰は、ともに減少する。

❸ 生産量がx_1のとき、企業に補助金を支給して生産量を増加させると、社会全体の余剰は増加する。

❹ 生産量がx_0のとき、企業に課税して生産量をx_1に減少させると、社会全体の余剰は増加するが、生産者余剰は減少する。

❺ 生産量がx_1のとき、企業に課税して生産量をx_1よりも減少させると、社会全体の余剰は増加するが、消費者余剰は減少する。

解説　　正解 ❹

全体を通じて、パレート最適な生産量と総余剰(社会的余剰)の変化について問われている。パレート最適な生産量は、需要曲線(社会的な限界便益・限界評価)と社会的な限界費用曲線SMCの交点で決定されるx_1であり、このとき、総余剰は最大化される。

生産量がパレート最適な大きさと比較して、過少であっても、過剰であっても、総余剰はその最大値から必ず減少する(要するに、総余剰を最大化する生産量は、x_1のほかに一つもない)。

したがって、パレート最適でない生産量(例えば、市場の自由な取引による均衡数量x_0)からパレート最適な生産量に変えることができれば、総余剰は必ず増大する。

この点に注意すると、各選択肢について、

❶・❷は生産量をx_0からパレート最適なx_1に減少させると、総余剰は必ず増加する。

❸・❺は生産量をパレート最適なx_1から増加させても減少させても、総余剰は必ず減少する。

以上から、❹のみ正解となる。

❹については、企業に課税することから、生産者余剰は減少する。

なお、❶・❷の減産補助金(「生産量を…減少させる」)の場合、消費者余剰は課税と同様に減少するが、生産者余剰は、課税では減少するが、減産補助金の場合には増加する。

[参　考] 減産補助金における生産者余剰

当初、価格p_0でx_0だけ生産すると、生産者余剰は、エ＋オの面積に等しい。

減産1個につきABを支給すると、価格p_1でx_1だけ生産する。このときイ＋ウ＋オ＋カだけ補助金を受け取る。よって、生産者余剰は、生産する部分のア＋エ、減産する部分のイ＋ウ＋オ＋カとなる。

よって、ア＋イ＋ウ＋カだけ増加している。

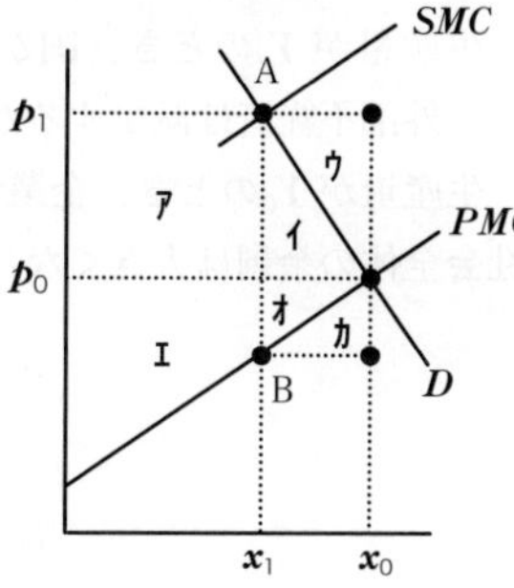

問題2　下の図は、ある企業が外部不経済を発生させながら操業しているときの、私的限界費用曲線、社会的限界費用曲線及びこの企業が直面する需要曲線を描いたものである。この図に関する次のA～Eに関する記述のうち、適当なもののみを全て挙げているものはどれか。

裁判所一般職2014

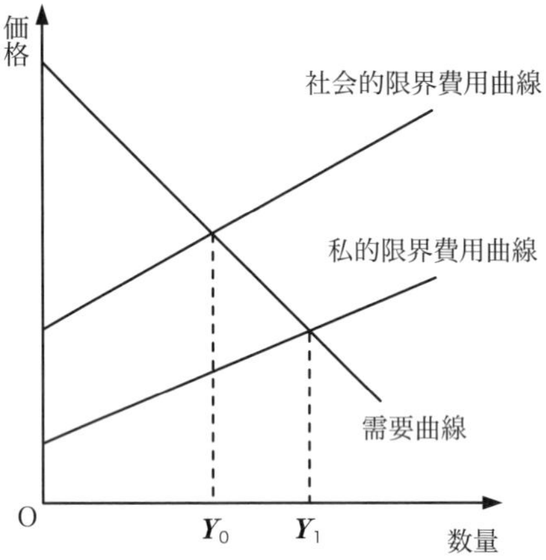

A　生産量が Y_1 のとき、直接規制により、生産量の上限を Y_0 にすることで、外部不経済は減少するが、社会全体の余剰は変化しない。

B　生産量が Y_1 のとき、企業に対して生産量に比例した適切な課税をして、生産量を Y_0 にすることで、社会全体の余剰は大きくなる。

C　生産量が Y_1 のとき、企業が被害者に損害額を賠償することにより、生産量は減少し、社会全体の余剰は大きくなる。

D　生産量が Y_1 のとき、国が企業に減産補助金を出して生産量を Y_0 にすることで、外部不経済は減少するが、社会全体の余剰は小さくなる。

E　生産量が Y_0 のとき、企業が被害者に損害額を賠償し、生産量を増加させると、社会全体の余剰は大きくなる。

❶ B、C

❷ C、E

❸ A、B、E

❹ A、D、E

❺ B、C、D

解説

正解 ❶

図から、パレート最適な生産量はY_0だから、これ以外の生産量から、Y_0にすることができれば、総余剰(社会全体の余剰)は増加する。逆に、生産量をY_0から変更すると、総余剰は減少する。

この点を検討すると、正しい可能性のある記述はB・Cのみとなる。❶が該当する。

なお、記述Cについては、企業が外部不経済による損害を賠償する場合、賠償金(企業にとっては費用)として外部不経済を認識するようになるため、生産量は減少する。この結果、通常はY_0に到達すると考えてよい(仮に、Y_0まで減らなかったとしても、過剰な生産量が(過少にならない範囲で)削減されることで、総余剰は増加する)。

また、企業が直面する需要曲線が右下がりであるため、価格支配力を持っている(不完全競争)が、生産量が明記されているので特に利潤最大化を考慮する必要はない。

問題3　ある財に対する社会の需要曲線は、$d=120-2p$で表されるものとする[d：需要量、p：価格]。この財を１単位追加的に生産するための限界費用は35で一定であり、完全競争市場の下で供給されているとする。

ただし、この財を１単位追加的に生産するに当たっては、大気汚染が生じるため、社会的コストが７だけかかるとする。

このとき、市場の自由な取引に委ねた場合の総余剰はいくらか。

国家一般職2014

1. 250
2. 275
3. 300
4. 325
5. 350

解説

正解 2

私的限界費用曲線*PMC*（供給曲線）は、$p=35$、外部不経済の限界的な費用（限界被害）は7だから、社会的限界費用曲線*SMC*は、$p=35+7=42$である。

自由な取引における均衡数量*x*は、

$$\left.\begin{array}{l} d=120-2p \\ p=35(PMC) \end{array}\right\} \rightarrow d=120-2\cdot\underbrace{35}_{p}=50 \text{（}x\text{と置く）}$$

であり、パレート最適な数量x^*は、

$$\left.\begin{array}{l} d=120-2p \\ p=42(SMC) \end{array}\right\} \rightarrow d=120-2\cdot\underbrace{42}_{p}=36\text{（}x^*\text{と置く）}$$

したがって、自由な取引における総余剰は、x^*までは面積アだけ発生し、過剰生産分のx^*から*x*までは、面積イの分だけ減少する。つまり、アーイを求めればよい。

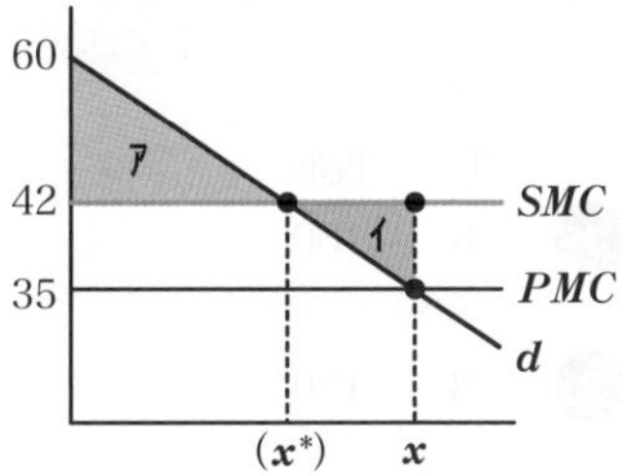

$$ア=(60-42)\cdot\frac{\overbrace{36}^{x^*}}{2}=18^2$$

$$イ=7\cdot\frac{\overbrace{50}^{x}-\overbrace{36}^{x^*}}{2}=7^2$$

より、求める総余剰は、

$$18^2-7^2=(18+7)(18-7)=25\cdot11=275$$

ここでは、$a^2-b^2=(a+b)(a-b)$とした。思い出せなければ、単に計算するだけ。

$$18^2-7^2=324-49=275$$

第5章 市場メカニズムの限界

問題4 完全競争市場において、市場全体の私的総費用が、

$$PC=X^2+20X+10$$

［PC：私的総費用の大きさ、X：財の生産量］

と表されるものとし、生産に伴う外部不経済から、

$$C=\frac{1}{2}X^2$$ ［C：外部不経済による費用］

が社会的に発生するとする。

また、この市場の需要関数が、

$$X=-\frac{1}{2}P+50$$ ［P：財の価格］

で表されるとき、政府がこの市場に対して、生産量１単位につき T の課税をする場合、総余剰が最大となる「T」と「税収」の組合せとして、妥当なのはどれか。

特別区Ⅰ類2020

	T	税収
1	8	100
2	8	120
3	16	104
4	16	208
5	16	256

解説

正解 5

総余剰を最大化する課税はピグー税である。ピグー税を課すことでパレート最適な生産量が、需要曲線Pと社会的限界費用曲線SMCの交点で実現する。

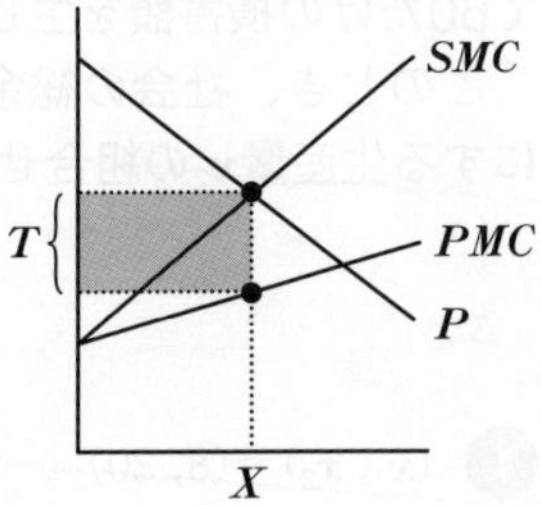

私的限界費用PMC（私的総費用PCを生産量について微分したもの）と限界被害（外部不経済による費用Cを生産量について微分したもの）を合計すると、社会的限界費用曲線SMCが得られる。

$$PC=X^2+20X+10 \rightarrow PMC(=PC')=2X+20 \cdots(1)$$

$$C=\frac{1}{2}X^2 \rightarrow C'=X \cdots(2)$$

$$SMC=\underbrace{(2X+20)}_{(1)PMC}+\underbrace{X}_{(2)C'}=3X+20 \cdots(3)$$

これと需要曲線の交点における生産量はパレート最適である。

$$X=-\frac{1}{2}P+50 \rightarrow P=100-2X \rightarrow \overbrace{3X+20}^{(3)SMC}=\overbrace{100-2X}^{P} \rightarrow 5X=80$$

$$\rightarrow X=16 \cdots(4)$$

パレート最適な生産量のときの、社会的限界費用SMCと私的限界費用PMCの差を1単位あたりのピグー税Tとすればよい。

$$\left.\begin{array}{l}(3)\ SMC=3X+20\\(1)\ PMC=2X+20\end{array}\right\} \rightarrow SMC-PMC=(3X+20)-(2X+20)=X$$

したがって、(4) $X=16$を代入して、

$$T=SMC-PMC=X=16$$

1単位あたりの税$T=16$に生産量$X=16$をかけたものが税収だから、

$$T \cdot X=16 \cdot 16=256$$

問題5

ある企業はX財を価格100の下で生産しており、その企業の費用関数は以下のように示される。

$C(x)=2x^2$ ［$C(x)$：総費用、x：X財の生産量］

また、この企業はX財を1単位生産するごとに、社会に環境被害として60だけの損害額を生じさせるものとする。

このとき、社会の総余剰を最大にする生産量x_1と、企業の利潤を最大にする生産量x_2の組合せ(x_1, x_2)として妥当なのはどれか。

国家一般職2019

1. $(x_1, x_2)=(8, 20)$
2. $(x_1, x_2)=(8, 25)$
3. $(x_1, x_2)=(10, 20)$
4. $(x_1, x_2)=(10, 25)$
5. $(x_1, x_2)=(12, 20)$

解説

正解 ❹

単純なx_2から先に求める。価格が$P=100$で一定であり、利潤最大化条件は、価格＝(私的)限界費用である。ここで、(私的)限界費用MCは、

$$C(x)=2x^2 \quad \rightarrow \quad MC(=C')=4x$$

だから、これを価格と一致させて、

$$\overbrace{4x}^{MC}=\overbrace{100}^{P} \quad \rightarrow \quad x=25(=x_2)$$

よって、❷・❹のいずれかである。

総余剰を最大にする生産量x_1は、価格$P=100$（限界便益）と社会的限界費用を一致させる大きさである。社会的限界費用SMCは、(私的)限界費用MCに、限界被害60を足したものである(外部不経済全体は$60x$と考えてよい)。

パレート最適条件$P=SMC$を適用すると、

$$\overbrace{100}^{P}=\underbrace{\overbrace{4x}^{MC}+60}_{SMC} \quad \rightarrow \quad x=10(=x_1)$$

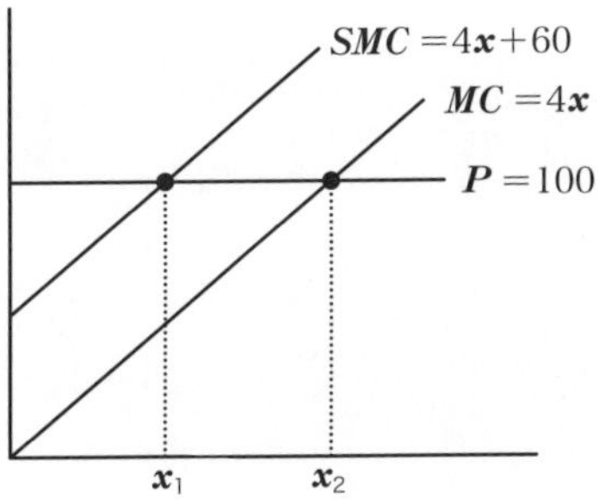

問題6　X財を生産する企業１とY財を生産する企業２の間には外部性が存在し、企業１は企業２に外部不経済を与えているとする。

企業１の費用関数は、

$c_1=2x^2$　[x：企業１の生産量、c_1：企業１の総費用]

で表されるものとする。

他方、企業２の費用関数は、

$c_2=2y^2+8x$　[y：企業２の生産量、c_2：企業２の総費用]

で表され、企業２は企業１の生産量xに影響を受け、損害（追加的費用）を受けているとする。

X財とY財の価格は完全競争市場において決定され、X財の価格は80、Y財の価格は60とする。

いま、二企業間で外部性に関して交渉が行われ、二企業の利潤の合計を最大化するように生産量を決めることが合意された場合、企業１の生産量xはいくらになるか。なお、交渉のための取引費用は一切かからないものとする。

国家一般職2016

1. 10
2. 15
3. 18
4. 20
5. 24

解説

正解 ③

交渉によってパレート最適な生産量が実現する。このとき、各企業の生産量は、利潤の合計を最大化する大きさになる。

いずれにせよ、パレート最適条件は、各財について、

限界便益(財の価格)＝(私的)限界費用＋限界被害

で表される(右辺は、社会的限界費用 ***SMC***)。

X財について、(私的)限界費用 MC_1 (通常の限界費用)は、

$$c_1 = 2x^2 \rightarrow MC_1 \ (= c_1') = 4x$$

である。企業1が生産量を1個増やすたびに、企業2は、

$$c_2 = \underbrace{2y^2}_{x\text{に無関係}} + \underbrace{8x}_{x\text{による損害}} \rightarrow \frac{\Delta c_2}{\Delta x} = 0 + (8x)' = 8$$

だけ外部不経済による損害が増加する(限界被害)。

よって、X財のパレート最適条件は、X財価格が $p_x = 80$ だから、

$$\underbrace{p_x}_{\text{限界便益}} = \underbrace{\overbrace{MC_1}^{\text{限界費用}} + \overbrace{\Delta c_2/\Delta x}^{\text{限界被害}}}_{\text{社会的限界費用}SMC} \rightarrow 80 = 4x + 8 \rightarrow x = \frac{72}{4} = 18$$

問題7 X財を生産する企業1とY財を生産する企業2の間には外部性が存在し、企業1の生産活動が企業2に外部不経済を与えているとする。二つの企業の費用関数がそれぞれ以下のように示される。

$c_1 = x^2$ ［c_1：企業1の総費用、x：企業1のX財の生産量］

$c_2 = y^2 + xy$ ［c_2：企業2の総費用、y：企業2のY財の生産量］

いま、X財とY財の市場価格はそれぞれ40と50であり、一定であるものとする。このとき、合理的で利潤を最大化する二企業間で外部不経済に関して交渉が行われないときの二企業の利潤の合計の大きさと、二企業間で外部不経済に関して交渉が行われ、二企業の利潤の合計を最大化するときの二企業の利潤の合計の大きさの差はいくらか。

ただし、交渉が行われる場合において、交渉のための取引費用は一切かからないものとする。

国家一般職2019

1. 75
2. 90
3. 105
4. 120
5. 135

解説

正解 ❶

[交渉前] 各企業は、自己の生産物について利潤最大化

交渉が行われない場合、各企業は利潤を最大化する。

❶ 企業1

企業1について、利潤最大化条件（価格p_x＝限界費用MC_1）を適用すると、

$$c_1=x^2 \rightarrow MC_1=2x \rightarrow \underbrace{40}_{p_x}=\underbrace{2x}_{MC_1}\cdots(1) \rightarrow x=20\cdots(2)$$

❷ 企業2

企業2について、利潤最大化条件（価格p_y＝限界費用MC_2）を適用すると、

$$c_2=y^2+xy \rightarrow MC_2\left(=\frac{\Delta c_2}{\Delta y}\right)=(y^2)'+x\cdot(y)'=2y+x\cdot 1=2y+x$$

$$\rightarrow \underbrace{50}_{p_y}=\underbrace{2y+x}_{MC_2}\cdots(3) \rightarrow 50=2y+\underbrace{20}_{(2)x} \rightarrow 2y=30 \rightarrow y=15\cdots(4)$$

❸ 利潤の合計

企業1の利潤π_1と企業2の利潤π_2は、

$$\pi_1=\underbrace{40}_{p_x}x-\underbrace{x^2}_{c_1}=(40-\underbrace{x}_{(2)})\underbrace{x}_{(2)}\cdots(5)$$

$$=(40-20)20=20^2$$

$$\pi_2=\underbrace{50}_{p_y}y-\underbrace{(y^2+xy)}_{c_2}=50y-y^2-xy$$

$$=(50-\underbrace{y}_{(4)}-\underbrace{x}_{(2)})\underbrace{y}_{(4)}\cdots(6)$$

$$=(50-15-20)\cdot 15=15^2$$

であるから、合計は、

$$\pi_1+\pi_2=20^2+15^2\cdots(A)$$

[交渉後] 交渉によってパレート最適条件が成立（利潤の合計を最大化）

❹ X財のパレート最適生産量

X財のパレート最適条件は、

p_x（限界便益）＝X財生産の限界費用MC_1＋限界被害

右辺第２項の限界被害は、企業２の総費用c_2を企業１の生産量xについて微分したものである。

$$c_2 = \underbrace{y^2}_{x\text{に無関係}} + xy \rightarrow \frac{\Delta c_2}{\Delta x} = 0 + (x)' \cdot y = 1 \cdot y = y \cdots (7)$$

したがって、X財のパレート最適条件は、(1)の右辺に(7)を付け加えて、

$$(1)\quad \underbrace{40}_{p_x} = \underbrace{2x}_{MC_1} + \underbrace{y}_{(7)} \rightarrow y = 40 - 2x \cdots (8)$$

❺ Y財のパレート最適生産量

Y財を生産しても外部不経済が発生しないため、パレート最適条件は(3)と同じである。(8)を代入すると、

$$(3)\underbrace{50}_{p_y} = \underbrace{2y + x}_{MC_2} \rightarrow 50 = 2\underbrace{(40 - 2x)}_{(8)y} + x \rightarrow 3x = 30 \rightarrow x = 10 \cdots (9)$$

$$\rightarrow (8)\ y = 40 - 2\underbrace{x}_{(9)} = 40 - 2 \cdot 10 = 20 \cdots (10)$$

❻ 利潤の合計

企業１の利潤(5)は、

$$(5)\pi_1 = (40 - \underbrace{x}_{(9)})\underbrace{x}_{(9)} = (40 - 10)10 = 30 \cdot 10$$

企業２の利潤(6)は、

$$(6)\ \pi_2 = (50 - \underbrace{y}_{(10)} - \underbrace{x}_{(9)})\underbrace{y}_{(10)} = (50 - 20 - 10) \cdot 20 = 20^2$$

よって、合計は、

$$\pi_1 + \pi_2 = \underbrace{30}_{15\times 2} \cdot 10 + 20^2 = 15 \cdot 20 + 20^2 \cdots (B)$$

最後に、(B)から(A)を引いて差を求めると、

$$\underbrace{(15 \cdot 20 + 20^2)}_{(B)} - \underbrace{(20^2 + 15^2)}_{(A)} = 15 \cdot 20 - 15^2 = 15(20 - 15) = 75$$

★★★

3 公共財の最適供給

これまでは、財の消費について、主に効用最大化との関連から、お金を支払い需要するということだけを考えてきました。
ここでは、財の消費そのものに関する二つの特殊な性質を考えます。その上で、これまでと全く異なる性質を持つ財を考え、資源配分の効率性についても見直していきます。

1 公共財

治安や国防・外交などは、**公共財**(**純粋公共財**)と呼ばれ、これまで見てきた通常の財(**私的財**という)と区別される。公共財の供給を市場に任せると市場の失敗が生じる。

例1

Aさんと B さんは防犯のため、自分の家の周囲に外灯(ライト)をいくつか設置した。おかげで、AさんとBさんの住む町内は夜でも安全である。また、多くの人が、夜間、この町内を通行して帰宅するが、外灯のおかげで安心して帰ることができる。

この話には、公共財が持つ二つの性質が織り込まれている。

1 消費の非排除性(排除不可能性)

前掲の例で、外灯の設置費用や電気代などは、AさんとBさんが支払っている。「安全だ」と感じる(効用が増加する)のは、AさんとBさんだけでなく、夜間にそこを通行する他の人も同じだが、AさんとBさんが全員から利用料金を取り立てるのは不可能である(毎日、明け方までずっと見張るのは困難であり、誰かを雇って代わりに見張ってもらうのは費用がかかる)。

公共財の消費者(全員)から料金(対価)を徴収するのは難しく、**対価を支払わない者の消費をやめさせることができない**。これを**消費の非排除性**(**排除不可能性**)という。

また、対価を支払わずに消費することを「**ただ乗り**」、ただ乗りする者を「**フリーライダー**」と呼び、消費の非排除性の問題を**フリーライダー問題**という。

これに対して、私的財（普通の店で販売されている財）では、対価を支払わない者は買うこと（消費すること）ができない。つまり、排除可能である。

2 消費の非競合性

公共財がいったん供給されると、**誰でも同じだけ消費することが可能**である。外灯の下を歩くとき、誰かが「安心だ」と感じても、別の誰かが同じように「安心だ」と感じることができる（別の誰かの安心が減ることはない）。

このように、誰かの消費によって、別の誰かの消費が妨げられない性質を**消費の非競合性**という。

私的財の場合、例えば、お店に同じマンガ（週刊）が50冊売られていれば、（のべ）50人まではそのマンガを買うことができるが、51人目以降の人は、売り切れのため消費することができない。私的財の場合、誰かの消費が、別の誰かの消費と競合してしまい、それを欲しがる全員が消費できるわけではない。

消費の非排除性と非競合性を併せ持つ財を**公共財**という。逆に、**私的財**（通常の財）は、消費の排除性（排除可能性）と競合性を併せ持つ。

2 公共財の過少供給

公共財の二つの性質から、公共財を私的に供給する（民間が供給する）と、**パレート最適な供給量**（社会にとって望ましい供給量）**より過少になる**（市場の失敗）。

1 消費の非排除性（排除不可能性）と過少供給

消費の非排除性から、対価（代金、料金）を支払わない者の消費を止めることができないため、公共財の供給者はコストを十分に回収することができない。したがって、民間に公共財の供給を任せても、十分な量を供給しない。

2 消費の非競合性と過少供給

消費の非競合性は、外部経済（正の外部性）の好例である。外灯のように、他の人々（社会）に良い効果をもたらすため、社会的にはもっと供給すべきであるが、民間の供給者は価格に見合う分しか供給しない。

このように、二つの性質どちらをとっても民間に任せると過少供給となり、市場の失敗が生じる。このため、政府が供給することが望まれる。

3 サミュエルソン条件

1 サミュエルソン条件

これまで見てきた通り、財の供給量がパレート最適なとき、次の条件を満たす[1]。

社会的限界評価(限界便益)＝社会的限界費用

ここでは、社会的限界費用を通常の限界費用MCとする(供給者の私的限界費用)。

財(の消費)に対する私的な(個人的な)限界評価(限界便益)は、需要曲線の高さPで表され、消費者が支払ってもよい価格を表す。

公共財の社会的限界便益は、各個人(消費者)の公共財に対する限界評価(限界便益)を足し合わせたものであり、**公共財の最適供給条件**は、

各個人の公共財の限界評価の和＝公共財の限界費用

で表される。この条件を**サミュエルソン(サムエルソン)条件**と呼ぶ。

私的財の場合、特定の1個から便益を得るのは、その1個を消費する人に限定される(10個目を消費して便益が増加するのは、10個目を消費するその人のみ)。

これに対して、消費の非競合性を持つ公共財の場合、公共財1個1個がすべての個人に便益をもたらすため、社会的な限界評価(社会全体で増加する便益の大きさ)は、全員の限界評価を合計したものになる。

例2

個人AとBの公共財の需要曲線が、

$P_A = 120 - 2D_A$

$P_B = 60 - D_B$ ［P_i：個人iの限界評価、D_i：個人iの需要量、$i = A, B$］

で示されている。公共財の供給について、限界費用は$MC = 30$で一定である。

● **消費の非競合性**

公共財がxだけ供給されると、すべての個人がxだけ消費することが可能になる。

$D_A = D_B = x$

つまり、公共財の非競合性は個人間で**等量消費**をもたらす。

1 これまで通り、限界評価と限界便益を同じとして扱うが、公共財の出題では限界評価の方を使うことが多いので、ここでもそれに従う。また、試験では、「パレート最適」の「パレート」が省かれることが多い。

● 公共財の最適供給(量)

サミュエルソン条件($P_A+P_B=MC$)を適用する。等量消費に注意して、各個人の限界評価を合計し(社会的限界評価)、限界費用と一致させると、

$$\left.\begin{array}{l} P_A=120-2D_A \\ P_B=60-D_B \\ D_A=D_B=x \\ MC=30 \end{array}\right\} \rightarrow \overbrace{(120-2\underbrace{x}_{D_A})}^{P_A}+\overbrace{(60-\underbrace{x}_{D_B})}^{P_B}=\overbrace{30}^{MC}$$

$$\rightarrow \overbrace{180-3x}^{P_A+P_B}=\overbrace{30}^{MC}$$

$$\rightarrow \quad 3x=150 \quad \rightarrow \quad x=50$$

よって、最適な供給量は50である。

● 公共財に対する各個人の限界評価

$x=50$を各個人が消費するとき、

$$P_A=120-2x=120-100=20$$

$$P_B=60-x=60-50=10$$

となって、**限界評価が個人間で一致する保証はない。**

上記の通り、計算する分には図は必要ないが、公共財の需要曲線は、各個人の限界評価(限界便益)の合計だから、図では垂直和として表される。

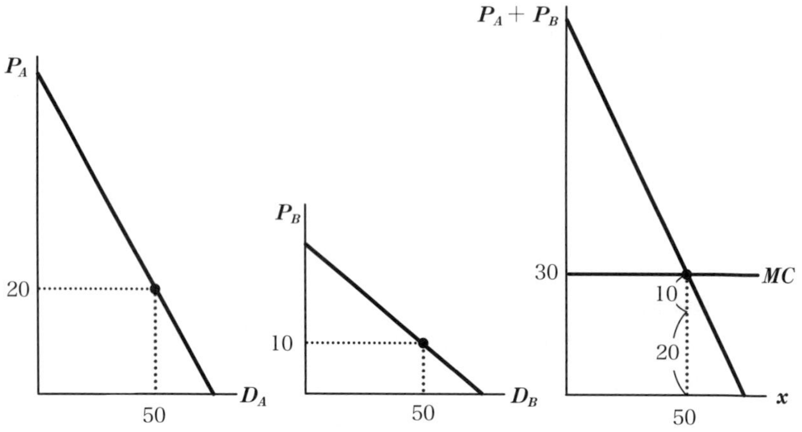

(注)紙面の都合上、右のグラフは、左と中央のものより縮小して描いている。

2 私的財のケース 発展

上記の例を使い、この財が私的財だった場合のパレート最適(供給)条件を解く。

例3

個人AとBの財の需要曲線が、

$P_A=120-2D_A$

$P_B=60-D_B$ ［P_i：個人iの限界評価、D_i：個人iの需要量、$i=A,\ B$］

で示されている。財の供給について、限界費用は$MC=30$で一定である。

● $P=MC$

私的財では、需要曲線(左辺P)と供給曲線(右辺MC)が一致するとき、パレート最適となる。限界費用$MC=30$だから、価格が限界費用に一致するとき、

$$P=\underbrace{30}_{MC}$$

● 価格と私的な限界評価（限界便益）

各個人は、自分の限界評価が価格$P=30$に一致するまで財を需要する[2]。

$$P_A=120-2D_A=\underbrace{30}_{P} \ \rightarrow\ 2D_A=90\ \rightarrow\ D_A=45$$

$$P_B=60-D_B=\underbrace{30}_{P} \ \rightarrow\ D_B=30$$

● パレート最適な供給量

私的財の場合、消費の競合性があるから、パレート最適な供給量xは、上記で求めた需要量の和に一致する。

$$x=D_A+D_B=45+30=75$$

● 公共財との違い

私的財の場合、各個人の限界評価は一致するが、各個人の需要量が一致する保証はない。

$$P_A=P_B=P$$

$$D_A(=45)\neq D_B(=30)$$

2 支払ってもよい価格が、実際の価格を下回らない限り、個人は財を需要し続ける。こうすることで、自分の消費者余剰を最大化し（∵効用最大化）、市場全体でも消費者余剰が最大化される。

例題5-5

消費者AとBの公共財に対する限界評価が次に示されている。

$P_A = 100 - D_A$

$P_B = 60 - D_B$　[P_i：消費者iの限界評価、D_i：消費者iの需要量、$i = A, B$]

公共財生産の限界費用が80のとき、公共財の最適な供給量はいくらか。

解説

公共財に関する消費の非競合性から等量消費が成り立つ。公共財の供給量をxとして、$x = D_A = D_B$が成り立つ。

公共財の最適な供給量は、サミュエルソン条件を成立させるから、社会的な限界評価と限界費用を一致させればよい。公共財の社会的限界評価は、各消費者の限界評価の和である。

$$\left.\begin{aligned} P_A &= 100 - D_A = 100 - x \\ P_B &= 60 - D_B = 60 - x \end{aligned}\right\} \rightarrow \quad P_A + P_B = 160 - 2x$$

よって、サミュエルソン条件を適用して、

$$160 - 2x = 80 \quad \rightarrow \quad x = 40$$

このとき、各消費者の限界評価は正だから、解として相応しい。

4 リンダール・メカニズム

サミュエルソン条件によって、公共財の最適供給量が示されたが、民間による供給では過少になってしまう。サミュエルソン条件を満たすためには、誰がどのようにして公共財を供給すればよいのだろうか。

この問いに対する一つの答えが、以下の**リンダール・メカニズム**である。

1 リンダール・メカニズムとリンダール均衡

例4

個人AとBからなる経済において、公共財の限界費用が30であるとする。また、各個人の公共財需要曲線が次のように示されている。

$P_A = 120 - 2D_A$

$P_B = 60 - D_B$　　[D_i：個人iの需要量、$i = A, B$]

ただし、P_iは個人iが負担する公共財1単位あたりの費用である。

いま、**政府は各個人に対して公共財の費用負担(価格)を通知し、その費用負担の下、公共財をどれくらい需要したいか申告させる。**

初めに、公共財1単位につき、個人Aには10の負担($P_A=10$)、個人Bには20の負担($P_B=20$)を求めたとする(合計P_A+P_Bは限界費用30に等しい)。

通知を受け取ると、各個人は需要曲線から、

$$\underbrace{10}_{P_A}=120-2D_A \quad\rightarrow\quad D_A=55$$

$$\underbrace{20}_{P_B}=60-D_B \quad\rightarrow\quad D_B=40$$

であることを、それぞれ政府に返信 (申告) する。

政府は、需要量に差があるうちは、**多く申告した個人の負担を引き上げ**、また、**少なく申告した個人の負担を引き下げ**て、再度、通知する。これは、公共財から得られる便益が大きい個人ほどより多くの公共財を需要しようとするので、そうした個人により多くの費用を負担してもらうためである(**受益者負担**、**応益負担**という)。

政府が、個人Aには$P_A=18$、個人Bには$P_B=12$と、再度、通知すると、再び各個人は需要量を申告する。

$$\underbrace{18}_{P_A}=120-2D_A \quad\rightarrow\quad D_A=51$$

$$\underbrace{12}_{P_B}=60-D_B \quad\rightarrow\quad D_B=48$$

$D_A>D_B$だから、政府は個人Aの負担を少し引き上げ、その分、個人Bの負担を引き下げる($P_A+P_B=30$)。$P_A=20$、$P_B=10$を各個人に通知すると、需要量が一致する。

$$\underbrace{20}_{P_A}=120-2D_A \quad\rightarrow\quad D_A=50$$

$$\underbrace{10}_{P_B}=60-D_B \quad\rightarrow\quad D_B=50$$

申告された**需要量が一致すると、このプロセスは完了**し、政府は公共財を50単位供給し、各自の費用負担を、1単位あたり、$P_A=20$、$P_B=10$として徴収する。

このプロセスを経て実現する状態を**リンダール均衡**と呼ぶ。リンダール均衡においては、公共財消費の非競合性(等量消費)にうまく対処しつつ、サミュエルソン条件を満たす($P_A+P_B=MC$)から、**公共財の供給量は最適**となる。

［参　考］費用負担の割合

リンダール均衡では、各自の費用負担の割合が決まる。限界費用$MC = 30$のうち、個人Aは$P_A = 20$、個人Bは$P_B = 10$であるから、それぞれの負担割合は、

$$\frac{P_A}{MC} = \frac{20}{30} = \frac{2}{3}$$

$$\frac{P_B}{MC} = \frac{10}{30} = \frac{1}{3}$$

2 リンダール・メカニズムの問題点

リンダール・メカニズムでは、公共財需要について、どの個人にも**虚偽の申告をするインセンティブがある**。これは、(各個人の需要曲線を正確に把握できない)政府に対して、「その公共財はそんなに必要じゃない」と過少申告すれば、自分の費用負担を減らした上で、公共財を消費することができるためである。

例えば、(橋が純粋に公共財かどうかはさておき)川の両岸の住民に対して、費用負担を求めたうえで橋をかけるとする。住民の中には、「そんな橋は要らないし、1円も支払わない」という者がいるだろう。この住民が費用負担をしなくても、いったん、橋がかけられると、その人も橋を利用することができるだろう。

つまり、リンダール・メカニズムでは、**フリーライダー問題を解決できない**ため、パレート最適であるリンダール均衡にはたどり着かない。

5 準公共財

公共財(純粋公共財、純公共財)は、消費の非排除性(排除不可能性)と消費の非競合性を併せ持つ財として議論してきたが、現実的には、二つの性質のうち、どちらか一方がない(弱い)財も存在する。それらの財を**準公共財**と呼ぶが、準公共財は二つの性質のうち、どちらを持つかによってさらに分類できる。

	非競合性	競合性
非排除性	純粋公共財	共有財（準公共財）
排除性	クラブ財（準公共財）	私的財

準公共財のうち、**クラブ財**は、消費の非排除性がなく(つまり排除可能)、料金を支払いさえすれば、誰でも同じだけ消費することができる(消費の非競合性を持つ)。有料の衛星放送や有料のインターネット放送などが該当し、会員制(料金制)のクラブ(スポーツクラブやジムなど)に由来する。有料の高速道路や有料の公園(アミューズメント・パークなど)はクラブ財である。

また、準公共財のうち、**共有財**(混雑可能な財、共有資源、共有地、コモンズ)は、消費の非排除性がある(排除不可能)ものの、利用者が一気に増えることで、利用できない者が出てしまう(消費に競合性がある)。無料の道路や無料の公園は共有財であり、混雑可能な財である[3]。

共有財の重要な例として、**共有地の悲劇**が挙げられる。牧草地や魚などの水産資源は、大勢が利用することで減少し、やがて誰も利用できなくなるかもしれない。

3 長期休暇の際、有料の高速道路が渋滞するニュースが（いつも）流れるが、料金を引き上げれば緩和できる。つまり、排除可能なクラブ財は非競合性を持つ（混雑しない）。

重要事項 一問一答

01 公共財（純粋公共財、純公共財）の特徴は何か。

消費の非排除性（排除不可能性）と非競合性

02 消費の非排除性または非競合性のどちらか一方を持つ財を何というか。

準公共財

消費の非競合性のみを持つ財をクラブ財、消費の非排除性のみ持つ財を共有財・混雑可能な財などと呼ぶ。

03 消費の非排除性によって、公共財の自発的供給（市場による供給）がパレート最適な供給量と比較して、過少供給となる原因を何の問題というか。

フリーライダー問題

対価を支払わずに消費する者の存在によってパレート最適な供給量と比較して、過少供給となる(市場の失敗)。

04 公共財が持つ正の外部性（外部経済）によって、社会的に望ましい水準よりも過少となるか過剰となるか。

過少（市場の失敗）

消費の非競合性により、誰でも同じだけ需要することができる(多くの人に便益が及ぶ)から、社会的にはもっと供給されるべきである。

05 サミュエルソン条件とは何か。

各個人の公共財に対する限界評価の和（社会的限界評価）と公共財生産の限界費用が一致すること

公共財のパレート最適供給量はサミュエルソン条件を満たす。

06 市場メカニズムではうまく供給されない公共財の供給について、政府が市場の代わりを務める方法を何というか。

リンダール・メカニズム

07 リンダール・メカニズムにおける消費者の公共財の費用負担には、どんな原則が適用されるか。

受益者負担の原則（原理）

政府が提示した公共財の生産費用の負担に対して、公共財をたくさん需要したい者(便益をたくさん感じる者)には、費用負担を多く求める。このメカニズムでは、各消費者が需要量を申告し、全員の消費量が同じになる費用負担を各自に求めるというものである。

08 このようにしてたどり着くリンダール均衡では、どんな条件が成立するか。

サミュエルソン条件

リンダール均衡では、公共財の最適な供給が実現する。

09 リンダール・メカニズムの問題点は何か。

フリーライダー問題

各自が公共財需要に関して政府に過少申告するインセンティブを内包するため、フリーライダーを排除できず、パレート最適なリンダール均衡が実現する保証がない。

過去問 Exercise

問題1 100人から成る社会において、ある公共財に対する各個人の限界便益P_i［i=1, 2, …, 100］は、その需要量Dに関して$P_i=10-2D$で表され、100人とも同じである。また、この公共財をSだけ供給するには、限界費用$MC=300S$が必要である。この公共財の社会的に最適な供給量はいくらか。

労働基準監督官2017

1. 1
2. 2
3. 4
4. 5
5. 6

解説

正解 ②

社会的な限界便益は100人の限界便益の総和で表され、これと限界費用が一致するとき、パレート最適な供給量を求めることができる(サミュエルソン条件)。

与えられた各個人の限界便益には既に等量消費が適用されているから、$\boldsymbol{D}=\boldsymbol{S}=\boldsymbol{x}$で置き換える(あるいは$\boldsymbol{D}$を$\boldsymbol{S}$で置き換えるか、その逆でもよい)。サミュエルソン条件を適用すると、

$$\overbrace{100\left(10-2\underbrace{\boldsymbol{x}}_{\boldsymbol{D}}\right)}^{\boldsymbol{P}_1+\boldsymbol{P}_2+\cdots+\boldsymbol{P}_{100}}=\overbrace{300\boldsymbol{x}}^{\boldsymbol{MC}} \rightarrow 10-2\boldsymbol{x}=3\boldsymbol{x} \rightarrow \boldsymbol{x}=2$$

問題2　公共財に関する次のＡ～Ｄの記述のうち、妥当なもののみを全て挙げているのはどれか。

財務専門官2017

A　公共財は、その消費に際して、非排除性及び非競合性の二つの性質を有している。これらのうち非競合性とは、ある主体の利用する財・サービスの量が、他の主体が利用する財・サービスの量に影響することがないという性質である。

B　準公共財とは、非排除性と非競合性という公共財の性質のうち、非排除性のみを有する財・サービスである。準公共財として、医療サービスや教育、警察が挙げられる。

C　公共財の利用に際して、各主体は自分がその公共財にどれだけの価値を認めているかを正直に申告せず、費用負担を避けるフリー・ライダーの問題が発生するが、リンダール・メカニズムに基づく場合には、公共財の最適供給水準が実現しており、フリー・ライダーの問題は発生しない。

D　公共財の供給に係るサムエルソンの公式によれば、社会的にみた公共財の最適供給水準は、社会を構成する各個人の公共財の限界便益の総和が、公共財供給に係る限界費用と等しくなる水準に決まる。

1. A、B
2. A、D
3. B、C
4. B、D
5. C、D

解説

正解 ❷

A ○ 非競合性の定義そのものである。

B × 消費の排除性（排除可能性）を持ち、非競合性を持つクラブ財もまた、準公共財に分類される。

なお、通常、治安関連のもの、司法・警察・消防などは純粋公共財に分類される。これに対して、医療サービスや教育などは、準公共財かどうかは意見が別れる（試験は選択肢の中で最も妥当なものを探すだけであって、世の中のあらゆる知識を問うものではない）。

例えば、現代の医療サービスと教育は、間違いなく消費の排除性を持つ（非排除性はない）。消費の非競合性はどうだろうか。どちらも混雑可能である。ただし、公衆衛生や道徳的な知識人が社会に及ぼす外部経済は、非競合的である。

このため、医療サービスや教育などについては、公共財としての分類ではなく、社会的に促進されるべきものとして、価値財（メリット財）という別の分類で表現されることが多い。

公共財に関する分類の出題については、「政府が供給するものはすべて公共財である」という誤った認識を問うものが多いが、確実な誤り（ここでは準公共財の定義）を見つけるのが常套手段である。

C × リンダール・メカニズムには、フリー・ライダーを防止する仕組みがない。また、「公共財にどれだけの価値を認めているか申告する」という状況自体がリンダール・メカニズムの話だから、この問題文自体がおかしい。

リンダール・メカニズムとリンダール均衡をきちんと区別する必要がある。ほとんどの出題では、リンダール均衡（リンダール・メカニズムがうまく機能したときの均衡）はパレート最適であるが、リンダール・メカニズム自体にフリー・ライダーを防止する仕組みがない（のでリンダール均衡にたどり着かない）と解釈している。

この時点で、B・Cを含まない❷が正解となる。

D ○ サミュエルソン条件の内容に合致する。

★☆☆

4 情報の非対称性（不完全性）

これまでは（リンダール・メカニズムを除いて）取引の当事者は、双方に同じ情報を持っていると暗に仮定されてきました。
ここでは、互いに知りうる情報が異なる場合、つまり、情報の非対称性（不完全性）がある場合、市場の失敗が生じることを示します。

1 レモンの原理

取引が始まる前から情報の非対称性がある場合に、品質や性能が良いもの(ピーチ)と悪いもの(レモン)のうち、市場で取引されるのが悪いもの(レモン)ばかりになってしまうことを**レモンの原理**といい、**逆選択**(**アドバース・セレクション**)の問題と呼ばれている[1]。

1 市場の失敗

例1

中古車の個人間の売買(市場)を考える。２種類の中古車が売りに出されており、状態が良い(ピーチ)中古車の売り手は100万円以上の価格で売りたいと考え、状態が悪い(レモン)中古車の売り手は30万円以上であればよいと考えている。

一方、中古車の買い手は、見た目や試乗によって、中古車の良し悪し(ピーチorレモン)は分からないが、当たり外れがあるだろうと考えているため、70万円までなら買ってもよい、と考えている。

この結果、状態の良い中古車は売られず、中古車市場には、状態の悪い中古車、レモンばかりが出回るようになってしまう。これがレモンの原理である。

他の例では、**グレシャムの法則**「悪貨は良貨を駆逐する」が最も有名で、純金や純銀で造った金貨・銀貨(良貨；ピーチ)を流通させると、混ぜ物をした悪貨(レモン)

1　自然界では、優れたものが生き残る（自然選択、ナチュラル・セレクション）が、ここでは逆のことが起こる。

とすり替えられてしまう、という事例を表すものである。

また、加入料(保険料)と保険金(給付金)が1種類しかない医療保険が販売されると、健康志向の人(ピーチ)は「治療や入院の心配はあまりないのに、他の人と同じ加入料はおかしい」と考えるため、逆に、不健康な生活を送る人(レモン)ばかりが加入してしまうことになる。保険サービスの買い手は自分の健康維持状態をよく知っているが、保険会社にはそれが分からないことによって逆選択が生じる[2]。

このように、レモンの原理(逆選択)は、買い手や売り手が、良いもの(ピーチ)と悪いもの(レモン)を見分けることが難しい場合に生じる市場の失敗である。

2 対処方法

① 情報の発信(シグナリング)

中古車の場合、専門の仲介業者に任せたり(プロが査定)、品質保証したり(○○年間は無料で修理、○○か月以内なら返品可能)することで情報を発信している。

他にも、チェーン店(ホテル、居酒屋、コンビニなど)、ブランド(衣服やバッグなど)によって一定の品質を保証するケースなどがある。

② 自己選択(スクリーニング;ふるいにかけること)

医療保険の例では、選択肢を増やして本人に選択させることができる。加入料が安く保険金も少ない商品と、加入料は高いが保険金が多い商品を売りに出せば、健康な人は前者に加入し、不健康な人は後者に加入する。つまり、自分の健康状態にあった商品を自ら選択させることで、情報を引き出すことができる。

2　一般的な保険は、加入者が支払う加入料を運用し、加入者に何かあった場合、保険金が給付される。結果的に何もなければ、加入料を払い続けるだけになる(安心だけを買うことになる)。

2 モラル・ハザード（道徳的危険）

取引の開始後に、取引相手の行動を観察することが難しく、当事者間の利害が一致しない場合、モラル・ハザード（道徳的危険）と呼ばれる問題が発生する。

1 市場の失敗

例2

日頃、火の用心を怠らない人が、火災保険に加入した後、部屋から失火した。保険会社は、加入者の行動を観察できず、用心を怠ったせいかどうか分からない。

このように、あたかも保険に加入したせいで、火の用心を怠ったかのように見えるため、モラル・ハザードと呼ばれている。

他にも、自動車保険（任意加入）に加入する前は注意を怠らず運転していた人が、自動車保険に加入後に運転が不注意になる、ちょっとした不調のため診察に行ったら、本人にはよくわからないまま検査入院を勧められた、など、モラル・ハザードは、自動車保険会社や患者が望むように、保険加入者や医者が行動してくれない場合に起こる市場の失敗である[3]。

行動を観察できない（監視費用が大きい）ということ以外に、取引の当事者の間で利害の不一致が起きている。「自動車保険（任意加入）に入ったのだから、いちいち注意する必要がない、その方が運転は楽だ」とか「高額の医療機器の支払いのため、それらをもっと使って診療代を稼ぎたい」などの理由がある。

2 対処方法

① モニタリング（監視）

例えば、保険の加入者の行動を観察できれば、情報の非対称性を解消できる。ドライブ・レコーダーは、注意散漫な運転や無茶な運転を減らす。

3　例えば、注意を払っていたにもかかわらず火災が起きてしまった場合の保険金の方が、不注意によって火災を起こした場合に比べて、多く支払われる方が社会的には望ましい。

② インセンティブ契約

自動車保険の場合、等級制によって、事故を起こさなかった人の保険料が安くなる制度がある。これにより、運転者に事故を起こさず運転するインセンティブを与えている。

また、セールスの雇用契約などでは成功報酬が取り入れられ、契約数が多くなれば報酬が高くなるから、その分一生懸命働くようになる。

重要事項 一問一答

01 取引の当事者のうち、一方だけが情報を持つ場合、何というか。

情報の非対称性（情報の不完全性）

02 取引の前から、質の良いものと悪いものが存在し、取引によって悪いものしか残らないことを何というか。

レモンの原理、逆選択・逆淘汰（アドバース・セレクション）

03 上記 02 に対する対処法は何か。

情報の発信（シグナリング）、自己選択（スクリーニング）

04 取引が行われたあと、観察が困難であり、当事者の利害が一致しない場合に発生する情報の非対称性の問題を何というか。

モラル・ハザード（道徳的危険）

05 上記 04 に対する対処法は何か。

モニタリング（監視）、インセンティブ契約

過去問 Exercise

問題1 情報の不完全性に関する記述として最も妥当なものはどれか。

裁判所一般職2018

---

❶ 贈収賄に対する罰則を厳しくした結果、賄賂罪の認知件数が減少した場合、これは道徳的危険(モラル・ハザード)が解消したためと考えられる。

❷ 保険料の安い自動車保険を販売した結果、安全運転をするタイプの契約者だけがその保険を購入したとき、これは逆選択の一例であると考えられる。

❸ 中古車の買い手と売り手の双方が財の品質に関して十分な情報を持っている場合には、結果として品質の悪い中古車ばかりが流通することになる。

❹ 収穫が天候に左右される農産物市場において、農家が利用できる適切な保険制度が存在しない場合には、市場の失敗が生じているといえる。

❺ ある企業の経営者が、ずさんな経営により企業の株主に大きな損害を与えたとき、これはエージェンシー問題の一例とみなせる。

解説

正解 5

❶ × 単純な犯罪(不道徳)は、「取引の当事者間における情報の非対称性」ではない(ここでの取引はもちろん売買、契約などの経済活動のこと)。したがって、単に「観察困難かどうか」「インセンティブのあり方がどうか」などでモラル・ハザードを判断しない方がよい。一般に、モラル・ハザードの問題は、努力したかしなかったかが観察できないことに起因しているのであり、真面目に仕事をした結果、犯罪を引き起こす者はいない。

❷ × 安全運転タイプだけになり、危険運転タイプがいないのであれば「逆」選択(レモンの原理、レモン＝質が悪い)になっていない。

❸ × 「双方」が十分な情報を持っているのであれば、情報の非対称性が生じない。

❹ × この文脈では、(この選択肢ではなく)問題文冒頭の「情報の不完全性(非対称性)」とは言えない。天候がどうなるかは、農家にも、保険会社にも同等に不明である。また、ピーチとレモンがあり、ピーチが市場から淘汰される、もしくは、ピーチの市場がなくなるのであれば、これは逆選択といえるが、そのような状況にない。

❺ ○ 一般にこの手の問題がモラル・ハザードに該当するのは、株主には、経営者がずさんな経営によって損失を与えたのか、あるいは努力したものの不運に見舞われただけなのか分からない(観察できない)ことによる。

選択肢の文章では微妙に思えるかもしれないが、他の四つの選択肢は妥当でない。

なお、経営者は(株主総会で)株主によって選出され、報酬などの契約がなされるものであり、依頼主(株主、プリンシパル)と経営者(代理人、エージェント)のモラル・ハザードの問題は、代理人問題(エージェンシー問題)と呼ばれている。

問題2

市場の失敗に関するA、B、Cの記述のうち、妥当なもののみを全て挙げているのはどれか。

国税専門官・財務専門官・労働基準監督官2015

A　公共財の供給費用に関して、費用の負担配分が各自の顕示選好に依存する場合、公共財は非排除性を持つことから、費用の負担を軽くするために、自己の公共財に対する選好を低く申告する者がいる。このような者を、フリー・ライダーという。

B　取引の一方の当事者が、取引される財の質について完全な情報を持っていない場合、市場によって望ましい性質を持つ財が淘汰されて、望ましくない性質を持つ財ばかりが残ってしまう現象を、逆選択という。

C　外部不経済が存在するとき、外部不経済の発生者とその受け手とが自発的な交渉を行い、発生者が受け手に多額の損害賠償を支払う場合に限って、最適な資源配分が実現することをコースの定理という。また、コースの定理においては、相当程度の取引費用が存在することを前提としている。

1. B
2. A、B
3. A、C
4. B、C
5. A、B、C

解説

正解 ❷

A ○ フリー・ライダーは「ただ乗り」(無賃乗車) のことであり、対価 (代金) を支払わずに消費する者を指すから、消費の非排除性に起因する。記述内容としてはリンダール・メカニズムを示している。

なお、「顕示選好」は、申告者によって顕示された(表された)需要(選好)のことを指す。特に公共財に限定された用語というわけではなく、私的財であっても、誰かが何かを何個買ったか(レジで精算すればすぐ分かる)を表すときに使うことがある(無差別曲線や需要曲線の全体像が綺麗な曲線として分からなくても、消費データから各曲線上の一部の点は分かるという意味で使う)。

B ○ 取引の当事者間で、持っている情報の質や量が異なる場合、情報の非対称性がある。また、このために、望ましい性質を持つ財 (ピーチ) が淘汰され、望ましくない性質を持つ財 (レモン) だけが残ってしまうことを逆選択 (逆淘汰) という。

「逆」を表す英語adverseには「好ましくない」「有害な」という意味もある(「逆」は直訳)。

C × 後半部分の「相当程度の取引費用が存在することを前提としている」は、正しい前提「取引費用が存在しない(または、十分に小さい)ことを前提としている」の正反対だから、この部分で妥当ではないと判断できる。

また、コースの定理は「所得分配」の問題 (どちらがどれだけ金銭を支払うか) には無関係に成立するものである。よって、コースの定理には当事者のうち、どちらが金銭を支払うかを限定した条件 (文言) はなく、むしろ、「当事者間でどのように金銭が支払われようと」や「(権利や義務を定める) 法的制度にかかわらず」という条件がある。

第6章

国際貿易

本章では、これまで省略してきた外国経済を考慮し、外国との財の貿易によって、何が起こるのかを学習します。

初めに、代表的な財の市場における貿易の効果と国内産業を保護する政策の効果を、余剰分析を使って学習します。

最後に、2国間で貿易が行われるとき、どの国がどの財の輸出国になるのか、国際的な分業の利益などを学習します。

なお、本章では、前章で学習した市場の失敗は発生せず、すべての市場が完全競争市場であるケースを考えます。

★★★

1 小国の貿易

本節は、国際貿易を行うことのメリットとデメリットを考えます。安い商品を海外から輸入することは、それを買う消費者のメリットとなる一方で、国内の生産者にとっては、価格の安い商品と競争しなければならないというデメリットがあります。政府は、国民である消費者と生産者、双方の事情を考慮して、政策を行う必要があります。

---

1 小国の貿易

日本は工業製品を輸出し、食料品やエネルギー資源を輸入している。輸入品の中には、いくつかの食料品(例えば、うなぎなど)のように、外国から輸入された輸入品と、日本国内で生産された国産品が、国内の市場で競合しているものがある。国内の消費者とっては、安い輸入品はとてもありがたいが、国内の生産者にとっては死活問題になる。

ここでは、分析の対象を**小国**と仮定する[1]。小国は、世界経済(国際経済、外国経済)に比べて無視しうるほど小さな市場であるため(世界市場におけるプライステイカー)、小国が財を貿易してもしなくても、世界経済には何の影響も及ぼさない。具体的には、小国の国内市場で何が起ころうと、そのことが**国際価格**(世界価格、外国の価格)**に一切影響を及ぼすことはない**、と仮定する。

また、完全競争市場を仮定し(輸入品と国産品は同質的な財であり、消費者にとって違いが一切ない)、財の貿易にかかる輸送費用や通貨(円とドルなど)の違いはないものとする。

1　小国の反意語は大国であり、大国の貿易は、貿易相手国に影響を与える。

2 輸入競争産業と自由貿易の利益

1 貿易前の国内均衡と国際価格

図は、X財に関する、小国の国内需要曲線Dと国内供給曲線Sを表している(以下、「小国」は省略)。

貿易前(**自給自足経済**、**閉鎖経済**)の均衡は、国内需要曲線と国内供給曲線の交点Aで表され、X財が価格P_0で数量x_0だけ売買されている。

消費者余剰は、均衡価格P_0と需要曲線の間の面積アであり、生産者余剰は、均衡価格P_0と供給曲線の間の面積イで表されるから、総余剰はこれらの和に等しい。

貿易前の総余剰 ＝ ア ＋ イ

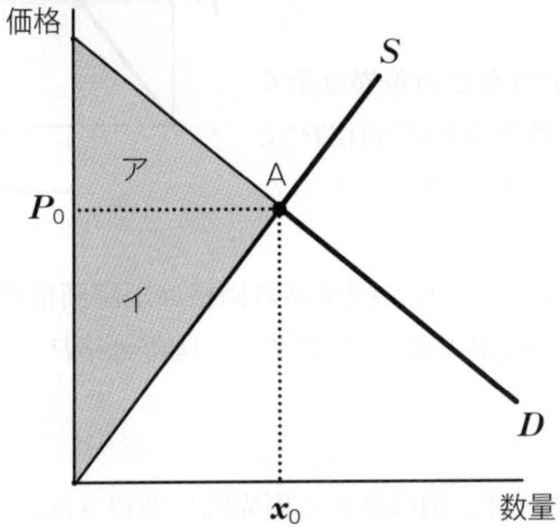

2 自由貿易の利益

いま、小国政府が、X財を外国と自由に貿易(輸出入)してよい、と許可する。これを**自由貿易**と呼び、政府はこの取引に干渉しない。

X財の国際価格P^*（国外の価格、世界価格）が、貿易前の国内価格P_0よりも低いと仮定すると、小国はX財の輸入国となる(理由は以下の通り)。

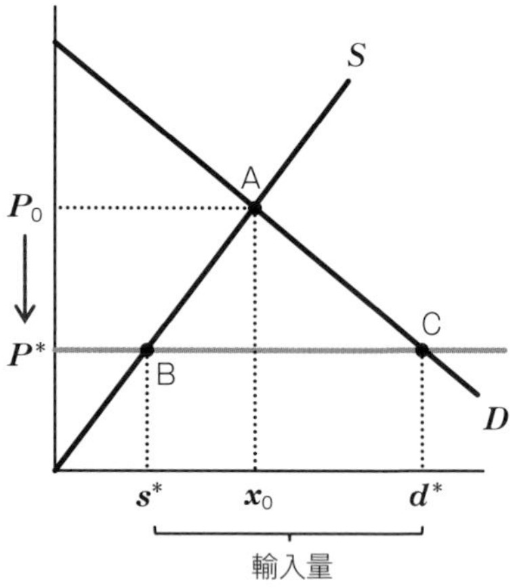

① 国内消費者

安価な輸入品を国際価格P^*で好きなだけ需要(輸入)することができる[2]。

② 国内生産者

輸入品と国産品に品質などの差異は全くないから、国産品の価格が国際価格P^*より１円でも高ければ、誰も買おうとしない[3]。

したがって、自由貿易により、国産品の価格は国際価格P^*に一致するまで下落し、X財の国内価格(国産品と輸入品)はすべて国際価格P^*に一致する。

③ 輸入量

以下、同じ値段であれば、国産品から優先的に消費され、不足分を輸入品で補うと仮定する。

国内生産者は、価格P^*でs^*だけ生産し(点B)、国内消費者は、価格P^*でd^*だけ消費するから(点C)、不足分($d^* - s^*$)を輸入する。

なお、国内X財市場の均衡条件は、次式で表される。

国内生産量s^* + 輸入量($d^* - s^*$) = 国内需要量d^*

※　閉鎖経済における国内供給曲線Sは、国産品の供給量（国内生産物の供給量）のみを表す。貿易が行われる場合、国内には外国生産物（輸入品）も供給されるが、試験では貿易後にも国産品のみという意味で「国内供給曲線」とするものがある。ここでは、区別できるように、貿易が行われる場合には、「国内生産量」

2　特に輸入業者を設定する必要はない。強いて言えば、小国の誰であっても自由に輸入できるから、輸入品の需要者自身が輸入業者（自分で輸入して自分に売った）となる。

3　もちろん、外国に輸出して高く売ることもできない。外国人もまた、国際価格でいくらでも買える。

や「国産品の供給量」とする。

④ 総余剰の変化

国内価格の低下($P_0 \rightarrow P^*$)の影響は、消費者と生産者で正反対に働く。**消費者価格の低下により消費量が増えるため($x_0 \rightarrow d^*$)、消費者余剰は**、面積アから、面積(ア＋イ＋エ)**に増加する**。

生産者価格の低下は生産量の減少を伴うため($x_0 \rightarrow s^*$)、生産者余剰は、面積(イ＋ウ)から、面積ウ**に減少する**。

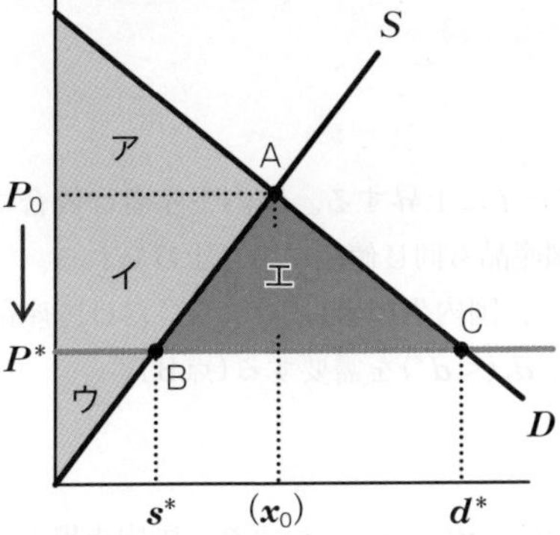

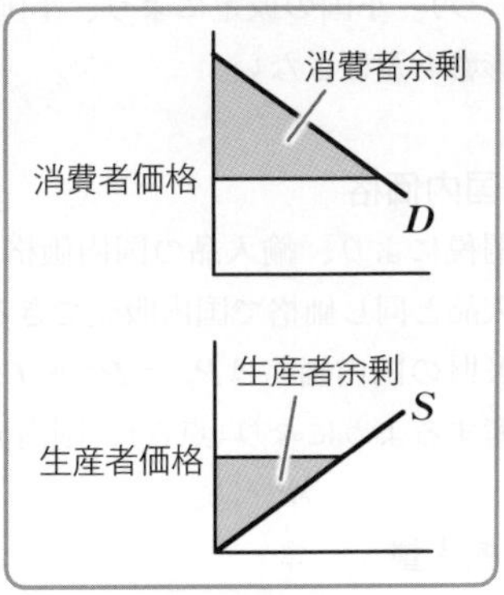

したがって、**総余剰は**、消費者余剰の増加(イ＋エ)から、生産者余剰の減少イを除いた**面積エの大きさだけ増加する**。これを**自由貿易の利益**と呼ぶ。消費者余剰の増加が、生産者余剰の減少を上回るため、小国全体では経済厚生が高まる。

ただし、国内生産者の生産量が減少していることは、生産規模の縮小や倒産によって(少なくとも一時的に)失業が発生することを意味する。

そこで、国内生産者を保護するための貿易政策(**保護貿易政策**)を考慮することになる。

3 国内産業保護の効果

小国の政策として、**輸入品に課税する関税**(輸入関税)、**輸入量の制限**(輸入数量割当)、**国内生産者に対する補助金**を比較する。

1 関税の効果

小国政府が、輸入品1個につき、従量税$\boldsymbol{t}$を課す[4]（貿易された財に課す税を**関税**という）。小国の仮定により、小国が輸入品に関税を課しても、国際価格$\boldsymbol{P}^*$には何の影響も及ぼさない。

① 国内価格

関税により、輸入品の国内価格は、$\boldsymbol{P}^* + \boldsymbol{t}$に上昇する。国内生産者は競合する輸入品と同じ価格で国内販売できるので国産品も同じ値段に引き上げられる。

X財の国内価格は$\boldsymbol{P}_t = \boldsymbol{P}^* + \boldsymbol{t}$に上昇し、国内生産者は $\boldsymbol{s}_t$ $(>\boldsymbol{s}^*)$だけ国産品を生産するようになり(点A)、国内消費者は $\boldsymbol{d}_t$ $(<\boldsymbol{d}^*)$を需要する(点B)。

② 輸入量

輸入量は$\boldsymbol{d}_t - \boldsymbol{s}_t$に減少する(自由貿易では、$\boldsymbol{d}^* - \boldsymbol{s}^*$)。つまり、国内市場の均衡は、国内生産量$\boldsymbol{s}_t$+輸入品供給量$(\boldsymbol{d}_t - \boldsymbol{s}_t)$ = 国内需要量$\boldsymbol{d}_t$、で表される。

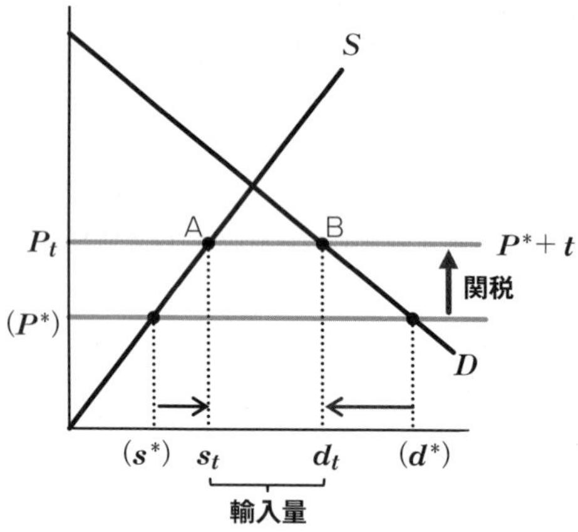

---

4 もちろん、従価税でもよい。例えば、国際価格が100の輸入品に、従量税20を課しても、また、税率20%の従価税を課しても、輸入品の国内価格は120に上昇する。

③ 総余剰の変化

国内価格の上昇に伴い、消費者余剰は面積(ア＋イ＋エ＋オ＋カ＋キ)から(ア＋エ)に減少し、生産者余剰は面積ウから(イ＋ウ)に増加する。

また、政府に**関税収入**が、輸入品１個あたり t × 輸入量($d_t - s_t$) ＝ 面積カだけ発生するから、総余剰は、

総余剰 ＝ 消費者余剰 ＋ 生産者余剰 ＋ **関税収入** ＝ (ア＋エ)＋(イ＋ウ)＋カ

となり、自由貿易における総余剰（ア＋イ＋ウ＋エ＋オ＋カ＋キ）より、面積（オ＋キ）だけ小さくなる。つまり、**関税による超過負担**（死荷重、厚生損失）は、面積（オ＋キ）である。

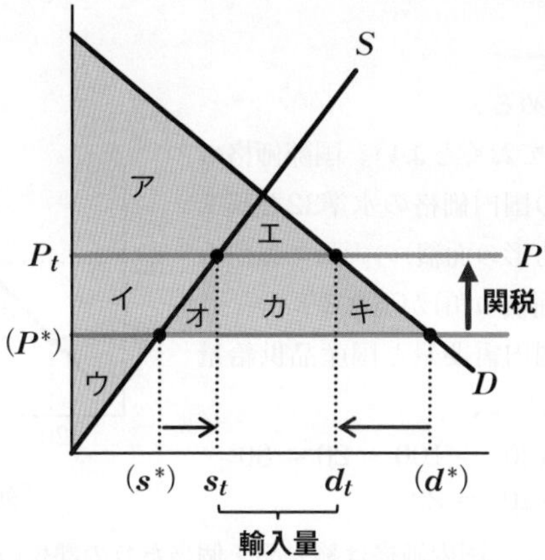

国内生産者を保護するために輸入関税を導入したので、国内生産量は増加し、生産者余剰も増加する。

自由貿易と比較すると、死荷重の分だけ総余剰は小さくなるが、閉鎖経済と比較すれば総余剰は面積(エ＋カ)の分だけ大きい(自由貿易の利益(エ＋オ＋カ＋キ)から死荷重(オ＋キ)を除く大きさ)。

例題6-1

小国のX財の需要関数と供給関数が次式で表される。

$D(P) = 100 - P$

$S(P) = P$ ［D：需要量、S：供給量、P：価格］

小国は、当初、国際価格20で自由貿易を行っていたが、輸入１単位あたり12の関税を課すことにした。このときの関税収入と関税による超過負担はそれぞれいくらになるか。

解説

［解法1］

作図して、数量を求める。

図の該当箇所を覚えておくとよい。国際価格の水準20と関税賦課後の国内価格の水準32を基準として、関税収入(長方形の面積)の両隣に死荷重(二つの直角三角形の面積の和)が現れる。

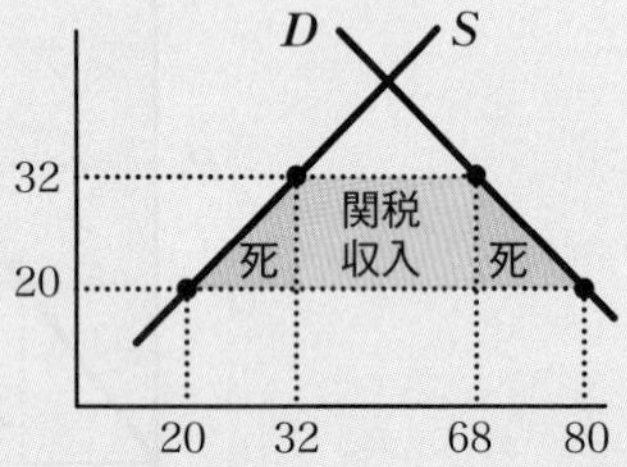

「死」は死荷重

自由貿易における国内需要量と国産品供給量は、国際価格20を代入して、

$$P = 20 \quad \rightarrow \quad \begin{cases} D(20) = 100 - 20 = 80 \\ S(20) = 20 \end{cases}$$

他方、関税をかけると、国内価格は輸入品１個当たりの課税の分だけ高くなるから、$P = 20 + 12 = 32$として、

$$P = 32 \quad \rightarrow \quad \begin{cases} D(32) = 100 - 32 = 68 \\ S(32) = 32 \end{cases}$$

よって、輸入量は$D(32) - S(32) = 68 - 32 = 36$となるから、

関税収入 ＝ 輸入１個当たりの関税12 × 輸入量36 ＝ 432

また、死荷重を表す二つの直角三角形は、左の底辺が$S(32) - S(20) = 12$であり、右の底辺が$D(32) - D(20) = 12$であるから、本問では合同である(高さは共通の12)。したがって、

$$死荷重 = \frac{12 \times 12}{2} \times 2 = 144$$

［解法2］

難易度はやや高いかもしれないが、要領良く解くと以下の通り。

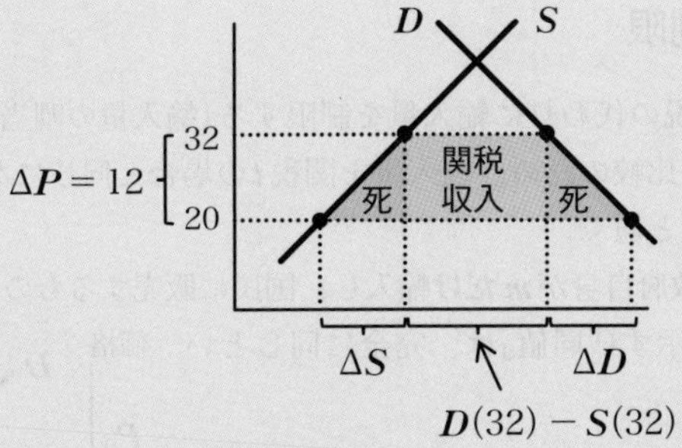

国際価格20の財１単位あたりの輸入に関税12が賦課されると、この財の国内価格は12だけ上昇して32になる（$\Delta P = 12$）。輸入量は、

$$\left.\begin{aligned} D(P) &= 100 - P \\ S(P) &= P \end{aligned}\right\} \rightarrow\ D(P) - S(P) = (100 - P) - P = 100 - 2P$$

で表されるから、関税賦課後の国内価格 $P = 32$を代入して、

$$D(32) - S(32) = 100 - 2\cdot 32 = 100 - 64 = 36$$

よって、関税収入は、$12\cdot 36 = 432$である。

供給関数Sを価格Pについて微分すると（価格が１増加したときの供給量の変化）、

$$S = P \xrightarrow{\text{1次式の微分}} \frac{\Delta S}{\Delta P} = 1 \xrightarrow{\text{両辺に}\Delta P\text{をかける}} \Delta S = \Delta P \cdots (1)$$

関税により、国内価格は、$\Delta P = 12$だけ上昇する。死荷重のうち、左側の三角形の面積は、

$$\frac{\text{底辺・高さ}}{2} = \frac{\Delta S\cdot\Delta P}{2} = \frac{\overbrace{\Delta P}^{(1)}\cdot\Delta P}{2} = \frac{(\Delta P)^2}{2} \cdots (2)$$

同様にして、需要関数Dを価格Pについて微分すると、

$$D = 100 - P \xrightarrow{\text{1次式の微分}} \frac{\Delta D}{\Delta P} = -1 \xrightarrow{\text{両辺に}\Delta P\text{をかける}} \Delta D = -\Delta P \cdots (3)$$

である。よって、右側の三角形（死荷重）について、

$$\frac{\text{底辺・高さ}}{2} = \frac{|\Delta D|\cdot\Delta P}{2} = \frac{\overbrace{\Delta P}^{(3)}\cdot\Delta P}{2} = \frac{(\Delta P)^2}{2} \cdots (4)$$

したがって、死荷重は(2)と(4)の和に、$\Delta P = 12$を代入して、

$$\frac{(\Delta P)^2}{2} + \frac{(\Delta P)^2}{2} = (\Delta P)^2 = 12^2 = 144$$

2 輸入量の制限

小国政府が、関税の代わりに輸入量を制限する(輸入量の割当(輸入数量割当)と呼ぶことがある)。比較のため、輸入量を関税$\boldsymbol{t}$の場合と同じになるように制限し、これを$\boldsymbol{m} = \boldsymbol{d}_t - \boldsymbol{s}_t$と置く。

ここでは、小国政府自身が$\boldsymbol{m}$だけ輸入し、国民に販売するものとし[5]、関税と数量割当の同値定理を示す(「同値」は、完全に同じという意味)。

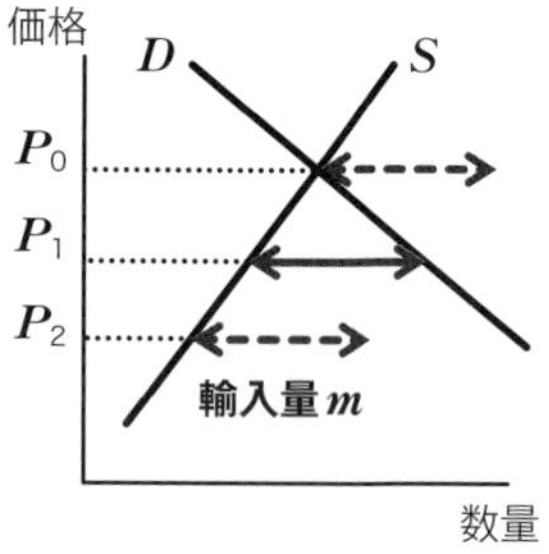

① 国内均衡

国内価格は、需要と供給(輸入品を含む)が一致するように決定される。ここでも、次の関係が成立するが、輸入量は既に$\boldsymbol{m}$に定められている(制限されている)。

国内生産量 + 輸入量$\boldsymbol{m}$ = 国内需要量

→ 国内需要量 − 国内生産量 = 輸入量$\boldsymbol{m}$

つまり、国内需要量と国内生産量の差(水平方向)が、特定の長さ$\boldsymbol{m}$になるように価格が決まる。国内需要量と国内供給量の差がちょうど$\boldsymbol{m}$になる価格水準は$\boldsymbol{P}_1$しかない。

---

5 最近の教科書では、政府が輸入する設定で説明されているので、本書もこれにならう。元々は、政府が輸入許可証(ライセンス)を交付する、というもので、交付された許可証の輸入量の合計が制限される。許可証を持つ者だけが定められた数量を輸入でき、自分で消費してもいいし、国内で販売してもよい(これを輸入業とする)。許可証(を持つ者)それぞれに一定の数量を割り当てるので、数量割当と呼ばれることがある(個々に割り当てた数量の合計が、ここでの輸入量$\boldsymbol{m}$に等しい)。
下記で明かされる通り、輸入品を国内で販売することで利益が生じる。総余剰を考える場合、許可証を交付する相手を国民に限定するか、輸入による利益がすべて得られるような価格で、政府が許可証を販売するなら、ここでの設定(政府自身が輸入業を営む)と全く同じ結論に至る。

[参　考]

X財の国内市場では、超過供給が発生すると価格が下落し、超過需要が発生すると価格が上昇する。価格調整を通じて、国内価格はP_1となる。

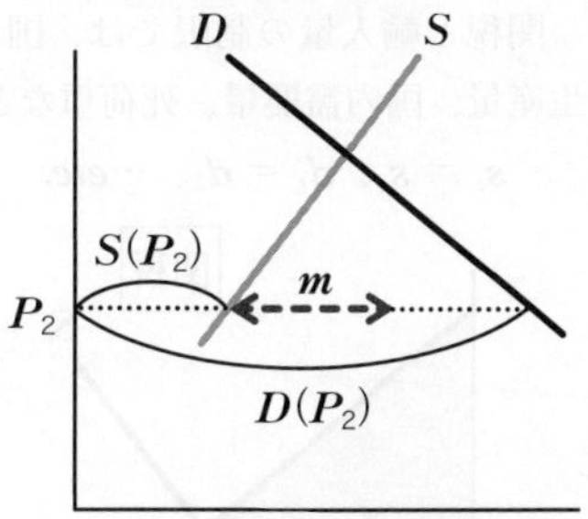

例えば、価格がP_2の場合、国内需要量は$D(P_2)$であり、国産品の供給量は$S(P_2)$、輸入品の供給量は(価格によらず一定の) mであるから、図より、

$$S(P_2)+m<D(P_2)$$

国産品と輸入品の供給量の合計(左辺)で、需要量(右辺)を満たすことはできず、超過需要が発生して価格が上昇する。

② 関税との比較

次の図で、関税を課した場合の輸入量$d_t-s_t(=m)$のとき、国内価格はP_tであり、輸入量mはABの長さに等しい。

輸入量をmに制限するということは、価格水準が点AやBの高さに決まることを意味するから、国内価格P_1は、関税の場合のP_tに完全に一致する。

$$P_1=P_t(=P^*+t)$$

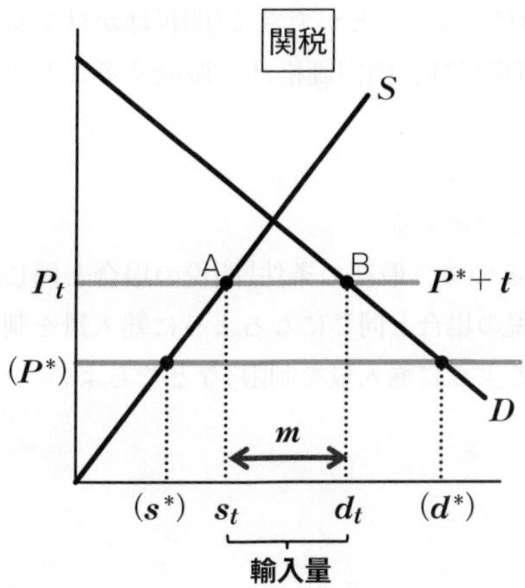

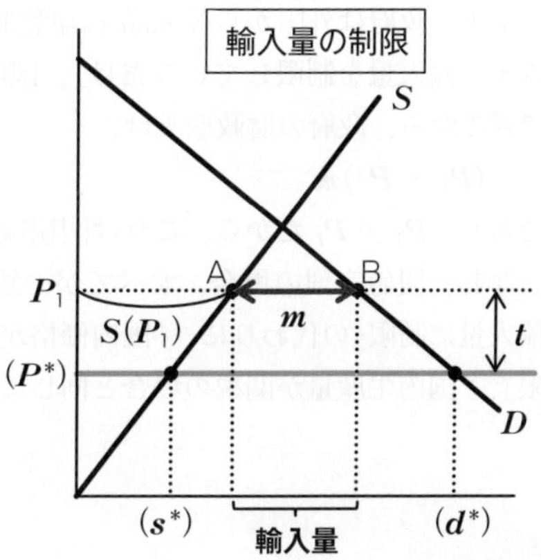

③ 関税と数量割当の同値定理

関税と輸入量の制限では、国内価格が一致する($P_t = P_1 = P^* + t$)から、国内生産量、国内需要量、死荷重など何から何まで全て一致する。

$s_t = s_1$、$d_t = d_1$、…etc.

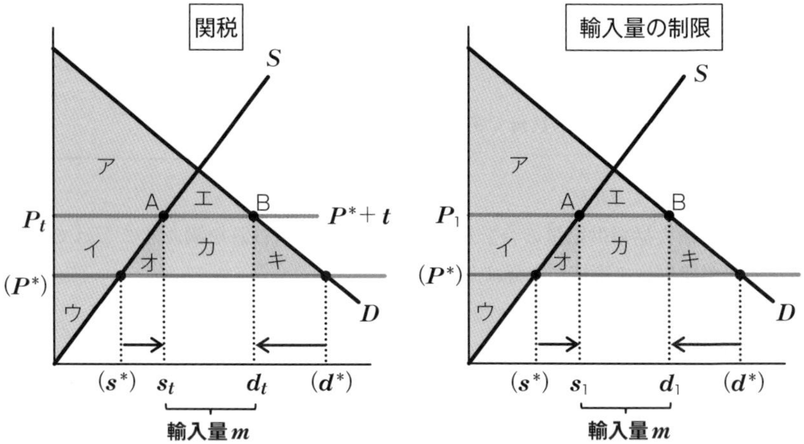

政府の関税収入は面積カで表された。輸入量の制限の場合、(もちろん関税収入とは言わないが)政府の財政収支(輸入業による利益)は、次のように求められる[6]。

まず、政府は外国から輸入品を国際価格P^*で買うことができる(関税はかけておらず、輸入量を制限しているだけ)。国内市場では、国内価格P_1で販売することができるから、政府の財政収支は、

$$(P_1 - P^*)m$$

である。$P_1 = P_t$だから、これは関税収入と一致する。

なお、同値定理の場合、すべてが一致するので、最初の条件「関税の場合と同じ輸入量に制限」の代わりに、「国内価格が関税の場合と同じになるように輸入量を制限」、「国内生産量が関税の場合と同じになるように輸入量を制限」などでもよい。

6　政府以外がこの輸入業を行う場合でも、それが国内の誰かによって行われるのであれば、同じだけ輸入業の利益を得ることになり、政府が行う場合と同様に、この分だけ総余剰を増加させる。

例題6-2

小国のX財の需要関数と供給関数が、$D(P) = 120 - 2P$、$S(P) = P + 20$ [D：国内需要量、S：国内供給量、P：国内価格]で示されている。また、X財の国際価格は10である。

いま、小国の政府が、輸入量を、輸入1単位あたり10の関税を課した場合と同じになるように制限したとする。このとき、国内価格はいくらになるか。

解説

[解法1]

関税と数量割当の同値定理から、輸入量を制限した場合の国内価格は関税の場合と同じになる。国際価格が10で、1単位あたり10の輸入関税を課すと国内価格は、$10 + 10 = 20$となる。よって、輸入量を制限した場合の国内価格も20である。

[解法2]

確認の意味で、本当に関税の場合と一致するか計算する。輸入品1個につき関税10が課されると、国内価格は$P = 10 + 10 = 20$になるから、輸入量は、

$$\left.\begin{aligned} D(20) &= 120 - 2 \cdot \underbrace{20}_{P} = 80 \\ S(20) &= \underbrace{20}_{P} + 20 = 40 \end{aligned}\right\} \rightarrow D(20) - S(20) = 80 - 40 = 40$$

より、40である。

次に、輸入量を40に制限した場合の国内価格を求める。国内の均衡条件は、国産品の供給量Sと輸入品40の合計が、国内需要量Dに一致することであるから、

$$S(P) + 40 = D(P)$$

と書ける。供給関数と需要関数を代入して、価格Pを求める。

$$\overbrace{P + 20}^{S(P)} + 40 = \overbrace{120 - 2P}^{D(P)} \rightarrow 3P = 60 \rightarrow P = 20$$

確かにこれは、関税10、国際価格10の場合の国内価格20に等しい。

第6章 国際貿易

3 国内生産者に対する補助金

比較のため、国内生産量が、関税の場合と同じ$\boldsymbol{s}_t$になるように、国内生産者に補助金を支給する(給付する)。

補助金支給前の国内供給曲線Sを、例えば、$(S)\ \boldsymbol{P} = \boldsymbol{x}$ [$\boldsymbol{x}$：国内生産量]で表すと、国内生産1個につき、補助金$\boldsymbol{h}$円を支給したときの供給曲線S_hは、

$$(S_h)\ \boldsymbol{P} = \boldsymbol{x} - \boldsymbol{h}$$

で表せる。これは国内供給曲線Sを補助金$\boldsymbol{h}$円の分だけ下方に平行シフトさせたものである。

① 国内価格と輸入量

国内生産者に補助金を出しても、国際価格$\boldsymbol{P}^*$は変わらない(小国の仮定)。また、関税賦課も輸入量の制限も行っていないから、国内消費者は国際価格$\boldsymbol{P}^*$で好きなだけ輸入することができる。したがって、国内生産者は国際価格$\boldsymbol{P}^*$で供給しなければならず、国内価格は自由貿易と同じ国際価格の水準$\boldsymbol{P}^*$に決まる。

図(右)で、国内価格が$\boldsymbol{P}^*$のとき、国内消費量は自由貿易と同じ$\boldsymbol{d}^*$になる(点E)。他方、国内生産量が$\boldsymbol{s}_t$になるよう補助金を支給するのだから(点C)、輸入量は$\boldsymbol{d}^* - \boldsymbol{s}_t$となる。これは、自由貿易の場合$(\boldsymbol{d}^* - \boldsymbol{s}^*)$よりも少なく、関税(と輸入量の制限)の場合$(\boldsymbol{d}_t - \boldsymbol{s}_t)$よりも多い。

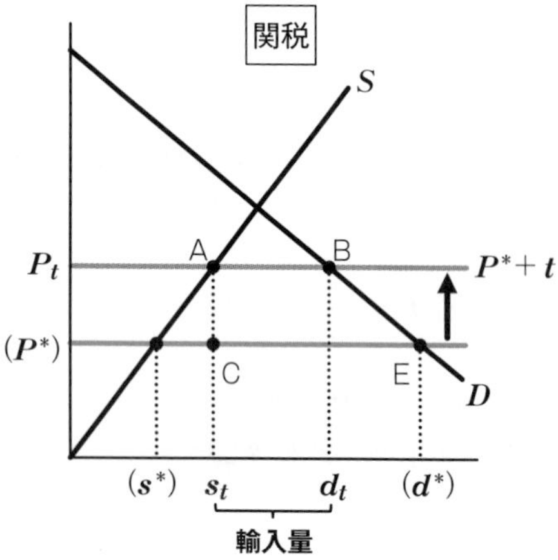

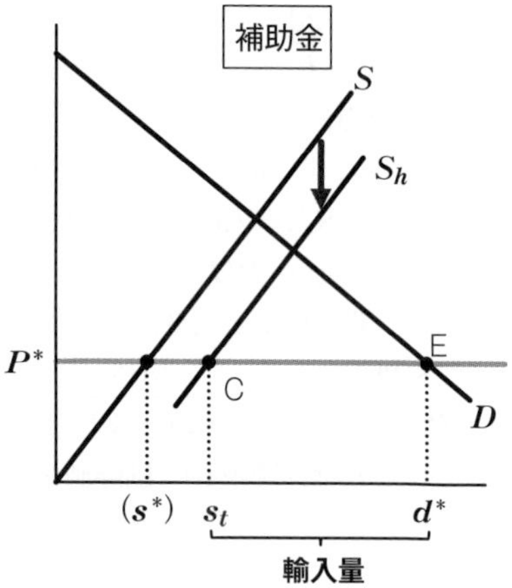

② 生産者価格と1個あたりの補助金

補助金が1個あたりh円だけ支給されると、1個生産するごとに、国内生産者は販売価格P^*にhを足した$P^* + h$を受け取る(P^*は消費者から、hは政府から)。つまり、生産者価格は、$P^* + h$である(これをP_2と置く)。

輸入品に関税が課された場合の生産者価格(国内価格に等しい)は、$P_t = P^* + t$であり、その下で国内生産者はs_tだけ生産した。つまり、国内供給曲線$(S)\ P = x$について、

$$(S)\ \underbrace{P_t}_{P} = \underbrace{s_t}_{x}$$

が成り立つ。

一方、補助金の場合、生産者価格P_2でs_tだけ生産するから、国内供給曲線(S)から、

$$(S)\ \underbrace{P_2}_{P} = \underbrace{s_t}_{x} \quad (= P_t)$$

が成り立つ。したがって、補助金を支給した場合の生産者価格P_2は、関税を課した場合の国内価格P_tに等しく、$P_2 = P^* + h$および$P_t = P^* + t$だから、

$$P_2 = P_t \ \rightarrow \ h = t$$

が成り立つ。関税tに等しい補助金hを支給することで、国内生産量はs_tに一致する。

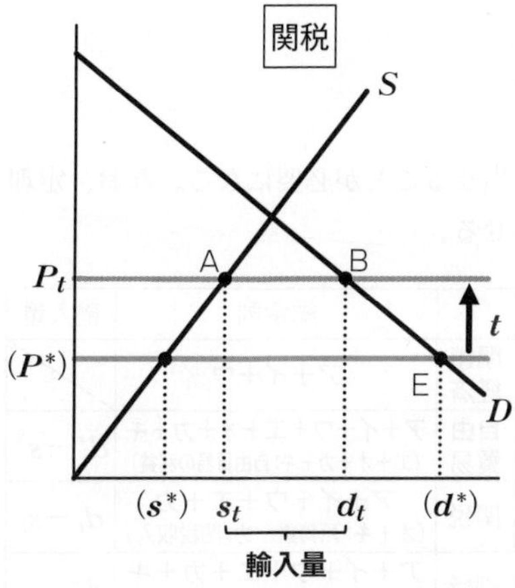

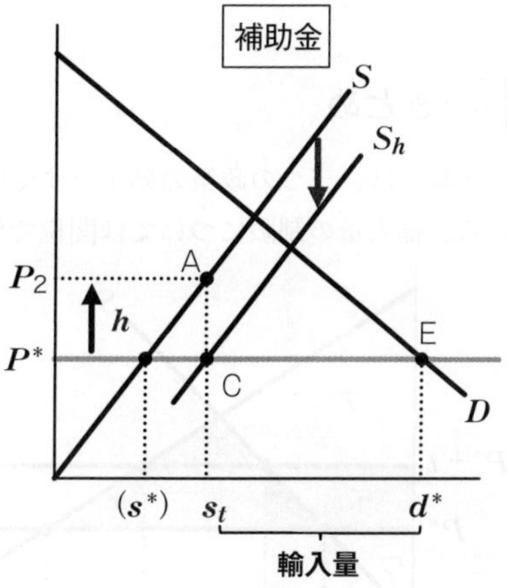

③ 総余剰

次の図で、消費者余剰は面積(ア＋イ＋エ＋オ)であり、生産者余剰は(イ＋ウ)である。政府は補助金を総額で、$h \times s_t$ ＝ 面積(イ＋オ)だけ支出しているから、

総余剰＝(ア＋イ＋エ＋**オ**)＋(**イ**＋ウ) － (**イ**＋**オ**)＝ア＋イ＋ウ＋エ

となる。自由貿易における総余剰は、面積(ア＋イ＋ウ＋エ＋オ)であるから、国内生産者に対する補助金は、**死荷重を面積オの分だけ発生させるが、これは関税や輸入量の制限よりも小さい。**

したがって、国内生産者を同程度に保護して貿易を行う場合、資源配分の効率性の観点からは、国内生産者に対する補助金が、関税や輸入量制限よりも望ましい。

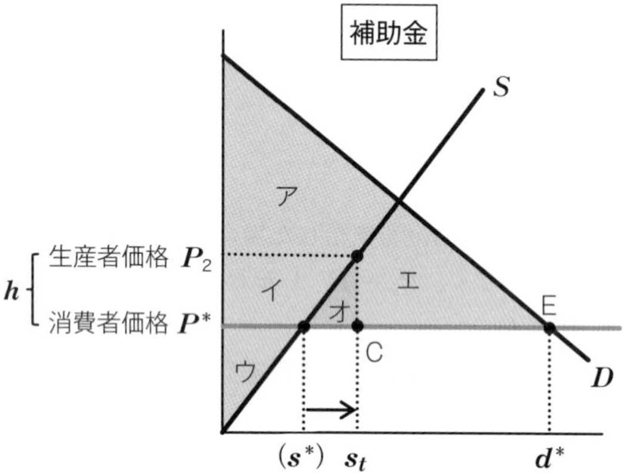

4 まとめ

試験では、三つの政策の効果をすぐに思い出せることが必要になる。なお、定理から、輸入量の制限については関税で代表させる。

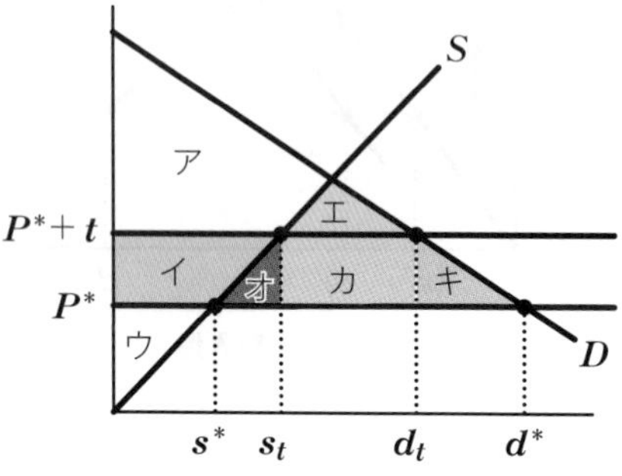

	総余剰	輸入量
閉鎖経済	ア＋イ＋ウ	
自由貿易	ア＋イ＋ウ＋エ＋オ＋カ＋キ (エ＋オ＋カ＋キ: 自由貿易の利益)	$d^* - s^*$
関税	ア＋イ＋ウ＋エ＋カ (オ＋キ: 死荷重、カ: 関税収入)	$d_t - s_t$
補助金	ア＋イ＋ウ＋エ＋カ＋キ (オ: 死荷重、イ＋オ: 補助金総額)	$d^* - s_t$

5 小国の輸出産業と自由貿易の利益 発展

出題はほとんどないから、簡単に結論だけ示す。

閉鎖経済における小国の均衡価格P_0（点C）よりも、国際価格P^*が高い場合、自由貿易を行うと、小国はこの財の輸出国になる。

国内生産者は、国際価格P^*で好きなだけ輸出できるから、点Bまで生産量を増やす。このため、国内における価格もP^*まで上昇してしまう。輸入の場合と同様に、国内消費者は国産品を消費すると仮定すると、価格P^*で点Aまで消費する。よって、国内生産量と国内消費量の差、$s^* - d^*$が輸出される。

生産者価格がP_0からP^*に上昇するため、生産者余剰は、面積(ア＋イ＋ウ)だけ増加し、消費者価格も同様に上昇するため、消費者余剰は、面積(ア＋イ)だけ減少する。よって、自由貿易により、小国全体では、総余剰が面積ウだけ増加する(自由貿易の利益)。

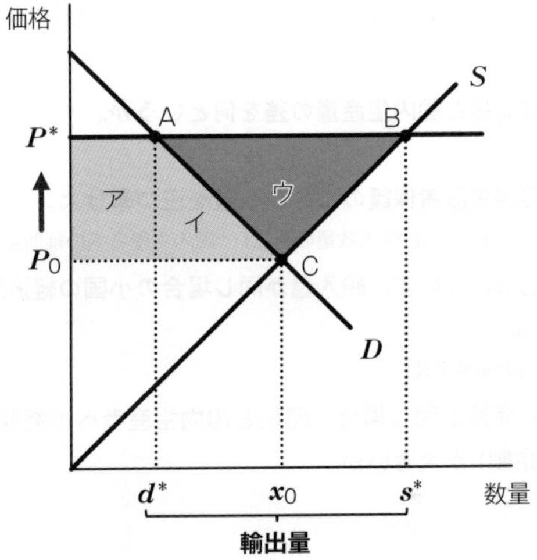

輸入のケースと比べて、国際価格の位置が逆になるので、自由貿易の利益もまた、位置が逆転する。

重要事項 一問一答

01 外国との貿易が行われていない貿易前の状態を何と呼ぶか。

閉鎖経済（鎖国）・自給自足

02 自由貿易によって増加した経済厚生の大きさを何というか。

自由貿易の利益

03 財の国際的な市場（世界経済）に影響を及ぼさない小規模な国を何と呼ぶか。

小国

04 小国が自由貿易を行うと、国内価格は何に一致するか。

国際価格・世界価格

05 小国が輸入国の場合、自由貿易によって消費者余剰は増加するか、減少するか。

増加する

06 小国が輸入国の場合、自由貿易によって生産者余剰は増加するか、減少するか。

減少する

07 小国の国内需要量と国内生産量の差を何というか。

輸入量

08 小国政府の国内生産者保護のための政策を三つ挙げよ。

関税（輸入関税）、輸入量の制限（輸入数量の割当）、国内生産者への補助金

09 関税と数量割当について、輸入量が同じ場合の小国の経済厚生（総余剰）に対する効果を比較せよ。

同じ（関税と数量割当の同値定理）

10 小国の国内生産量が同じ場合、関税と国内生産者への補助金では、どちらの方が経済厚生（総余剰）が大きいか。

補助金（死荷重が小さい）

過去問 Exercise

問題1 この国はある財の輸入について小国であると仮定し、その財の需要曲線と国内生産者の供給曲線がそれぞれ、価格をPとして、

$D = 600 - 6P$　[D：需要量]

$S = 4P - 200$　[S：国内生産者供給量]

で表されるとする。当初自由貿易のもとで、この財の国際価格は60であったが、この国の政府がこの財に輸入１単位当たり10の関税を賦課したとすると、そのときに発生する厚生損失はいくらか。

特別区Ⅰ類2019

1. 200
2. 300
3. 500
4. 1000
5. 1500

解説

正解 ③

[解法1]

自由貿易における国内価格60での需要量、供給量と、関税が課されたときの国内価格70での需要量、供給量を求める。

$$\boldsymbol{D} = 600 - 6\boldsymbol{P} \ \rightarrow \begin{cases} \boldsymbol{D} = 600 - 6 \cdot 60 = 240 \\ \boldsymbol{D} = 600 - 6 \cdot 70 = 180 \end{cases}$$

$$\boldsymbol{S} = 4\boldsymbol{P} - 200 \ \rightarrow \begin{cases} \boldsymbol{S} = 4 \cdot 60 - 200 = 40 \\ \boldsymbol{S} = 4 \cdot 70 - 200 = 80 \end{cases}$$

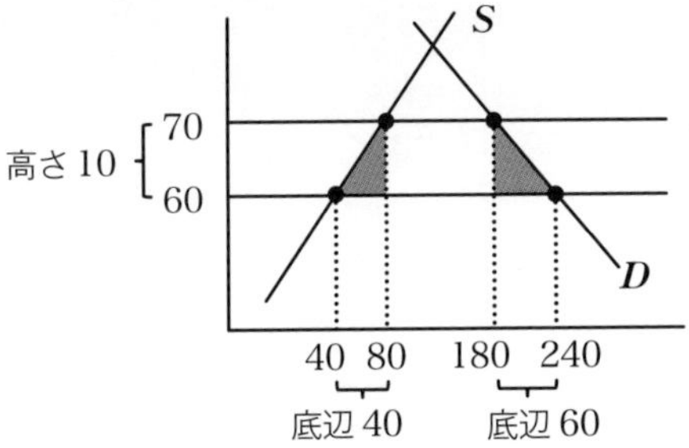

自由貿易と比較して、関税賦課によって、二つの三角形の面積の和の大きさだけ厚生損失が発生するから、

$$\frac{40 \cdot 10}{2} + \frac{60 \cdot 10}{2} = 500$$

[解法2]

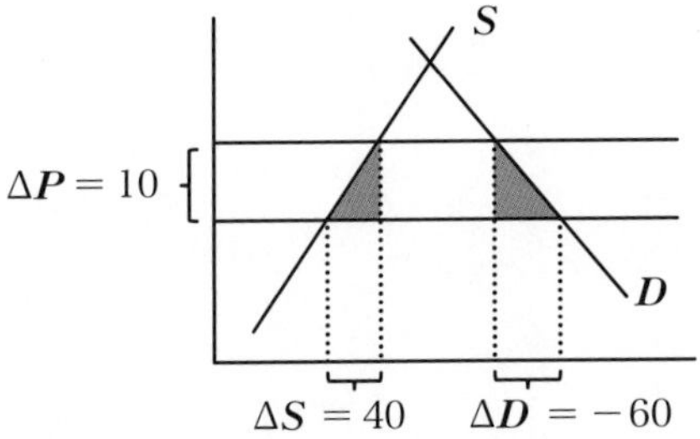

輸入関税は従量税10だから、国内価格が60から70に上昇する($\Delta \boldsymbol{P} = 10$)。需要量は価格上昇10の6倍減少する。

$$D = 600 - 6P \ \left(\rightarrow \frac{\Delta D}{\Delta P} = -6\right) \rightarrow \ \Delta D = -6\Delta P$$

について、$\Delta P = 10$を代入すると、$\Delta D = -6 \cdot 10 = -60$（60だけ減少）となる。

また、国内生産量についても、

$$S = 4P - 200 \ \left(\rightarrow \frac{\Delta S}{\Delta P} = 4\right) \rightarrow \ \Delta S = 4\Delta P$$

より、$\Delta P = 10$を代入して、$\Delta S = 4 \cdot 10 = 40$（40だけ増加）である。

したがって、厚生損失は図の二つの三角形の面積の和であるから、

$$\frac{60 \cdot 10}{2} + \frac{40 \cdot 10}{2} = 500$$

である。

問題2 小国AにおけるX財の需要関数および供給関数が次のように示されている。

$D = 450 - 2P$、$S = 3P - 100$ [D：需要量、S：供給量、P：価格]

またX財の国際価格は50であり、当初は自由貿易が行われていた。ここで、A国において政府は、国内のX財の生産者を保護するため、X財の輸入数量を200に制限することとした。

このときA国において輸入制限を行ったことにより発生する死荷重の大きさはいくらか。

国税専門官・財務専門官・労働基準監督官2018

1. 450
2. 600
3. 750
4. 900
5. 1,000

解説

正解 5

輸入数量を200に制限したときの国内価格を求める。単純に、輸入量が200になる価格を求めればよい。与式を使って輸入量を求めると、

$$\boldsymbol{D}(\boldsymbol{P}) - \boldsymbol{S}(\boldsymbol{P}) = (450 - 2\boldsymbol{P}) - (3\boldsymbol{P} - 100) = 550 - 5\boldsymbol{P}$$

だから、これが200になるのは、

$$550 - 5\boldsymbol{P} = 200 \rightarrow 5\boldsymbol{P} = 350 \rightarrow \boldsymbol{P} = 70$$

よって、国内価格が70のときである(国際価格は50だから、輸入１単位あたり20の関税と同値)。

[解法1]

価格50と70の場合の需要量、供給量をそれぞれ求め、死荷重を表す二つの三角形の底辺を求める。高さは価格差20であり、底辺はそれぞれ$\boldsymbol{S}(70) - \boldsymbol{S}(50) = 60$、$\boldsymbol{D}(50) - \boldsymbol{D}(70) = 40$より、$60 \times 20 \div 2 + 40 \times 20 \div 2 = 1{,}000$である($\boldsymbol{S}(70)$などの計算は省略)。

[解法2]

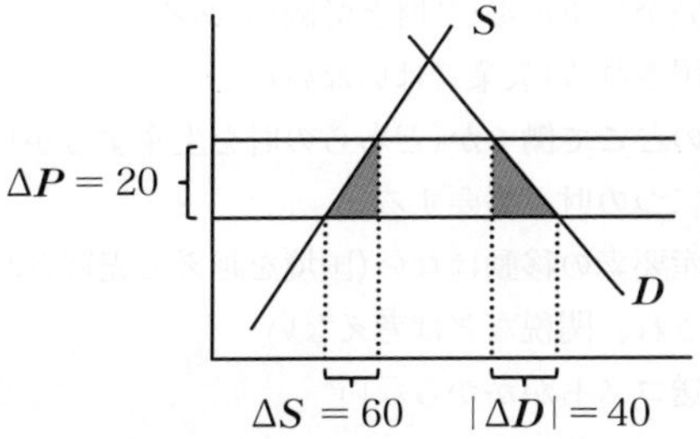

価格が20上昇すると($\Delta \boldsymbol{P} = 20$)、

$$\boldsymbol{D} = 450 - 2\boldsymbol{P} \left(\rightarrow \frac{\Delta \boldsymbol{D}}{\Delta \boldsymbol{P}} = -2\right) \rightarrow \Delta \boldsymbol{D} = -2\Delta \boldsymbol{P} \rightarrow |\Delta \boldsymbol{D}| = 2 \cdot 20 = 40$$

$$\boldsymbol{S} = 3\boldsymbol{P} - 100 \left(\rightarrow \frac{\Delta \boldsymbol{S}}{\Delta \boldsymbol{P}} = 3\right) \rightarrow \Delta \boldsymbol{S} = 3\Delta \boldsymbol{P} = 3 \cdot 20 = 60$$

したがって、底辺が60と40で、共通の高さが20の三角形の面積を足し合わせて、

$$\frac{60 \cdot 20}{2} + \frac{40 \cdot 20}{2} = \frac{(60 + 40) \cdot 20}{2} = 1{,}000$$

★☆☆

2 リカードの比較生産費説

本節では、2国が二つの財を貿易するとき、どの国がどの財をより多く生産し、貿易相手国に輸出するのかを学習します。比較優位という経済学独特の考え方を、貿易を通して学習します。

1 リカードの比較生産費説

一定の資源(労働)を使って複数の財を生産する場合、効率的な生産を行うには分業が重要になる。リカードの比較生産費説は、各国が相対的に安く生産できる財の生産を行い、互いに自由に貿易することで、国際的に効率的な分業が実現することを説明するものである(分業;生産を手分けして行うこと)。

リカード・モデルのいくつかある前提のうち、暗に仮定されていることがいくつかあり、

- 二つの国、二つの財、一つの生産要素(労働)からなる
- すべての市場は完全競争市場(2財と労働)である
- 労働はすべて雇用される(失業者はいない)
- 労働者は、国内のどこで働くか(どちらの財を生産するか)を自由に選べる
- 各国の消費者は二つの財を需要する
- 国境を越えた生産要素の移動はない(国境を越えて売買されるのは財のみ)
- 財は自由に貿易され、関税などは考えない
- 財の貿易には輸送コストがかからない
- 通貨の違いはない

などが挙げられる。これらについては、以下ではほぼ言及しない。

2 単位当たり必要労働量と比較優位

A国とB国は、労働のみを使ってX財とY財を生産することができる。各国の総労働量(労働人口)は一定であり、労働者は、X財かY財のどちらか一方の生産に従事する(同じ時間に働ける場所は一つということ)。

1 財1単位の生産に必要な労働量

以下、次の例を題材に検討を進めていく。

例1

各国の財の生産1単位あたりに必要な労働(投入)量(労働投入係数)は固定されている(生産量によって変わることはない)[1]。

	X財	Y財
A国	2人	4人
B国	10人	5人

① A国における 各財の生産と機会費用

A国では、X財を1個生産するのに労働が2人必要であり、Y財を1個生産するには労働が4人必要である。

X財を1個生産する労働2人が、X財生産をやめてY財生産に従事すれば、Y財を1/2個生産することができる。つまり、X財1個に対して、Y財1/2個が対応し、

$$x : y = 1 : \frac{1}{2} \quad \cdots(1)$$

逆に、Y財を1個生産する労働4人がX財生産に従事すれば、X財を2個生産することができ、X財2個に対して、Y財1個が対応している。

$$x : y = 2 : 1 \quad \cdots(2)$$

各財の生産量と労働量の関係は固定されているため、対応する2財の比は同じである。

$$x : y = 1 : \frac{1}{2} = 2 : 1$$

機会費用(犠牲になるもの)の概念を使えば、この関係は、

$x : y = 1 : \frac{1}{2}$ → X財(1個)の機会費用はY財 $\frac{1}{2}$ 個

$x : y = 2 : 1$ → Y財(1個)の機会費用はX財2個

と表現できる。

1 労働の単位を「人」にしたが、例えば、1日の労働時間が8時間であれば、労働1人=労働8時間である。

② B 国における 各財の生産と機会費用

(再掲)	X財	Y財
A国	2人	4人
B国	10人	5人

B国では、X財1個(1個あたり10人)とY財2個(1個あたり5人)が対応しており、

$\boldsymbol{x} : \boldsymbol{y} = 1 : 2$ …(3) → X財(1個)の機会費用はY財2個

であり、また、Y財1個(1個あたり5人)とX財1/2個(1個あたり10人)が対応しているから、

$\boldsymbol{x} : \boldsymbol{y} = \frac{1}{2} : 1$ …(4)→ Y財(1個)の機会費用はX財 $\frac{1}{2}$ 個

である。

また、A国同様、対応する2財の比は同じである。

$$\boldsymbol{x} : \boldsymbol{y} = 1 : 2 = \frac{1}{2} : 1$$

2 比較優位

リカード・モデルでは、**各財の生産について、機会費用が相対的に小さい国は、その財の生産に比較優位を持つ**という。

① X財生産の機会費用の２国間の比較

(1)(3)より、X財を1個生産するのに犠牲となるY財の数量(X財の機会費用)が、相対的に小さいのはA国である。

(1) (A国) $\boldsymbol{x} : \boldsymbol{y} = 1 : \frac{1}{2}$

(3) (B国) $\boldsymbol{x} : \boldsymbol{y} = 1 : 2$

よって、**A国はX財生産に比較優位を持つ(相手国より相対的に少ない機会費用で生産可能)**。

また、X財生産に比較優位を持たないB国は、X財生産に**比較劣位**を持つ(比較劣位にある)、という。

② Y財生産の機会費用の２国間の比較

同様にして、(2)(4)より、Y財を１個生産するのに犠牲となるX財の数量(Y財の機会費用)が相対的に小さいのはB国であり、**B国はY財生産に比較優位を持つ**(したがって、A国は比較劣位を持つ)。

(2) (A国) $\boldsymbol{x} : \boldsymbol{y} = 2 : 1$

(4) (B国) $\boldsymbol{x} : \boldsymbol{y} = \frac{1}{2} : 1$

③ ２国は必ず異なる財の生産に比較優位を持つ

X財の機会費用とY財の機会費用は、互いに逆数の関係にある。

$$(\text{A国})\ \boldsymbol{x} : \boldsymbol{y} = \overbrace{1 : \frac{1}{2}}^{(1)} = \overbrace{2 : 1}^{(2)}$$

$$(\text{B国})\ \boldsymbol{x} : \boldsymbol{y} = \overbrace{1 : 2}^{(3)} = \overbrace{\frac{1}{2} : 1}^{(4)}$$

つまり、

(X財の機会費用) $\underbrace{1/2}_{}\!\!{}^{(\text{A国})} < \ {}^{(\text{B国})}2$

(Y財の機会費用) ${}^{(\text{A国})}2 > {}^{(\text{B国})}1/2$

正の数 n と m について、

$$n < m \iff \frac{1}{n} > \frac{1}{m}$$

が成り立つ(X財の機会費用が小さい国は、Y財の機会費用が必ず大きく、X財の機会費用が大きい国は、Y財の機会費用が必ず小さい)。

よって、２国２財モデルでは、**A国がX財に比較優位を持てば、必ず、B国はY財に比較優位を持ち、B国がX財に比較優位を持つときは、必ず、A国がY財に比較優位を持つ(一国が両方の財に比較優位を持つことはできない)。**

《可能な組合せ》

	X財に比較優位を持つ国	Y財に比較優位を持つ国
ケース1	A国	B国
ケース2	B国	A国

したがって、X財の機会費用を比較してX財に比較優位を持つ国を特定すれば、自動的にY財に比較優位を持つ国が決まる。

④ 絶対優位

(機会費用ではなく、)その財の生産にどれだけ資源(労働)を費やすかを比較する。つまり、財1個あたりに必要な労働を直接比較する。**相手国より、少ない労働で生産できる国は、その財の生産に絶対優位を持つ**という。

	X財	Y財
A国	**2**人	**4**人
B国	10人	5人
絶対優位	A国	A国
	(2<10)	(4<5)

この例では、A国は、両方の財の生産に絶対優位を持つ(**B国は両財の生産に絶対劣位**を持つ)。したがって、絶対優位に関しては、一国が両方の財に絶対優位を持つことがある。ただし、両方の財に絶対優位を持っていても、両方の財に比較優位を持つことはない。

要するに、**絶対優位と比較優位の間には何の関連性もない**。この例では、Y財生産について、A国は絶対優位を持っていても比較優位はなく、また、B国は絶対優位がなくても、比較優位を持つ[2]。

3 生産可能性フロンティアと限界変形率

1個あたり必要労働量	X財	Y財
A国	2人	4人
B国	10人	5人

① A国の生産可能性フロンティアと限界変形率

各財の生産について、1個あたりに必要な労働量に生産量をかけると、その財の生産に従事する人数を表す(1個あたり労働人数 × 生産量=全体の人数)。

A国の労働人口を、例えば120人とすると、X財を生産する人数とY財を生産する人数の合計は、労働人口120に一致する[3]。

$$\underbrace{2x}_{\text{X財人数}} + \underbrace{4y}_{\text{Y財人数}} = \underbrace{120}_{\text{労働人口}}$$

これは、労働者120人が全員雇用された状態で、生産可能なX財とY財の生産量

2 比較優位に関して、残る可能性は次の一つ。両国でX財の機会費用が同じケース。逆数を取ったY財の機会費用も同じである。この場合、2国は、いずれの財についても比較優位を持たず、意味のある貿易を考えることができないので、このケースは考えない。

3 これは資源(労働)の制約を表し、消費者の効用最大化問題における予算制約と同じ性質を持つ。

(の組合せ)を表しており、**生産可能性フロンティア*PPF***（生産フロンティア、生産可能性曲線、変形曲線；Production Possibility Frontier)という。

また、生産可能性フロンティアの傾き(絶対値)を**限界変形率*MRT***（Marginal Rate of Transformation)と呼ぶ[4]。A国の限界変形率は1/2である。

$$2x + 4y = 120\ (\rightarrow 4y = 120 - 2x\ ) \rightarrow y = 30 - \frac{2}{4}x = 30 - \frac{1}{2}x \cdots (1)$$

計算過程から、(Y財の個数で表したX財の)限界変形率1/2は、X財1個に必要な労働量a_xを、Y財1個に必要な労働量a_yで割ったものに等しい。

	X財	Y財	限界変形率
A国	2人	4人	2÷4＝1/2
	a_x	a_y	a_x/a_y

よって、限界変形率1/2は、Y財1/2個を犠牲にしてX財1個を生産できることを表しており、冒頭で求めたX財の機会費用に他ならない。

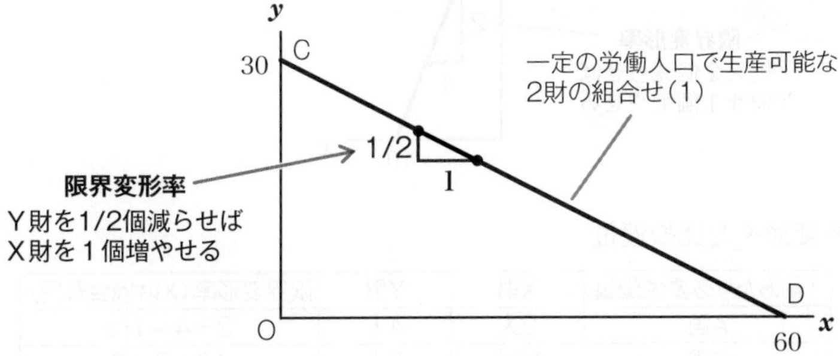

[参　考] 生産可能（性）集合 OCD

A国のX財とY財の生産1個あたりに必要な労働量をそれぞれ、a_x、a_yとし、労働人口をL^A（≧0)で一定とすれば、生産可能なX財とY財の組合せ(x, y)は、

$$a_x x + a_y y \leqq L^A、x \geqq 0、y \geqq 0$$

で表される(直角三角形OCDの内部および3辺上のすべての点)。すぐにでも働くことのできる労働がL^Aだけ存在するので、効率的な生産は生産可能性フロンティア上（$a_x x + a_y y = L^A$）で行われる。

4　正確には、X財の（Y財で表した）限界変形率である。つまり、Y財の（X財で表した）限界変形率も当然考えられる（Y財の機会費用のこと)。図を描く場合は、通常、横軸の財（X財）の限界変形率を用いる。

② B国の生産可能性フロンティアと限界変形率

	X財	Y財	限界変形率(X財機会費用)
B国	10人	5人	10÷5＝2
	b_x	b_y	b_x/b_y

B国の労働人口を例えば100人とすると、B国の生産可能性フロンティアは(以下、単にフロンティアという)、

$$\underbrace{10x}_{\text{X財人数}} + \underbrace{5y}_{\text{Y財人数}} = \underbrace{100}_{\text{労働人口}} \quad (\rightarrow 5y = 100 - 10x)$$

$$\rightarrow y = 20 - \frac{10}{5}x = 20 - 2x \cdots(2)$$

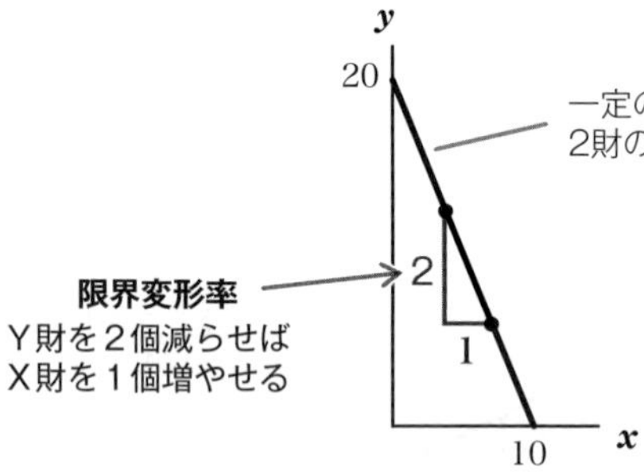

③ 限界変形率と比較優位

1個あたり必要労働量	X財	Y財	限界変形率(X財機会費用)
A国	2人	4人	2÷4＝1/2
B国	10人	5人	10÷5＝2
比較優位	A国	B国	

X財の機会費用は限界変形率に等しいから、**限界変形率(|フロンティアの傾き|)が相対的に小さい国は、X財(横軸の財)に比較優位を持ち、限界変形率(|フロンティアの傾き|)が相対的に大きい国は、Y財(縦軸の財)に比較優位を持つ。**

図を描くため、各国の労働人口を設定したが、限界変形率は労働人口に関係なく生産技術(1個あたり必要労働量の比)のみによって決まる。つまり、**リカードの比較生産比説において、各国の大きさ(労働人口の多さ、資源の多さ)は比較優位に影響を与えない**[5]。

5 リカード・モデルに対して、資源の相対的な豊富さによって比較優位が生み出されると考えるヘクシャー＝オリーン・モデルがある。この場合、2国は生産要素(資源)として、労働と資本を使って2財を生産する。

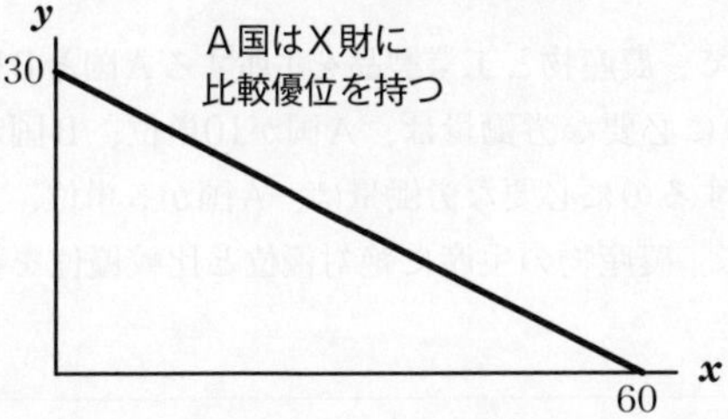

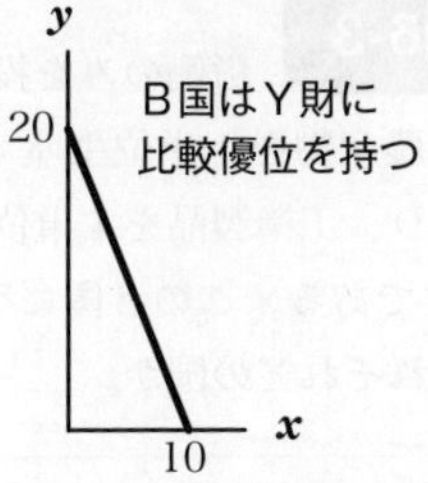

例えば、A国の労働人口がもっと少なかったとしても、限界変形率(|フロンティアの傾き|)が変わらなければ、比較優位も変わらない。

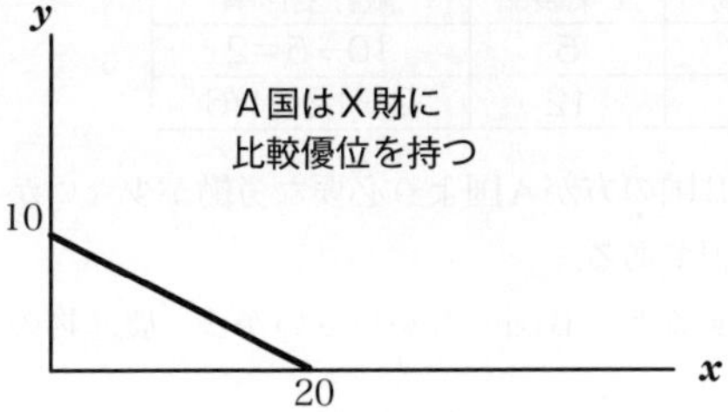

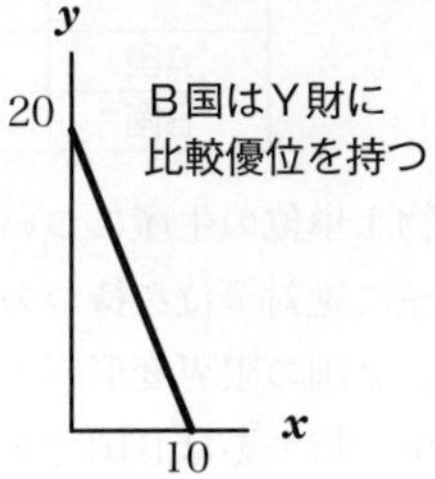

右下がりの直線の傾き(絶対値)は、縦軸切片と横軸切片の比率に等しいから、

$$|\text{A国の限界代替率}| = \frac{\text{縦軸切片}}{\text{横軸切片}} = \frac{30}{60} = \frac{10}{20} = \frac{1}{2}$$

$$|\text{B国の限界変形率}| = \frac{\text{縦軸切片}}{\text{横軸切片}} = \frac{20}{10} = 2$$

例題6-3 労働のみを投入して、農産物と工業製品を生産するA国とB国について、農産物を1単位生産するのに必要な労働量は、A国が10単位、B国が2単位であり、工業製品を1単位生産するのに必要な労働量は、A国が5単位、B国が12単位である。この2国について、農産物の生産に絶対優位と比較優位を持つ国は、それぞれどの国か。

解説

財1単位あたり必要労働量と限界変形率(農産物の機会費用)を表にする。

	農産物	工業製品	限界変形率
A国	10	5	10÷5=2
B国	2	12	2÷12=1/6

農産物1単位の生産について、B国の方がA国より必要な労働が少ないから、農産物生産に絶対優位を持つのはB国である。

また、2国の限界変形率を比較すると、B国の方が小さいから、農産物の生産に比較優位を持つのはB国である。

4 比較優位の原理

① 国際的な分業の利益

リカード・モデルでは、各国が比較優位を持つ財の生産を行うことで(国際的な分業によって)、2国全体でより効率的な生産が行われるようになる。以下、これを確認しよう。

	X財機会費用	比較優位を持つ財
A国	1/2	X財
B国	2	Y財

X財に比較優位を持つA国が、B国に代わって、X財を1個多く生産するとしよう。A国はX財を1個増やすためにY財の生産を1/2個減らし、B国はX財を1個減らしてY財の生産を2個増やすことができる。つまり、X財については、

A国で1個増加 ＋ B国で1個減少 ＝ 2国の合計生産量は変化なし

Y財については、

A国で1/2個減少 ＋ B国で2個増加 ＝ 2国の合計生産量は3/2個増加

2国合わせた生産量は、X財が不変であり、Y財は増加する。A国が比較優位を

持つX財をより多く生産し、B国も比較優位を持つY財をより多く生産することで(国際的な分業)、2国全体で効率的な生産が実現する。

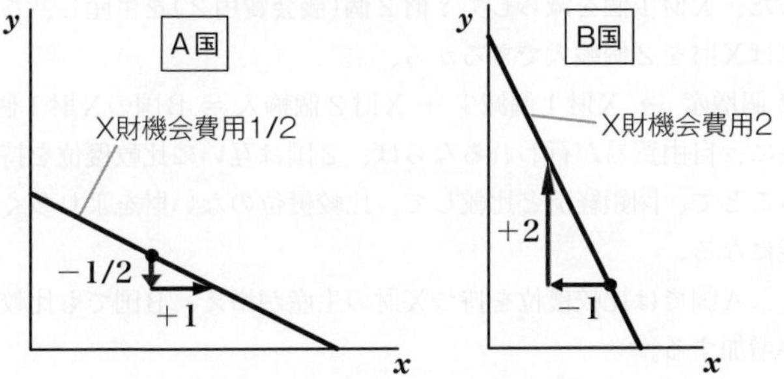

もちろん、同じことをY財の機会費用で考えてもよい。

	X財機会費用	Y財機会費用
A国	2÷4=1/2	(→逆数)2
B国	10÷5=2	(→逆数)1/2

A国がY財を1個減らす代わりに、B国がY財を1個多く生産すると、Y財の2国合計生産量は不変である。X財については、Y財機会費用の数値から、

A国で2個増加 + B国で1/2個減少 = 2国合計で3/2個増加

仮に、比較優位のない財(比較劣位の財)を増やした場合を考え、A国がY財を1個増やす代わりに、B国がY財を1個減らすと、X財は、A国で2個減少+B国で1/2個増加=合計で3/2個減少してしまう(X財の機会費用で考えても同様)。

② 比較優位と自由貿易

これまでの議論をまとめると以下のように表せる。

	X財機会費用	生産量の変化
A国	1/2	$\Delta x=+1$、$\Delta y=-1/2$
B国	2	$\Delta x=-1$、$\Delta y=2$

ここで2国が自由貿易を行う状況を考えよう。例えば、A国がB国にX財を1個輸出し、見返りとして、B国がA国にY財を1個輸出するとしよう(A国のX財輸出:B国のY財輸出=1:1)。

A国はY財1/2個(機会費用1/2)を減らしてX財1個を生産するが、生産したX財1個をB国に輸出すれば、Y財を1個輸入できる。つまり、閉鎖経済では、X財1個を生産することは、Y財を1/2個減らすだけだが、自由貿易によって、逆にY

財が1/2個増加することになる。

X財１個増産 → Y財1/2個減少 + Y財１個輸入 = A国のY財1/2個増加

B国もまた、X財１個を減らしてY財２個(機会費用２)を生産し、このY財２個を輸出すればX財を２個輸入できるから、

Y財２個増産 → X財１個減少 + X財２個輸入 = B国のX財１個増加

このように、自由貿易が行われるならば、２国は互いに比較優位を持つ財を生産し輸出することで、閉鎖経済と比較して、比較優位のない財をより多く手に入れることが可能になる。

こうして、A国では比較優位を持つX財の生産が増え、B国でも比較優位を持つ財の生産が増加する。

③ 特化（生産）のパターンと貿易（輸出入）のパターン

自由貿易が行われる場合、各国は比較優位を持つ財の生産を増加させる。特に、一国が、２財のうち一方の財だけ生産するとき、その財の生産に(完全に)特化するという[6]。

自由貿易が行われると、各国は比較優位を持つ財の生産に特化し、互いにその財を輸出する(互いに比較優位のない財を輸入する)ことで、国際的に(2国合計での)効率的な生産が実現する。

これを**比較優位の原理**といい、リカード・モデルでは、各財の機会費用の違いによって比較優位が決定される(**リカードの比較生産費説**)。

《自由貿易が行われる場合の特化と貿易のパターン》

X財の機会費用	比較優位を持つ財	特化する財	輸出財（輸出する財）	輸入財（輸入する財）
小さい国	X財			Y財
大きい国	Y財			X財

以下、「自由貿易」を単に「貿易」と書く。

6 後述の「不完全特化」と区別したい場合、ここでの「特化」を「完全（に）特化」という。不完全特化を考慮すると、他国に比べて一方の財をより多く生産することを、その財の生産に特化するという。

[参　考] 労働者から見た自由貿易の利益

例2

A国とB国における財1個あたりに必要な労働量が示されている。時間の単位を1日とする(1日1個生産するのに必要な労働量)。

	X財	Y財	X財1個の機会費用
A国	1人	2人	Y財1/2個
B国	2人	1人	Y財2個

A国では、どの労働者も、1日にX財1個かY財1/2個を生産できる(Y財を1人で1個生産するには2日かかる)。話を単純化して、生産した財をその日の給料として持ち帰ると考える(生産要素は労働しかいないので、一人一人の生産者は、自分が社長兼従業員の企業とみなすことができる)。

A国では誰でも同じ状況にあるから(1日分の労働は、X財1個またはY財1/2個に相当する)、X財1個を差し出せば、誰とでもY財1/2個を交換できる(もしくは、転職して自分で生産すればよい)。

A国でY財を生産する労働者aについて考える。自国では、自分で生産したY財1/2個とX財1個を交換できる。労働者aは次のように考える。

「X財生産に転職して、生産したX財をB国の誰かが生産したY財と交換しよう。」

労働者aは、転職前に生産していたY財1/2個を犠牲にして、X財1個を生産するから、Y財1/2個以上と交換したい。

一方、B国でY財を生産する労働者bは、自国では、生産したY財2個とX財1個を交換できる。もしもX財1個を手に入れるために差し出すY財が2個以下なら、誰とでも交換したいと考えている。

A国とB国の間で自由な貿易が行われると、労働者aと労働者bの利害が一致する。労働者a(A国)は、労働者b(B国)にX財1個を輸出する。これを輸入した労働者bは、労働者aに、例えば、Y財1個を輸出し、これを労働者aが輸入する。このとき、労働者aもbも、この貿易によって利益を得る。

この関係は、A国とB国のすべての労働者に当てはまるから、X財の機会費用が相対的に小さいA国の労働者は誰もがX財生産に従事してこれをB国に輸出する。また、X財機会費用が相対的に大きい(Y財の機会費用は相対的に小さい)B国の労働者は誰もがY財生産に従事してこれをA国に輸出する。

例題6-4　２国の各財の生産１単位に必要な労働投入量が表に表されている。リカードの比較生産費説に従って貿易が行われる場合、中国の輸出財と輸入財はそれぞれどの財か。

	日本	中国
半導体	2	10
衣料品	10	2

解説

限界変形率(半導体の機会費用)を比較する。表の行列が通常と入れ替えてあるので注意する。

	日本	中国
半導体	2	10
衣料品	10	2
限界変形率（半導体の機会費用）	$\frac{2}{10}=\frac{1}{5}$	$\frac{10}{2}=5$

日本の半導体機会費用は中国より小さいから、日本は半導体生産に比較優位を持ち、中国は衣料品生産に比較優位を持つ。

リカードの比較生産費説(比較優位の原理)では、各国は、比較優位を持つ財の生産に特化して互いに輸出し合うから、日本は中国に半導体を輸出し、中国は日本に衣料品を輸出する。

したがって、中国の輸出財は衣料品であり、中国の輸入財は半導体である。

5 貿易が行われる条件

通常、リカード・モデルには需要関数や効用関数が設定されていないため[7]、２財の価格を決めるメカニズム(仕組み)がない。

この場合、２財の相対価格と限界変形率(X財の機会費用)を比較して、一国の生産者(労働者)がどの財を生産するかを調べる。

7　もちろん、リカード・モデルに需要面を考慮するモデルはいくらでも存在する。試験では、需要条件がない出題がほぼ100%だから、本書もこれに従う。

① 相対価格と限界変形率

いま、一国(A国、B国のどちらにも当てはまる)が、次のように表されるとする。

	X財	Y財
財1個あたりに必要な労働	c_x人(一定)	c_y人(一定)
財の価格	p_x円	p_y円

財1個あたりに必要な労働の逆数は、労働1人あたりの生産量(労働の(平均)生産性)を表す。

X財の数量：労働量 ＝ 1個：c_x 人 ＝ $(1/c_x)$個：1人

Y財の数量：労働量 ＝ 1個：c_y 人 ＝ $(1/c_y)$個：1人

労働1人あたりの生産量に財の価格をかけると、労働1人あたりの売上げになり、売上げが高い方が労働者にとって望ましい(賃金も高い)。

	X財	Y財
労働1人あたり生産量	$(1/c_x)$個(一定)	$(1/c_y)$個(一定)
財の価格	p_x円	p_y円
労働1人あたり売上げ	$p_x \cdot (1/c_x)$円	$p_y \cdot (1/c_y)$円

労働者1人あたりの売上げに差がある場合、すべての労働者が儲かる方を生産する。よって、X財だけが生産される場合、

$$p_x \cdot \frac{1}{c_x} > p_y \cdot \frac{1}{c_y} \xrightarrow[\text{両辺に}c_x\text{をかける}]{\text{両辺を}p_y\text{で割る}} \frac{p_x}{p_y} > \frac{c_x}{c_y}$$

が成り立つ(X財の機会費用 c_x/c_y (一定))。

逆に、Y財だけが生産される場合、

$$p_x \cdot \frac{1}{c_x} < p_y \cdot \frac{1}{c_y} \xrightarrow[\text{両辺に}c_x\text{をかける}]{\text{両辺を}p_y\text{で割る}} \frac{p_x}{p_y} < \frac{c_x}{c_y}$$

が成り立つ。

X財とY財のどちらを生産しても売上げが同じ場合、

$$p_x \cdot \frac{1}{c_x} = p_y \cdot \frac{1}{c_y} \xrightarrow[\text{両辺に}c_x\text{をかける}]{\text{両辺を}p_y\text{で割る}} \frac{p_x}{p_y} = \frac{c_x}{c_y}$$

が成立する。

② 貿易が行われる条件

以下で確認する通り、**相対価格p_x/p_y が、２国の限界変形率より小さい場合、および２国の限界変形率より大きい場合、２国の間で貿易は行われない。これら以外の場合に限り、２国の間で貿易が行われる。**

例3

A国とB国の限界変形率が、それぞれ1/2と２であるとする。相対価格p_x/p_yが両国の限界変形率より小さい場合、

$$p_x/p_y < \underbrace{1/2}_{\text{A国}} \ (< \underbrace{2}_{\text{B国}})$$ のとき[8]、２国ともY財に完全に特化

となり、互いに輸入したいX財を生産していないから、この２国は貿易しない。

同様に、

$$p_x/p_y > \underbrace{2}_{\text{B国}} \ (> \underbrace{1/2}_{\text{A国}})$$ のとき[9]、２国ともX財に完全に特化

の場合、互いに輸入したいY財を生産していないから、この２国は貿易を行わない。

生産パターン

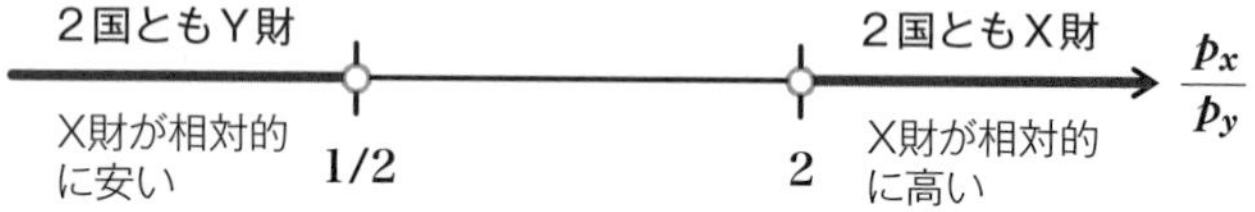

したがって、２国間で貿易が行われるのは、次のケースである。

$$\underbrace{1/2}_{\text{A国}} \leqq p_x/p_y \leqq \underbrace{2}_{\text{B国}}$$

ただし、この不等式は、次の三つのどれかを表している。

$$\underbrace{1/2}_{\text{A国}} < p_x/p_y < \underbrace{2}_{\text{B国}}、\ \underbrace{1/2}_{\text{A国}} = p_x/p_y < \underbrace{2}_{\text{B国}}、\ \underbrace{1/2}_{\text{A国}} < p_x/p_y = \underbrace{2}_{\text{B国}}$$

❶ 相対価格が2国の限界変形率の間に挟まれる場合

各国は比較優位を持つ財の生産に完全に特化して、互いにその財を輸出し合う。

A国にとってX財は相対的に高く売れるから、X財の生産に完全に特化する。

$$\underbrace{1/2}_{\text{A国}} < p_x/p_y$$

8　単純に眺めると、X財の価格がY財に比べて著しく安い、と言える。

9　単純に言えば、X財価格がY財に比べて著しく高い。

B国にとってY財の方が相対的に高く売れるから、Y財の生産に完全に特化する。

$$p_x/p_y < \underbrace{2}_{\text{B国}}$$

したがって、A国は比較優位を持つX財の生産に完全に特化し、B国もまた比較優位を持つY財の生産に完全に特化する。互いに比較優位を持つ財は異なるから、特化した財を相手国に輸出し、比較優位を持たない財を相手国から輸入すればよい。

生産パターン

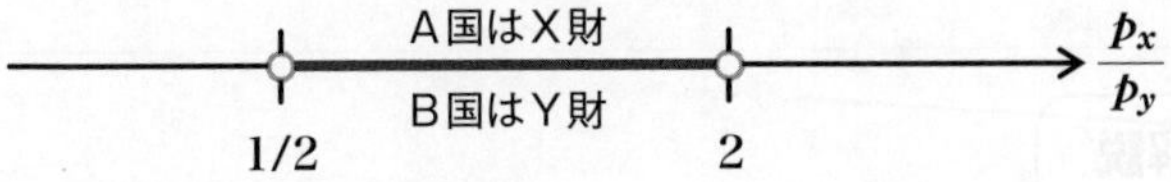

❷ 相対価格がA国の限界変形率に一致 発展

$$\underbrace{1/2}_{\text{A国}} = p_x/p_y < \underbrace{2}_{\text{B国}}$$

B国については❶と同じだから、Y財生産に完全に特化してA国に輸出したい。

A国では、X財とY財の生産は無差別であり(どちらを生産しても1個あたりの売上げは等しい)2財両方を生産する。ただし、B国がX財を輸入したがっているので、X財をより多く生産して(X財生産に不完全に特化)B国に輸出する。

したがって、各国は比較優位を持つ財の生産に特化して、互いにその財を輸出し合う。

生産パターン

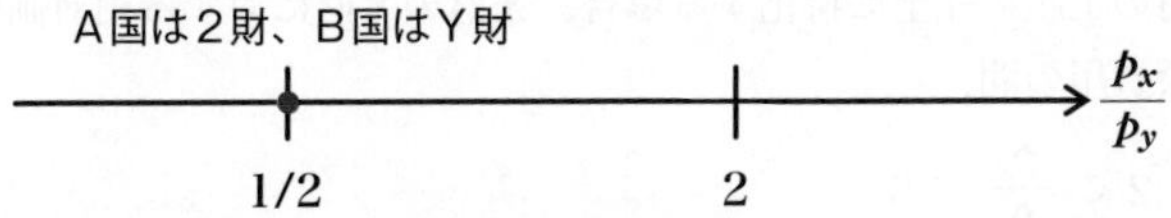

❸ 相対価格がB国の限界変形率に一致 発展

これは❷における国が入れ替わっただけである。

生産パターン

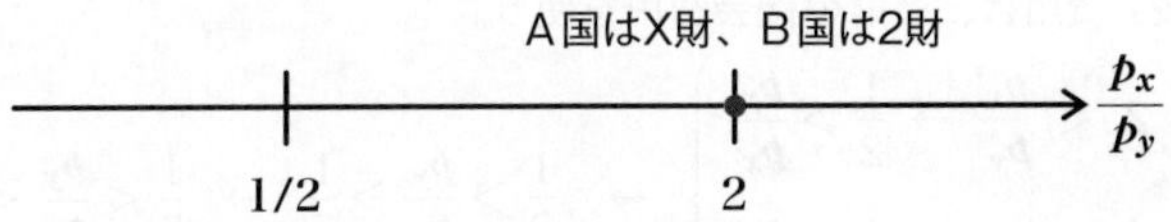

以上より、貿易が行われる場合、必ず比較優位の原理に従った貿易が行われる(比較優位のない財の生産に特化して輸出する国はない)。

例題6-5　X財とY財を生産するA国とB国について、労働1単位あたりの生産量が表に示されている。

	X財	Y財
A国	1	2
B国	2	10

この2国の間で貿易が行われる条件を示せ。ただし、各国は比較優位を持つ財のみを生産するものとする。

解説

表の数値は、労働1単位あたりの生産量だから、逆数を取って、財1単位あたりに必要な労働量に直し、X財の機会費用(限界変形率)を求める。

	X財	Y財	X財の機会費用
A国	1	$\frac{1}{2}$	$1 \div \frac{1}{2} = 1 \times \frac{2}{1} = 2$
B国	$\frac{1}{2}$	$\frac{1}{10}$	$\frac{1}{2} \div \frac{1}{10} = \frac{1}{2} \times \frac{10}{1} = 5$

したがって、X財の価格をp_x、Y財の価格をp_yとすると、各国が比較優位を持つ財の生産に完全に特化する場合、X財のY財に対する相対価格が、両国のX財の機会費用の間、

$$2 < \frac{p_x}{p_y} < 5$$

であれば、貿易が行われる。

なお、稀に、Y財のX財に対する相対価格p_y/p_xを使って表す場合がある。左右の機会費用は、Y財の機会費用を使う。

$$\left.\begin{array}{l} 2 < \dfrac{p_x}{p_y} \rightarrow \dfrac{1}{2} > \dfrac{p_y}{p_x} \\ \dfrac{p_x}{p_y} < 5 \rightarrow \dfrac{p_y}{p_x} > \dfrac{1}{5} \end{array}\right\} \rightarrow \frac{1}{2} > \frac{p_y}{p_x} > \frac{1}{5} \rightarrow \frac{1}{5} < \frac{p_y}{p_x} < \frac{1}{2}$$

③ 特化と貿易の利益 発展

A国のフロンティアCFについて、

|傾き| = 2（限界変形率）

B国のフロンティアJLについて、

|傾き| = 1/2（限界変形率）

とする。比較のため、A国の図には、|傾き| = 1/2の破線CG、B国の図には、|傾き| = 2の破線HLが描かれている。

限界変形率の大小関係から、A国はY財に、B国はX財に比較優位を持つ。

● 両国が比較優位を持つ財の生産に完全に特化するケース

相対価格が、|CEの傾き| = |ILの傾き| = 1に等しいとする。A国はY財の生産に完全に特化し（点C）、B国はX財の生産に完全に特化する（点L）（∵B国の限界変形率 < 相対価格 < A国の限界変形率）。

例えば、A国が生産したY財をB国に10個輸出する場合、相対価格（交換比率）は1だから、B国からX財を10個輸入することができる（点EとI）。

貿易が行われなければ、各国は輸入できず自力で生産しなくてはならない（∵自給自足）。A国でY財10個の生産をやめてもX財は5個しか生産できない（点D）。また、B国でX財10個の生産をやめてもY財は5個しか生産できない（点K）。

このように、比較優位を持つ財を輸出することで、比較優位のない財を閉鎖経済よりも多く手に入れる（輸入する）ことができる（貿易の利益）。

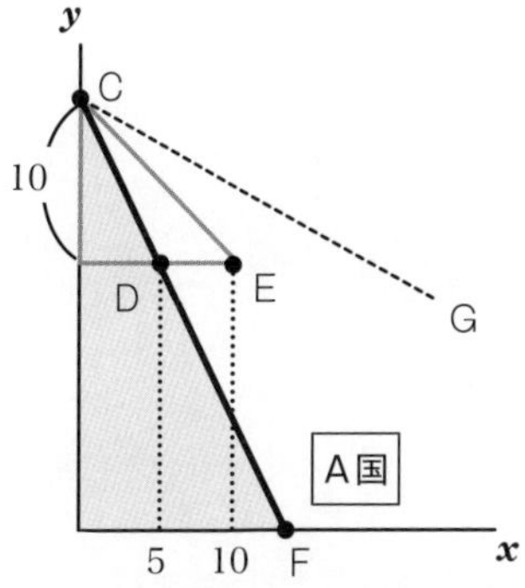

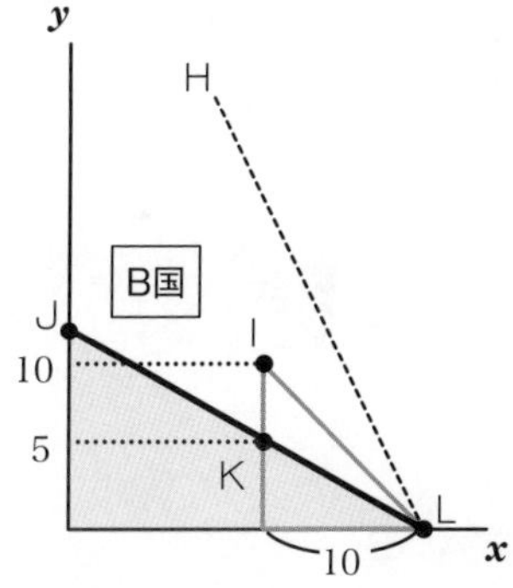

● 一国だけが完全に特化するケース

相対価格がB国の限界変形率1/2に一致する場合を考える。B国は比較優位を持つX財の生産に不完全に特化するが（Y財も生産）、A国については上記と同様に、貿易の利益がある。

これに対して、B国は貿易があってもなくても、X財10個はY財5個にしかならない。貿易開始前の生産が点Mで行われていたとする。貿易を行うと、A国にX財を10個輸出しなければならないから、Y財を5個減らして、X財を10個多く生産してA国に輸出する(生産は点K)。

B国では、貿易を行っても2財の交換比率は限界変形率に等しいままだから、B国には貿易の利益はない(かといって損もしない)。

したがって、**貿易後の相対価格が限界変形率に一致する国は**、比較優位を持つ財の生産に不完全に特化するが、**貿易の利益は生じない**。

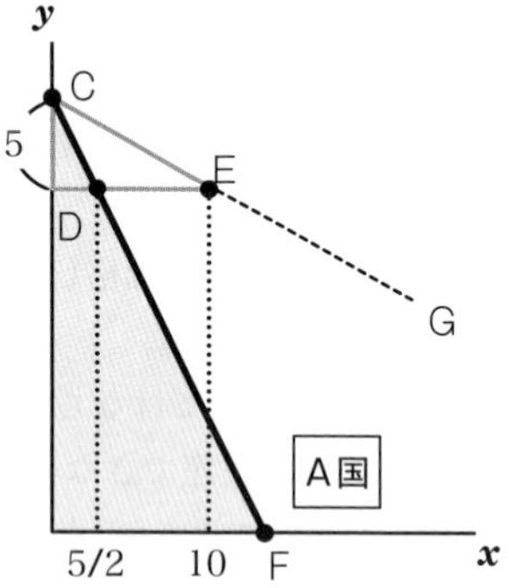

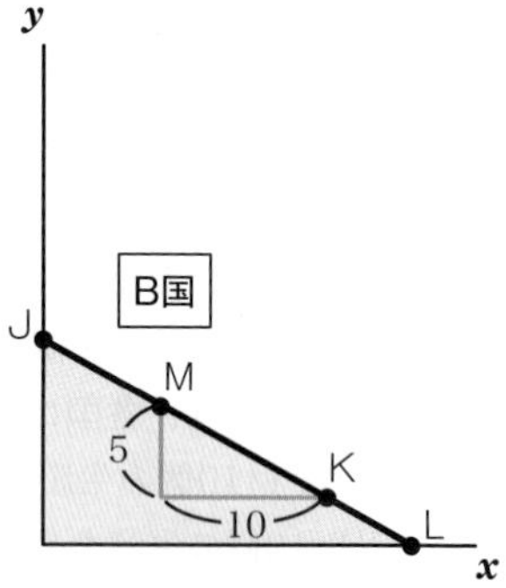

重要事項 一問一答

01 X財を1単位生産するのに必要な労働量を、Y財を1単位生産するのに必要な労働量で割ったものを何というか。

X財生産の機会費用、限界変形率

02 2国について、X財生産に比較優位を持つ国はどのような国か。

X財生産の機会費用が相対的に小さい国、Y財生産の機会費用が相対的に大きい国

03 2国について、Y財生産に比較優位を持つ国はどのような国か。

X財生産の機会費用が相対的に大きい国、Y財生産の機会費用が相対的に小さい国

04 2国間で貿易が行われる場合、各国が特化して生産する財はどのような財か。

比較優位を持つ財

05 2国間で貿易が行われる場合、各国が輸出する財と輸入する財はどのような財か。

各国は、比較優位を持つ財を輸出し、比較優位のない（比較劣位を持つ）財を輸入する

06 限界変形率は、何の傾き（絶対値）を表すか。

生産可能性フロンティア（変形曲線）

07 2国間で貿易が行われる条件はどんなものか。

X財のY財に対する相対価格が、2国のX財生産の機会費用（限界変形率）に挟まれる範囲にあること

08 一つの財の生産に関して、1単位生産するのに必要な労働量が相手国に比べて小さい国は、その財の生産に何を持つというか。

絶対優位

09 2国のうち、一方の国が両方の財に比較優位を持つことはあるか。

ない

ただし、両財に絶対優位を持つことはある。

10 リカードの比較生産費説における絶対優位と比較優位の関係はどんなものか。

無関係

過去問 Exercise

問題1 労働力のみで生産される財Xと財Yがあり、A国とB国でそれらの財を1単位生産するのに必要な労働投入量は、表のとおりである。リカードの比較生産費説を前提とすると、A国とB国の間で貿易が生じる場合の財の相対価格$\frac{P_x}{P_y}$の範囲として最も妥当なのはどれか。

ただし、P_xは財Xの価格、P_yは財Yの価格を表す。また、両国間で労働力の移動はないものとする。

労働基準監督官2019

	財X	財Y
A国	5	2
B国	8	3

1. $\frac{3}{8} < \frac{P_x}{P_y} < \frac{2}{5}$
2. $\frac{5}{8} < \frac{P_x}{P_y} < \frac{2}{3}$
3. $\frac{3}{2} < \frac{P_x}{P_y} < \frac{8}{5}$
4. $\frac{5}{3} < \frac{P_x}{P_y} < 4$
5. $\frac{5}{2} < \frac{P_x}{P_y} < \frac{8}{3}$

解説

正解 5

相対価格が、財Xの価格/財Yの価格で表されているから、機会費用を求めるときも、財Xの1単位当たり必要労働/財Yの1単位当たり必要労働(財Xの機会費用)とする。

A国の財Xの機会費用は5/2であり、B国の財Xの機会費用は8/3である。

$$\frac{5}{2}=\frac{15}{6}<\frac{8}{3}=\frac{16}{6}$$

が成り立つから、

$$\frac{5}{2}<\frac{P_x}{P_y}<\frac{8}{3}$$

が妥当である。

第6章 国際貿易

問題2 Ａ国とＢ国、Ｘ財とＹ財からなるリカードの貿易モデルを考える。両国において各財は労働のみによって生産され、１単位の労働投入量によって生産される各財の量は以下の表のように示される。Ｘ財の国際価格とＹ財の国際価格の比（交易条件）を$\frac{P_X}{P_Y}$とし、両国の人々はＸ財・Ｙ財をどちらも消費することを好むものとするとき、以下の記述のうち妥当なものを一つ選べ。

裁判所一般職2019

	A国	B国
X財	40	80
Y財	20	50

1. $\frac{P_X}{P_Y}=0.6$ならば、A国はX財のみを生産し、Y財を輸入する。

2. $\frac{P_X}{P_Y}<1.6$であるときには、B国はX財を生産しない。

3. $0.5<\frac{P_X}{P_Y}<0.625$ならば、両国間で貿易が行われるが、絶対優位をもつB国のみが貿易のメリットを享受する。

4. $1.6<\frac{P_X}{P_Y}<2$であるとき、A国はY財を輸出してX財を輸入する。

5. $0.5<\frac{P_X}{P_Y}<0.625$であるとき、B国はX財を輸出してY財を輸入する。

解説

正解 ❶

与えられた表は、労働1単位あたりの生産量だから、初めに、逆数を取って財1単位あたりの必要労働量に書き換え、X財の機会費用を求める。行(財)と列(国)に注意して、

	A国	B国
X財	1/40	1/80
Y財	1/20	1/50
X財機会費用	$\frac{1/40}{1/20}=\frac{1}{2}=0.5$	$\frac{1/80}{1/50}=\frac{5}{8}=0.625$
比較優位	X財	Y財

したがって、X財価格とY財価格の比が、

$$0.5 \leqq \frac{P_X}{P_Y} \leqq 0.625$$

であれば、各国は比較優位を持つ財の生産に特化し、互いにこの財を輸出する。

❶ ◯ $P_X/P_Y = 0.6$であれば、

$$0.5 < \frac{P_X}{P_Y} < 0.625$$

を満たすから、A国は比較優位を持つX財の生産に完全に特化し、B国に輸出する。同時に、B国は比較優位を持つY財の生産に完全に特化してA国に輸出するから、A国はB国からY財を輸入する。

❷ ✕ B国がX財を生産せず、Y財のみを生産するのは、

$$\frac{P_X}{P_Y} < 0.625$$

の場合であり、条件$P_X/P_Y < 1.6$では、

$$0.625 \leqq \frac{P_X}{P_Y} < 1.6$$

の範囲でX財が生産される（$0.625 < P_X/P_Y$ ならばX財のみ生産される)。

❸ ✕ この場合、両国はともに比較優位を持つ財の生産に完全に特化するか

ら、両国に貿易の利益(メリット)がある。また、比較優位の原理によって各国が貿易の恩恵(利益)を受けることと、絶対優位の有無は全く関係がない。

4 × この範囲では、両国がX財のみを生産するから、この2国の間で貿易は生じない。また、貿易が行われる場合には比較優位の原理が働くので、A国が比較優位のないY財の輸出国になることは決してない。

5 × この範囲では、B国はY財を輸出してX財を輸入する。つまり、貿易が行われると、比較優位の原理が働く。

選択肢を一つ一つ検討してきたが、基本的にはX財機会費用を比べ、比較優位の原理を当てはめると正解できる。

なお、通常、一国の輸出財と輸入財の価格比のことを、その国の交易条件という。リカード・モデルでは、X財を輸出する国は一つしかないので、本問のX財価格とY財価格の比は、「X財輸出国の交易条件」と表現する方が適切だろう。

第6章 国際貿易

問題3　A国とB国の２国、ｘ財とｙ財の２財からなるリカードの貿易モデルにおいて、次の図 aa′線、bb′線は、それぞれA国、B国の２財の生産可能性フロンティアを表している。ｘ財とｙ財の価格をそれぞれ p_x と p_y とすると、２国間で貿易が行われるための２財の価格比 $\frac{p_x}{p_y}$ の範囲として、妥当なのはどれか。

特別区Ⅰ類2014

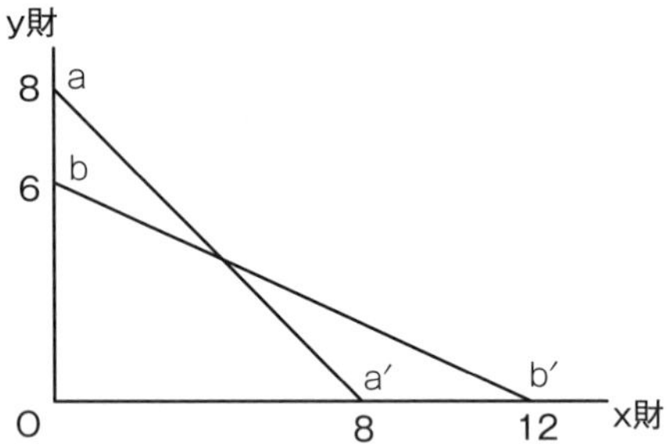

1. $\frac{1}{3} < \frac{p_x}{p_y} < \frac{1}{2}$
2. $\frac{1}{3} < \frac{p_x}{p_y} < 1$
3. $\frac{1}{2} < \frac{p_x}{p_y} < 1$
4. $\frac{1}{2} < \frac{p_x}{p_y} < \frac{3}{2}$
5. $\frac{2}{3} < \frac{p_x}{p_y} < \frac{4}{3}$

解説

正解 ③

生産可能性フロンティアの傾き(絶対値)は、その国の限界変形率(ｘ財の機会費用)を表す。また、生産可能性フロンティアの傾き(絶対値)は、それぞれの直線の縦軸切片の値を横軸切片の値で割ったものだから、

$$|aa'の傾き| = \frac{8}{8} = 1$$

$$|bb'の傾き| = \frac{6}{12} = \frac{1}{2}$$

したがって、

$$\frac{1}{2} \leqq \frac{p_x}{p_y} \leqq 1$$

の場合、２国間で貿易が行われる。ただし、各国が完全に特化する場合には、

$$\frac{1}{2} < \frac{p_x}{p_y} < 1$$

である。

索　引

【参考文献】
古沢 泰治・塩路 悦朗『ベーシック経済学 次につながる基礎固め［新版］』有斐閣（2012）
西村 和雄『ミクロ経済学入門［第２版］』岩波書店（1995）
塩澤 修平・石橋 孝次・玉田 康成編著『現代ミクロ経済学 中級コース』有斐閣（2006）
奥野 正寛『ミクロ経済学』東京大学出版会（2008）
奥野 正寛・鈴村 興太郎『ミクロ経済学Ⅰ・Ⅱ』岩波書店（1985）
Varian, Hal R. *Intermediate Microeconomics: A Modern Approach Ninth Edition*, W. W. Norton & Company (2014)

【執　筆】
TAC公務員講座講師室
栗原 尚史（TAC公務員講座）

◎本文デザイン／黒瀬 章夫（ナカグログラフ）
◎カバーデザイン／河野 清（有限会社ハードエッジ）

本書の内容は、小社より2022年４月に刊行された「公務員試験 過去問攻略Ｖテキスト ８ ミクロ経済学 第３版（ISBN：978-4-300-10091-2）」と同一です。

公務員試験　過去問攻略Ｖテキスト　８　ミクロ経済学　新装版

2019年８月15日　初　版　第１刷発行
2024年４月１日　新装版　第１刷発行

編著者　ＴＡＣ株式会社（公務員講座）
発行者　多田敏男
発行所　ＴＡＣ株式会社　出版事業部（TAC出版）

〒101-8383
東京都千代田区神田三崎町3-2-18
電話　03（5276）9492（営業）
FAX　03（5276）9674
https://shuppan.tac-school.co.jp

組　版　株式会社　カイクリエイト
印　刷　日新印刷株式会社
製　本　東京美術紙工協業組合

ISBN 978-4-300-11148-2
N.D.C. 317

TAC出版

(2021年7月現在)

書籍のご購入は

1 全国の書店、大学生協、ネット書店で

2 TAC各校の書籍コーナーで

資格の学校TACの校舎は全国に展開!
校舎のご確認はホームページにて

資格の学校TAC ホームページ
https://www.tac-school.co.jp

3 TAC出版書籍販売サイトで

24時間 ご注文 受付中

CYBER BOOK STORE TAC出版書籍販売サイト

TAC 出版 で 検索

https://bookstore.tac-school.co.jp/

新刊情報をいち早くチェック!

たっぷり読める立ち読み機能

学習お役立ちの特設ページも充実!

TAC出版書籍販売サイト「サイバーブックストア」では、TAC出版および早稲田経営出版から刊行されている、すべての最新書籍をお取り扱いしています。
また、無料の会員登録をしていただくことで、会員様限定キャンペーンのほか、送料無料サービス、メールマガジン配信サービス、マイページのご利用など、うれしい特典がたくさん受けられます。

サイバーブックストア会員は、特典がいっぱい!(一部抜粋)

通常、1万円(税込)未満のご注文につきましては、送料・手数料として500円(全国一律・税込)頂戴しておりますが、1冊から無料となります。

専用の「マイページ」は、「購入履歴・配送状況の確認」のほか、「ほしいものリスト」や「マイフォルダ」など、便利な機能が満載です。

メールマガジンでは、キャンペーンやおすすめ書籍、新刊情報のほか、「電子ブック版TACNEWS(ダイジェスト版)」をお届けします。

書籍の発売を、販売開始当日にメールにてお知らせします。これなら買い忘れの心配もありません。

公務員試験対策書籍のご案内

TAC出版の公務員試験対策書籍は、独学用、およびスクール学習の副教材として、各商品を取り揃えています。学習の各段階に対応していますので、あなたのステップに応じて、合格に向けてご活用ください!

INPUT

**『みんなが欲しかった!
公務員
合格へのはじめの一歩』**

A5判フルカラー

- 本気でやさしい入門書
- 公務員の“実際”をわかりやすく紹介したオリエンテーション
- 学習内容がざっくりわかる入門講義

・数的処理(数的推理・判断推理・空間把握・資料解釈)
・法律科目(憲法・民法・行政法)
・経済科目(ミクロ経済学・マクロ経済学)

**『みんなが欲しかった!
公務員 教科書&問題集』**

A5判

- 教科書と問題集が合体!
でもセパレートできて学習に便利!
- 「教科書」部分はフルカラー!
見やすく、わかりやすく、楽しく学習!

・憲法
・【刊行予定】民法、行政法

『新・まるごと講義生中継』

A5判

TAC公務員講座講師
郷原 豊茂 ほか

- TACのわかりやすい生講義を誌上で!
- 初学者の科目導入に最適!
- 豊富な図表で、理解度アップ!

・郷原豊茂の憲法
・郷原豊茂の民法Ⅰ
・郷原豊茂の民法Ⅱ
・新谷一郎の行政法

『まるごと講義生中継』

A5判

TAC公務員講座講師
渕元 哲 ほか

- TACのわかりやすい生講義を誌上で!
- 初学者の科目導入に最適!

・郷原豊茂の刑法
・渕元哲の政治学
・渕元哲の行政学
・ミクロ経済学
・マクロ経済学
・関野喬のパターンでわかる数的推理
・関野喬のパターンでわかる判断整理
・関野喬のパターンでわかる空間把握・資料解釈

要点まとめ

**『一般知識
出るとこチェック』**

四六判

- 知識のチェックや直前期の暗記に最適!
- 豊富な図表とチェックテストでスピード学習!

・政治・経済
・思想・文学・芸術
・日本史・世界史
・地理
・数学・物理・化学
・生物・地学

記述式対策

**『公務員試験論文答案集
専門記述』**

A5判

公務員試験研究会

- 公務員試験(地方上級ほか)の専門記述を攻略するための問題集
- 過去問と新作問題で出題が予想されるテーマを完全網羅!

・憲法〈第2版〉
・行政法

地方上級・国家一般職（大卒程度）・国税専門官 等 対応 TAC出版

過去問学習

『ゼロから合格 基本過去問題集』
A5判
TAC公務員講座
●「解ける」だから「つづく」／充実の知識まとめでこの1冊で知識「ゼロ」から過去問が解けるようになる、独学で学習を始めて完成させたい人のための問題集です。

全12点
・判断推理 ・数的推理 ・空間把握・資料解釈
・憲法 ・民法Ⅰ ・民法Ⅱ
・行政法 ・ミクロ経済学 ・マクロ経済学
・政治学 ・行政学 ・社会学

『一問一答で論点総チェック』
B6判
TAC公務員講座講師 山本 誠
●過去20年の出題論点の95%以上を網羅
●学習初期の確認用にも直前期のスピードチェックにも

全4点
・憲法 ・民法Ⅰ
・民法Ⅱ ・行政法

『出るとこ過去問』 A5判
TAC出版編集部
●本試験の難問、奇問、レア問を省いた効率的なこの1冊で、合格ラインをゲット！ 速習に最適

全16点
・憲法 ・民法Ⅰ ・民法Ⅱ
・行政法 ・ミクロ経済学 ・マクロ経済学
・政治学 ・行政学 ・社会学
・国際関係 ・経営学 ・数的処理（上・下）
・自然科学 ・社会科学 ・人文科学

直前対策

『小論文の秘伝』
A5判
年度版
TAC公務員講座講師 山下 純一
●頻出25テーマを先生と生徒のブレストで噛み砕くから、解答のツボがバッチリ！
●誌上「小論文道場」で答案改善のコツがわかる！
●合格者のアドバイスも掲載！

『面接の秘伝』
A5判
年度版
TAC公務員講座講師 山下 純一
●面接で使えるコア（自分の強み）を見つけられる「面接相談室」で自己分析が進む！
●集団討論のシミュレーション、官庁訪問のレポートも掲載！

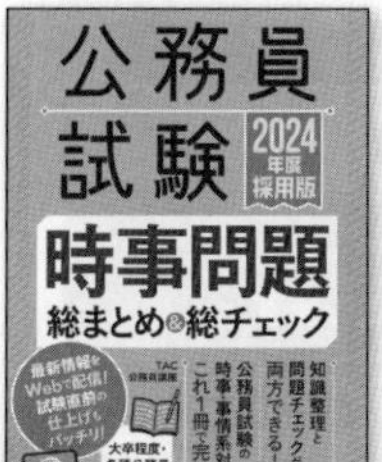

『時事問題総まとめ&総チェック』
A5判
年度版
TAC公務員講座
●知識整理と問題チェックが両方できる！
●試験種別の頻出テーマが一発でわかる！

『科目別・テーマ別過去問題集』
B5判 **年度版**
TAC出版編集部
●試験ごとの出題傾向の把握と対策に最適
●科目別、学習テーマ別の問題掲載なので、学習のどの段階からも使えます

・東京都Ⅰ類B（行政／一般方式）
・特別区Ⅰ類（事務）
・裁判所（大卒程度／一般職）
・国税専門官（国税専門A）
・国家一般職（大卒程度／行政）

TAC出版の書籍はこちらの方法でご購入いただけます

1 全国の書店・大学生協　**2 TAC各校 書籍コーナー**

3 インターネット CYBER BOOK STORE TAC出版書籍販売サイト
アドレス **https://bookstore.tac-school.co.jp/**

（2023年3月現在・刊行内容、刊行月、表紙等は変更になることがあります／年度版 マークのある書籍は、毎年、新年度版が発行される予定です）

書籍の正誤に関するご確認とお問合せについて

書籍の記載内容に誤りではないかと思われる箇所がございましたら、以下の手順にてご確認とお問合せをしてくださいますよう、お願い申し上げます。
なお、正誤のお問合せ以外の**書籍内容に関する解説および受験指導などは、一切行っておりません。**
そのようなお問合せにつきましては、お答えいたしかねますので、あらかじめご了承ください。

1 「Cyber Book Store」にて正誤表を確認する

TAC出版書籍販売サイト「Cyber Book Store」の
トップページ内「正誤表」コーナーにて、正誤表をご確認ください。

CYBER TAC出版書籍販売サイト BOOK STORE

URL:https://bookstore.tac-school.co.jp/

2 1の正誤表がない、あるいは正誤表に該当箇所の記載がない ⇒ 下記①、②のどちらかの方法で文書にて問合せをする

★ご注意ください★

お電話でのお問合せは、お受けいたしません。
①、②のどちらの方法でも、お問合せの際には、「お名前」とともに、
「対象の書籍名(○級・第○回対策も含む)およびその版数(第○版・○○年度版など)」
「お問合せ該当箇所の頁数と行数」
「誤りと思われる記載」
「正しいとお考えになる記載とその根拠」
を明記してください。
なお、回答までに1週間前後を要する場合もございます。あらかじめご了承ください。

① ウェブページ「Cyber Book Store」内の「お問合せフォーム」より問合せをする

【お問合せフォームアドレス】

https://bookstore.tac-school.co.jp/inquiry/

② メールにより問合せをする

【メール宛先 TAC出版】

syuppan-h@tac-school.co.jp

※土日祝日はお問合せ対応をおこなっておりません。
※正誤のお問合せ対応は、該当書籍の改訂版刊行月末日までといたします。

乱丁・落丁による交換は、該当書籍の改訂版刊行月末日までといたします。なお、書籍の在庫状況等により、お受けできない場合もございます。
また、各種本試験の実施の延期、中止を理由とした本書の返品はお受けいたしません。返金もいたしかねますので、あらかじめご了承くださいますようお願い申し上げます。

TACにおける個人情報の取り扱いについて
■お預かりした個人情報は、TAC(株)で管理させていただき、お問合せへの対応、当社の記録保管にのみ利用いたします。お客様の同意なしに業務委託先以外の第三者に開示、提供することはございません(法令等により開示を求められた場合を除く)。その他、個人情報保護管理者、お預かりした個人情報の開示等及びTAC(株)への個人情報の提供の任意性については、当社ホームページ(https://www.tac-school.co.jp)をご覧いただくか、個人情報に関するお問い合わせ窓口(E-mail:privacy@tac-school.co.jp)までお問合せください。

(2022年7月現在)